rowohlts deutsche enzyklopädie

Herausgegeben von Ernesto Grassi
Universität München

ROBERT VON RANKE-GRAVES

Griechische Mythologie

Quellen und Deutung

I

rde

ROWOHLT

Herausgeber: Ernesto Grassi
Redaktion: Ursula Schwerin / Eginhard Hora / Ragni M. Gschwend
München

Autorisierte deutsche Übersetzung von Hugo Seinfeld
unter Mitwirkung von Boris v. Borresholm
nach der im Jahre 1955 erschienenen amerikanischen Penguin-Ausgabe

85.–88. Tausend Oktober 1982

Der hier vorgelegte Text erscheint in
‹rowohlts deutscher enzyklopädie› erstmals in deutscher Übersetzung
Veröffentlicht im Rowohlt Taschenbuch Verlag GmbH,
Reinbek bei Hamburg, November 1960

Printed in Germany
980-ISBN 3 499 55113 6

INHALTSVERZEICHNIS

VORWORT ZUR DEUTSCHEN AUSGABE

Seitdem ich die ‹Griechische Mythologie› im Jahre 1958 überarbeitete, machte ich mir Gedanken über den betrunkenen Gott Dionysos, über die Kentauren mit ihrem widerspruchsvollen Ruf – ihrer Weisheit und ihres schlechten Benehmens wegen – und über das Wesen der göttlichen Ambrosia und des Göttertrunkes Nektar. Das alles steht in enger Verbindung, denn die Kentauren beteten Dionysos an, dessen ausschweifendes Herbstfest die ‹Ambrosia› genannt wurde. Ich glaube nicht länger, daß seine Mainaden*, wenn sie tobend und rasend über das Land zogen, Tiere oder Kinder in Stücke rissen (s. 27, f) und sich dann rühmten, nach Indien und zurück gereist zu sein (s. 27, c), nur von Wein oder Efeubier (s. 27, 3) trunken waren.

Neue Erkenntnisse lassen darauf schließen, daß die Satyrn (Mitglieder des Ziegen-Clans), die Kentauren (vom Pferde-Clan) und ihre Mainaden diese Getränke nur dazu verwendeten, ein viel stärkeres Rauschmittel hinunterzuspülen: und zwar einen ungekochten Pilz, *amanita muscaria*, den Fliegenpilz. Er ruft Halluzinationen, sinnlosen Aufruhr, prophetische Sicht, sexuelle Energie und eine bemerkenswerte Muskelstärke hervor. Nach einigen Stunden solch einer Ekstase folgt vollständige Trägheit. Dieses Phänomen könnte die Geschichte erklären, wie Lykurgos, nur mit einem Hirtenstab bewaffnet, die trunkene Armee des Dionysos, die aus Mainaden und Satyrn bestand, nach ihrer siegreichen Rückkehr aus Indien aufreiben konnte (s. 27, e).

Auf einem etruskischen Spiegel ist *amanita muscaria* zu Füßen Ixions eingraviert. Ixion war ein thessalischer Heros, der sich in Gesellschaft der Götter an Ambrosia ergötzte (s. 63, b). Einige Mythen (s. 102, 126 usw.) bestätigen meine Theorie, daß seine Abkömmlinge, die Kentauren, diesen Pilz aßen. Nach der Meinung verschiedener Historiker wurde der Pilz auch von den norwegischen ‹Berserkern› verwendet, da er ihnen wilde Kraft im Kampfe gab. Ich nehme an, daß Ambrosia und Nektar berauschende Pilze enthielten. Es war *amanita muscaria* oder auch *panaeolus papilionaceus*, ein kleiner, schlanker Pilz, der auf dem Dunghaufen wächst. Dieser ruft harmlose und höchst erfreuliche Halluzinationen

---

* Dem Thema des Bandes entsprechend wurde bei der Transkription der mythologischen Namen deren griechische Form zugrunde gelegt. (Anm. d. Red.)

hervor. Ein ihm ähnlicher Pilz ist auf einer attischen Vase zwischen den Hufen des Kentauren Nessos abgebildet. Die ‹Götter›, denen allein Ambrosia und Nektar zustanden, waren wahrscheinlich die Heiligen Königinnen und Könige des präklassischen Zeitalters. Das Verbrechen des Königs Tantalos (s. 108, c) bestand darin, daß er ein Tabu brach, als er einen Bürgerlichen einlud, seine Ambrosia mit ihm zu teilen.

In Griechenland ging das Heilige Königinnen- und Königtum unter. Es scheint, daß Ambrosia dann das geheime Element der Eleusischen, Orphischen und anderer Mysterien wurde, die mit Dionysos verbunden waren. Alle Teilnehmer dieser Mysterien mußten über alles, was sie aßen oder tranken, Stillschweigen geloben; sie erlebten unvergeßliche Visionen, und ihnen wurde Unsterblichkeit versprochen. Die Ambrosia, die den Siegern des Olympischen Wettlaufs gereicht wurde, als Sieg ihnen nicht länger das Heilige Königtum gab, war offensichtlich ein Ersatz: eine Mischung aus Nahrungsmitteln, deren Anfangsbuchstaben das griechische Wort für Pilz bildeten. Die von klassischen Autoren überlieferte Zusammensetzung des Nektars und des Kekyon, des mit Pfefferminz gewürzten Getränks der Demeter zu Eleusis, ergab in ähnlicher Weise das Wort Pilz.

Ich selbst aß *psilocybe*, den halluzinogenen Pilz, die göttliche Ambrosia, die seit undenklichen Zeiten bei den Mazatek-Indianern der Oaxaca-Provinz in Mexico in Gebrauch ist; ich selbst hörte die Priesterin den Pilzgott Tlaloc anrufen und hatte transzendente Visionen. Ich stimme aus ganzem Herzen mit R. Gordon Wasson, dem amerikanischen Entdecker dieser alten Riten, überein, daß die europäische Vorstellung von Himmel und Hölle ähnlichen Mysterien entsprungen sein könnte. Tlaloc wurde vom Blitze gezeugt, ebenso Dionysos (s. 14, c); sowohl in der griechischen wie auch in der Mazatek-Folklore sind alle Pilze — in beiden Sprachen sprichwörtlich ‹Götterspeise› genannt — dem Blitz entsprungen. Tlaloc trug eine Schlangenkrone, wie es auch Dionysos tat (s. 27, h). Ebenso wie Dionysos (s. 27, e) hatte auch Tlaloc einen Zufluchtsort am Meeresgrunde. Der grausame Brauch der Mainaden, die Häupter ihrer Opfer abzureißen (s. 27, f und 28, e), könnte sich allegorisch darauf beziehen, daß die Köpfe der heiligen Pilze abgerissen wurden; ihre Stämme werden in Mexico niemals gegessen. Wir lasen, daß Perseus, ein Heiliger König von Argos, zur Anbetung des Dionysos bekehrt (s. 27, i), Mykene nach einem Giftpilz, den er dort fand und der einen Strom Wassers von sich gab (s. 73, r), benannte. Dieser Pilz wurde als Ruheplatz der Kröte betrachtet. Das Emblem Tlalocs war eine Kröte; aber sie war auch das Wahrzeichen von Argos. Auf dem Tepentitla-Fresko sieht man aus dem Munde der Kröte des Tlaloc einen Strom Wassers hervorquellen. Doch zu welcher Zeit standen die europäische und die mittelamerikanische Kultur in Verbindung?

Diese Theorien erfordern weitere Forschungsarbeit. Aus diesem Grunde habe ich die Ergebnisse meiner Untersuchungen nicht dem Text der vorliegenden Ausgabe einverleibt. Jede fachmännische Hilfe, die zur Lösung dieses Problems beitragen würde, wäre von großem Nutzen.

Deyá, Mallorca, Spanien 1960 R.-G.

Zur Beachtung

Die insgesamt 171 Kapitel der beiden Bände ‹Griechische Mythologie› (rde 113/114, 115/116) sind jeweils nach dem gleichen Schema gegliedert: Der Mythenerzählung – gegebenenfalls mit Varianten – folgen als Anmerkungen, auf die durch entsprechende Ziffern im Text verwiesen wird, die Quellenangaben und diesen – in Petitdruck – die Interpretationen des Autors. Die Buchstaben vor jedem Absatz der Erzählungen sowie die Zahlen vor jedem Absatz der Interpretationen haben vor allem die Funktion, das häufige Vor- und Rückverweisen auf verwandte Textstellen zu vereinfachen. So bedeutet etwa (56, 2) *den Hinweis auf Absatz* 2 *des interpretierenden Teiles von Kapitel* 56; (100, c) *den Hinweis auf Absatz* c *des erzählenden Teiles vom Kapitel* 100. *Die Buchstaben des erzählenden Teiles korrespondieren also nicht – oder höchstens zufällig – mit den Zahlen des interpretierenden Teiles.*

EINLEITUNG

Das Klassische Altertum hat in letzter Zeit an Schulen und Universitäten so sehr an Bedeutung verloren, daß man heute selbst von einem gebildeten Menschen kaum mehr erwarten kann, daß er weiß, wer Deukalion, Pelops, Daidalos, Oinone, Laokoon oder Antigone gewesen sei. Die Kenntnis dieser mythischen Gestalten stammt meist aus Sagensammlungen. Auf den ersten Blick mag eine solche Unwissenheit bedeutungslos erscheinen. Denn während der letzten zwei Jahrtausende war es der Brauch, die Mythen als seltsame und schimärische Phantasieprodukte hinzunehmen — als ein reizvolles Vermächtnis aus der Kindheit des griechischen Geistes, das die Kirche, um die größere geistige Bedeutung der Bibel zu betonen, verständlicherweise hintanstellte. Doch ist es fast unmöglich, den Wert dieser Mythen für das Studium früheuropäischer Geschichte, Religion und Soziologie zu übersehen.

Der Begriff des echten Mythos

‹Schimärisch› ist die Adjektivform des Wortes Chimaira, das ‹Ziege› bedeutet. Vor viertausend Jahren konnte die Chimaira nicht seltsamer als irgendein religiöses, heraldisches oder kommerzielles Emblem unserer Tage erschienen sein. Sie war eine Tierdarstellung, die — so berichtet Homer — eines Löwen Kopf, den Körper einer Ziege und einen Schlangenschwanz besaß. Ein Abbild der Chimaira, gemeißelt in die Wand eines hethitischen Tempels, wurde in Karkemisch gefunden. Wahrscheinlich war sie, wie auch andere Mischwesen, z. B. die Sphinx oder das Einhorn, ursprünglich ein Symbol des Kalenders: Jeder Teil stellte eine Jahreszeit des der Königin des Himmels geweihten Jahres dar — ebenso wie, laut Diodorus Siculus, die drei Saiten ihrer Schildpattleier. Dieses alte ‹Drei Jahreszeiten-Jahr› wird von Nilsson in seinem Buch *‹Primitive Time Reckoning›* (1920) beschrieben.

Indes kann nur ein kleiner Teil des riesigen und unzusammenhängenden Komplexes der griechischen Mythologie, die ja auch kretische, ägyptische, palästinensische, phrygische, babylonische und andere Elemente enthält, wie die Chimaira als wirklicher Mythos bezeichnet werden. Man könnte den echten Mythos als erzählerische Kurzschrift kultischer Spiele, wie sie bei öffentlichen Festen aufgeführt wurden, definieren. Ihre Darstellung ist auf vielen Bildern auf Tempelmauern, Vasen, Siegeln, Schüsseln, Spiegeln, Truhen, Schildern, Wandteppichen und ähnlichem zu finden. Die Chimaira und die anderen Kalendertiere haben wahrscheinlich bei diesen Vorführungen, die mit ihrer Ikonographie und ihren mündlichen Berichten zur autoritären Instanz oder Grundlage der religiösen Institutionen eines jeden Stammes, einer jeden Sippe oder Stadt wurden, eine bedeutende Rolle gespielt. Ihre Themen waren uralte Beschwörungen im Dienste der Fruchtbarkeit oder der Stabilität eines geheiligten Königinnentums oder auch Königtums (es scheint, daß im griechischen Sprachbereich das sakrale Reich der Königinnen dem der Könige vorausging), wie sie, den Umständen entsprechend, in den Kult aufgenommen wurden. LUKIANS Abhandlung ‹Über den Tanz› enthält eine imponierende Zahl kultischer Spiele, die noch im 2. Jahrhundert n. Chr. aufgeführt wurden. Auch die Beschreibungen, die PAUSANIAS von den Tempelbildern zu Delphi und den Schnitzereien auf der Truhe des Kypselos gibt, lassen erkennen, daß eine immense Anzahl mythologischer Berichte, von denen heute keine Spur mehr existiert, bis in die Spätantike lebendig blieb.

Echter Mythos muß unterschieden werden von

1. philosophischen Allegorien, wie in HESIODS Kosmogonie;
2. ‹ätiologischen› Erklärungen heute nicht mehr verstandener Mythen, wie Admetos' Zusammenjochen eines Löwen und eines Bären vor seinen Wagen;
3. Satiren oder Parodien, wie in Silens Bericht über Atlantis;
4. sentimentalen Fabeln, wie die Geschichten von Narkissos und Echo;
5. ausgeschmückten Erzählungen, wie Arions Abenteuer mit dem Delphin;
6. Minstrelromanzen, wie die Geschichte von Kephalos und Prokris;
7. politischer Propaganda, wie Theseus' Einigung Attikas;
8. moralischen Legenden, wie die Geschichte von Eriphyles Halsband;
9. Anekdoten, wie die Schlafzimmerfarce von Herakles, Omphale und Pan;
10. theatralischem Melodrama, wie die Geschichte Thestors und seiner Tochter;
11. Heldenepen, wie der Großteil der ‹*Ilias*›;
12. realistischer Dichtung, wie der Besuch des Odysseus bei den Phaiaken [1].

---

[1] Siehe: 4; 69; 83; 84; 87; 99; 106; 136; 161-165; 170. [Zahlenhinweise ohne Werktitel und Autorenname beziehen sich stets auf die Kapitel des vorliegenden ersten sowie des folgenden zweiten Bandes der ‹Griechischen Mythologie›. Anm. d. Red.]

Andererseits lassen sich echte mythische Elemente in den unwahrscheinlichsten Geschichten versteckt finden. Selten ist die vollständigste oder klärende Fassung einer bestimmten Sage nur von einem Verfasser überliefert; man darf auch bei der Suche nach der ursprünglichen Form nicht als sicher annehmen, daß die ältere schriftliche Quelle die authentischere ist. Oft gibt z. B. der verspielte Alexandriner KALLIMACHOS oder der frivole augusteische OVID oder der staubtrockene spätbyzantinische TZETZES eine offensichtlich frühere Version eines Mythos als HESIOD oder die griechischen Dramatiker; und das *‹Excidium Troiae›* aus dem 13. Jahrhundert ist, wenigstens teilweise, mythologisch besser begründet als die *‹Ilias›*. Wenn man den prosaischen Sinn einer mythologischen oder pseudomythologischen Erzählung erforscht, so sollte man immer auf Namen, Stammesursprung und Geschicke der einzelnen Personen achten; bringt man dann das Ganze wieder in die Form des dramatischen Rituals, so werden zufällige Elemente manchmal Analogien zu einer anderen Sage, die aber einen ganz anderen anekdotischen Charakter hat, aufkommen lassen. Dies kann nun Licht auf beide werfen.

Priorität matriarchalischer Gesellschafts- und Herrschaftssysteme

Ein Studium der griechischen Mythologie sollte, wie bereits BACHOFEN und BRIFFAULT forderten, mit dem Kennenlernen des matriarchalischen und totemistischen Systems, das in Europa vor dem Erscheinen der patriarchalischen Eroberer aus Osten und Norden herrschte, beginnen. Man kann die schrittweise Verdrängung dieses Systems durch eine matrilineare, dann durch eine patrilineare sakrale Monarchie und schließlich – als die wandernden Stämme mit ihren Phratrien und Sippen regionalen Staaten mit ihren Städten und Dörfern Platz machten – durch ein vollkommen patriarchalisches System verfolgen. Die Kenntnis der primitiven italienischen, irischen, walisischen und skandinavischen Mythen hilft, die Reihenfolge festzustellen, da diese im allgemeinen weniger zurechtgestutzt wurden als die griechischen. Auch waren sich, trotz aller Unterschiede der Rasse und des Klimas, die religiösen Systeme des Neolithikums und der Bronzezeit auffallend ähnlich: Sie beruhten alle auf der gleichen mystischen Beziehung zwischen der Mondgöttin und ihren Söhnen, die anfangs alle Mitglieder ihrer verschiedenen totemistischen Bruderschaften waren.

Ich habe die folgende historische Hypothese, teils unorthodox und offen für Verbesserungen, aber in Einklang mit der modernen archäologischen und anthropologischen Forschung aufgestellt. Sie erklärt, so hoffe ich wenigstens, einleuchtend die Variationen der mythischen Grundkonzeption.

Das vorgeschichtliche Europa kannte keine männlichen Götter. Die ‹Große Göttin› allein wurde als unsterblich, unveränderlich und allmächtig betrachtet; der Begriff Vaterschaft war noch nicht in die religiöse Gedankenwelt aufgenommen worden. Die ‹Große Göttin› hatte zwar Liebhaber, aber nur zu ihrem Vergnügen, nicht, um ihren Kindern einen Vater zu geben. Die Menschen fürchteten die Stammesmutter, beteten sie an und gehorchten ihr; der Herd, den sie in einer Hütte oder einer Höhle hütete, war das Zentrum frühesten gesellschaftlichen Lebens. Das Urmysterium war die Mutterschaft. So wurde auch immer das erste Opfer der öffentlichen griechischen Opferungen Hestia, der Göttin des Herdes, dargebracht. Ihr weißes gestaltloses Abbild, wahrscheinlich auch ihr meistverbreitetes Wahrbild, war der Omphalos oder Nabelstein in Delphi. Ursprünglich stellte er wohl den Haufen weißer Asche dar, der die glühende Holzkohle bedeckte. Es war dies die beste Art, Feuer ohne Rauch zu bewahren. Nicht nur der Mond, sondern auch die Sonne (nach der griechischen Hemera oder der irischen Grainne zu urteilen) waren himmlische Symbole der Göttin. Doch im frühen griechischen Mythos gab die Sonne dem Monde den Vorrang. Diesem wurde die Kraft, den Feldern Wasser zu geben oder vorzuenthalten, zugesprochen.

Zunehmender Mond, Vollmond und abnehmender Mond erinnern an die drei Lebensabschnitte der ‹Matriarchin›: Mädchen, Nymphe (mannbare Frau) und Altes Weib. Da der Jahreslauf der Sonne in ähnlicher Weise an den Anstieg und Abfall ihrer Kräfte erinnert – Frühling das Mädchen, Sommer die Nymphe und Winter das Alte Weib – wurde die Göttin mit den jahreszeitlich bedingten Veränderungen im Tier- und Pflanzenreich identifiziert. Später konnte sie noch als eine andere Triade erkannt werden: das Mädchen der oberen Luft, die Nymphe der Erde und des Meeres und das Alte Weib der Unterwelt, verkörpert in Selene, Aphrodite und Hekate. Diese mystischen Analogien führten zur Heiligkeit der Zahl drei. Die Mondgöttin konnte diese Zahl in sich zur neun potenzieren, da jede der drei Gestalten – Mädchen, Nymphe und Altes Weib – in Dreiheit erschien, um ihre Göttlichkeit zu zeigen. Ihre Anbeter vergaßen niemals ganz, daß es nicht drei Göttinnen gab, sondern nur eine. Auf dem arkadischen Stymphalos, einem der wenigen erhaltenen Altäre aus dem Klassischen Zeitalter, tragen sie alle den gleichen Namen: Hera.

Sobald aber der Zusammenhang zwischen Beilager und Schwangerschaft offiziell zugegeben wurde – ein Bericht über diesen Wendepunkt in der Religion erscheint in der hethitischen Sage vom einfältigen Appu (H. G. Güterbock, ‹Kumarbi›, 1946) –, verbesserte sich auch die religiöse Stellung des Mannes. Nicht länger wurde Winden und Flüssen die Schwängerung der Frauen zugeschrieben. Die Stammesnymphe oder Königin wählte aus ihrem Gefolge junger Männer den Liebhaber für ein Jahr, um ihn dann, bei Jahresende, zu opfern: Er war eher ein Symbol der Fruchtbarkeit als der Gegenstand ihrer Lust. Sein Blut wurde versprengt, um Bäume, Getreide und Vieh zu befruchten, und sein Fleisch wahrscheinlich roh vom Nymphengefolge der Königin verzehrt. Die Nymphen waren Priesterinnen. Sie trugen Masken von Hündinnen, Stuten und Säuen. Die Prinzgemahle hatten nur dann Befehlsgewalt, wenn ihnen die Erlaubnis der Königin zuteil wurde, deren magische Gewänder zu tragen. So begann das Heilige Königtum, und obwohl die Sonne das Symbol der männlichen Fruchtbarkeit wurde — des Königs Leben war ja mit ihrem Lauf durch die Jahreszeiten identifiziert worden —, so blieb sie doch unter der Aufsicht des Mondes; wie auch der König, wenigstens theoretisch, noch lange nach der matriarchalischen Ära unter der Leitung der Königin blieb: Thessalische Hexen pflegten, im Namen des Mondes, der Sonne mit Untergang in ewiger Nacht zu drohen (Apuleius, ‹Metamorphosen› III. 16).

Die primitivste matrilineare Gesellschaft, die sich bis heute gehalten hat, ist die der Nagas im Süden Indiens. Bei diesen gebären die Prinzessinnen, obzwar Knaben-Gatten angetraut, von denen sie sich alsbald scheiden lassen, Kinder von Liebhabern ohne besonderen Rang oder Stand. Gleiche Bräuche überleben bei dem matrilinearen Kom-Stamm im Kamerun. Auch die königlichen Frauen des prähellenischen Griechenlands fanden nichts dabei — wenn wir nicht die Hundert-Häuser der Lokrer als Ausnahme betrachten wollen —, Liebhaber aus den Reihen der Leibeigenen zu nehmen.

Anfangs wurde die Zeit nach Mondzyklen berechnet, und jede wichtige Zeremonie fand bei einer bestimmten Phase des Mondes statt; die Sonnenwenden und die Tagundnachtgleichen wurden nicht genau festgelegt, sondern dem nächsten Neu- oder Vollmond angenähert. Die Zahl sieben erwarb eine seltsame Heiligkeit, denn der König starb am siebenten Vollmond nach dem kürzesten Tag. Selbst als es nach sorgsamen astronomischen Beobachtungen klar wurde, daß das Sternenjahr 364 Tage und einige Stunden hatte, wurde es in Monate — d. h. Mondzyklen — und nicht in Fraktionen des Sonnenzyklus aufgeteilt. Die Siebentagewoche war eine Einheit des 28-Tage-Mondmonates. Dieses System führte zu einer noch engeren Identifikation der Frau, deren Monatszyklus gewöhnlich 28 Tage beträgt, mit dem Mond. Und da das 364-Tage-Jahr genau durch 28 teilbar ist, konnte man die jährliche Folge der Volksfeste entsprechend diesen Mondmonaten einteilen. Auf diese Weise hatte das Jahr dreizehn Monate und, da der dreizehnte Monat der Todesmonat der Sonne war, verlor die Zahl dreizehn für die Abergläubischen niemals ihren üblen Ruf. Die Tage der Woche unterlagen der Aufsicht der Titanen: den Geistern der Sonne, des Mondes und der bis dahin entdeckten fünf Planeten. Die Titanen waren der Göttin, der Schöpferin, für die Himmelskörper verantwortlich. Dieses System ist wahrscheinlich im matriarchalischen Sumer entwickelt worden.

So wanderte die Sonne durch dreizehn monatliche Stationen, die bei der Wintersonnenwende, wenn die Tage nach ihrer langen herbstlichen Abnahme wieder länger wurden, begannen. Der überzählige Tag des Erdjahres lag zwischen dem letzten und ersten Monat. Er wurde der wichtigste unter den 365 Tagen, der Tag, an dem die Stammesnymphe den geweihten König, für gewöhnlich den Sieger in einem Wettlauf, in einem Ringkampf oder im Bogenschießen, erwählte. Der Mondkalender machte etliche Wandlungen durch: In manchen Gebieten scheint der überschüssige Tag nicht nach der Wintersonnenwende eingeschaltet worden zu sein, sondern zu einem anderen ‹Neujahr›-Zeitpunkt.

Die frühgriechische Mythologie beschäftigte sich vor allem mit der Beziehung zwischen der Königin und ihren Liebhabern. Sie beginnt mit deren jährlicher oder halbjährlicher Opferung und endet mit der Zeit, in der die *‹Ilias›* geschrieben wurde und die Könige sich rühmten: ‹Wir sind weit besser als unsere Väter!›, und mit der vollständigen Verdunklung des Königinnentums durch eine totale männliche Monarchie. Zahlreiche afrikanische Analogien illustrieren die einander folgenden Stadien dieses Wechsels: Sie reichen von den oben genannten matrilinearen Koms und den ostafrikanischen Baganda, deren König noch seinen Thron mit seiner Schwester teilt und dessen Ernährung von der Königin-Mutter abhängig ist, bis zu den nordafrikanischen Monarchien, in denen des Königs Frauen im Harem gefangengehalten werden.

Griechischer Mythos als politisch-religiöse Geschichte

Ein großer Teil des griechischen Mythos ist politisch-religiöse Geschichte. Bellerophon, zum Beispiel, bezwingt Pegasos und tötet die Chimaira. In einer anderen Fassung der gleichen Legende fliegt Perseus durch die Luft und enthauptet die Mutter des Pegasos, die Gorgo Medusa, ähnlich wie Marduk, ein babylonischer Held, das weibliche Monstrum Tiamat, die Göttin des Meeres, tötet. Der Name Perseus sollte eigentlich *Pterseus*, ‹der Zerstörer›, geschrieben werden; er war nicht, wie KARL KERÉNYI vermutet, der Prototyp einer Todesfigur, sondern stellte wahrscheinlich die patriarchalischen Hellenen dar, die im frühen 2. Jahrtausend v. Chr. Griechenland und Kleinasien überrannt hatten und die Macht der Dreifachen Göttin bedrohten. Pegasos war ihr geweiht, weil das Pferd mit seinen mondförmigen Hufen bei den Zeremonien des ‹Regenmachens› und bei der Krönung der Heiligen Könige eine Rolle spielte; seine Flügel waren mehr für seine himmlische Natur als für seine Geschwindigkeit symbolisch. JANE HARRISON hat darauf hingewiesen (‹*Prolegomena to the Study of Greek Religion*›, Kapitel V), daß Medusa einst selber die Göttin war, die sich hinter einer schützenden Gorgonenmaske verbarg: ein grauenhaftes Antlitz, das den Profanen vor dem Eindringen in ihre Mysterien warnen sollte. Perseus enthauptet Medusa, d. h. die Griechen überrannten die Altäre der Göttin, entkleideten die Priesterinnen ihrer Gorgonenmasken und nahmen Besitz vom heiligen Pferde. Eine frühe Darstellung der Göttin mit einem Gorgonenhaupt und dem Körper einer Stute ist in Boiotien gefunden worden. Bellerophon, der Doppelgänger des Perseus, tötete die lykische Chimaira, d. h. die Hellenen hoben den alten medusischen Kalender auf und ersetzten ihn durch einen anderen.

Ebenso scheint die Vernichtung des Python zu Delphi durch Apollon die Eroberung des Schreines der kretischen Erdgöttin durch die Achaier darzustellen, so auch Apollons Versuch, Daphne zu vergewaltigen, eine Absicht, die durch Hera vereitelt wurde, die die Nymphe in einen Lorbeerbaum verwandelte. Die moderne Psychoanalyse hat versucht, Daphnes Flucht als die Furcht eines jungen Mädchens vor dem Sexualakt zu symbolisieren. Indes war Daphne alles andere als eine verschreckte Jungfrau. Der Name Daphne ist eine Zusammenziehung von *Daphoine*, ‹die Blutige›. Sie war die orgiastische Göttin, deren Priesterinnen, die Mainaden, Lorbeerblätter als ein Rauschgift kauten und bei jedem Vollmond hinausstürmten, um ahnungslose Reisende zu überfallen und Kinder oder junge Tiere in Stücke zu reißen. Diese Mainadenverbände wurden von den Hellenen unterdrückt, und nur die Lorbeerhaine zeugten noch von Daphoines einstiger Kulthoheit. Das Kauen von Lorbeerblättern aber war fortan der prophetischen Pythia vorbehalten, die Apollon in seinem Dienste zu Delphi hielt. Für alle anderen war es ein Tabu, bis in die Zeit der Römer.

Schwächung der matriarchalischen Tradition

Die hellenischen Invasionen des frühen 2. Jahrtausends v. Chr., gewöhnlich die aiolische und ionische genannt, scheinen weniger zerstörend gewesen zu sein als die achaiische und dorische, denen sie vorangingen. Kleine bewaffnete Hirtenbanden, welche die arische Gottesdreiheit – Indra, Mitra und Varuna – anbeteten, überquerten den eine natürliche Grenze bildenden Berg Othrys und schlossen sich recht friedsam den vorhellenischen Siedlungen in Thessalien und Mittelgriechenland an. Sie wurden als Kinder der einheimischen Göttin aufgenommen, und sie gaben ihr Heilige Könige. So vereinigte sich eine männliche, militärische Aristokratie mit der weiblichen Theokratie, nicht nur in Griechenland, sondern auch in Kreta, wo die Hellenen gleichfalls Fuß gefaßt und von wo sie kretische Zivilisation nach Athen und dem Peloponnes gebracht hatten. Allmählich wurde im ganzen aigaiischen Gebiet griechisch gesprochen; und zur Zeit des HERODOT ließ sich nur ein einziges Orakel in einer prähellenischen Sprache vernehmen. (HERODOT VIII, 134-135). Der König trat als Vertreter des Zeus oder Poseidon oder Apollon auf und nannte sich mit dem einen oder anderen ihrer Namen, obwohl sogar Zeus durch Jahrhunderte nur ein Halbgott und nicht eine unsterbliche olympische Gottheit gewesen war. Alle frühen Mythen über Vergewaltigung von Nymphen durch den Gott beziehen sich anscheinend auf Heiraten zwischen hellenischen Stammesfürsten und den einheimischen Priesterinnen des Mondes, wogegen Hera, die hier den religiösen Konservatismus symbolisiert, erbittert Widerstand leistete.

Als die Kürze der Herrschaft des Königs sich als lästig erwies, kam man überein, das Dreizehn-Monate-Jahr zu einem Großen Jahr von einhundert Mondzyklen, an dessen Ende die Sonnen- und Mondzeit fast zusammenfallen, zu verlängern. Aber da die Felder und Ernten noch immer befruchtet werden mußten, war der König bereit, jährlich einen scheinbaren Tod zu erleiden und seine Oberherrschaft für einen Tag — den Schalttag, der außerhalb des heiligen Sternjahres lag — dem Ersatz-Knaben-König oder *interrex*, der am Ende des Tages sterben mußte und dessen Blut für die Besprengungszeremonie verwendet wurde, zu übergeben. Nun regierte entweder der Heilige König für den ganzen Zeitraum eines Großen Jahres, mit einem symbolischen Zwilling als seinem Stellvertreter, oder die beiden regierten abwechselnd je ein Jahr, oder die Königin ließ sie das Königinnentum aufteilen und zur gleichen Zeit regieren. Der König vertrat die Königin bei vielen sakralen Funktionen, gekleidet in ihre Gewänder. Er trug falsche Brüste, hielt ihre Mondaxt als Symbol der Macht und übte stellvertretend sogar die magische Kunst des Regenmachens aus. Die Umstände seines rituellen Todes änderten sich vielfach. Aber sterben mußte er. Ein neuer Abschnitt war erreicht, als an Stelle der Knaben Tiere zum Opferaltar geführt wurden und die Könige sich nach ihrer verlängerten Regierungszeit zu sterben weigerten. Sie regierten nun für einen weiteren Zeitraum. Das Große Jahr war ein Größeres Jahr geworden.

Während dieser einander folgenden Entwicklungsstufen, die sich in zahlreichen Mythen widerspiegeln, konnte der Heilige König seine Stellung nur durch seine Heirat mit der Nymphe des Stammes halten. Der Thron blieb matrilinear, bis endlich ein wagemutiger König beschloß, die Erbin, die als seine Tochter galt, zu heiraten und so ein neues Recht auf den Thron gewann.

Achaiische Invasionen im 13. Jahrhundert v. Chr. schwächten weiterhin die matrilineare Tradition. Es scheint, daß es nun dem König gelang, für die Dauer seines Lebens zu regieren. Mit der Ankunft der Dorer gegen Ende des 2. Jahrtausends war das patriarchalische Königtum Regel geworden. Der Prinz verließ nicht mehr seines Vaters Haus, um eine fremde Prinzessin zu heiraten; sie kam zu ihm, ein Schritt, zu dem auch Odysseus Penelope überredet hatte. Die Genealogie wurde patrilinear, obwohl ein Vorfall auf Samos, erwähnt in PSEUDO-HERODOTS ‹Leben des Homer›, zeigt, daß noch einige Zeit nachdem die Apatoria, das Fest der ‹Männlichen Verwandtschaft›, das Fest der ‹Weiblichen Verwandtschaft› ersetzt hatte, die Riten aus Opfern an die Muttergöttin bestanden. Männer waren dabei nicht zugelassen.

Die Olympier und das Ende des echten Mythos

Das uns bekannte olympische System wurde dann als ein Vergleich zwischen den hellenischen und den prähellenischen Vorstellungen angenommen. Es bestand aus einer Familie von sechs Göttern und sechs Göttinnen, denen Zeus und Hera gleichberechtigt vorstanden und die einen Rat der Götter nach babylonischer Art bildeten. Aber nach einem Aufstand der prähellenischen Bevölkerung, der in der *‹Ilias›* als eine Verschwörung gegen Zeus beschrieben wird, wurde Hera diesem untertänig. Athene erklärte sich ganz ‹für den Vater›, und Dionysos festigte die männliche Vorherrschaft im Götterrat durch Verdrängung Hestias. Doch wurden die Göttinnen, obzwar nun in der Minderheit, niemals – wie in Jerusalem – gänzlich verdrängt; denn die verehrten Dichter HOMER und HESIOD hatten ‹den Göttern ihre Titel gegeben und deren verschiedene Sphären und besondere Kräfte beschrieben› (HERODOT, II, 53). Es war nicht leicht, sie ihnen wieder zu nehmen. Und wenn auch der Brauch, Frauen königlichen Geblüts unter des Königs Aufsicht gleichsam zu internieren, um damit Außenseitern jede Möglichkeit auf den matrilinearen Thron zu nehmen, allgemein geübt wurde – in Rom das Vestalinnenkloster, in Jerusalem DAVIDS königlicher Harem –, bis Griechenland drang er niemals vor. Die Errichtung des Patriarchats beendete die Periode des echten Mythos; seine Fortsetzung ist die historische Legende, die im Licht der allgemeinen Geschichte verblaßt.

Das Leben solcher Gestalten wie Herakles, Daidalos, Teiresias und Phineus umspannt mehrere Generationen, denn diese waren eher Titel als Namen bestimmter Helden. Mythos ist, wenn auch schwer vereinbar mit Chronologie, immer realistisch: Er beruht stets auf einem gewissen Punkt der Tradition, wie immer auch die Bedeutung beim Erzählen verzerrt wurde. Nehmen wir z. B. die verworrene Geschichte vom Traum des Aiakos, in dem Ameisen, die von einer orakelnden Eiche herabfallen, sich in Männer verwandeln und die Insel von Aigina bevölkern, nachdem Hera sie entvölkert hatte. Hier sind die wichtigsten Punkte: daß die Eiche aus einer dodonischen Eichel gewachsen war; daß die Ameisen thessalische Ameisen waren; und daß Aiakos ein Enkelsohn des Flusses Asopos war. Zusammengenommen ergeben diese Elemente eine kurze Geschichte der Einwanderung nach Aigina gegen das Ende des 2. Jahrtausends v. Chr.

Die Probleme psychoanalytischer Deutung

Trotz einer gewissen Gleichheit im Modell sind alle griechischen Mythen einer mehr oder weniger willkürlichen Deutung unterworfen, solange die Archäologie uns eine genauere Darstellung der Stammeswanderungen in Griechenland und deren Daten schuldig bleibt. Bis dahin ist die geschichtliche und anthropologische Methode die einzig vernünftige. Die Theorie, daß Schimäre, Sphinx, Gorgo, Kentauren und Satyrn blinde Ausbrüche des JUNGschen kollektiven Unterbewußtseins sind, dem niemals eine präzise Bedeutung gegeben wurde oder gegeben werden konnte, ist offensichtlich unrichtig. Daß Zeus, zum Beispiel, die Metis verschlang und daraufhin Athene durch eine Öffnung in seinem Haupte gebar, ist nicht eine ununterdrückbare Phantasie, sondern ein geniales theologisches Dogma, das wenigstens drei widersprechende Ansichten in sich vereinigt:

1. Athene war die parthenogene Tochter der Metis, d. h. die jüngste Person der Triade, welcher Metis, die Göttin der Weisheit, vorstand.
2. Zeus verschlang die Metis; das soll bedeuten, daß die Achaier den Kult der Metis unterdrückten und alle Weisheit dem Zeus, ihrem patriarchalischen Gott, zusprachen.
3. Athene war die Tochter des Zeus; d. h. die Achaier, welche Zeus anbeteten, verschonten den Tempel der Athene unter der Bedingung, daß ihre Anhänger die Oberherrschaft des Zeus annahmen.

Wie Zeus die Metis verschlang und was daraus folgte, wurde wahrscheinlich bildlich an den Wänden eines Tempels dargestellt. Und wie der erotische Dionysos — einst ein parthenogener Sohn der Semele — aus seinem Oberschenkel wiedergeboren wurde, so die intellektuelle Athene aus seinem Kopf.

Wenn manche Mythen auf den ersten Blick verwirrend erscheinen, so darum, weil der Mythograph zufällig oder absichtlich ein heiliges Bild oder einen dramatischen Ritus mißdeutet hat. Ich möchte einen solchen Vorgang ‹Ikonotropie› nennen — Beispiele dafür finden sich in jeder religiösen Literatur, die das Ende einer radikalen Reform alten Glaubens kennzeichnet. Die griechischen Mythen sind voll von solchen ikonotropischen Beispielen. So sind die dreibeinigen Werkstättentische des Hephaistos, die selbständig zu den Götterversammlungen und wieder zurück liefen (‹*Ilias*›, XVIII, 368 ff), nicht eine Prophezeiung des Dreirads, sondern goldene Sonnenscheiben mit je drei Speichen, die anscheinend die Zahl der ‹Drei-Jahreszeiten›-Jahre darstellen, während der ein ‹Sohn des Hephaistos› auf der Insel Lemnos regieren durfte. Auch das sogenannte ‹Urteil des Paris›, bei dem ein Held aufgefordert wird, zwischen dem rivalisierenden Charme dreier Göttinnen zu entscheiden und seinen Apfel der schönsten zuzusprechen, beschreibt eine archaische rituelle Situation, die zur Zeit HOMERS und HESIODS schon veraltet war. Diese drei Göttinnen sind eine dreifaltige Gottheit: Athene, das Mädchen; Aphrodite, die Nymphe; und Hera, die Alte Frau. Und es ist eher Aphrodite, die Paris den Apfel gibt, als daß sie ihn von ihm empfängt. Dieser Apfel symbolisiert die Liebe, die er sich für den Preis seines Lebens erkauft; er ist der Paß zu den Elysischen Gefilden, den Apfelgärten, zu denen nur den Seelen der Helden Eintritt gewährt wird. Der Apfel als Geschenk kommt auch in irischen und walisischen Mythen vor. Ein Apfel ist die Gabe der drei Hesperiden an Herakles und auch Evas, der ‹Mutter aller Lebenden›, an Adam. Schließlich trägt Nemesis, die Göttin des heiligen Haines, die in späteren Mythen ein Symbol der göttlichen Rache an stolzen Königen wurde, einen mit Äpfeln behängten Ast: ihre Gabe an Helden. Alle Paradiese der neolithischen und der Bronzezeit waren Inseln von Fruchtgärten; Paradies selbst bedeutet ‹Obstgarten›.

Eine echte Wissenschaft des Mythos sollte mit dem Studium von Archäologie, Geschichte und vergleichender Religionswissenschaft beginnen und nicht im Behandlungszimmer des Psychotherapeuten. Griechische Mythologie war in ihrem Inhalt nicht geheimnisvoller als moderne Wahlplakate. Zum größten Teil wurde sie in Gebieten formuliert, die enge politische Bande mit dem minoischen Kreta verknüpften — einem Land, das genügend kultiviert war, um geschriebene Archive, vierstökkige Gebäude mit sanitärer Installation, Türen mit modern wirkenden Schlössern, registrierte Warenzeichen, das Schachspiel, ein allgemeines System von Gewichten und Maßen und einen auf geduldige astronomische Beobachtungen aufgebauten Kalender zu besitzen.

Die Methode

Meine Methode ist es, die verstreuten Elemente jeder einzelnen Mythe in einer harmonischen Erzählung zu sammeln und diese durch weniger bekannte Variationen in ihrer Bedeutung zu unterstützen sowie alle auftauchenden Fragen, so gut ich es kann, in anthropologischen und historischen Begriffen zu beantworten. Daß dies ein allzu ehrgeiziges Vorhaben für einen einzelnen Mythologen ist, dessen bin ich mir voll bewußt. Natürlich werden sich wieder – es wäre nicht das erste Mal – gelehrte Spezialisten finden, die mich in einigen Punkten, die sie als ihre Domäne betrachten, kritisieren werden. Eine verbindliche Gegendarstellung wird indes von ihnen nicht gegeben werden. Sie werden die Bekanntschaft mit dem kleinen Wissensbereich eines anderen ablehnen, selbst dort, wo es für ein besseres Verständnis ihres eigenen Gebietes nötig wäre. Was heute zu fehlen scheint, ist eher zentrifugale als zentripetale Gelehrtheit.

Ich möchte betonen, daß meine Theorie nur die Gebiete umfaßt, deren Mythen ich zitiere, also z. B. nicht China, Mittelamerika oder Indien; daß jede Feststellung, die hier über eine Religion oder einen Ritus des Mittelmeeres getroffen wird, Vermutung bleiben muß, solange keine geschriebenen Berichte auftauchen; daß ich meine Intuition keineswegs als unfehlbar betrachte; daß schließlich, wenn irgend jemand eine Deutung vorbringen kann, die wahrer als meine klingt, ich der erste sein werde, der sie begrüßen wird.

Deyá, Mallorca, Spanien. *R.-G.*

1. DER PELASGISCHE SCHÖPFUNGSMYTHOS

a. Am Anfang war Eurynome, die Göttin aller Dinge. Nackt erhob sie sich aus dem Chaos. Aber sie fand nichts Festes, darauf sie ihre Füße setzen konnte. Sie trennte daher das Meer vom Himmel und tanzte einsam auf seinen Wellen. Sie tanzte gen Süden; und der Wind, der sich hinter ihr erhob, schien etwas Neues und Eigenes zu sein, mit dem das Werk der Schöpfung beginnen konnte. Sie wandte sich um und erfaßte diesen Nordwind und rieb ihn zwischen ihren Händen. Und, siehe da! es war Ophion, die große Schlange. Eurynome tanzte, um sich zu erwärmen, wild und immer wilder, bis Ophion, lüstern geworden, sich um ihre göttlichen Glieder schlang und sich mit ihr paarte. So ward Eurynome vom Nordwind, der auch Boreas genannt wird, schwanger. Dies ist der Grund, warum Stuten oft ihr Hinterteil dem Winde entgegenhalten und trächtig werden ohne Hilfe eines Hengstes [1].

b. Dann nahm Eurynome die Gestalt einer Taube an, ließ sich auf den Wellen nieder und legte zu ihrer Zeit das Weltei. Auf ihr Geheiß wand sich Ophion siebenmal um dieses Ei, bis es ausgebrütet war und aufsprang. Aus ihm fielen all die Dinge, die da sind: Sonne, Mond, Planeten, Sterne, die Erde mit ihren Bergen und Flüssen, ihren Bäumen, Kräutern und lebenden Wesen.

c. Eurynome und Ophion schlugen ihr Heim auf dem Berge Olympos auf. Hier rief er ihren Unwillen hervor, weil er behauptete, der Schöpfer der Welt zu sein. In ihrem Zorn trat sie ihm mit der Ferse auf den Kopf, schlug ihm dabei die Zähne aus und verbannte ihn in die dunklen Höhlen unter der Erde [2].

d. Die nächste Tat der Göttin war die Erschaffung der sieben Planeten. Über jeden setzte sie eine Titanin und einen Titanen. Theia und Hyperion über die Sonne; Phoibe und Atlas über den Mond; Dione und Krios über den Planeten Mars; Metis und Koios über den Planeten Merkur; Themis und Eurymedon über den Planeten Jupiter; Tethys und Okeanos über die Venus; Rhea und Kronos über den Planeten Saturn [3]. Aber der erste Mensch war Pelasgos, Ahnherr der Pelasger, er entsprang dem Boden Arkadiens, gefolgt von anderen, die er lehrte, Hütten zu bauen und Eicheln zu essen. Die Kleidung nähten sie aus Schweinshäuten, wie sie noch heute arme Leute in Euboia und Phokis tragen [4].

1. Plinius, Naturgeschichte IV, 35 und VIII, 67; Homer, Ilias XX, 223.
2. Nur beunruhigende Fragmente dieses prähellenischen Mythos überlebten in der griechischen Literatur; die größten sind Apollonios Rhodios, Argonautica I, 496-505, und Tzetzes, Über Lykophron 1191. Doch ist er in den Orphischen Mysterien enthalten, und kann von folgenden Quellen abgeleitet werden: vom Fragment des Berosus und den phoinikischen Kosmogonien, zitiert von Philo Byblos und Damaskios, von den kanaani-

tischen Elementen des hebräischen Schöpfungsmythos, von HYGINUS (Fabel 197 – s. 62, a), von der boiotischen Legende über die Drachenzähne (s. 58, 5) und von früher ritueller Kunst. Ihr gemeinsamer Opferritus, die Peloria (ATHENAIOS XIV, 45, 639-40), läßt darauf schließen, daß alle Pelasger von Ophion, der eine Pelor oder ‹Riesenschlange› war, abstammten.

3. HOMER, Ilias V, 898; APOLLONIOS RHODIOS II, 1232; APOLLODOROS I, 1, 3; HESIOD, Theogonie 133; STEPHANOS VON BYZANZ unter: *Adana;* ARISTOPHANES, Vögel 692 ff; CLEMENS VON ROM, Kanzelreden VI, 4, 72; PROKLOS über PLATONS Timaios II, S. 307.

4. PAUSANIAS VIII, 1, 2.

1. In diesem archaischen religiösen Weltbild gab es weder männliche Götter noch Priester, sondern nur die Weltgöttin und ihre Priesterinnen. Frauen waren das herrschende Geschlecht und der Mann ihr angsterfülltes Opfer. Vaterschaft wurde nicht gewürdigt und Empfängnis dem Winde, dem Essen von Bohnen oder dem zufälligen Verschlucken eines Insekts zugeschrieben. Die Erbfolge war matrilinear, und Schlangen wurden als Wiedergeburt der Toten betrachtet. Eurynome (‹Weites Wandern›) war der Name der Großen Göttin, die als Mond am Himmel entlangzog. Ihr sumerischer Name war Iahu (‹Erhabene Taube›), ein Titel, der später an Jehova, den Schöpfer, überging.

2. Ophion oder Boreas ist die schöpferische Schlange der hebräischen und ägyptischen Mythologie. In der frühen mediterranen Kunst wird die Große Göttin immer in ihrer Gesellschaft abgebildet. Die erdgeborenen Pelasger, die von sich behaupteten, Ophions Zähnen entsprungen zu sein, sind wahrscheinlich identisch mit den Menschen der ‹bemalten Gefäße› des Neolithikums. Sie kamen um 3500 v. Chr. von Palästina auf das griechische Festland. Die frühen Helladen * – die von Kleinasien über die Kykladen einwanderten – fanden sie 700 Jahre später im Besitze des Peloponnes. Der Ausdruck ‹Pelasger› wurde leichtfertig auf alle prähellenischen Einwohner Griechenlands angewandt. So berichtet EURIPIDES (zitiert von STRABON V, 2, 4), daß die Pelasger den Namen ‹Danaer› annahmen, als Danaos und seine fünfzig Töchter (s. 60, f) nach Argos kamen. Anspielungen auf deren ausschweifendes Betragen (HERODOT VI, 137) beziehen sich wahrscheinlich auf die vorhellenische Sitte der Gruppenheirat. STRABON erzählt im gleichen Absatz, daß diese, die in der Nähe Athens lebten, als Pelargi (‹Störche›) bekannt waren; wahrscheinlich war der Storch der Totemvogel der Pelasger.

3. Die Titanen (‹Fürsten›) und die Titaninnen haben ihr Gegenstück in der frühen babylonischen und palästinensischen Astrologie. Hier waren sie Gottheiten, welche die sieben Tage der geheiligten planetaren Woche regierten. Es ist möglich, daß sie durch die Kanaaniter- oder Hethiterkolonie, die sich im 2. Jahrtausend v. Chr. auf dem Isthmos von Korinth (s. 67, 2) niederließ, oder sogar durch die Frühhelladen in die griechische Mythologie eingeführt wurden. Als der Titanenkult in Griechenland abgeschafft wurde und die Siebentagewoche nicht mehr im offiziellen Kalender erschien, wurde die Anzahl der Titanen von manchen Autoren mit zwölf angegeben, wahrscheinlich, um sie mit

---

* Helladen, helladisch wird im Rahmen dieser Arbeit im Sinne von ‹prähellenisch› gebraucht. (Anm. d. Red.)

den Zeichen des Tierkreises in Übereinstimmung zu bringen. HESIOD, APOLLODOROS,* STEPHANOS VON BYZANZ,** PAUSANIAS u. a. geben unterschiedliche Listen der Namen. In der germanischen Woche, die die Kelten vom östlichen Mittelmeer entlehnt hatten, wurden Sonntag, Dienstag und Freitag statt von Titanen von Titaninnen beherrscht. Vom göttlichen Status der gleichberechtigten Töchter und Söhne des Aiolos (s. 43, 4) und dem Mythos der Niobe (s. 77, 1) her zu urteilen, wurde im prähellenischen Mythos je eine Titanin mit einem Titanen gepaart, offenbar zum Schutze der Interessen der Großen Göttin. Doch schon bald wurden die vierzehn auf eine gemischte Gesellschaft von sieben herabgesetzt. Sie entsprachen den sieben planetaren Mächten. Deren Bedeutung war: Sonne gleich Licht; Mond gleich Verzauberung; Mars gleich Wachstum; Merkur gleich Weisheit; Jupiter gleich Gesetz; Venus gleich Liebe; Saturn gleich Frieden. Die Astrologen des klassischen Griechenlands stimmten mit ihren babylonischen Kollegen überein und sprachen die Planeten dem Helios, der Selene, dem Ares, dem Hermes (oder Apollon), dem Zeus, der Aphrodite und dem Kronos zu. Ihre lateinischen Äquivalente sind noch heute in den französischen, italienischen und spanischen Wochentagen zu erkennen.

4. Zu guter Letzt wurden die Titanen sämtlich von Zeus verschlungen – seine eigene frühere Existenz eingeschlossen. In Analogie hierzu beteten die Juden Jerusalems einen transzendenten Gott an, der aus den sieben planetaren Kräften bestand, eine Anschauung, die in dem siebenarmigen Leuchter und in den ‹Sieben Säulen der Weisheit› symbolisiert wird. Die sieben planetentragenden Säulen, die in der Nähe des sogenannten Pferdegrabes in Sparta errichtet waren, sollen nach PAUSANIAS (III, 20, 9) mit alten Zeichen und Symbolen, ägyptischen vielleicht, die mit den Pelasgern (HERODOT II, 57) auf die griechische Inselwelt gelangt waren, verziert gewesen sein. Der sogenannte Zeus von Heliopolis ist in seinem Charakter ägyptisch. Sein Gewand zeigt vorn eine Abbildung der Planeten und hinten die Bilder der olympischen Gottheiten. Doch durfte der offizielle olympische Kult niemals durch die Mächte der Planeten beeinflußt werden; sie galten als ungriechisch (HERODOT I, 131) und deshalb als unpatriotisch: ARISTOPHANES (‹Friede› 403 ff) ließ Trygalos sagen, daß der Mond und ‹der alte Bösewicht Sonne› einen Plan ausbrüteten, Griechenland zu verraten und es in die Hände der persischen Barbaren zu spielen.

5. Die Feststellung des PAUSANIAS, daß Pelasgos der erste Mensch gewesen sei, ist ein Zeichen für die Fortdauer einer neolithischen Kultur in Arkadien bis in das Klassische Zeitalter hinein.

---

* Bedeutender Gelehrter, lebte zu Athen in der zweiten Hälfte des 2. Jhs. v. Chr. Verfasser einer Verschronik und eines theologisch-philosophischen Werkes ‹Über die Götter›. (Anm. d. Red.)

** Verfasser eines geographischen Lexikons, 6. Jh. n. Chr. (Anm. d. Red.)

2. DER HOMERISCHE UND DER ORPHISCHE SCHÖPFUNGSMYTHOS

a. Bei HOMER heißt es, alle Götter und alle Lebewesen hätten ihren Ursprung im Strome des Okeanos, der die Welt umgürtet, und Tethys sei die Mutter aller seiner Kinder [1].

b. Aber die Orphiker sagen, daß die schwarzgeflügelte Nacht, eine Göttin, vor der selbst Zeus in Ehrfurcht stand [2], vom Wind umworben wurde, und daß sie ein silbernes Ei im Schoße der Dunkelheit legte; und daß Eros, den manche Phanes nennen, diesem Ei entschlüpfte und das All in Bewegung setzte. Eros war zweigeschlechtlich und goldgeflügelt. Manchmal brüllte er mit seinen vier Häuptern wie ein Stier oder ein Löwe, manchmal aber zischte er wie eine Schlange oder blökte wie ein Widder. Seine Mutter, die ihn Erikepaios nannte oder Protogenos Phaëthon [3], lebte mit ihm in einer Höhle. Sie selbst zeigte sich in der Trinität von Nacht, Ordnung und Gerechtigkeit. Vor der Höhle saß die unentrinnbare Mutter Rhea, eine bronzene Trommel rührend, und lenkte des Menschen Aufmerksamkeit auf das Orakel der Göttin. Phanes schuf die Erde, den Himmel, die Sonne und den Mond; aber die Dreifaltige Göttin regierte das All, bis ihr Zepter an Uranos überging [4].

1. HOMER, Ilias XIV, 201.
2. Ebd. XIV, 261.
3. Orphische Fragmente 60, 61, 70.
4. Ebd. 86.

1. HOMERS Mythos ist eine Version der pelasgischen Schöpfungsgeschichte (s. 1, 2), da Tethys wie Eurynome über das Meer herrschte und Okeanos, ebenso wie Ophion, das Universum umgab.

2. Der orphische Mythos ist von einer späteren mystischen Auffassung der Liebe (Eros) und von neuen Anschauungen über das Verhältnis zwischen den Geschlechtern beeinflußt. Das silberne Ei der Nacht bedeutet den Mond. Silber ist das Metall des Mondes. So wie Erikepaios (‹der sich vom Heidekraut Nährende›) ist der Liebesgott Phanes (‹der Offenbarer›) eine laut summende himmlische Biene, ein Sohn der Großen Göttin (s. 18, 4). Der Bienenstock wurde als Beispiel einer idealen Republik studiert, und er bestätigte den Mythos des Goldenen Zeitalters, da der Honig von den Bäumen tropfte (s. 5, b). Ähnlich dem Gebrauch der Pfeifen in den Mysterien schlug man Rheas Bronzetrommel, um die Bienen daran zu hindern, in falsche Plätze zu schwärmen, und um böse Einflüsse abzuhalten. Wie Phaëthon Protogenos (‹der leuchtend Erstgeborene›) ist Phanes die Sonne, die die Orphiker zu einem Symbol des Lichtes machten (s. 28, d). Seine vier Häupter stimmten mit den Tiersymbolen der vier Jahreszeiten überein: Zeus (Widder) als Frühling; Helios (Löwe) als Sommer; Hades (Schlange) als Winter und Dionysos (Stier) als Neujahr.

Mit dem Sieg des Patriarchalismus ging das Zepter der Nacht an Uranos über.

3. DER OLYMPISCHE SCHÖPFUNGSMYTHOS

a. Am Anfang aller Dinge tauchte Mutter Erde aus dem Chaos und gebar im Schlafe ihren Sohn Uranos. Er blickte von den Bergen liebevoll auf sie herab und sprühte fruchtbaren Regen über die geheimen Öffnungen ihres Leibes. Da gebar sie das Gras, die Blumen und die Bäume und auch die Tiere und Vögel, die dazu gehörten. Der gleiche Regen brachte die Flüsse zum Fließen und füllte die Tiefen, so daß Seen und Meere entstanden.

b. Ihre ersten Kinder, die hundertarmigen Riesen Briareos, Gyges und Kottos, waren von halbmenschlicher Gestalt. Nach ihnen kamen die drei wilden, einäugigen Kyklopen Brontes, Steropes und Arges, Meisterschmiede und Erbauer gigantischer Mauern. Erst waren sie in Thrakien ansässig; später zogen sie nach Kreta und Lykien [1]. Odysseus traf ihre Söhne auf Sizilien [2]. Sie selbst aber wurden von Apollon aus Rache für den Tod Asklepios' getötet und ihre Geister in die Höhlen des Vulkans Ätna verbannt.

1. Apollodoros I, 1-2; Euripides, Chrysippos, zitiert von Sextus Empiricus, S. 751; Lucretius I, 250 und II, 991 ff.
2. Homer, Odyssee IX, 106 – 566; Apollodoros III, 10, 4.

1. Dieser patriarchalische Uranos-Mythos gewann im olympischen religiösen System offizielle Anerkennung. Uranos, dessen Name die Bedeutung ‹Himmel› zukam, scheint seine Position als Urvater durch Gleichsetzung mit dem Hirtengott Varuna aus der arischen männlichen Dreifaltigkeit gewonnen zu haben; sein griechischer Name ist die männliche Form von *Ur-ana* (‹Königin der Berge›, ‹Königin des Sommers›, ‹Königin der Winde› oder ‹Königin der wilden Ochsen›). Die Heirat des Uranos mit Mutter Erde symbolisiert eine frühe hellenische Invasion in Nordgriechenland, die es den Anhängern Varunas erlaubte zu behaupten, daß er die Eingeborenenstämme, die sie dort vorfanden, gezeugt hätte. Doch anerkannten sie ihn auch als Sohn der Mutter Erde. Eine Variante dieses Mythos wird von Apollodoros berichtet: Erde und Himmel gingen in tödlichem Hader voneinander, wurden aber dann wieder in Liebe vereint. Dies wird auch von Euripides (‹Melanippe, die Weise›, Fragment 484, ed. Nauck) und Apollonios Rhodios (‹*Argonautica*› I, 494) erwähnt. Dieser tödliche Streit muß sich auf den Zusammenstoß zwischen dem patriarchalen und dem matriarchalen Prinzip – verursacht durch die hellenische Invasion – beziehen. Gyges (‹Erdgeboren›) hat noch eine andere Form, und zwar *Gigas* (‹Riese›). Riesen werden im griechischen Mythos mit den Bergen Nordgriechenlands in Verbindung gebracht. Briareos (‹Stark›) wurde auch Aigaion (‹*Ilias*›*I*, 403) genannt. Es könnte daher sein, daß sein Volk die Lybio-Thraker waren. Deren Ziegengöttin Aigis (s. 8, 1) gab dem Aigaiischen Meer seinen Namen. Kottos war der eponyme (namengebende) Vorfahr der Kotter, die die orgiastische Kotytto anbeteten und ihren Kult von Thrakien über das ganze nordwestliche Europa verbreiteten. Diese Stämme wurden ‹hundertarmig› genannt, viel-

leicht, weil ihre Priesterinnen in Kollegien von fünfzig, ähnlich wie die Danaiden und Nereiden, organisiert waren; vielleicht, weil ihre Männer, ähnlich wie die frühen Römer, in Kriegerbanden von hundert zusammengefaßt waren.

2. Es ist anzunehmen, daß die Kyklopen eine Gilde frühhelladischer Bronzeschmiede waren. *Kyklops* bedeutet ‹ringäugig›; wahrscheinlich tätowierten sie sich konzentrische Ringe auf ihre Stirne zu Ehren der Sonne, der Quelle ihrer Feuer. Diese Tätowierung konnte bei den Thrakern noch bis in das Klassische Zeitalter (s. 28, 2) gefunden werden. Konzentrische Ringe sind auch ein Teil des Geheimnisses der Schmiedekunst: Um Schüsseln, Helme oder rituelle Masken auszuklopfen, behalf sich der Schmied mit solchen Kreisen, die er mit einem Zirkel um den Mittelpunkt der Scheibe, an der er arbeitete, zog. Die Kyklopen waren auch in dem Sinne, daß Schmiede oft ein Auge mit einem Lappen gegen fliegende Funken schützten, einäugig. Später wurde ihre Identität vergessen; phantasievoll setzten die Mythographen ihre Geister in die Höhlen des Ätna, um das Feuer und den Rauch, die aus dem Krater hervorkamen, zu erklären (s. 35, 1). Es bestand eine enge kulturelle Verbindung zwischen Thrakien, Kreta und Lykien; wahrscheinlich waren die Kyklopen in all diesen Ländern zu Hause. Frühhelladische Kultur breitete sich auch nach Sizilien aus; doch ist es gut möglich, daß die sizilische Komposition der *‹Odyssee›* die Gegenwart der Kyklopen dort erklärt (s. 170, b). Die Namen Brontes, Steropes und Arges (‹Donner›, ‹Blitz› und ‹Glanz›) sind spätere Erfindungen.

4. ZWEI PHILOSOPHISCHE SCHÖPFUNGSMYTHEN

a. Manche sagen, daß zuerst Dunkelheit war und daß Chaos der Dunkelheit entsprang. Aus der Paarung von Dunkelheit und Chaos entsprangen die Nacht, der Tag, Erebos und die Luft.

Aus der Paarung der Nacht mit Erebos entsprangen Verderben, Alter, Tod, Mord, Entsagung, Schlaf, Träume, Zwietracht, Elend, Ärger, Nemesis, Freude, Freundschaft, Mitleid, die drei Schicksalsgöttinnen und die drei Hesperiden.

Aus der Paarung von Luft und Tag entsprangen Mutter Erde, der Himmel und das Meer.

Aus der Paarung zwischen Luft und Mutter Erde entsprangen Schreck, Handwerk, Zorn, Hader, Lügen, Flüche, Rache, Maßlosigkeit, Streit, Vertrag, Vergessen, Furcht, Stolz, Schlacht; auch Okeanos, Metis und die anderen Titanen, Tartaros und die drei Erinyen oder Furien.

Aus der Paarung von Erde und Tartaros entsprangen die Riesen.

b. Aus der Paarung des Meeres und seiner Flüsse entsprangen die Nereiden. Aber noch gab es keine sterblichen Menschen. Da formte sie Prometheus, Sohn des Iapetos, mit der Zustimmung der Göttin Athene, den Göttern ähnlich. Er verwendete Lehm und Wasser aus Panapeus in Phokis, und Athene atmete Leben in sie [1].

c. Andere wieder sagen, daß der Gott aller Dinge — wer immer er auch gewesen sein mag, denn manche nennen ihn Natur — plötzlich im Chaos erschien und die Erde vom Himmel, das Wasser von der Erde und die obere Luft von der unteren trennte. Nachdem er die Elemente entwirrt hatte, gab er ihnen die noch heute gültige Ordnung. Er teilte die Erde in Zonen, von denen manche sehr heiß, manche sehr kalt und andere wieder gemäßigt waren. Und er formte Ebenen und Berge und bekleidete sie mit Gras und Bäumen. Darüber setzte er die Wölbung des Firmaments, besät mit glitzernden Sternen. Den vier Winden wies er ihre Posten zu. Er bevölkerte die Gewässer mit Fischen, die Erde mit Tieren, und den Himmel füllte er mit der Sonne, dem Mond und den fünf Planeten. Und zuletzt erschuf er den Menschen — der allein unter allen Lebewesen sein Antlitz zum Himmel erhebt und die Sonne, den Mond und die Sterne beobachtet —, falls es nicht doch wahr ist, daß Prometheus, der Sohn des Iapetos, des Menschen Körper aus Wasser und Lehm formte und daß wandernde göttliche Elemente, die aus der Zeit der Ersten Schöpfung[2] stammten, die Seele beisteuerten.

1. HESIOD, Theogonie 211-32; HYGINUS, Fabeln, Einl.; APOLLODOROS I, 7, 1; LUKIAN, Prometheus auf dem Kaukasus 13; PAUSANIAS X, 4, 3.
2. OVID, Metamorphosen I – II.

1. In HESIODS ‹Theogonie› — auf die sich die erste dieser philosophischen Mythen stützt — ist die Reihe der abstrakten Begriffe durch Nereiden, Titanen und Riesen, die er miteinschließen zu müssen glaubte, durcheinandergebracht. Sowohl die drei Schicksalsgöttinnen wie auch die drei Hesperiden sind die Dreifaltige Mondgöttin in ihrer Rolle als Göttin des Todes.

2. Der zweite Mythos, der sich nur bei OVID findet, war von den späten Griechen aus dem babylonischen Gilgamesch-Epos übernommen worden. Dessen Einleitung berichtet, wie die Göttin Aruru den ersten Menschen Eabani aus einem Stück Lehm schuf. Aber obwohl durch viele Jahrhunderte Zeus der Herr der Welt gewesen war, sahen sich die Mythographen gezwungen einzugestehen, daß der ‹Schöpfer› aller Dinge möglicherweise eine ‹Schöpferin› gewesen sein könnte.

3. Griechische Philosophen unterschieden zwischen den Menschen des Prometheus und der unvollkommenen Schöpfung, welche die Erde hervorgebracht hatte. Ein Teil von ihr war von Zeus zerstört, der Rest in der Deukalionischen Flut hinweggeschwemmt worden (s. 38, c). Fast die gleiche Unterscheidung wird in der *Genesis VI, 2 – 4* zwischen den ‹Söhnen Gottes› und den ‹Töchtern der Menschen›, die sie heirateten, gemacht.

5. DIE FÜNF ZEITALTER DER MENSCHHEIT

a. Manche bestreiten, daß Prometheus die Menschen schuf oder gar, daß irgendein Mensch den Zähnen einer Schlange entsprang. Sie sagen, daß die Erde sie, besonders aus dem Boden Attikas, als die besten ihrer Früchte spontan gebar[1] und daß Alalkomeneus der erste Mensch war, der – in der Nähe des Kopais-Sees in Boiotien – erschien, ehe es noch den Mond gab. Er wurde der Ratgeber des Zeus, als dieser mit Hera stritt, und der Erzieher der Athene, als diese noch ein Mädchen war[2].

b. Diese Menschen waren die sogenannte Goldene Rasse, Untertanen des Kronos. Sie lebten ohne Sorge und Arbeit; sie aßen nur Eicheln, wilde Früchte und Honig, der von den Bäumen tropfte, und tranken die Milch der Schafe und Ziegen. Sie alterten nie und tanzten und lachten viel; für sie war der Tod ebensowenig ein Schrecken wie der Schlaf. Sie alle sind nicht mehr. Aber ihre Seelen überlebten sie als Geister glücklicher, ländlicher Zufluchtsorte, als Spender von Glück und als Hüter der Gerechtigkeit.

c. Als nächstes kam eine Silberne Rasse, die sich von Brot ernährte. Auch sie war eine Schöpfung der Götter. Die Männer waren ihren Müttern gänzlich untertan und wagten es nicht, ihnen den Gehorsam zu verweigern, selbst wenn sie hundert Jahre alt waren. Sie waren streitsüchtig und unwissend und opferten niemals den Göttern, doch bekämpften sie einander nicht. Zeus vernichtete sie alle.

d. Danach kam eine Bronzene Rasse, die wie Früchte von der Esche fielen. Sie trugen Bronzewaffen, aßen sowohl Fleisch als auch Brot und fanden Freude am Krieg: Sie waren dreist und mitleidslos. Der Schwarze Tod raffte sie alle hinweg.

e. Die vierte Menschenrasse war ebenfalls bronzen, aber edler und großzügiger, da sie von den Göttern mit sterblichen Müttern gezeugt worden waren. Sie kämpften glorreich bei der Belagerung von Theben, auf der Argonautenfahrt und im Trojanischen Krieg. Sie sind Heroen und bewohnen die Elysischen Gefilde.

f. Die fünfte Rasse ist die Eisenrasse unserer Tage, wertlose Abkömmlinge der vierten Rasse. Sie ist entartet, grausam, ungerecht, böswillig, unzüchtig, ohne Achtung vor den Eltern und verräterisch[3].

1. Platon, Menexenos 6 – 7.
2. Hippolytus, Refutatio Omnium Heresium V, 6, 3; Eusebius, Praeparatio Evangelica III, 1, 3.
3. Hesiod, Werke und Tage 109-201, mit Scholien.

1. Alalkomeneus (‹Hüter›) ist eine erfundene Persönlichkeit, die männliche Form von Alalkomeneis, Athenes Titel (‹*Ilias*› IV, 8) als Hüterin Boiotiens. Er diente als Zeichen des patriarchalen Dogmas: daß keine Frau, nicht einmal

eine Göttin, ohne männliche Anleitung weise sein kann und daß die Mondgöttin wie der Mond selbst späte Schöpfungen des Zeus sind.

2. Der Mythos des Goldenen Zeitalters entsprang einer Tradition der Stammesanbetung der Bienen-Gottheit; doch war die Grausamkeit ihrer Herrschaft im vorlandwirtschaftlichen Zeitalter in Hesiods Tagen bereits vergessen. Alles, was übrigblieb, war die idealistische Überzeugung, daß Menschen einst harmonisch wie die Bienen (s. 2, 2) miteinander gelebt hätten. Auch der Mythos der Silbernen Rasse spiegelt matriarchale Zustände wider – so wie man sie im Klassischen Zeitalter bei den Pikten und den Moisynoichern, die um das Schwarze Meer lebten (s. 151, e), finden konnte. Bei diesen waren die Männer noch das verachtete Geschlecht, obwohl die Landwirtschaft schon eingeführt und Kriege selten waren. Die dritte Rasse waren die frühesten hellenischen Eroberer: Hirten der Bronzezeit, die den Kult der Esche, die das Wahrzeichen der Göttin und ihres Sohnes Poseidon (s. 6, 4 und 57, 1) war, angenommen hatten. Die vierte Rasse war die der Kriegerkönige des mykenischen Zeitalters. Die fünfte Rasse waren die Dorer des 12. Jahrhunderts v. Chr., die eiserne Waffen verwendeten und die die mykenische Zivilisation zerstörten.

6. DIE ENTMANNUNG DES URANOS

a. Uranos zeugte mit Mutter Erde die Titanen, nachdem er seine aufständischen Söhne, die Kyklopen, in den Tartaros geworfen hatte. Dies ist ein finsterer Ort in der Unterwelt, der so weit von der Erde liegt wie die Erde vom Himmel; ein fallender Amboß würde neun Tage brauchen, um seinen Grund zu erreichen. Auf Rache sinnend verleitete Mutter Erde die Titanen, den Vater anzugreifen. Geführt von Kronos, dem jüngsten der sieben, den die Mutter mit einer Sichel aus Feuerstein bewaffnet hatte, überraschten sie Uranos im Schlafe. Und mit der steinernen Sichel entmannte der erbarmungslose Kronos den Uranos. Er faßte des Vaters Genitalien mit der linken Hand (die seit jener Zeit immer als Hand des bösen Omens gilt) und warf sie, zusammen mit der Sichel, in das Meer bei Kap Depranon. Doch die Blutstropfen, die aus der Wunde flossen, fielen auf Mutter Erde, und sie gebar die drei Erinyen – Alekto, Tisiphone und Megaira –, Furien, die Vatermord und Meineid rächen. Auch die Nymphen der Esche, genannt Meliai, entsprangen diesem Blute.

b. Die Titanen befreiten dann die Kyklopen aus dem Tartaros und sprachen die Oberherrschaft über die Erde dem Kronos zu.

Kaum fand sich aber Kronos im Besitze der Macht, verbannte er die Kyklopen, zusammen mit den Hundertarmigen, wieder in den Tartaros und regierte, nachdem er seine Schwester Rhea zur Frau genommen hatte, in Elis[1].

1. Hesiod, Theogonie 133 ff und 616 ff; Apollodoros I, 1, 4 f; Servius über Vergils Aeneis V, 801.

1. Hesiod, der diese Sage überliefert, war ein Abkömmling der Bewohner Kadmeias; diese kamen wahrscheinlich nach dem Zusammenbruch des hethitischen Reiches aus Kleinasien (s. 58, 5) und brachten die Geschichte der Entmannung des Uranos mit. Es ist jedoch bekannt, daß diese Sage nicht hethitischen Ursprunges ist, da eine frühere, churritische * (horitische) Fassung entdeckt wurde. Hesiods Fassung bezieht sich wahrscheinlich auf ein Bündnis der verschiedenen prähellenischen Siedler Süd- und Mittelgriechenlands, die Anhänger des Titanenkults waren, gegen die frühen hellenischen Eindringlinge aus dem Norden. Ihr Kampf war erfolgreich, doch beanspruchten sie die Oberherrschaft über die nördlichen Ureinwohner, die durch sie befreit worden waren.

2. Die späten Griechen lasen ‹Kronos› als *Chronos*, den ‹Vater Zeit› mit seiner unbarmherzigen Sichel. Er wird wie Apollon, Asklepios, Saturn und der frühe britische Gott Bran mit einer Krähe abgebildet; Kronos bedeutet wahrscheinlich ‹Krähe›, wie das lateinische *cornix* und das griechische *corōne*. Die Krähe war ein Vogel des Orakels, von dem man glaubte, daß er die Seele des geopferten Heiligen Königs in sich aufnahm (s. 25, 5 und 50, 1).

3. Die drei Erinyen oder Furien, die den Blutstropfen des Uranos entsprangen, waren die Dreifaltige Göttin selbst. Während der Opferung des Königs, die ja der Fruchtbarkeit der Getreidefelder und Obstgärten dienen sollte, trugen ihre Priesterinnen drohende Gorgonenmasken, um den profanen Besucher abzuschrecken. Es scheint, daß die Genitalien des Uranos ins Meer geworfen wurden, um die Fische zur Vermehrung zu ermutigen. Die Mythographen glaubten, daß die rachsüchtigen Erinyen Zeus gewarnt hätten, Kronos nicht mit der gleichen Sichel zu entmannen. Es war ursprünglich ihre Aufgabe, nur Unrecht an einer Mutter oder an einem Hilfesuchenden, der um den Schutz der Göttin des Herdes bat, zu rächen (s. 105, k; 107, d; 113, a), nicht aber Unrecht, das an einem Vater begangen wurde.

4. Die Eschennymphen sind die drei Furien in einer gnädigeren Stimmung. Der Heilige König war der Esche, die ursprünglich in den Regenzeremonien verwendet wurde (s. 57, 1), geweiht. In Skandinavien war die Esche der magische Baum schlechthin; die drei Nornen oder Schicksalsgöttinnen sprachen Recht unter der Esche. Odin verwandelte sie, als er die Vaterschaft über alle Menschen antrat, in sein magisches Roß. Die ersten Regenmacher in Griechenland waren wohl Frauen.

7. DIE ENTTHRONUNG DES KRONOS

a. Kronos heiratete seine Schwester Rhea, der die Eiche geweiht ist[1]. Doch wurde ihm von Mutter Erde und von seinem sterbenden Vater Uranos vorausgesagt, daß einer seiner eigenen Söhne ihn entthronen wür-

* Die um 2200 v. Chr. erstmals bezeugten Churriter waren ein indogermanisches altorientalisches Kulturvolk, das zuletzt am Euphrat saß und nach 1400 v. Chr. von den Hethitern vernichtend geschlagen wurde. Einige nur teilweise entzifferte Keilschriftzeugnisse blieben erhalten. (Anm. d. Red.)

de. Daher verschlang er alljährlich die Kinder, die ihm Rhea gebar: als erstes Hestia, dann Demeter und Hera, dann Hades und schließlich Poseidon[2].

b. Rhea war voll Zornes. Sie gebar Zeus, ihren dritten Sohn, in finsterer Nacht auf dem Berge Lykaion in Arkadien, wo kein Wesen Schatten wirft[3]. Sie badete ihn im Flusse Neda und gab ihn dann der Mutter Erde. Diese trug ihn nach Lyktos auf Kreta und verbarg ihn in der Diktischen Höhle auf dem Aigaiischen Hügel, wo er von der Ziegennymphe Amaltheia und von den Eschennymphen Adrasteia und Io, den Töchtern des Melisseus, gepflegt wurde. Seine Nahrung war Honig, und er trank Amaltheias Milch zusammen mit Pan, seinem Ziehbruder. Zeus war diesen drei Nymphen dankbar für ihre Güte, und als er Herr des Universums wurde, setzte er Amaltheias Bild — den Steinbock — unter die Sterne[4]. Er borgte von ihr auch eines ihrer Hörner, das dem einer Kuh ähnlich war, und gab es den Töchtern des Melisseus: Es wurde das Füllhorn, Horn des Überflusses, das stets gefüllt ist mit der Nahrung und dem Trunk, den sein Besitzer begehrt. Doch sagen manche, daß Zeus von einer Sau genährt wurde, daß er auf ihrem Rücken ritt und daß er seine Nabelschnur in Omphalion, in der Nähe von Knossos, verloren hätte[5].

c. Die goldene Wiege des Kindes Zeus hing hoch in einem Baume, daß ihn Kronos nicht finden sollte, weder im Himmel noch auf Erden noch im Meere. Um die Wiege standen die bewaffneten Kureten, die Söhne Rheas. Sie schlugen mit ihren Speeren gegen ihre Schilder und schrien mit lauter Stimme, den Lärm seines Weinens verdeckend, daß Kronos ihn nicht von weitem hören sollte. Denn Rhea hatte einen Stein in Windeln gewickelt und ihn Kronos auf dem Berge Thaumasion in Arkadien gegeben. Er verschluckte den Stein und dachte, er verschlucke das Kind Zeus. Aber Kronos erfuhr, was geschehen war, und verfolgte Zeus. Dieser verwandelte sich in eine Schlange und seine Ammen in Bären: daher die Sternenbilder der Schlange und der Bären[6].

d. Zeus wuchs bei den Hirten des Ida-Gebirges zum Manne heran. Auch hier verbarg er sich in einer Höhle. Dann suchte er Metis auf, die Titanin, die am Okeanstrome lebte. Auf ihren Rat ging er zu seiner Mutter Rhea und bat sie, ihn zum Mundschenk des Kronos zu machen. Bereitwillig half ihm Rhea in seinen Racheabsichten; sie gab ihm Senf und Salz, die er, wie Metis geraten, mit dem Honigtrunk des Kronos mischte. Kronos nahm einen tiefen Zug und erbrach zuerst den Stein und dann die älteren Brüder und Schwestern des Zeus. Sie sprangen unverletzt hervor, und voller Dankbarkeit baten sie Zeus, ihr Anführer im Kriege gegen die Titanen zu sein. Diese wählten ihrerseits den riesenhaften Atlas zu ihrem Führer, denn Kronos war alt geworden[7].

e. Der Krieg dauerte schon zehn Jahre, da prophezeite Mutter Erde ihrem Enkel Zeus den Sieg, wenn er sich mit denen verbündete, die Kronos in den Tartaros verbannt hatte. So schlich er sich denn an Kampe heran, die alte Gefängniswärterin des Tartaros, tötete sie, nahm ihre Schlüssel an sich und befreite die Kyklopen und die Hundertarmigen und stärkte sie mit göttlicher Nahrung und göttlichem Trunk. Da gaben die Kyklopen Zeus den Blitz als Waffe des Angriffs, Hades gaben sie die Tarnkappe und Poseidon den Dreizack. Nachdem die drei Brüder Kriegsrat gehalten hatten, schlich sich Hades ungesehen an Kronos heran und stahl dessen Waffen. Während Poseidon den Kronos mit seinem Dreizack bedrohte und so dessen Aufmerksamkeit ablenkte, schlug ihn Zeus mit dem Blitze nieder. Die drei Hundertarmigen steinigten mit Felsbrocken die übrigen Titanen, die, von einem plötzlichen Schrei Pans erschreckt, die Flucht ergriffen. Die Götter stürmten ihnen nach. Kronos und die besiegten Titanen, mit Ausnahme des Atlas, wurden auf eine britische Insel im weitesten Westen (oder, wie manche sagen, in den Tartaros) verbannt und dort von den Hundertarmigen bewacht. Nie wieder bedrohten sie Hellas. Atlas, ihr Führer, erhielt eine besondere Strafe; ihm wurde auferlegt, den Himmel auf seinen Schultern zu tragen. Doch die Titaninnen wurden geschont, um Metis' und Rheas willen[8].

f. Den Stein, den Kronos ausgespien hatte, stellte Zeus in Delphi auf. Er ist noch immer dort, stets mit Öl gesalbt, und Bündel ungesponnener Wolle werden auf ihm dargebracht[9].

g. Manche sagen, Poseidon sei weder verschlungen noch ausgespien worden, sondern Rhea habe an seiner Stelle dem Kronos ein Fohlen zu essen gegeben und ihren Sohn in einer Pferdeherde verborgen gehalten[10]. Und die Kreter, die lügenhaften, berichten, daß Zeus jedes Jahr von neuem in der gleichen Höhle mit blitzendem Feuer und einem Strom von Blut geboren wird und daß er jedes Jahr wieder stirbt und begraben wird[11].

1. Scholiast über Apollonios Rhodios I, 1124.
2. Apollodoros I, 1, 5; Hesiod, Theogonie 453-67.
3. Polybios XVI, 12, 6 ff; Pausanias VIII, 38, 5.
4. Hyginus, Poetische Astronomie II, 13; Aratos, Phainomena 163; Hesiod a. a. O.
5. Philemon, Pterygion, Fragment I, 1 ff; Apollodoros I, 1, 6; Athenaios 375 f und 376 a; Kallimachos, Hymnos an Zeus 42.
6. Hesiod 485 ff; Apollodoros I, 1, 7; Erster Mythograph des Vatikans 104; Kallimachos, Hymnos an Zeus 52 ff; Lucretius II, 633-9; Scholiast über Aratos V, 46; Hyginus, Fabel 139.
7. Hyginus a. a. O.; Apollodoros a. a. O.; Hesiod a. a. O.
8. Hesiod a. a. O.; Hyginus, Fabel 118; Apollodoros I, 1, 7 und I, 2, 1; Kallimachos, Hymnos an Zeus 52 ff; Diodorus Siculus V, 70; Eratosthenes, Katasterismoi 27; Pausanias VIII, 8, 2; Plutarch, Warum Orakel schweigen 16.

9. Pausanias X, 24, 5.
10. Ebd. VIII, 8, 2.
11. Antoninus Liberalis, Transformationen 19; Kallimachos, Hymnos an Zeus 8.

1. Rhea, die als Titanin des siebenten Tages mit Kronos vermählt war, könnte mit Dione oder Diana, der Dreifaltigen Göttin des Tauben- und Eichenkultes (s. 11, 2), identisch sein. Die Hippe, die Saturn, das lateinische Äquivalent des Kronos, trug, war wie ein Krähenschnabel geformt. Sie wurde anscheinend im siebenten Monat des heiligen Dreizehn-Monate-Jahres verwendet, um die Eiche durch das Abschneiden der Mistel (s. 50, 2) zu entmannen – so wie eine rituelle Sichel zum Ernten der ersten Weizengarbe verwendet wurde. Dies war das Zeichen zur Opferung des Heiligen Zeus-Königs. In Athen wurde Kronos, der seinen Tempel mit Rhea teilte, als Gerstengott Sabazios verehrt, alljährlich symbolisch im Maisfeld getötet und wie Osiris oder Lityerses oder Maneros (s. 136, e) beweint. Aber zu der Zeit, auf die sich diese Sagen beziehen, war es den Königen schon erlaubt, ihre Regierung auf ein Großes Jahr von einhundert Mondzyklen zu verlängern und anstelle ihrer selbst, Knabenopfer darzubringen. Daher wird Kronos auch dargestellt, wie er, um seine Absetzung zu vermeiden, die eigenen Söhne verzehrt. Porphyrios (‹Über die Abstinenz› II, 56) berichtet, daß die kretischen Kureten in alten Zeiten dem Kronos Kindesopfer darbrachten.

2. Schon früh wurde in Kreta anstelle von Menschen ein Zicklein geopfert. In Thrakien war es ein Stierkalb, bei den aiolischen Anbetern Poseidons ein Fohlen; aber in den zurückgebliebenen Gebieten Arkadiens wurden sogar noch in christlicher Zeit Knaben als Opfer verzehrt. Wobei nicht klar ist, ob der eleische Ritus kannibalisch war oder aber, da Kronos ein Krähentitan war, die geschlachteten Opfer an heilige Krähen verfüttert wurden.

3. Amaltheias Name, ‹die Zarte›, zeigt, daß sie eine Mädchengöttin war; Io war eine kultische Nymphengöttin (s. 56, 1); Adrasteia bedeutet ‹die Unentrinnbare›, das orakelnde Herbstweib. Zusammen bildeten sie die Mond-Triade. Die späteren Griechen identifizierten Adrasteia mit der Weidengöttin Nemesis, Göttin der regenmachenden Esche, die später die Göttin der Rache (s. 32, 2) wurde. Io wurde in Argos als eine weiße läufige Kuh dargestellt – einige kretische Münzen aus Praisos zeigen, wie Zeus von ihr gesäugt wird. Aber Amaltheia, die auf dem ‹Ziegenhügel› lebte, war immer eine Ziege; und Melisseus (‹Honigmann›), der Vater Adrasteias und Ios, ist in Wirklichkeit deren Mutter Melissa, die Göttin als Bienenkönigin, die jedes Jahr ihren Gemahl tötet. Diodorus Siculus (V, 70) und Kallimachos (Hymnos an Zeus 49) lassen Bienen den kindlichen Zeus nähren. Doch manchmal ist seine Pflegemutter auch als Sau abgebildet, denn diese war eines der Wahrzeichen der Göttin in ihrem Aspekt als Alte Frau (s. 74, 4 und 96, 2). Auf kydonischen Münzen ist sie eine Hündin, ähnlich der, die Neleus (s. 68, d) säugte. Die weiblichen Bären sind die Tiere der Artemis (s. 22, 4 und 80, c). Und Zeus als Schlange ist der Zeus Ktesios, Schützer der Vorratshäuser, denn Schlangen vernichten Mäuse.

4. Die Kureten waren des Heiligen Königs bewaffnete Begleiter, deren Waffengeklirre während der rituellen Handlungen böse Geister verjagen sollte

(s. 30, a). Ihr Name, den die späteren Griechen als ‹junge Männer, die ihr Haar schoren› auslegten, bedeutete ursprünglich ‹Anbeter der Ker oder Kar›. Kar war ein weitverbreiteter Name der Dreifaltigen Göttin (s. 57, 2). Herakles gewann sein Füllhorn vom stierhörnigen Acheloos (s. 142, d); die enorme Größe der Hörner der kretischen Wildziegen verleitete die Mythographen, die Kreta nicht kannten, Amaltheia widersinnigerweise ein Kuhhorn zuzusprechen.

5. Es scheint, daß die eindringenden Hellenen anfangs den prähellenischen Stämmen, die dem Titanenkult huldigten, Freundschaft anboten, sich aber allmählich von ihnen lossagten und den Peloponnes überrannten. Der Sieg des Zeus und seiner Verbündeten, der Hundertarmigen, über die Titanen Thessaliens soll, so berichtet Thallus, Historiker des 1. Jahrhunderts – zitiert von Tatian in seiner ‹Ansprache an die Griechen› – ‹dreihundertzweiundzwanzig Jahre vor der Belagerung Troias› stattgefunden haben: d. h. im Jahre 1505 v. Chr., einem glaubhaften Datum für die Ausbreitung der hellenischen Macht in Thessalien. Die Übergabe der Oberherrschaft an Zeus erinnert an ein ähnliches Geschehen im babylonischen Schöpfungsepos, in welchem Marduk von seinen Eltern Lahmu und Lahamu ermächtigt wurde, Tiamat zu bekämpfen.

6. Die Brüder Hades, Poseidon und Zeus erinnern an die vedische männliche Dreifaltigkeit – Mitra, Varuna und Indra (s. 3, 1 und 132, 5) –, die in einer hethitischen Abhandlung, datiert um 1380 v. Chr., erscheint. In diesem Mythos scheint sie drei aufeinanderfolgende hellenische Invasionen, allgemein als ionische, aiolische und achaiische bekannt, darzustellen. Die prähellenischen Anbeter der Muttergöttin assimilierten die Ioner, die die Kinder der Io wurden; sie bezwangen die Aioler, wurden aber von den Achaiern überwältigt. Frühhellenische Stammeshäuptlinge, die zu Heiligen Königen des Eichen- und Eschenkultes wurden, nahmen die Titel ‹Zeus› und ‹Poseidon› an. Sie mußten am Ende ihrer zeitbegrenzten Herrschaft (s. 45, 2) sterben. Eichen und Eschen ziehen den Blitz an. Dadurch nehmen sie einen wichtigen Platz in den volkstümlichen Regen- und Feuerzeremonien ganz Europas ein.

7. Der Sieg der Achaier beendete die Tradition der Opferung des Königs. Sie betrachteten Zeus und Poseidon als unsterblich und stellten beide mit einem Donnerkeil bewaffnet dar. Dieser war eine Doppelaxt aus Feuerstein, die einst von Rhea geschwungen wurde und in der minoischen und mykenischen Religion Männern vorenthalten war (s. 131, *6*). Später wurde Poseidons Donnerkeil in einen dreizackigen Fischspeer umgewandelt, da der größte Teil seiner Anbeter Seefahrer geworden war. Zeus jedoch behielt seinen Donnerkeil als Symbol oberster Herrschaft bei. Poseidons Name, der manchmal *Potidan* geschrieben wurde, war wahrscheinlich von dem seiner göttlichen Mutter – nach welcher die Stadt Potidaia genannt wurde – abgeleitet worden: ‹die Wasser-Göttin von Ida› (Ida bedeutet ‹bewaldeter Berg›). Daß die Hundertarmigen die Titanen im fernen Westen bewachten, kann bedeuten, daß die Pelasger, unter deren Resten sich die Kentauren von Magnesia befanden, ihren Kult der Titanen nicht aufgaben und weiter an ein Paradies im fernen Westen und an Atlas, den Himmelträger, glaubten. *Kentaur* ist wahrscheinlich das gleiche wie das lateinische Wort *centuria*, eine Hundertschaft.

8. Rheas Name ist wahrscheinlich eine Variante von *Era*, ‹die Erde›. Ihre Symboltiere waren die Taube und der Berglöwe. Demeters Name bedeutet ‹Gerstenmutter›; Hestia (s. 20, c) ist die Göttin des häuslichen Herdes. Der

Stein in Delphi, der in der Zeremonie des Regenmachens verwendet wurde, scheint ein großer Meteorit gewesen zu sein.

9. Dikte und der Berg Lykaion waren alte Sitze des Zeuskultes. Wahrscheinlich wurde auf dem Berge Lykaion, ‹wenn kein Wesen Schatten wirft›, d. h. am Mittag der Sommersonnenwende, ein Feueropfer dargebracht. Pausanias bemerkt dazu, daß, wenn auch in Äthiopien zur Zeit, da die Sonne im Zeichen des Krebses steht, Männer keinen Schatten werfen, dies doch der Fall auf dem Berge Lykaion ist. Es kann sein, daß er nur Haarspalterei betreibt. Keiner, der in dieses Gebiet vordrang, durfte am Leben bleiben (Aratos, ‹*Phainomena*› 91), und es ist eine bekannte Tatsache, daß Tote keinen Schatten werfen (Plutarch, ‹Griechische Fragen›39). Fälschlicherweise wird angenommen, daß die Höhle von Psychro die Diktische Höhle ist, die bisher noch nicht entdeckt wurde. Der Name Omphalion (‹kleiner Nabel›) läßt vermuten, daß es sich um eine Orakelstätte handelt (s. 20, 2).

10. Pans plötzlicher Aufschrei, der die Titanen in Schrecken versetzte, wurde sprichwörtlich und ist heute noch in dem Wort ‹Panik› (s. 26, c) enthalten.

8. DIE GEBURT DER ATHENE

a. Nach Erzählungen der Pelasger wurde die Göttin Athene am Ufer des Tritonsees in Libyen geboren. Hier wurde sie von den drei Nymphen Libyens, die in Ziegenfelle gekleidet waren, gefunden und aufgezogen [1]. Als Mädchen tötete sie durch einen unglücklichen Zufall ihre Spielgefährtin Pallas während eines freundschaftlichen Wettkampfes mit Speer und Schild. Als Zeichen ihres Kummers setzte sie den Namen der Pallas vor ihren eigenen. Sie kam über Kreta nach Griechenland und lebte zuerst in der Stadt Athenai am boiotischen Fluß Triton [2].

1. Apollonios Rhodios IV, 1310.
2. Apollodoros III, 12, 3; Pausanias IX, 33, 5.

1. Platon identifizierte Athene, die Schutzgöttin Athens, mit der libyschen Göttin Neith, die einer Epoche angehörte, in der Vaterschaft noch nicht anerkannt war (s. 1, 1). Neith hatte einen Tempel zu Sais, wo Solon, nur weil er aus Athen kam (Platon, ‹*Timaios*› 5), gastfreundlich aufgenommen wurde. Die jungfräulichen Priesterinnen der Neith hielten jährlich einen Wettkampf ab (Herodot IV, 180), anscheinend um das Amt der Hohepriesterin. Der Bericht des Apollodoros (III, 12, 3) über den Kampf zwischen Athene und Pallas ist eine spätere patriarchalische Version: Er erzählt, daß Athene, geboren aus dem Haupte des Zeus und aufgezogen vom Flußgott Triton, durch einen Zufall ihre Ziehschwester Pallas, die Tochter des Flusses Triton, tötete. Als Pallas der Athene einen Schlag versetzen wollte, hielt Zeus seine Aigis dazwischen und lenkte so die Aufmerksamkeit der Pallas ab. Die Aigis, ein magischer Ziegenfellbeutel, der eine Schlange enthielt und von einer Gorgonenmaske geschützt wurde, war jedoch schon ein Attribut der Athene, lange bevor Zeus behauptet hatte, ihr Vater zu sein (s. 9, d). Ziegenfellkittel waren die gewöhnliche Kleidung libyscher Mädchen. HERODOT schreibt (IV, 189): ‹Athenes Kleidung und Aigis hatten die Griechen von den libyschen Frauen übernommen. Diese kleideten sich in gleicher Weise, mit dem einzigen Unterschied, daß ihre Lederkleidung mit Fransen und nicht mit Schlangen umsäumt war.›

2. Ausgegrabene Tongefäße lassen darauf schließen, daß eine libysche Einwanderung nach Kreta schon im Jahre 4000 v. Chr. stattgefunden hat. Eine große Zahl libyscher Flüchtlinge aus dem westlichen Delta scheint während der gewaltsamen Vereinigung von Ober- und Unterägypten um 3000 v. Chr. nach Kreta eingewandert zu sein. Bald darauf begann das erste minoische Zeitalter, und kretische Kultur breitete sich bis nach Thrakien und dem frühhelladischen Griechenland aus.

3. Eine andere mythologische Gestalt, die Pallas genannt wurde, war der Titan, der den Fluß Styx heiratete und mit dem er Zelos (‹Eifer›), Kratos (‹Stärke›), Bia (‹Kraft›) und Nike (‹Sieg›) zeugte (HESIOD, ‹Theogonie› 376 und 383; PAUSANIAS VII, 26, 5; APOLLODOROS 2, 2-4). Er war vielleicht eine Allegorie auf den pelopischen Delphin, der der Mondgöttin geweiht war (s. 108, 5). HOMER nennt einen anderen Pallas ‹Vater des Mondes› (‹Homerischer Hymnos an Hermes› 100). Ein dritter zeugte die fünfzig Pallantiden, die Feinde des Theseus (s. 97, g und 99, a), die anscheinend ursprünglich kämpfende Priesterinnen der Athene waren. Ein vierter wurde als Vater der Athene beschrieben (s. 9, a).

9. ZEUS UND METIS

a. Manche Hellenen behaupten, daß Athene einen Vater namens Pallas hatte, einen geflügelten, grobschlächtigen Riesen, der sie zu vergewaltigen versuchte. Sie fügte seinen Namen dem ihren hinzu, nachdem sie ihn seiner Haut entkleidet hatte, um daraus die Aigis zu machen, und seiner Flügel, um sie auf ihre eigenen Schultern zu setzen[1]; wenn nicht tatsächlich die Aigis die Haut der Gorgo Medusa war, die Athene ihr abzog, nachdem Perseus sie enthauptet hatte[2].

b. Andere sagen, daß Athenes Vater ein gewisser Itonos war, König zu Iton in Phthiotis. Sie tötete dessen Tochter Iodama, als diese bei Nacht das verbotene Gebiet betrat. Sie ließ diese durch Zufall das Haupt der Gorgo sehen[3] und verwandelte sie so in einen Steinblock.

c. Wieder andere meinen, daß Poseidon ihr Vater war. Sie aber habe sich von ihm losgesagt und Zeus gebeten, sie zu adoptieren – was dieser gern tat[4].

d. Aber Athenes eigene Priester erzählen die folgende Geschichte über ihre Geburt: Zeus gelüstete es nach Metis, der Titanin. Um ihm zu entfliehen, verwandelte sie sich in vielerlei Gestalten. Zeus aber wurde ihrer doch habhaft und schwängerte sie. Ein Orakel der Mutter Erde verkündete dann, daß es ein Mädchen sein würde und daß Metis, sollte sie wieder empfangen, einen Sohn gebären würde, der vom Schicksal bestimmt wäre, Zeus zu entthronen, so wie Zeus Kronos entthront hatte und Kronos den Uranos. Daher lockte Zeus sie mit honigsüßen Worten auf sein Lager, öffnete plötzlich seinen Mund und verschlang sie. Dies war das Ende der Metis, obwohl Zeus später behauptete, sie säße in seinem Bauche und gäbe ihm Ratschlag. Im Laufe der Zeit aber geschah es, als er entlang dem Ufer des Tritonsees wandelte, daß er von einem tobenden Kopfschmerz erfaßt wurde. Ihm schien, als ob sein Schädel bersten wollte. Er heulte vor Schmerz, bis das ganze Firmament erbebte. Da lief Hermes herbei, der sofort den Grund des Schmerzes erfaßte. Er überredete Hephaistos oder, wie andere sagen, Prometheus, Hammer und Keil zu bringen und einen Spalt in den Schädel des Zeus zu schlagen; und diesem entsprang die voll bewaffnete Athene mit einem mächtigen Schrei [5].

1. Tzetzes, Über Lykophron 335.
2. Euripides, Ion 995.
3. Pausanias IX, 34, 1.
4. Herodot IV, 180.
5. Hesiod, Theogonie 886-900; Pindar, Olympische Oden VII, 34 ff; Apollodoros I, 3, 6.

1. Jane E. Harrison nennt die Geschichte der Geburt Athenes aus dem Haupte des Zeus ‹einen verzweifelten theologischen Ausweg, sie von ihrer matriarchalen Grundlage zu befreien›. Es ist eine dogmatische Auffassung, daß Weisheit eine männliches Prärogativ ist; bis dahin war nur die Göttin weise gewesen. Hesiod war es tatsächlich gelungen, drei sich widersprechende Ansichten in seiner Geschichte in Einklang zu bringen:

a) Athene, die Stadtgöttin der Athener, war die parthenogene Tochter der unsterblichen Metis, Titanin des vierten Tages und des Planeten Merkur, die über alle Weisheit und alles Wissen regierte.

b) Zeus verschlang die Metis und mit ihr die Weisheit (d. h., die Achaier unterdrückten den Titanenkult und schrieben alle Weisheit ihrem Gotte Zeus zu).

c) Athene war die Tochter des Zeus (d. h., die Achaier bestanden darauf, daß die Athener die patriarchale Oberherrschaft des Zeus anerkannten).

Hesiod borgte den Mechanismus seiner Geschichte von analogen Beispielen: Zeus, der die Nemesis verfolgt (s. 32, b); Kronos, der seine Söhne und Töchter verschlingt (s. 7, a); die Wiedergeburt des Dionysos aus dem Oberschenkel des Zeus (s. 14, c) und das Öffnen des Hauptes der Mutter Erde durch zwei Männer mit Äxten, anscheinend, um Kore zu befreien (s. 24, 3). Danach wurde Athene ein gehorsames Instrument des Zeus und unterdrückte mit voller Absicht ihre Vergangenheit. Ihr dienten Priester, aber keine Priesterinnen.

2. Pallas, was ‹Maid› bedeutet, ist ein unpassender Name für den geflügelten Riesen. Sein Angriff auf Athenes Keuschheit wurde wahrscheinlich von einem Bild abgeleitet, das ihre rituelle Heirat – als Athene Laphria – mit

einem Ziegenkönig (s. 89, 4) nach einem bewaffneten Wettstreit mit ihrer Rivalin (s. 8, 1) darstellt. Diese libysche Sitte der Ziegenheirat breitete sich nach dem keltischen Germanien, nach Skandinavien und nach England aus, wo sie der Anlaß der Maifeiern wurde.

3. Athenes Ablehnung der Vaterschaft des Poseidon bezieht sich auf einen frühen Wechsel der Oberherrschaft über die Stadt Athen (s. 16, 3).

4. Die Sage von Itonos (‹Weidenmann›) stellt eine Behauptung der Itoner dar, daß sie Athene noch vor den Athenern angebetet hätten; sein Name zeigt, daß es ihr zu Ehren in Phthiotis einen Kult des Weidenbaumes gab.

5. Es hätte für jeden Mann den Tod bedeutet, die Aigis — den Ziegenfellkeuschheitskittel, den die libyschen Mädchen trugen — ohne Zustimmung der Besitzerin zu entfernen. Daher wurde auch die schützende Gorgomaske auf die Aigis gesetzt und die Schlange in einem Lederbeutel oder Säckchen versteckt. Athenes Aigis wurde als ein Schild beschrieben.

6. Iodama, wahrscheinlich ‹Kälbchen der Io› bedeutend, war vermutlich ein antikes steinernes Abbild der Mondgöttin (s. 56, 1) und die Geschichte ihrer Versteinerung eine Warnung an neugierige Mädchen vor der Verletzung der Mysterien (s. 25, d).

7. Es wäre falsch zu glauben, daß Athene einzig und allein die Göttin Athens war. Verschiedene Akropole des Altertums waren ihr geweiht, einschließlich Argos (Pausanias II, 24, 3), Sparta (ebd. III, 17, 1), Troia (‹Ilias› VI, 88), Smyrna (Strabon IV, 1, 4), Epidauros (Pausanias II, 32, 5,), Troizen (Pausanias III, 23, 10) und Pheneus (Pausanias X, 38, 5). Sie alle stammten aus prähellenischer Zeit.

10. DIE SCHICKSALSGÖTTINNEN

a. Es gibt drei zusammenwirkende Schicksalsgöttinnen, gekleidet in weiße Gewänder. Erebos zeugte sie mit der Nacht. Sie hießen Klotho, Lachesis und Atropos. Von ihnen hatte Atropos die kleinste Gestalt, aber sie war die schrecklichste [1].

b. Zeus wägt das Leben der Menschen und tut den Schicksalsgöttinnen seine Beschlüsse kund. Er kann, so sagt man, seine Meinung ändern und die, die ihm gefallen, retten, wenn der Faden des Lebens, der auf Klothos Spindel gesponnen ist und gemessen mit dem Maß der Lachesis, von den Scheren der Atropos zerschnitten werden soll. In der Tat behaupten die Menschen, daß sie in einem gewissen Maße ihr eigenes Schicksal lenken können, indem sie unnötige Gefahren vermeiden. Darum lachen die jüngeren Götter über die Schicksalsgöttinnen und erzählen, daß Apollon sie einst in seinem Mutwillen trunken machte, um seinen Freund Admetos vom Tode zu retten [2].

c. Andere glauben im Gegensatz zum Vorhergesagten, daß selbst Zeus den Schicksalsgöttinnen untertan ist: Dies offenbarte einst die pythische Priesterin in einem Orakel. Denn sie sind nicht Kinder des Zeus, sondern parthenogene Töchter der Großen Göttin Schicksal, gegen die sich auch die Götter nicht auflehnen können. Sie wird ‹das starke Geschick› genannt[3].

d. Zu Delphi werden nur zwei der Schicksalsgöttinnen verehrt, die der Geburt und die des Todes; in Athen wird Aphrodite Urania die älteste der drei genannt[4].

1. HOMER, Ilias XXIV, 49; Orphischer Hymnos XXXIII; HESIOD, Theogonie 217 ff und 904, Schild des Herakles 259.
2. HOMER, Ilias VIII, 69 und XXII, 209; XVI, 434 und 441-3; VERGIL, Aeneis X, 814; HOMER, Odyssee I, 34; Ilias IX, 411.
3. AISCHYLOS, Prometheus 511 und 515; HERODOT I, 91; PLATON, Republik X, 14-16; SIMONIDES VIII, 20.
4. HOMER, Ilias XVI, 334; PAUSANIAS X, 24, 4.

1. Dieser Mythos scheint sich auf die Sitte zu stützen, Familien- und Sippenzeichen in die Windeln des neugeborenen Kindes zu weben und so seinen Platz in der Gesellschaft festzulegen (s. 60, 2). Aber die Moiren, die drei Schicksalsgöttinnen, sind die Dreifaltige Mondgöttin. Daher kommen ihre weißen Gewänder und der Leinenfaden, der ihr, so wie der Isis, heilig ist. Klotho ist die ‹Spinnerin›, Lachesis die ‹Maßnehmende›, Atropos die, ‹die nicht umgangen noch vermieden werden kann›. Moira bedeutet ‹ein Teil› oder ‹eine Phase›; der Mond hat drei Phasen und drei Gestalten: Der Neumond, die Mädchengöttin des Frühlings, ist die erste Periode des Jahres, der Vollmond, die Nymphengöttin des Sommers, die zweite, und der abnehmende Mond, die Altweibergöttin des Herbstes, die letzte Periode (s. 60, 2).

2. Zeus nannte sich selbst ‹Herr der Schicksalsgöttinnen›, als er die oberste Herrschaft und das Recht, des Menschen Leben zu messen, für sich in Anspruch nahm. Daher rührt wahrscheinlich das Verschwinden der Lachesis, der ‹Maßnehmenden›, aus Delphi. Aber sein Anspruch, der Vater der Moiren zu sein, wurde weder von AISCHYLOS noch von HERODOT oder PLATON ernstgenommen.

3. Die Athener nannten Aphrodite Urania ‹die älteste der Schicksalsgöttinnen›, denn sie war die Nymphengöttin, der in alten Zeiten zur Sommersonnenwende der Heilige König geopfert wurde. ‹Urania› bedeutet ‹Königin der Berge› (s. 19, 3).

11. DIE GEBURT DER APHRODITE

a. Aphrodite, die Göttin der Liebe, erhob sich nackt aus dem Schaume des Meeres und ritt auf einer Muschelschale zum Ufer der Insel Kythera. Aber sie entdeckte, daß dies nur eine kleine Insel war, und zog weiter zum Peloponnes. Endlich nahm sie ihren Wohnsitz zu Paphos auf Kypros. Dieses ist noch heute der Hauptsitz ihres Kultes. Gras und Blumen entsprangen dem Boden, wohin auch immer sie trat. Es eilten zu

Paphos die Jahreszeiten, Töchter der Themis, sie zu kleiden und zu schmücken.

b. Manche glauben, daß sie dem Schaume entsprang, der sich um die Genitalien des Uranos sammelte, die Kronos ins Meer geworfen hatte; andere, daß Zeus sie mit Dione zeugte, die entweder eine Tochter des Okeanos und der Meeresnymphe Tethys oder der Luft und der Erde war. Aber alle stimmen darin überein, daß sie sich in die Luft erhebt, begleitet von Tauben und Sperlingen[1].

1. Hesiod, Theogonie 188-200 und 353; Festus Grammaticus III, 2; Homerischer Hymnos an Aphrodite II, 5; Apollodoros I, 1, 3.

1. Aphrodite (‹die Schaumgeborene›) ist die gleiche weitherrschende Göttin, die sich aus dem Chaos erhob und auf dem Meere tanzte und die in Syrien und Palästina als Ischtar oder Aschtaroth (s. 1, 1) verehrt wurde. Die bekannteste Stätte ihres Kultes war Paphos, wo noch immer das ursprünglich weiße, gesichtslose Abbild der Göttin in den Ruinen eines grandiosen römischen Tempels gezeigt wird. Jeden Frühling badeten dort ihre Priesterinnen im Meer und tauchten verjüngt wieder auf.

2. Man nennt sie Tochter der Dione, denn diese war die Göttin der Eiche, Nistplatz der lüsternen Taube (s. 51, a). Zeus behauptete, ihr Vater zu sein, nachdem er das Orakel der Dione zu Dodona in Besitz genommen hatte; daher wurde Dione ihre Mutter. ‹Tethys› und ‹Thetis› sind die Namen der Göttin als Schöpferin — wie ‹Themis› und ‹Theseus› aus dem Wort *tithenai*, ‹verfügen› oder ‹befehlen›, geformt — und als Göttin des Meeres, da alles Leben im Meere begann (s. 2, a). Tauben und Spatzen waren wegen ihrer Lüsternheit bekannt. Fischnahrung wird noch heute im ganzen Mittelmeergebiet als Aphrodisiakum, d. h. Liebesmittel, betrachtet.

3. Kythera war ein wichtiges Zentrum des kretischen Handels mit dem Peloponnes. Wahrscheinlich hat von hier aus der Kult der Aphrodite Griechenland erreicht. Die kretische Göttin hatte eine enge Verbindung mit dem Meer.

12. HERA UND IHRE KINDER

a. Hera, Tochter des Kronos und der Rhea, war auf der Insel Samos oder, wie manche sagen, zu Argos geboren worden. Sie wurde in Arkadien von Temenos, Sohn des Pelasgos, aufgezogen. Die Jahreszeiten waren ihre Ammen[1]. Nachdem Heras Zwillingsbruder Zeus den Vater Kronos verbannt hatte, suchte er sie zu Knossos auf Kreta auf; vielleicht auch — wie manche meinen — auf dem Berge Thornax in Argolis, der heute Kuckucksberg genannt wird. Hier umwarb er sie zuerst erfolglos; aber als er die Gestalt eines zerzausten Kuckucks annahm, erbarmte sie sich seiner. Während sie ihn zärtlich an ihrem Busen wärmte, nahm er seine wahre Gestalt an und vergewaltigte sie, so daß sie, um der Schande zu entgehen, ihn heiraten mußte [2].

b. Alle Götter brachten Gaben zur Hochzeit. Mutter Erde schenkte Hera einen Baum mit goldenen Äpfeln, den dann die Hesperiden in Heras Garten auf dem Berge Atlas hüteten. Sie und Zeus verbrachten die Hochzeitsnacht, die dreihundert Jahre dauerte, auf Samos. Hera aber badete regelmäßig in den Quellen von Kanathos, in der Nähe von Argos, und erneuerte so ihre Jungfräulichkeit [3].

c. Hera und Zeus wurden Ares, Hephaistos und Hebe geboren. Manche behaupten zwar, daß Ares und seine Zwillingsschwester Eris von ihrer Mutter empfangen wurden, als sie eine gewisse Blume, und Hebe, als sie einen Salatkopf berührte [4], und daß Hephaistos ihr parthenogenes Kind war — ein Wunder, welches Zeus nicht glauben wollte. Er setzte sie in einen mechanischen Stuhl, dessen Arme sich um sie schlossen, gefangen und zwang sie so, beim Flusse Styx zu schwören, daß sie die Wahrheit gesagt hätte. Andere meinen, daß Hephaistos von Talos, dem Neffen des Daidalos, gezeugt worden sei [5].

1. Pausanias VII, 4, 4 und VIII, 22, 2; Strabon IX, 2, 36; Olen, zit. v. Pausanias II, 13, 3.
2. Diodorus Siculus V, 72; Pausanias II, 36, 2 und 17, 4.
3. Scholiast über Homers Ilias I, 609; Pausanias II, 38, 2.
4. Homer, Ilias IV, 441; Ovid, Fasti V, 255; Erster Mythograph des Vatikans 204.
5. Servius über Vergils Ecloga IV, 62; Kinaithon, zit. v. Pausanias VIII, 53, 2.

1. Es wird allgemein angenommen, daß Heras Name das griechische Wort für ‹Dame› ist, doch könnte es auch die elidierte Form von *He Era*, die Erde, sein. Sie war die prähellenische ‹Große Göttin›. In Griechenland waren Samos und Argos die wichtigsten Stätten ihres Kultes. Aber die Arkader behaupteten, daß sie als erste Heras Kult nachgingen, und zwar schon zur Zeit ihres erdgeborenen Ahnen Pelasgos (‹der Alte›). Heras erzwungene Heirat mit Zeus symbolisiert die Eroberung Kretas und des mykenischen, d. h. kretisierten Griechenlands und den Sturz ihrer Herrschaft in beiden Ländern. Daß Zeus sich der Hera als zerzauster Kuckuck getarnt näherte, ist so auszulegen, daß Hellenen, die als Flüchtlinge nach Kreta kamen, Anstellung in der königlichen Garde suchten, eine Palastrevolution anzettelten und die Macht an sich rissen. Knossos wurde zweimal, anscheinend durch die Hellenen, dem Boden gleichgemacht: um 1700 v. Chr. und um 1400 v. Chr.; Mykene fiel ein Jahrhundert später in die Hände der Achaier. Man kann Zeus als einen Kuckuck karikieren: Er warf alle anderen Götter aus dem Nest. Ferner übernahm er Heras Zepter, das mit einem Kuckuck geschmückt war.

2. Im olympischen Kult war die Göttin Hebe der Mundschenk der Götter. Nachdem Ganymedes ihr Amt an sich gerissen hatte (s. 29, c), heiratete sie den Herakles (s. 145, i und 5). Es scheint, daß ‹Hephaistos› ein Titel des Heili-

gen Königs als Sonnen-Halbgott gewesen ist und ‹Ares›, dessen Wahrzeichen der wilde Eber war, ein Titel des königlichen Oberbefehlshabers. Beide wurden göttliche Namen, als der olympische Kult festgelegt worden war, und hatten die Rollen des Kriegsgottes und des Gottes der Schmiede auszufüllen. Die ‹gewisse Blume› war wahrscheinlich die Blüte des Hagedorns: Ovid läßt die Göttin Flora, mit deren Anbetung die Hagedornblüte verbunden war, diese der Hera zeigen. Der Hagedorn wurde im volkstümlichen europäischen Mythos mit wunderhafter Empfängnis verbunden; in der keltischen Literatur ist dessen ‹Schwester›, der Schlehdorn, ein Symbol des Haders — die Zwillingsschwester des Ares: Eris.

3. Talos, der Schmied, war ein kretischer Held, ein Sohn der Schwester des Daidalos, der Perdix (‹Rebhuhn›), mit welcher die Mythographen Hera identifizieren. Der hinkende Hephaistos und Talos scheinen die gleiche parthenogene Gestalt zu sein; beide wurden von erzürnten Widersachern aus großer Höhe hinabgestürzt (s. 23, b und 92, b) — ursprünglich zu Ehren ihrer göttlichen Mutter.

4. Hera wird auf der berühmten Statue zu Argos auf einem Throne aus Gold und Elfenbein sitzend dargestellt; die Geschichte ihrer Gefangennahme in einem Sessel könnte von der griechischen Sitte herrühren, göttliche Statuen an ihren Thron zu ketten, ‹um ihre Flucht zu verhindern›. Eine Stadt konnte ihres göttlichen Schutzes verlustig gehen, wenn sie die Statue ihres Gottes oder ihrer Göttin verloren hatte. ‹Die Jahreszeiten waren ihre Ammen› bedeutet, daß Hera eine Göttin des Kalenderjahres war. Daher kommt auch der Frühlingskuckuck auf ihrem Zepter und der reife Granatapfel des Spätherbstes, den sie in ihrer linken Hand trug, den Tod des Jahres symbolisierend.

5. Ein Heros war, wie das Wort schon zeigt, ein Heiliger König, der der Hera geopfert worden war, dessen Körper sicher war im Schutze der Erde und dessen Seele hingegangen war, um in ihrem Paradiese im Rücken des Nordwindes zu lustwandeln. Die goldenen Äpfel waren im griechischen und keltischen Mythos eine Eintrittskarte zu diesem Paradies (s. 53, 7; 133, 4 und 159, 3).

6. Das jährliche Bad, in dem Hera ihre Jungfräulichkeit zu erneuern pflegte, scheint ein Reinigungszeremoniell gewesen zu sein, dem sich die Mondgöttin nach der Ermordung ihres Liebhabers, des Heiligen Königs, unterziehen mußte (s. 22, 1 und 150, 1). Da Hera die Göttin des Wachstumsjahres — Frühling, Sommer und Herbst (auch durch den Neu-, Voll- und abnehmenden Mond symbolisiert) — war, wurde sie in Stymphalos sowohl als Kind wie auch als junge Frau und Witwe angebetet (Pausanias VIII, 2, 2 — s. 128, d).

7. Die Hochzeitsnacht auf Samos dauerte dreihundert Jahre: vielleicht, weil jeder Tag des Heiligen Jahres zu einem Jahr ausgedehnt worden war. Das samische Heilige Jahr (wie auch das etruskische) bestand aus nur zehn ‹Dreißig-Tage-Monaten›. Januar und Februar wurden ausgelassen (Makrobios I, 13). Möglicherweise wollen die Mythographen hier andeuten, daß es dreihundert Jahre dauerte, bis die Hellenen dem Volke Heras Monogamie aufgezwungen hatten.

13. ZEUS UND HERA

a. Nur Zeus, Vater des Himmels, darf den Donnerkeil schwingen: Mit der Drohung seines königlichen Blitzes hielt er auf dem Berg Olympos seine streitlustige und aufrührerische Familie in Schranken. Er ordnete die Himmelskörper, schuf Gesetze, erzwang die Erfüllung von Eiden und sah in die Zukunft. Seine Mutter Rhea sah voraus, welchen Kummer seine Wollust schaffen würde, und verbot ihm zu heiraten. Als er voller Ärger drohte, sie zu vergewaltigen, verwandelte sie sich in eine Schlange. Dies aber schreckte Zeus nicht ab. Er verwandelte sich selbst in eine männliche Schlange und wand sich um sie in einem unlösbaren Knoten. So verwirklichte er seine Drohung [1]. Damit begann die lange Reihe seiner Liebesabenteuer. Er zeugte mit Themis die Jahreszeiten und die drei Schicksalsgöttinnen; die Chariten mit Eurynome; mit Mnemosyne, der er neun Nächte lang beiwohnte, die drei Musen. Manche behaupten, daß er auch der Vater Persephones sei, der Königin der Unterwelt, die sein Bruder Hades mit Gewalt zur Frau nahm [2]. So fehlte es ihm nicht an Macht über und unter der Erde. Nur in einem war ihm sein Weib Hera gleich: Noch konnte sie, wie es ihr gefiel, Mensch oder Tier die Gabe des Wahrsagens verleihen [3].

b. Zeus und Hera stritten unaufhörlich. Verärgert durch seine Untreue, erniedrigte sie ihn oft durch ihre listigen Pläne. Obwohl er seine Geheimnisse mit ihr teilte und auch manchmal ihren Rat annahm, vertraute er ihr niemals voll und ganz. Sie wußte, daß er sie peitschen oder sogar einen Blitz gegen sie schleudern würde, sollte sie ihre Grenzen überschreiten. Daher nahm sie Zuflucht zu erbarmungsloser Intrige, wie bei der Geburt des Herakles. Manchmal borgte sie sich Aphrodites Gürtel, um seine Leidenschaft zu wecken und seinen Willen zu schwächen [4].

c. Es kam eine Zeit, als der Stolz und die Launenhaftigkeit des Zeus so unerträglich wurden, daß Hera, Poseidon, Apollon und all die anderen Olympier, mit Ausnahme Hestias, ihn plötzlich umringten, als er schlafend auf seinem Bette lag. Sie banden ihn mit ledernen Riemen und hundert Knoten, so daß er sich nicht bewegen konnte. Er drohte ihnen mit sofortigem Tod, aber sie hatten den Donnerkeil außer Reichweite gelegt und verlachten ihn höhnisch. Während sie ihren Sieg feierten und eifersüchtig über die Nachfolge stritten, eilte Thetis, die Nereide, die einen Bürgerkrieg auf dem Olympos befürchtete, den hundertarmigen Briareus zu suchen. Dieser löste mit hundert Händen schnell die Knoten und befreite seinen Herrn. Da Hera die Verschwörung gegen ihn angeführt hatte, hängte Zeus sie mit goldenen Fesseln um die Armgelenke an den Himmel und band ihr einen Amboß an jedes Fußgelenk. Die anderen Götter waren zutiefst empört, aber sie wagten nicht, Hera trotz ihrer mitleiderregenden Schreie zu Hilfe zu kommen. Schließlich versprach Zeus, Hera zu befreien, wenn die Götter schwören wollten, sich nie wieder gegen ihn aufzulehnen. Sie taten es widerwillig. Zeus strafte Poseidon und Apollon und sandte sie als Sklaven zum König Laomedon, für den sie die Stadt Troia bauen mußten. Den anderen verzieh er, da sie unter Nötigung gehandelt hatten[5].

1. Orphisches Fragment 58; HESIOD, Theogonie 5.
2. APOLLODOROS I, 3, 1—2.
3. HOMER, Ilias XIX, 407.
4. Ebd. I, 547; XVI, 458; VIII, 407—8; XV, 17; VIII, 397—404; XIV, 197 bis 223.
5. Scholiast über HOMERS Ilias XXI, 444; TZETZES, Über Lykophron 34; HOMER, Ilias I, 399 ff und XV, 18—22.

1. Die ehelichen Beziehungen zwischen Zeus und Hera spiegeln die des barbarischen dorischen Zeitalters wider. Zu dieser Zeit waren die Frauen ihrer magischen Kräfte, mit Ausnahme der des Wahrsagens, entkleidet und wurden nur mehr als Gesinde betrachtet. Es ist möglich, daß die Verschwörung der Olympier und die Rettung des Zeus durch Thetis und Briareus eine Palastrevolution der Vasallenfürsten gegen den hellenischen Hochkönig bedeuten und daß Hilfe von einer Kompanie loyaler, nicht-hellenischer Haustruppen kam, die in Makedonien, der Heimat des Briareus, rekrutiert worden waren, und von einer Abteilung Magneser, dem Volke der Thetis.

2. Die Vergewaltigung der Erdgöttin Rhea durch Zeus läßt darauf schließen, daß die Hellenen, die Zeus anbeteten, alle landwirtschaftlichen und Begräbniszeremonien übernahmen. Rhea verbot Zeus zu heiraten: in dem Sinn, daß bis dahin Monogamie unbekannt war. Das herrschende System war das der Gruppenheirat. Seine Vaterschaft der Jahreszeiten — mit Themis — bedeutet, daß die Hellenen auch die Kontrolle des Kalenders übernahmen: Themis (‹Ordnung›) war die Große Göttin, die das Jahr der dreizehn Monate schuf. Dieses wurde von der Sommer- und Wintersonnenwende in zwei Jahreszeiten geteilt. In Athen wurden diese Jahreszeiten durch Thallo und Karpo (ursprünglich ‹Karpho›), was ‹sprossen› und ‹welken› bedeutet, personifiziert. Ihr Tempel beherbergte einen Altar zu Ehren des phallischen Dionyxos (s. 27, 5).

3. Charis (‹Gnade›) war die Göttin im versöhnenden Aspekt, den sie dann zeigte, wenn die Hohepriesterin den Heiligen König zum Liebhaber nahm. HOMER erwähnt zwei Chariten — Pasithea und Kale. Dies scheint eine gewaltsame Trennung der drei Worte: *Pasi thea kale*, ‹die Göttin, die allen Männern schön ist›, zu sein. Die beiden Chariten Auxo (‹Zuwachs›) und Hegemone (‹Herrschaft›), die von den Athenern verehrt wurden, entsprechen den zwei Jahreszeiten. Später wurden die Chariten als Triade angebetet.

4. Die Musen (‹Berggöttinnen›), ursprünglich eine Triade (PAUSANIAS IX, 29, 2), sind die Dreifaltige Göttin des Geheimkults. Der Anspruch des Zeus, ihr Vater zu sein, ist späteren Ursprungs; HESIOD nennt sie die Töchter der Mutter Erde und der Luft.

14. DIE GEBURT DES HERMES, DES APOLLON, DER ARTEMIS UND DES DIONYSOS

a. Liebestoll schlief Zeus mit zahlreichen Nymphen, Abkömmlingen der Titanen oder der Götter und, nach der Erschaffung des Menschen, auch mit sterblichen Frauen: Nicht weniger als vier große olympische Gottheiten wurden ihm außerehelich geboren. Zuerst begattete er Maia, Tochter des Atlas, die ihm den Hermes gebar, in einer Höhle auf dem Berge Kyllene in Arkadien. Als nächste zeugte er Apollon und Artemis mit Leto, Tochter der Titanen Koios und Phoibe. Er verwandelte sich selbst und sie in Wachteln, und sie paarten sich [1]. Aber die eifersüchtige Hera entsandte die Schlange Python, die Leto überallhin verfolgen sollte, und erklärte, daß sie Leto nirgends, wo die Sonne schiene, entbinden lassen wollte. Getragen von den Flügeln des Südwindes, kam Leto endlich nach Ortygia, in der Nähe von Delos, wo sie Artemis gebar. Sobald Artemis geboren war, half sie der Mutter, die enge Meeresstraße zu überqueren und dort, zwischen einem Olivenbaum und einer Dattelpalme auf der Nordseite des delischen Berges Kynthos, am neunten Tage der Wehen Apollon zur Welt zu bringen. Delos, bis dahin eine schwimmende Insel, wurde unbeweglich im Meere verankert. Auf göttlichen Befehl darf nun niemand mehr dort geboren werden oder sterben: Kranke und schwangere Frauen werden über das Meer nach Ortygia geführt [2].

b. Als Mutter des Dionysos, Sohn des Zeus, gelten sowohl Demeter wie auch Io [3], Dione wie Persephone, mit der sich Zeus in der Gestalt einer Schlange paarte. Auch Lethe [4] wird genannt.

c. Aber die allgemein bekannte Geschichte ist diese: Zeus, in der Gestalt eines Sterblichen, hatte eine geheime Liebschaft mit Semele (‹Mond›), Tochter des Königs Kadmos von Theben. Die eifersüchtige Hera, die sich als alte Nachbarin verstellte, gab Semele, die damals schon im sechsten Monat ihrer Schwangerschaft war, den Rat, von ihrem geheimnisvollen Liebhaber zu verlangen, daß er sie nicht länger täuschen und sich ihr in seiner wahren Natur und Gestalt zeigen sollte. Wie könnte sie denn sonst wissen, daß er nicht ein Ungeheuer sei? Semele folgte diesem Rat. Als Zeus ihr die Bitte abschlug, versagte sie ihm ihr Lager. Da erschien er ihr voller Zorn als Donner und Blitz, und sie ward verzehrt. Aber Hermes rettete ihren sechs Monate alten Sohn: Er nähte ihn in den Schenkel des Zeus, daß er dort noch weitere drei Monate reifen sollte. Als dann die Zeit gekommen war, gebar Zeus den Dionysos, was ‹der zweimal Geborene› oder ‹das Kind der doppelten Tür› bedeutet [5].

1. Hesiod, Theogonie 918; Apollodoros I, 4, 1; Aristophanes, Vögel 870; Servius über Vergils Aeneis III, 72.

2. Homerischer Hymnos an Apollon 14 ff; HYGINUS, Fabel 140; AELIAN, Varia Historia V, 4; THUKYDIDES III, 104; STRABON X, 5, 5.
3. DIODORUS SICULUS III, 62 und 74; IV, 4.
4. Scholiast über PINDARS Pythische Oden III, 177; Orphisches Fragment 59; PLUTARCH, Symposiaka VII, 5.
5. APOLLODOROS III, 4, 3; APOLLONIOS RHODIOS IV, 1137.

1. Die Schändungen, die Zeus zugeschrieben werden, beziehen sich auf die hellenische Eroberung der alten Schreine der Göttin, wie der auf dem Berge Kyllene; seine Ehen auf eine alte Sitte, den geweihten Königen des Eichenkultes den Titel ‹Zeus› zu geben. Hermes, der Zeus durch die Vergewaltigung der Maia (Titel der Erdgöttin als Alte Frau) geboren wurde, war ursprünglich kein Gott, sondern die totemistische Macht einer phallischen Säule. Solche Säulen waren der Mittelpunkt orgiastischer Tänze zu Ehren der Göttin.

2. Eine Komponente der Gottheit Apollons scheint eine orakelnde Maus gewesen zu sein, die in einem Schrein der Großen Göttin befragt wurde. Apollon Smintheus (‹Mäuse-Apollo›) ist einer seiner frühesten Titel (s. 158, 2). Dies erklärt vielleicht, warum er unter der Erde geboren wurde, wo die Sonne nie scheint. Mäuse wurden mit Krankheiten und deren Heilung in Verbindung gebracht; daher beteten die Hellenen Apollon als Gott der Heilkunde und des Wahrsagens an. Später wurde aber behauptet, daß er unter einem Olivenbaum und unter einer Dattelpalme auf der Nordseite eines Berges geboren wurde. Die Hellenen nannten ihn einen Zwillingsbruder der Artemis, der Göttin der Geburt, und machten seine Mutter Leto, Tochter der Titanen Phoibe (‹Mond›) und Koios (‹Klugheit›), in Ägypten und Palästina als Lat bekannt, zur Fruchtbarkeitsgöttin der Datteln und der Oliven. Darum mußte der Südwind sie nach Griechenland getragen haben. Ihr Streit mit Hera läßt auf einen Konflikt zwischen frühen Einwanderern aus Palästina und Eingeborenenstämmen, die eine andere Erdgöttin anbeteten, schließen. Auch war der Mäusekult, den sie anscheinend mit sich brachte, in Palästina ansässig (*1. Samuel VI, 4* und *Jesaja LXVI, 17*). Pythons Verfolgung des Apollon erinnert daran, daß in griechischen und römischen Häusern Schlangen zur Abschreckung von Mäusen gehalten wurden. Apollon war auch der Geist des Heiligen Königs, der den Apfel gegessen hatte: Das Wort *Apollon* muß, wie allgemein angenommen wird, eher von der Wurzel *abol*, ‹Apfel›, als von *apollunai*, ‹zerstören›, abgeleitet werden.

3. Die lüsterne Wachtel war der Artemis, die ursprünglich eine orgiastische Göttin war, als heiliger Vogel geweiht. Die Geschichte, daß Delos, Apollons Geburtsplatz, eine schwimmende Insel war (s. 43, 4), könnte auf einem Mißverständnis beruhen. In HOMERS *‹Ilias›* (IV, 101) wird Apollon Lykegenes, ‹geboren in Lykia›, genannt; doch rühmten sich die Epheser, daß er in Ortygia, in der Nähe von Ephesos, geboren wurde (TACITUS, Annalen III, 61). Sowohl die boiotischen Tegyrer als auch die attischen Zosterer behaupteten, daß er ein Sohn ihrer Stadt wäre (STEPHANOS VON BYZANZ unter: *Tegyra*).

4. Dionysos war anfangs eine Art Heiliger König, den die Göttin im siebenten Monat nach der Wintersonnenwende mit einem Blitz tötete und den ihre Priesterinnen verschlangen (s. 27, 3). So erklären sich seine verschiedenen Mütter: Dione, die Eichengöttin, Io und Demeter, die Korngöttinnen, und Per-

sephone, die Todesgöttin. Wenn PLUTARCH ihn Dionysos, Sohn der Lethe (‹Vergeßlichkeit›) nennt, so bezieht sich dies auf seine spätere Erscheinung als Gott des Weinstockes.

5. Die Geschichte der Semele, der Tochter des Kadmos, scheint sich auf eine Maßnahme der boiotischen Hellenen, die der traditionellen Opferung der Könige ein Ende machten, zu beziehen: Der olympische Zeus zeigt seine Macht, nimmt den zum Tode verurteilten König unter seinen Schutz und zerstört die Göttin mit ihrem eigenen Blitz. Dionysos' Wiedergeburt durch seinen unsterblichen Vater machte ihn selbst unsterblich. Semele wurde in Athen wärend der Lenaia angebetet. Dies war das Fest der Wilden Frau, bei dem ein einjähriger Stier, der Dionysos darstellte, in neun Teile zerlegt und ihr geopfert wurde. Ein Teil des Stieres wurde verbrannt, die übrigen wurden von den Teilnehmern roh verzehrt. *Semele* wird gewöhnlich als eine Form von Selene (‹Mond›) erklärt, und neun war die traditionelle Zahl der orgiastischen Mondpriesterinnen, die an diesen Festen teilnahmen.

15. DIE GEBURT DES EROS

a. In manchen Mythen heißt es, daß Eros, der dem Weltei entschlüpfte, der erste der Götter war, da ohne ihn keiner der anderen hätte geboren werden können. Sie sagen, daß er gleichen Alters wie Mutter Erde und Tartaros sei, und bestreiten, daß er einen Vater oder eine Mutter, außer Eileithyia, der Göttin der Geburt, gehabt habe [1].

b. Andere behaupten, daß er Aphrodites Sohn wäre, von Hermes oder von Ares oder von ihrem eigenen Vater gezeugt. In einer weiteren Version ist er ein Kind, das Iris vom Westwind empfing. Er war ein wilder Knabe, der weder vor Alter noch Rang Achtung zeigte. Er flog auf goldenen Flügeln umher und verschoß wahllos seine Pfeile oder setzte Herzen mit seinen schrecklichen Fackeln in Flammen [2].

1. Orphischer Hymnos V; ARISTOTELES, Metaphysik I, 4; HESIOD, Theogonie 120; MELEAGER, Epigramme 50; OLEN, zit. v. PAUSANIAS IX, 27, 2.
2. CICERO, Über die Natur der Götter III, 23; VERGIL, Ciris 134; ALKAIOS, zit. v. PLUTARCH, Amatorios 20.

1. Eros (‹Leidenschaft›) war für HESIOD nur ein Begriff. Die frühen Griechen stellten ihn, wie Alter oder Pest, als *Ker* oder geflügelte ‹Bosheit› dar, da unbezähmte Leidenschaft einen störenden Einfluß auf eine geordnete Gesellschaft haben könnte. Spätere Poeten hatten ein perverses Vergnügen an seinen Streichen, und zur Zeit des PRAXITELES wurde er sentimental als schöner Jüngling dargestellt. Sein berühmtester Schrein war zu Thespiai, wo die Boioter ihn in Gestalt einer phallischen Säule verehrten: Hermes oder Priapos unter einem anderen Namen (s. 150, a). Die verschiedenen Berichte über seine Eltern sprechen für sich. Hermes war ein phallischer Gott; Ares als Gott des

Krieges vermehrte die Begierde in den Frauen der Krieger. Daß Aphrodite die Mutter des Eros und Zeus sein Vater war, ist ein Hinweis darauf, daß physische Leidenschaft selbst vor Inzest nicht haltmacht. Seine Abstammung von einem Regenbogen und dem Westwind ist lyrische Phantasie. Eileithyia, ‹die den Frauen im Kindbett beisteht›, war ein Titel der Artemis; wobei die Betonung darauf liegt, daß keine Liebe so stark wie Mutterliebe ist.

2. Eros wurde niemals als genügend verantwortlich betrachtet, um in der herrschenden olympischen Familie der Zwölf zu erscheinen.

16. POSEIDON UND SEINE TATEN

a. Als Zeus, Poseidon und Hades sich ihres Vaters Kronos entledigt hatten und die Oberherrschaft über den Himmel, das Meer und die dunkle Unterwelt unter sich auslosten — die Erde ließen sie als gemeinsamen Besitz —, gewannen Zeus den Himmel, Hades die Unterwelt und Poseidon das Meer. Poseidon, seinem Bruder Zeus an Würden, doch nicht an Macht gleich, ist von eigensinnigem und streitsüchtigem Charakter. Sofort ging er daran, seinen Unterwasserpalast bei Aigai in Euboia zu bauen. Er hält in dessen geräumigen Ställen weiße Wagenpferde mit kupfernen Hufen und goldenen Mähnen und einen goldenen Wagen, bei dessen Nahen Stürme sich legen und Meeresungetüme tanzend sich um ihn erheben [1].

b. Da er sich eine Gemahlin wünschte, die in der Tiefe des Meeres zu Hause wäre, machte er der Nereide Thetis den Hof. Als aber Themis prophezeite, daß jeder von Thetis geborene Sohn größer sein würde als sein Vater, ließ er von ihr ab und erlaubte ihr, einen Sterblichen namens Peleus zu heiraten. Amphitrite, eine Nereide, der er sich danach näherte, wurde von Widerwillen gegen ihn erfüllt und floh vor ihm zu den Atlasbergen. Er aber sandte Boten hinter ihr her, unter ihnen Delphinos, der sich so überzeugend für Poseidon einsetzte, daß sie nachgab und ihm den Auftrag gab, die Heirat vorzubereiten. Voll Dankbarkeit setzte Poseidon das Bildnis des Delphinos unter die Sterne [2]. Amphitrite gebar Poseidon drei Kinder: Triton, Rhode und Benthesikyme. Er aber gab ihr fast ebensoviel Grund zu Eifersucht wie Zeus der Hera. Zahlreich waren seine Liebschaften mit Göttinnen, Nymphen und Sterblichen. Besonders erboste sie seine Vernarrtheit in Skylla, Tochter des Phorkys, die sie in ein bellendes Ungeheuer mit sechs Häuptern und zwölf Füßen verwandelte, indem sie magische Kräuter in ihr Schwimmbecken warf [3].

c. Poseidon ist gierig nach irdischen Königreichen. Einst wollte er von Attika Besitz ergreifen und schleuderte seinen Dreizack in die Akropolis von Athen. Sogleich sprudelte ein Quell von Seewasser hervor, der noch immer zu sehen ist. Wenn der Südwind bläst, kann man von tief unten den Donner der Brandung hören. Später, während der Regierung des Kekrops, nahm Athene in ungleich zarterer Weise von Athen Besitz, indem sie den ersten Olivenbaum neben der Quelle pflanzte. Wütend forderte Poseidon sie zum Zweikampf. Athene hätte angenommen, wenn sich Zeus nicht dazwischengestellt und ihnen befohlen hätte, ihren Streit einem Schiedsgericht zu unterbreiten. Das göttliche Gericht bestand aus ihren himmlischen Kollegen. Kekrops trat als Zeuge auf. Zeus selbst enthielt sich der Stimme, aber während die Götter Poseidon unterstützten, unterstützten die Göttinnen Athene. So beschloß das Gericht mit der Mehrheit von einer Stimme, daß Athene ein größeres Recht auf Athen hätte, weil sie ihm ein besseres Geschenk gemacht habe.

d. Tief erzürnt sandte Poseidon eine Sturmflut über die Thriasische Ebene, in der Athenes Stadt lag. Die Göttin aber schlug ihren Sitz in der gefährdeten Stadt auf und gab ihr ihren eigenen Namen. Um jedoch Poseidons Zorn zu besänftigen, wurde den Frauen Athens ihr Stimmrecht genommen, und Männer durften nicht wie bisher den Namen ihrer Mutter tragen [4].

e. Poseidon stritt mit Athene auch über den Besitz von Troizen. Bei dieser Gelegenheit befahl Zeus, daß die Stadt beiden zu gleichen Teilen zugesprochen werde — eine Entscheidung, die beiden mißfiel. Als nächstes versuchte Poseidon, allerdings erfolglos, von Zeus Aigina und von Dionysos Naxos zu bekommen. Für seinen Anspruch auf Korinth erhielt er nur den Isthmos, während die Akropolis Helios zugesprochen wurde. Voll Ärger versuchte er der Hera Argolis zu entwenden. Wieder war er bereit zu kämpfen und weigerte sich, vor seinesgleichen zu erscheinen, die, wie er sagte, gegen ihn voreingenommen waren. Daher übertrug Zeus diese Angelegenheit den Flußgöttern Inachos, Kephissos und Asterion, die zu Gunsten Heras entschieden. Da ihm verboten wurde, sich wie früher mit einer Sturmflut zu rächen, tat er genau das Gegenteil: Er ließ die Ströme seiner Richter vertrocknen, so daß sie nun im Sommer kein Wasser mehr führen. Doch um Amymones, einer der Danaiden willen, die ob dieser Dürre verstört war, ließ er den argivischen Fluß Inachos dauernd fließen [5].

f. Er rühmt sich, das Pferd geschaffen zu haben, obwohl manche wissen, daß Rhea, während er noch ein Säugling war, bereits dem Kronos ein Pferd zu essen gab. Er rühmt sich ferner, den Zügel erfunden zu haben, was jedoch Athenes Verdienst ist. Aber sein Anspruch, das Pferderennen eingeführt zu haben, wird ihm nicht streitig gemacht. Gewiß, Pferde sind ihm geweiht, vielleicht wegen seiner liebestollen Jagd auf Demeter, da diese voller Tränen ihre Tochter Persephone suchte. Es heißt, daß Demeter, erschöpft und entmutigt durch ihr Suchen und ohne jeglichen Sinn für erotisches Geplänkel mit irgendeinem Gott oder Titanen, sich in eine Mähre verwandelte und mit der Herde des Onkos, eines Sohnes Apollons, der im arkadischen Onkeion regierte, zu weiden begann. Jedoch konnte sie nicht Poseidon täuschen: Er verwandelte sich selbst in einen Hengst und nahm von ihr Besitz. Dieser schändlichen Vereinigung entsprangen die Nymphe Despoina und das wilde Pferd Arion. Demeters Zorn war so unversöhnlich, daß sie noch immer als ‹Demeter, die Furie› angebetet wird[6].

1. Homer, Ilias XV, 187-93; VIII, 210-11; XIII, 21-30; Odyssee V, 381; Apollonios Rhodios III, 1240.
2. Apollodoros III, 13, 5; Hyginus, Poetische Astronomie I, 17.
3. Tzetzes, Über Lykophron 45 und 50.
4. Herodot VIII, 55; Apollodoros III, 14, 1; Pausanias I, 24, 3; Augustinus, De Civitate Dei XVIII, 9; Hyginus, Fabel 164.
5. Pausanias II, 30, 6; Plutarch, Symposiaka IX, 6; Pausanias II, 1, 6; II, 15, 5; II, 22, 5.
6. Pindar, Pythische Oden VI, 50; Pausanias VIII, 25, 3-5; Apollodoros III, 6, 8.

1. Thetis, Amphitrite und Nereis waren die Namen der Dreifaltigen Mondgöttin als Herrscherin des Meeres. Da Poseidon der Vatergott der Aioler war, die Seeleute geworden waren, erhob er Anspruch darauf, überall, wo sich ihre Anbeter fanden, als ihr Gemahl zu gelten. Peleus heiratete Thetis auf dem Berge Pelion (s. 81, 1). Nereis bedeutet ‹die Nasse›; Amphitrites Name bezieht sich auf das ‹dritte Element›, das Meer, das die Erde, das erste Element, umgibt und über dem sich das zweite Element, die Luft, befindet. Im homerischen Epos bedeutet Amphitrite einfach ‹das Meer›; sie wird nicht als Poseidons Gemahlin personifiziert. Ihr Zögern, Poseidon zu heiraten, deckt sich mit Heras Zögern, Zeus, und Persephones Zögern, Hades zu heiraten. Heirat bedeutete eine Störung der weiblichen Kontrolle der Fischindustrie durch männliche Priester. Die Fabel des Delphinos ist eine sentimentale Allegorie: Delphine erscheinen immer dann, wenn das Meer ruhig ist. Auch die Kinder der Amphitrite waren eine Triade: Triton, der glückbringende Neumond; Rhode, der volle Erntemond; und Benthesikyme, der gefahrenbringende abnehmende Mond. Aber seither wurde Triton vermännlicht. Aigai stand auf der geschützten, boiotischen Seite Euboias und diente Orchomenos als Hafen; von hier aus stach die griechische Flotte gegen Troia ins Meer.

2. Die Geschichte der Rache Amphitrites an Skylla hat ihre Parallele in Pasiphaës Rache an einer anderen Skylla (s. 91, 2). Skylla (‹die, welche macht› oder ‹junger Hund›) ist lediglich Amphitrite selbst in ihrer scheußlichen Rolle als hundeköpfige Todesgöttin Hekate (s. 31, f), die sowohl auf dem Lande als auch in den Wellen zu Hause war. Ein Siegelabdruck aus Knossos zeigt, wie sie einen Mann in einem Boot bedroht, so wie sie Odysseus in der Meerenge von Messina (s. 170, t) bedrohte. Anscheinend ist der Bericht Tzetzes' von einer alten Vasenmalerei falsch abgeleitet worden. Auf der einen Seite dieser Vase sieht man Amphitrite neben einem Teich stehen, in dem sich ein hundeköpfiges Monstrum befindet; auf der anderen Seite der Vase ist ein ertrunkener Held

abgebildet, der zwischen zwei Triaden hundeköpfiger Göttinnen am Eingang zur Unterwelt gefangengehalten wird (s. 31, a und 134, 1).

3. Der Versuch Poseidons, von gewissen Städten Besitz zu ergreifen, ist politische Sage. Der Streit um Athen läßt an einen erfolglosen Versuch denken, sich anstelle Athenes zur obersten Gottheit der Stadt zu machen. Athenes Sieg wurde allerdings durch das Zugeständnis an den Patriarchalismus geschmälert: Die Athener gaben die kretische Sitte, den Namen der Mutter anzunehmen, die in Karien bis in das Klassische Zeitalter (HERODOT I, 173) herrschte, auf. VARRO, der darüber berichtet, stellt das Göttergericht als eine Abstimmung von Männern und Frauen Athens dar.

Es ist offensichtlich, daß die ionischen Pelasger, die Athen bewohnten, von den Aiolern besiegt wurden und daß Athene ihre Oberherrschaft nur durch ein Bündnis mit den Achaiern des Zeus wiedergewinnen konnte. Diese zwangen sie später, der Vaterschaft des Poseidon zu entsagen und ihre Geburt aus dem Haupte des Zeus anzuerkennen.

4. Die veredelte Olive war aus Libyen eingeführt worden. Das unterstützt den Mythos des libyschen Ursprungs der Athene. Ihr Baum wurde noch während des zweiten Jahrhunderts n. Chr. in Athen gezeigt. Die Überschwemmung der Thriasischen Ebene ist wahrscheinlich ein historisches Ereignis, dessen Zeitpunkt jedoch nicht bestimmt werden kann. Nach meteorologischen Berechnungen war das frühe 14. Jahrhundert v. Chr. eine Periode maximalen Regenfalls, so daß die Flüsse Arkadiens im Sommer nicht versiegen konnten. Ihr Austrocknen wurde in späteren Jahren der Rache Poseidons zugeschrieben. Ein prähellenischer Sonnenkult ist in Korinth nachzuweisen (PAUSANIAS II, 4, 7; s. 67, 2).

5. Der Mythos von Demeter und Poseidon stützt sich auf eine hellenische Invasion Arkadiens. Demeter wurde in Phigalia als die pferdeköpfige Schutzherrin des vorhellenischen Pferdekultes abgebildet. Pferde waren dem Mond geweiht, denn ihre Hufe hinterließen eine mondförmige Spur. Der Mond wurde als die Quelle allen Wassers betrachtet; daher die Verbindung von Pegasos mit Wasserquellen (s. 75, b). Die heiligen Pferde Arion und Despoina – letzterer ist einer der Namen der Demeter selbst – wurden als Kinder Poseidons angesehen. Amymone ist wahrscheinlich ein Name der Göttin in Lerna, dem Zentrum des Wasserkultes, zu Ehren der Danaide (s. 60, g und 4).

6. Demeter als Furie ist, ebenso wie Nemesis (s. 32, 3), nur ein anderer, ein mörderischer Aspekt der Göttin. Die Geschichte, die über Poseidon und Demeter in Thelpusia (PAUSANIAS VIII, 42) und über Poseidon und eine ungenannte Furie am Brunnen von Tilphusa in Boiotien (Scholiast über HOMERS ‹*Ilias*› XXIII, 346) erzählt wird, war bereits alt, als die Hellenen zum ersten Mal erschienen.

17. HERMES UND SEINE TATEN

a. Als Hermes auf dem Berge Kyllene geboren ward, wickelte ihn seine Mutter Maia in Windeln und legte ihn in eine Wiege. Er aber wuchs mit erstaunlicher Schnelligkeit zum Knaben heran, und sobald sie ihm den Rücken kehrte, schlich er davon, auf der Suche nach Abenteuern.

Als er in Pieria ankam, wo Apollon eine Herde edler Kühe weidete, beschloß er, sie zu stehlen. Da er befürchtete, daß die Spuren ihn verraten könnten, machte er aus der Rinde einer gestürzten Eiche Schuhe und band sie mit geflochtenem Gras den Kühen an die Hufe. Dann trieb er sie, als es Nacht war, davon. Apollon entdeckte den Verlust, aber er fand keine Spur. Er suchte in westlicher Richtung bis Pylos und in östlicher Richtung bis Onchestos. Schließlich mußte er eine Belohnung auf die Ergreifung des Diebes aussetzen. Silenos und seine Satyrn, gierig auf die Belohnung, zerstreuten sich in alle Richtungen, um den Dieb aufzuspüren. Lange waren sie ohne Erfolg. Bis einige, die durch Arkadien zogen, die gedämpften Klänge einer Musik vernahmen, wie sie noch niemals vorher gehört worden war. Die Nymphe Kyllene, die in der Öffnung einer Höhle saß, erzählte ihnen, daß hier jüngst ein höchst begabtes Kind geboren worden war, das sie zu hüten habe. Das Kind hätte ein wunderbares Musikinstrument aus dem Panzer einer Schildkröte und dem Darme einer Kuh gebaut und damit seine Mutter in den Schlaf gesungen.

b. «Und wo fand es den Kuhdarm?» fragte der aufgeweckte Satyr, der zwei Kuhhäute außerhalb der Höhle aufgespannt sah. «Willst du gar das arme Kind des Diebstahls beschuldigen?» fragte Kyllene. Harte Worte fielen zwischen ihnen.

c. In diesem Augenblick erschien Apollon, der die Spur des Diebes entdeckt hatte, als er das verdächtige Benehmen eines langflügeligen Vogels beobachtete. Er betrat die Höhle, weckte Maia und forderte in strengem Ton, daß Hermes die gestohlenen Kühe zurückgäbe. Maia zeigte auf das Kind, das noch in seine Windel gewickelt war und sich schlafend stellte. «Welch eine lächerliche Anschuldigung!» rief sie aus. Aber Apollon hatte schon die Häute erkannt. Er hob Hermes auf, trug ihn zum Olymp und beschuldigte ihn dort des Diebstahls. Die Häute legte er als Beweis vor. Zeus, der den Gedanken, daß sein neugeborener Sohn ein Dieb sein sollte, zutiefst verabscheute, ermutigte Hermes, auf seiner Unschuld zu bestehen. Aber Apollon ließ nicht locker, und schließlich gestand Hermes seine Schuld.

«Also gut, komm mit mir», sagte er, «du kannst deine Herde wieder haben. Ich habe nur zwei Tiere geschlachtet und diese in zwölf Teile geschnitten, als Opfergabe an die zwölf Götter.»

«Zwölf Götter?» fragte Apollon, «wer ist denn der zwölfte?»

«Ihr Diener, Herr», antwortete Hermes bescheiden. «Ich aß nicht mehr als meinen Anteil, obwohl ich sehr hungrig war. Den Rest habe ich verbrannt, wie es die Pflicht gebietet.»

Dies war das erste Fleischopfer, das je dargebracht wurde.

d. Die beiden Götter kehrten zum Berge Kyllene zurück, wo Hermes seine Mutter begrüßte und etwas, das er unter einem Schaffell versteckt hatte, hervorholte.

«Was hast du denn dort?» fragte Apollon.

Als Antwort zeigte ihm Hermes seine geniale Erfindung: die Schildpattleier. Mit dem Plektron, das er auch erfunden hatte, spielte er darauf eine so bezaubernde Melodie und sang zur gleichen Zeit ein Loblied auf Apollons Edelmut, Klugheit und Großzügigkeit, daß dieser ihm sofort verzieh. Hermes führte den erstaunten und entzückten Apollon nach Pylos, sein Spiel während des ganzen Weges fortsetzend, und gab ihm dort den Rest der Viehherde zurück, die er in einer Höhle versteckt gehalten hatte.

«Laß uns tauschen!» rief Apollon aus. «Du behältst die Kühe, und ich nehme die Leier.»

«Einverstanden», sagte Hermes, und sie schüttelten sich zur Bekräftigung die Hände.

e. Während die hungrigen Kühe weideten, schnitt Hermes einige Riede und machte aus ihnen eine Hirtenflöte, auf der er eine neue Melodie spielte. Von neuem begeistert, rief Apollon aus: «Laß uns nochmals tauschen! Wenn du mir diese Flöte gibst, will ich dir den goldenen Stab, mit dem ich mein Vieh hüte, geben; in Zukunft sollst du der Gott aller Viehzüchter und Schafhirten sein.»

«Meine Flöte ist mehr wert als dein Stab», erwiderte Hermes. «Ich gebe sie dir nur, wenn du mich das Wahrsagen lehrst, denn das erscheint mir eine höchst nützliche Kunst.»

«Das kann ich nicht», sagte Apollon, «aber wenn du zu meinen alten Ammen gehst, den Thrien, die auf dem Parnassos leben, so werden sie dich lehren, aus den Kieselsteinen wahrzusagen.»

f. Und wieder schüttelten sie sich die Hände. Und Apollon, der das Kind zurück zum Olympos nahm, erzählte Zeus alles, was geschehen war. Zeus ermahnte Hermes, fortan das Recht des Besitzes zu achten und davon Abstand zu nehmen, Lügen zu erzählen; aber in seinem Herzen war er über den Knaben froh. «Du scheinst ein sehr einfallsreicher, beredter und überzeugender kleiner Gott zu sein», sagte er.

«Dann mache mich zu deinem Boten, Vater», erwiderte Hermes, «und ich werde für die Sicherheit alles göttlichen Besitzes sorgen und niemals mehr lügen. Aber ich kann nicht versprechen, immer die ganze Wahrheit zu sagen.»

«Das wird auch nicht von dir erwartet», sagte Zeus mit einem Lächeln. «Deine Pflichten würden im Schließen von Verträgen, in der Förderung des Handels und in der Aufrechterhaltung des Wegrechtes für alle Reisenden auf allen Straßen der Welt bestehen.» Als Hermes diesen Bedingungen zustimmte, gab ihm Zeus einen Heroldstab mit weißen Bändern, den laut seinem Befehl jeder respektieren mußte. Außerdem einen runden Hut gegen den Regen und geflügelte goldene Sandalen, die ihn mit der Geschwindigkeit des Windes umhertrugen. Sofort wurde er in der olympischen Familie, die er die Kunst des Feuermachens mit den Feuerstäben lehrte, willkommen geheißen.

g. Später zeigten die Thrien Hermes, wie man die Zukunft aus der Lage von Kieselsteinen in einem Wasserbecken voraussagen kann. Er selbst erfand das Würfelspiel und die Kunst, daraus zu weissagen. Auch Hades machte ihn zu seinem Boten, der die Sterbenden mit sanfter Überredung abberuft, indem er ihnen seinen goldenen Stab auf die Augen legt[1].

h. Er half den drei Schicksalsgöttinnen in der Zusammenstellung des Alphabets, erfand die Astronomie, die Tonleiter, die Kunst des Boxens und des Turnens, die Gewichte und Maße (welche manche dem Palamedes zuschreiben) und die Kultur des Olivenbaumes[2].

i. Manche meinen, daß die Leier, die Hermes erfand, sieben Saiten hatte; andere, daß sie nur drei hatte – wie die Zahl der Jahreszeiten – oder vier, die mit den Vierteln des Jahres übereinstimmen, und daß Apollon deren Zahl auf sieben brachte[3].

j. Hermes hatte zahlreiche Söhne, unter ihnen Echion, den Herold der Argonauten; Autolykos, den Dieb; und Daphnis, den Erfinder der bukolischen Poesie. Daphnis war ein schöner sizilianischer Junge, den seine Mutter, eine Nymphe, in einem Lorbeerhain auf dem Berge der Hera ausgesetzt hatte. Daher kommt auch sein Name, den ihm seine Pflegeeltern, die Schafhirten, gaben. Pan lehrte ihn das Flötenspiel; er wurde von Apollon geliebt. Mit Artemis, die Freude an seiner Musik hatte, pflegte er zu jagen. Er verwandte viel Sorgfalt auf seine zahlreichen Viehherden, die von der gleichen Zucht wie die des Helios waren. Eine Nymphe namens Nomia ließ ihn schwören, ihr niemals untreu zu werden, sonst sollte er mit Blindheit geschlagen werden. Trotzdem ließ er sich, während er betrunken war, von Chimaira verführen. Da strafte ihn Nomia, in Erfüllung ihrer Drohung, mit Blindheit. Daphnis suchte für eine Weile Trost in traurigen Liedern, aber er lebte nicht lange. Hermes verwandelte ihn in einen Stein, der noch immer in der Stadt Kephalenithanum gezeigt wird; in Syrakus ließ er einen Brunnen hervorspringen, der Daphnis genannt wird und wo jährlich Opfer dargebracht werden[4].

1. Homerischer Hymnos an Hermes 1-543; Sophokles, Fragmente aus: Die Spürhunde; Apollodoros III, 10, 2.
2. Diodorus Siculus V, 76; Hyginus, Fabel 277; Plutarch, Symposion IX, 3.
3. Homerischer Hymnos an Hermes 51; Diodorus Siculus I, 16; Makrobios, Saturnaliorum Conviviorum I, 19; Kallimachos, Hymnos an Delos 253.
4. Diodorus Siculus IV, 84; Servius über Vergils Ecloga V, 20; VIII, 68; X, 26; Philargyrius über Vergils Ecloga V, 20; Aelian, Varia Historia X, 18.

1. Der Mythos von der Kindheit des Hermes ist nur in einer späten literarischen Form erhalten. Es scheint, daß ein Bericht über Viehdiebstähle, die die listigen Messener an ihren Nachbarn begingen (s. 74, g und 171, h), und über einen Vertrag, der diesem Übel ein Ende setzte, mythologisch mit einer Erzählung von der Herrschaft der barbarischen Hellenen über die kretisch-helladische Zivilisation, die sie in Mittel- und Südgriechenland vorfanden, verbunden wurde. Die Hellenen haben sich im Namen des von ihnen angenommenen Gottes Apollon die Errungenschaften der Besiegten: Faustkampf, Gymnastik, Maße und Gewichte, Musik, Astronomie und Olivenkultur (s. 162, *6*) nebst deren geschliffenen Umgangsformen zu eigen gemacht.

2. Der Begriff des Hermes als eines Gottes entwickelte sich sowohl aus den steinernen Phalloi, die der Mittelpunkt eines prähellenischen Fruchtbarkeitskultes waren (s. 15, *1*), als auch aus dem Begriff des Göttlichen Kindes des prähellenischen Kalenders (s. 24, *6*; 44, *1*; 105, *1*; 171, *4* etc.); vielleicht auch aus dem ägyptischen Thoth, Gott des Verstandes, und aus Alubis, dem Führer der Seelen in die Unterwelt. Die Erzählung über sein schnelles Wachstum könnte eine verspielte homerische Obszönität sein.

3. Die heraldischen weißen Bänder am Stabe des Hermes wurden später fälschlicherweise für Schlangen gehalten, da er ein Bote des Hades war; daher auch der Name des Echion. Die Thrien sind die Dreifaltige Muse (‹Berggöttin›) des Parnassos; ihre Kunst des Weissagens aus tanzenden Kieselsteinen wurde auch zu Delphi ausgeübt (*‹Mythographi Graeci›, Appendix Narrationum 67*). Zuerst wurde Athene die Erfindung der wahrsagenden Würfel aus Knöcheln zugeschrieben (Zenobios, ‹Sprichwörter› V, 75). Später wurden diese Würfel allgemein gebraucht. Aber die Kunst des Wahrsagens blieb sowohl in Griechenland als auch in Rom ein aristokratisches Prärogativ. Apollons ‹langflügelige Vögel› waren die dem Hermes geweihten Kraniche; die apollonische Priesterschaft überschritt dauernd die Grenzen ihrer Kompetenz, da Hermes schon früh der Schutzherr des Weissagens, der Literatur und der Künste war – so wie es die Priesterschaft des Hermes gleichfalls mit Pan, den Musen und Athene tat. Die Erfindung des Feuermachens wurde Hermes zugeschrieben, denn das Quirlen des männlichen Stockes im weiblichen Block ließ an phallische Magie denken.

4. Die romantische Geschichte des Daphnis wurde um eine phallische Säule in Kephalenithanum und eine Fontäne in Syrakus aufgebaut. Diese waren von einem Lorbeerhain umgeben, in dem Lieder zu Ehren des blinden Toten gesungen wurden.

18. APHRODITE UND IHRE TATEN

a. Nur selten konnte Aphrodite überredet werden, ihren magischen Gürtel, der jeden mit Liebe zu seiner Trägerin erfüllte, den anderen Göttinnen zu borgen; denn sie wachte eifersüchtig über ihre Vorrangstellung. Zeus hatte sie mit Hephaistos, dem lahmen Schmiedegott, verheiratet; aber der wahre Vater der drei Kinder, die sie ihm gebar – Phobos, Deimos und Harmonia – war Ares, der geradgliedrige, ungestüme, dem

Trunke ergebene und streitsüchtige Gott des Krieges. Hephaistos wußte nichts von diesem Betrug, bis eines Nachts die Liebenden zu lange im Bette des Ares, in seinem thrakischen Palast, blieben. Da sah sie Helios bei ihrem Treiben und hinterbrachte es dem Hephaistos.

b. Hephaistos zog sich verärgert in seine Schmiede zurück und hämmerte ein Fangnetz aus Bronze, fein wie Spinnweb, doch unzerreißbar. Das band er insgeheim um die Pfosten seines Ehebettes. Zu Aphrodite, die lachend aus Thrakien zurückkehrte und ihm erklärte, sie sei in Korinth beschäftigt gewesen, sagte er: «Entschuldige, geliebtes Weib, daß ich einen kurzen Urlaub mache auf Lemnos, meiner geliebten Insel.» Aphrodite erbot sich nicht, ihn zu begleiten, und sandte, als er ihr aus den Augen war, eiligst nach Ares, der auch bald kam. Die beiden stiegen munter ins Bett, aber als die Morgendämmerung kam, sahen sie sich im Netz verfangen, nackt und unfähig zu entfliehen. So überraschte sie der zurückgekehrte Hephaistos. Er rief alle Götter zusammen, seine Schande zu bezeugen. Dann verkündete er, daß er sein Weib nicht eher freilassen würde, bis dessen Adoptivvater Zeus ihm die wertvollen Heiratsgaben zurückgegeben habe.

c. Die Götter eilten heran, Aphrodites peinliche Lage mitanzusehen; die Göttinnen, von Zartgefühl geleitet, blieben in ihren Häusern. Apollon stieß Hermes in die Seite und fragte: «Dir würde es nichts ausmachen, an der Stelle des Ares zu sein, mit Netz und allem anderen? Nicht wahr?» Da schwor Hermes bei seinem Haupte, daß es ihm nichts ausmachte, selbst wenn es dreimal soviel Netze gäbe und alle Göttinnen mißbilligend zusähen. Bei dieser Bemerkung lachten beide Götter brüllend auf; Zeus aber war so angewidert, daß er von einer Rückerstattung der Heiratsgaben wie überhaupt von dem vulgären Streit zwischen Frau und Mann nichts wissen wollte. Er erklärte, daß Hephaistos ein Narr sei, seine Angelegenheit so ans Licht zu zerren. Poseidon, der sich beim Anblick der nackten Aphrodite heftig in sie verliebt hatte, verbarg seine Eifersucht auf Ares und gab vor, mit Hephaistos zu fühlen. «Da Zeus sich weigert zu helfen», sagte er, «so will ich dafür bürgen, daß Ares den Gegenwert der Heiratsgaben als Lösegeld zahlen wird.»

«Das klingt alles recht schön» antwortete Hephaistos finster. «Aber sollte Ares sich weigern, müßtest du seinen Platz unter dem Netze einnehmen.»

«In Aphrodites Gesellschaft?» fragte Apollon lachend.

«Ich kann mir nicht denken, daß Ares nicht zahlen wird», sagte Poseidon in falschem Edelmut. «Aber sollte es doch der Fall sein, so bin ich bereit, die Schuld zu tragen und Aphrodite selber zu heiraten.»

So wurde Ares wieder in Freiheit gesetzt und kehrte nach Thrakien zurück. Aphrodite ging nach Paphos, wo sie ihre Jungfräulichkeit im Meere erneuerte [1].

d. Geschmeichelt durch das offene Eingeständnis seiner Liebe, verbrachte Aphrodite bald eine Nacht mit Hermes. Die Frucht dieser Nacht war Hermaphroditos, ein zwiegeschlechtliches Wesen. Auch Poseidon erhielt den Lohn für seinen Beistand. Aphrodite gebar ihm zwei Söhne, Rhodos und Herophilos [2]. Es erübrigt sich zu sagen, daß Ares nicht zahlte; er argumentierte, daß es für ihn keinen Grund dafür gäbe, solange auch Zeus nicht zahlen wollte. Schließlich und endlich zahlte keiner, denn Hephaistos war über alle Maßen in Aphrodite verliebt und hatte gar nicht die Absicht, sich von ihr zu trennen.

e. Später gab sich Aphrodite auch noch dem Dionysos hin und gebar ihm Priapos, ein häßliches Kind mit riesigen Geschlechtsteilen. Hera hatte ihm dieses obszöne Aussehen gegeben, in Mißbilligung der Liederlichkeit Aphrodites. Er ist ein Gärtner und trägt ein Gartenmesser [3].

f. Obwohl Zeus niemals, wie manche behaupten, mit seiner Adoptivtochter Aphrodite das Lager teilte, führte ihn doch die Magie ihres Gürtels oft in Versuchung. Zu guter Letzt beschloß er, sie zu erniedrigen: Er ließ sie sich leidenschaftlich in einen Sterblichen verlieben. Es war dies der schöne Anchises, König der Dardaner, ein Enkel des Ilos. Eines Nachts, als er in der Hütte seiner Hirten auf dem troischen Berg Ida schlief, besuchte ihn Aphrodite in der Verkleidung einer phrygischen Prinzessin, in einem funkelnden, roten Gewand. Sie gab sich ihm hin auf einem Lager von Bären- und Löwenfellen, während Bienen schläfrig um sie herumsummten. Als sie sich in der Morgendämmerung trennten, offenbarte sie ihm ihre göttliche Natur und ließ sich sein Wort geben, über diese Nacht tiefstes Stillschweigen zu bewahren. Anchises wurde von Schreck erfaßt, als er erfuhr, daß er die Nacktheit einer Göttin gesehen hatte, und bat sie, sein Leben zu schonen. Sie versicherte ihm, daß er nichts zu befürchten hätte und daß ihr Sohn berühmt sein würde [4]. Einige Tage später, als Anchises mit seinen Freunden bei einem Trinkgelage war, fragte ihn einer: «Würdest du eher mit der Tochter des Soundso als mit Aphrodite selber schlafen?» «Da ich mit beiden geschlafen habe», antwortete Anchises achtlos, «finde ich die Frage überflüssig.»

g. Zeus hörte diese Prahlerei und warf einen Blitz nach Anchises. Dieser wäre sofort getötet worden, hätte nicht Aphrodite ihren Gürtel dazwischengeworfen und so den Blitz in den Boden zu seinen Füßen abgelenkt. Trotzdem schwächte der Schock Anchises so sehr, daß er nie wieder aufrechtstehen konnte. Aphrodite gebar ihm einen Sohn, Aïneias, und verlor bald ihre Leidenschaft für ihn [5].

h. Eines Tages prahlte die Gemahlin des Königs Kinyras von Kypros – manche nennen ihn König Phoinix von Byblos, andere König Theias, den Assyrer –, daß ihre Tochter Smyrna schöner noch wäre als Aphrodite. Unverzüglich rächte sich die Göttin für diese Beleidigung. Sie ließ

Smyrna sich in ihren Vater verlieben und in dunkler Nacht in sein Bett kriechen; ihre Dienerin hatte ihn so trunken gemacht, daß er nicht mehr wußte, wer er war. Später entdeckte Kinyras, daß er sowohl der Vater wie auch der Großvater des ungeborenen Kindes seiner Tochter war. Wild vor Zorn ergriff er sein Schwert. Sie floh aus dem Palast. Auf dem Gipfel eines Hügels holte er sie ein. Aber Aphrodite verwandelte Smyrna schnell in einen Myrrhenbaum, den das herabfallende Schwert in zwei Hälften spaltete. Heraus fiel das Kind Adonis. Aphrodite, die das Unheil, das sie angestiftet hatte, schon bereute, verbarg Adonis in einer Truhe, die sie Persephone, der Königin der Toten, anvertraute. Sie bat Persephone, die Truhe an einem dunklen Ort zu verbergen.

i. Doch Persephone, von Neugier gepackt, öffnete die Truhe und fand darin Adonis. Er war so lieblich, daß sie ihn heraushob und in ihrem eigenen Palaste aufzog. Die Nachricht erreichte Aphrodite, die sofort in den Tartaros eilte, um Adonis zurückzufordern. Persephone, die den schönen Jüngling inzwischen zu ihrem Liebhaber gemacht hatte, wies sie ab. Aphrodite wandte sich an Zeus. Dem aber war nicht verborgen geblieben, daß auch Aphrodite mit Adonis liegen wollte. Er weigerte sich, diesen so peinlichen Streitfall zu schlichten. Er verwies ihn an einen niedrigeren Gerichtshof, dem die Muse Kalliope vorstand. Kalliope entschied, daß Persephone und Aphrodite gleiches Recht an Adonis hätten – Aphrodite, weil sie ihm zur Zeit seiner Geburt rettend zu Hilfe gekommen war, Persephone, weil sie ihn aus der Truhe befreit hatte. Dem Jüngling aber sollte jährlich ein Urlaub von den liebessüchtigen Forderungen der beiden unersättlichen Göttinnen zustehen. Daher teilte sie das Jahr in drei gleiche Teile, von denen er einen Teil mit Persephone, einen mit Aphrodite und den dritten allein verbringen sollte.

Aphrodite aber versuchte, den Schiedsspruch zu hintertreiben: Mit Hilfe ihres magischen Gürtels verführte sie Adonis, auf seine Ferien zu verzichten und ihr auch den Teil des Jahres zu schenken, der Persephone zustand[6].

j. Persephone, mit Recht empört, ging nach Thrakien, wo sie ihrem Wohltäter Ares erzählte, daß Aphrodite ihn mit Adonis betröge. «Ein einfacher Sterblicher», rief sie, «und dazu noch weibisch!» Ares wurde eifersüchtig und stürzte sich in der Verkleidung eines wilden Ebers auf Adonis, der in den Bergen des Libanon jagte. Er spießte ihn vor den Augen Aphrodites auf seine Hauer und tötete ihn. Dem Blute des Adonis entsprangen Anemonen, und seine Seele stieg hinab in den Tartaros. Aphrodite ging weinend zu Zeus und bat, daß Adonis nur die dunkle Hälfte des Jahres mit Persephone verbringen sollte, während er für die Sommermonate ihr verbleiben solle. Großherzig bewilligte Zeus ihre Bitte. Manche aber sagen, Apollon wäre der Eber gewesen, der Aphrodites Frevel hätte rächen wollen[7].

k. Um Adonis eifersüchtig zu machen, verbrachte Aphrodite mit Butes, dem Argonauten, einige Nächte in Lilybaion. Durch ihn wurde sie Mutter des Eryx, eines Königs von Sizilien. Die Kinder, die sie von Adonis hatte, waren Golgos, der Gründer des kyprischen Golgi, und Beroe, die Gründerin von Beroia in Thrakien. Manche sagen auch, daß Adonis, nicht Dionysos, der Vater ihres Sohnes Priapos war[8].

l. Die Schicksalsgöttinnen hatten Aphrodite nur eine göttliche Pflicht auferlegt: die der Liebe. Aber eines Tages überraschte Athene sie dabei, wie sie heimlich an einem Webstuhl arbeitete. Da beklagte sich Athene, daß ihre ureigenen Rechte angegriffen würden, und drohte damit, sie ganz aufzugeben. Aphrodite entschuldigte sich und ging seitdem jeder Arbeit sorgsamst aus dem Wege[9].

1. HOMER, Odyssee VIII, 266-367.
2. DIODORUS SICULUS IV, 6; Scholiast über PINDARS Pythische Oden VIII, 24.
3. PAUSANIAS IX, 31, 2; Scholiast über APOLLONIOS RHODIOS I, 932.
4. Homerischer Hymnos an Aphrodite 45 – 200; THEOKRITOS, Idylle I, 105-7; HYGINUS, Fabel 94.
5. SERVIUS über VERGILS Aeneis II, 649.
6. APOLLODOROS III, 14, 3-4; HYGINUS, Poetische Astronomie II, 7 und Fabeln 58, 164, 251; FULGENTIUS, Mythologie III, 8.
7. SERVIUS über VERGILS Ecloga X, 18; Orphischer Hymnos LV, 10; PTOLEMAIOS HEPHAISTIONOS I, 306.
8. APOLLONIOS RHODIOS IV, 914-19; DIODORUS SICULUS IV, 83; Scholiast über THEOKRITOS' Idylle XV, 100; TZETZES, ‹Über Lykophron› 831.
9. HESIOD, Theogonie 203-4; NONNOS, Dionysiaca XXIV, 274-81.

1. Die späteren Hellenen setzten das Ansehen der in Korinth, Sparta, Thespiai und Athen lange herrschenden Großen Göttin des Mittelmeeres herab, indem sie sie unter männliche Aufsicht stellten und ihre feierlichen Orgien als ehebrecherischen Leichtsinn verpönten. Das Netz, in dem, laut HOMER, Aphrodite gefangen wurde, war ursprünglich ihr eigenes Requisit in ihrer Rolle als Göttin des Meeres (s. 89, 2). Es scheint, daß ihre Priesterinnen während der Frühlingsfeier ein Netz trugen wie auch die Priesterinnen der nordischen Göttin Holle oder Gode am Vorabend des Maifestes.

2. Priapos hatte seinen Ursprung in den grobgehauenen, hölzernen phallischen Skulpturen, die bei den dionysischen Orgien verwendet wurden. Man hielt ihn für einen Sohn des Adonis, da Miniatur-‹Gärten› bei seinen Festen dargebracht wurden. Der Birnbaum war Hera als der obersten Göttin des Peloponnes geweiht, der daher auch Apia (s. 64, 4 und 74, 6) genannt wurde.

3. Aphrodite Urania (‹Königin des Berges›) oder Erykina (‹von der Heide›) war die Nymphengöttin des Hochsommers. Den Heiligen König, der sich mit ihr auf einem Berggipfel paarte, tötete sie, wie die Bienenkönigin die Drohne tötet. Daher die Erwähnung der Bienen, die das Heidekraut lieben, und des roten Gewandes, das Aphrodite in ihrer Liebesnacht mit Anchises auf dem Berggipfel trug. Daher auch stammen die Anbetung Kybeles, der phrygischen

Aphrodite auf dem Berge Ida, als Königin-Biene und die ekstatische Selbstentmannung ihrer Priester zum Andenken an ihren Liebhaber Attis (s. 79, 1). Anchises war einer der vielen Heiligen Könige, die von einem rituellen Donnerkeil niedergeschlagen wurden, wenn sie mit der Tod-im-Leben-Göttin (s. 24, a) zusammen gewesen waren. In der frühesten Version des Mythos wurde er getötet. In späteren Fassungen gelang es ihm, zu entfliehen, so daß die Geschichte des frommen Aineias, der das heilige Palladium nach Rom brachte und seinen Vater aus dem brennenden Troia (s. 168, c) rettete, glaubhaft wurde. Anchises hatte einen Altar zu Aigesta in der Nähe des Berges Eryx (Dionysios von Halikarnassos I, 53). Vergil berichtet, er sei in der Nachbarstadt Depranon gestorben und auf dem Berge begraben worden (‹*Aeneis*› III, 710, 759, etc.).

4. Aphrodite hatte als Göttin von Tod-im-Leben viele Namen, die nicht alle im Einklang mit ihrer Schönheit und Nachgiebigkeit zu stehen scheinen. In Athen galt sie als älteste der Schicksalsgöttinnen und Schwester der Erinyen; anderwärts nannte man sie Melainis (‹die Schwarze›), da der Großteil ihrer Liebesaffären sich in der Nacht abspielte, wie Pausanias erklärt; oder auch Skotia (‹die Dunkle›); Androphonos (‹Männer-Töter›); und sogar, laut Plutarch, Epitymbria (‹aus den Gräbern›).

5. Der Mythos über Kinyras und Smyrna spiegelt offensichtlich einen Geschichtsabschnitt, in der der Heilige König einer matrilinearen Gesellschaft beschloß, seine Regierungszeit über das übliche Maß hinaus zu verlängern. Er heiratete eine junge Priesterin, dem Namen nach seine Tochter, die für den nächsten Zeitabschnitt als Königin destiniert war. Damit verhinderte er, daß sie einen anderen Prinzen heiratete und sein Königtum an diesen verlorenging (s. 65, 1).

6. Adonis (phoinikisch: *Adon*, ‹Herr›) ist eine griechische Variante des syrischen Halbgottes Tammuz, des Geistes des jährlichen Wachstums. In Syrien, Kleinasien und Griechenland war das heilige Jahr der Göttin einst in drei Teile geteilt und dem Löwen, der Ziege und der Schlange (s. 75, 2) zugesprochen. Die Ziege, das Zeichen des mittleren Teiles, war der Liebesgöttin Aphrodite geweiht; die Schlange, das des letzten, der Todesgöttin Persephone. Der Löwe, das Sinnbild des ersten Teiles, war der Göttin der Geburt heilig, die hier Smyrna genannt wurde und die keinen Anspruch auf Adonis hatte. In Griechenland wurde dieser Kalender später durch ein Zwei-Jahreszeiten-Jahr ersetzt, das entweder durch die Tagundnachtgleichen östlicher Art, wie etwa in Sparta und Delphi, oder durch die nördliche Art der Sonnenwenden, wie etwa in Athen und Theben, bestimmt war. So wird die Verschiedenartigkeit der beiden Urteile, nämlich das der Berggöttin Kalliope und das des Zeus, verständlich.

7. Tammuz wurde, wie viele andere mythische Gestalten, von einem Eber getötet, wie Osiris, der kretische Zeus, Ankaios von Arkadien (s. 157, e), Karmanor von Lydien (s. 136, b) und der irische Held Diarmuid. Es scheint, daß dieser Eber einst eine Bache mit halbmondförmigen Hauern war, eine Darstellung der Göttin selbst als Persephone; als aber das Jahr geteilt wurde und die helle Hälfte vom Heiligen König, die dunkle von seinem Stellvertreter oder Rivalen regiert wurde, da erschien jener Rivale als Wildschwein — wie Set dem Osiris, oder Finn mac Cool, der Diarmuid tötete. Die Adonia, ein Trauerfest zu

Ehren des Tammuz, wurde in jedem Frühjahr in Byblos begangen. Die Geburt des Adonis aus einem Myrrhenbaum — die Myrrhe war ein wohlbekanntes Liebesmittel — verweist auf den orgiastischen Charakter seiner Riten. Das tropfende Harz der Myrrhe galt als für ihn vergossene Tränen (Ovid, ‹Metamorphosen›, X, 500 ff). Hyginus ließ Kinyras König von Assyrien sein (Fabel 58), vielleicht, weil die Anbetung des Tammuz dort ihren Ursprung hatte.

8. Aphrodites Sohn Hermaphroditos war ein Jüngling mit weiblichen Brüsten und langem Haar. Natürlich fand er in Androgyne, der bärtigen Frau, sein abnormes Gegenstück in der Natur, haben doch beide ihren Ursprung als religiöse Begriffe im Übergang vom Matriarchat zum Patriarchat. Hermaphroditos ist der Heilige König, der die Stelle der Königin vertritt (s. 136, 4) und der künstliche Brüste trägt. Androgyne ist die Mutterkönigin einer prähellenischen Sippe, die, im Zeitalter des Übergangs zum Patriarchat, ihre richterliche Gewalt behalten wollte. Vielleicht trug sie auch einen falschen Bart, um die Kinder, die ihr von einem Sklaven geboren waren, zu adeln, wie es zu Argos Sitte war. Bärtige Göttinnen, wie die kyprische Aphrodite, und weibische Götter, wie Dionysos, entsprechen den verschiedenen Übergangsstufen der Gesellschaft.

9. Auf den ersten Blick ist Harmonia ein seltsamer Name für die Tochter der Liebesgöttin und des Kriegsgottes; aber damals wie heute sind im Zeichen des Krieges Zuneigung und Eintracht eher noch stärker als gewöhnlich vertreten.

19. ARES UND SEINE TATEN

a. Der thrakische Ares liebt den Kampf um seiner selbst willen. Seine Schwester Eris sucht immer wieder nach Gelegenheiten für einen Krieg, indem sie Gerüchte verbreitet und Eifersucht stiftet. So wie sie hat auch ihr Bruder keinerlei dezidierte Vorliebe für diese oder jene Partei, diese oder jene Stadt. Wenn die Lust zu töten ihn überfällt, kämpft er auf dieser oder jener Seite, mordend und zerstörend. Alle Götter, von Zeus und Hera angefangen, hassen ihn, ausgenommen Eris und Aphrodite, die eine widernatürliche Leidenschaft für ihn hegt, und Hades, der gierig auf die jungen Krieger wartet, die in grausamen Schlachten fallen.

b. Nicht immer ist Ares siegreich gewesen. Athene, die viel geschickter ist als er, hat ihn zweimal im Kampf besiegt; und einst überwältigten ihn die gigantischen Söhne des Aloeus und hielten ihn dreizehn Monate in einem bronzenen Behälter gefangen, bis er, halbtot, von Hermes befreit wurde; bei einer anderen Gelegenheit flüchtete er ängstlich vor Herakles auf den Olymp. Er empfindet eine tiefe Verachtung für das Gesetz, deshalb erschien er nie als Kläger vor dem Gericht, nur einmal als Angeklagter: als die anderen Götter ihn wegen des mutwilligen Mordes an Halirrhothios, dem Sohn des Poseidon, anklagten. Er sprach von Notwehr und behauptete, er hätte seine Tochter Alkippe vor Vergewaltigung durch diesen Halirrhothios aus dem Hause des Kekrops retten müssen. Da niemand als er selbst und Alkippe, die selbstverständlich ihres Vaters Aussage beschwor, Zeuge des Vorfalles gewesen war, mußte ihn das Gericht freisprechen. Dies war das erste Urteil in einem Mordprozeß. Der Hügel, auf dem die Gerichtssitzung stattfand, wurde als Areopagos bekannt, ein Name, den er noch heute trägt [1].

1. Apollodoros III, 14, 2; Pausanias I, 21, 7.

1. Die Athener verachteten den Krieg; sie ließen ihn nur zur Verteidigung ihrer Freiheit oder aus einem anderen, gleich zwingenden Grunde gelten. Sie hielten die Thraker für Barbaren, weil sie Kriege als Zeitvertreib führten.

2. Nach dem Bericht des Pausanias über den Mordprozeß hatte Halirrhothios die Alkippe bereits vergewaltigt. Halirrhothios soll nur ein Deckname für Poseidon und Alkippe für die pferdeköpfige Göttin gewesen sein. Der Mythos erinnert tatsächlich an Demeters Vergewaltigung durch Poseidon und bezieht sich auf die Eroberung Athens durch die Anhänger Poseidons und die folgende Erniedrigung der Göttin (s. 16, 3). Die Sage wurde im Interesse Athens oder des Staates geändert und mit einer Legende über einen früheren Mordprozeß verschmolzen. ‹Areopagos› bedeutet wahrscheinlich ‹Hügel der versöhnenden Göttin›, da *areia* einer der Namen Athenes war.

20. HESTIA UND IHRE TATEN

a. Als einzige der großen Olympier niemals an Kriegen oder Streitigkeiten teilzunehmen – das rühmt man der Hestia nach. Wie Artemis und Athene widerstand sie stets dem Liebeswerben der Götter, Titanen und anderer. Nachdem Kronos entthront worden war, stritten sich Poseidon und Apollon um sie. Da schwor sie beim Haupte des Zeus, ewig eine Jungfrau zu bleiben. Zeus belohnte sie, da sie den Frieden auf dem Olympos bewahrt hatte, mit jeder ersten Gabe öffentlicher Opferfeiern [1].

b. Einst versuchte der trunkene Priapos, sie auf einem ländlichen Feste, an dem auch die Götter teilnahmen, zu vergewaltigen. Hestia war eingeschlafen. Aber ein Esel wieherte laut, so daß Hestia erwachte und zu schreien begann, als sie Priapos rittlings über sich sah. Er rannte in komischem Entsetzen davon [2].

c. Hestia ist die Göttin des Herdes. In jedem Hause in jeder Stadt schützt sie die um Obdach Bittenden. Sie erfreut sich allgemeiner Verehrung, nicht nur, weil sie als die mildeste, die gerechteste und wohltätigste aller Olympier gilt, sondern weil sie auch die Kunst des Hausbauens erfunden hat. Ihr Feuer ist heilig: Wenn je ein Herd, sei es durch

Zufall oder als Zeichen der Trauer, verlöschen sollte, wird er mit Hilfe eines Feuerrades neu angezündet[3].

1. Homerischer Hymnos an Aphrodite 21-30.
2. Ovid, Fasti VI, 319 ff.
3. Diodorus Siculus V, 68.

1. Im Zentrum des griechischen Lebens – sogar in Sparta, wo die Familie dem Staate untergeordnet war – stand der häusliche Herd, der gleichzeitig Opferaltar war. Hestia als die Göttin des Herdes bürgte für die persönliche Sicherheit, das persönliche Glück und die heilige Pflicht der Gastfreundschaft. Die Liebeserklärungen des Poseidon und des Apollon rühren wahrscheinlich von der gemeinsamen Anbetung dieser drei Gottheiten in Delphi her. Die Geschichte der von Priapos versuchten Vergewaltigung ist eine anekdotische Warnung vor der Mißachtung von weiblichen Gästen, die unter dem Schutz des häuslichen oder öffentlichen Herdes standen. Selbst dem Esel, dem Symbol der Wollust (s. 35, 4), ging die verbrecherische Narrheit des Priapos zu weit.

2. Das archaische, weiße, ungestalte Bildnis der Großen Göttin, das im ganzen östlichen Mittelmeer bekannt war, scheint das vergöttlichte Abbild der häuslichen Feuerstelle gewesen zu sein: ein Haufen Holzkohle, durch eine Decke weißer Asche glühend gehalten. Die Glut so zu bewahren, war in frühen Zeiten das bequemste und einfachste Mittel der Heizung; es entstanden weder Rauch noch Flamme; hier war das natürliche Zentrum der Familien- oder Sippenzusammenkünfte. Bei Verwendung unter freiem Himmel wurde – wie in Delphi – das Feuer in einem Kalksteinofen angelegt. Hieraus entstand der Omphalos oder Nabelstein, der häufig auf griechischen Vasenmalereien zu sehen ist. Er galt als Zentrum der Welt. Dieser heilige Gegenstand, der den Verfall der Altäre überstanden hat, trägt den Namen der Mutter Erde. Er ist 28 cm hoch und 39 cm breit: das entspricht in Größe und Form einem Holzkohlenfeuer, wie es zur Heizung eines großen Wohnraumes gebraucht wurde. Im Klassischen Zeitalter verbrannten die Priester in einem geschlossenen Raum über einer Öllampe Gerstenkörner, Hanf und Lorbeer, um der Priesterin des Python in den Trancezustand zu verhelfen. Dann interpretierten sie ihre Aussprüche. Wahrscheinlich wurden Hanf, Lorbeer und Gerste einst auf die heiße Asche des Holzkohlenfeuers gelegt, eine einfachere und zweckmäßigere Art, narkotische Dämpfe zu erzeugen (s. 51, b). Der Holzkohlenhaufen wurde manchmal auf einem runden dreibeinigen Tontisch aufgeschichtet. Der Tisch war rot, weiß und schwarz (mit den Farben des Mondes) bemalt (s. 90, 3); solche Tische wurden auf dem Peloponnes, in Kreta und Delos gefunden – einer von ihnen, aus einer Grabkammer in Zafer Papoura in der Nähe von Knossos, trug noch die Holzkohle.

21. APOLLON UND SEINE TATEN

a. Apollon, der Sohn des Zeus und der Leto, war zwar ein Siebenmonatskind, doch wachsen Götter schneller als Sterbliche. Themis nährte ihn mit Nektar und Ambrosia, und als der vierte Tag dämmerte, verlangte er bereits Pfeil und Bogen, die Hephaistos ihm sofort besorgte. Er verließ Delos und ging geradenwegs zum Parnass. Dort lauerte die Schlange Python, die seiner Mutter Feind war; mit seinen Pfeilen verwundete er sie schwer. Python floh zum Orakel der Mutter Erde in die Stadt Delphi, so genannt zu Ehren des Ungeheuers Delphyne, Pythons Gemahlin. Aber Apollon wagte es, Python in den Schrein zu folgen und ihn dort neben dem heiligen Spalt zu töten [1].

b. Mutter Erde berichtete diese Untat Zeus. Dieser befahl Apollon nicht nur, zum Zwecke der Vergebung Tempe aufzusuchen, sondern auch zu Ehren von Python die Pythischen Spiele einzurichten und ihnen reuevoll vorzustehen. Achtlos überging Apollon den Befehl des Zeus, sich nach Tempe zu begeben. Statt dessen suchte er, begleitet von Artemis, in Aigialaia Vergebung. Dann segelte er, da ihm dieser Ort mißfiel, nach Tarrha auf Kreta, wo König Karmanor die Zeremonie durchführte [2].

c. Bei seiner Rückkehr nach Griechenland suchte Apollon den Pan auf, den verrufenen, alten, ziegenbeinigen Gott Arkadiens. Nachdem Apollon ihn überredet hatte, das Geheimnis der Kunst der Prophezeiung preiszugeben, übernahm er selbst das Delphische Orakel und machte sich dessen Priesterin Pythia dienstbar.

d. Als Leto Nachricht davon bekam, ging sie mit Artemis nach Delphi. In einem abgelegenen heiligen Hain vollzog sie die heiligen Riten. Der Riese Tityos unterbrach ihre Andacht, indem er sie zu vergewaltigen versuchte. Apollon und Artemis hörten die Schreie ihrer Mutter und eilten herbei. Mit einer Salve von Pfeilschüssen töteten sie Tityos. Zeus, der auch der Vater des Tityos war, hieß diese Rache gut. Im Tartaros strafte man Tityos: Seine Arme und Beine wurden an den Boden genagelt; die Fläche, die er bedeckte, war mindestens neun Acker groß, und zwei Geier fraßen an seiner Leber [3].

e. Dann tötete Apollon den Satyr Marsyas, einen Anhänger der Göttin Kybele. Ursache hierfür war ein Fluch. Athene hatte eines Tages aus den Knochen eines Steinbocks eine doppelte Flöte gemacht. Bei einem Gelage der Götter spielte sie darauf. Anfangs konnte sie nicht verstehen, warum Hera und Aphrodite sich darüber ins Fäustchen lachten, obwohl die Musik den anderen Göttern zu gefallen schien. Sie ging daher allein mit ihrer Flöte an einen Fluß in einem phrygischen Wald und beobachtete ihr Spiel im Spiegel des Wassers. Sofort erkannte sie, wie lächerlich dieses blaue Gesicht und diese aufgeblasenen Wangen sie machten, warf die Flöte fort und verfluchte jeden, der sie aufheben sollte.

f. Marsyas war das unschuldige Opfer dieses Fluches. Er stolperte über diese Flöte. Kaum hatte er sie an die Lippen gesetzt, da begann sie die Musik der Athene zu spielen. Im Gefolge Kybeles zog er durch Phrygien und erfreute die unwissenden Bauern mit seinem Spiel. Sie riefen, daß selbst Apollon nicht schönere Musik hätte machen können, auch nicht auf seiner Leier. Marsyas war töricht genug, ihnen nicht zu widersprechen. Da wurde Apollon zornig und forderte ihn zu einem Wettbewerb auf. Der Sieger sollte dem Verlierer jede Strafe, die er wollte, auferlegen dürfen. Marsyas stimmte zu, und Apollon rief eilig die Musen als Schiedsrichter zusammen. Der Wettstreit zeigte, daß sie einander gleich waren. Die Musen waren von beiden Instrumenten entzückt, so daß Apollon dem Marsyas zurief: «Ich verlange, daß du mit deinem Instrument das gleiche machst wie ich mit meinem. Drehe es um und singe und spiele zur gleichen Zeit.»

g. Dies war selbstverständlich mit einer Flöte unmöglich, und Marsyas konnte der Aufforderung nicht nachkommen. Aber Apollon drehte seine Leier um und sang so wunderbare Hymnen zu Ehren der olympischen Götter, daß die Musen zu seinen Gunsten entscheiden mußten. Dann rächte er sich, obwohl er Milde vortäuschte, äußerst grausam an Marsyas: Er zog ihm bei lebendigem Leibe die Haut ab und nagelte sie an eine Tanne (oder, wie manche sagen, an eine Platane) in der Nähe der Quelle des Flusses, der nun seinen Namen trägt[4].

h. Später gewann Apollon vor den Augen des Königs Midas noch einen musikalischen Wettkampf: Er siegte über Pan. So sicherte er sich den Rang eines Gottes der Musik und spielte auf seiner siebensaitigen Leier zum Bankett der Götter auf. Eine andere seiner Pflichten war, die Herden zu hüten, die die Götter in Pieria hielten; aber später übertrug er diese Aufgabe dem Hermes[5].

i. Obwohl Apollon sich nicht ehelich binden wollte, so schwängerte er doch viele Nymphen und sterbliche Frauen; mit Phthia zeugte er Doros und seine Brüder; mit der Muse Thalia die Korybanten; mit Koronis den Asklepios; mit Aria den Miletos und mit Kyrene den Aristaios[6].

j. Er verführte auch die Nymphe Dryope, die in Gesellschaft ihrer Freunde, der Hamadryaden, ihres Vaters Herden auf dem Berge Oita hütete. Da näherte sich ihnen Apollon in der Gestalt einer Schildkröte, da sie alle mit Schildkröten spielten. Als Dryope ihn an ihren Busen nahm, verwandelte er sich in eine zischende Schlange, verjagte die Hamadryaden und ergötzte sich mit Dryope. Sie gebar ihm Amphissos, der die Stadt Oita gründete und einen Tempel zu Ehren seines Vaters baute. Dort diente Dryope als Priesterin, bis sie eines Tages von den Hamadryaden entführt wurde. An ihrer Stelle blieb eine Pappel zurück[7].

k. Nicht immer war Apollon in seinen Liebesabenteuern erfolgreich.

Einmal versuchte er, Marpessa ihrem Gatten Idas zu stehlen, doch sie blieb ihm treu. Bei einer anderen Gelegenheit verfolgte er Daphne, die Bergnymphe, eine Priesterin der Mutter Erde, Tochter des Flusses Peneios in Thessalien, und fing sie. Daphne rief die Mutter Erde an, die sie im letzten Moment nach Kreta hinwegzauberte, wo sie als Pasiphaë bekannt wurde. An ihrer Stelle ließ Mutter Erde einen Lorbeerbaum zurück, aus dessen Blättern Apollon sich zum Troste einen Kranz wand [8].

l. Sein Angriff auf Daphne war, was hinzugefügt werden muß, kein plötzlicher Einfall. Er liebte sie schon lange und hatte für den Tod seines Nebenbuhlers Leukippos, Sohn des Oinomaos, gesorgt, als dieser sich in Mädchenkleidung den Bergfesten Daphnes angeschlossen hatte. Apollon, der davon wußte, da ihm die Gabe der Prophezeiung gegeben war, riet den Bergnymphen, nackt zu baden, damit sie auch sicher gingen, daß jeder in ihrer Gesellschaft eine Frau sei. Die Verkleidung des Leukippos ward so schnell entdeckt, und die Nymphen rissen ihn in Stücke [9].

m. Da war auch der Fall des schönen Jünglings Hyakinthos, eines spartanischen Prinzen, der nicht nur von dem Poeten Thamyris geliebt wurde — der erste Mann, der je einen seines eigenen Geschlechtes umwarb —, sondern auch von Apollon selbst — dem ersten Gott, der dies tat. Apollon fand in Thamyris keinen ernsthaften Rivalen; jener hatte geprahlt, daß er die Musen im Gesang übertreffen könnte. Apollon tat, als habe er nichts gehört, überbrachte aber heimlich den Musen die Prahlereien, und sie beraubten Thamyris sofort seines Augenlichtes, seiner Stimme und seines Gedächtnisses für das Harfenspiel. Aber auch der Westwind fand Gefallen an Hyakinthos und wurde maßlos eifersüchtig auf Apollon, als dieser eines Tages den Knaben im Diskuswerfen unterwies. Der Westwind packte den Diskus mitten in der Luft, schleuderte ihn gegen den Schädel des Hyakinthos und tötete ihn. Aus dem Blute des Hyakinthos entsprang die Hyazinthe [10].

n. Nur einmal zog sich Apollon den Ärger des Zeus zu: als er versuchte, ihn zu entthronen. Sein Sohn Asklepios, der Arzt, hatte die Kühnheit besessen, einen Toten wiederzuerwecken und so Hades eines Untertanen zu berauben; selbstverständlich beklagte sich Hades beim Olymp. Zeus tötete den Asklepios mit einem Blitz, und Apollon rächte sich: Er tötete die Kyklopen. Zeus war erzürnt über den Verlust seiner Waffenschmiede und hätte Apollon für immer in den Tartaros verbannt, wenn nicht Leto für ihren Sohn um Vergebung gefleht hätte. Dazu mußte Apollon versprechen, sich zu bessern. Seine Strafe bestand in einem Jahr harter Arbeit in den Schafställen des Königs Admetos von Pherai. Apollon befolgte Letos Rat, diente demütig und überschüttete Admetos zudem mit großen Wohltaten [11].

o. Nachdem Apollon bestraft ward, predigte er Bescheidenheit in allen Dingen: Die Sätze ‹Kenne dich selbst!› und ‹Nichts im Übermaß!›

trug er ständig auf seinen Lippen. Er brachte die Musen von ihrer Heimat auf dem Berge Helikon nach Delphi, zähmte ihre Wildheit und wurde ihr Vortänzer in strengen und feierlichen Tänzen[12].

1. Hyginus, Fabel 140; Apollodoros I, 4, 1; Homerischer Hymnos an Apollon 300-306; Scholiast über Apollonios Rhodios II, 706.
2. Aelian, Varia Historia III, 1; Plutarch, Griechische Fragen 12; Warum Orakel schweigen 15; Pausanias II, 7, 7; X, 16, 3.
3. Apollodoros I, 4, 1; Pausanias II, 30, 3 und X, 6, 5; Plutarch, Griechische Fragen 12; Hyginus, Fabel 55; Homer, Odyssee XI, 576 ff; Pindar, Pythische Oden IV, 90 ff.
4. Diodorus Siculus III, 58-9; Hyginus, Fabel 165; Apollodoros I, 4, 2; Zweiter Mythograph des Vatikans 115; Plinius, Naturgeschichte XVI, 89.
5. Hyginus, Fabel 191; Homer, Ilias I, 603.
6. Apollodoros I, 7, 6; I, 3, 4; III, 10, 3; III, 1, 2; Pausanias X, 17, 3.
7. Antoninus Liberalis 32; Stephanos von Byzanz unter: *Dryope*; Ovid, Metamorphosen IX, 325 ff.
8. Apollodoros I, 7, 9; Plutarch, Agis 9.
9. Hyginus, Fabel 203; Pausanias VIII, 20, 2; X, 5, 3; Parthenios, Erotika 15; Tzetzes, Über Lykophron 6.
10. Homer, Ilias II, 595-600; Lukian, Dialoge der Götter 14; Apollodoros I, 3, 3; Pausanias III, 1, 3.
11. Apollodoros III, 10, 4; Diodorus Siculus IV, 71.
12. Homer, Ilias I, 603-4; Plutarch, Über die Pythischen Orakel 17.

1. Apollons Geschichte ist verwirrend. Die Griechen nannten ihn einen Sohn der Leto, die im südlichen Palästina als Göttin Lat bekannt war (s. 14, 2). Er war aber auch ein Gott der Hyperboreer (‹die jenseits des Nordwindes Wohnenden›), die Hekataios * (Diodorus Siculus II, 47) eindeutig als Briten bestimmt, während Pindar (‹Pythische Oden› X, 50–55) sie als Libyer bezeichnete. Delos war das Zentrum dieses hyperboreischen Kultes, der, wie es scheint, sich südöstlich nach Nabatäa und Palästina, nordwestlich bis Britannien ausdehnte. Ständig wurden Besuche zwischen den Staaten, die in diesem Kult vereint waren, gewechselt (Diodorus Siculus a. a. O.)

2. Bei den Hyperboreern opferte Apollon Esel (Pindar a. a. O.), was ihn dem ‹Kind Horus› gleichsetzt, dessen Sieg über seinen Feind Set, den Ägypter, dadurch gefeiert wurde, daß man wilde Esel über einen Abgrund trieb (Plutarch, ‹Über Isis und Osiris› 30). Horus rächte den Mord an seinem Vater Osiris — dem Heiligen König und Geliebten der Dreifaltigen Mondgöttin Isis oder Lat —, den sein Stellvertreter zur Zeit der Sommer- und Wintersonnenwende opferte und dessen Reinkarnation Horus selber war, durch Set. Die Sage der Verfolgung der Leto durch Python entspricht der Sage der Verfolgung der Isis durch Set (während der zweiundsiebzig heißesten Tage des Jahres). Außerdem wird

* Hekataios von Milet, um 500 v. Chr., bedeutender Schriftsteller, bekannt durch seine ‹Genealogien› und ein geographisches Werk. (Anm. d. Red.)

im homerischen Hymnus an Apollon und vom Scholiasten über Apollonios Rhodios Python auch mit Typhon, dem griechischen Set, verglichen (s. 36, 1). Tatsächlich ist der hyperboreische Apollon ein griechischer Horus.

3. Doch wurde der Sage eine politische Wendung gegeben: Es heißt, daß Python von Hera, die ihn, um Zeus zu ärgern, parthenogen geboren hatte (Homerischer Hymnos an Apollon 305), gegen Leto ausgeschickt wurde und daß Apollon, nachdem er Python getötet hatte (und wahrscheinlich auch dessen Gemahlin Delphyne), den Orakelschrein der Mutter Erde zu Delphi in Besitz nahm – denn Hera war Mutter Erde oder Delphyne in ihrer Rolle als Orakel. Wahrscheinlich überrannten gewisse nördliche Hellenen, die mit den Thrako-Libyern verbündet waren, Mittelgriechenland und den Peloponnes, wo ihnen die prähellenischen Anbeter der Erdgöttin Widerstand leisteten und deren wichtigste Orakelstätten sie eroberten. Sie vernichteten in Delphi die heilige Orakelschlange – eine ähnliche Schlange wurde im Erechtheion zu Athen gehalten (s. 25, 2) – und setzten in die Heilige Stätte ihren Gott Apollon Smintheus. Smintheus (‹mäuseähnlich›) hatte wie Eschmun, der kanaanitische Gott des Heilens, eine heilkräftige Maus zum Sinnbild. Sie waren bereit, ihn mit Apollon, dem hyperboreischen Horus, der von ihren Verbündeten angebetet wurde, zu verschmelzen. Um die Einwohner von Delphi zu beruhigen, zelebrierten die Eroberer regelmäßig Trauerfeierlichkeiten zu Ehren des toten Heros Python; seine Priesterin wurde im Amte belassen.

4. Die Mondgöttin Brizo (‹Besänftiger›) von Delos, die sich nicht von Leto unterscheiden läßt, kann als die hyperboreische Dreifaltige Göttin Brigit, die als St. Brigit christianisiert wurde, bezeichnet werden. Brigit war die Schutzherrin aller Künste, und Apollon folgte ihrem Beispiel. Die versuchte Vergewaltigung der Leto durch den Riesen Tityos läßt an den mißlungenen Versuch eines Aufstandes der Bergleute Phokis gegen die Eindringlinge denken.

5. Apollons Sieg über Marsyas und Pan erinnert an die hellenische Eroberung Phrygiens und Arkadiens. Außer bei der Landbevölkerung wurden die Windinstrumente durch Saiteninstrumente ersetzt. Marsyas' Bestrafung bezieht sich auf das rituelle Enthäuten einer heiligen Ziege – wie Athene den Pallas seines magischen Brustpanzers beraubte (s. 9, a). Ebenso entfernte man die gesamte Rinde von einem Erlenast, um eine Hirtenflöte anzufertigen. Die Erle galt als Verkörperung eines Gottes oder Halbgottes (s. 28, 1 und 57, 1). Außerdem wurde behauptet, Apollon sei ein Vorfahre der dorischen Griechen und der Mileser, von denen er besonders geehrt wurde, gewesen. Die Korybanten waren Tänzer bei den Feierlichkeiten der Wintersonnenwende; da Apollon der Gott der Musik war, galten sie als seine Kinder mit der Muse Thalia.

6. Apollon verfolgte Daphne, die Erdnymphe, Tochter des Flusses Peneios und der Priesterin der Mutter Erde, was auf die Eroberung von Tempe durch die Hellenen hinweist. Dort wurde die Göttin Daphoine (‹die Blutige›) von einer Versammlung orgiastischer, lorbeerkauender Mainaden (s. 46, 2 und 51, 2) angebetet. Plutarch berichtet, daß das Kollegium unterdrückt wurde und daß die Priesterinnen nach Kreta flohen, wo die Mondgöttin Pasiphaë (s. 88, e) genannt wurde. Apollon übernahm den Lorbeer, den jetzt nur mehr die Pythia kauen durfte. Daphoine wurde in Tempe sowie in Phigalien (s. 16, 5) mit einem Pferdekopf dargestellt; Leukippos (‹weißes Pferd›) war der Heilige König des einheimischen Pferdekultes. Er wurde jährlich von wilden Frauen in Stücke gerissen, die nach seinem Morde – nicht davor – badeten, um sich zu reinigen (s. 22, 1 und 150, 1).

7. Die Verführung der Dryope auf dem Berge Oita bezieht sich auf die Verdrängung eines Eichenkultes durch einen Kult des Apollon, dem die Pappel geweiht war (s. 42, d); das gleiche gilt für die Verführung der Aria. Seine Tarnung als Schildkröte erinnert an die Leier, die er dem Hermes abkaufte (s. 17, d). Phthias Name läßt vermuten, daß sie die Herbstgöttin war. Der erfolglose Versuch Apollons, Marpessa (‹Fänger›) zu entführen, spiegelt seinen Mißerfolg wider, einen messenischen Schrein in seinen Besitz zu bringen: den der Getreidegöttin in ihrer Gestalt als Sau (s. 74, *4*). Apollons Dienste bei Admetos von Pherai erinnern an ein historisches Ereignis: die Erniedrigung der apollonischen Priesterschaft als Strafe für den Mord an der prähellenischen Schmiedegilde, die sich des besonderen Schutzes des Zeus erfreute.

8. Der Mythos des Hyakinthos erscheint auf den ersten Blick nur als sentimentale Fabel (s. 165, j und *2*). Doch betrifft er den kretischen Blumen-Heros Hyakinthos (s. 159, *4*), der anscheinend auch Narkissos (s. 85, *2*) genannt und im mykenischen Griechenland angebetet wurde. Von ihm erhielt der Spätsommermonat Hyakinthos in Griechenland, Rhodos, Kos, Thera und Sparta seinen Namen. Der dorische Apollon benannte sich in Tarentum, wo Hyakinthos ein Heroengrab hatte, nach ihm (Polybios VIII, 30). In der mykenischen Stadt Amyklai bildete ein anderes ‹Grab des Hyakinthos› den Grundstein eines Thrones Apollons. Zu dieser Zeit war Apollon schon unsterblich, Hyakinthos dagegen regierte nur während einer Jahreszeit: Sein Tod durch einen Diskus erinnert an den seines Neffen Akrisios (s. 73, *3*).

9. Des Asklepios Vater war Apollon, seine Mutter Koronis (‹Krähe›). Wahrscheinlich war Koronis ein Name der Athene (s. 25, *5*), wenngleich die Athener stets behaupteten, sie hätte keine Kinder, und den Mythos abänderten (s. 50, b).

10. Im Klassischen Zeitalter kamen Musik, Poesie, Philosophie, Astronomie, Mathematik, Medizin, Naturwissenschaft unter Apollons Kontrolle. Als Feind alles Barbarischen trat er für Mäßigung in allem ein. Die sieben Saiten seiner Leier wurden mit den sieben Vokalen des späteren griechischen Alphabets in Verbindung gebracht (s. 52, *8*). So kam ihnen eine mystische Bedeutung zu. Ihre Musik wurde sogar zu Heilzwecken verwendet. Wegen der Parallelen zwischen ihm und dem Kinde Horus, einer Personifizierung der Sonne, wurde er schließlich auch als Sonne angebetet. Dieser korinthische Kult war vom Sonnen-Zeus übernommen worden. Seine Schwester Artemis wurde folgerichtig mit dem Mond identifiziert.

11. In Ciceros Essay ‹Über die Natur der Götter› (III, 23) rangiert Apollon, Sohn der Leto, erst an vierter Stelle in der göttlichen Hierarchie. Er unterscheidet Apollon, Sohn des Hephaistos, von Apollon, dem Vater der kretischen Korybanten, und von Apollon, der Arkadien seine Gesetze gab.

12. Apollon tötete den Python. Dieser Mythos ist nicht so einfach wie es anfänglich erscheint. Die Pythia saß auf dem Stein Omphalos, der traditionell als das Grab eines Helden galt, der in der Schlange auferstanden ist und dessen Orakel sie aussprach (Varro, ‹Über die lateinischen Sprachen› VII, 17). Der hellenische Priester des Apollon übernahm die Funktionen des Heiligen Königs, der gesetzlich und zeremoniell stets seinen Vorgänger, den Heros, tötete. Wir wissen dies durch die Stepteria-Riten in Plutarchs ‹Warum Orakel schweigen› (15). Alle neun Jahre wurde eine Hütte, die des Königs Haus darstellte, auf dem Dreschboden zu Delphi errichtet und nachts plötzlich angegriffen ... [hier ist etwas im Bericht ausgelassen]. Der Tisch der ersten Früchte wurde umgeworfen und die Hütte in Brand gesetzt. Die fackeltragenden Männer flohen von der heiligen Stätte, ohne rückwärts zu schauen. Danach gingen die jüngeren Teilnehmer nach Tempe zur Reinigung. Im Triumph kehrten sie zurück, mit Lorbeerzweigen bekränzt.

13. Der plötzliche Angriff auf den Bewohner der Hütte erinnert an den mysteriösen Mord des Romulus durch seine Genossen. Es erinnert ferner an das jährliche Buphonia-Opfer zu Athen, bei dem die Priester den Zeus-Ochsen mit einer Doppelaxt töteten und dann, ohne rückwärts zu schauen, flohen (s. 53, *7*). Bei einem öffentlichen Fest wurde das Fleisch gegessen und die Wiederauferstehung des Ochsen mimisch dargestellt. Dann machte man der Axt einen Prozeß und beschuldigte sie des Sakrilegiums.

14. Sowohl in Delphi als auch in Knossos hat der Heilige König bis zum neunten Jahr regiert (s. 88, *6*). Der Knabe ging zweifellos deshalb nach Tempe, weil der Apollonkult von dort stammte.

22. ARTEMIS UND IHRE TATEN

a. Artemis, die Schwester des Apollon, ist mit Pfeil und Bogen bewaffnet. Wie Apollon kann sie den Sterblichen Seuchen und plötzlichen Tod schicken oder sie heilen. Sie ist die Beschützerin der Kinder und der Tiere, wenngleich sie die Jagd liebt, besonders die auf den Rehbock.

b. Eines Tages, als sie drei Jahre alt war, fragte sie ihr Vater Zeus, auf dessen Knien sie saß, welche Geschenke sie wohl haben möchte. Artemis antwortete schnell: «Ich bitte dich, gib mir ewige Jungfräulichkeit; so viele Namen als mein Bruder Apollon hat; einen Pfeil und Bogen gleich dem seinen; das Amt der Lichtbringerin; ein safrangelbes Jagdgewand mit rotem Saum, das bis zu meinen Knien reicht; sechzig junge Ozeannymphen, meinen Ehrenjungfern gleichaltrig; zwanzig Flußnymphen von Amnisos in Kreta, um meine Jagdgewänder zu pflegen und meine Hunde zu füttern, wenn ich nicht auf Jagd bin; alle Berge der Welt; und zuletzt jede Stadt, die du für mich auswählen solltest, aber eine wäre genug, denn ich möchte den Großteil meiner Zeit auf den Bergen leben. Unglücklicherweise werden mich oft Frauen in den Wehen anrufen, da mich meine Mutter Leto ohne Schmerzen trug und gebar. Deshalb haben mich die Schicksalsgöttinnen zur Schutzgöttin der Gebärenden gemacht.[1]»

c. Sie faßte den Bart des Zeus, und er lächelte stolz und sagte: «Mit Kindern wie mit dir brauche ich nicht Heras eifersüchtigen Zorn zu fürchten! Deine Wünsche sollen erfüllt werden und mehr noch: nicht eine, sondern dreißig Städte und Teile in vielen anderen, auf dem Festland und auf Inseln, sollen dir gehören; ich ernenne dich zur Hüterin ihrer Straßen und Häfen.[2]»

d. Artemis dankte ihm und sprang von seinen Knien. Sie ging zum Berge Leukos auf Kreta und dann zum Strome Okeanos. Dort wählte sie zahlreiche neunjährige Nymphen zu ihren Begleiterinnen. Deren Mütter fühlten sich hochgeehrt[3]. Hephaistos lud sie ein, die Kyklopen auf der Insel Lipara zu besuchen. Sie fand sie an einer Pferdekrippe für Poseidon hämmernd. Brontes hatte den Auftrag erhalten, ihr jeden Wunsch zu erfüllen. Er hob sie auf seine Knie; da sie aber seine Zärtlichkeiten nicht mochte, riß sie ein Büschel Haare aus seiner Brust. Bis an das Ende seiner Tage blieb dort ein kahler Fleck; jeder hätte vermuten können, er hätte die Räude. Die Nymphen erschraken beim Anblick der wilden Kyklopen und von dem Lärme ihrer Schmieden — verständlicherweise; denn wenn immer ein kleines Mädchen der Mutter nicht gehorsam ist, droht diese ihr mit Brontes, Arges oder Steropes. Aber kühn befahl Artemis den Kyklopen, die Arbeit an Poseidons Krippe für eine Weile liegenzulassen und ihr einen silbernen Bogen zu schmieden, mit einem Köcher voller Pfeile. Als Dank dafür versprach sie ihnen das erste Tier, das sie erlegen würde[4]. Mit diesen Waffen ging sie nach Arkadien, wo Pan gerade eine Wildkatze zerlegte und an seine Hündinnen und deren Junge verfütterte. Er gab ihr drei langohrige Jagdhunde, zwei gescheckt und einer fleckig, die zusammen imstande waren, lebende Löwen zu ihrer Hütte zu zerren; außerdem sieben schnelle Jagdhunde aus Sparta[5].

e. Sie fing zwei Paare gehörnte Hindinnen, spannte sie mit goldenem Zaumzeug vor einen goldenen Wagen und fuhr gen Norden über den thrakischen Berg Haimos. Auf dem mysaiischen Olympos schnitt sie ihre erste Tannenfackel. An der Glut eines Baumes, der von einem Blitz gefällt worden war, entzündete sie die Fackel. Sie versuchte ihren silbernen Bogen viermal; ihre beiden ersten Ziele waren Bäume; ihr drittes ein wildes Tier und ihr viertes eine Stadt voll ungerechter Menschen[6].

f. Sie kehrte nach Griechenland zurück. Die amnisischen Nymphen spannten ihre Hindinnen aus und rieben sie ab. Mit dem gleichen schnellwachsenden Klee von Heras Weiden, den die Rosse des Zeus fressen, wurden sie gefüttert, das Wasser soffen sie aus goldenen Tränken[7].

g. Einmal wagte der Flußgott Alpheios, Sohn der Thetis, sich in Artemis zu verlieben und sie über Griechenland hinaus zu verfolgen. Sie aber ging nach Letrini in Elis (oder, wie manche sagen, bis zu der Insel Ortygia in der Nähe von Syrakus) und beschmierte ihr Gesicht und das aller ihrer Nymphen mit weißem Schlamm, so daß sie von ihren Gespielinnen nicht zu unterscheiden war. Alpheios war gezwungen, unter höhnischem Gelächter wieder abzuziehen[8].

h. Artemis verlangte die gleiche vollständige Keuschheit von ihren Begleiterinnen, wie sie selbst sie befolgte. Als Zeus eine von ihnen verführte, und zwar Kallisto, die Tochter des Lykaon, und Artemis bemerkte, daß sie schwanger war, verwandelte sie sie in einen Bären und rief ihre Hunde. Kallisto wäre zu Tode gehetzt worden, hätte Zeus selbst sie nicht in den Himmel geholt; später setzte er ihr Abbild zwischen die Sterne. Aber manche behaupten, Zeus selbst habe Kallisto in einen Bären verwandelt und die eifersüchtige Hera habe die Dinge so gelenkt, daß Artemis sie irrtümlich jagte. Arkas, das Kind der Kallisto, wurde gerettet und Ahnherr der Arkadier[9].

i. Bei einer anderen Gelegenheit lehnte Aktaion, der Sohn des Aristaios, an einem Felsen in der Nähe von Orchomenos. Zufällig sah er Artemis nahe in einem Strome baden und blieb, sie zu beobachten. Damit er später nicht wagen könnte, sich vor seinen Freunden zu rühmen und zu erzählen, daß er sie nackt gesehen hätte, verwandelte sie ihn in einen Bock und ließ ihn von seiner eigenen Meute von fünfzig Hunden in Stücke reißen[10].

1. Kallimachos, Hymnos an Artemis I ff.
2. ebd. 26 ff.
3. ebd. 40 ff.
4. ebd. 47 ff.
5. ebd. 69 ff.
6. ebd. 116 ff.
7. ebd. 162 ff.
8. Pausanias VI, 22, 5; Scholiast über Pindars Pythische Oden II, 12.
9. Hyginus, Poetische Astronomie II, 1; Apollodoros III, 8, 2.
10. Hyginus, Fabel 181; Pausanias IX, 2, 3.

1. Das Mädchen mit dem Silbernen Bogen, das die Griechen in die olympische Familie aufnahmen, war das jüngste Mitglied der Dreifaltigen Artemis. ‹Artemis› war ein anderer Name der Dreifaltigen Mondgöttin, weshalb ihr das Recht zustand, ihre Hindinnen mit Klee, einem Symbol der Dreifaltigkeit, zu füttern. Ihr silberner Bogen galt als das Symbol des Neumondes. Doch war die olympische Artemis mehr als eine Jungfrau. An anderen Orten, zum Beispiel in Ephesos, wurde sie in ihrer zweiten Gestalt als Nymphe angebetet, eine orgiastische Aphrodite mit einem männlichen Begleiter. Die Dattelpalme (s. 14, a), der Hirsch und die Biene (s. 18, 3) waren ihre wichtigsten Embleme. Ihr Hebammentum und ihre Todespfeile gehörten eher zu ihrem Zustand als Altes Weib. Die neunjährigen Priesterinnen erinnern daran, daß die Todeszahl des Mondes drei mal drei ist. Sie läßt an die kretische ‹Frau der wilden Dinge›, anscheinend die oberste Nymphengöttin archaischer totemistischer Gesellschaften, denken. Das rituelle Bad, bei dem Aktaion sie überraschte, scheint ebenso wie die gehörnten Hindinnen vor ihrem Wagen (s. 125, a) und die Wachteln von Ortygia (s. 14, 3) eher zur Nymphe als zur Jungfrau zu gehören. Aktaion war der Heilige König des vorhellenischen Hirschkultes, der am Ende

einer Regierungszeit von fünfzig Monaten, zur Hälfte des Großen Jahres, in Stücke gerissen wurde. Sein Mit-König oder Stellvertreter regierte dann für den Rest der Zeit. Die Nymphe nahm ihr Bad nach und nicht vor dem Opfer. Es gibt im irischen und walisischen Mythos zahlreiche Parallelen zu dieser rituellen Sitte. Noch im 1. Jahrhundert n. Chr. wurde ein Mann in Hirschlederkleidung von Zeit zu Zeit auf dem arkadischen Berg Lykaion gejagt und getötet (Plutarch, ‹Griechische Fragen› 39). Die Hunde waren weiß und hatten rote Ohren, wie die ‹Höllenhunde› in der keltischen Mythologie. Es gab eine fünfte gehörnte Hindin, die Artemis entwischte (s. 125, a).

2. Die Sage von ihrer Verfolgung durch Alpheios scheint in Anlehnung an die Geschichte seiner hoffnungslosen Jagd auf Arethusa entstanden zu sein: Arethusa wurde in eine Quelle und ihr Jäger in einen Fluß verwandelt (Pausanias V, 7, 2). Die Sage wurde wahrscheinlich erfunden, um den Gips oder weißen Ton zu erklären, mit dem die Priesterinnen der Artemis Alpheia in Letrini und Ortygia ihre Gesichter zu Ehren der Weißen Göttin bemalten. *Alph* bezeichnet sowohl weiß als auch Getreideprodukte: *alphos* ist Lepra; *alphe* bedeutet Gewinn; *alphiton* ist Gerste; *Alphito* war die weiße Korngöttin in Saugestalt. Die berühmteste Statue der Artemis in Athen hieß ‹Die Weißgestirnte› (Pausanias I, 26, 4). Die Bedeutung des Wortes *Artemis* ist zweifelhaft: es kann ‹starkgliedrig› bedeuten und würde sich von *artemes* ableiten; oder ‹die, die zerschneidet›, da die Spartaner sie *Artamis*, von *artao*, nannten; oder ‹die hohe Zusammenruferin›, von *airo* und *themis*. Die Silbe *themis* kann auch Wasser bedeuten, weil der Mond als Quelle allen Wassers betrachtet wurde.

3. Ortygia, die ‹Wachtelinsel›, in der Nähe von Delos, war auch der Artemis geweiht (s. 14, a).

4. Um die Bärenkleidung der beiden kleinen Mädchen, die in den attischen Festspielen zu Ehren der Brauronischen Artemis erschienen, zu erklären und um die traditionelle Verbindung zwischen Artemis und dem Großen Bären zu betonen, wurde die Geschichte von Kallisto erzählt. Doch kennt man auch eine frühere Version dieser Sage: Zeus verführte Artemis, obwohl sie sich, um ihn zu täuschen, zuerst in einen Bären verwandelte und dann ihr Gesicht mit Gips bestrich. Ursprünglich war Artemis Herrin über die Sterne, verlor aber diese Stellung an Zeus.

5. Es ist unklar, warum dem Brontes die Haare ausgerissen wurden; Kallimachos könnte sich spaßhaft auf eine bekannte Darstellung, auf welcher die Farbe auf der Brust des Kyklopen schon abgeblättert war, beziehen.

6. Jährlich wurde der Artemis, als ‹Herrin der wilden Dinge› oder Schutzherrin aller totemistischen Clans, ein Hundertopfer von Tieren, Vögeln und Pflanzen dargebracht. Noch im Klassischen Zeitalter bestand dieses Opfer in Patrai, einer kalydonischen Stadt (Pausanias IV, 32, 6); dort hieß sie Artemis Laphria. Ähnlich wurde ihr von den Kureten, als den Vertretern der totemistischen Sippe (Pausanias IV, 32, 9), in Messenien ein Brandopfer dargebracht. Weitere Opferungen werden aus Hierapolis berichtet, wo die Opfer an die Bäume eines künstlichen Waldes im Tempel der Göttin gehängt wurden (Lukian, ‹Über die Syrische Göttin› 41).

7. Der Olivenbaum war Athene geweiht, die Dattelpalme der Isis und der Lat. Ein mittelminoisches Rollsiegel, das in meinem Besitz ist, zeigt die Göttin

neben der Palme stehend, gekleidet in einen Palmblattrock, mit einer kleinen Palme in der Hand. Sie beobachtet ein Neujahrsstierkalb, das aus einem Dattelbusch geboren wird. Auf der anderen Seite des Baumes liegt ein sterbender Stier, vermutlich der königliche Stier des Alten Jahres.

23. HEPHAISTOS UND SEINE TATEN

a. Hephaistos, der Schmiedegott, war bei seiner Geburt so schwach, daß seine Mutter Hera ihn abstoßend fand. Sie warf ihn vom Olymp herunter, um sich so der Verlegenheit seiner armseligen Erscheinung zu entledigen. Er fiel jedoch in das Meer und überstand, ohne sich zu verletzen, das Unglück. Thetis und Eurynome eilten herbei und retteten ihn. Diese freundlichen Göttinnen hüteten ihn in ihrer Tiefseegrotte. Dort errichtete er seine erste Schmiede und belohnte ihre Freundlichkeit, indem er ihnen verschiedene kunstvolle und nützliche Gegenstände formte [1].

Eines Tages, als er schon neun Jahre alt war, traf Hera Thetis. Thetis trug zufälligerweise eine Brosche, die seine Arbeit war, und Hera fragte sie: «Meine Liebe, wo in aller Welt hast du dieses wundervolle Schmuckstück gefunden?»

Thetis zögerte mit ihrer Antwort, aber Hera entlockte ihr die Wahrheit. Sofort holte sie Hephaistos zum Olymp zurück und errichtete ihm eine viel schönere Schmiede, mit zwanzig Blasebälgen, die Tag und Nacht arbeiteten. Sie umgab ihn mit viel Sorgfalt und förderte seinen Wunsch, Aphrodite zu ehelichen.

b. Hephaistos versöhnte sich mit Hera. Er wagte es, Zeus selbst zu tadeln: Dieser hatte sie an ihren Handgelenken vom Himmel hängen lassen, als sie gegen ihn rebellierte. Er hätte besser geschwiegen, denn der erzürnte Zeus warf ihn nun zum zweiten Mal vom Olymp. Er fiel einen ganzen Tag und stürzte auf die Insel Lemnos. Er brach beide Beine, und obwohl er unsterblich war, lebte er kaum noch, als die Inselbewohner ihn fanden. Später wurde ihm vergeben, er kehrte auf den Olymp zurück, doch konnte er nur an goldenen Krücken gehen [2].

c. Hephaistos ist häßlich und übellaunig, aber er hat starke Arme und Schultern, und seine Arbeit ist unübertrefflich. Einst fertigte er mechanische Frauen aus Gold, ihm in seiner Schmiede zu helfen, die schwierigsten Arbeiten auszuführen. Sie können sogar sprechen. Daneben besitzt er dreibeinige Tische mit goldenen Rädern, die allein zu den Versammlungen der Götter fahren und wieder zurückkehren können [3].

1. HOMER, Ilias XVIII, 394-409.
2. ebd. I, 586-94.
3. ebd. XVIII, 368 ff.

1. Hephaistos und Athene teilten sich einen Tempel in Athen. Sein Name, wenn er nicht *hemero-phaistos*, ‹er, der am Tage scheint› (d. h. die Sonne), bedeutet, ist vielleicht eine männliche Form von *he apaista* (abgekürzt in STESICHOROS, Fragment 97 zu *aista*), ‹die Göttin, die verschwinden läßt›, nämlich Athene, die eigentliche Erfinderin aller mechanischer Künste. Es wird im allgemeinen wenig beachtet, daß jedem Werkzeug der Bronzezeit, jeder Waffe und jedem Gebrauchsgegenstand magische Eigenschaften zukamen und daß der Schmied eine Art Zauberer war. So stand von den drei Erscheinungsformen der Brigit, der Mond-Dreifaltigkeit (s. 21, 4), eine den Dichtern, eine andere den Schmieden, die dritte den Ärzten vor. Nachdem die Göttin entthront worden war, wurde der Schmied zur Gottheit erhoben. Es ist in verschiedenen Gebieten bis nach Westafrika und Skandinavien überliefert, daß der Schmiedgott hinkt; es könnte sein, daß in primitiven Zeiten die Schmiede absichtlich gelähmt wurden, damit sie nicht fortliefen oder sich feindlichen Stämmen anschlossen. Aber es wurde auch ein hüpfender Rebhuhntanz in erotischen Orgien durchgeführt, die mit den Mysterien der Schmiedekunst (s. 92, 2) zusammenhingen. Nachdem Hephaistos Aphrodite geheiratet hatte, mögen ihm nur einmal im Jahr die Füße gefesselt gewesen sein: beim Frühlingsfest.

Die Erzgewinnung kam von den Aigaiischen Inseln nach Griechenland. Die Einfuhr kunstvoller helladischer Bronze- und Goldwaren könnte die Grundlage der Sage sein, daß Hephaistos in einer lemnischen Grotte der Meeresgöttin Thetis oder Eurynome, die das Weltall schuf, wohnte. Die neun Jahre, die er in der Grotte verbrachte, bezeugen seine Dienstbarkeit dem Monde gegenüber. Sein Sturz vom Olymp, ähnlich dem des Kephalos (s. 89, j), des Talos (s. 92, b), des Skiron (s. 96, f), des Iphitos (s. 135, b) und anderer, war in vielen Teilen Griechenlands das allgemeine Schicksal der Heiligen Könige nach ihrer Regierungszeit. Die goldenen Krücken waren vielleicht so konstruiert, daß sie seine heilige Ferse vom Boden heben konnten.

2. Hephaistos' zwanzig dreibeinige Tische hatten, wie es scheint, den gleichen Ursprung wie die Gasterocheiren, die Tyrins bauten: Sie waren nämlich goldene Sonnenscheiben mit drei Beinen, die zweifellos ein frühes Bild des Hephaistos, das ihn mit Aphrodite zeigt, umrahmten. Sie stellen Drei-Jahreszeiten-Jahre dar und zeigen die Länge seiner Regierungszeit. Im zwanzigsten Jahre seiner Herrschaft wurde er getötet, wenn Sonnen- und Mondzeit eng zusammenfielen. Dieser Zyklus wurde in Athen offiziell erst gegen das Ende des 15. Jahrhunderts v. Chr. anerkannt, war aber schon einige hundert Jahre vorher entdeckt worden (‹Die Weiße Göttin› *, S. 284 und 291). Man brachte ihn auch mit Vulkans Schmiede auf der vulkanischen Insel Liparoi in Verbindung, weil Lemnos, ein Zentrum seiner Anbetung, vulkanisch ist und weil die natürlichen Gase, die dem Gipfel des Berges Moschylos entströmten, schon seit einigen Jahrhunderten brannten (TZETZES, ‹Über Lykophron›, 227; HESYCHIOS unter: *Moschylos*). Ebenso brannte (von Bischof METHODIOS im 4. Jahrhundert n. Chr. beschrieben) auf dem Berge Lemnos in Lykien ein Gasfeuer und konnte im Jahre 1801 noch brennend gesehen werden. Hephaistos hatte einen Altar auf

---

* R. VON RANKE-GRAVES, *The White Goddess*. 3. erw. Aufl. London 1952.

einem dieser Berge. Lemnos (wahrscheinlich von *leibein*, ‹die, die ausgießt›, abgeleitet) war der Name der Großen Göttin dieser matriarchalischen Insel (Hekataios, zitiert von Stephanos von Byzanz unter: *Lemnos* — s. 149, 1).

24. DEMETER UND IHRE TATEN

a. Obwohl die Priesterinnen der Demeter, der Göttin der Kornfelder, die jungen Frauen und Männer in die ehelichen Geheimnisse einweihen, hat sie selber keinen eigenen Ehemann. Als sie noch jung und heiter war, gebar sie Kore. Von ihrem Bruder Zeus hatte sie Iakchos, ebenfalls unehelich [1]. Dem Titanen Iasios oder Iasion, in den sie sich bei der Hochzeit des Kadmos und der Harmonia verliebte, gebar sie Plutos. Trunken von Nektar, der auf dem Fest wie Wasser floß, schlichen sich die Verliebten aus dem Hause und lagen miteinander unter freiem Himmel in einem dreimal gepflügten Feld. Bei ihrer Rückkehr erriet Zeus aus ihrem Benehmen und der Erde an ihren Armen und Beinen, was geschehen war. Den Iasios, der es gewagt hatte, Demeter zu berühren, erschlug er mit einem Blitz. Nach einer anderen Version ist Iasios von seinem Bruder Dardanos getötet, nach einer weiteren von seinen eigenen Pferden in Stücke gerissen worden [2].

b. Demeter selbst war von sanfter Natur. Erysichthon, der Sohn des Tropias, war einer der wenigen Menschen, mit dem sie streng verfuhr. Erysichthon wagte es, an der Spitze von zwanzig Freunden einen Hain zu betreten, den die Pelasger der Göttin zu Ehren in Dotion gepflanzt hatten. Sie fällten die heiligen Bäume, um Bauholz für ihre neue Festhalle zu haben. Demeter erschien als Priesterin des Haines Nikippe und forderte Erysichthon freundlich auf, von seinem Tun abzulassen. Als er sie aber mit seiner Axt bedrohte, zeigte sie ihre Macht und verdammte ihn zu ewigem Hunger, was immer er auch essen würde. Er kehrte zu seinem Gelage zurück und schlemmte den ganzen Tag auf Kosten seiner Eltern. Doch er wurde hungriger und dünner, je mehr er aß. Als sie ihn nicht länger mit Nahrung versorgen konnten, ging er in den Straßen betteln und aß Abfall. Im Gegensatz dazu verlieh Demeter dem Kreter Pandareos, der die goldenen Hunde des Zeus stahl und so den Tod des Iasios rächte, die königliche Gabe, niemals an Leibschmerzen zu leiden [3].

c. Demeter wurde nie mehr froh, seit man ihr die junge Kore, die später Persephone genannt wurde, genommen hatte. Hades verliebte sich in Kore und bat Zeus, sie heiraten zu dürfen. Zeus fürchtete, seinen älteren Bruder durch eine Weigerung zu kränken, wußte aber auch, daß Demeter ihm nie verzeihen würde, wenn Kore in den Tartaros gehen müßte. Er antwortete daher diplomatisch, daß er seine Zustimmung weder geben noch verweigern könne. Da wagte es Hades, das Mädchen, das auf einer Wiese Blumen pflückte, zu entführen. Vielleicht geschah das im sizilianischen Enna oder im attischen Kolonos oder in Hermione oder irgendwo in Kreta oder in der Nähe von Pisa oder in Lerna oder im arkadischen Pheneus oder im boiotischen Nysa oder irgendwo anders in den weit voneinander liegenden Gegenden, die Demeter auf ihrer Suche nach Kore betrat. Ihre eigenen Priester sagen, es sei in Eleusis gewesen. Sie suchte Kore neun Tage und Nächte, in denen sie weder aß noch trank, ohne Rast. Vergebens rief sie die ganze Zeit nach ihrer Tochter. Den einzigen Hinweis erhielt sie von der alten Hekate, die eines Morgens Kore «Gewalt! Gewalt!» schreien gehört hatte. Als sie ihr aber zu Hilfe eilte, fand sie keine Spur von ihr [4].

d. Am zehnten Tage kam Demeter in Verkleidung nach Eleusis, nachdem sie ein peinliches Zusammentreffen mit Poseidon zwischen den Herden des Onkos gehabt hatte. König Keleus und seine Frau Metaneira gewährten ihr Gastfreundschaft und boten ihr an, als Amme für Demophoon, den neugeborenen Prinzen, zu bleiben. Die lahme Tochter Iambe versuchte, Demeter mit komisch frivolen Versen zu trösten. Die andere Amme, die alte Baubo, überredete sie, Gerstensaft zu trinken, stöhnte wie in Wehen und zauberte plötzlich unter ihrem Rocke Demeters eigenen Sohn Iakchos hervor, der seiner Mutter in die Arme sprang und sie küßte.

e. «Oh, wie gierig du trinkst!» rief Abas, ein älterer Sohn des Keleus, als Demeter den Krug voll Gerstensaft, der nach Pfefferminz schmeckte, austrank. Demeter warf ihm einen zornigen Blick zu, der den Burschen in eine Eidechse verwandelte. Demeter schämte sich ihrer Ungezügeltheit und beschloß, Keleus zu Gefallen dessen jüngsten Sohn Demophoon unsterblich zu machen. Sie hielt ihn über ein Feuer, um seine Sterblichkeit hinwegzubrennen. Aber noch bevor das Werk vollendet war, trat Metaneira, die Tochter Amphiktyons, hinzu und brach den Zauber. Demophoon starb. «Wie unglücklich ist doch mein Haus!» klagte Keleus und beweinte das Schicksal seiner beiden Söhne. Er wurde hernach Dysaules genannt. «Trockne deine Tränen, Dysaules», sagte Demeter, «du hast noch drei Söhne, von denen ich Triptolemos solche Gaben verleihen werde, daß du den Verlust deiner zwei Söhne vergessen wirst.»

f. Triptolemos hütete das Vieh seines Vaters. Er hatte Demeter erkannt und ihr die Nachricht gegeben, die sie suchte: Zehn Tage vorher waren seine Brüder Eumolpos, ein Schafhirt, und Eubuleus, ein Schweinehirt, auf den Feldern gewesen. Sie hatten ihre Tiere gefüttert, als die Erde sich plötzlich vor ihnen öffnete und die Schweine des Eubuleus vor dessen eigenen Augen verschlang. Dann erschien ein Wagen, von schwarzen Pferden gezogen, und jagte in die Kluft. Des Wagentreibers Gesicht war unsichtbar. Aber sein rechter Arm war fest um ein schreiendes Mädchen geschlungen. Eumolpos erfuhr davon durch Eubuleus und machte den Vorfall zum Inhalt eines Klageliedes.

g. Im Besitz dieses Beweises rief Demeter die Hekate. Sie gingen zusammen zu Helios, dem Allessehenden, und zwangen ihn zuzugeben, daß Hades der Entführer sei — zweifellos mit Zustimmung seines Bruders Zeus. Demeter war darüber so empört, daß sie nicht zum Olymp zurückkehrte. Sie wanderte weiterhin über die Erde und verbot den Bäumen, Früchte zu tragen, und den Pflanzen zu wachsen, solange, bis das Geschlecht der Menschen auszusterben drohte. Zeus schämte sich, selbst zu Demeter nach Eleusis zu gehen. Er sandte ihr daher zuerst durch Iris eine Botschaft (die sie nicht zur Kenntnis nahm) und dann eine Abordnung der olympischen Götter mit versöhnenden Gaben. Demeter aber wollte nicht zum Olymp zurückkehren und schwur, daß die Erde unfruchtbar bleiben würde, bis Kore zurückgekehrt sei.

h. Zeus sah sich gezwungen, Hermes mit einer Botschaft zu Hades zu senden: «Wenn du Kore nicht zurückgibst, sind wir alle dem Untergang geweiht!» Demeter ließ er wissen: «Du kannst deine Tochter zurückhaben, vorausgesetzt, daß sie nicht von der Totenspeise gegessen hat.»

i. Kore hatte sich geweigert, auch nur eine Kruste Brot zu sich zu nehmen. So war Hades gezwungen, seinen Ärger zu verbergen, und sagte freundlich zu ihr: «Mein Kind, du scheinst hier unglücklich zu sein, und deine Mutter weint nach dir. Daher will ich dich wieder heimsenden.»

j. Kore hörte auf zu weinen, und Hermes half ihr auf den Wagen. Als sie sich aber gerade auf den Weg nach Eleusis machen wollten, begann Askalaphos, einer der Gärtner des Hades, zu schreien und spöttisch zu rufen: «Da ich Kore einen Granatapfel in deinem Garten pflükken und sieben Kerne essen sah, will ich Zeuge sein, daß sie von der Totenspeise gekostet hat!» Hades grinste und befahl Askalaphos, hinten auf dem Wagen des Hermes aufzusitzen.

k. Voller Freude begrüßte Demeter Kore in Eleusis. Als sie aber von dem Granatapfel hörte, wurde sie trauriger denn je und sagte wieder: «Nie werde ich zum Olymp zurückkehren, nie meinen Fluch von der Erde nehmen.» Da überredete Zeus seine Mutter Rhea, die auch Hades und Demeter geboren hatte, sich bei Demeter einzusetzen. So wurde endlich eine Lösung gefunden: Kore sollte drei Monate im Jahr bei Hades sein, als Königin des Tartaros, mit dem Titel Persephone, und die übrigen neun Monate mit Demeter verbringen. Hekate erklärte sich bereit, für die Einhaltung des Übereinkommens und für Kore zu sorgen.

l. Da endlich entschloß sich Demeter, nach Hause zurückzukehren. Bevor sie Eleusis verließ, unterrichtete sie Triptolemos, Eumolpos und Keleus (zusammen mit Diokles, König von Pherai, der inzwischen unermüdlich nach Kore gesucht hatte) in ihrer Anbetung und ihren Mysterien. Den Verräter Askalaphos strafte sie, indem sie ihn in ein Loch stieß und dieses mit einem riesigen Felsen verschloß. Später wurde er von Herakles befreit; darauf verwandelte sie ihn in eine kurzohrige Eule[5]. Die Pheneater aus Arkadien, in deren Haus sie sich von der Schändung durch Poseidon erholte, belohnte sie mit verschiedenen Arten von Getreide, verbot ihnen aber, Bohnen zu säen. Ein gewisser Kyamites, der als erster ihr Gebot zu brechen wagte, erhielt einen Schrein beim Flusse Kephissos[6].

m. Triptolemos erhielt Saatgut, einen hölzernen Pflug und einen von Schlangen gezogenen Wagen. Auf der Rarischen Ebene — weswegen er auch des Königs Raros Sohn genannt wurde — lehrte sie ihn selbst die Kunst des Ackerbaus und sandte ihn damit über die ganze Erde, damit er seinerseits alle anderen Menschen darin unterrichten könnte. Dem Phytalos, der sie am Ufer des Kephissos so freundlich behandelt hatte, schenkte sie den ersten Feigenbaum, der in Attika zu sehen war, und lehrte ihn, diesen zu kultivieren[7].

1. Aristophanes, Frösche 338; Orphischer Hymnos LI.
2. Homer, Odyssee V, 125-8; Diodorus Siculus V, 49; Hesiod, Theogonie 969 ff.
3. Servius über Vergils Aeneis III, 167; Hyginus, Fabel 250; Kallimachos, Hymnos an Demeter 34 ff; Antoninus Liberalis, Transformationen II; Pausanias X, 30, 1.
4. Hyginus, Fabel 146; Diodorus Siculus V, 3; Scholiast über Sophokles' Oidipus auf Kolonos 1590; Apollodoros I, 5, 1; Scholiast über Hesiods Theogonie 914; Pausanias VI, 21, 1 und I, 38, 5; Konon, Erzählungen 15; Homerischer Hymnos an Demeter 17.
5. Apollodoros I, 5, 1-3 und 12; Homerischer Hymnos an Demeter 398 ff und 445 ff.
6. Pausanias VIII, 15, 1 und I, 37, 3.
7. Homerischer Hymnos an Demeter 231-74; Apollodoros I, 5, 2; Orphisches Fragment 50; Hyginus, Fabel 146; Ovid, Metamorphosen V, 450-563 und Fasti IV, 614; Nikander, Theriaka; Pausanias I, 14, 2 und 37, 2,

1. Kore, Persephone und Hekate waren eindeutig die Dreifaltige Göttin in ihrer Gestalt als Mädchen, Nymphe und Altes Weib. Das war zu einer Zeit, als nur Frauen die Mysterien des Ackerbaus ausübten. Kore steht für grünes Getreide, Persephone für die reife Ähre und Hekate für das geerntete Korn; ihr nordisches Äquivalent ist das ‹Eberwurz-Weib› der englischen Landbevölkerung. Der allgemeine Name der Göttin war Demeter, der Name Persephone wurde Kore gegeben, was die Geschichte nur verwirrt. Die Sage von Demeters Abenteuer im dreimal gepflügten Feld verweist auf ein Fruchtbarkeitsritual, das auf dem Balkan bis in unsere Zeit erhalten blieb: Die Weizenpriesterin hat sich wahrscheinlich vor aller Öffentlichkeit dem Heiligen König zur Zeit der Herbstsaat hingegeben, um eine gute Ernte zu sichern. In Attika wurden die Felder erst im Frühjahr gepflügt. Nach der Sommerernte wurden sie nur

mit einer leichten Pflugschar umgebrochen (HESIOD, ‹Werke und Tage› 432-3, 460, 462; PLUTARCH, ‹Über Isis und Osiris› 69; ‹Gegen Kolotes› 22).

2. Persephone (von *phero* und *phonos* ‹die, die Zerstörung bringt›), die in Athen Persephatta (von *ptersis* und *ephapto* ‹die, die Zerstörung verursacht›) und in Rom Proserpina (‹die Furchtbare›) genannt wurde, war, wie es scheint, der Titel einer den Heiligen König opfernden Nymphe. Der Name ‹Hekate› (‹einhundert›) bezieht sich anscheinend auf die hundert lunaren Monate seiner Regierung und auf die hundertfache Ernte. Des Königs Tod durch den Donnerkeil, durch die Zähne eines Pferdes oder durch seinen Stellvertreter war im frühen Griechenland sein übliches Schicksal.

3. Kores Entführung durch Hades ist ein Teil jenes Mythos, in dem die hellenische göttliche Dreifaltigkeit mit Gewalt die vorhellenische Dreifaltige Göttin heiratet: Zeus die Hera, Zeus oder Poseidon die Demeter und Hades die Kore — so wie im irischen Mythos Brian, Juchar und Jucharba die Dreifaltige Göttin Eire, Fodhla und Banbha (s. 7, 6 und 16, 1) heiraten. Er bezieht sich auf die männliche Übernahme der weiblichen Fruchtbarkeitsmysterien in primitiven Zeiten. So ist auch Demeters Weigerung, die Menschheit mit den Früchten der Felder zu versorgen, nur eine andere Version von Inos Verschwörung, die Ernte des Athamas zu zerstören (s. 70, c). Der Kore-Mythos ist ferner eine Erklärung für das winterliche Begräbnis einer weiblichen Getreidepuppe, die jeweils im Frühjahr wieder aufgedeckt und sprießend gefunden wurde. Diese prähellenische Sitte überlebte bei der Landbevölkerung bis in das Klassische Zeitalter. Sie wird auf vielen Vasen so illustriert, daß Männer Kore mit ihren Frauen auf einem Erdhügel befreien oder daß sie das Haupt der Mutter Erde mit Äxten aufbrechen.

4. Die Geschichte von Tropias' Sohn Erysichthon ist eine moralische Anekdote; denn sowohl bei den Griechen als auch bei den Römern und frühen Iren wurde das Fällen von Bäumen im heiligen Hain mit dem Tode bestraft. Ein nicht zu stillender Hunger, der im elisabethanischen England ‹der Wolf› genannt wurde, würde dagegen keine passende Strafe für das Fällen von Bäumen gewesen sein. Zudem bedeutet der Name Erysichthon — auch ein Sohn des Kekrops, des Patriarchen und Einführers des Gerstenkuchens (s. 25, d), hieß Erysichthon — ‹Erdbrecher›, was darauf schließen läßt, daß sein wahres Verbrechen darin bestand, die Felder ohne Demeters Zustimmung zu pflügen, wie Athamas es getan hatte. Der Diebstahl des goldenen Hundes durch Pandareos verweist auf kretische Einmischungen in Griechenland, als nämlich die Achaier versuchten, den Ackerbaukult zu reformieren. Dieser Hund, der einst ein Wahrzeichen der Erdgöttin gewesen war, scheint der sichtbare Beweis der Unabhängigkeit des achaiischen Hochkönigs von ihr gewesen zu sein (s. 134, 1).

5. Die Sagen von Hylas (‹aus dem Walde› — s. 150, 1), Adonis (s. 18, 7), Lityerses (s. 136, e) und Linos (s. 147, 1) beschreiben die jährliche Trauerfeier um den Heiligen König oder seinen Knaben-Stellvertreter, der geopfert wurde, um die Göttin des Wachstums gnädig zu stimmen. Der gleiche Stellvertreter erscheint in der Legende von Triptolemos: er fuhr in einem von Schlangen gezogenen Wagen. Die Weizensäcke symbolisieren den todbringenden Reichtum. Er galt auch als Plutos (‹Reichtum›), gezeugt in einem gepflügten Feld. Daher stammt der euphemistische Beiname ‹Pluton› für Hades, den Gott der Unterwelt. Triptolemos (*triptolmaios* ‹dreimal wagend›) ist ein Titel, der dem

Heiligen König verliehen wurde, weil er es dreimal wagte, das Feld zu pflügen und die Weizenpriesterin zu lieben. Keleus, Diokles und Eumolpos, von Demeter in der Kunst des Ackerbaus unterrichtet, stellen priesterliche Häupter der Amphiktyonie dar – Metaneira wird als Amphiktyons Tochter beschrieben –, die Demeter in Eleusis verehrten.

6. In Eleusis (‹Ankunft›), einer mykenischen Stadt, wurden im Monat Boidromion (‹um Hilfe laufen›) die großen Eleusischen Mysterien gefeiert. Demeters ekstatische Priesterschaft erfüllte symbolisch ihr Liebesverhältnis mit Iasios – oder Triptolemos oder Zeus – in einer inneren Kammer des Heiligtums, indem sie einen phallischen Gegenstand in einem Frauenschuh auf- und abbewegte. Wahrscheinlich ist Eleusis nur eine verkümmerte Form von *Eilythuies*, ‹[der Tempel] der rasenden Gottheit›. Dann traten die Anführer der Mysterien als Schafhirten verkleidet mit freudigem Geschrei ein und zeigten eine Wiege mit dem Kind Brimos, Sohn der Brimo (‹die Zornige›), der Frucht dieser rituellen Hochzeit. Brimo war ein Beiname der Demeter und Brimos ein Synonym für Plutos; ihn kannten die Zelebrierenden besser unter dem Namen Iakchos – aus dem wilden *Iakchos*-Hymnos, der am sechsten Tage der Mysterien während einer Fackelprozession vor Demeters Tempel gesungen wurde.

7. Eumolpos stellt die singenden Schafhirten dar, die das Kind brachten. Triptolemos ist ein Kuhhirt im Dienste der Io, der Mondgöttin in ihrer Kuhgestalt (s. 56, 1), die das Saatgut bewässert. Eubuleus war ein Schweinehirt im Dienste der Göttin Marpessa (s. 74, 4 und 96, 2), auch Phorkis, Choëre oder Kerdo, der Schweinegöttin, die das Korn sprießen ließ. Eubuleus war der erste, der Kores Geschick aufdeckte, denn im früheuropäischen Mythos bedeutet ‹Schweinehirt› Wahrsager oder Magier. So wird Eumaios (‹der erfolgreich Suchende›), der Schweinehirt des Odysseus (s. 171, a), als *dios* (‹gott-ähnlich›) bezeichnet. Obwohl im Klassischen Zeitalter Schweinehirten ihre prophetische Kunst nicht mehr ausübten, wurden Demeter und Persephone doch Schweine geopfert, die man in eine Schlucht hinabwarf. Wir haben keine Kunde, daß Eubuleus von Demeters Unterricht profitierte, wahrscheinlich, weil ihr Kult als Schweinegöttin in Eleusis unterdrückt worden war.

8. ‹Raros›, ob es nun ‹abgegangenes Kind› oder ‹Schoß› bedeutet, ist für einen König ein unangebrachter Name. Er bezieht sich wahrscheinlich auf den Schoß der Korn-Mutter, dem das Getreide entsprang.

9. Iambe und Baubo personifizieren den obszönen Gesang im iambischen Versmaß, der bei den Mysterien von Eleusis gepflegt wurde, um die Gemüter zu beruhigen. Iambe, Demeter und Baubo jedoch bilden die bekannte Triade von Mädchen, Nymphe und Alter Frau. Alte Kinderfrauen sind im griechischen Mythos fast immer eine Darstellung der Göttin als Altes Weib. Abas wurde in eine Eidechse verwandelt, weil Eidechsen sich an den heißesten und trockensten Plätzen aufhalten und ohne Wasser leben können; es ist dies eine moralische Anekdote, die den Kindern erzählt wird, um sie Respekt vor älteren Menschen und Ehrfurcht vor den Göttern zu lehren.

10. Die Geschichte von dem Versuch der Demeter, den Demophoon unsterblich zu machen, ist eine Parallele zu den Mythen von Medea (s. 156, a) und Thetis (s. 81, r). Sie bezieht sich teilweise auf die weitverbreitete primitive Sitte des ‹Segnens› der Kinder gegen böse Geister mit einem heiligen Feuer: man trug es bei ihrer Geburt um sie herum oder hielt ein heißes Eisen unter sie, teilweise auf die Sitte, die Knaben zu verbrennen, bis sie starben, als stellvertretendes Opfer für den Heiligen König (s. 92, 7), und verlieh ihnen Unsterblichkeit. Keleus, der Name des Vaters Demophoons, kann ‹Brenner› bedeuten wie auch ‹Specht› oder ‹Zauberer›.

11. Es bestand ein primitives Tabu über rotgefärbte Nahrung, die nur den Toten angeboten werden durfte (s. 170, 5). Man glaubte, der Granatapfel — so wie die achtblättrige scharlachrote Anemone — entstamme dem Blute des Adonis oder Tammuz (s. 18, 7). Die sieben Granatapfelkerne stellen vielleicht die sieben Phasen des Mondes dar, während derer die Bauern auf die grünen Getreidekeime warteten. Aber Persephone, die den Granatapfel ißt, ist ursprünglich Scheol, die Göttin der Hölle, und wird von Tammuz verschlungen; während Ischtar (Scheol in einer anderen Erscheinung) weint, um seinen Geist zu besänftigen. Auch Hera, als frühere Todesgöttin, hielt einen Granatapfel in ihrer Hand.

12. Askalaphos, die kurzohrige Eule, wurde als böses Omen betrachtet. Seine Schwatzhaftigkeit steht für den Lärm, den die Eulen im November, dem Beginn der winterlichen Abwesenheit Kores, vollführten. Herakles befreite den Askalaphos (s. 134, d).

13. Phytalos, Mitglied einer führenden attischen Familie, erhielt von Demeter eine Feige geschenkt (s. 97, a). Das Geschenk besagt, daß die Ausübung der Kaprifikation der Feigen — das Bestreichen des kultivierten Feigenbaumes mit einem Ast der wilden Feige — aufhörte, ein weibliches Vorrecht zu sein. Dieser Vorgang steht stellvertretend auch für den Ackerbau. Das Verbot, Bohnen anzupflanzen, scheint das Tabu, das über dem Getreideanbau lag, überlebt zu haben; wahrscheinlich wegen der engen Verbindung zwischen Bohnen und Geistern. Die Pythagoreer aßen keine Bohnen, um ihren Vorfahren nicht die Möglichkeit der Wiedergeburt zu nehmen.

14. Demeter soll Griechenland über Kreta erreicht haben und in Thorikos in Attika (‹Hymnos an Demeter› 123) gelandet sein. Dafür spricht, daß die Kreter selbst auf Attika Fuß faßten, wo sie als erste die Silberminen bei Laureion ausbeuteten. Außerdem ist Eleusis eine mykenische Stadt. Diodorus Siculus (V, 77) berichtet, daß Riten, ähnlich den eleusischen, in Knossos abgehalten wurden und daß (V, 79) — wie die Kreter sagen — alle Einweihungsriten von ihren Ahnen erfunden worden sind. Man muß jedoch den Ursprung des Demeterkultes in Libyen suchen.

15. Ovid berichtet, daß Kore Mohnblumen pflückte. Man fand in Gazi auf Kreta ein Bildnis der Göttin mit Mohnblüten in ihrem Kopfschmuck. Das Bild einer anderen Göttin mit Mohnblumen in ihrer Hand wurde auf einer Gußform in Palaiokastro gefunden. Auf dem goldenen Ring aus dem Schatz der Akropolis zu Mykene gibt die sitzende Demeter einem Manne drei Mohnblüten. Mohnkörner wurden als Brotgewürz verwendet, Mohnblüten — da sie zwischen dem Korn wachsen — mit Demeter in Verbindung gebracht. Es ist möglich, daß Kore Mohnblumen wegen ihrer beruhigenden Wirkung und wegen ihrer scharlachroten Farbe, die Auferstehung nach dem Tode verspricht (s. 27, 12), trug. Das gilt für die Zeit, da sie sich zu ihrem jährlichen Winterschlaf vorbereitete.

25. ATHENE UND IHRE TATEN

a. Athene erfand die Flöte, die Trompete, den gebrannten Tontopf, den Pflug, den Rechen, das Joch der Ochsen, den Zaum des Pferdes, den Wagen und das Schiff. Von Athene stammen auch die Wissenschaft der Zahlen und die Künste der Frauen: das Kochen, Weben und Spinnen. Obwohl eine Göttin des Krieges, hat sie doch keine Freude an Schlachten, so wie Ares und Eris. Viel eher findet sie Vergnügen im Schlichten von Streitereien und in der Befolgung des Gesetzes mit friedlichen Mitteln. In Zeiten des Friedens trägt sie keine Waffen. Wenn sie welche braucht, borgt sie sie sich von Zeus. Bemerkenswert ist ihre Neigung zur Milde. Im Areiopag der Götter ist sie stets das Zünglein an der Waage. Bei Stimmengleichheit der Richter gibt sie ihre Stimme immer zugunsten des Angeklagten ab. Wenn sie aber zum Kampf gezwungen wird, bleibt sie Siegerin, selbst gegen Ares. Sie ist die taktisch Klügere. Kluge Heeresführer bitten sie immer wieder um Rat [1].

b. Viele Götter, Titanen und Riesen hätten mit Freude Athene geheiratet. Sie aber wies alle Annäherungen zurück. Einmal, während des Trojanischen Krieges, als Zeus ihr keine Waffen leihen wollte, da er sich für neutral erklärt hatte, bat sie Hephaistos, ihr eigene Waffen zu schmieden. Hephaistos weigerte sich, einen Preis dafür auszumachen. Scheinheilig versicherte er, daß er die Arbeit aus Liebe verrichten würde. Sie mißverstand die Zweideutigkeit dieser Worte und betrat arglos die Schmiede, um ihm bei seiner Arbeit zuzusehen. Da drehte er sich plötzlich um und versuchte, sie zu vergewaltigen. Hephaistos, nicht immer so grob, war das Opfer eines böswilligen Scherzes geworden: Poseidon hatte ihm zuvor mitgeteilt, Athene sei auf dem Wege zur Schmiede und hoffe, mit Zustimmung des Zeus, vergewaltigt zu werden. Als sie sich von ihrem Bedränger losriß, verspritzte Hephaistos seinen Samen gegen ihren Schenkel, ein wenig oberhalb des Knies. Sie wischte die Flecken mit einer Handvoll Wolle ab und warf das Knäuel voller Ekel von sich. Es fiel in der Nähe von Athen zu Boden und befruchtete Mutter Erde, die dort gerade zu Besuch war. Abgestoßen von dem Gedanken, ein Kind zu tragen, das Hephaistos gewaltsam zu zeugen versucht hatte, erklärte Mutter Erde, sie würde keinerlei Verantwortung für dessen Aufwachsen übernehmen.

c. «Gut», sagte Athene, «ich selbst werde mich des Kindes annehmen.» So übernahm sie die Pflege des Knaben, sobald er geboren war, und nannte ihn Erichthonios. Um zu verhindern, daß Poseidon über den Erfolg seines Streiches triumphiere, versteckte sie das Kind in einem heiligen Korb. Diesen gab sie der ältesten Tochter des Königs Kekrops von Athen, der Aglauros, mit dem Auftrag, ihn sorgsam zu bewachen [2].

d. Kekrops, ein Sohn der Mutter Erde, war — wie Erichthonios, den manche für den Sohn des Kekrops halten – teils Mensch, teils Schlange. Er war der erste Heilige König, der die Bedeutung der Vaterschaft erkannte. Er heiratete eine Tochter des Aktaios, des ersten Königs von Attika, führte die Monogamie ein, teilte Attika in zwölf Gemeinden, baute Tempel zu Ehren Athenes und schaffte einige blutige Opfer ab, die er durch Darbringung von Gerstenkuchen ersetzte[3]. Seine Gemahlin hieß Agraulos. Seine drei Töchter Aglauros, Herse und Pandrosos lebten in einem Hause mit drei Zimmern auf der Akropolis. Eines Abends, als die Mädchen von einem Feste heimkehrten und Athenes heiligen Korb auf ihrem Haupte trugen, bestach Hermes Aglauros, ihm den Eintritt zu Herse, der jüngsten der drei, in die er sich heftig verliebt hatte, zu ermöglichen. Aglauros nahm zwar das Gold des Hermes, erfüllte aber seinen Wunsch nicht, denn Athene hatte sie auf Herses Glück eifersüchtig gemacht. Der erzürnte Hermes erzwang sich schließlich den Eintritt in das Haus mit Gewalt, verwandelte Aglauros in einen Stein und befriedigte seine Gier. Die Frucht dieser Vereinigung waren Kephalos, der spätere Geliebte der Eos, und Keryx, der erste Herold der Eleusischen Mysterien. Das verwaiste Körbchen, das Aglauros gehütet hatte, machte ihre Mutter und ihre Schwestern so neugierig, daß sie hineinschauten. Als sie darin ein Kind mit einem Schlangenschwanz anstelle von Beinen entdeckten, schrien sie vor Angst auf und sprangen, voran die Mutter Agraulos, von der Akropolis[4].

e. Als Athene von dem Unglück erfuhr, wurde sie zornig. Sie ließ den riesigen Felsen, den sie zum Schutz der Akropolis stets bei sich trug, herabfallen; so entstand der Berg Lykabettos. Die weiße Krähe, die ihr die Unglücksbotschaft gebracht hatte, verwandelte sie in eine schwarze und verbot allen Krähen, sich jemals wieder der Akropolis zu nähern. Erichthonios versteckte sie in ihrer Aigis, wo sie ihn so zärtlich aufzog, daß manche sie für seine Mutter hielten. Er wurde später König von Athen und führte hier die Anbetung der Athene ein. Seine Untertanen lehrte er die Verwendung des Silbers. Sein Bild wurde als Sternbild Auriga unter die Sterne gesetzt. Erichthonios ist auch der Erfinder des vierpferdigen Gespanns[5].

f. Ein anderer Bericht über den Tod der Agraulos besagt, daß sie sich, einem Orakel gehorchend, bei einem Angriff auf Athen von der Akropolis herabstürzte und damit die Stadt rettete. Diese Version erklärt, weshalb alle jungen Athener, wenn sie zum ersten Male Waffen trugen, den Tempel der Agraulos aufsuchten und dort ihr Leben der Stadt weihten[6].

g. Obwohl Athene so keusch ist wie Artemis, ist sie viel großzügiger. Als Teiresias sie eines Tages durch Zufall beim Baden überraschte, legte sie zwar ihre Hände über seine Augen und blendete ihn, gab ihm aber zum Trost die Gabe des inneren Gesichts[7].

h. Nur ein einziges Mal wird berichtet, daß sie kleinliche Eifersucht zeigte. Arachne, eine Prinzessin zu Kolophon in Lydien, das wegen seiner Purpurmanufaktur berühmt war, war in der Kunst des Webens so geschickt, daß Athene selbst sich nicht mit ihr vergleichen konnte. Als man ihr ein Tuch zeigte, in das Arachne Abbildungen der olympischen Liebesgeschichten gewoben hatte, beugte sich die Göttin nahe darüber, um Fehler zu finden. Da sie keine fand, zerriß sie in kaltem, rachsüchtigem Zorn das Tuch in Fetzen. Als die erschrockene Arachne sich auf der Flucht von einem Balkon herabgleiten lassen wollte, verwandelte Athene sie in eine Spinne — das Insekt, das sie am meisten haßte — und das Seil in ein Spinnennetz, in das Arachne sich ängstlich verkroch[8].

1. Tzetzes, Über Lykophron 520; Hesychios unter: *Hippia*; Servius über Vergils Aeneis IV, 402; Pindar, Olympische Oden XIII, 79; Livius VII, 3; Pausanias I, 24, 3, etc.; Homer, Ilias I, 199 ff; V, 736; V, 840-863; XXI, 391-422; Aischylos, Eumeniden 753.
2. Hyginus, Poetische Astronomie II, 13; Apollodoros III, 14, 6; Hyginus, Fabel 166.
3. Pausanias I, 5, 3; VIII, 2, 1; Apollodoros III, 14, 1; Strabon IX, 1, 20; Aristophanes, Plutos 773; Athenaios S. 555 c; Eustathios, Über Homer, S. 1156; Parischer Marmor, Zeilen 2-4.
4. Apollodoros III, 14, 3 und 6; Griechische Inschriften XIV, 1389; Hyginus, Fabel 166.
5. Antogonos Karystios 12; Kallimachos, Hekale I, 2, 3; Philostratos, Leben des Apollonios von Tyana VII, 24; Hyginus, Poetische Astronomie II, 13; Fabel 274; Apollodoros III, 14, 1.
6. Suidas und Hesychios unter: *Agraulos*; Plutarch, Alkibiades 15.
7. Kallimachos, Das Baden der Pallas.
8. Ovid, Metamorphosen VI, 1 — 145; Vergil, Georgica IV, 246.

1. Die Athener sahen in der Jungfräulichkeit ihrer Göttin ein Symbol für die Unbesiegbarkeit ihrer Stadt. Daher verleugnete die frühe Mythologie ihre Vergewaltigung durch Poseidon (s. 19, 2) und Boreas (s. 48, 1) und bestritt, daß Hephaistos der Vater ihrer Söhne Erichthonios, Apollon und Lychnos (‹Lampe›) sei. Sie leiteten ‹Erichthonios› von *erion* (‹Wolle›) oder *eris* (‹Streit›) und *chthonos* (‹Erde›) ab. Die phantastische Sage von seiner Geburt sollte die archaischen Abbildungen des Schlangenkindes, das aus der Aigis der Göttin hervorlugt, erklären. Poseidons Rolle bei der Zeugung des Erichthonios könnte ursprünglich einfacher und unmittelbarer gewesen sein; warum hätte Erichthonios sonst den vierspännigen Wagen Poseidons in Athen einführen sollen?

2. Athene war die Dreifaltige Göttin. Als sie ihrer zentralen Gestalt, der Nymphe, beraubt wurde und Sagen, die sich auf diese bezogen, auf Aphrodite, Oreithyia (s. 48, b) oder Alkippe (s. 19, b) übergingen, blieben nur das in Ziegenfelle gekleidete Mädchen, das sich auf den Krieg spezialisierte (s. 8, 1), und das Alte Weib, das Orakel inspirierte und den Künsten vorstand, übrig. *Erichthonios* ist möglicherweise eine erweiterte Form von *Erechtheus* (s. 47, 1) und

bedeutet eher ‹aus dem Land des Heidekrautes› (s. 18, 1) als ‹viel Erde›, wie gemeinhin behauptet wird. Die Athener stellten ihn als Schlange mit einem Menschenkopf dar, weil er der Heros oder der Geist des geopferten Königs war, der die Wünsche der Alten Frau aussprach. In ihrer Gestalt als Altes Weib war Athene von einer Eule und einer Krähe umgeben. Die alten königlichen Familien Athens behaupteten, von Erichthonios und Erechtheus abzustammen und nannten sich die Erechtheiden. Sie pflegten goldene Schlangen als Amulette zu tragen und hielten eine heilige Schlange im Erechtheion. Aber Erichthonios war auch der befruchtende Wind von den heidekrautbedeckten Bergen. Eine Nachbildung von Athenes Aigis wurde allen Neuvermählten in Athen beigegeben, um ihre Fruchtbarkeit zu sichern (Suidas unter: *Aigis*).

3. Es ist bekannt, daß die schönsten kretischen Tontöpfe und ebenso zweifellos all die nützlichen Gegenstände, die Athene erfunden hatte, von Frauen gemacht wurden. Im klassischen Griechenland jedoch mußte der Handwerker ein Mann sein. Zunächst war Silber ein wertvolleres Metall als Gold, da es schwieriger war, reines Silber zu gewinnen. Außerdem war es dem Monde geweiht. Die Macht des perikleischen Athens ist hauptsächlich den reichen, zuerst von den Kretern betriebenen Silberminen in Laureion zuzuschreiben. Diese Schätze erlaubten es Athen, Nahrungsmittel zu importieren und Verbündete zu gewinnen.

4. Der Sprung der Töchter Kekrops' von der Akropolis könnte sich auf eine hellenische Eroberung Athens beziehen. Danach wurde der Versuch gemacht, den Priesterinnen der Athene Monogamie aufzuzwingen – ähnlich der Sage von Halirrhothios (s. 19, b). Sie zogen jedoch den Tod der Schande vor – daher auch der Eid, den die jungen Athener im Heiligtum der Agraulos leisteten. Die andere Geschichte vom Tod der Agraulos ist nur eine moralische Anekdote: eine Warnung vor der Verletzung der Mysterien Athenes. ‹Agraulos› war ein weiterer Beiname der Mondgöttin; *agraulos* und dessen Transliteration *aglauros* bedeuten fast das gleiche. *Agraulos* ist ein homerisches Epithet für Schafhirte, und *aglauros* (wie *herse* und *pandrosos*) bezieht sich auf den Mond als die vermeintliche Quelle des Taus, der die Weiden netzte. Die Mädchen Athens gingen zur Zeit der Sommersonnenwende bei Vollmond hinaus, um den Tau zu sammeln – derselbe Brauch hielt sich auch in England bis in das letzte Jahrhundert. Das Fest wurde Hersephoria oder ‹Tau-Sammeln› genannt. Agraulos oder Agraule war in der Tat ein Beiname der Athene selbst, und es heißt, daß der Agraule auf Kypros noch in späten Zeiten Menschenopfer dargebracht wurden (Porphyrios, ‹Über den Vegetarianismus›, 30). Ein goldener Ring aus Mykene zeigt drei Priesterinnen auf dem Gang zum Tempel; die beiden ersten verschütten Tau, der dritten (wahrscheinlich Agraulos) ist ein Zweig an den Ellenbogen gebunden. Wahrscheinlich hat diese Zeremonie ihren Ursprung in Kreta. Die Verführung Herses durch Hermes, für welche er Aglauros mit Gold bestochen hatte, muß sich auf die religiöse Prostitution der Priesterinnen vor dem Bild der versteinerten Göttin Aglauros beziehen. Die heiligen Körbe, die bei diesen Gelegenheiten getragen wurden, enthielten phallische Schlangen und ähnliche Fruchtbarkeitssymbole. Religiöse Prostitution wurde von den Anhängerinnen der Mondgöttin in Kreta, Kypros, Syrien, Kleinasien und Palästina ausgeübt.

5. Die Verbannung der Krähen von der Akropolis ist eine mythische Vari-

ante der Verbannung des Kronos – *Kronos* bedeutet ‹Krähe› (s. 6, 2). Damit war der Triumph der olympischen Weltordnung ein vollkommener. Denn die Verbannung des Kronos wurde bisher dem Kekrops, der ja in Wirklichkeit Ophion-Boreas, der pelasgische Weltenschöpfer ist (s. 1, 1), zugeschrieben. Es scheint, daß Athene auch den Beinamen ‹Koronis› führte.

6. Ihre Rache an Arachne scheint den frühen Handelswettstreit zwischen den Athenern und den lydio-karischen Thalassokraten, den Beherrschern der Meere, die kretischen Ursprungs waren, widerzuspiegeln. Zahlreiche Siegel mit einem Spinnenemblem, die im kretischen Miletos – der Mutterstadt des karischen Miletos und größten Exporteurs gefärbter Wollstoffe in der alten Welt – gefunden wurden, zeigen, daß dort zu Anfang des zweiten Jahrtausends v. Chr. eine umfangreiche Textilindustrie betrieben wurde. Eine Zeitlang beherrschten die Mileser den gewinnbringenden Handel im Schwarzen Meer. Sie hatten auch Lagerhäuser in Naukratis in Ägypten. Athene hatte guten Grund, auf die Spinne eifersüchtig zu sein.

7. Ein scheinbarer Widerspruch taucht bei Homer auf. Nach dem ‹Katalog der Schiffe› (*‹Ilias›* II, 547 ff) brachte Athene Erechtheus in ihren reichen Tempel zu Athen, in der *‹Odyssee›* hingegen (VII, 80) geht sie nach Athen und betritt seine Festung. Tatsächlich hatte der Heilige König sein eigenes Haus im Palaste der Königin, wo das Bild der Göttin aufgestellt war. In Kreta oder im mykenischen Griechenland gab es keine Tempel, sondern nur Hausschreine oder Orakelhöhlen.

26. PAN UND SEINE TATEN

a. Eine Anzahl mächtiger Götter und Göttinnen Griechenlands zählte nicht zu den olympischen Zwölf. Zum Beispiel lebte Pan, ein bescheidener Gott, bis zu seinem Tode zufrieden auf der Erde im ländlichen Arkadien. Hades, Persephone und Hekate wissen, daß ihre Gegenwart auf dem Olymp nicht willkommen ist. Und Mutter Erde ist zu alt und zu sehr an ihre Lebensart gewöhnt, um sich auf das Familienleben ihrer Enkel und Urenkel umstellen zu können [1].

b. In manchen Mythen ist Pan der Sohn des Hermes und der Dryope, der Tochter Dryops'. Manche nennen die Nymphe Oineis seine Mutter, andere aber Penelope, die Gattin des Odysseus (die Hermes in der Gestalt eines Widders besucht hatte), oder aber die Ziege Amaltheia. Es heißt, daß er bei seiner Geburt Hörner, einen Bart, einen Schwanz und Ziegenbeine hatte und so häßlich war, daß seine Mutter entsetzt vor ihm floh. Hermes soll ihn zur Belustigung der Götter auf den Olymp gebracht haben. Aber Pan war der Ziehbruder des Zeus und somit älter als Hermes. Andere wieder lassen ihn den Sohn des Kronos und der Rhea sein oder des Zeus von Hybris. Dies aber ist höchst unwahrscheinlich [2].

c. Er lebte in Arkadien, bewachte dort die Herden und Bienenstöcke, nahm an den Lustbarkeiten der Bergnymphen teil und half den Jägern, ihre Beute zu finden. Im großen und ganzen war er gutmütig und faul und liebte nichts mehr als seinen Nachmittagsschlaf. Störte man ihn dabei, so rächte er sich durch einen lauten Schrei, der den Störenfrieden die Haare zu Berge stehen ließ. Die Arkader hatten so wenig Ehrfurcht vor ihm, daß sie ihn, wenn sie mit leeren Händen von einer Jagd zurückkehrten, mit Meerzwiebeln zu schlagen wagten[3].

d. Pan verführte verschiedene Nymphen, darunter Echo, die ihm Iynx gebar und später aus Liebe zu Narkissos ein unglückliches Ende fand. Mit Eupheme, Amme der Musen, zeugte er Krotos, den Bogenschützen im Tierkreis. Er rühmte sich auch, mit all den trunkenen Mainaden des Dionysos geschlafen zu haben[4].

e. Einst versuchte er, die keusche Pitys zu vergewaltigen, die ihm nur entkam, weil sie in eine Fichte verwandelt wurde, von der er einen Zweig hernach als Kranz trug. Bei anderer Gelegenheit verfolgte er die Syrinx vom Berge Lykaion bis zum Flusse Ladon; hier nahm sie die Gestalt eines Schilfrohrs an. Da er sie nicht von allen anderen unterscheiden konnte, schnitt er willkürlich einige Rohre ab und formte daraus eine Flöte (Pansflöte). Sein größter Erfolg war die Verführung der Selene. Dazu versteckte er seine haarige und dunkle, ziegenhafte Gestalt unter wohlgewaschenen weißen Fellen. Sie erkannte ihn nicht und war bereit, auf seinem Rücken zu reiten und ihn mit ihr tun zu lassen, was ihm gefiel[5].

f. Die olympischen Götter, die Pan wegen seiner Einfachheit und seiner Freude an lärmenden Vergnügungen verachteten, nützten indes seine Kräfte weidlich aus. Apollon entlockte ihm die Kunst der Prophezeiung, und Hermes kopierte seine Flöte, die er dann als seine eigene Erfindung ausgab und dem Apollon verkaufte.

g. Pan ist der einzige Gott, der in irdischen Zeiten starb. Die Kunde von seinem Tod kam zu Thamos, einem Matrosen, dessen Schiff sich auf einer Reise nach Italien befand. Eine göttliche Stimme rief über das Meer: «Thamos, bist du da? Wenn du nach Palodes kommst, verkünde dorten, daß der Große Gott Pan gestorben ist!» Thamos tat, wie ihm geheißen, und an allen Küsten erhob sich lautes Weinen und Klagen[6].

1. Homerischer Hymnos an Pan 34 ff; Scholiast über THEOKRITS Idylle I, 3; HERODOT II, 145; ERATOSTHENES, Katasterismoi 27.
2. Homerischer Hymnos an Pan a. a. O.; SERVIUS über VERGILS Georgica I, 16; DURIS, zitiert von TZETZES, Über Lykophron 772; APOLLODOROS I, 4, 1; Scholiast über AISCHYLOS, Rhesos 30.
3. THEOKRIT, Idylle I, 16; EURIPIDES, Rhesos 36; HESYCHIOS unter: *Agreus;* THEOKRIT, Idylle VII, 107.
4. OVID, Metamorphosen III, 356-401; HYGINUS, Fabel 224; Poetische Astronomie II, 27.

5. LUKIAN, Dialoge der Götter XXII, 4; OVID, Metamorphosen I, 694-712; PHILARGYRIUS über VERGILS Georgica III, 392.
6. PLUTARCH, Warum Orakel schweigen 17.

1. Pan, dessen Name gewöhnlich von *paein* = ‹weiden› abgeleitet wird, ist eine Mythologisierung des ‹Teufels› oder ‹aufrechten Mannes› des arkadischen Fruchtbarkeitskults, der dem Hexenkult des nordwestlichen Europas sehr ähnlich ist. Dieser Teufelskerl war in ein Ziegenfell gekleidet und galt als der erwählte Liebhaber der Mainaden während ihrer trunkenen Orgien auf den hohen Bergen. Früher oder später bezahlte er sein Privileg mit dem Tode.

2. Da Hermes, der Sage nach, den Orgien der Mainaden in Gestalt eines phallischen Steins, dem Zentrum des Kults, beiwohnte (s. 14, 1), hielten die Schafhirten ihren Gott Pan für Hermes' Sohn mit einem Specht, dem Vogel, dessen Klopfen als Ankündigung des Sommerregens galt. Die Sage, daß er Pan mit Oineis zeugte, erklärt sich von selbst, obwohl die Mainaden andere Rauschmittel als Wein verwendeten (s. 27, 2). Der Name seiner angeblichen Mutter Penelope (‹mit einem Netz über ihrem Antlitz›) läßt vermuten, daß die Mainaden bei ihren Orgien eine Art von Kriegsbemalung trugen, die an die Streifen der *penelope*, einer Entenart, erinnerten. PLUTARCH sagt (‹Über die Verspätung der Göttlichen Strafe› 12), daß die Mainaden, die den Orpheus töteten, zur Strafe von ihren Gatten tätowiert wurden (s. 28, f). Eine Mainade, deren Beine und Arme mit einem Spinnwebmuster tätowiert sind, ist auf einer Vase im Britischen Museum (Katalog E, 301) zu sehen. Der Besuch des Hermes bei Penelope in der Gestalt eines Bocks – der Bocksteufel ist im nordwestlichen Hexenkult so häufig wie die Ziege –, ihre kollektive Schwängerung durch alle anwesenden Bewerber (s. 171, l) sowie die Behauptung, daß Pan mit jeder der Mainaden geschlafen habe, beziehen sich auf die orgiastische Natur der Festlichkeiten zu Ehren der Fichtengöttin Pitys oder Elate (s. 78, 1). Die arkadischen Bergbewohner waren die primitivsten Einwohner Griechenlands (s. 1, 5). Für ihre zivilisierteren Nachbarn empfanden sie nichts als gehässige Verachtung.

3. Der Sohn des Pan – der Wendehals oder Schlangenvogel – war ein Zugvogel, der als Liebeszauber verwendet wurde (s. 56, 1 und 152, 2). Meerzwiebeln enthalten ein Gift – für die Bekämpfung von Mäusen und Ratten – und wurden vor der Teilnahme an einer religiösen Handlung als Abführ- und harntreibendes Mittel verwendet. Daher symbolisierten Meerzwiebeln die Rettung von bösen Einflüssen (PLINIUS, ‹Naturgeschichte› XX, 39). Pans Abbild wurde mit Meerzwiebeln beworfen, wenn die Jagd unergiebig war (s. 108, 10).

4. Die Verführung der Selene bezieht sich auf die Mondlicht-Orgie am Vorabend der Maifeier, wobei die junge Maikönigin auf dem Rücken ihres Erwählten in die Wälder ritt, um die Waldhochzeit zu feiern. Zu dieser Zeit hatte die Anbetung des Widders die Anbetung der Ziege in Arkadien ersetzt (s. 27, 2).

5. Der Ägypter Thamos hat anscheinend die zeremonielle Klage *Thamos Pan-megas tethneke* (‹der unendlich große Tammuz ist tot!›) als ‹Thamus, der große Pan ist tot!› mißverstanden. Auf jeden Fall hat PLUTARCH, ein Priester zu Delphi in der zweiten Hälfte des 1. Jahrhunderts v. Chr., diesen Irrtum für möglich gehalten und darüber berichtet. Als jedoch PAUSANIAS ein Jahrhundert später ganz Griechenland bereiste, fand er die Schreine, Altäre, heiligen Höhlen und heiligen Berge des Pan noch häufig besucht.

27. DIONYSOS UND SEINE TATEN

a. Auf Heras Befehl ergriffen die Titanen Zeus' neugeborenen Sohn Dionysos, ein Kind mit Hörnern und einer Schlangenkrone, und rissen ihn in Stücke. Die Reste kochten sie in einem Kessel. Ein Granatapfelbaum entsprang dem Boden an der Stelle, wohin sein Blut getropft war. Aber seine Großmutter Rhea sammelte alle Teile und fügte sie wieder zusammen. Dionysos lebte wieder und wurde Persephone anvertraut. Diese brachte ihn zu König Athamas von Orchomenos. Sie überredete dessen Frau Ino, das Kind als Mädchen verkleidet in den Frauengemächern aufzuziehen. Aber Hera ließ sich nicht täuschen. Sie strafte das königliche Paar mit Wahnsinn, so daß Athamas seinen Sohn Learchos, den er für einen Bock hielt, tötete [1].

b. Dann verwandelte Hermes, auf Befehl des Zeus, Dionysos zeitweilig in ein Zicklein oder einen Widder und vertraute ihn den Nymphen Makris, Nysa, Erato, Bromie und Bakche auf dem helikonischen Berg Nysa an. Sie pflegten Dionysos in einer Höhle, verzogen ihn und fütterten ihn mit Honig. Dafür setzte Zeus ihr Abbild unter die Sterne und nannte es die Hyaden. Auf dem Berge Nysa entdeckte Dionysos den Wein, eine Tat, für die er noch heute gefeiert wird [2].

Trotz der Verweiblichung, die seine Erziehung bewirkt hatte, erkannte ihn Hera als den Sohn des Zeus. Sie schlug ihn mit Wahnsinn. Er wanderte über die ganze Welt, begleitet von seinem Erzieher Silenos und einer wilden Herde von Satyrn und Mainaden. Deren Waffen waren ein efeuumwundener Stab, auf dessen Spitze ein Tannenzapfen steckte — man nannte ihn den Thyrsosstab —, sowie Schwerter, Schlangen und fürchterliche Lärminstrumente. Mit einer Fuhre Wein segelte er nach Ägypten. In Pharos bereitete ihm König Proteus einen freundschaftlichen Empfang. Bei den Libyern des Nildeltas, gegenüber Pharos, herrschten Amazonen-Königinnen. Dionysos forderte sie auf, mit ihm gegen die Titanen zu ziehen und König Ammon wieder in sein Königreich, aus dem er vertrieben worden war, einzusetzen. Der Sieg des Dionysos über die Titanen und die Wiedereinsetzung König Ammons waren der erste seiner zahlreichen militärischen Erfolge [3].

c. Dann wandte er sich ostwärts und brach nach Indien auf. Am Euphrat stellte sich ihm der König von Damaskus entgegen. Er wurde bei lebendigem Leibe geschunden. Dionysos baute aus Efeu und Weinranken eine Brücke über den Fluß. Dann half ihm ein Tiger, den sein Vater Zeus ihm gesandt hatte, den Fluß Tigris zu überschreiten. Er erreichte Indien, nachdem er unterwegs viel Widerstand überwunden hatte, und eroberte das ganze Land. Er lehrte überall die Kunst des Weinbaus, schuf neue Gesetze und gründete große Städte [4].

d. Bei seiner Rückkehr fand er die Amazonen in hellem Aufruhr. Er trieb sie vor sich her bis Ephesos. Einige suchten im Tempel der Artemis Zuflucht, wo ihre Nachkömmlinge noch lange lebten. Andere flohen nach Samos. Dionysos folgte ihnen in Booten und tötete so viele von ihnen, daß das Schlachtfeld Panhaima genannt wurde. In der Nähe von Phloion starben einige der Elefanten, die er aus Indien mitgebracht hatte. Noch heute werden dort ihre Knochen gezeigt[5].

e. Dann kehrte Dionysos über Phrygien nach Europa zurück. Seine Großmutter Rhea reinigte ihn von den vielen Mordtaten, die er im Wahnsinn begangen hatte, und führte ihn in ihre Mysterien ein. Bald überrannte er Thrakien. Aber kaum waren seine Leute an der Mündung des Flusses Strymon gelandet, da trat ihnen Lykurgos, König der Edoner, mit Ochsenspeeren entgegen und nahm die ganze Armee gefangen. Nur Dionysos entkam. Er warf sich ins Meer und suchte in Thetis' Grotte Zuflucht. Erzürnt über die Wendung der Dinge schaltete sich Rhea wieder ein und schlug Lykurgos mit Wahnsinn, so daß er seinen eigenen Sohn Dryas mit einer Axt tötete, im Glauben, einen Weinstock zu fällen. Bevor er wieder zu Sinnen kam, hatte er bereits Nase und Ohren, Finger und Zehen der Leiche gestutzt. Das ganze Land Thrakien wurde vor Entsetzen ob dieses Verbrechens unfruchtbar. Dionysos kehrte aus dem Meer zurück und verkündete, daß diese Unfruchtbarkeit solange andauern würde, bis Lykurgos getötet sei. Der unglückliche König wurde von den Edonern zum Berge Pangaion geführt, wo wilde Pferde ihn zerrissen[6].

f. Nach der Niederwerfung Thrakiens reiste Dionysos in sein geliebtes Boiotien. In Theben verleitete er die Frauen, sich seinen Lustbarkeiten auf dem Berge Kithairon anzuschließen. Pentheus, der König von Theben, hatte eine Abneigung gegen die verwahrloste Erscheinung des Dionysos. Er nahm ihn, zusammen mit all seinen Mainaden, gefangen, verfiel aber dem Wahnsinn und fesselte anstelle des Dionysos einen Stier. Wieder entflohen die Mainaden und zogen tobend über den Berg, wo sie Kälber in Stücke rissen. Pentheus versuchte, ihrem Treiben Einhalt zu gebieten. Aber von Wein und religiöser Inbrunst berauscht, zerrissen sie auch ihn Glied um Glied. Seine eigene Mutter Agaue führte die Rasenden an. Sie war es, die ihrem Sohn eigenhändig den Kopf abriß[7].

g. In Orchomenos weigerten sich die drei Töchter des Minyas, Alkithoë, Leukippe und Arsippe – letztere auch Aristippe oder Arsinoë genannt –, an den Ausschweifungen teilzunehmen. Dionysos selbst, als Mädchen verkleidet, hatte sie dazu eingeladen. Darauf wechselte er seine Aufmachung und erschien nacheinander als Löwe, als Stier und als Panther. Die Mädchen wurden wahnsinnig. Leukippe bot ihren eigenen Sohn Hippasos als Opfer an. Die drei Schwestern rissen ihn in Stücke und verschlangen ihn. Dann zogen sie in wilder Lust über die Berge, bis endlich Hermes sie in Vögel verwandelte. Manche sagen, Dionysos habe sie in Mäuse verwandelt[8]. Der Mord an Hippasos wurde hernach in Orchomenos alljährlich bei einem Feste, das Agrionia (‹Aufforderung zur Wildheit›) hieß, gesühnt. Die Regeln schrieben vor, daß eine Schar von weiblichen Adepten zunächst den Dionysos suchte und, wenn sie feststellte, daß er mit seinen Musen über alle Berge wäre, sich im Kreise zu Rätselspielen niederließ, bis der Priester des Dionysos aus seinem Tempel eilte und die, die er zuerst fing, mit einem Schwerte tötete[9].

h. Als ganz Boiotien die Göttlichkeit des Dionysos anerkannt hatte, zog er über die Aigaiischen Inseln und verbreitete Freude und Schrecken. Auf Ikaria fand er sein Schiff beschädigt vor und mietete eines von tyrrhenischen Seefahrern. Sie hatten gesagt, daß sie auf dem Wege nach Naxos seien. Es waren jedoch Piraten. Ohne zu wissen, daß sie einen Gott an Bord hatten, steuerten sie nach Asien, in der Absicht, ihren Passagier dort als Sklaven zu verkaufen. Dionysos ließ auf dem Deck einen Weinstock wachsen, der den Mast umwucherte. Efeu schlang sich um die Verstrebungen. Die Ruder verwandelte er in Schlangen, sich selbst in einen Löwen. Er füllte das Schiff mit geisterhaften Tieren und ließ Flötenmusik erklingen, so daß die verwirrten Piraten über Bord sprangen und zu Delphinen wurden[10].

i. In Naxos traf Dionysos die liebliche Ariadne, die von Theseus verlassen worden war. Er heiratete sie prompt. Sie gebar ihm Oinopion, Thoas, Staphylos, Latromis, Euanthes und Tauropolos. Später setzte er ihren Brautkranz als Sternbild ans Firmament[11].

j. Von Naxos zog er nach Argos und strafte Perseus, der sich ihm anfangs entgegengestellt hatte. Er tötete viele von Perseus' Untertanen und verbreitete Wahnsinn unter deren Frauen. Sie begannen, ihre eigenen Säuglinge roh zu verschlingen. Schnell gab Perseus seinen Fehler zu und besänftigte Dionysos mit dem Bau eines Tempels.

k. Nachdem er endlich seine Anbetung in der ganzen Welt erzwungen hatte, stieg er zum Himmel auf und sitzt nun zur rechten Hand des Zeus als einer der Zwölf Großen. Die bescheidene Göttin Hestia verzichtete zu seinen Gunsten auf ihren Sitz am Hochtische. Sie war froh über jede Möglichkeit, den eifersüchtigen Zänkereien ihrer Familie zu entgehen. Zudem konnte sie auf ein stilles Willkommen in jeder griechischen Stadt, welche sie auch immer besuchen würde, rechnen. Dann stieg Dionysos über Lerna zum Tartaros hinab und bestach Persephone mit einem Geschenk von Myrte, seine tote Mutter Semele freizugeben. Er nahm sie mit in den Tempel der Artemis zu Troizen. Um die anderen Götter nicht eifersüchtig zu machen oder zu verärgern, änderte er ihren Namen und stellte sie seinen olympischen Gefährten als Thyone vor. Zeus schenkte ihnen ein Haus, und Hera hielt zornig, aber ergeben Frieden[12].

1. EURIPIDES, Bakchai, 99-102; ONOMAKRITOS, zitiert von PAUSANIAS VIII, 37,3; DIODORUS SICULUS III, 62; Orphischer Hymnos XLV, 6; CLEMENS VON ALEXANDRIEN, Ansprache an die Griechen II, 16.
2. APOLLODOROS III, 4, 3; HYGINUS, Fabel 182; THEON über ARATOS' Phainomena 177; DIODORUS SICULUS III, 68-69; APOLLONIOS RHODIOS IV, 1131; SERVIUS über VERGILS Ecloga VI, 15.
3. APOLLODOROS III, 5, 1; AISCHYLOS, Die Edoner, ein Fragment; DIODORUS SICULUS III, 70-71.
4. EURIPIDES, Bakchai 13; THEOPHILOS, zitiert von PLUTARCH, Über Flüsse 24; PAUSANIAS X, 29, 2; DIODORUS SICULUS II, 38; STRABON XI, 5, 5; PHILOSTRATOS, Das Leben des Apollonios von Tyana II, 8-9; ARRIAN, Indica 5.
5. PAUSANIAS VII, 2, 4-5; PLUTARCH, Griechische Fragen 56.
6. APOLLODOROS III, 5, 1; HOMER, Ilias VI, 130-140.
7. THEOKRITOS, Idylle XXVI; OVID, Metamorphosen III, 714 ff; EURIPIDES, Bakchai, passim.
8. OVID, Metamorphosen IV, 1-40; 390-415; ANTONINUS LIBERALIS 10; AELIAN, Varia Historia III, 42; PLUTARCH, Griechische Fragen 38.
9. PLUTARCH a. a. O.
10. Homerischer Hymnos an Dionysos 6 ff; APOLLODOROS III, 5, 3; OVID, Metamorphosen III, 577-699.
11. Scholiast über APOLLONIOS RHODIOS III, 996; HESIOD, Theogonie 947; HYGINUS, Poetische Astronomie II, 5.
12. APOLLODOROS III, 5, 3; PAUSANIAS II, 31, 2.

1. Der wichtigste Schlüssel zu den Mysterien des Dionysos ist die Ausbreitung der Weinkultur in Europa, Asien und Nordafrika. Der Wein ist keine Entdeckung der Griechen. Es scheint, daß er in Krügen aus Kreta eingeführt wurde. Trauben wuchsen wild an der südlichen Küste des Schwarzen Meeres. Von dort breitete sich ihr Anbau zum Berge Nysa in Libyen und über Palästina bis Kreta aus. Über Persien kam er nach Indien und über den Bernsteinweg nach Britannien. Die Weinorgien Kleinasiens und Palästinas — das kanaanitische Fest des Tabernakels war ursprünglich eine bacchantische Orgie — waren durch die gleichen Ekstasen wie die Bierorgien Thrakiens und Phrygiens gekennzeichnet. Es war der Erfolg des Dionysos, daß der Wein alle anderen berauschenden Getränke ersetzte (s. 38, 3). Laut PHEREKYDES * (178) bedeutet *Nysa* ‹Baum›.

2. Dionysos war ursprünglich der Mondgöttin Semele (s. 14, 5) — auch Thyone oder Kotytto (s. 3, 1) — untergeordnet und das vorbestimmte Opfer ihres Kults. Seine Erziehung als Mädchen, wie die des Achilleus (s. 160, 5), erinnert an die kretische Sitte, Knaben bis zur Pubertät ‹in Dunkelheit› *(scotioi)*, d. h. in den Frauengemächern, aufwachsen zu lassen. Einer seiner Beinamen war *Dendrites* (‹Baum-Jüngling›). Wenn die Bäume plötzlich grünen und die ganze Welt von Lebensfreude erfüllt ist, wird das Fest seiner Volljährigkeit gefeiert. Der Knabe wird als etwas Gehörntes beschrieben, d. h. man legt sich nicht auf die Art der Hörner fest. Er trug je nach dem Orte seiner Anbetung

* Verfasser einer Weltentstehungslehre, 6. Jh. v. Chr. (Anm. d. Red.)

entweder Ziegen-, Hirsch-, Stier- oder Widderhörner. Wenn APOLLODOROS berichtet, er sei als ein junges Zicklein verkleidet gewesen, um sich vor dem Zorne der Hera zu retten – ‹Eriphos› (‹Zicklein›) war einer seiner Beinamen (HESYCHIOS unter: *Eriphos*) –, so bezieht sich das auf den kretischen Kult des Dionysos-Zagreus, der wilden Ziege mit den riesigen Hörnern. VERGIL (*‹Georgica›* II, 380-84) meint fälschlich, die Ziege sei das Tier, das gewöhnlich dem Dionysos geopfert wurde: ‹denn die Ziege schädigt den Weinstock durch Knabbern›. Dionysos in seiner Hirschgestalt ist Learchos. Er wird von Athamas getötet, den Hera mit Wahnsinn schlug. In Thrakien war er ein weißer Stier. Aber in Arkadien verkleidete Hermes ihn als einen Widder, weil die Arkader Schafhirten waren und die Sonne zur Zeit ihres Frühlingsfestes im Zeichen des Widders stand. Die Hyaden (‹Regenmacher›), zu denen er Dionysos in Pflege gab, wurden zu seinen Ehren in ‹die Hohen›, ‹die Lahmen›, ‹die Leidenschaftlichen›, ‹die Brüllenden› und ‹die Wütenden› umbenannt. HESIOD (zit. v. THEON, ‹Über Aratos› 171) berichtet, daß die früheren Namen der Hyaden Phaisyle (‹das gedämpfte Licht›?), Koronis (‹Krähe›), Kleia (‹berühmt›), Phaio (‹dunkel›) und Eudore (‹großzügig›) waren. Die Liste des HYGINUS (‹Poetische Astronomie› II, 21) ist ähnlich. *Nysos* bedeutet ‹lahm›, und in diesen Bierorgien auf den Bergen scheint der Heilige König herumgehüpft zu sein wie ein Rebhuhn – wie im kanaanitischen Frühlingsfest, dem *Pesach* (‹hüpfen› oder ‹hinken› – s. 23, 1). Daß Makris Dionysos mit Honig nährte und die Mainaden efeuumrankte Fichtenzweige als Thyrsoi verwendeten, verweist auf die frühere Form eines berauschenden Getränkes, auf Kiefernbier, verstärkt mit Efeu und mit Met gesüßt. Met war ‹Nektar›. Er wurde aus gärendem Honig gebraut und war das Lieblingsgetränk der Götter des homerischen Olymp.

3. JANE E. HARRISON hat als erste darauf hingewiesen (*‹Prolegomena›* VIII), daß Dionysos, der Weingott, eine spätere Aufpflanzung auf Dionysos, den Biergott, auch Sabazios genannt, sei. Sie schlägt vor, das Wort Tragödie nicht wie VERGIL von *tragos*, ‹eine Ziege›, abzuleiten, sondern von *tragos*, ‹Dinkelweizen›, einer Getreidesorte, die in Athen zum Bierbrauen verwendet wurde. Sie fügt hinzu, daß auf früheren Vasenmalereien Pferdemenschen, nicht Ziegenmenschen, als Gefährten des Dionysos abgebildet sind und daß ein Traubenkorb zuerst eine Art Getreidekorb war. Das heilige Tier des Weins war die libysche oder kretische Ziege; das des Bieres und des Nektars das helladische Pferd. So wurde Lykurgos, der sich dem späteren Dionysos entgegenstellte, von Pferden – Priesterinnen der pferdeköpfigen Göttin – in Stücke gerissen, was auch das Schicksal des früheren Dionysos gewesen war. Die Geschichte von Lykurgos wurde durch einen unzusammenhängenden Bericht über einen Fluch, der sein Land nach dem Mord an Dryas (‹Eiche›) heimsuchte, verwirrt. Dryas war der Eichenkönig, der jährlich getötet wurde. Das Abschneiden seiner Glieder diente dazu, seinen Geist zu bändigen (s. 153, b und 171, 1). Das sinnlose Fällen einer heiligen Eiche zog die Todesstrafe nach sich. Kotytto war der Name der Göttin, der zu Ehren der edonische Ritus abgehalten wurde (STRABON X, 3, 16).

4. Dionysos erschien als Löwe, Stier und Schlange. Das waren die Kalenderembleme des dreigeteilten Jahres (s. 31, 7; 75, 2 und 123, 1). Er wurde im Winter als Schlange geboren (daher auch seine Schlangenkrone). Er wurde zum Löwen im Frühjahr und als Stier, Ziege oder Bock zur Sommersonnenwende

getötet und verzehrt. Als Löwe, Stier und Schlange fanden ihn auch die Titanen, als sie ihn überfielen (s. 30, a). Bei den Orchomenern scheint ein Panther die Rolle der Schlange übernommen zu haben. Seine Mysterien waren denen der Osiris ähnlich; daher auch seine Reise nach Ägypten.

5. Heras Haß auf Dionysos und seinen Weinbecher, ähnlich dem Haß, den Pentheus und Perseus zeigten, spiegelt die konservative Opposition gegen den rituellen Gebrauch von Wein und das ausschweifende Benehmen der Mainaden wider. Der dionysische Kult breitete sich von Thrakien nach Athen, Korinth, Sikyon, Delphi und anderen zivilisierten Städten aus. Zu guter Letzt, im späten 7. und frühen 6. Jahrhundert v. Chr., beschlossen PERIANDER, der Tyrann von Korinth, KLEISTHENES, der Tyrann von Sikyon, und PEISISTRATOS, der Tyrann von Athen, den Kult mit der offiziellen Einführung der Dionysosfeste anzuerkennen. Daraus wird gefolgert, daß Dionysos und sein Weinstock auch im Himmel anerkannt worden sind. Er verdrängte Hestia aus ihrer Stellung als eine der Zwölf Olympier, obwohl einige Götter fortfuhren, ‹nüchterne Opfer› zu verlangen. Wenn auch eine der jüngst entzifferten Tafeln aus dem Palast des Nestor zu Pylos dem Dionysos bereits im 13. Jahrhundert v. Chr. eine göttliche Stellung einräumt, so war er doch stets nur ein Halbgott. Sein Grab als die Stätte seiner jährlichen Wiederauferstehung wurde in Delphi gezeigt (PLUTARCH, ‹Über Isis und Osiris› 35) und Apollon als sein unsterblicher Teil betrachtet (s. 28, 3). Die Geschichte seiner Wiedergeburt aus dem Schenkel des Zeus — so wie der hethitische Gott der Winde aus dem Schenkel Kumarbis wiedergeboren wurde — verneint seinen angeblich matriarchalen Ursprung. Die rituelle Wiedergeburt eines Mannes war ein wohlbekanntes jüdisches Adoptionszeremoniell *(Ruth III, 9)*, das die Hethiter übernommen hatten.

6. Dionysos reiste in einem Boot, das den Neumond darstellt. Die Geschichte seines Kampfes mit den Piraten scheint auf gleiche Ursprünge zurückzugehen wie die Legende Noahs und der Tiere in der Arche. Der Löwe, die Schlange und andere Kreaturen sind seine Erscheinungen im Einklang mit den Jahreszeiten. Tatsächlich ist Dionysos deukalionischen Ursprungs (s. 38, 3). Von den Lakonern von Brasiai ist ein unkanonischer Bericht über seine Geburt überliefert: Wie Kadmos Semele und ihre Kinder in einer Arche einschloß, wie diese nach Brasiai trieb, wo Semele starb und begraben wurde, und wie Ino Dionysos aufzog (PAUSANIAS III, 24, 3).

7. Pharos, eine kleine Insel in der Nähe des Nildeltas, an deren Küste Proteus dieselben Verwandlungen wie Dionysos durchmachte (s. 169, a), besaß den größten Hafen im Europa der Bronzezeit (s. 39, 2 und 169, 6). Es war Lagerplatz der Händler Kretas, Kleinasiens, der Aigaiischen Inseln, Griechenlands und Palästinas. Von hier aus hat sich wahrscheinlich der Weinbau in alle Richtungen verbreitet. Die Erzählung vom Kampf des Dionysos in Libyen könnte ein Bericht über die militärische Hilfe sein, die den Garamantern von ihren griechischen Verbündeten zuteil wurde (s. 3, 3). Der Bericht über seine Kämpfe in Indien wurde als phantasievolle Darstellung des rauschhaften Vormarsches ALEXANDERS zum Indus gedeutet. Aber die Geschichte ist zweifellos früheren Datums und symbolisiert die Verbreitung des Weinstocks nach dem Osten. Die Anwesenheit des Dionysos in Phrygien, wo Rhea ihn in ihre Mysterien einführte, läßt vermuten, daß die griechischen Riten des Dionysos in seiner früheren Gestalt als Sabazios oder Bromios phrygischen Ursprungs waren.

8. Die Korona Borealis, der Brautkranz der Ariadne, wurde auch ‹die kretische Krone› genannt. Ariadne war die kretische Mondgöttin. Ihre weinfrohen Kinder, die sie von Dionysos empfing — Oinopion, Thoas, Staphylos, Tauropolos, Latromis und Euanthes —, waren die eponymen Ahnen der helladischen Stämme, die in Chios, Lemnos, im thrakischen Chersones und an anderen Orten (s. 98, o) lebten. Da die Kenntnis des Weinbaus Griechenland und die Gebiete um das Aigaiische Meer über Kreta — *oinos* = ‹Wein› ist ein kretisches Wort — erreichte, wurde Dionysos mit dem kretischen Zagreus verwechselt, der ebenfalls bei seiner Geburt in Stücke gerissen worden war (s. 30, a).

9. Agaue, Mutter des Pentheus, ist wieder die Mondgöttin. Sie stand den Bierorgien vor. Hippasos wird durch die drei Schwestern, Symbole der Nymphengestalt der Dreifaltigen Göttin, in Stücke gerissen. Hierzu findet sich eine Parallele in der walisischen Geschichte von Pwyll, Prinz von Dyfedd. Ähnlich wurde auch Poseidon als Fohlen von seinem Vater Kronos verzehrt — in einer früheren Fassung wahrscheinlich von seiner Mutter Rhea (s. 7, g). Die Sage läßt darauf schließen, daß die alten Riten, bei denen pferdeköpfige Mainaden das jährliche Knabenopfer — Sabazios, Bromios, oder wie immer es genannt wurde — in Stücke rissen und roh verschlangen, durch die zivilisierteren Feste des Dionysos ersetzt wurden. Der Wandel wird durch die Opferung eines Fohlens anstelle eines Knaben gekennzeichnet.

10. Der Granatapfelbaum, der dem Blute des Dionysos entsprang, war auch der Baum des Tammuz-Adonis-Rimmon. Seine reife Frucht springt wie eine Wunde auf und zeigt im Innern rote Kerne. In den Händen Heras oder Persephones symbolisiert sie Tod und die Hoffnung auf Wiederauferstehung (s. 24, 11).

11. Dionysos' Rettung der Semele, die in Thyone (‹die tobende Königin›) umbenannt wurde, ist attischen Bildern entnommen, die ein Zeremoniell zu Ehren der ‹Wilden Frau› darstellen: Die Priester sangen, pfiffen und tanzten, streuten Blumenblätter aus und beschworen Semele, aus einem *omphalos*, einem künstlichen Erdhügel, hervorzukommen und den ‹Geist des Frühlings›, den jungen Dionysos, mitzubringen (Pindar, Fragment 75, 3). In Delphi wurde eine ähnliche Auferstehungszeremonie, die allein von Frauen durchgeführt wurde, *Herois* oder ‹Fest der Heldin› genannt (Plutarch, ‹Griechische Fragen› 12; Aristophanes, ‹Frösche› 373-96, mit Scholien). Man kann annehmen, daß ein ebensolches Fest auch im Tempel der Artemis zu Troizen gefeiert wurde. Semele war nur ein anderer Name für Kore oder Persephone. Die Auferstehungsszene ist auf vielen griechischen Vasen dargestellt. Die Bilder zeigen, wie Satyrn der Heroin beim Hervorkommen helfen. Die Anwesenheit der Satyrn läßt darauf schließen, daß es sich um einen pelasgischen Ritus handelte. Was sie aus dem Boden hervorholten, war wahrscheinlich eine Getreidepuppe, die nach der Ernte eingegraben wurde und die man nun keimend vorfand. Natürlich stieg Kore nicht zum Himmel auf; sie wanderte mit Demeter weiter auf der Erde umher, bis die Zeit ihrer Rückkehr in die Unterwelt kam. Aber bald, nachdem Dionysos olympischen Rang erhalten hatte, wurde die Auferstehung seiner jungfräulichen Mutter zum Dogma erhoben. Da sie nun Göttin war, wurde sie von Kore unterschieden, deren Schicksal der jährliche, saisonbedingte Abstieg in den Tartaros blieb.

12. Der Weinstock war der zehnte Baum des heiligen Baumjahres. Sein Monat entspricht dem September, der Zeit der Weinlese. Efeu, der elfte Baum, entspricht dem Oktober, der Zeit der mainadischen Feste. Die Mainaden kauten Efeublätter, ein weitverbreitetes Rauschmittel. Griechischer Efeu hat, wie der Wein und die Platane, ein fünfgliedriges Blatt, das die schöpferische Hand der Erdgöttin Rhea (s. 53, a) darstellt. Die Myrte war der Baum des Todes (s. 109, 4).

28. ORPHEUS

a. Orpheus, Sohn des thrakischen Königs Oiagros und der Muse Kalliope, ist der berühmteste Poet und Musiker der griechischen Sage. Apollon schenkte ihm eine Leier, und die Musen lehrten ihn, darauf zu spielen. Sein Gesang zähmte nicht nur die wilden Tiere, sondern entzückte auch die Bäume und Felsen, die ihre Plätze verließen, um seiner Stimme zu folgen. In Zone in Thrakien stehen noch immer alte Bergeichen in der Stellung von Tänzern, so, wie er sie verließ [1].

b. Nach einem Aufenthalt in Ägypten schloß sich Orpheus den Argonauten an. Er segelte mit ihnen nach Kolchis und half ihnen mit seiner Musik, viele Schwierigkeiten zu überwinden. Bei seiner Rückkehr heiratete er Eurydike, die manche Agriope nennen, und ließ sich unter den wilden Kikonen Thrakiens nieder [2].

c. Eines Tages begegnete Eurydike in der Nähe von Tempe im Tale des Flusses Peneius dem Aristaios. Aristaios versuchte sie zu vergewaltigen. Sie floh und trat dabei auf eine Schlange, an deren Biß sie starb. Orpheus stieg kühn in den Tartaros hinab, um sie zurückzuholen. Er benutzte den Durchlaß, der in Aornon, in Thesprotis, offenstand. Bei seiner Ankunft im Totenreich rührte er nicht nur den Fährmann Charon, den Höllenhund Kerberos und die drei Totenrichter mit seiner Musik, sondern linderte auch für eine Weile die Qualen der Verdammten. Selbst der wilde Hades ließ sich erweichen und erlaubte Eurydike, in die Oberwelt zurückzukehren. Hades stellte nur eine Bedingung: Orpheus dürfe nicht zurückschauen, bis sie sicher im Lichte der Sonne wären. Eurydike folgte Orpheus durch den dunklen Gang, geführt von den Klängen seiner Leier. Als er das Sonnenlicht erreicht hatte, drehte er sich nach ihr um. Und verlor sie für immer [3].

d. Als Dionysos in Thrakien einfiel, lehnte Orpheus es ab, ihm Ehre zu erweisen. Statt dessen führte er andere, frommere Mysterien ein und predigte gegen das Übel der Menschenopfer. Die Männer von Thrakien hörten ihm voll Ehrfurcht zu. Jeden Morgen stellte er sich auf den Gipfel des Berges Pangaion, um die Sonne zu grüßen, und verkündete, daß Helios, den er Apollon nannte, der größte aller Götter sei. Voll Zorn darüber hetzte Dionysos die Mainaden auf ihn. Sie warteten, bis ihre Männer die Waffen abgelegt und Apollons Tempel betreten hatten, wo Orpheus als Priester diente. Dann ergriffen sie die Waffen, brachen in den Tempel ein, töteten ihre Männer und zerrissen Orpheus Glied um Glied. Sein Haupt warfen sie in den Fluß Hebros, aber es schwamm, immer noch singend, zum Meere und wurde zur Insel Lesbos getragen [4].

e. Weinend sammelten die Musen seine Glieder und begruben sie in Leibethra, am Fuße des Berges Olympos, wo seither die Nachtigallen süßer als sonstwo auf der Welt singen. Die Mainaden reinigten sich im Flusse Helikon von Orpheus' Blut. Der Flußgott tauchte auf eine Länge von vier Meilen unter und kam mit einem anderen Namen, Baphyra, zurück. So vermied er es, Mitschuldiger an dem Mord zu werden [5].

f. Es heißt, daß Orpheus die Zügellosigkeit der Mainaden verdammte und der Knabenliebe das Wort redete; daher war Aphrodite über ihn nicht weniger erzürnt als Dionysos. Dennoch konnten ihre Gefährten auf dem Olymp den Mord nicht gutheißen. Dionysos vermochte das Leben der Mainaden nur zu retten, indem er sie in Eichenbäume verwandelte. Die thrakischen Männer, die das Massaker überlebt hatten, beschlossen, zur Warnung ihre Frauen zu tätowieren. Diese Sitte besteht noch heute [6].

g. Das Haupt des Orpheus wurde in einer dem Dionysos geweihten Höhle zu Antissa aufgebahrt. Den Angriff einer eifersüchtigen lemnischen Schlange wehrte Apollon ab, indem er sie in einen Stein verwandelte. Auch in der Höhle prophezeite Orpheus' Mund Tag und Nacht, bis Apollon herausfand, daß seine Orakel in Delphi, Gryneion und Klaros vernachlässigt wurden. Er eilte zu der Höhle und rief: «Störe meine Kreise nicht; lange genug habe ich dich und dein Singen ertragen!» Darauf verstummte der Mund [7]. Auch Orpheus' Leier war nach Lesbos getrieben und in einem Tempel des Apollon aufbewahrt worden. Auf Fürsprache Apollons und der Musen setzte Zeus die Leier unter die Sternbilder [8].

h. Es gibt aber auch eine ganz andere Geschichte vom Tode des Orpheus. Danach wurde er von Zeus mit einem Blitz erschlagen, weil er göttliche Geheimnisse verraten haben soll. Tatsächlich hatte er in Thrakien die Mysterien des Apollon, in Aigina die der Hekate und in Sparta die der Demeter eingeführt [9].

1. Pindar, Pythische Oden IV, 176, mit Scholien; Aischylos, Agamemnon 1629-30; Euripides, Bakchai 561-4; Apollonios Rhodios I, 28-31.
2. Diodorus Siculus IV, 25; Hyginus, Fabel 164; Athenaios XIII, 7.
3. Hyginus a. a. O.; Diodorus Siculus a. a. O.; Pausanias IX, 30, 3; Euripides, Alkestis 357, mit Scholien.
4. Aristophanes, Frösche 1032; Ovid, Metamorphosen XI, 1-85; Konon, Erzählungen 45.

5. AISCHYLOS, Bassariden, zit. von ERATOSTHENES, Katasterismoi 24; PAUSANIAS IX, 30, 3-4.
6. OVID a. a. O.; KONON a. a. O.; PLUTARCH, Über die Langsamkeit der göttlichen Rache 12.
7. LUKIAN, Gegen die Ungebildeten II; PHILOSTRATOS, Heroika V, 704; ders., Das Leben des Apollonios von Tyana IV, 14.
8. LUKIAN a. a. O.; ERATOSTHENES, Katasterismoi 24; HYGINUS, Poetische Astronomie II, 7.
9. PAUSANIAS IX, 30, 3; II, 30, 2; III, 14, 5.

1. Das singende Haupt des Orpheus erinnert an das des enthaupteten Erlengottes Bran, das, nach dem ‹Mabinogion›*, auf einem Felsen zu Harlech in Nordwales lieblich singt. Der Name Orpheus könnte, wenn er sich von *ophruoeis* = ‹am Flußufer› ableitet, ein Name für Phoroneus (s. 57, 1) oder Kronos sein und sich auf die Erle, die ‹an den Ufern› des Peneios und anderer Flüsse wächst, beziehen. Der Name seines Vaters, Oiagros = ‹von der wilden Vogelbeere›, verweist gleichfalls darauf. Die Vogelbeere (französisch = *alisier*) und die Erle (spanisch = *aliso*) tragen den Namen der prähellenischen Flußgöttin Halys, auch Alys oder Elis, der Königin der elysischen Inseln. Dorthin kamen Phoroneus, Kronos und Orpheus nach ihrem Tode. Aornon ist das gleiche wie Avernus, eine italische Variante des keltischen Avalon (‹Insel der Apfelbäume› – s. 31, 2).

2. Nach DIODORUS SICULUS soll Orpheus das alte Alphabet benutzt haben, das aus dreizehn Konsonanten bestand. Die Sage, wonach er Bäume rührte und wilde Tiere entzückte, hängt anscheinend mit einer alphabetischen Reihe verschiedener Baum- und Tiersymbole zusammen (s. 52, 3; 132, 3 und 5). Als Heiliger König wurde er zur Zeit der Sommersonnenwende in einem Eichenhain vom Blitz erschlagen – d. h. mit einer Doppelaxt getötet. Dann wurden ihm von den Mainaden des Stierkults die Glieder ausgerissen, so wie Zagreus (s. 30, a) oder Aktaion von den Mainaden des Hirschkults zerfleischt worden war (s. 22, 1). Die Mainaden aber sind nichts anderes als die Musen. Im Griechenland des Klassischen Zeitalters beschränkte sich die Sitte des Tätowierens auf Thrakien. Auf einer Vasenmalerei, die den Mord an Orpheus darstellt, trägt eine der Mainaden die Tätowierung eines kleinen Hirsches auf ihrem Arm. Dieser Orpheus hatte keinen Konflikt mit dem Kult des Dionysos; er *war* Dionysos, und er spielte auf der einfachen Erlenflöte, nicht auf der raffinierteren Leier. So schreibt PROKLOS (‹Kommentar über Platons Politik›, S. 398), daß Orpheus, der die Hauptfigur in den dionysischen Riten war, dasselbe Schicksal erlitten habe wie der Gott. APOLLODOROS (I, 3, 2) schreibt ihm die Urheberschaft der Dionysischen Mysterien zu.

3. Die Anbetung der Sonne als All-Vater scheint den Frühhellenen im 14. Jahrhundert v. Chr. durch entflohene Priester des monotheistischen Echnaton bekannt und den einheimischen Kulten aufgepflanzt worden zu sein; daher wohl auch die Erwähnung von Orpheus' ägyptischer Reise. Berichte über den Sonnenkult finden sich bei SOPHOKLES (Fragmente 523 und 1017), wo die Sonne als ‹älteste Flamme, den thrakischen Pferdemenschen teuer› und als ‹Vater

* Vier walisische mythische Erzählungen, vermutlich aus dem 11. Jh. (Anm. d. Red.)

aller Götter und aller Dinge› bezeichnet wird. Es scheint, daß die konservativeren Thraker sich diesem Kult entgegenstellten und ihn in manchen Teilen des Landes blutig unterdrückten. Später jedoch nannten orphische Priester, in ägyptischer Kleidung, den Halbgott, zu dessen Ehren sie rohes Stierfleisch aßen, ‹Dionysos› und verwendeten den Namen Apollon nur für die unsterbliche Sonne. Sie unterschieden zwischen Dionysos, dem Gott der Sinne, und Apollon, dem Gott des Geistes. Daher wurde das Haupt des Orpheus im Heiligtum des Dionysos aufgehoben, die Leier aber im Tempel Apollons. Haupt und Leier sollen nach Lesbos gelangt sein. Lesbos war der Hauptsitz der lyrischen Musik. TERPANDROS *, der erste in der Geschichte bekannte Musiker, stammte aus Antissa. Der Angriff der Schlange auf das Haupt des Orpheus stellt entweder den Protest eines älteren Orakels oder den des Pythischen Apollon gegen die Eroberung Antissas durch Orpheus dar.

4. Eurydikes Tod durch einen Schlangenbiß und der mißlungene Versuch des Orpheus, sie in die Welt der Lebenden zurückzubringen, erscheinen erst in einem späteren Mythos. Vermutlich ist diese Sage irrtümlich von Bildern abgeleitet worden, die die Ankunft des Orpheus im Tartaros zeigen. Seine Musik bezauberte die Schlangengöttin Hekate oder Agriope = ‹grausames Antlitz›, so sehr, daß sie allen Geistern, die in die orphischen Mysterien eingeweiht waren, besondere Vorrechte gewährte. Vielleicht ist die Geschichte auch von anderen Bildern abgeleitet, die den Dionysos (dessen Priester Orpheus ja war) im Tartaros auf der Suche nach seiner Mutter Semele (s. 27, k) zeigen. An Schlangenbissen starben nur ihre Opfer, nicht Eurydike selbst (s. 33, 1).

5. Der Erlenmonat war der vierte des heiligen Baumjahres und ging dem Weidenmonat voraus. Dieser war mit dem Wasserzauber der Göttin Helike = ‹Weide› (s. 44, 1) verbunden. Den Weiden verdankt auch der Fluß Helikon, der sich um den Parnassos schlängelt und der den Musen geweiht ist, seinen Namen. Eine Tempelmalerei in Delphi zeigte Orpheus (PAUSANIAS X, 30, 3), wie er gegen eine Weide lehnt und ihre Äste berührt. Der griechische Erlenkult wurde früh unterdrückt, seine Spuren führen jedoch bis in die klassische Literatur: Erlen umgeben die Todesinsel der Zauberin Kirke (HOMER, *‹Odyssee›* V, 64 und 239), und laut VERGIL wurden die Schwestern Phaëtons in Erlen verwandelt (s. 42, 3).

6. Zerstückelt zu werden, war für jeden Heiligen König die bittere Konsequenz seines Amtes. Damit soll aber nicht etwa die Meinung vertreten werden, daß die Enthauptung des Orpheus nie mehr war als eine Metapher.

29. GANYMEDES

a. Ganymedes, Sohn des Königs Tros, der Troia seinen Namen gab, war der schönste aller Jünglinge. Er wurde daher von den Göttern erwählt, der Mundschenk des Zeus zu sein. Es wird berichtet, daß Zeus,

---

* Vgl. rde Bd. 61, GEORGIADES, Musik und Rhythmus bei den Griechen, S. 126 f (Anm. d. Red.)

der in lüsterner Begierde nach Ganymedes entbrannt war, sich in Adlerfedern kleidete und ihn von der troischen Ebene forttrug[1].

b. Auf Befehl des Zeus schenkte Hermes dem Tros als Trost für den Verlust des Ganymedes einen goldenen Weinstock – eine Arbeit des Hephaistos – und zwei wertvolle Pferde. Gleichzeitig versicherte er ihm, daß Ganymedes unsterblich geworden sei, verschont von den Leiden des hohen Alters, und daß er dem Vater des Himmels hellen Nektar aus einer goldenen Schale darböte[2].

c. Manche sagen, Eos habe als erste Ganymedes entführt, um seine Geliebte zu werden; Zeus soll ihn ihr genommen haben. Wie dem auch sei, Hera nahm diese Beleidigung übel, denn bis dahin war ihre Tochter Hebe Mundschenk der Götter gewesen. Zeus setzte das Bild des Ganymedes als das Sternbild des Aquarius, des Wasserträgers, unter die Sterne[3].

1. HOMER, Ilias XX, 231-5; APOLLODOROS II, 12, 2; VERGIL, Aeneis V, 252 ff; OVID, Metamorphosen X, 155 ff.
2. Scholiast über EURIPIDES' Orestes 1391; HOMER, Ilias V, 266; Homerischer Hymnos an Aphrodite 202-17; APOLLODOROS II, 5, 9; PAUSANIAS V, 24, 1.
3. Scholiast über APOLLONIOS RHODIOS III, 115; VERGIL, Aeneis I, 32, mit Scholien; HYGINUS, Fabel 224; VERGIL, Georgica III, 304.

1. EURIPIDES ‹Troerinnen›, 822, hält Laomedon für den Vater des Ganymedes. Die beiden Pferde waren nach seinem symbolischen Tod das rituelle Instrument seiner Wiedergeburt als König (s. 81, 4). Die Entführung des Ganymedes durch einen Adler wird durch eine kairetische schwarzfigurige Vase deutlich; der Adler, der sich auf dem Oberschenkel des neugekrönten Zeus-Königs niederläßt, symbolisiert die ihm übertragene göttliche Macht – sein *ka* oder anderes Ich –, so wie sich ein Sonnenfalke auf die Pharaonen bei ihrer Krönung niederließ. Der Hinweis auf die Jugend des Ganymedes läßt allerdings vermuten, daß er ein *interrex*, ein königlicher Ersatz war, der nur für einen Tag regierte – so wie Phaëton (s. 42, 2), Zagreus (s. 30, 1) und Chrysippos (s. 105, 2) und die anderen. Man könnte daher annehmen, daß der Adler des Zeus ihm nicht nur die Königswürde verliehen, sondern ihn auch auf den Olymp getragen habe.

2. Der königliche Aufstieg zum Himmel – auf einem Adlerrücken oder in Gestalt eines Adlers – ist ein weitverbreitetes religiöses Symbol. Die Seele des keltischen Heroen Lugh – Llew Llaw im ‹Mabinogion› – flog als Adler zum Himmel, als ihn sein Stellvertreter zur Zeit der Sommersonnenwende getötet hatte. Etana, der babylonische Heros, ritt nach seiner rituellen Heirat in Kisch auf dem Rücken eines Adlers zu den himmlischen Höfen der Ischtar; er stürzte aber ins Meer und ertrank. Etanas Tod war nicht, wie im Falle des Ikaros (s. 92, 3), das übliche Opfer am Jahresende; es war eher die Strafe für die schlechten Ernten, die seine Regierungszeit charakterisierten. Seine Geschichte ist in einem Bericht über den ständigen Kampf zwischen Adler und

Schlange eingewoben: das zu- und abnehmende Jahr; der König und sein Stellvertreter.

3. Der Mythos von Zeus und Ganymedes gewann in Griechenland und Rom große Popularität, denn er gab der leidenschaftlichen Liebe erwachsener Männer zu Knaben eine religiöse Berechtigung. Bis dahin wurde Sodomie * nur als eine extreme Form der Göttinnenanbetung geduldet. Kybeles männliche Anbeter versuchten, mit ihr in ekstatische Einheit zu gelangen, indem sie sich entmannten und als Frauen kleideten. So war auch eine sodomitische Priesterschaft in den Tempeln der Großen Göttin zu Tyros, Joppe, Hierapolis und in Jerusalem (*1. Könige XV, 12* und *2. Könige* XXIII, *7*) bis kurz vor der Zeit des Exils eine anerkannte Institution. Diese neue Leidenschaft, deren ‹Erfindung› APOLLODOROS dem Thamyris (s. 21, m) zuschreibt, betont aber doch den Sieg des Patriarchats über das Matriarchat. Die griechische Philosophie wurde zu einem intellektuellen Spiel, dem sich die Männer, da sie nun das neue Gebiet der homosexuellen Romantik entdeckt hatten, ohne die Hilfe der Frauen hingeben konnten. PLATON nützte den Mythos des Ganymedes weitgehend aus, um seine eigenen sentimentalen Gefühle für seine Schüler zu rechtfertigen (*‹Phaidros›* 79) **. An anderer Stelle jedoch (*‹Nomoi›* 636 c) *** verwirft er Sodomie als widernatürlich und nennt den Mythos von der Leidenschaft des Zeus ‹eine böswillige kretische Erfindung›. (Hierin wird er von STEPHANOS VON BYZANZ – unter: *Harpagia* – unterstützt: König Minos von Kreta entführte Ganymedes, um seiner Leidenschaft für ihn zu frönen, ‹da er das Gesetz von Zeus erhielt›). Mit der Ausbreitung der platonischen Philosophie degenerierte die bis dahin intellektuell dominierende griechische Frau, wo immer Zeus und Apollon die herrschenden Götter waren, zu einer unbezahlten Arbeiterin und Gebärerin von Kindern.

4. Ganymedes' Name bezieht sich eigentlich auf die freudige Erregung *seiner* erotischen Leidenschaft durch die Aussicht auf Heirat, nicht auf das Verlangen des Zeus, erneuert durch den Nektar aus der Hand seines Bettgenossen.

5. Das Sternbild Aquarius, das mit Ganymedes identifiziert wird, stellte ursprünglich den ägyptischen Gott dar, der über die Quellen des Nils herrschte und Wasser, nicht aber Wein, ausschenkte (PINDAR, Fragment 110). Die Griechen jedoch hatten wenig Interesse für den Nil.

6. Der Nektar des Zeus, den die späteren Mythographen als einen übernatürlich roten Wein beschrieben, war nichts als ein primitiver, brauner Met (s. 27, 2). Ambrosia, die köstliche Speise der Götter, scheint ein Brei aus Gerste, Öl und Früchten (s. 98, 7) gewesen zu sein. Mit ihr wurden die Könige verwöhnt, während sich ihre ärmeren Untertanen von Goldwurz, (s. 31, 2), Malven und Eicheln ernährten.

---

* Hier in der Bedeutung ‹Homosexualität› gebraucht. (Anm. d. Red.)

** Vgl. Rowohlts Klassiker Bd. 39, PLATON, Sämtliche Werke, 4, S. 35 f.

*** Vgl. Rowohlts Klassiker Bd. 54, PLATON, Sämtliche Werke 6, S. 20 f. (Anmerkung d. Red.)

30. ZAGREUS

a. Zeus zeugte seinen Sohn Zagreus heimlich mit Persephone, bevor sie von ihrem Oheim Hades in die Unterwelt geholt wurde. Er ließ die kretischen Kureten oder, wie manche behaupten, die Korybanten über die Wiege des Knaben in der Idaiischen Höhle wachen. Sie sprangen um ihn herum und schlugen ihre Waffen gegeneinander, so wie sie es bei Zeus in Dikte getan hatten. Aber die Titanen, die Feinde des Zeus, bemalten ihre Gesichter bis zur Unkenntlichkeit mit Gips und warteten, bis die Kureten eingeschlafen waren. Dann lockten sie um Mitternacht Zagreus mit kindischen Spielzeugen wie Tannenzapfen, einer Trompete, goldenen Äpfeln, einem Spiegel, einem Knöchel und einem Wollknäuel fort. Zagreus wehrte sich mutig, als sie ihn in mörderischer Absicht überfielen. Er verwandelte sich abwechselnd in verschiedene Gestalten, um sie zu täuschen: hintereinander wurde er Zeus in einem Ziegenfellmantel; Kronos, der den Regen macht; ein Löwe, ein Pferd, eine gehörnte Schlange, ein Tiger und ein Stier. Den Stier ergriffen die Titanen bei seinen Hörnern und Füßen, rissen ihn mit ihren Zähnen in Stücke und verschlangen sein rohes Fleisch.

b. Athene unterbrach das grauenhafte Mahl, kurz bevor es zu Ende ging. So konnte sie noch das Herz des Zagreus retten. Sie umgab es mit einem Leib aus Gips, hauchte ihm Leben ein und machte es unsterblich. Die Gebeine des Wiederbelebten wurden aufgelesen und in Delphi beigesetzt. Zeus erschlug die Titanen mit seinem Donnerkeil[1].

1. Diodorus Siculus V, 75, 4; Nonnos, Dionysiaka VI, 269 und XXVII, 228; Harpokration unter: *apomatton;* Tzetzes, Über Lykophron 355; Eustathios über Homers Ilias II, 735; Firmicus Maternus, Über die Irrtümer der profanen Religionen VI; Euripides, Die Kreter, Fragment 475.

1. Diese Sage bezieht sich auf die alljährliche Opferung eines Knaben, der im alten Kreta anstelle des Minos, des Stierkönigs, getötet wurde. Der Knabe regierte einen einzigen Tag, nahm an einem Tanz teil, der die fünf Jahreszeiten – Löwe, Ziege, Pferd, Schlange und Stierkalb – illustrierte, und wurde dann roh verzehrt. Die Spielzeuge, mit denen die Titanen Zagreus fortlockten, waren Gegenstände, die von den philosophischen Orphikern verwendet wurden. Sie übernahmen die Tradition dieses Opfers, aber anstelle eines Knaben verzehrten sie das rohe Fleisch eines Stierkalbes. Der ‹Stier-Brüller›, ein Lärminstrument, war ein durchlöcherter Stein oder ein Stück gebrannten Tones, das am Ende einer Schnur herumgeschwungen wurde und dadurch das Geräusch eines sich erhebenden Sturms verursachte; der Wollknäuel könnte dazu gedient haben, die Gesichter der Kureten mit nassem Gips zu bestreichen. Die Kureten waren Jünglinge, die ihr erstes Haar der Göttin Kar (s. 95, 5) weihten. Sie wurden auch Korybanten oder gekrönte Tänzer genannt. Das Spielzeug, mit dem Zagreus weggelockt wurde, diente dazu, das Wesen der

Zeremonie, durch die die Teilnehmer eins mit dem Gott wurden, zu erklären. Der Tannenzapfen war ein altes Emblem der Göttin, der zu Ehren die Titanen den Zagreus opferten (s. 20, 2); der Spiegel stellte das andere Ich oder den Geist der Teilnehmer an den Mysterien dar; die goldenen Äpfel waren sein Paß – nach seinem symbolischen Tod – zu den Elysischen Gefilden und die Knöchel seine hellseherischen Kräfte (s. 17, 3).

2. Ein kretischer Hymnos, der vor einigen Jahren in Paläiokastro, in der Nähe der Diktischen Höhle, entdeckt wurde, ist Kronos, dem einzigartigen Jüngling gewidmet, der tanzend an der Spitze seiner Daimonen die Fruchtbarkeit des Bodens, der Herden und der Fische verhieß. Jane E. Harrison vertritt in ihrem Buch ‹*Themis*› die Meinung, daß die schildtragenden Erzieher, die in dem Hymnos erwähnt werden – die ‹Dich, unsterbliches Kind, von Rheas Seite nahmen› –, das Knabenopfer und das schaurige Mahl nur symbolisch vornahmen. Immerhin liegt der symbolische Tod bei derartigen Zeremonien letztlich in der Tradition von tatsächlichen Menschenopfern. Die Änderung des Kalenders durch Zagreus unterscheidet ihn von den gewöhnlichen Mitgliedern einer totemistischen Bruderschaft.

3. Seine letzte Transformation in einen Tiger wird durch seine Identität mit Dionysos (s. 27, c) erklärt. Über den Tod und die Wiederauferstehung des Dionysos wird die gleiche Geschichte erzählt, nur wird gekochtes anstelle rohen Fleisches und Rheas Name anstelle von Athenes Namen erwähnt. Auch Dionysos war eine gehörnte Schlange. Bei seiner Geburt hatte er Hörner und schlangenähnliche Locken (s. 27, a); seine orphischen Anbeter nehmen ihn sakramental in Form von Stierfleisch zu sich. Zagreus ist ‹Zeus in einem Ziegenfell›, denn Zeus oder sein kindlicher Stellvertreter war in einen Mantel, der aus dem Fell der Ziege Amaltheia (s. 7, b) gemacht worden war, zum Himmel aufgestiegen. ‹Kronos macht Regen› bezieht sich auf den Gebrauch der ‹Stier-Brüller› bei der Regenbeschwörung. In diesem Zusammenhang waren die Titanen *Titanoi* (‹weiße Kreidemänner›): die Kureten in Verkleidung, damit der Geist ihres Opfers sie nicht erkennen konnte. In späterer Zeit, als Menschenopfer abgeschafft worden waren, wurde Zeus dargestellt, wie er seinen Donnerkeil auf die Kannibalen schleudert. Die *Titanes*, ‹Herren der Siebentagewoche›, wurden mit den *Titanoi*, den ‹weißen Kreidemännern›, auf Grund ihrer Feindschaft gegen Zeus verwechselt. Kein Orphiker, der vom Fleische seines Gottes gegessen hatte, berührte jemals wieder ein anderes Fleisch.

4. Zagreus-Dionysos war auch im südlichen Palästina bekannt.

31. DIE GÖTTER DER UNTERWELT

a. Wenn die Geister zum Tartaros hinabsteigen, dessen Haupteingang in einem Hain schwarzer Pappeln am Ufer des Stromes Okeanos liegt, erhalten sie von frommen Verwandten eine Münze. Diese wird ihnen unter die Zunge gelegt. So können sie Charon, den Geizigen, bezahlen, der sie dann in seinem Nachen über den Styx fährt. Dieser grausame Fluß begrenzt den Tartaros auf der westlichen Seite [1]. Seine Nebenflüsse sind Acheron, Phlegethon, Kokytos, Aornis und Lethe. Geldlose Geister müssen ewig an dem diesseitigen Ufer des Flusses warten, wenn es ihnen nicht gelingt, ihrem Führer Hermes zu entfliehen und sich durch einen Hintereingang einzuschleichen. Solcher Eingänge gab es im lakonischen Tainaros [2] oder im thesprotischen Aornon viele. Ein dreiköpfiger oder, wie manche sagen, ein fünfzigköpfiger Hund namens Kerberos bewacht das gegenüberliegende Ufer des Styx, bereit, jeden lebenden Eindringling oder fliehenden Geist zu verschlingen [3].

b. Die erste Region des Tartaros umfaßt die trostlosen Asphodelischen Felder. Die Seelen der Heroen wandeln hier zwecklos im Gedränge unbedeutender Toter umher. Diese schreien wie Fledermäuse, und nur Orion hat noch den Mut, geisterhaftes Wild zu jagen [4]. Sie alle würden lieber als Sklaven eines landlosen Bauern leben, als über den Tartaros herrschen. Ihre einzige Freude besteht in einem Schluck Blut, das sie gelegentlich von Lebenden erhaschen; wenn sie davon trinken, fühlen sie sich fast wieder wie Menschen. Jenseits dieser Wiesen liegen Erebos und der Palast des Hades und der Persephone. Zur Linken des Palastes beschattet eine weiße Zypresse den Lauf des Lethe. Dorthin ziehen die Geister der gewöhnlichen Toten, um zu trinken. Eingeweihte Seelen jedoch vermeiden dieses Wasser und ziehen es vor, vom Teiche der Erinnerung zu trinken, der von einer weißen Pappel (?) beschattet wird; dies verleiht ihnen einen gewissen Vorrang vor ihren Leidensgenossen [5]. Dicht daneben, auf einem Platz, wo drei Straßen zusammentreffen, sitzen Minos, Rhadamanthys und Aiakos über die neu angekommenen Geister zu Gericht. Rhadamanthys richtet über Asiaten, Aiakos über Europäer; beide überweisen die schwierigen Fälle an Minos. Ist das Urteil verkündet, werden die Geister zu einem der drei Wege geleitet. Waren sie im Leben böse, warten die Straffelder des Tartaros auf sie; die Tugendsamen werden in die Obstgärten Elysiums gebracht. Waren sie weder gut noch böse, harren ihrer die Asphodelischen Wiesen.

c. Elysium ist dem Hades benachbart und wird von Kronos regiert. Der Eingang liegt am Teich der Erinnerung. Es ist das glückliche Land ewigen Tages, ohne Kälte und Schnee, wo Spiele, Musik und Feste nie enden. Seinen Bewohnern steht es frei, wiedergeboren zu werden. Daran angrenzend liegen die Glücklichen Inseln, bestimmt für diejenigen, die dreimal geboren wurden und dreimal nach Elysium zurückkamen [6]. Doch sagen manche, es gäbe noch eine andere glückliche Insel, die Leuke genannt wird. Sie liege gegenüber der Mündung der Donau im Schwarzen Meer, sei bewaldet und voll von Tieren, wilden und zahmen. Hier feierten die Geister der Helena und des Achilleus ständig hohe Feste und deklamierten den Heroen, die an den besungenen Ereignissen teilgenommen haben, die Verse Homers [7].

d. Der wilde Hades wacht eifersüchtig über seine Rechte. Die oberen Regionen besucht er nur aus seltenen Anlässen, etwa wenn er plötzlich von Lust erfaßt wird. Eines Tages blendete er die Nymphe Minthe mit dem Glanz seines goldenen Wagens und seiner vier Pferde. Er würde sie ohne Schwierigkeiten verführt haben, wäre nicht Persephone, seine Gemahlin, zur rechten Zeit erschienen. Sie verwandelte Minthe in ein süß duftendes Kraut. Bei einer anderen Gelegenheit versuchte Hades, die Nymphe Leuke zu vergewaltigen. Persephone verwandelte das Mädchen in eine weiße Pappel, die am Ufer des Teiches der Erinnerung steht [8]. Freiwillig läßt Hades keinen seiner Untertanen entfliehen. Nur wenige, die den Tartaros sahen, kehren lebend zurück. Ihre Berichte machen Hades zum meistgehaßten aller Götter.

e. Hades weiß nie, was in der oberen Welt oder im Olymp vorgeht [9]. Nur lückenhafte Kunde erreicht ihn, wenn Sterbliche mit ihren Fäusten auf die Erde schlagen und sich mit Verwünschungen und Flüchen an ihn wenden. Sein kostbarster Besitz ist der Helm der Unsichtbarkeit. Er hatte ihn von den Kyklopen als Zeichen ihrer Dankbarkeit erhalten, als er sie, wenn auch auf Befehl des Zeus, freiließ. Alle Reichtümer an Edelsteinen und edlen Metallen, die in der Erde verborgen sind, gehören ihm. Oberhalb der Erde hat er keinen Besitz, mit Ausnahme einiger düsterer Tempel in Griechenland und möglicherweise einer Herde Vieh auf der Insel Erytheia. Man sagt jedoch, daß diese in Wirklichkeit Helios gehöre [10].

f. Königin Persephone kann, im Gegensatz zu ihrem Gemahl, gnadenreich und mitleidsvoll sein. Sie ist dem Hades treu, hat aber von ihm keine Kinder und zieht ihm die Gesellschaft Hekates, der Königin der Hexen, vor [11]. Selbst Zeus respektiert Hekate so sehr, daß er ihr niemals ihr altes Vorrecht streitig macht: Sie kann Sterblichen jede Gunst gewähren oder verweigern. Drei Körper sind ihr gegeben: der eines Löwen, eines Hundes und eines Pferdes [12].

g. Tisiphone, Alekto und Megaira, die Erinyen oder Furien, leben in Erebos. Sie sind älter als Zeus oder irgendeiner der anderen Olympier. Ihre Aufgabe ist es, Klagen, die die Sterblichen vorbringen, anzuhören: Klagen über die Rücksichtslosigkeit Junger gegen Betagte, der Kinder gegenüber den Eltern, des Gastgebers gegenüber seinen Gästen, des Dienstherrn oder des Stadtrats gegenüber Bittstellern, und solche Verbrechen zu bestrafen. Sie jagen die Schuldigen unbarmherzig von Stadt zu Stadt und von Land zu Land. Die Erinyen sind alte Weiber. Sie haben Schlangenhaare, Hundehäupter, kohlschwarze Körper, Fledermausflügel und blutunterlaufene Augen. In ihren Händen tragen sie messingumwickelte Geißeln; ihre Opfer sterben unter Qualen [13]. Es ist unklug, sie gesprächsweise beim Namen zu nennen. So werden sie für gewöhnlich die Eumeniden genannt, was ‹die Freundlichen› bedeutet, und Hades heißt auch Pluton, ‹der Reiche›.

1. Pausanias X, 28, 1.
2. Apollodoros II, 5, 2; Strabon VIII, 5, 1.
3. Homer, Ilias VIII, 368; Hesiod, Theogonie 311; Apollodoros a. a. O.; Euripides, Herakles 24.
4. Homer, Odyssee XI, 539; XI, 572-5; XI, 487-91.
5. Petelia, Orphische Tafeln.
6. Platon, Gorgias 168; Pindar, Olympische Oden II, 68-80; Hesiod, Werke und Tage 167 ff.
7. Pausanias III, 19, 11; Philostratos, Hēroika X, 32-40.
8. Strabon VIII, 3, 14; Servius über Vergils Ecloga VII, 61.
9. Homer, Ilias IX, 158-9; XX, 61.
10. Homer, Ilias IX, 567 ff; Apollodoros II, 5, 10; Scholiast über Pindars Isthmische Oden VI, 32.
11. Apollonios Rhodios III, 529; Ovid, Metamorphosen XIV, 405; Scholiast über Theokrits Idylle II, 12.
12. Hesiod, Theogonie 411-52.
13. Apollodoros I, 1, 4; Homer, Ilias IX, 454-7; XV, 204; XIX, 259; Odyssee II, 135 und XVII, 475; Aischylos, Eumeniden 835 und Kannenträgerinnen 290 und 924; Euripides, Orestes 317 ff; Orphischer Hymnos LXVIII, 5.

1. Die Mythographen machten den kühnen Versuch, die widersprechenden Ansichten über das Jenseits, die die frühen Bewohner Griechenlands hatten, in Einklang zu bringen. Eine dieser Ansichten besagte, daß die Geister der Toten in ihren Gräbern, in unterirdischen Höhlen oder in Erdspalten lebten. Sie konnten die Gestalt von Schlangen, Mäusen oder Fledermäusen annehmen, aber niemals als menschliche Wesen wiedergeboren werden. Eine andere Ansicht ließ die Seelen der Heiligen Könige auf den Grabesinseln, wo ihre Körper bestattet worden waren, sichtbar umherwandeln. Eine dritte meinte, daß die Geister wieder Menschen werden konnten, indem sie in Bohnen, Nüsse oder Fische schlüpften und als solche von ihren zukünftigen Müttern gegessen wurden. Nach einer vierten Ansicht wanderten die Seelen in den fernen Norden, wo niemals die Sonne scheint; wenn überhaupt, so konnten sie nur als befruchtender Wind zurückkehren. Eine fünfte vermutete die Verstorbenen im fernen Westen, wo die Sonne im Ozean untergeht und wo eine Geisterwelt, die der unseren ähnlich ist, besteht. Nach einer sechsten Version rechnete man mit Strafen, die dem Lebenslauf angemessen waren. Dieser Ansicht fügten schließlich die Orphiker die Theorie der Metempsychosis, der Seelenwanderung, hinzu. Dieser Vorgang konnte bis zu einem gewissen Grade durch den Gebrauch magischer Formeln beeinflußt werden.

2. Persephone und Hekate verkörperten die prähellenische Hoffnung auf eine Wiedergeburt; der hellenische Hades jedoch war die Personifizierung der Endgültigkeit des Todes. Trotz seiner blutigen Vorgeschichte lebte Kronos vergnügt weiter in Elysium; es war dies stets ein Privileg des Heiligen Königs gewesen. Auch Menelaos (‹*Odyssee*› IV, 561) erfreute sich des gleichen Vorrechts, nicht weil er besonders tugendhaft oder tapfer war, sondern weil er Helena, die Priesterin der spartanischen Mondgöttin (s. 159, 1), geheiratet hatte. Das homerische Beiwort ‹*asphodelos*› kommt nur im Zusammenhang

mit *leimönes* (‹Wiesen›) vor und bedeutet wahrscheinlich ‹in dem Tale, das nicht zu Asche werden kann› (von: *a* = nicht, *sphodos* = Asche und *elos* = Tal). Hier lebte der Geist der Heroen fort, nachdem ihre Körper zu Asche verbrannt waren. Asphodeloswurzeln und Samen (wie sie den Geistern angeboten wurden) waren die Grundnahrung der Griechen vor der Einführung des Getreides; Asphodelien wuchsen selbst auf wasserarmen Inseln reichlich. Elysium bedeutet ‹Apfel-Land›, nach der indoeuropäischen Wurzel *abol* = ‹Apfel›.

3. Kerberos war das griechische Äquivalent des Anubis, des hundeköpfigen Sohnes der libyschen Todesgöttin Nephthys, der die Seelen der Toten in die Unterwelt geleitete. In den frühen europäischen Sagen, die teilweise libyschen Ursprungs sind, wurden die Seelen der Verdammten von einer heulenden Hundemeute — den Hunden von Annwm, Herne, Artus oder Gabriel — in die nördliche Hölle gejagt. Anfangs war Kerberos fünfzigköpfig wie die Meute, die den Aktaion zerriß (s. 22, i), später aber dreiköpfig wie seine Herrin Hekate (s. 134, 1).

4. Styx (‹gehaßt›) war ein kleiner Fluß in Arkadien. Sein Wasser galt als tödliches Gift. Spätere Mythographen verlegten ihn in den Tartaros. Acheron (‹Strom des Leides›) und Kokytos (‹das Klagen›) sind phantasievolle Namen, die das Leid des Todes beschreiben sollen. Aornis bedeutet ‹ohne Vögel›, Lethe ‹Vergessen› und Erebos ‹zugedeckt›. Phlegethon (‹das Brennen›) bezieht sich auf die Sitte der Leichenverbrennung, vielleicht aber auch auf die Vorstellung, daß Sünder in einem Strom von Lava verbrannt wurden. Tartaros könnte eine Verdoppelung des prähellenischen Wortes *tar* sein. Es erscheint häufig in den Namen der im Westen gelegenen Orte; seine Bedeutung als Höllenort erhielt es erst später.

5. Schwarze Pappeln waren der Todesgöttin geweiht (s. 51, 7 und 170, l); weiße Pappeln oder Espen waren entweder der Persephone, als Göttin der Wiedergeburt, oder dem Herakles heilig. Letzterem, weil er die Hölle bestürmte (s. 134, f). Goldene Kränze von Espenlaub wurden in mesopotamischen Grabstätten des 4. Jahrtausends v. Chr. gefunden. Auf den orphischen Tafeln ist der Baum am Ufer des Sees der Erinnerung nicht benannt. Es ist wahrscheinlich eine weiße Pappel, in die auch Leuke verwandelt wurde. Möglicherweise war es auch ein Nußbaum, der als Symbol der Weisheit galt (s. 86, 1). Das Holz der weißen Zypresse wurde als fäulnisverhindernd angesehen und zu Haushaltstruhen und Särgen verarbeitet.

6. Hades hatte einen Tempel am Fuße des Berges Menthe in Elis. Sein Vergewaltigen der Minthe (‹Pfefferminz›) ist wahrscheinlich vom Gebrauch des Pfefferminz — zusammen mit Rosmarin und Myrte — bei Begräbnisriten (um üble Gerüche zu überdecken) abgeleitet worden. Demeters Gerstenwassertrunk wurde zu Eleusis mit Pfefferminz gewürzt (s. 24, e). Obwohl die Sonnenrinder Erytheias = ‹rotes Land› — weil dort die Sonne ihren nächtlichen Tod fand — dem Hades zugesprochen wurden, wird er in diesem Zusammenhang gewöhnlich Kronos oder Geryon genannt (s. 132, 4).

7. Bei Hesiod erscheint Hekate als die ursprüngliche Dreifaltige Göttin, die im Himmel, auf Erden und im Tartaros herrschte. Die Hellenen betonten jedoch ihre zerstörende Macht und vergaßen darüber ihre schöpferische Kraft. Schließlich wurde sie nur noch in verbotenen Riten der schwarzen Magie, besonders auf Plätzen, an denen sich drei Straßen trafen, angerufen. Daß Zeus ihr nicht die Gabe nahm, Wünsche der Sterblichen zu erfüllen, ist ein Tribut an die thessalischen Hexen, die jeder fürchtete. Hekates Löwen-, Hund- und Pferdehäupter beziehen sich offensichtlich, wie auch die drei Köpfe des Kerberos, auf das alte dreigeteilte Jahr.

8. Die Gefährtinnen Hekates, die Erinyen, waren personifizierte Gewissensbisse, die einen Sünder nach der Verletzung eines Tabus befielen – anfangs nur des Tabus der Beleidigung, der Gehorsamsverweigerung und der Tätlichkeit gegenüber einer Mutter (s. 105, k und 114, 1). Hilfesuchende und Gäste standen unter dem Schutz Hestias, der Göttin des Herdes (s. 20, c). Hartherzigkeit und Bruch der Gastfreundschaft waren Beleidigungen der Göttin.

9. Leuke, die größte der sehr kleinen Inseln des Schwarzen Meeres, ist heute eine baumlose, rumänische Strafkolonie (s. 164, 3).

32. TYCHE UND NEMESIS

a. Tyche ist eine Tochter des Zeus. Er verlieh ihr die Macht, über das Schicksal der Sterblichen zu entscheiden. Manche beschenkt sie reich mit Gaben aus ihrem Füllhorn; anderen raubt sie alles, was sie besitzen. Tyche ist in ihrem Tun völlig unberechenbar. Ihr Spielzeug ist ein Ball, der die Zufälligkeit des Glücks darstellt. Aber sollte ein Sterblicher, dem sie ihre Gunst erwiesen hatte, sich seiner Reichtümer brüsten und nicht den Göttern einen Teil davon opfern oder damit die Armut seiner Mitbürger lindern, dann greift die alte Göttin Nemesis ein und erniedrigt ihn[1]. Die Heimat der Nemesis ist das attische Rhamnos. Sie hält in der einen Hand einen Apfelzweig und in der anderen ein Rad. Auf dem Kopf trägt sie eine silberne, mit Hirschen verzierte Krone. An ihrem Gürtel hängt eine Geißel. Sie ist eine Tochter des Okeanos und steht Aphrodite an Schönheit nur wenig nach.

b. Es heißt, daß Zeus sich einst in Nemesis verliebte und ihr über Land und Meer nachstellte. Obwohl sie unaufhörlich ihre Erscheinung änderte, überlistete er sie zu guter Letzt in Gestalt eines Schwanes. Dem Ei, das sie gebar, entschlüpfte Helena, die Ursache des Trojanischen Krieges wurde[2].

1. Pindar, Olympische Oden XII, 1-2; Herodot I, 34 und III, 40; Apollonios Rhodios, IV, 1042-3; Sophokles, Philoktetes 518.
2. Pausanias I, 33, 3; Homers Kypria, zit. v. Athenaios S. 334 b; Apollodoros III, 10, 7.

1. Tyche (‹Glück›) war wie Dike und Aidos (Personifikationen der Naturgesetze oder der Gerechtigkeit und der Scham) eine künstliche Gottheit, die die frühen Philosophen erfunden hatten. Hingegen war Nemesis (‹richtige Durchführung›) die Nymphengöttin des Todes-im-Leben (s. 18, 3), die nun als moralische Kontrolle über Tyche definiert wurde. Der Name ihres lateinischen Äquivalents, Fortuna (von *vortumna* = ‹die, die das Jahr umdreht›), weist auf das Rad der Nemesis, das ursprünglich das Sonnenjahr war. Wenn sich das Rad um einen halben Kreis gedreht hatte, mußte der Heilige König, auf dem Gipfel seines Glücks, sterben — die Hirsche des Aktaion auf ihrer Krone (s. 22, 1) verkünden dies. Wenn es aber eine volle Drehung durchlaufen hatte, rächte er sich an seinem Rivalen, der ihn verdrängt hatte. Die Geißel wurde bei religiösen Riten zur Befruchtung der Bäume und Herden verwendet. Der Apfelzweig galt als des Königs Paß zu den Gefilden Elysiums (s. 53, 5; 80, 4 und 133, 4).

2. Die von Zeus verfolgte Nemesis (s. 62, b) wurde ursprünglich mit dem philosophischen Begriff der göttlichen Rache an überheblichen Sterblichen identifiziert; sie war die Große Göttin, die in ihrer Nymphengestalt auch Leda hieß. In prähellenischen Sagen wurde der Heilige König von der Göttin gejagt. Da er sich gemäß den Jahreszeiten ständig verwandelte (s. 30, 1), begegnete sie jeder seiner Verwandlungen mit einer Verwandlung ihrerseits. Zur Zeit der Sommersonnenwende verschlingt sie ihn. Im hellenischen Mythos sind die Rollen vertauscht: Die Göttin flieht und ändert ihre Gestalt. Aber der König verfolgt und überwältigt sie schließlich, wie Zeus die Metis (s. 9, d) oder Peleus die Thetis (s. 81, k) bezwungen hatte. Die rituell bedingten — da an die Jahreszeiten gebundenen — Transfigurationen wurden durch die Stellung der Speichen des Rades der Nemesis bestimmt. In Homers *‹Kypria›* werden jedoch nur ein Fisch und ‹verschiedene Tiere› erwähnt (s. 89, 2). ‹Leda› ist eine andere Form von Leto oder Latona, die von Python, nicht von Zeus, gejagt wurde (s. 14, a). Schwäne waren wegen ihrer weißen Federn der Göttin geweiht (Euripides, ‹Iphigenie auf Tauris› 1095 ff). Auch galt die V-Form ihres Zuges als ein weibliches Symbol. Zur Zeit der Sommersonnenwende zogen sie in den Norden zu unbekannten Brutplätzen und nahmen vermutlich die Seele des toten Königs mit sich (s. 33, 5 und 142, 2).

3. Die philosophische Nemesis wurde in Rhamnos angebetet. Nach Pausanias (I, 33, 2-3) wurde der persische Oberbefehlshaber, der dort zur Erinnerung an seine Eroberung Attikas ein Triumphmal aus weißem Marmor zu errichten beabsichtigte, durch die Nachricht von der verlorenen Seeschlacht bei Salamis gezwungen, sich zurückzuziehen. Aus dem zurückgelassenen Marmor errichteten die Attiker der einheimischen Nymphengöttin Nemesis eine Statue. Das spricht eher dafür, daß Nemesis ‹göttliche Rache› und nicht ‹richtige Durchführung›, d. h. des jährlichen Todesdramas, personifiziert. Für Homer allerdings stellt *nemesis* nur die menschliche Anschauung dar, daß Rechnungen zur rechten Zeit beglichen und Aufgaben durchgeführt werden sollen. Aber Nemesis, die Nymphengöttin, führte den Beinamen Adrasteia (‹die Unentrinnbare› — Strabon XIII, 1, 13). Dies war auch der Name der Amme des Zeus, einer Eschennymphe (s. 7, b). Da die Eschennymphen und die Erinyen Schwestern waren, dem Blute des Uranos entstammend, so könnte dies der Grund dafür sein, daß Nemesis die Idee der Rache zu verkörpern begann. Die Esche war eine der an die Jahreszeiten gebundenen Verwandlungen der Göttin. Sie war für ihre Hirtenanbeter von Bedeutung, da sie mit dem Gewitter und mit dem dritten Monat des Heiligen Jahres, in dem die Lämmer geboren wurden, in Verbindung stand (s. 52, 3).

4. Nemesis wird eine Tochter des Okeanos genannt. Als Nymphengöttin mit dem Apfelzweig war sie auch die dem Meer entstiegene Aphrodite, eine Schwester der Erinyen (s. 18, 4).

33. DIE KINDER DES MEERES

a. Die fünfzig Nereiden sind die sanften und segenspendenden Begleiterinnen der Meeresgöttin Thetis. Diese Meermädchen sind die Töchter der Nymphe Doris und des Nereus, eines prophetischen alten Mannes, der im Meere wohnt und seine Gestalt verändern kann [1].

b. Die Phorkiden sind Kinder der Keto und des Phorkys, eines anderen weisen alten Mannes des Meeres. Es sind Ladon, Echidne und die drei Gorgonen, die in Libyen wohnen. Dazu kommen die drei Graien und, wie manche sagen, die drei Hesperiden. Die Gorgonen hießen Stheino, Euryale und Medusa. Ursprünglich waren sie alle von schöner Gestalt. Eines Nachts aber überraschte Athene Medusa, wie sie mit Poseidon in einem ihrer Tempel buhlte. Erzürnt verwandelte sie Medusa in ein geflügeltes Ungeheuer mit glühenden Augen, mit riesigen Zähnen, heraushängender Zunge, bronzenen Klauen und Schlangenlocken. Der Anblick ihres Antlitzes ließ die Menschen versteinern. Als Perseus Medusa enthauptete, entsprangen ihrem toten Leib Chrysaor und Pegasos, die Kinder des Poseidon. Athene befestigte das Haupt an ihrer Aigis. Andere meinen, daß die Aigis die Haut der Medusa gewesen sei, die Athene ihr lebendigen Leibes abgezogen hatte [2].

c. Die Graien haben schöne Gesichter und sind Schwänen gleich. Von Geburt an haben sie graues Haar und gemeinsam nur ein einziges Auge und einen einzigen Zahn. Ihre Namen sind Enyo, Pemphredo und Deino [3].

d. Die drei Hesperiden heißen Hespere, Aiglis und Erytheis. Sie leben weit im Westen in einem Obstgarten, den Mutter Erde der Hera schenkte. Einige nennen sie die Töchter der Nacht, andere die Töchter des Atlas und der Hesperis, einer Tochter des Hesperos. Süß ist ihr Gesang [4].

e. Die eine Hälfte des Körpers der Echidne war eine liebliche Frau, die andere eine fleckige Schlange. Sie lebte einst unter den Arimi in einer tiefen Höhle, ernährte sich von Menschenfleisch und gebar ihrem Manne Typhon eine Schar furchterregender Ungeheuer. Der hundertäugige Argos tötete sie, während sie schlief [5].

f. Ladon war zur Gänze eine Schlange, wenngleich mit der Gabe menschlicher Sprache bedacht. Er bewachte die goldenen Äpfel der Hesperiden, bis Herakles ihn mit seinem Pfeil tötete [6].

g. Nereus, Phorkys, Thaumas, Eurybia und Keto waren die Kinder, die Mutter Erde dem Pontos gebar. Deshalb behaupten die Phorkiden und Nereiden, Verwandte der Harpyien zu sein. Diese sind die hellhaarigen und schnellflügeligen Töchter des Thaumas und der Meeresnymphe Elektra. Sie fangen Verbrecher, händigen sie den Erinyen zur Bestrafung aus und leben ansonsten in einer Höhle auf Kreta[7].

1. Homer, Ilias XVIII, 36 ff; Apollodoros I, 2, 7.
2. Hesiod, Theogonie 270 ff und 333 ff; Apollodoros II, 4, 3; Ovid, Metamorphosen IV, 792-802; Scholiast über Apollonios Rhodios IV, 1399; Euripides, Ion 989 ff.
3. Hesiod, Theogonie 270-4; Apollodoros II, 4, 2.
4. Hesiod, Theogonie 215 und 518; Diodorus Siculus IV, 27, 2; Euripides, Herakles 394.
5. Homer, Ilias II, 783; Hesiod, Theogonie 295 ff; Apollodoros II, 1, 2.
6. Hesiod, Theogonie 333-5; Apollonios Rhodios IV, 1397; Apollodoros II, 5, 11.
7. Apollodoros I, 2, 6; Hesiod, Theogonie 265-9; Homer, Odyssee XX, 77-8; Apollonios Rhodios II, 298-9.

1. Der Name Eurynome (‹weite Herrschaft› oder ‹weites Wandern›) bezeichnet die Mondgöttin als Herrscherin des Himmels und der Erde; als Eurybia (‹weite Stärke›) beherrschte sie das Meer; als Eurydike (‹weite Gerechtigkeit›) war sie die schlangenumgebene Herrscherin der Unterwelt, der männliche Menschenopfer dargebracht wurden. Die Opfer sind vermutlich durch Schlangengift getötet worden (s. 28, 4; 154, b und 168, e). Echidnes Tod durch die Hand des Argos bezieht sich wahrscheinlich auf die Unterdrückung des Schlangenkultes zu Argos. Ihr Bruder Ladon ist die Orakelschlange, die sich um einen Apfelbaum (s. 133, *4*) windet, das Schreckbild aller Paradiese.

2. Außer dem Namen Eurybia führte die Mondgöttin in ihrer Eigenschaft als Herrscherin der Meere noch zahlreiche andere Namen. So hieß sie auch Thetis (‹Verfügerin›) oder, mit dessen Variante, Tethys; ferner Keto, als das Meeresungeheuer, das dem hebräischen Rahab oder dem babylonischen Tiamat entspricht (s. 73, *7*); Nereis als die Göttin des nassen Elementes; Elektra als die Spenderin des von den Alten hochgeschätzten Bernstein (s. 148, *11*); Thaumas und Doris als Existenzen voller Wunder und voller Reichtum. Nereus – auch Proteus = ‹erster Mensch› genannt – war der prophetische ‹alte Mann des Meeres›, der seinen Namen von Nereis, nicht umgekehrt, erhielt. Er scheint ein orakelsprechender Heiliger König gewesen zu sein, der auf einer Küsteninsel begraben wurde (s. 133, d). Auf einer frühen Vasenmalerei ist er mit einem Fischschwanz abgebildet. Aus seinem Körper kommen ein Löwe, ein Hirsch und eine Schlange hervor. In ähnlicher Weise wechselt auch Proteus in der *‹Odyssee›* seine Gestalt, um die Jahreszeiten, durch die der Heilige König von der Geburt bis zum Tode ging, zu kennzeichnen (s. 30, *1*).

3. Die fünzig Nereiden scheinen eine Gemeinschaft von Mondpriesterinnen gewesen zu sein, deren magische Riten reichen Fischfang versprachen. Die Gorgonen, maskentragende Stellvertreterinnen der Dreifaltigen Göttin, hatten glühende Augen und eine zwischen gebleckten Zähnen hervorhängende Zunge. Sie sollten Fremde von der unbefugten Teilnahme an den Mysterien abschrecken (s. 73, *9*). Die Söhne Homers kannten nur eine einzige Gorgo, einen

Schatten im Tartaros (‹*Odyssee*› XI, 633-5). Ihr Haupt war dem Odysseus ein Schrecken (‹*Odyssee*› XI, 634). Athene trug es wohl auf ihrer Aigis, um die Menschen davor zu warnen, die verborgenen göttlichen Mysterien erforschen zu wollen. Griechische Bäcker pflegten Gorgonenmasken auf ihre Öfen zu malen, um Neugierige davon abzuhalten, Türen zu öffnen, hineinzugucken und so durch einen kalten Luftzug das Brot verderben zu lassen. Die Namen der Gorgonen – Stheino (‹stark›), Euryale (‹weites Umherschweifen›) und Medusa (‹die Hinterhältige›) – sind Namen der Mondgöttin. Die Orphiker nannten das Antlitz des Mondes ‹das Gorgonenhaupt›.

4. Poseidons Liebschaft mit Medusa, der Pegasos entstammt, erinnert an seine Affäre mit Demeter, die ihm, in eine Mähre verwandelt, das Pferd Arion gebar (s. 16, f). Beide Mythen sind ein Hinweis darauf, daß die hellenischen Anbeter des Poseidon die Mondpriesterinnen ohne Furcht vor deren Gorgonenmasken gewaltsam heirateten; und daß sie von ihnen die Regenriten des heiligen Pferdekults übernahmen. Eine Maske der Demeter wurde jedoch auch später noch in einer Steintruhe in Pheneus aufbewahrt. Der Priester der Demeter legte sie an, wenn er die höllischen Geister mit Ruten vertrieb (PAUSANIAS VIII, 15, 1).

5. Chrysaor war das Neumondzeichen der Demeter. Ihre königlichen Gemahle trugen als Insignien ihrer Stellvertreterwürde die goldene Sichel oder das gekrümmte Schwert. Athene ist – in diesem Mythos – eine Komplizin des Zeus. Sie wird aus seinem Haupte wiedergeboren und ist eine Verräterin an der alten Religion (s. 9, 1). Die drei Harpyien, die HOMER als eine Personifizierung der Sturmwinde ansah (‹*Odyssee*› XX, 66-78), waren die ursprüngliche Athene als Dreifaltige Göttin. In dieser Rolle war sie die plötzliche Zerstörerin. Das gleiche gilt für die Graien, die drei Grauen, wie ihre Namen Enyo (‹kriegerisch›), Pemphredo (‹Wespe›) und Deino (‹schrecklich›) zeigen. Ihr gemeinsames Auge und der einzelne Zahn beruhen auf der falschen Deutung eines heiligen Bildes (s. 73, 9). Der Schwan ist der Todesvogel in der europäischen Mythologie (s. 32, 2).

6. Phorkys ist die männliche Form von Phorkis, der Großen Göttin in ihrer Saugestalt (s. 74, 4 und 96, 2). Sie ernährte sich von Leichen. Dieselbe Abwandlung durch einfache Lautverschiebung findet sich im Lateinischen als *Orcus*, ein Name des Hades, und als *porcus*, das Schwein. Die Gorgonen und die Grauen wurden Phorkiden genannt, denn es bedeutete den Tod, die Mysterien der Göttin zu profanieren. Die prophetische Weisheit des Phorkys muß sich jedoch auf ein Schweine-Orakel beziehen (s. 24, 7).

7. Die Hesperiden werden bald als Kinder der Keto und des Phorkys, bald als Kinder der Nacht oder des Titanen Atlas, der den Himmel im fernen Westen trägt (s. 39, 1 und 133, e), beschrieben. Ihre Namen beziehen sich auf den Sonnenuntergang, der den Himmel grün, gelb und rot, wie einen Apfelbaum mit seinen Früchten, färbt. Die Sonne, die vom Horizont in einen tiefroten Halbapfel geschnitten wird, findet ihren dramatischen Tod in den westlichen Wellen. Wenn die Sonne verschwunden ist, erscheint Hesperos. Dieser Stern war der Liebesgöttin Aphrodite geweiht. Der Apfel war die Gabe, mit der die Priesterin den König, den Stellvertreter der Sonne, begleitet von Liebesgesängen, in den Tod lockte. Wird ein Apfel der Breite nach durchschnitten, so erscheint das Kerngehäuse als ein fünfzackiger Stern.

34. DIE KINDER DER ECHIDNE

a. Echidne gebar Typhon eine schreckliche Brut: nämlich Kerberos, den dreiköpfigen Höllenhund, Hydra, eine vielköpfige Wasserschlange, die zu Lerna lebt, Chimaira, eine feuerspeiende Ziege mit dem Haupt eines Löwen und dem Schwanz einer Schlange, und Orthros, den zweiköpfigen Hund des Geryon. Orthros schlief mit seiner eigenen Mutter und zeugte mit ihr die Sphinx und den Nemeischen Löwen[1].

1. Hesiod, Theogonie 306 ff.

1. Kerberos (s. 31, a und 134, e) wurde von den Dorern mit dem hundeköpfigen ägyptischen Gott Anubis, der die Seelen in die Unterwelt geleitete, in Verbindung gebracht. Er scheint ursprünglich die Todesgöttin Hekate oder Hekabe (s. 168, 1) gewesen zu sein. Diese wurde als eine Hündin abgebildet, denn Hunde essen Fleisch von Leichen und bellen den Mond an.

2. Anscheinend war die Chimaira ein Kalendersymbol des dreigeteilten Jahres (s. 75, 2), dessen Embleme Löwe, Ziege und Schlange waren.

3. Orthros (s. 132, d), der mit Echidne die Chimaira, die Sphinx (s. 105, e), die Hydra (s. 60, h und 124, c) und den Nemeischen Löwen (s. 123, b) zeugte war Sirius, der Hundsstern, der das Neujahr Athens verkündete. Wie Ianus hatte auch er zwei Köpfe, denn das reformierte Jahr Athens hatte zwei, nicht drei Jahreszeiten. Orthros' Sohn, der Löwe, war das Wahrzeichen der ersten, seine Tochter, die Schlange, das der zweiten Hälfte des Jahres. Als das Ziegenemblem verschwand, machte die Chimaira der Sphinx mit geflügeltem Löwenkörper und Schlangenschwanz Platz. Das reformierte Neujahr begann, wenn die Sonne im Zeichen des Löwen stand und die Hundstage begonnen hatten. Daher schaute Orthros in zwei Richtungen: vorwärts zu dem neuen Jahr, rückwärts zu dem alten – wie die Kalendergöttin Kardea, die die Römer aus diesem Grunde Postvorta und Antevorta nannten.

35. DER AUFSTAND DER GIGANTEN

a. Weil Zeus ihre Brüder, die Titanen, in den Tartaros verbannt hatte, waren die Giganten, langhaarige, bärtige und mit Schlangenschwänzen versehene Ungeheuer, von Zorn gegen ihn erfüllt. Mutter Erde hatte sie zu Phlegra in Attika geboren – es waren ihrer vierundzwanzig an der Zahl[1].

b. Sie planten einen Angriff auf den Himmel. Ohne vorherige Warnung schleuderten sie von ihren Bergspitzen Felsen und Feuerbrände in die Höhe, so daß die Olympier in Not gerieten. Finster prophezeite Hera, daß die Giganten niemals von einem Gott, sondern nur von einem löwenhäutigen Sterblichen getötet werden könnten. Selbst dieser wäre machtlos, wenn er nicht eher als der Feind ein gewisses Kraut der Unverletzbarkeit fände, das an einem geheimen Platz auf der Erde wachse. Da beriet sich Zeus mit Athene und sandte sie zu Herakles, dem löwenhäutigen Sterblichen, auf den sich Heras Prophezeiung beziehen konnte. Sie sollte ihm kundtun, wie die Lage sei. Eos, Selene und Helios verbot er zu scheinen, solange noch Gefahr bestünde. Beim schwachen Licht der Sterne suchte Herakles seinen Weg in die Gegend, die ihm Athene gewiesen hatte, fand das Kraut und brachte es sicher zum Himmel.

c. Nun konnten die Olympier sich mit den Giganten im Kampfe messen. Herakles schoß seinen ersten Pfeil gegen Alkyoneus, den Führer der Feinde ab. Dieser stürzte zu Boden, sprang aber sofort wieder lebend auf, weil dies sein Geburtsort Phlegra war. «Schnell, edler Herakles!», rief Athene. «Bringe ihn in ein anderes Land!» Herakles warf Alkyoneus über seine Schulter und trug ihn über die Grenze nach Boiotien, wo er ihn mit einer Keule tötete.

d. Dann sprang Porphyrion von einer großen Steinpyramide, die die Giganten errichtet hatten, in den Himmel. Keiner der Götter konnte ihm Widerstand leisten. Nur Athene versuchte sich zu verteidigen. Porphyrion stürzte an ihr vorbei, warf sich auf Hera und wollte sie erwürgen. Aber rechtzeitig noch schoß ihm Eros einen Pfeil in die Leber. Porphyrions Wut verwandelte sich in Lust; er riß Hera die herrlichen Kleider vom Leibe. Als Zeus sah, daß sein Weib vergewaltigt werden sollte, eilte er in eifersüchtigem Zorn hinzu und schlug Porphyrion mit einem Blitz nieder. Porphyrion sprang wieder auf, aber Herakles kam gerade noch zur rechten Zeit von Boiotien zurück und verwundete ihn mit einem Pfeil tödlich. Inzwischen hatte Ephialtes den Kampf mit Ares aufgenommen und ihn in die Knie gezwungen. Apollon jagte einen Pfeil in das linke Auge des Ungeheuers, und der herbeieilende Herakles schoß einen zweiten in dessen rechtes. So starb Ephialtes.

e. Wenn immer ein Gott einen Giganten verwundete – so wie Dionysos den Eurytos mit seinem Thyrsos, Hekate den Klytios mit ihren Fakkeln, Hephaistos den Mimas mit einer Kelle rotglühenden Metalls, Athene den lüsternen Pallas mit einem Stein –, so war es doch stets Herakles, der ihnen den Todesstoß zu geben hatte. Die friedliebenden Göttinnen Hestia und Demeter nahmen an dem Kampf nicht teil. Sie standen verzweifelt beiseite und rangen die Hände. Die Schicksalsgöttinnen jedoch schwangen erfolgreich eherne Keulen [2].

f. Entmutigt flohen die überlebenden Giganten zurück zur Erde, verfolgt von den Olympiern. Athene schleuderte dem Enkelados einen Felsen nach. Der Fels schlug den Fliehenden platt. So entstand die Insel Sizilien. Poseidon brach mit seinem Dreizack ein Stück aus der Insel Kos und warf es auf Polybutes. Dieser fiel ins Meer, wodurch die in der

Nähe Siziliens liegende kleine Insel Nisyros, unter der Polybutes begraben liegt, entstand [3].

g. Die übrigen Giganten versuchten noch einmal bei Bathos, in der Nähe von Trapezos, Fuß zu fassen. Dort brennt heute noch der Boden, und manchmal pflügen Bauern Knochen der Giganten an die Oberfläche. Hermes, der von Hades den Helm der Unsichtbarkeit entliehen hatte, schlug Hippolytos nieder, und Artemis durchbohrte Gration mit einem Pfeil. Die Keulen der Schicksalsgöttinnen zertrümmerten die Schädel des Agrios und des Thoas. Die restlichen Giganten wurden nun von Ares mit seinem Speer und von Zeus mit seinem Donnerkeil hart bedrängt. Doch wieder mußte Herakles herbeigerufen werden, um die Verwundeten zu töten. Der Kampf soll auf der Phlegraiischen Ebene, in der Nähe von Cumae in Italien stattgefunden haben [4].

h. Silenos, der erdgeborene Satyr, behauptet, an der Seite seines Schülers Dionysos an dieser Schlacht teilgenommen, Enkelados getötet und die Giganten mit seinem schreienden alten Lastesel in Schrecken versetzt zu haben. Aber Silenos ist fast stets betrunken und nimmt es mit der Wahrheit nicht sehr genau [5].

1. Apollodoros I, 6, 1; Hyginus, Fabeln, Einleitung.
2. Apollodoros I, 6, 2.
3. Apollodoros a. a. O.; Strabon X, 5, 16.
4. Pausanias VIII, 29, 1-2; Apollodoros a. a. O.; Diodorus Siculus IV, 21.
5. Euripides, Kyklops 5 ff.

1. Hier handelt es sich um eine post-homerische Geschichte, die nur in einer verstümmelten Fassung erhalten ist: Eros und Dionysos, die angeblich am Kampfe teilnahmen, wurden erst später Mitglieder der olympischen Familie (s. 15, 1-2 und 27, 5). Herakles wird schon – vor seiner Apotheose auf dem Berge Oita (s. 147, b) – unter die Olympier aufgenommen. Der Zweck der Fabel ist, die Funde von Mammutknochen in Trapezos zu erklären (wo sie noch immer im örtlichen Museum gezeigt werden). Sie dient auch zur Erklärung der vulkanischen Feuer im nahen Bathos – wie auch in Arkadien, Thrakien, Pallene oder Cumae und auf den Inseln Sizilien und Nisyros. Dort sollen Athene und Poseidon zwei Giganten begraben haben.

2. Das historische Ereignis, das der Revolte der Giganten zugrunde liegt – wie auch der Revolte der Aloiiden (s. 37, b) –, scheint sowohl ein Versuch makedonischer Bergbewohner, die hellenischen Grenzbefestigungen zu stürmen, als auch ihr Sieg über die alliierten Untertanen der Hellenen zu sein. Doch die Machtlosigkeit und Feigheit der Götter, im Gegensatz zur Unbesiegbarkeit des Herakles, und die grotesken Vorfälle während der Schlacht sind eher für eine populäre Dichtung als für eine Sage charakteristisch.

3. Doch findet sich ein verstecktes religiöses Element in dieser Geschichte. Die Riesen sind nicht Fleisch und Blut, sondern erdgeborene Geister, wie ihre Schlangenschwänze beweisen. Sie können nur durch den Besitz einer magi-

schen Pflanze besiegt werden. Kein Mythograph erwähnt den Namen dieses Krautes, aber es war wahrscheinlich *ephialtion*, ein Mittel gegen Alpdruck. Ephialtes, der Name des Führers der Giganten, bedeutet ‹der, der darauf springt›, *incubus* im Lateinischen. Der Versuch Porphyrions, Hera zu erwürgen und zu vergewaltigen, ebenso wie der Angriff des Pallas auf Athene deuten darauf hin, daß diese Geschichte hauptsächlich als Ratschlag aufzufassen ist: Man soll Herakles anrufen, wenn einen erotische Alpträume quälen.

4. Alkyoneus (‹mächtiger Esel›) ist wahrscheinlich der Geist des Schirokko, ‹des Atems des Wilden Esels oder Typhons› (s. 36, 1). Er bringt böse Träume, mörderische Absichten und Vergewaltigungen mit sich. Das läßt die Behauptung des Silenos, die Giganten durch seinen schreienden Packesel in die Flucht geschlagen zu haben, noch lächerlicher erscheinen (s. 20, b). Mimas (‹Verstellung›) kann sich auf die täuschende Vielgestaltigkeit der Träume beziehen. Hippolytos (‹Durchgehen von Pferden›) erinnert an die alte Auffassung, daß Angstträume der pferdeköpfigen Göttin zuzuschreiben sind.

36. TYPHON

a. Aus Rache für den Untergang der Giganten schlief Mutter Erde mit Tartaros. Bald darauf gebar sie in der Korykischen Höhle von Kilikia ihren jüngsten Sproß, Typhon: das größte Ungeheuer, das je das Licht der Welt erblickte[1]. Von seinen Schenkeln abwärts bestand er nur aus sich windenden Schlangen. Seine Arme hatten zahllose Schlangenköpfe anstelle von Händen. Wenn er sie ausstreckte, waren sie in jeder Richtung hundert Meilen lang. Sein bestialisches Eselshaupt berührte die Sterne, seine ungeheueren Flügel verfinsterten die Sonne, Feuer brach aus seinen Augen, und flammende Lava schoß aus seinem Munde. Als er gegen den Olymp stürmte, flohen die Götter voll Schreck nach Ägypten, wo sie sich in Gestalt von Tieren versteckten: Zeus wurde ein Widder, Apollon eine Krähe, Dionysos eine Ziege, Hera eine weiße Kuh, Artemis eine Katze, Aphrodite ein Fisch, Ares ein Eber, Hermes ein Ibis und so fort.

b. Athene allein hielt stand und verspottete Zeus wegen seiner Feigheit, solange, bis er seine ursprüngliche Gestalt wieder annahm und einen Blitz gegen Typhon schleuderte. Dann schwang er die Feuersteinsichel, die schon zur Entmannung des Uranos gedient hatte. Verwundet floh der schreiende Typhon vor Zeus zum Berge Kasios, der sich im Norden Syriens erhebt. Dort rangen sie miteinander. Typhon schlang seine tausend Finger um Zeus, beraubte ihn seiner Sichel, durchschnitt die Sehnen seiner Arme und Beine und schleppte ihn in die Korykische Höhle. Zeus ist unsterblich, aber er konnte kein Glied mehr bewegen. Typhon verbarg die Sehnen unter einem Bärenfell und ließ Delphyne, seine schlangenschwänzige und grauenvoll anzusehende Schwester, darüber wachen.

c. Die Nachricht von der Niederlage des Zeus verbreitete Verzweiflung unter den Göttern. Aber Hermes und Pan schlichen heimlich zur Höhle. Pan verjagte Delphyne mit einem schrecklichen Schrei, Hermes nahm flink die Sehnen und setzte sie wieder in die Glieder des Zeus[2].

d. Es heißt auch, Kadmos habe Delphyne die Sehnen unter dem Vorwand, er brauche sie als Saiten für seine Leier, um ihr zaubervolle Musik spielen zu können, entlockt[3].

e. Zeus kehrte zum Olymp zurück und bestieg einen von geflügelten Pferden gezogenen Wagen. Wieder verfolgte er Typhon mit seinen Blitzen. Auf dem Berge Nysa boten die drei Schicksalsgöttinnen dem Ungeheuer Eintagsfrüchte an mit der Behauptung, damit seine Kräfte wieder herzustellen. In Wirklichkeit verurteilten sie ihn nur zu einem sicheren Tode. Er eilte gestärkt zum Berge Haimos in Thrakien und stellte sich erneut zum Kampf. Er warf riesige Felsbrocken gegen Zeus. Aber Zeus hielt den Geschossen seine Blitze entgegen, so daß sie auf das Ungeheuer zurückfielen und es furchtbar zurichteten. Der Strom seines vergossenen Blutes gab dem Berge Haimos seinen Namen. Typhon floh nach Sizilien. Hier beendete Zeus den Kampf, indem er den Berg Ätna auf ihn stürzte. Noch heute speit der Ätna Feuer[4].

1. Hesiod, Theogonie 819 ff; Pindar, Pythische Oden I, 15 ff; Hyginus, Fabel 152.
2. Apollodoros I, 6, 3.
3. Nonnos, Dionysiaka I, 481 ff.
4. Apollodoros a. a. O.; Pindar a. a. O.

1. ‹Korykisch› bedeutet ‹aus dem Ledersack›. Das Wort spiegelt die alte Sitte wider, Winde in Säcken einzufangen. Sie wurde von Aiolos (s. 170, g) und später, im Mittelalter, von Hexen praktiziert. In der anderen Korykischen Höhle, und zwar in der zu Delphi, wurde Delphynes Schlangengefährte Python, nicht Typhon, genannt. Python (‹Schlange›) personifiziert den zerstörenden Nordwind – Winde wurden gewöhnlich mit Schlangenschwänzen abgebildet –, der in Syrien vom Berge Kasios und in Griechenland vom Berge Haimos (s. 21, 2) herabstürzt. Typhon bedeutet dagegen ‹betäubender Rauch›; sein Erscheinen kündet einen vulkanischen Ausbruch an. Daher sagt man auch, daß Zeus das Ungeheuer unter dem Berg Ätna zermalmt habe. Aber der Name Typhon stand auch für den sengenden Schirokko aus der südlichen Wüste, der den Rauch vulkanischer Ausbrüche mit sich trug und oft die Ursache schweren Schadens in Libyen und Griechenland war. In Ägypten wurde er als Wüstenesel dargestellt (s. 35, 4 und 83, 2). Der Gott Set, dessen Atem Typhon gewesen sein soll, verstümmelte Osiris in ähnlicher Weise wie Python den Zeus. Doch wurden beide Ungeheuer schließlich und endlich besiegt. Auf Grund dieser Parallele wurde Python mit Typhon verwechselt.

2. Die Flucht der Götter nach Ägypten wurde, wie Lukian bemerkt (‹Über die Opfer› 14), erfunden, um die dortige Sitte der Verehrung von Göttern in

Tiergestalt – Zeus-Ammon als Widder (s. 133, j), Hermes-Thoth als Ibis oder Kranich (s. 52, *6*), Hera-Isis als Kuh (s. 56, 2), Artemis-Pasht als Katze – zum eigenen Nutzen zu erklären. Sie könnte sich aber auch historisch auf eine panikartige Auswanderung von Priestern und Priesterinnen aus dem Aigaiischen Archipelagos beziehen, als ein vulkanischer Ausbruch kurz vor 2000 v. Chr. fast die Hälfte der großen Insel Thera verschüttete. Im klassischen Griechenland waren Katzen keine Haustiere. Eine weitere Quelle dieser Sage scheint das babylonische Schöpfungsepos, die Enuma Elisch, zu sein. Danach schickten, laut einer früheren Version des Damaskios, die Göttin Tiamat, ihr Gemahl Apsu und beider Sohn Mummi (‹Verwirrung›) Kingu und eine Horde anderer Ungeheuer gegen die neugeborene Göttliche Triade: Ea, Anu und Bel. Nach der ersten panischen Flucht sammelte Bel seine Brüder und übernahm den Oberbefehl. Nachdem er die Schädel der Angreifer mit einer Keule eingeschlagen und sie ‹wie einen Plattfisch› zermalmt hatte, waren die Heere Tiamats besiegt.

3. Die Sage von Zeus, Delphyne und dem Bärenfell bezieht sich auf die Erniedrigung des Zeus durch die Große Göttin: Sie wurde in der Gestalt eines weiblichen Bären angebetet. Ihr bedeutendstes Heiligtum stand in Delphi. Die geschichtliche Grundlage ist unbekannt, doch scheint es, daß die Kadmeer Boiotiens bemüht waren, den Zeuskult aufrechtzuerhalten. Typhons ‹Eintagsfrüchte›, die er von den drei Schicksalsgöttinnen erhielt, scheinen die üblichen Todesäpfel (s. 18, *4*; 32, *4*; 33, *7*; etc.) gewesen zu sein.

4. Der Berg Kasios (heute Jebel-el-Akra) ist der Berg Hazzi. Er wird in der hethitischen Geschichte von Ullikummi, dem Steinriesen, erwähnt. Dieser wuchs unglaublich schnell. Von seinem Vater Kumarbi erhielt er den Befehl, die siebzig Götter des Himmels zu vernichten. Der Sturmgott, der Sonnengott, die Göttin der Schönheit und alle ihre göttlichen Gefährten waren Ullikummi nicht gewachsen. Nur Ea, der Gott der Weisheit, ergriff das Messer, das den Himmel von der Erde getrennt hatte, schnitt dem Ungeheuer die Beine ab und warf es ins Meer. Bruchstücke dieser Geschichte erscheinen sowohl im Mythos von Typhon als auch in dem der Aloiiden. Diese wuchsen ebenso schnell heran wie Ullikummi und verwendeten Berge als Leitern zum Himmel (s. 37, b). Es ist anzunehmen, daß die Kadmeer diese Sagen von Kleinasien nach Griechenland brachten (s. 6, *1*).

37. DIE ALOIIDEN

a. Ephialtes und Otos waren die außerehelichen Söhne Iphimedeias, einer Tochter des Triops. Sie hatte sich in Poseidon verliebt und hockte ständig an der Küste des Meeres. Sie fing die Wellen in ihren Händen auf und goß das Wasser in ihren Schoß. So wurde sie schwanger. Ephialtes und Otos wurden jedoch die Aloiiden genannt, weil Iphimedeia später Aloios heiratete. Aloios war von seinem Vater Helios zum König der Stadt Asopia in Boiotien gemacht worden. Die Aloiiden wuchsen jedes Jahr eine Ellenlänge in die Breite und einen Faden [= 2 Ellen] in die Höhe. Als sie neun Jahre alt waren – neun Ellen breit und neun Faden hoch –, erklärten sie dem Olymp den Krieg. Ephialtes schwur beim Flusse Styx, daß er Hera, und Otos, daß er Artemis vergewaltigen würde [1].

b. Sie waren sich darüber einig, daß Ares, der Gott des Krieges, als erster gefangengenommen werden müsse. Sie zogen nach Thrakien, entwaffneten, fesselten und schlossen ihn in ein bronzenes Gefäß ein, das sie im Hause ihrer Stiefmutter Eriboia versteckten. Dann begannen sie mit der Belagerung des Olymps. Sie bauten für ihren Angriff eine Sturmschanze, indem sie den Berg Pelion auf den Berg Ossa stülpten. Die Meere versuchten sie, durch Bergstürze in trockenes Land und das Land durch die ausweichenden Wasser in Sumpf zu verwandeln. Ihre Selbstsicherheit war durch nichts zu erschüttern. Denn es war prophezeit worden, kein Sterblicher und kein Gott könnte sie töten.

c. Auf den Rat Apollons sandte Artemis den Aloiiden eine Botschaft: Wenn sie ihre Belagerung aufgäben, würde sie selbst auf die Insel Naxos kommen und sich dort dem Otos hingeben. Otos war erfreut, aber Ephialtes, der keine Botschaft von Hera erhalten hatte, wurde eifersüchtig und zornig. Beide begaben sich nach Naxos, wo ein heftiger Streit zwischen ihnen entbrannte. Ephialtes bestand darauf, daß Artemis' Angebot abgewiesen werden sollte, wenn nicht er, als der ältere von beiden, die Göttin als erster umarmen dürfe. Als der Streit seinen Höhepunkt erreicht hatte, erschien Artemis selbst in der Gestalt eines weißen Rehes. Die Brüder ergriffen ihre Wurfspeere, um zu zeigen, wer der bessere Schütze sei. Schnell wie der Wind lief Artemis zwischen den beiden durch. Die geschleuderten Speere verfehlten ihr Ziel und durchbohrten wechselseitig ihre Schützen. Beide starben zur gleichen Zeit, und die Prophezeiung, daß sie weder von einem anderen Sterblichen noch von einem Gott getötet werden könnten, hatte sich erfüllt. Ihre Leichen wurden im boiotischen Anthedon bestattet. Die Bewohner von Naxos verehren sie als Heroen. Als die Begründer Askras in Boiotien und als die ersten Sterblichen, die die Musen vom Helikon anbeteten, leben sie in der Erinnerung fort [2].

d. Nach dem Ende der Belagerung des Olymps machte sich Hermes auf die Suche nach Ares. Er zwang Eriboia, den Gefangenen, der halbtot war, aus dem bronzenen Gefäß zu befreien. Die Seelen der Aloiiden wanderten zum Tartaros hinab, wo sie mit Seilen aus lebenden, geknoteten Schlangen fest an eine Säule gebunden wurden. Dort sitzen sie nun Rücken an Rücken, und die Nymphe Styx hockt stumm auf der Säule, als Mahnmal ihrer unerfüllten Eide [3].

1. Apollodoros I, 7, 4; Pausanias II, 3, 8; Pindar, Pythische Oden IV, 88-92.
2. Homer, Odyssee XI, 305-20; Ilias V, 385-90; Pausanias IX, 29, 1-2.
3. Apollodoros I, 7, 4; Hyginus, Fabel 28.

1. Diese Sage ist eine volkstümliche Version des Aufstandes der Giganten (s. 35, b). Der Name Ephialtes, der Angriff auf den Olymp, die Bedrohung Heras und die Behauptung, daß sie unverwundbar seien, kommen in beiden Versionen vor. Ephialtes und Otos, ‹Söhne des Dreschbodens› von ‹der, die die Mannbarkeit stärkt›, Enkel der ‹Drei Gesichter›, nämlich Hekates, und Anbeter der wilden Musen, personifizieren den Inkubus oder erotischen Alpdruck, der schlafende Frauen bedrückt und verwirrt. Wie der Alpdruck in britischen Sagen wurden auch sie mit der Zahl neun in Verbindung gebracht. Die Geschichte wird durch eine weit zurückliegende, schattenhafte historische Episode, die von DIODORUS SICULUS (V, 50 ff) berichtet wird, noch verworrener. Er erzählt, daß der Thessaler Aloios seine Söhne ausschickte, ihre Mutter Iphimedeia und ihre Schwester Pankratias (‹Allmacht›) von den Thrakern, die sie nach Naxos entführt hatten, zu befreien. Ihr Unternehmen war erfolgreich. Sie stritten aber über die Aufteilung der Insel und töteten einander. Obwohl STEPHANOS VON BYZANZ berichtet, daß die Stadt Aloion in Thessalien nach den Aloiiden benannt war, so sind sie doch nach Berichten der frühen Mythographen Boioter.

2. Der gegenseitige Mord der Zwillinge erinnert an den ewigen Wettstreit zwischen dem Heiligen König und seinem Stellvertreter um die Liebe der Weißen Göttin. Abwechselnd stirbt der eine durch den anderen. Daß sie ‹Söhne des Dreschbodens› genannt werden und dem Tod durch die Blitze des Zeus entflohen, verbindet sie eher mit dem Getreidekult als mit dem Kult der Eiche. Ihre Bestrafung im Tartaros, ähnlich der des Theseus und des Peirithoos (s. 103, c), scheint von einem frühen Kalendersymbol abgeleitet zu sein. Dieses zeigt ein Zwillingspaar, die Hinterköpfe an die entgegengesetzte Seite einer Säule gelehnt, auf dem Stuhl des Vergessens sitzend. Die Säule, auf der die Göttin über Tod und Leben hockt, war ein Symbol der Sommersonnenwende, des Endes der Regierungszeit des Heiligen Königs und des Beginns der seines Stellvertreters.

3. Die Gefangensetzung des Ares für dreizehn Monate ist ein zusammenhangloses mythisches Fragment unbestimmten Datums. Es bezieht sich anscheinend auf einen Waffenstillstand von der Dauer eines Jahres – das pelasgische Jahr hatte dreizehn Monate –, den die Thessalo-Boioter und die Thraker geschlossen hatten. Die kriegerischen Feldzeichen beider Nationen wurden einem Kupferkessel im Tempel der Hera Eriboia anvertraut. Pelion, Ossa und Olympos sind Berge im Osten Thessaliens. Von ihren Gipfeln konnte man auf das ferne thrakische Chersones blicken, wo der Krieg, den dieser Waffenstillstand beendete, geführt worden war.

38. DIE DEUKALIONISCHE FLUT

a. Die Deukalionische Flut, so genannt, um sie von der Ogyschen und anderen Fluten zu unterscheiden, wurde durch den Zorn des Zeus über die unfrommen Söhne des Lykaon verursacht. Lykaon, ein Sohn des Pelasgos, hatte als erster Arkadien zivilisiert und die Anbetung des Zeus Lykaios eingeführt, den Gott aber mit der Opferung eines Knaben erzürnt. Zur Strafe verwandelte Zeus ihn in einen Wolf und zerstörte sein Haus mit einem Blitz. Lykaons Söhne waren zweiundzwanzig an der Zahl; andere meinen sogar fünfzig [1].

b. Auf die Nachrichten von den Untaten dieser Söhne machte Zeus sich selber auf und besuchte sie, als armer Reisender verkleidet. Sie waren so unverschämt, ihm eine Suppe aus den Eingeweiden ihres Bruders Nyktimos und denen von Schafen und Ziegen vorzusetzen. Zeus ließ sich nicht täuschen und stieß den Tisch, auf dem sie ihm dieses ekelerregende Mahl servierten, um. Der Ort wurde nachher als Trapezos bekannt. Mit Ausnahme des Nyktimos, den er wieder zum Leben erweckte, verwandelte Zeus alle Söhne Lykaons in Wölfe [2].

c. Nach seiner Rückkehr zum Olymp ließ Zeus aus Ekel über die Menschen eine Flutwelle aufsteigen. Er wollte das ganze Menschengeschlecht ausrotten. Aber Deukalion, König von Phthia, war von seinem Vater Prometheus, dem Titanen, den er im Kaukasos besucht hatte, gewarnt worden. Er baute eine Arche, lagerte Nahrungsmittel ein und begab sich mit seiner Gemahlin Pyrrha, einer Tochter des Epimetheus, an Bord. Dann begann der Südwind zu blasen, Regen fiel und die Flüsse stürzten nieder zum Meer, das mit erstaunlicher Geschwindigkeit anstieg und alle Städte an der Küste und in der Ebene überschwemmte. Bald war die ganze Erde, mit Ausnahme einiger weniger Berggipfel, ein Meer. Alle Erdenbewohner mußten umgekommen sein. Nur Deukalion und Pyrrha lebten noch. Die Arche schwamm neun Tage, bis endlich das Wasser zu steigen aufhörte. Sie landeten auf dem Berge Parnassos oder — wie andere sagen — auf dem Berge Ätna oder dem Berge Athos oder dem Berg Othrys in Thessalien. Deukalion sandte eine Taube auf Erkundung aus. Sie kehrte zurück und bestätigte ihm das Ende der Flut [3].

d. Er stieg aus der Arche und dankte Vater Zeus, dem Schutzherrn der Flüchtlinge, mit einem Opfer. Dann ging er zum Heiligtum der Themis, am Ufer des Flusses Kephissos. Das Dach des Tempels war von Algen überzogen und das Feuer des Altars erloschen. Er und seine Gemahlin beteten demütig, daß die Menschheit erneuert werden möge. Zeus hörte ihre Stimmen von ferne und sandte Hermes zu ihnen mit dem Versprechen, ihnen jeden Wunsch zu erfüllen. Auch Themis machte sich mit den Worten bemerkbar: «Bedeckt eure Häupter und werft die Knochen eurer Mutter hinter euch!» Da Deukalion und Pyrrha verschiedene Mütter hatten, die beide tot waren, glaubten sie, daß die Sprecherin Mutter Erde meinte, deren Gebeine als Felsbrocken am Flußufer lagen. Sie beugten sich mit verdecktem Antlitz nieder, hoben die Steine auf und warfen sie über ihre Schultern. Wo die Steine niederfielen, erhoben sich Menschen, Männer aus Deukalions Würfen, Frauen aus denen der Pyrrha. So erneuerte sich die Menschheit und seither ist das Wort für ‹Mensch› *(laos)* und das Wort für Stein *(laas)* in vielen Sprachen sehr ähnlich [4].

e. Deukalion und Pyrrha waren jedoch nicht die einzigen Überlebenden der Flut. Megaros, ein Sohn des Zeus, war durch den Schrei der Kraniche in seinem Bett aufgeschreckt worden. Er lief zum Gipfel des Berges Gerania, der über die Wasser ragte. Auch Kerambos von Pelion kam mit dem Leben davon; ihn hatten die Nymphen in einen Skarabaios verwandelt. So war er zum Gipfel des Parnassos geflogen[5].

f. Die Einwohner von Parnassos, einer Stadt, die von Parnasos, einem Sohn Poseidons, gegründet worden war — Parnasos war auch der Entdecker der Zeichendeutung —, wurden durch das warnende Geheul von Wölfen gerettet. Sie stiegen auf den Berggipfel. Ihre Stadt, die sie später wieder aufbauten, nannten sie, nach den Wölfen, Lykorea[6].

g. So erwies sich die Sintflut als wenig nützlich, denn einige der Parnasser wanderten nach Arkadien aus und ließen dort die abscheulichen Bräuche Lykaons wieder aufleben: Bis zum heutigen Tage wird ein Knabe dem Zeus Lykaios geopfert. Seine Eingeweide werden mit anderen Eingeweiden in einer Suppe vermengt, die dann Schafhirten am Ufer eines Flusses vorgesetzt werden. Ein Hirte, der die Eingeweide des Knaben ißt — er wird durch das Los bestimmt —, heult plötzlich wie ein Wolf, hängt seine Kleider an eine Eiche, schwimmt über den Fluß und wird ein Werwolf. Acht Jahre verbringt er unter den Wölfen. Wenn er aber während dieser Zeit kein Menschenfleisch frißt, darf er zurückkehren, über den Strom schwimmen und seine Kleider wieder anziehen. Vor nicht allzu langer Zeit verbrachte ein Parnasser, genannt Damarchos, acht Jahre unter den Wölfen, kehrte dann zu den Menschen zurück und gewann, nach zwei Jahren harter Übung im Gymnasion, den Preis im olympischen Faustkampf[7].

h. Deukalion war der Bruder der kretischen Ariadne und der Vater des Orestheus, des Königs der ozolischen Lokrer. Orestheus pflanzte einen Stock, den eine weiße Hündin geworfen hatte, in die Erde. Aus dem Stock wuchs die Weinrebe. Amphiktyon, ein anderer von Deukalions Söhnen, beherbergte Dionysos; er war der erste Mensch, der Wein mit Wasser mischte. Sein ältester und berühmtester Sohn war Hellen, Vater aller Griechen[8].

1. Apollodoros III, 8, 1; Pausanias VIII, 2, 1; Scholiast über Caesar Germanicus' Aratea 89; Ovid, Metamorphosen I, 230 ff.
2. Apollodoros a. a. O.; Tzetzes, Über Lykophron 481; Pausanias VIII, 3, 1; Ovid, Metamorphosen I, 230 ff.
3. Ovid ebd. I, 317; Scholiast über Euripides' Orestes 1095; Hyginus, Fabel 153; Servius über Vergils Ecloga VI, 41; Scholiast über Pindars Olympische Oden IX, 42; Plutarch, Welche Tiere sind schlauer? 13.
4. Apollodoros I, 7, 2; Ovid, Metamorphosen I, 260 — 415.
5. Pausanias I, 40, 1; Ovid, Metamorphosen VII, 352-6.
6. Pausanias X, 6, 1-2.

7. Pausanias VIII, 2, 3 und VI, 8, 2; Plinius, Naturgeschichte VIII, 34; Platon, Republik VIII, 16.

8. Pausanias X, 38, 1; Eustathios über Homer, S. 1815; Apollodoros I, 7, 2.

1. Die Geschichte von Zeus und den Eingeweiden des Knaben ist weniger ein Mythos als eine moralische Fabel. Sie ist Ausdruck des Ekels der zivilisierten Teile Griechenlands vor den im Namen des Zeus zelebrierten Riten der Arkader, die als ‹barbarisch und widernatürlich› (Plutarch, ‹Das Leben des Pelopidas›) empfunden wurden. Lykaons tugendhafter athenischer Zeitgenosse Kekrops (s. 25, d) opferte nicht einmal Tiere. Er begnügte sich mit der Darbringung von Gerstenkuchen. Die lykaonischen Riten, die laut Plutarch von Zeus nie geduldet wurden, sollten anscheinend die Herden vor dem Überfall durch Wölfe bewahren: Man warf ihnen einen König vor. ‹Lykaios› bedeutet ‹von der Wölfin›, aber auch ‹vom Licht›. Die Blitze im lykaonischen Mythos deuten darauf hin, daß der Arkadische Zeus anfänglich ein regenmachender Heiliger König war, ein Diener der göttlichen Wölfin, des Mondes, den die Wölfe anheulen.

2. Das Große Jahr von einhundert Monaten oder acht Sonnenjahren war zu gleichen Teilen zwischen dem Heiligen König und seinem Stellvertreter aufgeteilt. Lykaons fünfzig Söhne – einer für jeden Monat der Regierung des Heiligen Königs – aßen die Eingeweidesuppe. Wenn die Zahl zweiundzwanzig nicht von der Zahl der Familien, die behaupteten, von Lykaon abzustammen und an dem Eingeweidefest teilgenommen zu haben, abgeleitet worden ist, so bezieht sie sich wahrscheinlich auf die zweiundzwanzig Fünf-Jahre-Lustra. Diese bildete den Hundertzehn-Jahre-Zyklus der Regierung einer bestimmten Priesterinnendynastie.

3. Die Sage von der Deukalionischen Flut, die wohl von den Helladen aus Asien mitgebracht worden war, hat den gleichen Ursprung wie die biblische Legende von Noah. Noahs Erfindung des Weinbaues ist Gegenstand einer hebräischen Moralgeschichte. Deukalions Anspruch auf diese Erfindung wurde von den Griechen, die Dionysos bevorzugten, nicht anerkannt. Immerhin wird Deukalion als der Bruder der Ariadne bezeichnet, die durch Dionysos die Mutter verschiedener weinbauender Stämme war (s. 27, *8*). Deukalion behielt seinen Namen ‹Neuer-Wein-Segler› (von *deukos* und *halieus*). Die deukalionische Sage ist im wesentlichen der Bericht über eine mesopotamische Flut im dritten Jahrtausend v. Chr. sowie über die herbstlichen Neujahrsfeste Babyloniens, Syriens und Palästinas. Ischtar wird im griechischen Mythos Pyrrha genannt. *Pyrrha* bedeutet ‹feurig-rot› und ist ein Attribut des Weines.

4. Man darf annehmen, daß die Griechen die Legende von dem zornigen Gott, der die sündige Menschheit mit einer Sintflut bestraft, erst spät von den Phoinikern oder den Juden entliehen haben. Die Unklarheit über den Berg, auf dem Deukalion in Griechenland, Thrakien oder Sizilien gelandet sein soll, läßt vermuten, daß die Erzählung von einer jüngeren Flutkatastrophe in Nordgriechenland mit Elementen einer sehr alten Flutsage angereichert wurde. In der frühesten griechischen Version dieses Mythos ist es Themis, die das Geschlecht der Menschen, ohne die Zustimmung des Zeus, erneuert. Es ist daher mehr als wahrscheinlich, daß ihr, der weiblichen Gottheit – so wie in Babylonien – auch die Flut zugeschrieben wurde.

5. Daß sich Steine zu Menschen verwandeln, scheint von den Helladen ebenfalls aus östlichen Legenden entlehnt worden zu sein. Johannes der Täufer bezieht sich in einem Wortspiel mit den hebräischen Worten *banim* und *avanim* auf eine uralte Überlieferung. Er meinte, daß Gott dem Abraham Kinder aus Wüstensteinen hätte schaffen können (*Matthäus III, 3–9* und *Lukas III, 8*).

6. Die Geschichte von der Weißen Göttin, der Mondgöttin Hekate, die zur Zeit der Regierung des Orestheus, des Sohnes des Deukalion, einen Weinstock gebar, ist wahrscheinlich der früheste griechische Weinmythos. Die Bezeichnung ‹ozolisch› soll von *ozoi* = ‹Triebe des Weinstocks› (s. 147, *7*) abgeleitet sein. Einer der bösartigen Söhne Lykaons hieß gleichfalls Orestheus. Das mag die gewaltsame Verbindung von Eingeweidesuppe und Deukalionischer Flut seitens der Mythographen erklären.

7. Ein anderer Sohn Deukalions hieß Amphiktyon. Der Name ist die männliche Form von Amphiktyonis – der Göttin, in deren Namen der Amphiktyonische Bund, eine bedeutsame Vereinigung nordgriechischer Städte, gegründet worden war. Nach Strabon, Kallimachos und dem Scholiasten zu Euripides' ‹Orestes› erhielt diese Liga von Akrisios aus Argos (s. 73, a) ihre Verfassung. Zivilisierte Griechen vermieden es, im Gegensatz zu den haltlosen Thrakern, puren Wein zu trinken. Bei Versammlungen der Mitgliederstaaten des Amphiktyonischen Bundes, die zur Weinzeit in Anthela in der Nähe der Thermopylen stattfanden, wurde der Wein mit Wasser gemischt, eine Vorsichtsmaßnahme gegen mörderischen Streit.

8. Deukalions Sohn Hellen war der namengebende Vorfahr der ganzen hellenischen Rasse (s. 43, b). Der Name zeigt, daß er ein königlicher Stellvertreter der Priesterin der Helle – auch Helene, Helena oder Selene –, der Mondgöttin, war. Nach Pausanias (III, 20, 6) kam der erste Stamm, der Hellenen genannt wurde, aus Thessalien, wo Helle verehrt wurde (s. 70, *8*).

9. Aristoteles (‹*Meteorologica*› I, 14) sagt, daß die Deukalionische Flut im ‹alten Griechenland (Graecia), und zwar in dem Gebiet um Dodona und den Fluß Acheloos› aufgetreten sei. *Graeci* bedeutet ‹Anbeter der Alten Frau›, wahrscheinlich der Erdgöttin von Dodona, die in Dreifaltigkeit als die Graien erschien (s. 33, c). Es heißt, daß die Achaier gezwungen waren, in den Peloponnes einzudringen, weil ungewöhnlich schwere Regenfälle ihre Weidegründe versumpft hatten. Die Anbetung Helles (s. 62, *3*; 70, *8* und 159, *1*) scheint die Anbetung der Graien verdrängt zu haben.

10. Der Skarabaios, der heilige Mistkäfer, war in Unterägypten ein Symbol der Unsterblichkeit; er hatte die Überschwemmung des Nils überlebt. Sein Ritus breitete sich nach Palästina, dem Küstengebiet des Aigaiischen Meeres, Etrurien und den Balearen aus. Antoninus Liberalis erwähnt gleichfalls die Sage von Kerambos oder Terambos und bezieht sich dabei auf Nikandros *.

* Griechischer Arzt, Priester und Dichter, ca. 275 v. Chr. (Anm. d. Red.)

39. ATLAS UND PROMETHEUS

a. Prometheus hat den Menschen erschaffen. Manche zählen ihn zu den sieben Titanen. Er war entweder der Sohn des Titanen Eurymedon oder der Sohn des Iapetos und der Nymphe Klymene. Seine Brüder hießen Epimetheus, Atlas und Menoitios [1].

b. Der gigantische Atlas, der älteste der Brüder, kannte alle Tiefen des Meeres. Er herrschte über das Königreich Atlantis mit seinen wildzerklüfteten Küsten, das größer war als Afrika und Asien zusammen. Atlantis lag jenseits der Säulen des Herakles. Eine Kette fruchtbarer Inseln trennte es von einem noch ferner liegenden Erdteil. Seine Untertanen rodeten und bebauten weite Ebenen. Wasser bezogen sie aus den Hügeln, die, mit Ausnahme einer Öffnung zum Meere, das ganze Land umgaben. Sie bauten Paläste, Bäder, Rennplätze, große Häfen und Tempel. Kriege führten sie nicht nur mit den Völkern im Westen, sondern auch mit den Völkern im Osten, bis nach Ägypten und Italien. Die Ägypter sagen, daß Atlas ein Sohn Poseidons war, der sich rühmte, Vater von fünf männlichen Zwillingspaaren zu sein. Diese sollen bei dem Blute eines Opferstieres sich gegenseitigen Beistand gelobt haben. Anfangs waren sie sehr tugendhaft und trugen die Last ihres großen Reichtums an Gold und Silber mit Würde. Aber eines Tages überkam sie Gier und Grausamkeit. Mit der Erlaubnis des Zeus wurden sie von den Athenern besiegt und ihrer Macht beraubt. Zur gleichen Zeit sandten die Götter ein Unwetter, das an einem Tag und in einer Nacht ganz Atlantis überschwemmte. Die Häfen und Tempel wurden unter einer ungeheuren Schlammflut begraben, und das Meer wurde unbeschiffbar [2].

c. Atlas und Menoitios entkamen. Sie schlossen sich Kronos und den übrigen Titanen in einem erfolglosen Krieg gegen die olympischen Götter an. Zeus tötete Menoitios mit einem Blitz und schickte ihn hinunter in den Tartaros. Atlas verschonte er, doch verdammte er ihn, für alle Ewigkeit den Himmel auf seinen Schultern zu tragen [3].

d. Atlas war der Vater der Pleiaden, der Hyaden und der Hesperiden. Seine Himmelslast nahm ihm nur einmal Herakles für kurze Zeit ab. Manche behaupten, Perseus habe Atlas, indem er ihm das Haupt der Gorgo zeigte, in den Berg Atlas versteinert. Aber sie vergessen, daß Perseus angeblich ein entfernter Vorfahr des Herakles gewesen sein soll [4].

e. Prometheus war klüger als Atlas und sah den Ausgang der Erhebung des Zeus gegen Kronos voraus. Er zog es daher vor, an der Seite des Zeus zu kämpfen, und überredete Epimetheus, das gleiche zu tun. In der Tat war er der weiseste seines Stammes. Bei der Geburt Athenes aus dem Haupte des Zeus hatte er Geburtshelfer gespielt. Zum Dank dafür lehrte die Göttin ihn Architektur, Astronomie, Mathematik, Navigation, Medizin, Metallurgie und andere nützliche Künste, ein Wissen, das er später der Menschheit vermachte. Als Zeus einmal bereit war, das Menschengeschlecht auszurotten — er war auf die wachsende Macht und die Fähigkeiten der Sterblichen eifersüchtig geworden —, schonte er sie nur auf die flehende Bitte des Prometheus hin[5].

f. Eines Tages brach in Sikyon ein Streit darüber aus, welcher Teil des Stiers den Göttern geopfert und welcher Teil selber gegessen werden sollte. Prometheus wurde aufgefordert, die Rolle des Schiedsrichters zu übernehmen. Er zog dem Stier die Haut ab und zerlegte ihn. Aus der Haut nähte er zwei Säcke und stopfte den zerlegten Stier hinein. Der eine Sack enthielt alles Fleisch, doch versteckt im Magen, der ja der am wenigsten verlockende Teil des Tieres ist. Im anderen Sack waren die Knochen, versteckt unter einer reichen Schicht von Fett. Er bot Zeus die Wahl an, der den Sack mit den Knochen und dem Fett (welches seither der Anteil der Götter ist) wählte. Zeus strafte Prometheus, der hinter seinem Rücken lachte, indem er den Menschen das Feuer vorenthielt. «Laß sie ihr Fleisch roh essen!», rief er voll Zorn[6].

g. Prometheus wandte sich an Athene und bat sie um Einlaß zum Olymp durch eine rückwärtige Türe. Sie erfüllte seinen Wunsch. Am feurigen Wagen der Sonne entzündete er eine Fackel, brach ein Stück glühender Holzkohle ab und warf es in die Markhöhle des Stengels eines Riesenfenchels, löschte seine Fackel und stahl sich unentdeckt fort. So wurde der Menschheit das Feuer geschenkt[7].

h. Zeus schwor Rache. Er befahl Hephaistos, eine Frau aus Ton zu formen; die vier Winde wies er an, Leben in diese Form zu blasen. Alle Göttinnen des Olymps mußten sie schmücken. Diese Frau, Pandora, war die schönste, die je geschaffen wurde. Zeus schickte sie in Begleitung des Hermes als Geschenk zu Epimetheus. Aber Epimetheus war von seinem Bruder davor gewarnt worden, Geschenke von Zeus anzunehmen. Er entschuldigte sich voller Ehrfurcht und lehnte die Gabe ab. Wütender denn je, kettete Zeus Prometheus nackt an eine Säule in den kaukasischen Bergen. Jeden Tag, jahrein, jahraus, fraß ein gieriger Geier von seiner Leber. Der Schmerz war grenzenlos, denn jede Nacht, wenn Prometheus grausamer Kälte ausgesetzt war, wuchs seine Leber und wurde wieder ganz.

i. Zeus wollte nicht zugeben, daß er rachsüchtig sei. Er entschuldigte seine Grausamkeit mit einem lügenhaften Gerücht: Er sagte, Athene habe Prometheus zu einem geheimen Liebesabenteuer auf den Olymp eingeladen.

j. Epimetheus war über das Geschick seines Bruders bestürzt. Er zögerte nicht lange, Pandora zu heiraten. Zeus hatte sie so dumm, böswillig und faul gemacht, wie sie schön war — die erste einer langen Reihe solcher Frauen! Ein Kästchen, das Epimetheus von Prometheus mit der Warnung erhalten hatte, es geschlossen zu halten, öffnete sie. Alle Übel, von denen die Menschheit geplagt wird, hatte der Weise darin eingesperrt: Alter, Wehen, Krankheiten, Irrsinn, Laster und Leidenschaften. Sie entflohen augenblicklich in einer Wolke, stachen Epimetheus und Pandora in alle Körperteile und fielen über sämtliche anderen Sterblichen her. Die trügerische Hoffnung jedoch, die Prometheus auch in das Kästchen gesperrt hatte, hielt die geplagten Menschen davon ab, all ihrem Leid durch freiwilligen Tod ein Ende zu setzen[8].

1. Eustathios, Über Homer S. 987; Hesiod, Theogonie 507 ff; Apollodoros I, 2, 3.
2. Platon, Timaios 6 und Kritias 9-10.
3. Homer, Odyssee 52-4; Hesiod a. a. O.; Hyginus, Fabel 150.
4. Diodorus Siculus IV, 27; Apollodoros II, 5, 11; Ovid, Metamorphosen IV, 630.
5. Aischylos, Der gefesselte Prometheus 218, 252, 445 ff, 478 ff und 228 bis 36.
6. Hesiod, Theogonie 521-64; Lukian, Dialoge der Götter 1 und Prometheus auf dem Kaukasos 3.
7. Servius über Vergils Ecloga VI, 42.
8. Hesiod, Werke und Tage 42-105 und Theogonie 565-616; Scholiast über Apollonios Rhodios II, 1249.

1. Mythographen späterer Zeit sahen in Atlas eine Personifikation der Atlas-Berge im nordwestlichen Afrika, deren Gipfel den Himmel zu erreichen schienen. Aber nach Ansicht Homers standen die Säulen, auf denen der Titan den Himmel trug, weit draußen im Atlantischen Ozean. Sie wurden von Herodot Homer zu Ehren so benannt. Der meiste Regen in Griechenland kommt vom Atlantischen Ozean. Das erklärt teilweise, warum der Westen als Heimat des Atlas betrachtet wurde. Herakles nahm ihm den Himmel in doppeltem Sinne von den Schultern (s. 135, *3-4* und 123, *4*).

2. Die ägyptische Legende von Atlantis – auch in den Volkssagen entlang der atlantischen Küste von Gibraltar bis zu den Hebriden und bei den Yorubas in Westafrika geläufig – kann nicht als reines Phantasiegebilde abgetan werden. Sie scheint aus dem 3. Jahrtausend v. Chr. zu stammen. Platons Version, von der er behauptet, Solon habe sie von seinen libyschen Freunden, den Priestern von Saïs im Delta, erfahren, war anscheinend einer späteren Überlieferung aufgepfropft worden: Danach sollen die minoischen Kreter, die ihren Einfluß auf Ägypten und Italien ausgedehnt hatten, von einer hellenischen Konföderation, mit Athen an der Spitze (s. 98, *1*), besiegt worden sein. Ferner sollen die großen Hafenanlagen, die von den Keftiu (‹Seefahrer›, d. h. die Kreter und ihre Verbündeten) auf der Insel Pharos (s. 27, *7* und 169, *6*) gebaut worden waren, vielleicht als Folge eines Unterwassererdbebens verschwunden sein. Sie wurden vor kurzem von Tauchern wiederentdeckt. Diese Anlagen bestanden aus einem äußeren und einem inneren Becken, zusammen 250 Hektar groß (Gaston Jondet, *‹Les Ports submergés de l'ancienne Île de Pharos›*, 1916). Diese Identifizierung von Atlantis mit Pharos würde erklären, warum Atlas manchmal ein Sohn des Iapetos – Japhet aus der *Genesis*, den die Hebräer einen

Sohn Noahs nannten und zum Vorfahren der Seeleute machten – und manchmal ein Sohn des Poseidon, des Schutzherrn der griechischen Seeleute, genannt wird. Noah ist Deukalion (s. 38, c). Obwohl Iapetos im griechischen Mythos als Deukalions Großvater erscheint, bedeutet das nichts anderes, als daß er der eponyme Vorfahr der kanaanitischen Stämme war. Diese, nicht die Atlanter, brachten die Legende von der Mesopotamischen Flut nach Griechenland mit. Einige Einzelheiten im Bericht PLATONS – das Stieropfer und das Heiß- und Kaltwassersystem im Palaste des Atlas – lassen es als sicher erscheinen, daß hier die Kreter und keine andere Nation gemeint sind. Hie Atlas kannten die Kreter ‹alle Tiefen der See›. Nach DIODORUS (V, 3) vergaßen die Athener, als ein Großteil der Einwohner Griechenlands durch die große Flut vernichtet war, daß sie selber Saïs in Ägypten gegründet hatten. Er scheint damit sagen zu wollen, daß nach dem Untergang der Hafenanlagen in Pharos die Athener ihre religiösen Bande mit der Stadt Saïs vergaßen, wo die libysche Göttin Neith oder Athene angebetet wurde.

3. PLATONS Geschichte wirkt durch seinen Bericht über die zahlreichen Elefanten in Atlantis verwirrend. Er könnte sich auf den großen Import von Elfenbein über Pharos nach Griechenland beziehen, könnte aber auch von einer älteren Legende entliehen sein. Die Lage von Atlantis ist der Gegenstand zahlreicher Theorien. Es ist weniger wahrscheinlich, daß die Nachricht von dessen Untergang durch Überlebende der Katastrophe nach Europa gebracht wurde, als daß hochzivilisierte neolithische Einwanderer aus Libyen die Erinnerung an eine andere Katastrophe zur atlantischen Seeküste gebracht haben.

4. Diese Einwanderer waren Bauern, die gegen Ende des 3. Jahrtausends v. Chr. nach England kamen. Bis heute gibt es noch keine befriedigende Erklärung für ihre Massenwanderung über Tunis und Marokko nach dem südlichen Spanien und dann nordwärts nach Portugal und weiter. Sollten aber die ägyptischen Priester SOLON wirklich erzählt haben, daß sich die Katastrophe im ‹Fernen Westen› ereignet hat und daß die Überlebenden bei ihrer Wanderung ‹an den Säulen des Herakles› vorbeizogen, so kann Atlantis leicht identifiziert werden.

5. Es ist das Land, von dem DIODORUS SICULUS (s. 131, m) berichtet, es läge westlich vom See Triton und sei von einem hochzivilisierten Volk bewohnt. Hier eroberten die libyschen Amazonen, d. h. die matriarchalen Stämme, die HERODOT später beschrieb, die Stadt Kerne. Die Geschichte des DIODORUS kann archäologisch nicht datiert werden; er läßt sie einem libyschen Einfall auf die Aigaiischen Inseln und in Thrakien vorangehen. Dieses Ereignis kann nicht später als im 3. Jahrtausend v. Chr. stattgefunden haben. Wenn daher Atlantis das westliche Libyen war, so können die Fluten, die dessen Verschwinden verursachten, entweder, wie die mesopotamischen und ogyischen Fluten (s. 38, 3-5), einem ungeheuren Regenfall, einer Hochflut mit starken Nordweststürmen oder einem Absinken der Küstengebiete zugeschrieben werden. Atlantis könnte bei der Entstehung des Sees Triton (s. 8, a) tatsächlich überflutet worden sein. Dieser bedeckte einst anscheinend einige tausend Quadratmeilen der libyschen Tieflande. Er dehnte sich nordwärts bis zur Großen Syrte aus. Diese wird von dem Geographen SKYLAX* ‹der Golf von Tritonis› genannt.

---

* Grieche aus Karyanda in Karien, unternahm Ende des 6. Jh. v. Chr. eine Forschungsreise bis zum Indus. (Anm. d. Red.)

Gefährliche Riffe lassen hier eine Inselkette vermuten, von der nur mehr Jerba und die Kerkennahs bestehen.

6. Die von Diodorus erwähnte Insel (s. 131, l), die aus der Mitte des Sees emporragte, war vielleicht die Chaamba Bou Rouba in der Sahara. Diodorus scheint sich auf eine Katastrophe bezogen zu haben, als er seinen Bericht über die Amazonen und die Atlanter schrieb (III, 55): ‹Und es wird gesagt, daß die Teile Libyens, die am Ozean liegen, als Folge des Erdbebens den See Tritonis verschlangen und ihn verschwinden ließen.› Da aber der See Tritonis noch zu Diodorus' Zeit existierte, war ihm wahrscheinlich erzählt worden, daß ‹das Meer infolge von Erdbeben einen Teil Libyens überschwemmte und den See Tritonis bildete›. Dieser bedeckte, laut Skylax, noch im Klassischen Zeitalter neunhundert Quadratmeilen; heute ist er auf die Salzsümpfe von Schott Melghir und Schott el Jerid zusammengeschrumpft. Wenn hier Atlantis lag, so ist ein Teil der besitzlos gewordenen Bauern westwärts nach Marokko, ein anderer südwärts durch die Sahara und ein dritter ostwärts nach Ägypten und weiter ausgewandert. Sie nahmen ihre Geschichte mit sich. Nur wenige blieben am Ufer des Sees zurück. Platons Elefanten könnten wohl in diesem Gebiet vorgekommen sein. Die bergige Küstenlinie von Atlantis gehörte ja zu Kreta. Von ihm wußten die Ägypter, die das Meer haßten, nur vom Hörensagen.

7. Die fünf Zwillingspaare Poseidons, die sich gegenseitig Treue geschworen hatten, waren Vertreter des ‹Keftiu›-Königtums zu Pharos, das mit den Kretern verbündet war. Im mykenischen Zeitalter war das Doppel-Königtum üblich: Sparta unter Kastor und Polydeukes, Messina unter Idas und Lynkeus, Argos unter Proëtos und Akrisios, Tiryns unter Herakles und Iphikles, Theben unter Eteokles und Polyneikes. Die Söhne Poseidons zeigten Gier und Dreistigkeit erst nach dem Fall von Knossos, als Ehrlichkeit im Handel unpopulär und die Kaufleute Piraten geworden waren.

8. Der Name Prometheus (‹vorbedacht›) könnte seinen Ursprung in einem griechischen Mißverständnis des Sanskritwortes *pramantha* haben, das Swastika oder Feuerreiber – den er erfunden haben soll – bedeutet. Zeus Prometheus wurde zu Thurioi mit einem Feuerreiber in der Hand dargestellt. Der indoeuropäische Volksheld Prometheus ist mit dem karischen Helden Palamedes, der, inspiriert von der Göttin, alle zivilisatorischen Künste erfand oder lehrte, verwechselt worden. Der babylonische Gott Ea behauptete, aus dem Blute Kingus (ein Äquivalent des Kronos) einen vorzüglichen Menschen erschaffen zu haben, während der Muttergöttin Aruru nur ein minderwertiger aus Lehm gelang. Auch mit Ea wurde Prometheus verwechselt. Die Brüder Promanthu und Manthu kommen in der *Bhagavata Purāna*, einem Sanskrit-Epos, vor. Sie sind die Vorbilder des Prometheus und des Epimetheus (‹nachbedacht›). Hesiods Bericht über Prometheus, Epimetheus und Pandora ist indessen kein echter Mythos, sondern eine antifeministische Fabel. Wahrscheinlich war sie seine eigene Erfindung, obwohl sie wesentlich auf der Geschichte von Demophon und Phyllis (s. 169, j) beruht. Pandora (‹All-Geberin›) war die Erdgöttin Rhea und wurde unter diesem Namen in Athen und an anderen Orten angebetet (Aristophanes, ‹Vögel› 971; Philostratos, ‹Das Leben des Apollonios von Tyana› VI, 39). Der pessimistische Hesiod schiebt ihr alle Schuld an der Sterblichkeit des Menschen, an den Übeln, die ihn befallen, und an dem frivolen und ungehörigen Benehmen der Ehefrauen zu. Ebenso unmythisch ist sein Bericht über die Teilung des Stieres: Er ist eine komische Anekdote, die die Bestrafung des Prometheus und die Absurdität der aus Knochen und Fett bestehenden Götteropfer erklären soll.

9. Noch immer tragen griechische Inselbewohner im hohlen Stengel des Riesenfenchels Feuer von einem Platz zum anderen. Die Fesselung des Prometheus an einen Felsen im Kaukasos ist wahrscheinlich eine Sage, welche die Hellenen auf ihrer Wanderung vom Kaspischen Meer nach Griechenland hörten.

10. Die Athener haben eine Liebschaft ihrer Göttin mit Prometheus immer abgestritten. Doch geht daraus hervor, daß er örtlich mit Hephaistos, einem anderen Feuergott und Erfinder, identifiziert wurde. Über diesen wurde die gleiche Geschichte erzählt (s. 25, b), weil er sich auf der Akropolis mit Athene in einen Tempel teilte.

11. Menoitios (‹zerstörte Kraft›) ist ein Heiliger König des Eichenkults; der Name bezieht sich auf eine rituelle Verstümmelung (s. 7, 1 und 50, 2).

40. EOS

a. Am Ende jeder Nacht erhebt sich von ihrem Lager im Osten die rosenfingrige und gelbgewandete Eos, Tochter des Titanen Hyperion und der Titanin Theia. Sie besteigt ihren Wagen, der von den Pferden Lampos und Phaëthon gezogen wird, und fährt zum Olymp. Dort verkündet sie die Ankunft ihres Bruders Helios. Wenn Helios erscheint, wird sie Hemera und begleitet ihn auf seiner Reise bis sie, als Hespera, ihre gemeinsame Ankunft an den westlichen Küsten des Okeanos verkündet[1].

b. Einmal fand Aphrodite Ares im Bette der Eos. Ärgerlich bestrafte sie Eos mit einer ständigen Begierde nach jungen Sterblichen. Heimlich und voller Scham begann Eos die Menschen zu verführen, zuerst Orion, dann Kephalos, dann Kleitos, einen Enkel des Melampos, obwohl sie mit Astraios vom Stamme der Titanen verheiratet war und ihm nicht nur den Nord-, West- und Südwind, sondern auch Phosphoros und, wie manche sagen, alle Sterne des Himmels geboren hatte[2].

c. Schließlich entführte Eos Ganymedes und Tithonos, beides Söhne des Tros oder des Ilos. Als Zeus ihr Ganymedes raubte, erbat sie sich für Tithonos Unsterblichkeit. Zeus gewährte ihren Wunsch. Aber sie vergaß, für ihn auch ewige Jugend zu erbitten, ein Vorteil, den Selene für Endymion herausgeschlagen hatte. Tithonos wurde jeden Tag älter und grauer, sein Antlitz wurde runzelig und seine Stimme keifend. Als Eos müde ward, ihn zu pflegen, sperrte sie ihn in ihr Schlafgemach ein, wo er sich in eine Zikade verwandelte[3].

1. Homer, Odyssee V, 1 und XXIII, 244-6; Theokrit, Idylle II, 148.
2. Apollodoros I, 4, 4; Homer, Odyssee XV, 250; Hesiod, Theogonie 378-82.

3. Scholiast über Apollonios Rhodios III, 115; Homerischer Hymnos an Aphrodite 218-38; Hesiod, Theogonie 984; Apollodoros III, 12, 4; Horaz, Oden III, 20; Ovid, Fasti I, 461.

1. Die Göttin der Morgenröte war eine hellenische Erfindung; von den Mythographen wurde Eos nur widerwillig als eine Titanin der zweiten Generation anerkannt. Ihr zweispänniger Wagen und ihre Ankündigung der Sonne sind eher Allegorien als Mythen. Sie entwickelte sich aus der blutfingrigen indischen Muttergöttin Uschas (Uschas wird zu Eos).

2. Eos' fortwährende Liebesaffären mit jungen Sterblichen sind ebenfalls Allegorien: Die Morgendämmerung läßt die nächtlichen Leidenschaften der Liebenden wieder aufflammen. Die Allegorie ihrer Ehe mit Astraios besagt, daß die Sterne mit der Morgendämmerung im Osten verschmelzen und Astraios, der Morgenwind, sich erhebt, als wäre er deren Emanation. Eos wird — der Wind galt ja als Befruchter — durch Astraios die Mutter des Morgensterns, der allein am Himmel steht. (Astraios war ein anderer Name für Kephalos, von dem es gleichfalls heißt, daß er mit Eos den Morgenstern zeugte). Da Abend- und Morgenstern identisch sind und das letzte Erscheinen der Dämmerung am Abend gesehen wird, folgert die philosophische Überlegung, daß alle Sterne und alle Winde mit Ausnahme des Morgenwinds, der bei der Morgendämmerung aufkommt, von Eos geboren sein müssen. Diese Auffassung widerspricht jedoch dem Mythos von der Schöpfung des Boreas durch die Mondgöttin Eurynome (s. 1, 1).

3. In der griechischen Kunst sind Eos und Hemera nicht zu unterscheiden. Tithonos soll ‹Fähigkeit des Ausdehnens› (von *teinō* und *ōne*) bedeuten, eine Anspielung auf Eos' Bitte um ewiges Leben für ihren Liebhaber. Wahrscheinlicher ist jedoch, daß er die männliche Form von Eos' eigentlichem Namen, Titone, ist — von *tito* = ‹Tag› (Tzetzes, ‹Über Lykophron› 941) und *one* = ‹Königin› —, mit der Bedeutung von ‹Gemahl der Königin des Tages›. Sobald es Tag wird, leben die Zikaden auf; goldene Zikaden waren bei den griechischen Kolonisten Kleinasiens das Wahrzeichen ihres Sonnengottes Apollon.

41. ORION

a. Orion, ein Jäger im boiotischen Hyria und einer der schönsten Männer, war der Sohn des Poseidon und der Euryale. Eines Tages kam er nach Hyria in Chios und verliebte sich in Merope, die Tochter Oinopions, der ein Sohn des Dionysos war. Oinopion versprach Orion seine Tochter, wenn er die Insel von den gefährlichen wilden Tieren, die sie bedrohten, befreien würde. Orion machte sich ans Werk und brachte jeden Abend die Pelze der erlegten Tiere zu Merope. Als die Aufgabe endlich erfüllt schien und Orion seinen Lohn forderte, redete Oinopion von Löwen, Bären und Wölfen, die noch immer in den Hügeln wären, und weigerte sich, seine Tochter herzugeben: Er selbst war in sie verliebt.

b. Enttäuscht trank Orion eines Nachts einen Schlauch voll von Oinopions Wein, der ihn so berauschte, daß er in Meropes Schlafgemach eindrang und sie verführte. Oinopion wandte sich an seinen Vater Dionysos. Dieser beauftragte die Satyrn, Orion noch mehr Wein zu geben, damit er in einen tiefen Schlaf fiele. Oinopion überfiel den völlig Wehrlosen, blendete ihn und warf ihn an die Meeresküste. Ein Orakel verkündete, daß der Blinde sein Augenlicht wiedergewinnen würde, wenn er gen Osten reisen und seine Augenhöhlen dem aus dem Ozean aufsteigenden Helios zuwenden würde. Orion ruderte in einem kleinen Boot hinaus aufs Meer. Dem Lärm des Gehämmers des Kyklopen folgend, erreichte er Lemnos. Dort betrat er die Schmiede des Hephaistos, nahm einen Lehrling namens Kedalion auf seine Schultern und trug ihn als Führer mit sich fort. Kedalion führte Orion über Land und Meer, bis sie endlich an die entfernteste Grenze des Okeanos kamen, wo Eos sich in den blinden Mann verliebte und ihr Bruder Helios ihm das Augenlicht wiedergab.

c. In Gesellschaft seiner Freundin Eos besuchte Orion Delos. Dann kehrte er zurück, um an Oinopion Rache zu nehmen. Er konnte ihn jedoch in Chios nirgendwo finden. Oinopion hielt sich in einer unterirdischen Kammer, die Hephaistos für ihn gemacht hatte, versteckt. Orion segelte nach Kreta, da er glaubte, Oinopion habe bei seinem Großvater Minos Schutz gesucht. Hier traf er Artemis, die seine Liebe für die Jagd teilte. Sie überredete ihn, seine Rache zu vergessen und mit ihr auf die Jagd zu gehen [1].

d. Apollon wußte, daß Orion die Einladung der Eos, ihr Lager auf der heiligen Insel Delos zu teilen, nicht ausgeschlagen hatte. Noch immer errötet die Morgendämmerung, wenn sie dieser Unschicklichkeit gedenkt. Außerdem hatte Orion sich gebrüstet, die ganze Erde von wilden Tieren und Ungeheuern säubern zu wollen. Apollon fürchtete daher, daß wie Eos auch seine Schwester Artemis den Reizen Orions erliegen könnte. Er ging zur Mutter Erde und wiederholte hämisch Orions Prahlereien. Dann hetzte er einen riesenhaften Skorpion auf ihn. Orion griff das Untier zuerst mit Pfeilen, dann mit seinem Schwert an. Als er erkannte, daß dessen Panzer für die Waffen der Sterblichen undurchdringbar sei, tauchte er ins Meer und schwamm nach Delos. Dort, so hoffte er, würde Eos ihn beschützen. Aber Apollon rief Artemis zu: «Siehst du dort etwas Schwarzes, weit weg im Meere, in der Nähe von Ortygia? Es ist der Kopf eines Schuftes, der Kandaon heißt. Soeben hat er Opis, eine deiner hyperboreischen Priesterinnen, verführt. Durchbohre ihn doch mit einem deiner Pfeile!» Nun war Kandaon Orions boiotischer Kosename, aber Artemis wußte das nicht: Sie zielte und ließ den Pfeil schwirren. Dann schwamm sie ihm nach, um ihre Beute zu fassen. Da sah sie, daß sie Orion durch den Kopf geschossen hatte. Voller Verzweiflung flehte sie Apollons Sohn Asklepios an, ihn wieder zu beleben. Asklepios war bereit, dies zu tun, aber ehe er ihre Bitte erfüllen konnte, wurde er von einem Blitz des Zeus getötet. Da setzte Artemis Orions Bild unter die Sterne, ewig verfolgt vom Skorpion. Sein Geist war bereits zu den Asphodelischen Wiesen hinabgestiegen.

e. Nach anderen Berichten soll Orion von dem Riesenskorpion getötet worden sein. Auch soll ihm Artemis gezürnt haben, weil er ihre jungfräulichen Begleiterinnen, die sieben Pleiaden, Töchter des Atlas und der Pleione, lüstern verfolgt hatte. Die Mädchen seien über die Wiesen Boiotiens geflohen, bis die Götter sie in Tauben verwandelt und ihr Bild unter die Sterne gesetzt hätten. Diese Erzählung ist allein deswegen falsch, weil die Pleiaden keine Jungfrauen mehr waren. Zeus hatte mit dreien von ihnen gebuhlt, Poseidon mit zweien, Ares mit einer, und die siebente war mit Sisyphos, dem Korinther, verheiratet. Sie wurde auch nicht in das Sternenbild aufgenommen, weil Sisyphos nur ein Sterblicher war [2].

f. Um Orions Namen – der auch Urion geschrieben wird – und die Überlieferung, er sei ein Sohn der Mutter Erde, zu erklären, wird auch folgende seltsame Geschichte erzählt: Hyrieus, ein armer Bienenzüchter und Bauer, hatte gelobt, keine Kinder zu zeugen. Als er bereits alt und kraftlos war, kehrten eines Tages Zeus und Hermes in Verkleidung bei ihm ein. Während sie gastfreundlich bewirtet wurden, fragten sie ihn, was er sich wohl am meisten wünsche. Tief seufzend antwortete Hyrieus, er wünsche sich einen Sohn, könne ihn aber nicht mehr zeugen. Da rieten ihm die Götter, einen Stier zu opfern, auf dessen Haut sein Wasser abzuschlagen und dann diese Haut in das Grab seiner Frau zu legen. Der Bauer folgte dem Rat, und neun Monate später wurde ihm ein Sohn geboren, den er Urion – ‹der, der Wasser läßt› – nannte. Orion bringt tatsächlich in der auf- wie auch in der absteigenden Konstellation Regen [3].

1. Homer, Odyssee XI, 310; Apollodoros, I, 4, 3-4; Parthenios, Liebesgeschichten 20; Lukian, Über die Halle 28; Theon, Über Aratos 638; Hyginus, Poetische Astronomie II, 34.
2. Apollodoros a. a. O.
3. Servius über Vergils Aeneis I, 539; Ovid, Fasti V, 537 ff; Hyginus, Poetische Astronomie II, 34.

1. Orions Geschichte besteht aus drei oder vier unzusammenhängenden Mythen. Der erste Mythos, unklar überliefert, ist der des Oinopion. Er betrifft die Unlust mancher Heiligen Könige, am Ende ihrer Regierungszeit abzudanken, obgleich der neue Anwärter auf die Königswürde seine rituellen Kämpfe durchgeführt und die Königin mit den üblichen Feierlichkeiten geheiratet hatte. Der neue König ist nur ein *interrex*. Wenn er einen Tag lang regiert hat, wird er getötet und von den Mainaden verzehrt (s. 30, 1). Der alte König, der

sich nur kurze Zeit tot zu stellen brauchte, konnte die Königin wieder heiraten und seine Regierung fortsetzen (s. 123, 4).

2. Das beziehungslose Detail der hämmernden Kyklopen soll die Blindheit Orions unterstreichen. Hier ist das mythologische Bild des Odysseus, der das Auge des trunkenen Kyklopen ausbrennt (s. 170, d), anscheinend mit einer hellenischen Allegorie verbunden: Der Sonnen-Titan wird allabendlich von seinen Feinden geblendet, erhält aber bei der kommenden Morgendämmerung sein Augenlicht wieder. Orion (‹der Mann im Mond von den Bergen›) und Hyperion (‹der Mann im Mond in der Höhe›) sind die gleiche Person. Orions Prahlerei, er werde die wilden Tiere ausrotten, bezieht sich nicht nur auf seine rituellen Kämpfe (s. 123, 1), sondern auch auf die aufgehende Sonne, bei deren Anblick sich alle wilden Tiere in ihre Höhlen zurückziehen (vgl. Psalm 104, 22).

3. Plutarch berichtet, daß der Gott Set einen Skorpion aussandte, um das Kind Horus, einen Sohn der Isis und des Osiris, zur heißesten Zeit des Sommers zu töten. Dieser Bericht erklärt Orions Tod durch einen Skorpionstich sowie die Bitte der Artemis um seine Wiederbelebung (Plutarch, ‹Über Isis und Osiris› 19). Horus starb, aber Ra, der Sonnengott, erweckte ihn wieder zum Leben. In der Originalfassung des Mythos wird auch Orion wiederbelebt. Orion ist auch teilweise Gilgamesch, der babylonische Herakles, den die Skorpionmänner, wie in der Zehnten Tafel des Kalenders, angreifen. Die Sage meint den Opfertod des Heiligen Königs zu einer Zeit, da die Sonne im Zeichen des Skorpions steht. Der genaue Zeitpunkt hängt vom Alter der Mythe ab; im Klassischen Zeitalter war dies wahrscheinlich der Oktober.

4. Eine andere Version von Orions Tod wird auf einer der hethitischen Ras Shamra-Tafeln berichtet. Diese wurde dann in Griechenland einer anderen Legende angepaßt: Die orgiastischen Priesterinnen der Artemis – Opis war ein Titel der Artemis – töteten einen liebestollen Besucher ihrer Insel Ortygia. Da die Rückkehr der Konstellation Orion die Sommerhitze mit sich bringt, wurde Orion mit Set, dem Feinde des Horus, identifiziert.

5. Der Mythos von Orions Geburt stellt möglicherweise mehr als nur eine groteske Anekdote dar, der Geschichte von Philemon und Baucis (Ovid, ‹Metamorphosen› VIII, 670-724) nacherzählt, um die erste Silbe des alten Namens Urion von *ourein* = ‹urinieren› und nicht von *ouros*, der homerischen Form von *oros* = ‹Berg›, abzuleiten. Möglicherweise kann den Griechen auch ein primitiver afrikanischer Regenzauber, der darin besteht, Wasser auf die Haut eines Stieres zu lassen, bekannt gewesen sein. Daß Orion ein Sohn Poseidons, des Meeresgottes, war, ist eine deutliche Anspielung auf seine Fähigkeit, Regen zu bringen.

6. Der Name Pleiaden, von *plei* = ‹segeln›, bezieht sich auf das Erscheinen des gleichnamigen Sternbilds zu einer Jahreszeit, in der das Wetter zum Segeln geeignet ist. In Pindars Schreibweise *peleiades* sind sie eine ‹Taubenschar›. Das mag zutreffend sein, da ja die Hyaden kleine Ferkel waren. Es scheint, daß ein siebenter Stern in dieser Gruppe gegen Ende des 2. Jahrtausends v. Chr. erlosch (s. 67, j). Hyginus (Fabel 192) berichtet über das Verschwinden der Elektra aus Trauer über die Zerstörung des Hauses des Dardanos. Orions vergebliche Verfolgung der Pleiaden, die im Sternbild des Stiers sichtbar sind, bezieht sich auf ihren Aufgang über dem Horizont kurz vor dem Wiedererscheinen Orions.

42. HELIOS

a. Helios, den die kuhäugige Euryphaëssa oder Theia dem Titanen Hyperion gebar, ist ein Bruder Selenes und der Eos. Geweckt von einem krähenden Hahn, der ihm geweiht ist, und angekündigt von Eos, treibt er seinen vierspännigen Wagen täglich über den Himmel. Er fährt von seinem prunkvollen Palast im Fernen Osten, in der Nähe von Kolchis, zu einem gleich herrlichen im Fernen Westen. Dort läßt er seine ausgespannten Pferde auf den Inseln der Seligen weiden [1]. Dann segelt er heim entlang dem Strome Okeanos, der rund um die Welt fließt. Er lädt seinen Wagen und sein Gespann auf eine goldene Fähre, die Hephaistos für ihn machte, und schläft dann die ganze Nacht auf einem weichen Lager [2].

b. Helios kann alles sehen, was auf Erden geschieht. Allerdings ist er nicht besonders aufmerksam – selbst den Raub seines heiligen Viehs durch die Gefährten des Odysseus sah er nicht. Er hat mehrere Viehherden, von denen jede aus dreihundertfünfzig Tieren besteht. In Sizilien werden sie von seinen Töchtern Phaëtusa und Lampetia gehütet. Seine beste Herde hält er auf der spanischen Insel Erytheia [3], aber sein Familiensitz ist auf Rhodos. Als Zeus die Inseln und die Städte an die Götter verteilte, übersah er Helios. «Schade», rief Zeus, als er sich dessen bewußt wurde, «nun muß ich wieder von vorn anfangen!»

«Nicht doch, Majestät», erwiderte Helios höflich, «heute bemerkte ich Zeichen einer neuen Insel, die aus dem Meere auftaucht, im Süden Kleinasiens. Mit ihr werde ich wohl zufrieden sein.»

c. Zeus zog die Schicksalsgöttin Lachesis als Zeugin dafür hinzu, daß die neue Insel Helios gehöre [4]. Als Rhodos sich aus den Wellen erhoben hatte, nahm Helios sie in Besitz und zeugte dort mit der Nymphe Rhode sieben Söhne und eine Tochter. Manche sagen, Rhodos wäre damals nicht neu entstanden, sondern nur von einer Sturmflut, die Zeus verursacht hatte, verdeckt gewesen. Die Telchinen waren ihre ersten Bewohner. Poseidon hatte sich in eine von ihnen, die Nymphe Halia, verliebt, mit der er Rhode und sechs Söhne zeugte. Diese Söhne beleidigten Aphrodite auf ihrer Reise von Kythera nach Paphos. Zur Strafe wurden sie von ihr mit Wahnsinn geschlagen. Sie vergewaltigten ihre Mutter und begingen noch andere Schandtaten, so daß Poseidon sie in die Erde verschwinden ließ. Sie werden die östlichen Daimonen genannt. Halia selbst stürzte sich ins Meer und wurde als Leukothea zur Göttlichkeit erhoben. Die gleiche Geschichte wird auch von Ino, der Mutter des korinthischen Melikertes, erzählt. Die Telchinen sahen die Flut voraus und segelten in alle Richtungen, besonders aber nach Lykia. Sie gaben ihren Anspruch auf Rhodos auf, so daß Rhode die alleinige Erbin blieb. Die sieben Söhne, die sie Helios geboren hatte, beherrschten die wieder aufgetauchte Insel. Sie wurden berühmte Astronomen. Ihre Schwester Elektryo starb jungfräulich und wird als Halbgöttin verehrt. Einer der Brüder, Aktis mit Namen, wurde wegen Brudermordes verbannt und floh nach Ägypten. Hier gründete er die Stadt Heliopolis und lehrte, von seinem Vater angeregt, die Ägypter die Astrologie. Später bauten die Rhoder ihm zu Ehren den Kolossos, der siebzig Ellen hoch war. Den von Helios beherrschten Gebieten fügte Zeus noch die neue Insel Sizilien hinzu, die aus einem Felswurf im Kampf mit den Giganten entstanden war.

d. Eines Morgens erlaubte Helios seinem Sohn Phaëthon, der ihn schon öfter darum gebeten hatte, den Sonnenwagen zu lenken. Phaëthon wollte seinen Schwestern Prote und Klymene zeigen, welch tüchtiger Bursche er wäre. Seine Mutter Rhode – ihr Name steht nicht ganz fest, denn sie wurde auch bei den Namen ihrer Töchter gerufen – liebte ihn über alles und ermutigte ihn voller Stolz. Nun war er aber nicht stark genug, den Lauf der weißen Pferde, die seine Schwestern für ihn gezäumt hatten, zu lenken. Phaëthon fuhr zuerst so hoch über der Erde, daß alle froren, und dann so niedrig, daß die Felder verbrannten. Da wurde Zeus zornig und tötete den ungeschickten Lenker mit einem Blitz. Phaëthon stürzte in den Fluß Po. Seine gramerfüllten Schwestern wurden in Pappeln verwandelt, die an den Ufern des Flusses stehen. Sie weinen Tränen aus Bernstein. Nach anderer Lesart sind sie in Erlen verwandelt worden[5].

1. Homerischer Hymnos an Helios 2 und 9-16; Homerischer Hymnos an Athene 13; Hesiod, Theogonie 371-4; Pausanias V, 25, 5; Nonnos, Dionysiaka XII, 1; Ovid, Metamorphosen II, 1 ff und 106 ff; Hyginus, Fabel 183; Athenaios VII, 296.
2. Apollodoros II, 5, 10; Athenaios XI, 39.
3. Homer, Odyssee XII, 323 und 375; Apollodoros I, 6, 1; Theokritos, Idylle XXV, 130.
4. Pindar, Olympische Oden VII, 54 ff.
5. Scholiast über Pindars Olympische Oden VI, 78; Tzetzes, Chiliaden IV, 137; Hyginus, Fabeln 52, 152 und 154; Euripides, Hippolytos 737; Apollonios Rhodios IV, 598 ff; Lukian, Dialoge der Götter 25; Ovid, Metamorphosen I, 755 ff; Vergil, Ecloga VI, 62; Diodorus Siculus V, 3; Apollodoros I, 4, 5.

1. An diesem frühen griechischen Mythos ist die Unterordnung der Sonne unter den Mond interessant. Die Stellung des Helios übernahm später Apollon, der aus ihm eine geistige Gottheit machte. Helios war, als Sohn eines Titanen, nicht einmal Mitglied des Olymps. Obgleich sich Zeus später von den Hethitern, dem korinthischen Gott Tesup (s. 67, 1) und anderen orientalischen Sonnengottheiten gewisse Sonnenattribute entlieh, waren sie doch, verglichen mit seiner Herrschaft über Donner und Blitz, unbedeutend. Die Zahl der Tiere in den Herden des Helios – in der Odyssee wird er Hyperion genannt (s.

170, t) — ist ein Hinweis auf seine Abhängigkeit von der Großen Göttin. Sie entspricht — wie im Numischen Jahr (CENSORINUS XX) — der Anzahl der Tage von zwölf vollständigen Mondzyklen, weniger der fünf Tage, die Osiris, Isis, Set, Horus und Nephthys geweiht waren. Die Zahl dreihundertfünfzig ist ferner eine Multipel der Mondzahlen fünfzig und sieben. Helios' angebliche Töchter sind Mondpriesterinnen, denn im frühen europäischen Mythos waren Rinder eher Mond- als Sonnentiere. Die Mutter des Helios, die kuhäugige Euryphaëssa, ist die Mondgöttin selbst. Das Bild des Sonnenwagens, der über den Himmel jagt, ist zwar durchaus hellenisch; dennoch war der Mondkult dominierend, selbst noch — wie NILSSON in seinem Buch ‹*Primitive Time Reckoning*› (1920) nachgewiesen hat — bei den Ahnenfeiern des Klassischen Zeitalters und den ackerbaulichen Prinzipien Boiotiens zur Zeit HESIODS. Auf Goldringen, die in Tiryns und auf der Akropolis von Mykene gefunden wurden, ist die Mondgöttin als Trägerin von Sonne *und* Mond dargestellt.

2. Phaëthon ist nur ein anderer Name für Helios (HOMER, ‹*Ilias*› XI, 735 und ‹*Odyssee*› V, 479). In seiner Wagengeschichte steckt ein Stück Lehrfabel: Väter sollen sich durch gefühlsbetonte Ratschläge der Ehefrauen nicht die Erziehung ihrer Söhne verderben lassen! Ihrer eigentlichen Bedeutung nach ist die Geschichte jedoch wiederum ein Opferungsmythos. Der Tag, an dem der Heilige König (in späterer Zeit nur scheinbar) starb, gehörte nicht dem Erden-, sondern dem Sternenjahr an. Es war der kürzeste Tag des Jahres. Am darauffolgenden Morgen wurde der *interrex* — ein Knabe — mit dem Titel und der Würde eines neuen Heiligen Königs belehnt. Er heiratete die Königin. Vierundzwanzig Stunden später wurde er getötet. In Thrakien rissen ihn als Pferde maskierte Frauen in Stücke (s. 27, d und 130, 1); in Korinth und an anderen Orten ließ man ihn von einem Sonnenwagen, vor den scheue Pferde gespannt waren, zu Tode schleifen. Der alte König konnte jetzt aus dem Grabe, in dem er sich versteckt gehalten hatte (s. 41, 1), wieder heraussteigen und die Nachfolge des massakrierten Kindes antreten. Die Geschichten von Glaukos (s. 71, a), Pelops (s. 109, j) und Hippolytos, ‹Pferdestampfen›, (s. 101, g) beziehen sich auf diese Sitte, die anscheinend von den Hethitern nach Babylon gebracht wurde.

3. Schwarze Pappeln waren der Hekate geweiht, die weißen hingegen versprachen Wiederauferstehung (s. 31, 5 und 134, f). Die Verwandlung der Schwestern des Phaëton in Pappeln weist auf eine Begräbnisinsel hin, wo ein Priesterinnenkollegium dem Orakel des Stammeskönigs diente. Die Verwandlung in Erlen unterstützt diese Ansicht. Erlen umgaben Kirkes Aiaia (‹Jammern›), eine Grabinsel, die im Adriatischen Meer lag, nicht weit von der Mündung des Po (HOMER, ‹*Odyssee*› V, 64 und 239). Das Po-Tal war im Bronzezeitalter der südliche Punkt der Route, auf der Bernstein, der der Sonne geweiht war, von der Ostsee zum Mittelmeer (s. 148, 9) transportiert wurde. *

4. Rhodos war Eigentum der Mondgöttin Danaë — auch Kameira, Ialysa und Linda genannt (s. 60, 2) —, bis diese von dem hethitischen Sonnengott Tesup vertrieben wurde. Tesup wurde in der Gestalt eines Stiers angebetet (s. 93, 1). Danaë kann mit Halia (‹aus dem Meer›), Leukothea (‹weiße Göttin›)

* Vgl. GORDON CHILDE, Vorgeschichte der europäischen Kultur. rde Bd. 101, S. 130 ff. (Anm. d. Red.)

und Elektryo (‹Bernstein›) gleichgesetzt werden. Die sechs Söhne und die Tochter des Poseidon sowie die sieben Söhne des Helios deuten auf eine Siebentagewoche hin, die von planetaren Mächten oder Titanen beherrscht wurde (s. 1, 3). Heliopolis – auch Onn oder Aunis genannt –, eine der ältesten Städte Ägyptens, ist nicht von Aktis gegründet worden. Die Annahme, daß er den Ägyptern die Astrologie beigebracht habe, ist töricht. Aber nach dem Trojanischen Krieg waren die Rhoder eine Zeitlang die einzigen Überseekaufleute, die von den Pharaonen anerkannt wurden; sie scheinen alte religiöse Verbindungen mit Heliopolis, dem Zentrum des Ra-Kults, gehabt zu haben.

43. DIE SÖHNE DES HELLEN

a. Hellen, Sohn des Deukalion und verheiratet mit Orseis, ließ sich in Thessalien nieder. Dorthin folgte ihm sein ältester Sohn, Aiolos [1].

b. Hellens jüngster Sohn, Doros, zog zum Berge Parnassos und gründete dort die erste dorische Gemeinde. Der zweite Sohn, Xuthos, war, von seinen Brüdern des Diebstahls bezichtigt, nach Athen geflohen. Hier heiratete er Krëusa, die Tochter des Erechtheus, die ihm Ion und Achaios gebar. So stammen die vier bedeutendsten hellenischen Nationen, nämlich die Ioner, die Aioler, die Achaier und die Dorer, alle von Hellen ab. Xuthos erging es in Athen nicht besonders; als er nach dem Tod des Erechtheus zum Schiedsrichter gewählt worden war, ernannte er seinen ältesten Schwager, Kekrops den Zweiten, zum Thronfolger. Diese Entscheidung mißfiel dem Volk. Xuthos wurde aus der Stadt verbannt. Er starb in Aigialos, das heute Achaia genannt wird [2].

c. Aiolos verführte die Tochter des Cheiron, die Prophetin Thea, auch Thetis genannt. Sie war eine Jagdgefährtin der Artemis. Thea fürchtete den Zorn ihres Vaters, wenn er ihren Zustand erführe. Artemis um Hilfe zu bitten, wagte sie nicht. Doch Poseidon, der seinem Freund Aiolos einen Gefallen erweisen wollte, verwandelte sie in eine Stute, die Euippe genannt wurde. Das Fohlen, das sie gebar, hieß Melanippe und wurde von Poseidon alsbald in ein Mädchen zurückverwandelt. Die Stute Euippe – die frühere Thea – setzte er als Sternbild des Pferdes an den nächtlichen Himmel. Aiolos nahm sich Melanippes an, nannte sie Arne und gab sie einer gewissen Desmontes in Pflege. Diese, selber kinderlos, adoptierte das Kind. Von alledem wußte Cheiron nichts [3].

d. Poseidon, der Arnes Schicksal aufmerksam verfolgt hatte, verführte sie, sobald sie erwachsen war. Als Desmontes entdeckte, daß Arne schwanger war, blendete sie das Mädchen und schloß es in eine leere Grabkammer ein. Bei Brot und Wasser gebar Arne Zwillingssöhne, und Desmontes befahl ihren Dienern, die Kinder auf dem Berge Pelion, den wilden Tieren zum Fraß auszusetzen. Aber ein ikarischer Hirte fand und rettete die Zwillinge. Einer von ihnen war seinem Großvater mütterlicherseits so ähnlich, daß er Aiolos genannt wurde; der andere mußte sich mit dem Namen Boiotos zufriedengeben.

e. Inzwischen hatte Metapontos, der König von Ikaria, seiner unfruchtbaren Gemahlin Theano die Scheidung angedroht, wenn sie ihm nicht innerhalb eines Jahres einen Erben schenkte. Während er fern seinem Hause ein Orakel besuchte, wandte sie sich hilfesuchend an den Hirten. Der schenkte ihr die Findlinge, die sie dem heimgekehrten Gemahl als ihre Söhne vorzeigte. Später gebar sie ihm auch noch eigene Zwillinge. Aber die Findlinge waren göttlichen Ursprungs und daher viel schöner als die ehelichen Söhne. Für Metapontos, der seine Vaterschaft an Aiolos und Boiotos nie in Zweifel zog, blieben diese seine Lieblinge, wodurch sich Theano in ihrer Mutterehre gekränkt fühlte. Als Metapontos wieder einmal zum Heiligtum der Artemis Metapontina gewandert war, überredete sie ihre eigenen Söhne, mit den älteren Brüdern auf die Jagd zu gehen und diese, einen Unfall vortäuschend, zu töten. Ihr Plan mißlang jedoch, denn Poseidon kam seinen Söhnen, die sich gegen den Überfall heftig wehrten, zu Hilfe. Aiolos und Boiotos trugen die Leichen ihrer Angreifer zum Palast zurück. Als Theano sie kommen sah, tötete sie sich selbst mit einem Jagdmesser.

f. Aiolos und Boiotos flohen zu ihrem Pflegevater, dem Hirten. Er forderte sie auf, ihre Mutter, die noch immer in der Grabkammer schmachte, zu retten und Desmontes zu töten. Die Brüder taten, wie ihnen geheißen. Poseidon gab der befreiten Arne das Augenlicht wieder. Mutter und Söhne kehrten daraufhin nach Ikaria zurück. Als Metapontos von dem Betrug der Theano erfuhr, heiratete er Arne, adoptierte in aller Form ihre Söhne und bestimmte sie zu seinen Erben.

g. Das Familienglück währte allerdings nur wenige Jahre. Dann hatte Metapontos Arne satt und beschloß, wieder zu heiraten. In dem Streit, der sich nun erhob, ergriffen Aiolos und Boiotos die Partei ihrer Mutter und töteten Autolyte, die neue Königin. Der Mord zwang sie, ihrer Anwartschaft auf den Thron zu entsagen. Sie flohen. Boiotos und Arne fanden im Palaste des Großvaters Aiolos Zuflucht. Aiolos trat ihnen den südlichen Teil seines Königreichs ab, der sich fortan Arne nannte. Des Boiotos Untertanen hießen seitdem Boioter. Zwei thessalische Städte, von denen die eine das spätere Chaironaia war, nahmen Arnes Namen an[4].

h. Der Zwillingsbruder Aiolos war unterdessen mit vielen Freunden gen Westen gesegelt und hatte die sieben Aiolischen Inseln im Tyrrhenischen Meer in Besitz genommen. Er wurde als Günstling der Götter und als Hüter der Winde berühmt. Sein Heim hatte er auf Lipara, einer schwimmenden Insel aus glattem Felsen. Dort wurden die Winde gefangengehalten. Er hatte sechs Söhne und sechs Töchter. Sie alle lebten zufrieden miteinander in einem Palast mit kupfernen Wänden. Es war ein Leben ununterbrochener Feste, Gesänge und Vergnügungen, bis Aiolos eines Tages entdeckte, daß sein jüngster Sohn Makareus bei seiner Schwester Kanache gelegen hatte. Voller Abscheu warf er die Frucht dieser blutschänderischen Liebe den Hunden vor und schickte Kanache ein Schwert, mit dem sie sich selber töten sollte. Dann erfuhr er aber, daß auch seine anderen Söhne und Töchter, denen niemand gesagt hatte, daß Inzucht unter den Menschen den Göttern mißfiel, sich unschuldigerweise gepaart hätten und sich als Mann und Frau betrachteten. Um Zeus, der Inzucht als ein olympisches Vorrecht betrachtete, nicht zu beleidigen, löste er die unstatthaften Verbindungen auf. Vier seiner Söhne befahl er auszuwandern. Sie zogen nach Italien und Sizilien, wo sie ein berühmtes Königreich gründeten und es ihrem Vater an Keuschheit und Gerechtigkeit gleichzutun bestrebt waren. Nur der fünfte und älteste Sohn blieb, als Thronfolger des Aiolos, in der Heimat. Makareus und Kanache sollen, wie manche meinen, doch ein Kind gehabt haben, eine Tochter, die Amphissa hieß und die später eine Geliebte des Apollon war[5].

i. Zeus hielt die Winde gefangen. Er fürchtete, sie könnten – würde er sie nicht unter Kontrolle halten – eines Tages die Erde und das Meer wegblasen. Auf Heras Wunsch nahm Aiolos sie in seine Obhut. Es war seine Aufgabe, den einen oder anderen nach eigenem Gutdünken oder auf das wohlüberlegte Verlangen einer olympischen Gottheit herauszulassen. Schien ein Sturm erwünscht, so stieß er seinen Speer in die Seiten des Felsens. Dann brausten die Winde hinaus in die Welt – bis er sie wieder zurückrief. Aiolos war so besonnen und tüchtig, daß Zeus ihn, als seine Todesstunde nahte, nicht in den Tartaros sandte. Er errichtete ihm einen Thron in der Höhle der Winde, wo er noch immer zu finden ist. Hera ist sogar der Meinung, daß seine verantwortungsvolle Stellung ihn dazu berechtigt, an den Festen der Götter teilzunehmen. Die anderen Olympier – besonders Poseidon, der das Meer und die Luft darüber als seinen eigenen Besitz betrachtet und der jedem das Recht abstreitet, Stürme zu entfesseln – behandeln den Gast als einen Eindringling[6].

1. Apollodoros I, 7, 3.
2. Herodot I, 56; Pausanias VII, 1, 2.
3. Hyginus, Fabel 186; Poetische Astronomie II, 18.
4. Diodorus Siculus IV, 67, 6; Pausanias IX, 40, 3.
5. Ovid, Heroides XI; Homer, Odyssee X, 1 ff; Hyginus, Fabel 238; Plutarch, Parallele Lebensgeschichten 28; Diodorus Siculus V, 8; Pausanias X, 38, 2.
6. Homer, Odyssee a. a. O.; Vergil, Aeneis I, 142-5.

1. Die Ioner und die Aioler waren die beiden ersten Wellen patriarchalischer Hellenen, die in Griechenland eindrangen. Sie wurden von den ansässi-

gen Helladen zur Anbetung der Dreifaltigen Göttin und demzufolge zur Änderung ihrer gesellschaftlichen Sitten bekehrt. Sie wurden zu Griechen (*graikoi* = ‹Anbeter der Grauen Göttin›). Später folgten die Achaier und Dorer. Ihnen gelang es, eine patriarchalische Gesellschaftsordnung und die patrilineare Erbfolge einzuführen. Damit wurden Achaios und Doros zu direkten Erben eines gemeinsamen Ahnen: Hellen. Hellen ist die männliche Form von Helle oder Helena, der Mondgöttin. Die ‹Parische Chronik› berichtet, daß die bedeutsame Umwandlung von Griechen in Hellenen im Jahre 1521 v. Chr. stattfand, ein Datum, das ziemlich genau sein dürfte. Aiolos und Ion wurden später allerdings um eine Generation zurückgestuft und nur noch als Söhne des diebischen Xuthos betrachtet. Mit dieser Zurücksetzung versuchten die Achaier und die Dorer sich zu den einzigen legitimen Erben Hellens zu machen und die Unterdrückung des aiolischen und ionischen Kults der orgiastischen Mondgöttin Aphrodite zu rechtfertigen. Aphrodites heiliger Vogel war der *xuthos*, der Spatz. Ihre Priesterinnen hielten wenig von der patriarchalischen Ansicht, daß Frauen der Besitz ihrer Väter und Gatten seien. Euripides, der sich selbst im späten Athen noch als Ioner fühlte, nennt Ion den älteren Bruder des Doros und des Achaios und, wie diese, einen Sohn des Apollon (s. 44, a).

2. Des Aiolos amouröser Sieg über Euippe und Melanippes Vergewaltigung durch Poseidon sind – ebenso wie des letzteren Gewalttat an der pferdeköpfigen Demeter (s. 16, f) – ein mythologisches Abbild desselben Ereignisses, nämlich der Eroberung der prähellenischen Zentren des Pferdekults durch die Aioler. Die Sage von der Blendung Arnes, ihrer Gefangensetzung in einem Grab, der Geburt der Zwillinge Aiolos und Boiotos und von deren Aussetzung ist anscheinend von dem bekannten Bild abgeleitet, das die Mythen von Danaë (s. 73, 4), Antiope (s. 76, a) und anderen darstellt: Man sieht eine Priesterin der Mutter Erde in einem *tholos*-Grab hocken. Sie übergibt den Schafhirten, damit das große Geheimnis offenbart werde, die Neujahrs-Zwillinge. Der Eingang der Tholos-Gräber öffnet sich, wie ein Versprechen der Wiedergeburt, nach dem Osten. Die Schafhirten sollen verkünden, daß sie die auf dem Berge ausgesetzten Kinder gefunden haben und daß diese von heiligen Tieren – Kühen, Bachen, Ziegen, Hindinnen und Wölfinnen – gesäugt wurden. Die wilden Tiere, vor denen die Zwillinge gerettet worden sein sollen, stellen die jahreszeitliche Transformation dar, die der neugeborene Heilige König zu durchwandern hatte (s. 30, 1).

3. Abgesehen von den gefangenen Winden und der Inzucht auf Lipara bezieht sich der Rest der Sage auf Stammeswanderungen. Die Mythographen sind sich nicht einig über Aiolos, den Sohn Hellens. Es gibt einen anderen Aiolos, der, um die Aioler als die dritte Generation Griechen erscheinen zu lassen, der Sohn des Xuthos sein sollte, ferner einen dritten Aiolos, den Enkel des ersten.

4. Da die homerischen Götter Inzucht zwischen den Söhnen und Töchtern des Aiolos nicht für schändlich hielten, entsteht der Eindruck, daß Aiolos und Enarete nicht Sterbliche, sondern Titanen gewesen sind. Sie wären daher nicht an die priesterlichen Gesetze über Verwandtschaft und Zugehörigkeit gebunden gewesen. Ihre Söhne und Töchter scheinen die anderen sechs Titanenpaare gewesen zu sein, die für die Planeten und Tage der Heiligen Woche verantwortlich waren (s. 1, d). So würde sich ihre privilegierte und gottähnliche Existenz

erklären. Für sie waren Speise und Trank und Kleidung keine Probleme; sie lebten in einem uneinnehmbaren Palast auf einer schwimmenden Insel – wie es auch Delos vor der Geburt des Apollon war (s. 14, 3). ‹Makareus› bedeutet ‹glücklich› – da nur Götter glücklich sein können. Es war den lateinischen Mythographen vorbehalten, Aiolos zu vermenschlichen und ihm Entsetzen über das Benehmen seiner Familie zuzuschreiben. Ihre Ergänzung der Mythe ermöglichte es ihnen, die Gründung eines aiolischen Königreiches in Italien und auf Sizilien zu erklären und – da *‹kanache›* ‹bellen› bedeutet und Kanaches Kind vor die Hunde geworfen war – die italienische Sitte der Opferung junger Hunde. Ovid nahm diese Geschichte anscheinend aus dem zweiten Buch der etruskischen Geschichte des Sostratos (Plutarch, ‹Parallele Lebensgeschichten› 28).

5. Ursprünglich waren die Winde ein Besitz der Hera; über sie hatten die männlichen Götter keine Gewalt. Tatsächlich lehrt Aiolos – nach den Berichten des Diodorus – die Inselbewohner nur den Gebrauch der Segel für die Schifffahrt und prophezeit aus Feuerzeichen, welcher Wind sich erheben wird. Die Winde wurden als die Geister der Toten betrachtet. Ihre Beherrschung ist ein Privileg, das die Vertreter der Todesgöttin nicht aufgeben wollten; Hexen in England, in Schottland und in der Bretagne erhoben noch im 16. und 17. Jahrhundert den Anspruch, die Winde beherrschen und sie an die Seeleute verkaufen zu können. Aber die Dorer waren gründlich: Schon zu Homers Zeiten hatten sie Aiolos, den eponymen Ahnen der Aioler, zum Range einer Gottheit erhoben und ihm die Aufsicht über die Winde – auf Kosten Heras – gegeben: Die Aiolischen Inseln, die seinen Namen tragen, waren in einem für die Heftigkeit und Unberechenbarkeit seiner Winde berüchtigten Gebiet gelegen (s. 170, g). Dieser Kompromiß wurde von den Priestern des Zeus und des Poseidon anscheinend mit Unwillen aufgenommen, da sie der Schöpfung neuer Gottheiten abgeneigt waren. Dies trifft auch auf die konservativen Anhänger Heras zu, die die Winde als unentfremdbares Eigentum ihrer Göttin betrachteten.

44. ION

a. Apollon schlief heimlich mit Erechtheus' Tochter Krëusa, der Gattin des Xuthos, in einer Höhle unter den Propylaia Athens. Als ihr ein Sohn geboren wurde, ließ Apollon ihn nach Delphi verschwinden. Er wurde ein Tempeldiener, und die Priester nannten ihn Ion. Xuthos hatte keinen Erben. Nach vielem Zögern ging er endlich zum Delphischen Orakel und fragte, wie er einen Sohn haben könnte. Zu seiner Überraschung wurde ihm gesagt, daß der erste Mensch, den er beim Verlassen des Heiligtums treffen würde, sein Sohn wäre. Es war Ion. Xuthos dachte, er habe ihn mit einer der Mainaden in den lustvollen dionysischen Orgien zu Delphi viele Jahre zuvor gezeugt. Ion konnte dem nicht widersprechen und anerkannte ihn als seinen Vater. Krëusa war bei dem Gedanken, daß Xuthos nun einen Sohn hätte, verärgert, da sie selber keinen hatte. Sie versuchte Ion zu töten, indem sie ihm einen Becher vergifteten Weines anbot. Ion jedoch vergoß erst einige Tropfen zu Ehren der Götter. Da flog eine Taube nieder und trank vom verschütteten Wein. Die Taube starb; und Krëusa suchte Schutz am Altare des Apollon. Als der rachedurstige Ion sie wegzuzerren versuchte, traten Priesterinnen zwischen sie und erklärten, daß er Krëusas Sohn von Apollon wäre; doch dürfte Xuthos nicht seines Glaubens beraubt werden, daß er ihn mit einer Mainade gezeugt hätte. Dann wurde Xuthos verkündet, er werde mit Krëusa Doros und Achaios zeugen.

b. Ion heiratete Helike, die Tochter des Selinos, des Königs von Aigialos. Diesem folgte er auf den Thron. Beim Tode des Erechtheus wurde er zum König Athens gewählt. Die vier Stände Athens — Landwirte, Handwerker, Priester und Soldaten — werden nach den Söhnen, die ihm Helike gebar, benannt[1].

1. Pausanias VII, 1, 2; Euripides, Ion; Strabon VIII, 7, 1; Konon, Erzählungen 27.

1. Dieser theatralische Mythos wird erzählt, um das Seniorat der Ioner über die Dorer und Achaier (s. 43, 1) zu beweisen, wie auch, um ihnen göttliche Abstammung von Apollon zuzuschreiben. Krëusa in der Höhle ist wahrscheinlich die Göttin, die das Neujahrskind oder die Neujahrskinder (s. 43, 2) einem Schafhirten — irrtümlich als Apollon im Hirtengewand angesehen — anbietet. Helike, die Weide, war der Baum des fünften Monats, geweiht der Dreifaltigen Muse, deren Priesterinnen diesen Baum für alle Arten von Zauberkunst und Wassermagie verwendeten (s. 28, 5). Es scheint, daß die Ioner sich ihr willig untergeordnet haben.

45. ALKYONE UND KEYX

a. Alkyone war die Tochter des Aiolos, des Hüters der Winde, und der Aigiale. Sie heiratete Keyx von Trachis, den Sohn des Morgensterns. Sie waren miteinander so glücklich, daß Alkyone leichtsinnigerweise sich Hera und ihn Zeus nannte. Verständlicherweise erzürnte dies den olympischen Zeus und seine Gemahlin Hera. Sie sandten einen Gewittersturm über das Schiff, mit dem Keyx zu einem Orakel fuhr, und zerstörten es. Keyx ertrank. Sein Geist erschien Alkyone, die gegen ihren Willen in Trachis zurückgeblieben war. Sie wurde so traurig, daß sie sich in das Meer stürzte. Ein mitleidiger Gott verwandelte sie beide in Eisvögel.

b. Nun trägt die Eisvogelhenne jeden Winter ihren toten Gefährten mit großem Klagen zu seinem Begräbnis. Dann baut sie ein festes Nest aus den Dornen des Hornhechtes, läßt es auf den Wellen treiben, legt darin ihre Eier und brütet ihre Küken aus. All dies tut sie in den halkyonischen Tagen — den sieben Tagen, die der Wintersonnenwende vorangehen, und den sieben Tagen danach —, während Aiolos seinen Winden verbietet, über die Wasser zu stürmen.

c. Aber manche sagen, daß Keyx in eine Seemöwe verwandelt wurde[1].

1. Apollodoros I, 7, 3; Scholiast über Aristophanes' Vögel 250; Scholiast und Eustathios über Homers Ilias IX, 562; Plinius, Naturgeschichte X, 47; Hyginus, Fabel 65; Ovid, Metamorphosen XI, 410-748; Lukian, Halkyon I; Plutarch, Über die Schlauheit der Tiere 35.

1. Die Legende des halkyonischen oder Eisvogelnestes (für die sich in der Naturgeschichte eine Begründung nicht finden läßt, da Halkyon keine Nester baut, sondern seine Eier in Löcher am Ufer vergräbt) kann sich nur auf die Geburt des neuen Heiligen Königs zur Zeit der Wintersonnenwende — wenn die Königin, die gleichzeitig seine Mutter und die Mondgöttin ist, die Leiche des alten Königs zu der Begräbnisinsel gebracht hat — beziehen. Da aber die Wintersonnenwende nicht immer mit der gleichen Phase des Mondes zusammenfällt, muß man ‹jedes Jahr› als ‹jedes Große Jahr› von einhundert Mondzyklen verstehen, an dessen Ende die Sonnen- und Mondzeit fast zusammenfielen und des Heiligen Königs Regierungszeit endete.

2. Homer verbindet Halkyon mit Alkyone (s. 80, d), einem Namen Kleopatras der Gattin Meleager (‹*Ilias*› IX, 526), und mit einer Tochter des Aiolos, des Hüters der Winde (s. 43, h). Daher kann *Halkyon* nicht *hal-kyon*, ‹Seehund› (wie für gewöhnlich angenommen wird), sondern muß *alky-one*, ‹die Königin, die Übel abhält›, bedeuten. Diese Ableitung wird durch die Mythe über Alkyone und Keyx und durch die Art ihrer Bestrafung durch Zeus und Hera bestätigt. Der Teil der Legende, der die Seemöwe erwähnt, muß nicht sehr ernst genommen werden, obwohl dieser Vogel mit seinem klagenden Schrei der Meeresgöttin Aphrodite oder der Leukothea (s. 170, y) — wie der Halkyon von Kypros (s. 160, g) — heilig war. Es scheint, daß spät im 2. Jahrtausend v. Chr. die seefahrenden Aioler, die sich mit der Anbetung der prähellenischen Mondgöttin als ihrer göttlichen Ahnin und Beschützerin abgefunden hatten, Untertanen der Zeus anbetenden Achaier wurden und sich gezwungen sahen, die olympische Religion anzunehmen. ‹Zeus› war nach Johannes Tzetzes (‹*Antehomerica*› 102 ff und ‹*Chiliades*› I, 474) bis dahin ein Titel jedes unbedeutenden Königs (s. 68, 1), wurde aber von nun an nur auf den ‹Vater des Himmels› angewendet. Doch auf Kreta lebte die alte mystische Tradition, daß Zeus jährlich geboren werde und sterbe, bis in die christliche Zeit fort. Zeusgräber wurden zu Knossos, auf dem Berge Ida und auf dem Berge Dikte — jedes das Zentrum eines anderen Kultes — gezeigt. Kallimachos war darüber empört: In seinem ‹*Hymnos an Zeus*› schrieb er: ‹Die Kreter sind immer Lügner. Sie haben, Herr, sogar Dein Grab gebaut! Aber Du bist nicht tot, denn Du lebst immerdar!› (Zitiert in ‹*Titus*› I, 12; s. 7, 6).

3. Plinius, der das angebliche Halkyon-Nest — anscheinend den Zoophyten, den Linné *halcyoneum* nennt — in Einzelheiten beschreibt, berichtet, daß der Halkyon nur selten, und zwar nur zur Zeit der beiden Sonnenwenden und

beim Verschwinden der Pleiaden gesehen wird. Das beweist, daß es sich ursprünglich um eine Manifestation der Mondgöttin handeln muß, die abwechselnd die Göttin des Lebens im Tod zur Wintersonnenwende und des Todes im Leben zur Zeit der Sommersonnenwende war. Sie sandte jedes Große Jahr, früh im November, wenn die Pleiaden verschwinden, dem Heiligen König das Todesurteil.

4. Eine andere Alkyone, die Tochter der Pleione (‹segelnde Königin›) und des Atlas, war die Anführerin der sieben Pleiaden (s. 39, d). Die Todesart des Keyx besagt, daß die Aioler, die berühmte Seefahrer waren, die Göttin als ‹Alkyone› anbeteten, da sie sie vor Felsen und stürmischem Wetter schützte. Trotz ihrer Macht zerstörte Zeus Keyx' Schiff mit einem Blitz. Dennoch wurde dem Halkyon die magische Kraft, Stürme zu besänftigen, zugeschrieben. Sein Körper wurde als Talisman gegen die Blitze des Zeus verwendet — wahrscheinlich, weil der Blitz nur einmal an einem Ort einschlägt. Das Mittelmeer ist gewöhnlich still um die Zeit der Wintersonnenwende.

46. TEREUS

a. Tereus, ein Sohn des Ares, regierte über Thrakien. Später eroberte er Daulis in Phokis — wenn auch manche behaupten, er sei König von Pagai in Megaris gewesen [1]. Nachdem er in einem Grenzstreit als Vermittler für Pandion, den König Athens und Vater der Zwillinge Butes und Erechtheus, aufgetreten war, heiratete er deren Schwester Prokne, die ihm einen Sohn, Itys, gebar.

b. Unglücklicherweise verliebte sich Tereus in Pandions jüngere Tochter Philomela, nachdem er ihre Stimme gehört hatte. Ein Jahr später erzählte er Pandion, Prokne sei gestorben. Er hatte sie jedoch nur in einer ländlichen Hütte in der Nähe seines Palastes in Daulis versteckt. Pandion bemitleidete Tereus und bot ihm großzügig Philomela an Stelle Proknes an. Als sie nach Daulis zur Hochzeit reiste, gab er ihr eine athenische Ehrengarde als Begleitung mit. Tereus ermordete diese. Als Philomela im Palaste ankam, hatte er sie bereits gezwungen, mit ihm zu schlafen. Prokne erfuhr bald davon, aber Tereus schnitt ihr aus Vorsicht die Zunge ab und setzte sie in den Räumen der Sklaven gefangen. Sie konnte sich mit Philomela nur so in Verbindung setzen, daß sie eine geheime Botschaft in das Muster des Brautgewandes, das für Philomela bestimmt war, webte. Die Botschaft war kurz und einfach: ‹Prokne ist unter den Sklaven.›

c. Inzwischen war Tereus von einem Orakel gewarnt worden, Itys würde von der Hand eines Blutsverwandten sterben. Tereus verdächtigte seinen Bruder Dryas dieses mörderischen Planes, denn er glaubte, Dryas wolle so den Thron an sich reißen, und tötete ihn, der nichts ahnte, mit einer Axt. Am gleichen Tage las Philomela die Botschaft, die in das Kleid gewebt war. Sie eilte in die Räume der Sklaven und fand dort eines der Zimmer verriegelt. Sie brach die Tür auf und befreite Prokne, die unverständlich lallte und immerdar im Kreise herumlief.

«Könnte ich mich doch an Tereus rächen, der vorgab, du seiest tot, und mich verführte!», jammerte Philomela entsetzt.

Prokne konnte ohne Zunge nicht antworten. Sie rannte aus dem Zimmer, ergriff ihren Sohn Itys und tötete ihn, nahm seine Geweide aus und kochte ihn in einem Kupferkessel, daß Tereus ihn bei seiner Rückkehr esse.

d. Als Tereus erkannte, von wessen Fleisch er gekostet hatte, ergriff er die Axt, mit der er Dryas getötet hatte, und verfolgte die Schwestern, die aus seinem Palaste flohen. Er holte sie bald ein und wollte gerade einen Doppelmord begehen. Da verwandelten die Götter alle drei in Vögel: Prokne wurde eine Schwalbe, Philomela eine Nachtigall und Tereus ein Wiedehopf. Daher behaupten die Phoker, daß keine Schwalbe aus Angst vor Tereus ihr Nest in Daulis oder seiner Umgebung zu bauen und keine Nachtigall zu singen wage. Die zungenlose Schwalbe schreit und fliegt im Kreise umher, während der Wiedehopf wie ein Verfolger herumflattert und ‹Pou? Pou?› (‹wo? wo?›) schreit. Doch die Nachtigall fliegt nach Athen, wo sie ohne Unterlaß um Itys klagt, dessen Tod sie unabsichtlich verursachte, und singt ‹Itu! Itu!›[2].

e. Manche sagen, Tereus sei in einen Falken verwandelt worden[3].

1. Apollodoros III, 14, 8; Thukydides II, 29; Strabon IX, 3, 13; Pausanias I, 41, 8.
2. Apollodoros III, 14, 8; Nonnos, Dionysiaka IV, 320; Pausanias I, 5, 4; und X, 4, 6; Hyginus, Fabel 45; Fragmente aus Sophokles' Tereus; Eustathios über Homers Odyssee XIX, 418; Ovid, Metamorphosen VI, 426 bis 674; Erster Mythograph des Vatikans 217.
3. Hyginus, Fabel 45.

1. Diese extravagante Romanze scheint erfunden worden zu sein, um eine Anzahl thrako-pelasgischer Wandmalereien zu erklären, die von phokischen Eroberern in einem Tempel zu Daulis (‹zottig›) gefunden wurden. Sie illustrieren die verschiedenen Arten ortsüblicher Prophezeiung.

2. Das Abschneiden der Zunge Proknes ist eine falsche Interpretation jener Szene, die eine Priesterin in prophetischer Trance zeigt. Diese Trance wurde durch das Kauen von Lorbeerblättern herbeigeführt. Ihr Gesicht ist von Ekstase und nicht von Schmerz verzerrt. Die Zunge, die wie abgeschnitten aussieht, ist tatsächlich ein Lorbeerblatt, das ihr von einem Priester, der ihr wildes Lallen deuten soll, gegeben wurde. Die in das Brautgewand gewebte Botschaft ist eine falsche Darstellung einer anderen Szene: Eine Priesterin hat eine Handvoll Orakelstöcke in der von Tacitus (‹*Germania*› X) beschriebenen keltischen Art oder in der von Herodot beschriebenen skythischen (IV, 67) auf ein weißes Tuch geworfen. Sie fallen in die Form der Buchstaben, die sie lesen

soll. In der sogenannten Verzehrung des Itys durch Tereus wahrsagt eine Weidenpriesterin aus den Eingeweiden eines Kindes, das dem König geopfert worden war. Die Szene mit Tereus und dem Orakel zeigt ihn in einem Tempel auf einem Schaffell schlafend. Im Traume erlebt er eine Offenbarung (s. 51, g). Proknes Verwandlung in eine Schwalbe wurde von einer Szene abgeleitet, die eine Priesterin in gefiedertem Gewand zeigt, die den Flug einer Schwalbe deutet. Die Verwandlung Philomelas in eine Nachtigall und die des Tereus in einen Wiedehopf scheinen von einer ähnlichen Mißdeutung herzustammen. Der Name Tereus, ‹Beobachter›, läßt annehmen, daß ein männlicher Augur im Bilde erscheint.

3. Butes (s. 47, 1), der Bruder Proknes und Philomelas, war der berühmteste Bienenzüchter des Altertums. Seine Mutter war Zeuxippe, ‹die, die Pferde ins Joch spannt›, zweifellos eine pferdeköpfige Demeter.

4. Apollodoros und Ovid berichten über Proknes Verwandlung in eine Nachtigall und Philomelas in eine Schwalbe. Dabei handelt es sich jedoch nur um einen ungeschickten Versuch, den Irrtum eines griechischen Mythographen zu korrigieren: daß Tereus Philomelas und nicht Proknes Zunge abschnitt. Der Wiedehopf gilt als königlicher Vogel, weil er eine Federkrone trägt. Er paßt gut in die Geschichte über Tereus, denn seine Nester sind wegen ihres Gestankes berüchtigt. Im Koran soll der Wiedehopf dem König Salomon prophetische Geheimnisse verraten haben.

5. Daulis, das später Phokis genannt wurde, scheint das Zentrum eines Vogelkultes gewesen zu sein. Phokos, der eponyme Gründer des neuen Staates, wurde als Sohn des Ornytion (‹Mond-Vogel› — s. 81, b) bezeichnet. Ein späterer König trug den Namen Xuthos (‹Sperling› — s. 43, 1). Hyginus berichtet, daß Tereus zum Falken, dem königlichen Vogel Ägyptens, Thrakiens und Nordwesteuropas, wurde.

47. ERECHTHEUS UND EUMOLPOS

a. König Pandion starb vermutlich aus Kummer, nachdem er das Schicksal Proknes, Philomelas und Itys' erfahren hatte. Seine Zwillingssöhne teilten die Erbschaft: Erechtheus wurde König von Athen, während Butes als Priester Athenes und Poseidons diente [1].

b. Erechtheus hatte von seiner Gemahlin Praxithea vier Söhne. Einer von ihnen, Kekrops, wurde sein Nachfolger. Sie gebar ihm auch sieben Töchter: Protogonia, Pandora, Proknis, die Gattin des Kephalos, Krëusa, Oreithyia, Chthonia, die ihren Onkel Butes heiratete, und Otionia, die die jüngste war [2].

c. Poseidon liebte heimlich Chione, die Tochter Oreithyias und Boreas'. Sie gebar ihm einen Sohn, Eumolpos, den sie in das Meer warf, um Boreas nicht zu erzürnen. Poseidon beschützte Eumolpos und warf ihn zurück auf die Küste Äthiopiens. Im Hause Benthesikymes, seiner Halbschwester von der Meeresgöttin Amphitrite, wurde er aufgezogen.

Als Eumolpos volljährig war, verheiratete ihn Benthesikyme mit einer ihrer Töchter. Er aber verliebte sich in eine andere. Da verbannte ihn Benthesikyme nach Thrakien, wo er Pläne gegen seinen Beschützer, König Tegyrios, schmiedete. Er wurde gezwungen, in Eleusis Zuflucht zu suchen. Hier bereute er seinen bisherigen Lebenswandel und wurde ein Priester der Mysterien Demeters und Persephones. Auch weihte er Herakles in die Mysterien ein und lehrte ihn zur selben Zeit das Singen und das Leierspiel. Eumolpos war auf der Leier sehr geschickt; aber auch in einem Flötenwettbewerb bei den Begräbnisspielen zu Ehren des Pelias trug er den Sieg davon. Die Töchter des Keleus standen ihm in Eleusis als Priesterinnen zur Seite. Wegen seiner weitgerühmten Frömmigkeit verzieh ihm endlich König Tegyrios, als er auf dem Sterbebett lag, und vermachte ihm den Thron Thrakiens[3].

d. Als zwischen Athen und Eleusis ein Krieg ausbrach, zog Eumolpos mit einem großen thrakischen Heer nach Eleusis, um den Eleusern zu helfen. Er beanspruchte den Thron Attikas für sich selbst, im Namen seines Vaters Poseidon. Die Athener fürchteten die Übermacht. Und als Erechtheus das Orakel befragte, wurde ihm aufgetragen, seine jüngste Tochter Otionia der Athene zu opfern, wenn er noch einen Sieg erhoffen wolle. Otionia ließ sich willig zum Altar führen. Ihre beiden ältesten Schwestern, Protogonia und Pandora, töteten sich selber, da sie einst gelobt hatten, daß, wenn eine von ihnen durch Gewalt sterben müßte, die andern ihr in den Tod folgen würden[4].

e. In der folgenden Schlacht führte Ion die Athener zum Sieg, und Erechtheus erschlug den fliehenden Eumolpos. Poseidon dürstete nach Rache und wandte sich an seinen Bruder Zeus, der Erechtheus sogleich mit einem Blitze tötete. Doch manche behaupten, Poseidon habe ihn zu Makrai mit einem Schlage seines Dreizacks getötet, worauf die Erde sich öffnete, um ihn aufzunehmen.

f. Durch einen folgenden Friedensvertrag wurden die Eleuser Untertanen der Athener. Nur die Kontrolle über ihre Mysterien blieb ihnen. Der jüngste Sohn Keryx folgte seinem Vater Eumolpos als Priester nach. Seine Nachkommen genießen noch immer große Privilegien in Eleusis[5].

g. Ion regierte nach Erechtheus. Noch heute werden dessen drei Töchtern zum Angedenken ihres Selbstopfers unvergorene Getränkeopfer dargebracht[6].

1. Ovid, Metamorphosen VI, 675 ff; Apollodoros III, 15, 1.
2. Ovid a. a. O.; Suidas unter: *Parthenoi*; Apollodoros a. a. O.; Hyginus, Fabel 46.
3. Plutarch, Über das Exil 17; Apollodoros II, 5, 12; Theokritos, Idylle XXIV, 110; Hyginus Fabel 273; Pausanias I, 38, 3.
4. Apollodoros III, 15, 4; Hyginus, Fabel 46; Suidas a. a. O.

5. PAUSANIAS VII, 1, 2 und I, 38, 3; EURIPIDES, Ion 277 ff.
6. Scholiast über SOPHOKLES' Oidipus auf Kolonos 100.

1. Die Sage von Erechtheus und Eumolpos bezieht sich auf die Unterwerfung von Eleusis durch Athen und auf den thrako-libyschen Ursprung der Eleusischen Mysterien. Auch der athenische Kult der orgiastischen Bienennymphe des Hochsommers spielt hier eine Rolle, da Butes im griechischen Mythos mit dem Bienenkult auf dem Berge Eryx (s. 154, d) verbunden ist. Sein Zwillingsbruder Erechtheus (‹der, der über die Heide eilt›) ist der Gatte der ‹arbeitsamen Göttin›, der Königin-Biene. Der Name des König Tegyrios von Thrakien, dessen Königreich der Enkel des Erechtheus erbte, läßt auf eine weitere Verbindung mit Bienen schließen: Er bedeutet ‹der Bedecker des Bienenstockes›. Athen war wegen seines Honigs berühmt.

2. Die drei edlen Töchter des Erechtheus wie die drei Töchter seines Vorfahren Kekrops sind die pelasgische Dreifaltige Göttin, der bei feierlichen Anlässen Getränkeopfer dargebracht werden: Otionia (‹mit den Ohrschützern›) wurde als ein Opfer für Athene gewählt, da sie offensichtlich die Eulengöttin Athene selbst war; Protogonia war die Schöpferin Eurynome (s. 1, 1) und Pandora die Erdgöttin Rhea (s. 39, 8). Beim Übergang vom Matriarchat zum Patriarchat wurde wahrscheinlich manche der Priesterinnen Athenes Poseidon geopfert (s. 121, 3).

3. Poseidons Dreizack und der Donnerkeil des Zeus waren ursprünglich die gleiche Waffe. Die heilige *labrys* und die Doppelaxt wurden aber voneinander unterschieden, als Poseidon der Gott des Meeres wurde und Zeus das alleinige Anrecht an den Donnerkeil beanspruchte (s. 7, 7).

4. Butes, der sich den Argonauten anschloß (s. 148, 1), war nicht wirklich ein Mitglied der Erechtheiden-Familie. Seine Nachkommen jedoch, die Butaden Athens, erzwangen sich den Zugang zur Gesellschaft Athens und erhielten im 6. Jahrhundert die Priesterschaft der Athene Polias und des Poseidon Erechtheus — eine Verschmelzung des hellenischen Poseidon mit dem alten pelasgischen Heros — als Familienerbrecht (PAUSANIAS I, 26, 6). Sie änderten dementsprechend die Mythe, wie sie auch die Mythe über Theseus (s. 95, 3) geändert hatten. Sie verbanden den attischen Butes mit ihrem Ahnen, dem thrakischen Sohn des Boreas, der Naxos kolonisierte und in einem Angriff auf Thessalien Koronis (s. 50, 5), die Lapithen-Prinzessin (DIODORUS SICULUS V, 50), vergewaltigt hatte.

48. BOREAS

a. Oreithyia, die Tochter des Königs Erechtheus von Athen und seiner Gemahlin Praxithea, tanzte eines Tages am Ufer des Flusses Ilissos, als Boreas, der Sohn des Astraios und der Eos, Bruder des Süd- und Westwindes, sie zu einem Felsen in der Nähe des Flusses Ergines entführte, wo er, gehüllt in einen Mantel dunkler Wolken, sie vergewaltigte[1].

b. Boreas hatte schon lange Oreithyia geliebt und des öfteren um ihre

Hand angehalten. Erechtheus aber hielt ihn so lange mit leeren Versprechungen hin, bis Boreas schließlich, mit der Begründung, daß schon zuviel Zeit mit Worten verschwendet worden wäre, Gewalt anwandte. Doch sagen manche, daß Oreithyia einen Korb in der jährlichen thesmophorischen Prozession, die sich vom Abhang der Akropolis zum Tempel der Athene Polias hinaufzog, getragen habe. Dort verbarg Boreas sie unter seinen braunen Flügeln und trug sie, ungesehen von der Menge, hinweg.

c. Er nahm sie mit zur Stadt der thrakischen Kikonen, wo sie seine Gemahlin wurde und ihm die Zwillingssöhne Kalais und Zetes gebar. Beiden wuchsen Flügel, als sie Männer wurden. Sie gebar ihm auch zwei Töchter: Chione, die dem Poseidon Eumolpos gebar, und Kleopatra, die den König Phineus, das Opfer der Harpyien, heiratete [2].

d. Boreas hat statt der Füße Schlangenschwänze. Er bewohnt eine Höhle auf dem Berge Haimos, in dessen sieben Schluchten Ares' Pferde stehen. Doch sagt man, er sei auch am Ufer des Flusses Strymon zu Hause [3].

e. Einst verwandelte er sich in einen dunkelmähnigen Hengst und deckte zwölf der dreitausend Mähren, die dem Erichthonios, dem Sohne des Dardanos, gehörten. Die Mähren grasten für gewöhnlich auf den Wasserweiden am Flusse Skamander. Zwölf Fohlen entsprangen dieser Paarung. Sie konnten sowohl über die reifen Ähren des Kornes galoppieren, ohne diese zu biegen, als auch über die Kämme der Wellen [4].

f. Die Athener sahen in Boreas ihren Schwager. Da sie einst erfolgreich die Vernichtung der Flotte des Königs Xerxes erbeten hatten, bauten sie ihm einen herrlichen Tempel am Ufer des Flusses Ilissos [5].

1. Apollodoros III, 15, 1-2; Apollonios Rhodios I, 212 ff.
2. Ovid, Metamorphosen VI, 677 ff; Scholiast über Homers Odyssee XIV, 533; Apollodoros III, 15, 3.
3. Pausanias V, 19, 1; Kallimachos, Hymnos an Artemis 114 und Hymnos an Delos 26 und 63-5.
4. Homer, Ilias XX, 219 ff.
5. Herodot VII, 189.

1. Boreas, der Nordwind mit dem Schlangenschwanz, war ein anderer Name für den Weltschöpfer Ophion, der mit Eurynome oder Oreithyia, der Göttin der Schöpfung (s. 1, a) tanzte und sie schwängerte. Aber was Ophion für Eurynome war oder Boreas für Oreithyia, das war Erechtheus für die ursprüngliche Athene; Athene Polias (‹von der Stadt›), für die Oreithyia tanzte, könnte Athene Pōlias gewesen sein – Athene, das Fohlen. Sie war die Göttin des einheimischen Pferdekultes und Geliebte des Boreas-Erechtheus, der durch sie mit den Athenern verwandt wurde. Es scheint, daß der Boreaskult seinen Ursprung in Libyen hatte. Man muß bedenken, daß Hermes sich in Oreithyias Vorgängerin Herse, während sie einen heiligen Korb in einer ähnlichen

Prozession zur Akropolis trug, verliebt hatte und sie vergewaltigte, ohne den Ärger der Athene auf sich zu lenken. Die Thesmophoriai scheinen einst ein orgiastisches Fest gewesen zu sein, bei dem Priesterinnen sich öffentlich prostituierten, um die Kornfelder zu befruchten (s. 24, 1).

2. Eine primitive Theorie, nach der Kinder die Wiedergeburt toter Ahnen sind, die in den Schoß einer Frau als plötzlicher Windstoß eindrangen, überlebte im erotischen Kult der Pferdegöttin. HOMERS Autorität war so stark, daß selbst gebildete Römer, so auch PLINIUS, glaubten, spanische Mähren könnten gedeckt werden, wenn sie ihr Hinterteil gegen den Wind wenden (PLINIUS, ‹Naturgeschichte› IV, 35 und VIII, 67). VARRO und COLUMELLA * berichten das gleiche und LACTANTIUS, im späten 3. Jahrhundert n. Chr., betrachtet dies als Analogie zur Befruchtung der Jungfrau durch den *Sanctus Spiritus*.

3. Boreas stürmt im Winter vom Berge Haimos und vom Strymon. Wenn die Frühlingsblumen kommen, scheint das ganze Land Attika schwanger zu sein. Aber da er nicht rückwärts blasen kann, spiegelt die Mythe von der Vergewaltigung Oreithyias die Ausbreitung des Nordwindkultes von Athen nach Thrakien wider. Von Thrakien, oder geradewegs von Athen, kam er zur Troas, wo der Besitzer der dreitausend Mähren, Erichthonios, ein Synonym für Erechtheus (s. 158, g), war. Die zwölf Fohlen zogen die drei vierspännigen Wagen der jährlichen Triade: Frühling, Sommer und Herbst. Der Berg Haimos war das Jagdgebiet des Ungeheuers Typhon (s. 36, e).

4. SOKRATES, dem jedes Verständnis für Mythologie fehlte, verkannte die Bedeutung der Vergewaltigung Oreithyias. Er behauptet, daß eine Prinzessin dieses Namens, die auf den Klippen in der Nähe von Ilissos – oder auf dem Hügel des Ares – spielte, über den Felsen geblasen und getötet wurde (PLATON, *‹Phaidros›* VI, 229, b) **. Der Kult des Boreas war in Athen wiedererweckt worden, um der Zerstörung der persischen Flotte durch ihn zu gedenken (HERODOT VII, 189). Er half auch den Megalopolitanern gegen die Spartaner und verdiente sich so ein jährliches Opfer (PAUSANIAS VIII, 36, 3).

49. ALOPE

a. Der arkadische König Kerkyon, der Sohn des Hephaistos, hatte eine wunderschöne Tochter, Alope, die von Poseidon verführt worden war und ohne Wissen ihres Vaters einen Sohn gebar. Sie befahl einer Pflegerin, das Kind auf einem Berge auszusetzen. Ein Schafhirt fand den Knaben, der von einer Mähre gesäugt wurde. Er nahm ihn mit zu seiner Hütte und sah erstaunt die kostbaren Gewänder. Ein befreundeter Schafhirt bot sich an, den Knaben aufzuziehen, bestand aber darauf, auch dessen Gewänder als Beweis für seine edle Geburt mitzunehmen. Die

* Verfasser eines um 60 n. Chr. erschienenen Werkes über die Landwirtschaft, *‹De re rustica›*. (Anm. d. Red.)

** Vgl. Rowohlts Klassiker Bd. 39, PLATON, Sämtliche Werke 4, S. 12. (Anm. d. Red.)

zwei Schafhirten begannen zu streiten. Ein Mord wäre geschehen, hätten ihre Gefährten sie nicht vor König Kerkyon geführt. Kerkyon verlangte die umstrittenen Gewänder. Als sie ihm gebracht wurden, erkannte er, daß sie aus Kleidern, die seiner Tochter gehörten, geschnitten worden waren. Die von Angst erfüllte Amme gestand ihren Auftrag. Darauf befahl Kerkyon, Alope einzumauern und das Kind wieder auszusetzen. Wieder wurde er von der Mähre gesäugt und dieses Mal vom zweiten Schafhirten gefunden, der, nun von der königlichen Abstammung des Kindes überzeugt, es zu seiner eigenen Hütte trug und Hippothoos nannte [1].

b. Als Theseus Kerkyon tötete, schenkte er Hippothoos den Thron Arkadiens. Inzwischen war Alope im Gefängnis gestorben und neben der Straße, die von Eleusis nach Megara führt, nahe dem Platze, wo Kerkyon seine Ringkämpfe ausführte, begraben worden. Aber Poseidon verwandelte ihren Körper in eine Quelle und nannte sie Alope [2].

1. Hyginus, Fabeln 38 und 187.
2. Pausanias I, 39, 3; Aristophanes, Vögel 533; Hyginus, Fabel 187.

1. Dieser Mythos zeigt einen bekannten Aufbau (s. 43, c; 68, d; 105, a etc.). Allerdings wird Hippothoos zweimal ausgesetzt, und die Schafhirten beginnen bei der ersten Gelegenheit zu streiten.

2. Alope ist die Mondgöttin als Füchsin, die ihren Namen der thessalischen Stadt Alope gab (Pherekydes, zit. von Stephanos von Byzanz unter: *Alope*). Die Füchsin war auch das Wahrzeichen Messenias (s. 89, *8* und 146, *6*). Der Mythograph begeht wahrscheinlich einen Fehler, wenn er berichtet, daß das Gewand des Hippothoos aus einem Kleide der Alope geschnitten war. Es waren eher die Windeln, in die seine Sippen- und Familienzeichen gewebt waren (s. 10, 1 und 60, 2).

50. ASKLEPIOS

a. Koronis war die Tochter des Phlegyas, der König der Lapithen und Bruder des Ixion war. Sie lebte an der Küste des thessalischen Sees Beobeis, in dem sie ihre Füße zu waschen pflegte [1].

b. Ihr Liebhaber Apollon ließ eine Krähe mit schneeweißen Federn zurück, die sie behüten sollte, während er nach Delphi ging. Aber Koronis hatte schon lange eine heimliche Leidenschaft für Ischys, den arkadischen Sohn des Elatos. Sie nahm ihn nun in ihr Bett, obwohl sie schon ein Kind Apollons trug. Noch bevor die erregte Krähe sich auf den Weg nach Delphi gemacht hatte, um von der Schande zu berichten und für ihre Wachsamkeit gelobt zu werden, hatte Apollon Koronis' Untreue geahnt. Er verfluchte die Krähe, daß sie nicht die Augen des Ischys ausgehackt hatte, als dieser sich Koronis näherte. Durch seinen Fluch wurde die Krähe schwarz, und alle ihre Nachkommen sind seit der Zeit schwarz [2].

c. Als Apollon sich bei seiner Schwester Artemis über die ihm angetane Beleidigung beklagte, rächte sie ihn und schoß einen Köcher Pfeile auf Koronis hinab. Apollon sah ihre Leiche und wurde von plötzlichen Selbstvorwürfen erfüllt. Doch konnte er sie nicht wieder zum Leben erwecken. Ihr Geist war zum Tartaros hinabgestiegen, ihre Leiche auf den Begräbnisscheiterhaufen gelegt worden. Die besten Wohlgerüche wurden über sie gegossen, und das Feuer war bereits angezündet, als sich Apollon plötzlich besann: Er bewegte Hermes, das noch lebende Kind bei dem Lichte der Flammen aus dem Schoße der Koronis zu befreien [3]. Es war ein Knabe, den Apollon Asklepios nannte. Er brachte ihn zu der Höhle Cheirons, des Kentauren. Hier lernte der Knabe die Wissenschaft der Medizin und die Kunst der Jagd. Und was nun Ischys anbetrifft, manchmal auch Chylos genannt: Manche sagen, er sei von Zeus mit einem Blitze getötet worden, andere, Apollon selbst habe ihn niedergeschossen [4].

d. Die Epidaurer jedoch erzählen eine andere Geschichte. Sie sagen, daß Phlegyas, der Vater der Koronis, der auch die Stadt gleichen Namens gründete, die besten Krieger Griechenlands um sich sammelte und von Raubüberfällen lebte. Er kam nach Epidauros, um das Land zu erforschen und die Stärke der Einwohner auszukundschaften. Seine Tochter Koronis, die ohne sein Wissen ein Kind Apollons trug, kam mit ihm. Im Schreine des Apollon zu Epidauros gebar Koronis mit Hilfe der Artemis und der Schicksalsgöttinnen einen Knaben, den sie sogleich auf dem Berge Titthion, berühmt für die Heilkräfte seiner Pflanzen, aussetzte. Aresthanas, der Ziegenhirte, bemerkte, daß seine Hündin und eine seiner Ziegen nicht mehr bei ihm waren, ging sie suchen und fand sie abwechselnd das Kind säugen. Er wollte gerade das Kind aufheben, als ein helles Licht über ihm ihn davon abhielt. Um nicht in ein göttliches Geheimnis einzudringen, wandte er sich fromm ab und überließ so Asklepios dem Schutze seines Vaters Apollon [5].

e. Die Epidaurer sagen, daß Asklepios die Kunst des Heilens sowohl von Apollon als auch von Cheiron lernte. Er war in Chirurgie und im Gebrauch von Drogen so erfahren, daß er als Vater der Medizin verehrt wird. Er konnte nicht nur Kranke heilen: Athene hatte ihm auch zwei Gläser mit dem Blute der Gorgo Medusa gegeben. Mit dem Blute, das ihrer linken Seite entnommen war, konnte er Tote wiedererwecken, mit dem Blute der rechten Seite sofort vernichten. Andere sagen, daß Athene und Asklepios das Blut zwischen sich teilten: Er gebrauchte es, um Leben zu retten, sie aber, um Leben zu zerstören und Kriege anzustiften. Athene hatte vorher zwei Tropfen des gleichen Blutes dem Erichthonios gegeben: einen zum Töten, den anderen zum Heilen und mit goldenen Bändern die Gläser an seinen Schlangenkörper gebunden[6].

f. Unter denen, die Asklepios vom Tod erweckte, waren Lykurgos, Kapaneus und Tyndareos. Man weiß nicht, bei welcher Gelegenheit sich Hades bei Zeus beklagte, daß ihm seine Untertanen gestohlen würden – ob es nach der Wiederauferstehung des Tyndareos, des Glaukos, des Hippolytos oder des Orion war. Nur eines steht fest, daß Asklepios wegen Bestechlichkeit angeklagt und zusammen mit seinen Patienten vom Blitze des Zeus getötet wurde[7].

g. Jedoch später schenkte Zeus Asklepios wieder das Leben. So wurde eine leichtsinnige Prophezeiung der Euippe, der Tochter Cheirons, wahr, die erklärt hatte, daß Asklepios zum Gott werden, dann sterben und wieder göttliche Gestalt annehmen würde – um so zweimal sein Schicksal zu erfüllen. Das Bild des Asklepios, wie er eine heilende Schlange hält, wurde von Zeus unter die Sterne gesetzt[8].

h. Die Messener behaupten, Asklepios sei ein Bürger Trikkas in Messene gewesen. Die Arkader wiederum, er sei zu Thelpusa, die Thessaler, er sei zu Trikka in Thessalien geboren. Die Spartaner nennen ihn Agnitas, weil sie sein Bild gewöhnlich aus einem Weidenstamm schnitzten. Die Einwohner Sikyons ehrten ihn in der Gestalt einer Schlange, die sie auf einem Maultierkarren hielten. In Sikyon hält seine linke Hand den Zapfen einer Pistazientanne; aber in Epidauros ruht sie auf dem Haupte einer Schlange. In beiden Fällen hält die rechte Hand ein Zepter[9].

i. Asklepios war der Vater des Podaleirios und des Machaon, beides Ärzte, die die Griechen während der Belagerung Troias versorgten, und der Vater der strahlenden Hygieia. Die Römer nennen ihn Aesculapius. Die Kreter sagen, er, und nicht Polyeidos, habe Glaukos, dem Sohn des Minos, das Leben wiedergegeben. Dazu soll er eine gewisse Pflanze, die ihm eine Schlange in einem Grab gezeigt hatte, benutzt haben[10].

1. Strabon IX, 5, 21 und XIV, 1, 40.
2. Pausanias II, 26, 5; Pindar, Pythische Oden III, 25 ff; Apollodoros III, 10, 3.
3. Pindar, Pythische Oden III, 8 ff; Pausanias a. a. O.; Hyginus, Fabel 202; Ovid, Metamorphosen II, 612 ff.
4. Apollodoros III, 10, 3; Hyginus a. a. O. und Poetische Astronomie II, 40.
5. Pausanias IX, 36, 1 und II, 26, 4; Griechische Inschriften IV, 1, 28.
6. Diodorus Siculus V, 74, 6; Apollodoros III, 10, 3; Tatian, Ansprache an die Griechen; Euripides, Ion 999 ff.
7. Apollodoros III, 10, 3-4; Lukian, Über den Tanz 45; Hyginus, Fabel 49; Eratosthenes, zit. v. Hyginus, Poetische Astronomie II, 14; Pindar, Pythische Oden III, 55 ff, mit Scholien.
8. Germanicus Caesar, Über die Phainomena des Aratos 22 ff; Ovid, Metamorphosen 642 ff; Hyginus a. a. O.

9. Pausanias II, 26, 6; VIII, 25, 6; III, 14, 7 und II, 10, 3; Strabon XIV, 1, 39.
10. Homer, Ilias II, 732; Hyginus, Poetische Astronomie II, 14.

1. Diese Mythe betrifft religiöse Politik in Nordgriechenland, Attika und dem Peloponnes: die Unterdrückung eines prähellenischen medizinischen Kultes im Namen Apollons, dem die Priester der Orakelschreine der einheimischen Heroen, wiedergeboren als Schlangen, Krähen oder Raben, vorstanden. Dazu gehörten Phoroneus, der mit dem keltischen Rabengott Bran oder Vron zu identifizieren ist (s. 57, 1), ferner Erichthonios, der Schlangenschwänzige (s. 25, 2), und Kronos (s. 7, 1), eine Form von Koronos (‹Krähe› oder ‹Rabe›), beides Namen von zwei anderen lapithischen Königen (s. 78, a). ‹Asklepios› (‹unermüdlich sanft›) war ein gemeinsamer Name, der allen Heroen, die Ärzte waren, gegeben wurde – in der Hoffnung, ihr Wohlwollen zu gewinnen.

2. Die Göttin Athene, die Schutzherrin dieses Kultes, war ursprünglich nicht als ein Mädchen betrachtet worden. Der tote Heros war sowohl ihr Sohn als auch ihr Liebhaber. Sie erhielt die Titel ‹Koronis› wegen der orakelhaften Krähe – oder des Raben – und ‹Hygieia› wegen der Heilungen, die sie durchführte. Ihr Allheilmittel war die Mistel, *ixias*, ein Wort, mit dem Ischys (‹Stärke›) und Ixion (‹starker Mondmann›) nahe verwandt sind (s. 63, 1). Die osteuropäische Mistel oder Loranthus ist ein Parasit der Eiche und nicht, wie die westliche Variante, der Pappel oder des Apfelbaumes. ‹Aesculapius›, die lateinische Form von Asklepios – mit der Bedeutung ‹das, was von der eßbaren Eiche hängt›, d. h. die Mistel –, könnte der frühere Name der beiden sein. Die Mistel wurde als das Geschlechtsorgan der Eiche betrachtet. Wenn die Druiden sie aus rituellen Gründen mit einer goldenen Sichel abschnitten, führten sie eine symbolische Entmannung durch (s. 7, 1). Der zähe Saft ihrer Beeren wurde als Eichensperma angesehen und galt als Flüssigkeit mit großen verjüngenden Kräften. James Frazer betont in seinem ‹Goldenen Zweig›, daß Aineias die Unterwelt mit einer Mistel in seiner Hand besuchte und so nach Gutdünken in die obere Welt zurückkehren konnte. Die ‹gewisse Pflanze›, mit der Glaukos aus dem Grabe geholt wurde, war wahrscheinlich auch die Mistel. Ischys, Asklepios, Ixion und Polyeidos sind tatsächlich die gleichen mythischen Personen: Personifikationen der heilenden Kraft, die in den abgeschnittenen Genitalien der geopferten Eichen-Helden wohnte. ‹Chylos›, ein anderer Name des Ischys, bedeutet ‹der Saft einer Pflanze oder Beere›.

3. Athene schenkte Asklepios und Erichthonios das Gorgonenblut: Das bedeutet, daß die heilenden Riten dieses Kultes ein Geheimnis waren. Sie wurden von Priesterinnen bewacht; jeder Versuch, das Geheimnis zu lüften, bedeutete den Tod. Doch wurde das Blut der geopferten Eichen-Könige oder der Kinder, die als Ersatz dienten, bei diesen Gelegenheiten ebenso wie der Saft der Mistel verteilt.

4. Die Mythographen Apollons machen seine Schwester Artemis für den Mord an Ischys verantwortlich. In der Tat war sie ursprünglich die gleiche Göttin wie Athene, der zu Ehren der Eichen-König stirbt. Sie ließen auch Zeus Ischys und Asklepios mit Blitzen vernichten. Alle Eichen-Könige fielen unter der Doppelaxt, aus der später Blitz oder Donnerkeil wurde. Ihre Körper wurden gewöhnlich auf einem Scheiterhaufen verbrannt.

5. Apollon verfluchte die Krähe, verbrannte Koronis wegen ihrer heimlichen

Liebesaffäre mit Ischys und nannte Asklepios seinen eigenen Sohn. Dann lehrten er und Cheiron den Knaben die Kunst des Heilens. Mit anderen Worten: Die magnesischen Alliierten, die Kentauren, die Erbfeinde der Lapithen, halfen den hellenischen Priestern, das Krähen-Orakel Thessaliens, einschließlich seines Heroen, zu übernehmen, die Mondpriesterinnen zu verjagen und die Anbetung der Göttin zu unterdrücken. Apollon behielt die gestohlene Krähe – oder den Raben – als Symbol der Prophezeiung. Seine Priester jedoch hielten die Traumdeutung für ein einfacheres und sichereres Mittel, die Krankheiten und Leiden ihrer Patienten zu diagnostizieren, als das rätselhafte Krähen der Vögel. Zur gleichen Zeit endete der religiöse Gebrauch der Mistel in Arkadien, Messenia, Thessalien und Athen. Ischys wurde zum Sohn der Tanne (Elatos) und nicht der Eiche – daher der Tannenzapfen in den Händen des Bildes des Asklepios zu Sikyon. Es gab noch eine andere lapithische Prinzessin namens Koronis: Butes, der Ahne der athenischen Butaden, vergewaltigte sie (s. 47, *4*).

6. Die Schlangenform des Asklepios, ebenso wie die des Erichthonios – dem auch Athene die Macht gab, Tote mit dem Blute der Gorgo zu erwecken – zeigt, daß er ein Orakel-Heros war. Mehrere gezähmte Schlangen wurden in seinem Tempel zu Epidauros (Pausanias II, 28, 1) als Symbol der Erneuerung gehalten, denn Schlangen werfen ihre Haut jedes Jahr ab (s. 160, *11*). Die Hündin, die den Asklepios säugte, als ihn der Ziegenhirt als den neugeborenen König begrüßte, muß Hekate oder Hekabe sein (s. 31, *3*; 38, *7*; 134, *1*; 168, n und 1). Um diese Hündin, mit der er immer abgebildet wird, zu erklären, wurde Cheiron zu seinem Lehrer in der Jagd gemacht. Seine andere Ziehmutter, die Ziege, muß die Ziegengöttin Athene sein, in deren Aigis Erichthonios Zuflucht suchte (s. 25, 2). Wenn in der Tat Asklepios ursprünglich einen Zwillingsbruder hatte – analog den Zwillingen Pelias, der von einer Mähre, und Neleus, der von einer Hündin gesäugt wurde (s. 68, d) –, so muß dies Erichthonios gewesen sein.

7. Als Athene als eine loyale jungfräuliche Tochter des olympischen Zeus wiedergeboren wurde, hatte sie Apollons Beispiel zu folgen und die Krähe, die früher ihr Spion war, zu verfluchen (s. 25, e).

8. Die Weide war ein Baum mit machtvoller Mond-Magie (s. 28, *5*; 44, *1* und 116, *4*). Die bittere Medizin, die aus ihrer Rinde bereitet wurde, ist noch immer ein Heilmittel gegen Rheumatismus, woran die Spartaner in ihren feuchten Tälern oft litten. Aber die Äste dieser besonderen Weidenart, und zwar *agnus castus*, mit der die Spartaner Asklepios in Verbindung brachten, wurden in Athen während der Thesmophoriai, einem Fruchtbarkeitsfest (s. 48, *1*), auf die Betten älterer Frauen gestreut, um Schlangen abzuhalten (Arrian *, ‹Geschichte der Tiere› IX, 26), wie es hieß, in Wirklichkeit jedoch, um schlangenförmige Geister zu ermutigen. Daher auch spezialisierten sich die Priester des Asklepios auf die Heilung der Unfruchtbarkeit.

---

* Offizier, Konsul und kaiserlicher Legat, 2. Jh. v. Chr., als Schriftsteller vor allem durch die ‹*Anabasis Alexandru*›, den ‹Alexanderzug›, berühmt. (Anm. d. Red.)

51. DIE ORAKEL

a. Zahlreich sind die Orakelstätten Griechenlands. Die älteste ist die des Dodonischen Zeus. In grauen Vorzeiten stiegen zwei schwarze Tauben vom ägyptischen Theben auf: Die eine flog zum libyschen Ammon, die andere nach Dodona. Jede ließ sich auf einem Eichenbaum, den sie als ein Orakel des Zeus verkündete, nieder. In Dodona hörten die Priesterinnen des Zeus auf das Girren der Tauben, auf das Rascheln der Eichenblätter oder auf das Aneinanderschlagen der kupfernen Gefäße, die in den Zweigen hingen. Zeus hatte noch ein anderes berühmtes Orakel zu Olympia. Dort beantworteten seine Priester die gestellten Fragen, indem sie die Eingeweide der Opfertiere untersuchten [1].

b. Das Delphische Orakel gehörte zuerst der Mutter Erde, die Daphnis zu ihrer Prophetin ernannte. Daphnis saß auf einem Dreifuß und atmete mystische Dämpfe ein, wie es die pythische Priesterin später auch tat. Manche sagen, daß Mutter Erde ihr Recht der Titanin Phoibe oder der Themis abtrat. Vielleicht auch an Apollon, der sich einen Schrein aus Lorbeerästen verfertigte, die er aus Tempe geholt hatte. Andere meinen, Apollon habe das Orakel der Mutter Erde geraubt, nachdem er Python getötet hatte. Seine hyperboreischen Priester Pagasos und Agyieus sollen seine Anbetung dort eingeführt haben.

c. Es wird behauptet, daß der erste Schrein zu Delphi aus Bienenwachs und Federn gemacht worden sei, der zweite aus ineinandergewundenen Farnstengeln, der dritte aus Lorbeerzweigen. Der vierte sei aus Bronze gewesen, mit goldenen Singvögeln auf dem Dache. Eines Tages soll er von der Erde verschlungen worden sein. Der fünfte, aus behauenen Steinen, sei im Jahre der 58. Olympiade (489 v. Chr.) niedergebrannt und durch den gegenwärtigen Schrein ersetzt worden [2].

d. Apollon besaß zahlreiche andere Orakelschreine, so in Lykaion und auf der Akropolis zu Argos. Beiden stand eine Priesterin vor. Im boiotischen Ismenion wurden seine Orakelsprüche von Priestern aus den Eingeweiden der Opfertiere gelesen. Zu Klaros in der Nähe von Kolophon tranken seine Seher das Wasser eines geheimen Brunnens und sprachen das Orakel in Versen aus. In Telmessos und an anderen Orten wurden Träume gedeutet [3].

e. In Patrai verkündeten Demeters Priesterinnen den Kranken das Orakel aus einem Spiegel, den sie an einem Seile in einen Brunnen herabließen. Zu Pharai wurden den Kranken, die Hermes um Rat angingen, gegen Zahlung einer Kupfermünze Orakelsprüche aus den ersten Worten, die sie beim Verlassen des Marktplatzes hörten, gegeben [4].

f. Hera hatte ein ehrwürdiges Orakel in der Nähe von Pagai. Mutter Erde wurde auch in Aigeira in Achaia um Rat angegangen. Aigeira bedeutet ‹der Platz der schwarzen Pappeln›. Ihre Priesterin trank Stierblut, für andere Sterbliche ein tödliches Gift[5].

g. Außerdem gab es noch viele andere Orakel. Die des Herakles im achaiischen Bura antworteten aus vier gefallenen Würfeln[6]. Zahlreiche Orakel des Asklepios verrieten den Kranken das Heilmittel in ihren Träumen nach einer Fastenzeit[7]. Die Orakel des thebanischen Amphiaraos und des mallischen Amphilochos folgten ebenso wie der Seher Mopsos, der unfehlbarste von allen, der asklepischen Prozedur[8].

h. Das bevorzugte Orakel der spartanischen Könige war das der Pasiphaë im lakonischen Thalamai. Es sprach gleichfalls aus Träumen[9].

i. Manche Orakel machten es den Ratsuchenden schwer. So gab es zum Beispiel in Lebadeia ein Orakel des Trophonios, Sohn des Argonauten Erginos, wo sich der Bittsteller einige Tage zuvor reinigen und in einem Haus, das dem Guten Glück und einem gewissen Guten Geist gewidmet war, wohnen mußte. Im Flusse Herkyna muß er baden und dem Trophonios, seiner Amme Demeter Europa und anderen Gottheiten Opfer darbringen. Dann aß er geweihtes Fleisch, besonders das eines Widders. Dieser Widder wurde dem Schatten des Agamedes, des Bruders des Trophonios, der ihm beim Bau des Tempels des Apollon zu Delphi geholfen hatte, geopfert.

j. So vorbereitet wurde der Bittsteller von zwei dreizehnjährigen Knaben an den Fluß geführt und dort gebadet und gesalbt. Dann trank er aus einer Quelle, die Wasser der Lethe hieß. Lethe sollte ihn das Vergangene vergessen lassen. Manchmal trank er auch aus einer anderen in der Nähe liegenden Quelle ein Wasser von gegenteiliger Wirkung, das ihm alles Schöne der Vergangenheit ins Gedächtnis zurückrief. Gekleidet in ländliche Schuhe und in ein Leinengewand, wie ein Opfer mit einem Stirnreif um sein Haupt, näherte er sich dem Orakelschrein. Der Schrein sah wie ein großer Backofen aus und war sieben Meter tief. Der Bittsteller stieg eine Leiter hinab, fand auf dem Grund eine enge Öffnung, durch die er seine Beine steckte, während er in den Händen Kuchen aus Gerste und Honig hielt. Ein plötzlicher Ruck an seinen Fußgelenken ließ ihn wie von den Wirbeln eines schnellen Flusses herabgezogen durch die Luft sausen. In der Dunkelheit erhielt er einen Schlag auf den Schädel, so daß er halb ohnmächtig war. Ein unsichtbarer Sprecher enthüllte ihm sodann die Zukunft und manch anderes Geheimnis. Dann zog man den Bewußtlosen an den Füßen wieder ans Tageslicht. Die Kuchen blieben zurück. Auf dem sogenannten Stuhl des Erinnerns verlangte man von ihm, daß er das Gehörte wiederhole. Endlich, noch immer benommen, kehrte er zurück in das Haus des Guten Geistes, wo er allmählich das Bewußtsein und die Fähigkeit zu lachen wiederfand.

k. Der unsichtbare Sprecher war einer der Guten Geister, die dem Goldenen Zeitalter des Kronos angehörten. Sie stiegen vom Monde herab, um sich den Orakeln und Einweihungsriten zu widmen, und waren als Mahner, Beobachter und Retter allgegenwärtig. Der Gute Geist befragte den Geist des Trophonios, der die Gestalt einer Schlange hatte. Honig und Gerstenkuchen waren das Honorar für die Auskunft[10].

1. HERODOT II, 55 und VIII, 134; DIONYSIOS VON HALIKARNASSOS I, 15; HOMER, Odyssee XIV, 328; AISCHYLOS, Der gefesselte Prometheus 832; SUIDAS unter: *Dodona;* SOPHOKLES, Oidipus Tyrannos 900.
2. AISCHYLOS, Eumeniden 1-19; PAUSANIAS X, 3-5.
3. PAUSANIAS II,24, 1; PLUTARCH, Pyrrhos 31; HERODOT VIII, 134 und 1, 78; TACITUS, Annalen II, 54.
4. PAUSANIAS VII, 21, 5 und 22, 2.
5. STRABON VIII, 6, 22; PLINIUS, Naturgeschichte XXVIII, 41; APOLLODOROS I, 9, 27.
6. PAUSANIAS VII, 25, 6.
7. ebd. II, 27, 2.
8. ebd. I, 34, 2; HERODOT VIII, 134.
9. PLUTARCH, Kleomenes 7; PAUSANIAS III, 26, 1.
10. PAUSANIAS IX, 39, 1-5; PLUTARCH, Über SOKRATES' Daimon XXII, und Das Antlitz im Mond XXX.

1. Alle Orakel unterstanden ursprünglich der Erdgöttin. Deren Autorität war so groß, daß die patriarchalischen Eroberer gewöhnlich ihre Schreine in Besitz nahmen und einen Priester oder eine Priesterin in ihren Dienst stellten. So übernahmen Zeus zu Dodona und Ammon in der Oase von Siwwa den Kult der Orakel-Eiche, die der Dia oder Dione (s. 7, 1) geweiht war. Der hebräische Jehova übernahm die Orakel-Akazie der Ischtar *(1. Chronik XIV, 15)* und Apollon die Schreine zu Delphi und Argos. In Argos gab die Prophetin ihre Orakelsprüche ohne Vermittler. In Delphi stand zwischen ihr und den Bittstellern ein Priester, der ihre unverständlichen Äußerungen in Hexameter übersetzte. In Dodona verkündeten sowohl die Tauben-Priesterin als auch der männliche Prophet des Zeus die Orakelsprüche.

2. Der Schrein der Mutter Erde zu Delphi wurde von den Kretern gegründet, die den Hellenen ihre Musik, ihre religiösen Riten, Tänze und ihren Kalender hinterließen. Das kretische Zepter, die *labrys* oder Doppelaxt, gab seinen Namen den delphischen Priestergemeinden, den Labryadai, die bis in das Klassische Zeitalter überdauerten. Der Tempel aus Bienenwachs und Federn bezieht sich auf die Göttin als Biene (s. 7, 3; 18, 3 und 47, 1) und als Taube (s. 1, b und 62, a). Der Tempel aus Farn erinnert an die magischen Eigenschaften die dem Farnsamen bei den Sonnenwenden zugeschrieben wurden. Der Schrein aus Lorbeer erinnert an die lorbeerkauende Prophetin und ihre orgiastischen Dienerinnen. Daphnis ist eine Kurzform von Daphoinissa (‹die Blutige›), so wie Daphne eine Abkürzung für Daphoine ist (s. 21, 6 und 46, 2). Der bronzene Schrein, der von der Erde verschlungen wurde, ist eine Metapher aus der 4. Strophe eines delphischen Gesanges, der von den verschiedenen ungeeigneten Materialien erzählt, aus denen der Schrein nacheinander gebaut wurde. Er kann sich auf einen unterirdischen *tholos* beziehen, das Grab eines Hel-

den, der im Python wiederverkörpert wurde. Der *tholos,* ein bienenkorbförmiges Geisterhaus, scheint afrikanischen Ursprungs zu sein. Er kam über Palästina nach Griechenland. Die Hexe von Endor hatte einen ähnlichen Schrein, und der Geist Adams orakelte in Hebron. PHILOSTRATOS bezieht sich in seinem ‹Leben des Apollonios von Tyana› VI, 11 auf die Goldenen Vögel und beschreibt sie als sirenenähnliche Wendehälse; aber PINDAR nennt sie Nachtigallen (Fragment, zit. v. ATHENAIOS 290 e). Ob nun die Vögel orakelsprechende Nachtigallen darstellten oder Wendehälse, die ja als Liebeszauber (s. 152, a) und Regenbringer (MARINOS über PROKLOS 28) galten, ist ungeklärt.

3. Die Untersuchung der Eingeweide scheint eine indoeuropäische Art des Wahrsagens gewesen zu sein. Wahrsagen durch den Wurf von vier knöchernen Würfeln war vermutlich alphabetisch begründet. Diese Würfel waren nicht Würfel im heutigen Sinne, sondern Fingerknöchel. Auf ihnen waren ‹Zeichen›, keine Zahlen angebracht. Zwölf Konsonanten und vier Vokale sind die einfachste Form, auf die das griechische Alphabet reduziert werden kann. Erst im Klassischen Zeitalter wurden die Knöchel mit Zahlen versehen – 1, 3, 4 und 6 auf jedem – und die Bedeutung aller ihrer möglichen Kombinationen kodifiziert. Das Wahrsagen aus Träumen war allgemein verbreitet.

4. Apollons Priester in Delphi verlangten von den pythischen Priesterinnen Jungfräulichkeit, da sie als Bräute des Gottes angesehen wurden. Als eine von ihnen einst von einem schamlosen Bittsteller verführt worden war, mußten sie fortan wenigstens fünfzig Jahre alt sein. Stierblut galt als höchst giftig, und zwar wegen seiner magischen Kraft (s. 155, a): Das Blut des heiligen Stieres, mit dem manchmal ein ganzer Stamm geweiht wurde – so in *Exodos XXIV, 8* – wurde mit einer großen Menge Wasser vermischt und als Fruchtbarkeitstau über die Felder gegossen. Die Priesterin der Erde jedoch konnte trinken, was immer Mutter Erde selbst trank.

5. Hera, Pasiphaë und Ino waren Namen der Dreifaltigen Göttin, deren Identität durch den Dreifuß, auf dem die Priesterin saß, symbolisiert wurde.

6. Die Prozedur beim Trophonios-Orakel, das PAUSANIAS selbst besuchte, erinnert an Aineias' Abstieg in den Tartaros, wo er, mit einer Mistel in der Hand, seinen Vater Anchises um Rat fragte, und an die Befragung des Anchises durch Odysseus. Sie zeigt auch die Verbindung dieser Mythen zu einer allgemeinen Form der Einweihungsriten, in denen der Novize einen Scheintod erleiden muß, von einem vorgetäuschten Geist mystische Instruktionen empfängt und dann in einer neuen Sippe oder geheimen Gesellschaft wiedergeboren wird. PLUTARCH bemerkt, daß die Trophoniaden – die Magier in der dunklen Höhle – dem präolympischen Zeitalter des Kronos angehören, und bringt sie mit den Idaiischen Daktylen, die die Samothrakischen Mysterien durchführten, in Verbindung.

7. In Pagai waren schwarze Pappeln der Todesgöttin geweiht. Auch Persephone hatte einen schwarzen Pappelhain im ‹Fernen Westen› (PAUSANIAS X, 30, 3 – s. 170, 1).

8. Amphilochos und Mopsos hatten sich gegenseitig getötet, aber ihre Geister kamen überein, ein gemeinsames Orakel zu gründen (s. 169, e).

52. DAS ALPHABET

a. Die drei Schicksalsgöttinnen – nach anderer Lesart auch Io, die Schwester des Phoroneus – schufen die fünf Selbstlaute des ersten Alphabets und die Mitlaute B und T. Palamedes, der Sohn des Nauplios, erfand die übrigen elf Konsonanten. Hermes formte diese Laute zu Buchstaben, die er, nach der Flugformation der Kraniche, als Keile stilisierte. Über ihn gelangte das System von Griechenland nach Ägypten. Es war das pelasgische Alphabet, das Kadmos später nach Boiotien zurückbrachte und das Euandros von Arkadien, ein Pelasger, in Italien einführte. Dessen Mutter Carmenta schuf die fünfzehn Buchstaben des lateinischen Alphabets.

b. Später wurden dem griechischen Alphabet von Simonides von Samos und Epicharmos von Sizilien noch andere Konsonanten hinzugefügt. Die beiden Selbstlaute langes O und kurzes E aber wurden von den Priestern des Apollon geschaffen, damit seine heilige Leier für jede einzelne der sieben Saiten einen Vokal hatte.

c. Alpha war der erste der achtzehn Buchstaben. *Alphe* bedeutet Ehre, und *alphainein* heißt ‹erfinden›. Außerdem war Alpheios der bedeutendste aller Flüsse. Der Boioter Kadmos beließ *alpha*, obwohl er die Reihenfolge der Buchstaben veränderte, an der Spitze, weil *aleph* in der phoinikischen Sprache Ochs bedeutet und Boiotien das Land der Ochsen ist[1].

1. Hyginus, Fabel 277; Isidor von Sevilla, Ursprünge VIII, 2, 84; Philostratos, Heroika X, 3; Plinius, Naturgeschichte VII, 57; Scholiast über Homers Ilias XIX, 593; Plutarch, Symposiaka IX, 3.

1. Das griechische Alphabet war eine Vereinfachung der kretischen Hieroglyphen. Die Gelehrten stimmen überein, daß das erste geschriebene Alphabet während des 18. Jahrhunderts v. Chr. unter kretischem Einfluß in Ägypten entwickelt wurde. Das entspricht der von Plinius überlieferten Behauptung des Aristides, wonach der Ägypter Menos (‹Mond›) ‹fünfzehn Jahre vor der Regierung des Phoroneus, König von Argos› das Alphabet erfunden habe.

2. Es gibt jedoch Beweise dafür, daß in Griechenland schon vor der Einführung des modifizierten phoinikischen Alphabets ein Lautsystem bestand, das von den Priesterinnen der Mond-Io oder den drei Schicksalsgöttinnen, als religiöses Geheimnis gehütet wurde. Ferner, daß es in enger Verbindung zum Kalender stand und daß seine Buchstaben nicht durch geschriebene Zeichen, sondern durch die Zweige verschiedener Bäume, die die Monate des Jahres symbolisierten, dargestellt wurden.

3. Auch das alte irische Alphabet (sowie das der gallischen Druiden, das Caesar beschrieb) war ursprünglich nicht in Zeichen fixiert. Seine Buchstaben waren nach Bäumen benannt. Es hieß, nach seinen ersten drei Konsonanten, das *Beth-luis-nion* (‹Birke-Vogelbeerbaum-Esche›). Sein Aufbau, dessen Ursprung in Phrygien vermutet werden kann, entspricht dem des pelasgischen

und des lateinischen Alphabets, nämlich dreizehn Konsonanten und fünf Vokale. Die ursprüngliche Reihenfolge war A, B, L, N, O, F, S, H, U, D, T, C, E, M, G, Ng oder Gn, R, I; wahrscheinlich war dies auch die Anordnung, die Hermes verwendete.

4. Um 400 v. Chr. wurde als Folge des religiösen Umsturzes und zwecks Angleichung an ein neues Kalendersystem die Reihenfolge in B, L, F, S, N, H, D, T, C, Q, M, G, Ng, Z, R geändert. Dieses Alphabet steht mit Herakles Ogmios oder ‹Ogma Sonnengesicht› in Verbindung, so wie das frühere mit Phoroneus (s. 132, *3*) gekoppelt ist.

5. Jeder Vokal stellt einen Zeitabschnitt des Jahres dar: O (Stechginster) = Frühlingstagundnachtgleiche; U (Heidekraut) = Sommersonnenwende; E (Pappel) = Herbsttagundnachtgleiche; A (Fichte oder Palme) = Geburtsbaum und I (Eibe) = Todesbaum teilten die Wintersonnenwende unter sich. Diese Symbolstellung der Bäume ist im griechischen und lateinischen Mythos sowie in der kultischen Überlieferung ganz Europas und, *mutatis mutandis*, Syriens und Kleinasiens enthalten. Die Göttin Carmenta (s. 86, *2* und 132, *6*) erfand außer den Vokalen auch die Konsonanten B und T. Jeder dieser Kalenderkonsonanten leitete eine Hälfte ihres Jahres ein, so wie es ehedem zwischen dem Heiligen König und seinem Stellvertreter aufgeteilt worden war.

6. Kraniche waren dem Hermes als dem Schutzherrn der Dichter geweiht (s. 17, *3* und 36, *2*), bevor Apollon dessen Stellung übernahm. Die frühesten alphabetischen Zeichen waren keilförmig. Palamedes (‹uralte Weisheit›) und sein heiliger Kranich (Martial, ‹Epigramme› XIII, 75) waren das karische Äquivalent zum ägyptischen Gott Thoth, dem Schöpfer der Buchstaben, mit seinem dem Kranich ähnlichen Vogel Ibis. Hermes war Thoths frühes hellenisches Äquivalent (s. 162, s). Daß Simonides und Epicharmos dem Alphabet neue Buchstaben hinzufügten, ist Geschichte und nicht Sage; der Grund dafür ist jedoch rätselhaft. Die hinzugefügten *xi* und *psi* waren unnötig; das Entfernen der Aspirata (H) und der Digamma (F) machte die Skala ärmer.

7. Es läßt sich nachweisen, daß die Namen der Buchstaben des irischen *Beth-luis-nion* — dieses soll von Griechenland über Spanien nach Irland gelangt sein (s. 132, *5*) — einer archaischen griechischen Zauberformel zu Ehren der arkadischen Weißen Göttin Alphito entlehnt sind. Im Klassischen Zeitalter wurde sie zu einem bloßen Kinderschreck degradiert. Die kadmische Anordnung der Buchstaben, die noch in unserem ABC fortlebt, ist anscheinend auf eine bewußte Willkür phoinikischer Kaufleute zurückzuführen. Sie verwendeten nämlich das geheime Alphabet zu Handelszwecken und fürchteten, die Göttin durch die Preisgebung seiner wahren Bedeutung zu beleidigen.

8. Die Vokallaute, mit denen die Priester Apollons dessen Leier bereicherten, waren wahrscheinlich die gleichen, die Demetrios, ein alexandrinischer Philosoph des 1. Jahrhunderts v. Chr., in seiner Schrift ‹Über den Stil› erwähnt.

‹In Ägypten singen die Priester Hymnen an die Götter, indem sie die sieben Vokale hintereinander aussprechen. Deren Klang macht auf die Zuhörer einen tiefen musikalischen Eindruck, wie wenn Flöte und Leier verwendet würden ... aber vielleicht ist es besser, wenn ich nicht mehr über dieses Thema spreche.›

53. DIE DAKTYLEN

a. Rhea soll, während sie mit Zeus schwanger ging, ihre Finger in den Boden gepreßt haben, um ihre Schmerzen zu lindern. Aus dieser Stelle entsprangen die Daktylen: fünf weibliche von ihrer linken und fünf männliche von ihrer rechten Hand. Aber es wird allgemein angenommen, daß sie schon lange vor der Geburt des Zeus auf dem Berge Ida in Phrygien lebten. Nach anderer Lesart sind sie von der Nymphe Anchiale in der Diktischen Höhle in der Nähe von Oaxos geboren worden. Die männlichen Daktylen waren Schmiede und entdeckten in der Nähe des Berges Berekynthos das Eisen. Ihre Schwestern, die sich in Samothrakien niederließen, erregten dort wegen ihres magischen Zaubers großes Aufsehen. Sie lehrten den Orpheus die Mysterien der Göttin: Ihre Namen sind ein wohlgehütetes Geheimnis [1].

b. Andere sagen, daß die männlichen Daktylen die Kureten waren, die die Wiege des Zeus auf Kreta schützten und später nach Elis kamen und dort einen Tempel errichteten, um Kronos zu besänftigen. Ihre Namen waren Herakles, Paionios, Epimedes, Iasios und Akesidas. Herakles, der den wilden Ölbaum von den Hyperboreern zum Olymp geholt hatte, veranlaßte seine jüngeren Brüder zu Wettkämpfen auf dem Olympos. So entstanden die Olympischen Spiele. Es wird auch behauptet, er habe Paionios, den Sieger, mit einem Zweig des wilden Ölbaumes gekrönt. Hernach hätten alle in Betten geschlafen, die aus grünen Blättern gemacht waren. In Wahrheit wurden bis zur siebenten Olympiade Ölbaumblätter nicht für den Siegerkranz verwendet. Das Delphische Orakel befahl dem Iphitos, anstelle des Apfelzweiges, der bis dahin der Preis des Sieges war, Ölbaumblätter zu verwenden [2].

c. Akmon, Damnameneus und Kelmis sind die Namen der drei ältesten Daktylen. Kelmis soll zur Strafe für die Beleidigung der Rhea in Eisen verwandelt worden sein [3].

1. Diodorus Siculus V, 64; Sophokles, Die tauben Satyrn, zit. v. Strabon X, 3, 22; Apollonios Rhodios I, 509 und 1130.
2. Pausanias V, 7, 4; Phlegon von Tralles, Fragmente Griechischer Geschichte III, 604.
3. Scholiast über Apollonios Rhodios I, 1129; Ovid, Metamorphosen IV, 281.

1. Die Daktylen sind Personifizierungen der Finger. Der olympische Wettlauf des Herakles ist ein kindliches Spiel, wobei die Finger, unter Weglassung des Daumens, über einen Tisch laufen und der Zeigefinger immer den Wettlauf gewinnt. Gewisse orphische Erzählungen sind auf die Kalenderfolge magischer Bäume aufgebaut, wobei jedem in der Zeichensprache ein anderes Fingerglied und ein anderer Buchstabe des orphischen Kalender-Alphabets, das

phrygischen Ursprungs zu sein scheint (s. 52, 3), zugewiesen wurde. Die wilde Olive wurde mit dem obersten Glied des Daumens identifiziert, den man vermutlich als den Sitz der Manneskraft ansah und der deshalb Herakles genannt wurde. Es heißt, daß dem Körper des Herakles Blätter entsprossen (PALAIPHATOS 37). Die Fingersymbole fanden ihren Niederschlag in den volkstümlichen Fingernamen der westlichen Welt: z. B. stimmt der ‹Narrenfinger› mit Epimedes, dem Mittelfinger, und der kleine Finger mit Iasios überein. Ferner in den Fingernamen der Handlesekunde: z. B. Saturn für Epimedes (Saturn ist der schwerfälligere in seinem Kampfe mit Zeus). Apollon, der Gott des Heilens, steht für Iasios. Der Zeigefinger steht für Jupiter oder Zeus, der den Wettlauf gewann. Der kleine Finger, Merkur oder Hermes, ist der magische. Im ganzen primitiven Europa wurden Metallbearbeitungen mit Anrufungen begleitet. Die Schmiede behaupteten, die Finger ihrer rechten Hand seien ihre Daktylen, und überließen die linke Hand den Zauberinnen.

2. Die Geschichte von Akmon, Damnameneus und Kelmis, deren Namen sich auf die Schmiedekunst beziehen, ist auch eine Kindergeschichte. Durch Klopfen des Zeigefingers auf den Daumen wurden Hammer und Amboß illustriert; dann wurde die Spitze des Mittelfingers wie ein Stück rotglühendes Eisen zwischen beide gehalten. Eisen kam von der südlichen Schwarzmeerküste über Phrygien nach Kreta. Kelmis galt als Personifizierung geschmolzenen Eisens. Er war der Großen Göttin Rhea, der Schutzherrin der Schmiede, zuwider. Der Verfall ihres Kultes begann mit dem Schmelzen des Eisens und der Ankunft der Dorer, die Eisenwaffen trugen. Rhea hatte nur Gold, Silber, Kupfer, Blei und Zinn als irdische Erze anerkannt. Trotzdem wurden vereinzelte Stücke meteorischen Eisens wegen ihres wunderhaften Ursprunges hoch geschätzt. Ein solches Stück könnte auf den Berg Berekynthos gefallen sein. Ein unbearbeiteter Meteorit wurde, umgeben von Meermuscheln und Opferschalen, in einer neolithischen Ausgrabung bei Phaistos neben einer Tonfigur der hockenden Göttin gefunden. Das frühägyptische Eisen ist meteorischen Ursprungs: Es enthält einen hohen Prozentsatz an Nickel und ist fast rostfrei. Die Beleidigung der Hera durch Kelmis gab dem Mittelfinger seinen Namen: *digita impudica.*

3. Die Olympischen Spiele waren ursprünglich Wettläufe zwischen Mädchen. Der Preis war das Amt einer Priesterin der Mondgöttin Hera (PAUSANIAS V, 16, 2). Da dieses Ereignis im Monat Parthenios, ‹des Mädchens›, stattfand, scheint es jährlich wiederholt worden zu sein. Als Zeus Hera heiratete – d.h., als von den Achaiern eine neue Form des Heiligen Königtums (s. 12, 7) in Griechenland eingeführt wurde –, machten auch die jungen Männer einen Wettlauf um das gefährliche Privileg, Gemahl der Priesterin zu werden. So kam die Sonne zum Mond, und das ist auch die Geschichte des Königs von Elis. Auch Antaios ließ die Bewerber um die Hand seiner Tochter um die Wette laufen (PINDAR ‹Pythische Oden› IX) und folgte so dem Beispiel des Ikarios (s. 160, d) und des Danaos (s. 60, m).

4. Später fanden die Spiele nur jedes vierte Jahr statt. Der Wettlauf der Mädchen wurde entweder zwei Wochen vor oder zwei Wochen nach den Olympischen Spielen durchgeführt. Von der Heiligen Königswürde, die dem Sieger des Wettlaufs bei seiner Heirat mit der neuen Priesterin verliehen wurde, fiel ein Abglanz noch auf die göttlichen Ehren, die dem Sieger auch im

Klassischen Zeitalter zuteil wurden. Er wurde mit dem Ölzweig des Herakles oder des Zeus bekränzt, als ‹König Herakles› gegrüßt und mit Blättern überschüttet. Im Triumph führte man ihn in die Ratshalle, wo er vom Fleisch des geopferten Stiers aß.

5. Der ursprüngliche Preis, ein Apfel oder ein Apfelzweig, sicherte dem König, wenn er, wie vorgeschrieben, von seinem Nachfolger getötet worden war, Unsterblichkeit. Plutarch (‹*Symposiaka*› V, 2) erwähnt, daß neben dem Wettlauf bei den frühen Olympischen Spielen auch ein Zweikampf stattfand, der mit dem Tod des Besiegten endete. Dieser Zweikampf ist mythologischen Ursprungs: Die Olympischen Wettkämpfe begannen nämlich schon mit einem Ringkampf zwischen Zeus und Kronos um den Besitz von Elis (Pausanias V, 7). Eigentlich war es der Sonnenwend-Zweikampf zwischen dem Heiligen König und seinem Stellvertreter; das Ergebnis stand stets vorher fest, da der Stellvertreter mit einem Speer bewaffnet war.

6. Ein früher Kommentator Pindars (‹Olympische Oden› III, 33), der Komarchos zitiert, berichtet, daß das elische Neue Jahr von dem ersten Vollmond nach der Wintersonnenwende an gerechnet wurde und daß das zweite Jahr mit der Sommersonnenwende begann. In Übereinstimmung mit dieser Zeitrechnung tötete zur Zeit der Wintersonnenwende der neue Zeus-Herakles, d. h. der Sieger beim Wettlauf, den königlichen Stellvertreter Kronos-Iphikles, der das vorhergehende Jahr regiert hatte. Daher auch führte Herakles die Spiele ein und benannte den Grabhügel des Kronos ‹die Zeit, wenn die Gipfel mit Schnee bedeckt sind› (Pindar, ‹Olympische Oden› X, 49).

7. In archaischen Zeiten wurde Zeus-Herakles mit Eichenblättern überschüttet. Den Apfelzweig erhielt er zur Sommersonnenwende, bevor er von seinem Stellvertreter getötet wurde. Den Zweig des königlichen wilden Ölbaumes hatte er zur Wintersonnenwende gewonnen. Der Ersatz des Apfels durch den Ölzweig – der Ölbaum hatte die Kraft, böse Geister zu vertreiben – läßt auf die Abschaffung des tödlichen Zweikampfes und auf die Zusammenfassung der beiden Jahreshälften in einem Großen Jahr schließen. Das Große Jahr begann zur Zeit der Wintersonnenwende, wenn Sonnen- und Mondzeit für eine Sonne-Mond-Ehe günstig zusammenfielen. Der König und sein Stellvertreter regierten entweder nacheinander oder gleichzeitig. Im Klassischen Zeitalter wurde das Wagenrennen – dessen mythologischer Ursprung Pelops' Kampf mit Oinomaos um Deidameia (s. 109, *3*) ist – das wichtigste Ereignis bei den Olympischen Spielen. Trotzdem galt es als unglückliches Omen, nach einem Sieg im Wettlauf mit Blättern überschüttet zu werden. Pythagoras riet seinen Freunden, an den Wettkämpfen teilzunehmen, aber nicht zu gewinnen. Der geopferte Stier, der in der Ratshalle verzehrt wurde, war, wie in den attischen Buphonia-Festspielen (s. 21, *13*), ein Ersatz für das Königsopfer.

8. Olympia ist keine mykenische Stätte. Die präachaiischen Mythen dürften daher kaum über Kreta gekommen sein. Sie sind eher pelasgischen Ursprungs.

54. DIE TELCHINEN

a. Die neun hundeköpfigen, flossenhändigen Telchinen, die Kinder des Meeres, stammen aus Rhodos, wo sie die Städte Kameiros, Ialysos und Lindos gründeten. Von dort wanderten sie nach Kreta aus und wurden dessen erste Einwohner. Rhea gab ihnen das Kind Poseidon in Pflege. Sie schmiedeten seinen Dreizack. Auch die gezahnte Sichel, mit der Kronos seinen Vater Uranos entmannte, stammte von ihnen. Sie waren die ersten, die Abbilder ihrer Götter schnitzten.

b. Zeus wollte sie vernichten, weil sie das Wetter durch magische Nebel störten und die Ernten durch Schwefel und stygisches Wasser umkommen ließen. Artemis warnte sie. Da flohen sie alle über das Meer: einige nach Boiotien, wo sie den Tempel der Athene zu Teumessos bauten; einige nach Sikyon, einige nach Lykia; andere nach Orchomenos. Hier waren sie die Hunde, die Aktaion in Stücke rissen. Zeus gelang es, die teumessischen Telchinen in einer Sturzflut zu ertränken. Apollon, als Wolf verkleidet, tötete die lykischen, obwohl sie versucht hatten, ihn mit einem neuen Tempel zu besänftigen. Auch in Orchomenos waren sie verschwunden. Doch ging ein Gerücht, daß einige von ihnen in Sikyon überlebten[1].

1. Eustathios über Homer, S. 771-2; Ovid, Metamorphosen VII, 365-7; Diodorus Siculus III, 55, 2-3; Strabon XIV, 2, 7; Kallimachos, Hymnos an Delos 31; Servius über Vergils Aeneis IV, 377.

1. Die neun Telchinen waren Kinder des Meeres, dienten der Artemis als Hunde, schufen magische Nebel und gründeten die Städte, die nach den drei Danaiden Kameira, Ialysa und Linda genannt wurden (s. 60, d). Das läßt darauf schließen, daß sie ursprünglich Erscheinungsformen der Mondgöttin Danaë waren: je drei von ihnen für je eine Person der Trinität (s. 60, 2). ‹Telchin› wurde von den griechischen Grammatikern von *thelgein* =‹verzaubern› abgeleitet. Aber da auch in den Bildnissen der Tyrrhenischen Skylla, ebenso wie in den Bugfiguren der tyrrhenischen Schiffe, eine Frau, ein Hund und ein Fisch vereint waren, kann das Wort auch eine Variante von ‹Tyrrhen› oder ‹Tyrsen› sein. *L* und *r* wurden von den Libyern oft verwechselt. Der nächstfolgende Konsonant lag bei ihnen zwischen einem Hauch- und einem Zischlaut. Es scheint, daß die Telchinen von einem frühen matriarchalischen Volk Griechenlands, Kretas, Lydiens und der Aigaiischen Inseln angebetet wurden. Die eindringenden patriarchalischen Hellenen verfolgten die Ureinwohner. Diese wurden entweder absorbiert oder gezwungen, nach Westen auszuwandern. Ihr Ursprungsland könnte Ostafrika gewesen sein.

2. Magische Nebel wurden durch Weidenzauber hervorgerufen. Styxwasser (s. 31, 4) galt als so heilig, daß schon der kleinste Tropfen den Tod brachte, wenn es nicht aus einer Schale, die aus einem Pferdehuf geformt sein mußte, getrunken wurde. Der Pferdehuf deutete darauf hin, daß der Styx der pferde-

köpfigen Göttin Arkadiens heilig war. Es heißt, daß ALEXANDER DER GROSSE durch Styxwasser vergiftet wurde (PAUSANIAS VIII, 18, 2). Seine Verwendung zu magischen Zwecken durch die Telchinen weist darauf hin, daß deren Anbeter im Besitz des nahgelegenen Berges Nonakris (‹neun Gipfel›) waren, einst das Religionszentrum Griechenlands. Selbst die olympischen Götter schwuren ihren heiligsten Eid bei den Wassern des Styx.

55. DIE EMPUSEN

a. Die schamlosen Dämonen, die Empusen genannt wurden, waren Kinder der Hekate. Sie hatten das Hinterteil eines Esels und trugen bronzene Sandalen. Nach anderer Lesart hatten sie einen Eselshuf und einen Bronzefuß. Sie machten sich einen Spaß daraus, Reisende zu erschrecken. Man konnte sie jedoch durch grobe Beschimpfungen verjagen. Dann stoben sie kreischend davon. Empusen verwandelten sich oft in Hündinnen, Kühe oder schöne Mädchen. In letzterer Gestalt pflegten sie bei Nacht oder in der Zeit des Mittagschlafes das Lager der Männer zu teilen und ihnen ihre Lebenskräfte auszusaugen[1].

1. ARISTOPHANES, Frösche 288 ff; Parlament der Frauen 1056 und 1096; Papyri Magici Graeci IV, 2334; PHILOSTRATOS, Das Leben des Apollonios von Tyana IV, 25; SUIDAS unter: *Empusai.*

1. Die Empusen (‹Eindringlinge›) sind weibliche Daimonen. Die Vorstellung ist wahrscheinlich von Palästina, wo die eselhintrigen Monstren unter dem Namen Lilim (‹Kinder der Lilith›) bekannt waren, nach Griechenland gelangt. Der Esel symbolisiert Geilheit und Grausamkeit. Lilith (‹Schleiereule›) war eine kanaanitische Hekate, und die Juden trugen bis in das Mittelalter hinein Amulette, um sich gegen sie zu schützen. Hekate war die eigentliche Herrscherin des Tartaros (s. 31, f). Sie trug eine bronzene Sandale – die goldene Sandale gehörte zu Aphrodite –, und ihre Töchter, die Empusen, folgten ihrem Beispiel. Sie konnten sich in schöne Mädchen, Kühe oder Hündinnen verwandeln, da die schöne Aphrodite, die kuhäugige Hera und die hundeköpfige Hekate als Erscheinungsformen der Mondtriade ja personengleich waren.

56. IO

a. Io, die Tochter des Flußgottes Inachos, war eine Priesterin der Hera in Argos. Iynx, eine Tochter des Pan und der Echo, hatte über Zeus einen Zauber ausgebreitet, der ihn in Liebe zu Io entbrennen ließ. Als Hera ihn der Untreue bezichtigte und Iynx zur Strafe in einen Wendehals verwandelte, log er: ‹Ich habe Io niemals angerührt.› Doch sicherheitshalber verwandelte er seinerseits Io in eine weiße Kuh, auf die Hera Anspruch erhob und die sie Argos Panoptes zu treuen Händen übergab. Sie befahl ihm: ‹Binde dieses Tier heimlich in Nemea an einen Ölbaum.› Zeus schickte den Hermes zu Ios Befreiung aus und zeigte ihm selbst, in der Verkleidung eines Spechts, den Weg nach Nemea – oder, wie manche sagen, nach Mykene. Obwohl Hermes der geschickteste aller Diebe war, wußte er, daß er Io nicht stehlen könnte, ohne von einem der hundert Augen des Argos entdeckt zu werden. Mit einer Flöte zauberte er ihn in Schlaf, erschlug ihn mit einem Felsen, enthauptete ihn und befreite Io. Hera pflanzte die Augen des Argos, zur Erinnerung an seine heimtückische Ermordung, in die Schwanzfedern des Pfaus und befahl einer Mücke, Io zu stechen und sie über die ganze Welt zu verfolgen.

b. Io floh zuerst nach Dodona und erreichte dort das Meer, das nach ihr das Ionische genannt wird. Dann aber wandte sie sich gen Norden zum Berge Haimos. Später wanderte sie über das Donaudelta zum Schwarzen Meer, überschritt den krimaiischen Bosporos und trabte den Fluß Hybristes aufwärts bis zu seiner Quelle im Kaukasos, wo Prometheus noch immer an seinem Felsen Qualen litt. Sie kehrte über Kolchis, dem Land der Chalyber, und den thrakischen Bosporos nach Europa zurück. Dann galoppierte sie durch Kleinasien nach Tarsos und Ioppe, von dort nach Media, Baktria und Indien und zog über den indischen Bosporos (die Meerenge von Bab-el-Mandeb) südwestlich durch Arabien, bis sie endlich nach Äthiopien kam. Von dort wanderte sie den Nil stromabwärts, wo die Pygmäen ewigen Krieg mit den Kranichen führten, und fand endlich Ruhe in Ägypten. Hier gab ihr Zeus ihre menschliche Gestalt wieder, und hier gebar sie seinen Sohn Epaphos. Dann heiratete sie Telegonos und begründete die Anbetung der Isis, die sie Demeter nannte. Epaphos, von dem das Gerücht ging, er sei der göttliche Stier Apis, herrschte über Ägypten. Er hatte eine Tochter, Libya, die durch Poseidon Mutter des Agenor und Belos wurde[1].

c. Nach einer anderen Version brachte Io ihren Sohn Epaphos in einer euboiischen Höhle, Booisaule genannt, zur Welt und starb dort am Stich einer Viehbremse. Es heißt auch, daß sie als Kuh ihre Farbe von weiß in rot-violett und von rot-violett in schwarz änderte[2].

d. Eine dritte Version weiß zu berichten, daß Io die Tochter des Inachos war. Inachos, ein Sohn des Iapetos, herrschte über Argos. Er gründete die Stadt Iopolis – denn Io ist der Name, unter dem einst in Argos der Mond angebetet wurde – und nannte seine Tochter zu Ehren des Mondes Io. Zeus Pikos, König des Westens, schickte seine Diener aus, Io zu entführen. Sobald sie in seinem Palast angekommen war, zwang er sie, ihm zu Willen zu sein. Io gebar ihm eine Tochter, Libya. Dann floh sie nach Ägypten. Dort aber herrschte Hermes, ein Sohn des Zeus.

Io setzte ihre Flucht bis zum Berge Silpion in Syrien fort, wo sie vor Kummer und Schande starb. Inachos sandte die Brüder und Verwandten der Io aus, sie zu suchen. Unter der Führung des Triptolemos klopften sie an jede Tür in Syrien und riefen: ‹Möge der Geist Ios Ruhe finden!› Endlich fanden sie auf dem Berge Silpion die schemenhafte Gestalt einer Kuh, die ihnen zurief: ‹Hier bin ich Io.› Da waren sie überzeugt, daß Io an dieser Stelle begraben sein müßte, und gründeten ein zweites Iopolis, das nun Antiochia genannt wird. Zu Ehren Ios klopfen die Iopolitaner jedes Jahr an die Türen ihrer Nachbarn und wünschen dem Geist Ios ewigen Frieden. Die Bewohner von Argos trauern um sie jedes Jahr[3].

1. Kallimachos, Über Vögel, Fragment 100; Apollodoros II, 1, 3; Hyginus, Fabel 145; Suidas unter: *Io;* Lukian, Dialoge der Götter 3; Moschos, Idyll II, 59; Herodot I, 1 und II, 41; Homer, Ilias III, 6; Aischylos, Der gefesselte Prometheus 705 ff und Die Flehenden 547 ff; Euripides, Iphigeneia auf Tauris 382; Tzetzes, Über Lykophron 835 ff.
2. Strabon X, 1, 3; Stephanos von Byzanz unter: *Argura;* Suidas unter: *Isis.*
3. Johannes Malalas, Weltchronik II, S. 28, ed. Dindorf.

1. Dieser Mythos besteht aus verschiedenen Elementen. Für die Bewohner von Argos war die Mondgöttin die Mondkuh. Der gehörnte Neumond wurde als die Quelle des Wassers und damit auch als Spender des Viehfutters betrachtet. Die drei Farben: weiß für den Neumond, rot für den Vollmond und schwarz für den abnehmenden Mond, stellten die drei Alter der Mondgöttin – Mädchen, Nymphe und Alte Frau (s. 90, 3) – dar. Io änderte ihre Farben, wie sich der Mond ändert. Aber für rot setzten die Mythographen ‹violett› ein, denn *ion* bedeutet im Griechischen Veilchen. Die Spechte klopften an den Eichenbaum, um Regen herbeizuschaffen. Io war die Mondgöttin in ihrer Eigenschaft als Regenbringerin. Im Spätsommer, wenn Viehbremsen die Tiere quälen und wild machen, wird Regen am dringendsten gebraucht. In Afrika gibt es noch heute Negerstämme, die ihr Vieh, wenn es von Ungeziefer überfallen wird, von Weide zu Weide treiben. In Argos scheinen die Priesterinnen der Io jährlich einen Tanz zelebriert zu haben, in dem sie darstellten, wie sie von Viehbremsen zum Wahnsinn getrieben wurden, während Spechtmänner an Eichentüren klopften und ‹Io!› riefen, damit endlich der Regen auf die Unglücklichen herabfalle und ihre Qualen ein Ende nähmen. Dies scheint der Ursprung der Sage von den koanischen Frauen, die in Kühe verwandelt wurden, zu sein (s. 137, s). Argos besaß Kolonien in Euboia, am Bosporos, am Schwarzen Meer, in Syrien und in Ägypten. Von dort scheint der Brauch des Regentanzes in das Mutterland gebracht worden zu sein. Der Wendehals, der wichtigste rituelle Vogel der Mondgöttin, baut sein Nest in Weiden und wurde daher mit dem Wasserzauber in Verbindung gebracht (s. 152, 2).

2. Die Geschichte von Ios Wanderung durch die halbe Welt soll vor allem die Ausbreitung ihres Ritus nach Osten wie auch die Ähnlichkeit ihres Kultes

mit dem der Isis in Ägypten, der Astarte in Syrien und der Kali in Indien erklären. Sie beruht auf zwei unzusammenhängenden Sagen. Die eine berichtet von der Heiligen Mondkuh, die um den Himmel herumwandert und von den Sternen bewacht wird; die andere von den Mondpriesterinnen, die von den hellenischen Eroberern, die sich selber Zeus nannten, zum Entsetzen der eingeborenen Bevölkerung vergewaltigt wurden. Dann ließ man Hera, die Gemahlin des Zeus, auf Io eifersüchtig sein, obwohl Io nur ein anderer Name für die ‹kuhäugige› Hera war. Die Trauer der Demeter um Persephone wird in Argos zu einer Trauerfeier für Io, da Io mythologisch mit Demeter identisch ist. Daneben wurden in Keleai = ‹rufen›, in der Nähe von Korinth, alle drei Jahre Demeter-Mysterien abgehalten. Ihr Begründer soll ein Bruder des Keleus (‹Specht›), des Königs von Eleusis, gewesen sein. Hermes wird der Sohn des Zeus Pikos (‹Specht›) genannt — ARISTOPHANES beschuldigt Zeus in seinen ‹Vögeln› (480), das Zepter des Spechts gestohlen zu haben —, so wie Pan ein Sohn des Hermes und der Nymphe Dryope (‹Specht›) gewesen sein soll. Faunus, das lateinische Äquivalent für Pan, war der Sohn des Pikos, den Kirke, weil er ihre Liebe verschmähte (OVID, ‹Metamorphosen› XIV, 6), in einen Specht verwandelte. Das Grab des Faunus zu Kreta trug folgendes Epitaph: ‹Hier ruht der Specht, der auch Zeus war› (SUIDAS unter: *Picos*). Alle drei waren regenbringende Götter der Schafhirten. Libyas Name bedeutet Regen, und der Winterregen kam nach Griechenland aus der Richtung Libyens.

3. Zeus war der Vater des Epaphos, der seinerseits der Ahnherr Libyas, Agenors, Belos', Aigyptos' und Danaos' wurde. Das heißt nichts anderes, als daß die Zeus anbetenden Achaier die Oberherrschaft über alle seefahrenden Völker des südöstlichen Mittelmeers beanspruchten.

4. Der Streit zwischen Pygmäen und Kranichen bezieht sich auf die Vertreibung der Pygmäen aus dem oberen Niltal durch hochgewachsene Viehhirten. Diese kamen aus Somaliland und wurden ‹Kraniche› genannt, weil sie, damals wie heute, längere Zeit auf einem Bein standen, während sie das Fußgelenk des andern in der Hand hielten und sich auf ihren Speer stützten.

57. PHORONEUS

a. Der erste Mensch, der eine Handelsstadt begründete und bevölkerte, war Ios Bruder Phoroneus, Sohn des Flußgottes Inachos und der Nymphe Melia. Die Stadt Phoronikon wurde später in Argos umbenannt. Phoroneus war auch der erste, der den Gebrauch des Feuers entdeckte, das Prometheus vom Olymp gestohlen hatte. Er ehelichte die Nymphe Kerdo, herrschte über den ganzen Peloponnes und führte die Anbetung der Hera ein. Als er starb, teilten seine Söhne Pelasgos, Iasos und Agenor den Peloponnes unter sich auf. Sein Sohn Kar gründete die Stadt Megara [1].

1. HYGINUS, Fabeln 143 und 274; APOLLODOROS II, 1, 1; PAUSANIAS I, 39, 4-6; II, 15, 5 und IV, 40, 5.

1. Phoroneus' Name wird von den Griechen als ‹Bringer eines Preises›, d. h. eines Handelswerts, gelesen. Er steht wahrscheinlich für Fearinus (‹von der Morgenröte des Jahres›, d. i. der Frühling). Varianten sind Bran, Barn, Bergn, Vron, Ephron, Gwern, Fearn und Brennus. In seiner Eigenschaft als Geist des Erlenbaums, der dem vierten Monat des Heiligen Jahres, dem Monat der Frühlingsfeiern, vorstand (28, *1* und *5*; 52, *3* und 170, *8*), wurde er ein Sohn des Inachos genannt. Erlen wachsen am Flußufer. Daher die Vaterschaft des Flußgottes. Seine Mutter ist die Eschennymphe Melia. Die Esche ist der Baum, der der Erle in der Monatsreihe vorangeht. Sie soll ‹dem Blitz den Hof machen› – blitzgetroffene Bäume waren die ersten Feuerstellen des primitiven Menschen. Da Phoroneus ein Orakelheld war, wurde er auch mit der Krähe in Verbindung gebracht (s. 50, *1*). Sein Ruhm, der Entdecker der Nützlichkeit des Feuers gewesen zu sein, ließe sich durch den Vorzug, den die alten Schmiede und Töpfer der Erlenholzkohle gaben, erklären. Sie gibt mehr Hitze als irgendeine andere. Kerdo (‹Gewinn› oder ‹Kunst›) ist Demeters Name in ihrer Gestalt als Wiesel oder Fuchs. Beide galten als prophetische Tiere. ‹Phoroneus› scheint im übrigen ein Titel des Kronos gewesen zu sein, mit dem auch die Krähe und die Erle in Verbindung gebracht wurden (s. 6, *2*). Daher war er der Titan des siebenten Tages. Die Aufteilung des Königreichs des Phoroneus unter seine Söhne Pelasgos, Iasos und Agenor erinnert an die Teilung des Königreichs des Kronos zwischen Zeus, Poseidon und Hades. Vielleicht ist damit auch nur eine präachaiische Teilung des Peloponnes gemeint.

2. Kar ist Q're, auch Karios oder der Große Gott Ker. Er scheint seinen Titel von seiner Mondmutter Artemis Karia oder Karyatis abgeleitet zu haben.

58. EUROPA UND KADMOS

a. Agenor, Libyas und Poseidons Sohn und Zwillingsbruder des Belos, verließ Ägypten, um sich im Lande Kanaan niederzulassen. Dort heiratete er Telephassa, auch Argiope genannt, die ihm Kadmos, Phoinix, Kilix, Thasos, Phineus und die Tochter Europa gebar[1].

b. Zeus verliebte sich in Europa und beauftragte Hermes, Agenors Vieh zur Küste bei Tyros zu treiben, wo sie und ihre Gefährtinnen zu lustwandeln pflegten. Er selbst schloß sich der Herde an, in der Gestalt eines schneeweißen Stiers mit einer großen Halsfalte und kleinen, edelsteinähnlichen Hörnern, zwischen denen ein dunkler Streifen lief. Europa war von seiner Schönheit überwältigt. Als sie ihn zudem sanft wie ein Lamm fand, überwand sie ihre Furcht und begann, mit ihm zu spielen. Sie legte Blumen in sein Maul und hängte Girlanden über seine Hörner; endlich kletterte sie auf seine Schultern und trabte mit ihm zum Meeresufer hinab. Plötzlich schwamm er fort, während sie voll Schrecken auf die zurückbleibende Küste blickte. Mit der einen Hand hielt sie sich an seinem rechten Horn fest, während die andere noch einen Blumenkorb trug[2].

c. In der Nähe Gortynas auf Kreta ging er an Land, verwandelte sich in einen Adler und vergewaltigte Europa in einem Weidendickicht an einer Quelle. Manche sagen, unter einem immergrünen Platanenbaum. Sie gebar ihm drei Söhne: Minos, Rhadamanthys und Sarpedon [3].

d. Agenor sandte seine Söhne aus, ihre Schwester zu suchen. Er hatte ihnen verboten, ohne sie zurückzukehren. Sie segelten aus. Da sie aber nicht wußten, wohin der Stier geflohen war, steuerte jeder von ihnen einen anderen Kurs. Phoinix fuhr über Libyen hinaus gegen den Westen bis nach Karthago. Dessen Bewohner wurden nach ihm Punier genannt. Nach Agenors Tod kehrte er nach Kanaan zurück, das ihm zu Ehren nun Phoinikien heißt. Durch Alphesiboia wurde er Vater des Adonis [4]. Kilix landete bei den Hypachaiern, die seinen Namen Kilikia annahmen [5]. Phineus kam nach Thynien, einer Halbinsel, die das Marmarameer vom Schwarzen Meer trennt, wo er später allerlei Widrigkeiten durch die Harpyien erfahren sollte. Thasos und sein Gefolge machten sich zuerst nach Olympia auf. Dort weihten sie dem Tyrischen Herakles eine Bronzestatue; sie ist 10 Ellen hoch und hält eine Keule und einen Bogen. Dann aber machten sie sich daran, die Insel Thaos zu kolonisieren und ihre reichen Goldminen auszubeuten. Alles das geschah fünf Generationen vor der Geburt des Herakles, Sohn des Amphitryon, in Griechenland [6].

e. Kadmos segelte mit Telephassa nach Rhodos, wo er der Athene von Lindos einen kupfernen Kessel weihte. Er errichtete den Tempel des Poseidon und hinterließ zu dessen Pflege ein erbliches Priestertum. Auf Thera baute er einen ähnlichen Tempel. Schließlich erreichte er das Land der thrakischen Edoner, wo er und seine Gefährten freundlich aufgenommen wurden. Hier starb Telephassa plötzlich, und Kadmos machte sich zu Fuß auf den Weg zum Delphischen Orakel. Als er wissen wollte, wo Europa zu finden sei, riet ihm die Pythia, die Suche aufzugeben. Statt dessen sollte er einer Kuh folgen und dort, wo diese vor Müdigkeit niedersinken würde, eine Stadt bauen.

f. Kadmos verließ Delphi auf der Straße, die nach Phokis führt. Hier traf er auf einige Kuhhirten im Dienste des Königs Pelagon. Sie verkauften ihm eine Kuh mit dem Zeichen eines weißen Vollmondes auf jeder Flanke. Kadmos trieb das Tier ohne Unterlaß durch Boiotien, bis es endlich erschöpft an der Stelle niedersank, wo nun die Stadt Theben steht. Hier errichtete er eine Statue der Athene und nannte sie mit ihrem phoinikischen Namen Onga [7].

g. Kadmos befahl seinen Gefährten, die Kuh sogleich der Athene zu opfern und geweihtes Wasser aus den Quellen des Ares, die jetzt die Kastalischen Quellen genannt werden, zu holen. Er wußte allerdings nicht, daß die Quellen von einer riesigen Schlange behütet werden. Fast alle seine Männer fielen dem Reptil zum Opfer. Kadmos eilte herbei und zerschmetterte der Schlange mit einem Felsen das Haupt. Seine Opfergabe wurde von Athene dankbar angenommen. Sie erschien und lobte ihn für seine Taten. Dann befahl sie ihm, die Zähne der Schlange im Boden auszusäen. Er tat, wie ihm geheißen. Sofort sprangen aus der Erde die Spartaner, das sind ‹Gesäte Männer›, hervor und schlugen mit ihren Waffen aufeinander los. Kadmos warf einen Stein zwischen sie. Da begannen sie zu streiten und sich gegenseitig zu beschuldigen, den Stein geworfen zu haben. Sie kämpften so wild miteinander, daß zum Schlusse nurmehr fünf übrigblieben. Die Überlebenden, nämlich Echion, Udaios, Chthonios, Hyperenor und Peloros boten Kadmos ihre Dienste an. Aber Ares verlangte Sühne für den Tod der Schlange, und Kadmos wurde von einem göttlichen Gericht verurteilt, dem Kriegsgott ein Großes Jahr lang zu dienen[8].

1. Apollodoros III, 1, 1; Hyginus, Fabeln 178 und 19; Pausanias V, 25, 7; Apollonios Rhodios II, 178.
2. Ovid, Metamorphosen II, 836 ff; Moschos, Idylle II, 37 – 62.
3. Die Münzen von Gortyna; Theophrastos, Die Geschichte der Pflanzen I, 9, 5; Hyginus, Fabel 178.
4. Hyginus a. a. O.; Apollodoros III, 1, 1 und 14, 4.
5. Herodot VII, 91.
6. Pausanias V, 25, 7; Herodot IV, 47 und II, 44.
7. Pausanias IX, 12, 1-2.
8. Hyginus, Fabel 178; Apollodoros III, 4, 1-2.

1. Die Geschichte von Europa und Agenors Söhnen weist eine Fülle verwirrender Varianten auf. So wird z. B. Thasos abwechselnd als Sohn des Poseidon, des Kilix (Apollodoros III, 1, 1) oder des Tityos (Pindar, ‹Pythische Oden› IV, 46) bezeichnet. Agenor ist der phoinikische Held Chnas, der in der *Genesis* als ‹Kanaan› erscheint; viele kanaanitische Sitten haben ihren Ursprung in Ostafrika. Die Kanaaniter waren wahrscheinlich von Uganda in das untere Ägypten eingewandert. Die Zerstreuung der Söhne des Agenor scheint auf eine Flucht der kanaanitischen Stämme vor arischen und semitischen Eindringlingen hinzuweisen. Eine solche Flucht nach dem Westen zu Beginn des 2. Jahrtausends v. Chr. ist nachweisbar.

2. Die Geschichte der Söhne des Inachos und ihrer Suche nach Io, der Mondkuh (s. 56, d), hat die Geschichte der Söhne des Agenor und ihrer Suche nach Europa deutlich beeinflußt. Phoinix ist die männliche Form von Phoinissa (‹die Rote oder Blutige›), ein Beiname der Mondgöttin als Gebieterin über Leben und Tod. Europa bedeutet ‹breitgesichtig›; es ist ein Synonym für den Vollmond und ein Beiname der Mondgöttinnen Demeter in Lebadeia und Astarte in Sidon. Wenn das Wort sich jedoch nicht *eur-ope* sondern *eu-rope* liest (nach der Analogie von *euboia*), kann es auch ‹gut für die Weiden› – d. h. ‹gut bewässert› bedeuten. Die Weide verkörperte den fünften Monat des Heiligen Jahres (s. 52, 3) und wurde mit der Zauberkunst (s. 28, 5) und mit den Fruchtbarkeitsriten in ganz Europa in Verbindung gebracht, besonders am Vorabend

des Maifestes, das in diesen Monat fällt. Libya, Telephassa, Argiope und Alphesiboia sind Beinamen der Mondgöttin.

3. Der Sage von der Vergewaltigung der Europa durch Zeus liegt eine frühe hellenische Besetzung Kretas zugrunde. Sie wurde von prähellenischen Bildwerken abgeleitet, die die Mondgöttin triumphierend auf dem Sonnenstier, ihrem Opfer, reitend darstellten. Diese Szene findet sich auf acht gegossenen Glasplatten, die in der mykenischen Stadt Medea gefunden wurden. Es scheint dies ein Teil des Fruchtbarkeitsritus gewesen zu sein, bei dem Europas Maikranz in einer Prozession getragen wurde (ATHENAIOS S. 678 a — b). Die Adlergestalt des Verführers Zeus erinnert an seine Mimikri als Kuckuck bei der Vergewaltigung Heras (s. 12, a); nach HESYCHIOS trug Hera den Titel ‹Europia›. Europas kretischer und korinthischer Name war Hellotis. Das läßt an Helike = ‹Weide› denken; Helle (s. 43, *1* und 70, *8*) und Helena sind die gleichen göttlichen Gestalten. KALLIMACHOS erwähnt in seinem ‹Epithalamion für Helena›, daß die Platane der Helena geweiht war. Ihre Heiligkeit lag in ihrem fünfzackigen Blatt, das die Hand der Göttin versinnbildlichte (s. 53, a), und in der jährlichen Erneuerung ihrer Rinde. Im Klassischen Zeitalter hatte Apollon sie sich zu eigen gemacht (s. 160, *10*).

4. Es ist möglich, daß die Sage von Europa die Erinnerung an einen Überfall der kretischen Hellenen auf Phoinikien widerspiegelt. JOHANNES MALALAS* hat den ‹Unglücklichen Abend› zu Tyros gewiß nicht erfunden, wenn er schreibt: ‹Tauros (Stier), König von Kreta, überfiel Tyros während der Abwesenheit Agenors und seiner Söhne. Er eroberte die Stadt am gleichen Abend und machte viele Gefangene, darunter Europa. Dieses Ereignisses wird zu Tyros in dem jährlichen ‚Unglücklichen Abend' gedacht› (‹Chroniken› II, S. 30, ed. Dindorf). HERODOT (I, 2) stimmt mit MALALAS überein (s. 160, *1*).

5. Der Tyrische Herakles, den Theseus bei Olympia anbetete, war der Gott Eschmun. Ein kleiner Völkerstamm, der ein semitisches Idiom sprach, scheint aus der syrischen Ebene nach Kadmeia in Karien eingewandert zu sein — Kadmos ist ein semitisches Wort, das ‹östlich› bedeutet. Von Kadmeia zogen die Einwanderer gegen Ende des 2. Jahrtausends v. Chr. weiter nach Boiotien, eroberten Theben und wurden Herren des Landes. Der Mythos von den ‹Gesäten Männern› und dem Frondienst des Kadmos verweist auf die Politik der eingewanderten Kadmeier in Boiotien. Sie sicherten sich ihren Besitz, indem sie in einen Bürgerkrieg der ansässigen pelasgischen Stämme erfolgreich eingriffen und die einheimische Sitte der achtjährigen Regierung des Heiligen Königs annahmen. Kadmos tötete die Schlange, wie Apollon Python zu Delphi tötete (s. 21, *12*). Die Namen der ‹Gesäten Männer›: Echion (‹Schlange›), Udaios (‹von der Erde›), Chthonios (‹aus dem Boden›), Hyperenor (‹der Mann, der in die Höhe kommt›) und Peloros (‹Schlange›) kennzeichnen sie als Orakelgestalten. Der Name ‹Peloros› läßt darauf schließen, daß alle Pelasger, und nicht nur die Bewohner Thebens, Wert darauf legten, von Schlangenzähnen abzustammen. Ihr gemeinsames Fest war die Peloria (s. 1, *2*). Iason hat seine Drachenzähne wahrscheinlich nicht in Kolchis, sondern in Iolkos oder Korinth ausgesät (s. 152, *3*).

6. Troia und Antiochia sollen gleichfalls an Orten, die von Heiligen Kühen

---

* Byzantiner, 6. Jh. n. Chr., Verfasser einer Weltchronik. (Anm. d. Red.)

ausgewählt waren, gegründet worden sein (s. 158, h und 56, d). Da das strategische und kommerzielle Verständnis einer Kuh nur sehr gering ausgeprägt ist, dürfte es wahrscheinlicher sein, daß man das geweihte Tier in einen vorher gewählten Bezirk ausließ und an der Stelle, wo es sich niederlegte, der Mondgöttin einen Tempel errichtete.

59. KADMOS UND HARMONIA

a. Als Kadmos zur Sühne für den Mord an der kastalischen Schlange dem Ares acht Jahre in Knechtschaft gedient hatte, schenkte ihm Athene das Land Boiotien. Mit Hilfe seiner ‹Gesäten Männer› errichtete er die Akropolis zu Theben und nannte sie, sich selbst zu Ehren, ‹die Kadmea›. Nachdem er in die Mysterien, die Zeus Iasion gelehrt hatte, eingeführt worden war, heiratete er Harmonia, die Tochter der Aphrodite und des Ares. Nach einer anderen Version erhielt er Harmonia anläßlich eines Besuches in Samothrake von Athene zur Frau [1].

b. Dies war die erste Hochzeit eines Sterblichen, an der die Olympier teilnahmen. Zwölf goldene Throne wurden für sie im Hause des Kadmos, das an der Stelle des jetzigen thebanischen Marktplatzes stand, errichtet. Sie alle brachten Geschenke. Aphrodite schenkte Harmonia das berühmte goldene Halsband, das Hephaistos geschmiedet hatte — ursprünglich war es die Liebesgabe des Zeus an Europa, die Schwester des Kadmos. Unwiderstehliche Schönheit verlieh es seinem Träger [2]. Athene schenkte ihr ein goldenes Gewand, mit dem göttliche Würden verbunden waren, dazu einen Satz Flöten. Hermes schenkte ihr eine Leier, Kadmos ebenfalls ein reiches Gewand. Elektra, die Mutter Iasions, lehrte sie die Riten der Großen Göttin, während Demeter ihr eine reiche Gerstenernte sicherstellte, indem sie sich mit Iasion in einem dreimal gepflügten Feld niederließ. Die Einwohner Thebens zeigen noch immer die Stelle, wo die Musen aus diesem feierlichen Anlaß sangen und musizierten und wo Apollon selbst auf seiner Leier spielte [3].

c. Im hohen Alter verzichtete Kadmos zugunsten seines Enkels Pentheus auf den Thron Thebens, nicht zuletzt aus Gründen diplomatischer Beschwichtigung gegenüber Ares, der ihm wegen des Schlangenmords noch immer grollte. Der neue König Pentheus war ein Sohn Echions, eines ‹Gesäten Mannes›, und Agaues, der Tochter des Kadmos. Nach seiner Abdankung lebte Kadmos zurückgezogen in der Stadt. Als aber Pentheus von seiner eigenen Mutter getötet worden war, prophezeite Dionysos, daß Kadmos und Harmonia, auf einem von jungen Stieren gezogenen Wagen thronend, über barbarische Horden herrschen würden. Die gleichen Barbaren, so prophezeite er weiter, würden viele griechische Städte zerstören, einen Tempel des Apollon plündern und dafür schwer bestraft werden. Ares aber würde Kadmos und Harmonia in Schlangen verwandeln und sie retten, so daß sie dann glücklich und für alle Zeiten auf den Inseln der Seligen fortleben könnten[4].

d. Daraufhin wanderten Kadmos und Harmonia in das Land der Enchelaier. Als diese von den Illyrern angegriffen wurden, wählten sie im Einklang mit der Prophezeiung des Dionysos Kadmos zu ihrem Herrscher. Agaue hatte nach der Ermordung des Pentheus Zuflucht am Hofe des Illyrerkönigs Lykotherses gefunden und diesen geheiratet. Als sie aber erfuhr, daß ihre Eltern die Armeen der Enchelaier befehligten, tötete sie ihren Gemahl Lykotherses und lieferte sein Königreich an Kadmos aus[5].

e. Als die Prophezeiung sich restlos erfüllt hatte und Kadmos und Harmonia schon alt geworden waren, wurden sie in schwarz-blau gefleckte Schlangen verwandelt. Zeus ließ sie auf die Insel der Seligen bringen. Nach anderer Lesart hat Ares sie in Löwen verwandelt. Sie wurden in Illyrien begraben, wo Kadmos die Stadt Buthoë erbaut hatte. Illyrios, sein spätgeborener Sohn, folgte ihm auf den Thron[6].

1. Pausanias IX, 5, 1; Diodorus Siculus V, 48; Apollodoros III, 4, 2.
2. Diodorus Siculus V, 49 und IV, 65, 5; Pindar, Pythische Oden III, 94; Pausanias IX, 12, 3; Pherekydes, zit. v. Apollodoros III, 4, 2.
3. Diodorus Siculus V, 49; Pausanias IX, 12, 3.
4. Hyginus, Fabel 6; Apollodoros III, 4, 2; Euripides, Bakchai 43 und 1350 ff.
5. Hyginus, Fabeln 184 und 240.
6. Ovid, Metamorphosen IV, 562—602; Apollodoros III, 5, 4; Ptolemaios Hephaistionos I; Apollonios Rhodios IV, 517.

1. Die Hochzeit des Kadmos und der Harmonia, bei der die zwölf olympischen Gottheiten zugegen waren, hat ihre Parallele in der Heirat des Peleus und der Thetis (s. 81, 1). Sie scheint die allgemeine hellenische Anerkennung der kadmeischen Eroberung Thebens widerzuspiegeln. Die Athener hatten sich mit dem Vorgehen der Kadmeier abgefunden und sie in die Samothrakischen Mysterien eingeführt. Die Gründung Buthoës durch Kadmos stellt den Anspruch der Illyrer auf Gleichberechtigung mit den Griechen dar. Sie beanspruchten ferner das Recht, an den Olympischen Spielen teilzunehmen. Kadmos hatte wahrscheinlich ein Orakel in Illyrien, da er dort als Schlange abgebildet wurde. Die Version seiner und Harmonias Verwandlung in Löwen stützt sich wahrscheinlich auf die heraldischen Zwillingsträger des gestaltlosen Abbildes der Großen Göttin — wie auf dem berühmten Löwentor zu Mykene. Das Eingreifen des Zeus und die Übersiedlung auf die Inseln der Seligen erlauben den Schluß, daß es dem königlichen Paar vergönnt war, seinen Lebensabend im Ausland zu beschließen.

60. BELOS UND DIE DANAIDEN

a. König Belos, der zu Chemmis in der Thebais regierte, war der Sohn Libyas und Poseidons und ein Zwillingsbruder des Agenor. Seine Gemahlin Anchinoë, die Tochter des Nilos, gebar ihm die Zwillinge Aigyptos und Danaos und einen dritten Sohn, Kepheus [1].

b. Aigyptos erhielt als Königreich Arabien. Er eroberte das Land der Melampoden und gab ihm seinen Namen: Aigypten. Von verschiedenen Müttern wurden ihm fünfzig Söhne geboren: Libyer, Araber, Phoiniker und andere. Danaos, der Libyen regierte, hatte fünfzig Töchter, die Danaiden genannt wurden. Es waren Naiaden, Hamadryaden, ägyptische Prinzessinnen aus Elephantis und Memphis, Äthiopierinnen und andere.

c. Nach dem Tode des Belos stritten sich die Zwillinge um das Erbe. Zur Aussöhnung schlug Aigyptos eine Massenheirat zwischen den fünfzig Prinzen und fünfzig Prinzessinnen vor. Danaos fürchtete eine List und verweigerte seine Zustimmung. Als ein Orakel seinen Argwohn bestätigte und ihm verriet, daß Aigyptos alle Danaiden zu töten beabsichtigte, rüstete er zu seiner Flucht aus Libyen [2].

d. Mit Athenes Hilfe baute er für sich und seine Töchter ein Schiff — das erste doppelbugige Schiff, das je die Meere befuhr — und stach in Richtung Griechenland in See. Auf Rhodos, der ersten Zwischenstation, erbauten die Danaiden ihrer Beschützerin Athene einen Tempel. Danaos errichtete ihr ein Standbild. Drei der Töchter starben während des Aufenthaltes auf der Insel. Die Städte Lindos, Ialysos und Kameiros sind nach ihnen benannt [3].

e. Von Rhodos segelten sie zum Peloponnes und landeten in der Nähe von Lerna, wo Danaos verkündet, er sei von den Göttern auserwählt, König von Argos zu werden. Während der regierende König von Argos, Gelanor, diese Behauptung lediglich verlachte, versammelten sich seine Untertanen zu nächtlicher Beratung. Als bereits der Morgen heraufdämmerte, ohne daß ein Beschluß gefaßt worden war, brach aus den Hügeln kühn ein Wolf in die Rinderherde, die in der Nähe der Stadtmauer weidete, fiel den Leitstier an und riß ihn. Dieses Ereignis konnte nur ein böses Omen dafür sein, daß Danaos versuchen würde, den Thron mit Gewalt an sich zu reißen. Um Blutvergießen zu vermeiden, überredeten die Männer von Argos Gelanor, seinen Thron freiwillig herzugeben.

f. Danaos war überzeugt, daß der Wolf niemand anderer als Apollon gewesen sei. Er weihte dem Gott zu Argos den berühmten Wolfsschrein. Er selbst wurde ein so mächtiger Herrscher, daß sich alle Pelasger Griechenlands Danaer nannten. Die Befestigung von Argos ist sein Werk. Seine Töchter unterrichteten die pelasgischen Frauen in den Mysterien der ägyptischen Demeter, auch Thesmophoria genannt. Die

Thesmophorien hielten sich auf dem Peloponnes bis zum Einfall der Dorer, bei den Arkadern noch länger [4].

g. Argolis litt unter einer langanhaltenden Dürre. Poseidon war durch den Beschluß des Inachos, daß das Land Hera gehöre, verärgert und ließ alle Flüsse und Ströme versiegen. Danaos schickte seine Töchter auf die Suche nach Wasser. Er befahl ihnen, Poseidon mit jedem erdenklichen Mittel umzustimmen. Eine von ihnen, Amymone mit Namen, weckte, als sie im Walde ein Reh jagte, einen schlafenden Satyr auf. Sofort sprang der Bockskerl auf und versuchte, sich das Mädchen gefügig zu machen. In ihrer Bedrängnis rief sie Poseidon um Hilfe an. Der schleuderte seinen Dreizack gegen den Satyr. Der Satyr wich dem Dreizack aus, so daß dieser zitternd in einem Felsen steckenblieb. Poseidon selbst machte dann Amymone zu seiner Geliebten. Das Mädchen war froh, ihres Vaters Befehl auf so angenehme Weise befolgen zu können. Nachdem Poseidon von ihrem Auftrag erfuhr, zeigte er auf seinen Dreizack und forderte sie auf, ihn aus dem Felsen herauszuziehen. Sie tat, wie ihr geheißen; sofort sprangen drei Wasserstrahle aus den drei Löchern. Diese Quelle, die Amymones Namen erhielt, ist die Quelle des Flusses Lerna, der niemals, selbst im heißesten Sommer nicht, versiegt [5].

h. An der Quelle Amymone brachte Echidne unter einer Platane die monströse Hydra zur Welt. Sie lebte im nahegelegenen lernaiischen See, den Mörder für ihre Selbstreinigung aufsuchten – daher das Sprichwort: ‹Ein Lerna des Bösen› [6].

i. Aigyptos schickte seine Söhne mit dem Auftrag nach Argos, Danaos und seine Familie zu strafen. Vor den Toren der Stadt baten sie Danaos, seine frühere Entscheidung aufzuheben und sie seine Töchter heiraten zu lassen. In der Hochzeitsnacht wollten sie sie umbringen. Als Danaos ihr Anerbieten ausschlug, belagerten sie Argos. Obwohl die Danaiden sich später in der Kunst des Brunnenbaus hervortaten und die Stadt mit einigen Brunnen, einschließlich der vier heiligen, versorgten, war Argos zu dieser Zeit ohne Wasser. Als Danaos sah, daß Wassermangel ihn bald zur Kapitulation zwingen würde, versprach er den Söhnen des Aigyptos, was sie verlangten [7].

j. Eine Massenhochzeit wurde vorbereitet. Danaos wählte die Paare aus: In einigen Fällen entschied er nach dem Rang der Mütter oder einfach nach der Namensähnlichkeit – so heiratete Kleite den Kleitos, Sthenele den Sthenelos und Chrysippe den Chrysippos. In den meisten Fällen zog er das Los aus einem Helm [8].

k. Während des Hochzeitsfestes verteilte Danaos an seine Töchter scharfe Nadeln, die sie in ihrem Haar verbargen. Um Mitternacht stach jede damit ihren Gemahl durchs Herz. Nur einer überlebte das Massaker: Lynkeus. Auf den Rat der Artemis schonte Hypermnestra sein Leben, weil er ihre Jungfräulichkeit respektiert hatte. Sie verhalf ihm zur

Flucht nach Lynkaia, das siebeneinhalb Meilen von Argos entfernt lag. Als Zeichen dafür, daß er in Sicherheit sei, sollte er ein Feuer anzünden. Sie wollte mit einem anderen Feuer aus der Festung antworten. Zur Erinnerung daran zünden die Bewohner von Argos jährlich ein Feuer an. Am Morgen nach dem Massaker erfuhr Danaos, daß Hypermnestra ungehorsam gewesen war. Sie wurde vor ein Gericht gestellt, doch die Richter sprachen sie frei. Zum Dank dafür stiftete sie der Siegreichen Aphrodite im Apollontempel eine Säule. Auch der Weisen Artemis weihte sie ein Heiligtum [9].

l. Die Häupter der gemordeten Männer wurden zu Lerna begraben, ihre Leiber unter den Stadtmauern von Argos mit vollen Ehren bestattet. Obwohl Athene und Hermes mit dem Einverständnis des Zeus die Danaiden im See Lerna reinigten, wurden sie von den Richtern der Toten verurteilt, in alle Ewigkeit Wasser in durchlöcherten Krügen herbeizutragen [10].

m. Lynkeus und Hypermnestra wurden wieder vereint. Auch die anderen Töchter wollte Danaos so schnell wie möglich verheiratet sehen. Noch am Tage ihrer Reinigung rief er einige Bewerber zu einem Wettlauf auf. Die Straße, auf der das Rennen stattfand, wurde Apheta genannt. Der Sieger sollte die erste Wahl unter den Bräuten haben. Aber nur wenige junge Männer hatten den Mut, um die Hand einer Mörderin zu kämpfen. Als aber die Hochzeitsnacht dieser wenigen ohne neuerliche Greuel verlaufen war, fanden sich weitere Bewerber ein, so daß der Wettlauf wiederholt werden konnte. Die Abkömmlinge aus diesen Ehen heißen Danaer. Der sogenannte Hymenaiische Wettkampf wurde zu einem jährlich wiederholten Erinnerungsfest der Bewohner von Argos. Lynkeus tötete später den Danaos und regierte an seiner Stelle. Er hätte gern, um den Mord an seinen Brüdern zu rächen, auch alle seine Schwägerinnen umgebracht. Aber die Männer von Argos verhinderten diese Absicht [11].

n. Inzwischen war auch Aigyptos nach Griechenland gekommen. Als er vom Schicksal seiner Söhne hörte, floh er nach Aroi, wo er bald darauf starb. Er wurde zu Patrai, im Heiligtum des Serapis begraben [12].

o. Amymone hatte von Poseidon einen Sohn, Nauplios. Er wurde ein berühmter Seemann. Von ihm stammt die navigatorische Kunst, nach dem Großen Bären zu steuern. Er gründete die Stadt Nauplios und siedelte dort die ägyptische Mannschaft an, die mit seinem Großvater gesegelt war. Er war der Vorfahre Nauplios des Zerstörers, der feindliche Schiffe durch falsche Leuchtfeuer ins Verderben zu locken pflegte [13].

1. Herodot II, 91; Euripides, zit. v. Apollodoros II, 1, 4.
2. Apollodoros II, 1, 5; Hyginus, Fabel 168; Eustathios über Homer, S. 37.

3. Hyginus a. a. O.; Apollodoros II, 1, 4; Herodot II, 234; Diodorus Siculus V, 58, 1; Strabon XIV, 2, 8.
4. Pausanias II, 38, 4 und 19, 3; Euripides, zit. v. Strabon VIII, 6, 9; Strabon a. a. O.; Herodot II, 171; Plutarch, Über die Böswilligkeit des Herodot 13.
5. Hyginus, Fabel 169; Apollodoros II, 1, 4.
6. Pausanias II, 37, 1 und 4; Strabon VIII, 6, 8.
7. Hyginus, Fabel 168; Apollodoros II, 1, 5; Strabon VIII, 6, 9.
8. Apollodoros a. a. O.; Hyginus, Fabel 170.
9. Apollodoros a. a. O.; Pausanias II, 25, 4; 19, 6 und 21, 1.
10. Apollodoros a. a. O.; Lukian, Dialogi Marini VI; Hyginus, Fabel 168; Ovid, Heroides XIV; Horaz, Oden III, 11, 30.
11. Pindar, Pythische Oden IX, 117 ff; Pausanias III, 12, 2; Hyginus, Fabel 170; Servius über Vergils Aeneis X, 497.
12. Pausanias VII, 21, 6.
13. Apollonios Rhodios I, 136-8; Theon über Aratos' Phainomena 27; Pausanias IV, 35, 2.

1. Diese Sage deutet darauf hin, daß helladische Kolonisten schon früh aus Palästina über Rhodos nach Griechenland kamen und daß sie auf dem Peloponnes den Ackerbau einführten. Mit größter Wahrscheinlichkeit befanden sich unter ihnen auch Libyer und Äthiopier (s. 6, 1 und 8, 2). Belos ist der Baal des Alten Testamentes und der Bel der Apokryphen. Sein Name ist von der sumerischen Mondgöttin Belili, die er verdrängte, abgeleitet.

2. Die drei Danaiden – auch als Telchinen oder ‹Verzauberinnen› bekannt – gaben den drei wichtigsten Städten auf Rhodos ihre Namen. Sie waren die drei Erscheinungsformen der Dreifaltigen Mondgöttin Danaë (s. 54, 1 und 73, 4). Linda, Kameira und Ialysa scheinen Abkürzungen von *linodeousa* (‹die mit dem Leinenfaden bindet›), *katamerizousa* (‹die austeilt›) und *ialemistria* (‹die klagende Frau›) zu sein. Es sind die drei Schicksalsgöttinnen oder Moiren, die uns unter ihren Namen Klotho, Lachesis und Atropos (s. 10, 1) besser bekannt sind. Sie hatten die gleichen Aufgaben wie ihre helladischen Schwestern. Die Moiren hielten alle sterblichen Wesen an einem vorher bemessenen Faden, den sie von Jahr zu Jahr ein wenig weiter abrollen ließen, bis die Zeit kam, da er gänzlich abgerollt war. Der Mensch war am Ende seiner Erdentage. Der Lebensfaden wurde abgeschnitten. Ursprünglich waren sogar die Windeln des Säuglings, auf denen seine Sippen- und Familienzeichen eingestickt waren, ein Teil des Schicksalsfadens. Sie gaben dem Neugeborenen den Platz in der Gesellschaft, der ihm zukam.

3. Danaës sumerischer Name war Dam-kina. Die Hebräer nannten sie Dinah *(Genesis XXXIV)* oder auch, in der männlichen Form, Dan. Eine Gemeinschaft von Mondpriesterinnen bestand in der Regel aus fünfzig Jungfrauen. Ihre Aufgabe war es, das Land durch regenbringenden Zauber, Quellen und Brunnen mit Wasser zu versorgen. Daher wurde der Name der Danaiden auch mit dem griechischen Wort *dānos* = ‹vertrocknet› und mit *danos* = ‹Gabe› in Verbindung gebracht. Das *a* in *danos* ist einmal lang und einmal kurz. Die Zwillingsbruderschaft von Agenor und Belos, ähnlich der des Danaos und des Aigyptos, verweist auf ein königliches System zu Argos, wonach jeder Mitkönig eine Haupt-

priesterin heiratete und fünfzig Monate oder die Hälfte eines Großen Jahres regierte. Am Ende der Fünfzig-Monate-Frist wurde jeweils die Hauptpriesterin in einem Wettlauf ermittelt (s. 53, 4). Hier liegt der Ursprung der Olympischen Spiele. Der Wettlauf der fünfzig Freier zu Argos war – nicht anders als der Neujahrswettlauf in Olympia (s. 53, 3), Sparta (s. 160, d), Jerusalem (HOOKE, ‹*Origin of Early Semitic Ritual*›, 1935, S. 53) und Babylon (LANGDON, ‹*Epic of Creation*›, Zeile 57 und 58) – ein Ritual des Heiligen Königtums.

4. Die Hydra (s. 34, 3 und 60, h), von Herakles getötet, scheint eine Personifizierung der Gemeinschaft der Priesterinnen, die über das Wasser wachten (s. 124, 2-4), gewesen zu sein. Der Mythos von den Danaiden symbolisiert anscheinend zwei hellenische Versuche, ihr Heiligtum zu erobern, von denen der erste offensichtlich mißlang. Nach dem zweiten, erfolgreichen Versuch heiratete der hellenische Führer die Oberpriesterin und verteilte die anderen Wasserpriesterinnen als Ehefrauen an seine Offiziere. Die ‹Straße, die Apheta genannt ist› war wahrscheinlich der Startplatz des Wettlaufs der Frauen um das Amt der Oberpriesterin wie auch der Ausgangspunkt des Wettlaufs der Männer um die Heilige Königswürde (s. 53, 3 und 160, d). Lynkeus, auch in Messenien ein königlicher Name (s. 74, 1), bedeutet soviel wie ‹luchshaft›. Der Luchs ist wegen seiner scharfen Augen berühmt.

5. ‹Aigyptos› und ‹Danaos› waren vermutlich frühe Bezeichnungen des thebanischen Mitkönigs. Da es eine weitverbreitete Sitte war, das Haupt des Heiligen Königs vor den Toren der Stadt zu begraben und diese so gegen Überfälle zu schützen (s. 146, 2), gehörten wahrscheinlich die Häupter der Söhne des Aigyptos, die zu Lerna begraben wurden, verschiedenen aufeinanderfolgenden Heiligen Königen. Die Ägypter wurden Melampoden (‹schwarze Füße›) genannt, weil sie zur Zeit der Saat im schwarzen Schlamm des Nils herumwateten.

6. Eine spätere, monogame Gesellschaft sah in den Danaiden mit ihren rinnenden Wassertöpfen eine Darstellung der ewigen Strafe für Muttermord. Im früheren Mythos hatten sie die Bedeutung von Zauberinnen. Sie spritzten Wasser auf den Boden und zauberten dadurch Regengüsse herbei (s. 41, 5 und 68, 1). Das Sieb (oder die rinnenden Töpfe) blieb noch viele Jahrhunderte nach der Abschaffung der Danaiden-Kollegien ein Wahrzeichen der Weisen Frau. PHILOSTRATOS berichtet in seinem ‹Leben des Apollonios von Tyana› VI, 11, über ‹Frauen mit Sieben in ihren Händen, die umhergehen und einfachen Kuhhirten weismachen, daß sie das Vieh heilen können›.

7. Hypermnestras und Lynkeus' Leuchtfeuer wurden wahrscheinlich bei den Frühlingsfeiern in Argos angezündet, um den Sieg der Sonne zu feiern. Es kann sein, daß es in Argos Brauch war, den Heiligen König mit dem Stich einer langen Nadel zu töten – ein verhältnismäßig barmherziges Ende.

8. Die Thesmophorien, die ‹Pflichtopfer›, waren in Athen Orgien zur Weihe des Ackerbaus (s. 48, b). Ihr zeremonieller Mittelpunkt war eine Prozession mit den abgeschnittenen Genitalien des Heiligen Königs oder seines Stellvertreters. In zivilisierteren Zeiten wurden die männlichen Teile durch phallusförmige Brotlaibe und lebende Schlangen ersetzt. Apollon Lykios bedeutet eher ‹Licht-Apollon› als ‹Wolf-Apollon›. Die beiden Begriffe wurden dadurch, daß Wölfe die Gewohnheit haben, den Vollmond anzuheulen, miteinander vermengt.

61. LAMIA

a. Belos hatte eine wunderschöne Tochter, Lamia, die in Libyen herrschte. Zeus verlieh ihr als Dank für ihm gewährte Beilager die einzigartige Gabe, ihre Augen herausnehmen und wieder einsetzen zu können. Sie gebar ihm etliche Kinder, die aber, mit Ausnahme Skyllas, alle von der eifersüchtigen Hera getötet wurden. Lamia rächte sich, indem sie ihrerseits Kinder umbrachte und sich so grausam aufführte, daß ihr Gesicht sich in eine furchterregende Maske verwandelte.

b. Später schloß sie sich der Gesellschaft der Empusen an, schlief mit jungen Männern und saugte ihnen das Blut aus [1].

1. DIODORUS SICULUS XX, 41; SUIDAS unter: *Lamia;* PLUTARCH, Über die Neugier 2; Scholiast über ARISTOPHANES' Frieden 757; STRABON I, 11, 8; EUSTATHIOS über HOMER S. 1714; ARISTOTELES, Ethik VII, 5.

1. Lamia war die libysche Neith, die Liebes- und Schlachtengöttin, auch Anatha und Athene genannt (s. 8, *1*; 25, *2* und 61, *1*). Ihre Anbetung wurde von den Achaiern unterdrückt. Wie Alphito von Arkadien sank ihre Bedeutung schließlich zu einer Schreckgestalt für Kinder herab (s. 52, *7*). Ihr Name Lamia scheint mit *lamyros* = ‹gefräßig› oder ‹begierig› (von *laimos* = ‹Schlund›) verwandt zu sein – im Zusammenhang mit einer Frau bedeutet es ‹wollüstig›. Ihr abschreckendes Antlitz ist das Gorgonenhaupt. Ihre Priesterinnen trugen diese Maske während ihrer Mysterien, zu denen auch Kinderopfer gehörten (s. 33, *3*). Lamias auswechselbare Augen wurden wahrscheinlich von einem Bild der Göttin abgeleitet, auf dem sie einem Helden die Gabe mystischer Sicht verleiht, indem sie ihm eines ihrer Augen schenkt (s. 73, *8*). Die Empusen waren Inkuben (s. 55, *1*).

62. LEDA

a. Als Zeus der Nemesis lüstern nachstellte, floh sie vor ihm ins Wasser und wurde zu einem Fische. Schnell verwandelte er sich in einen Biber (?) und sprang ihr nach. Nemesis rettete sich ans Ufer und verwandelte sich in ein wildes Tier, konnte aber ihren Verfolger nicht abschrecken, weil dieser die Gestalt eines noch wilderen und schnelleren Tieres annahm. Zu guter Letzt versuchte sie, als Wildgans in die Luft zu entkommen. Zeus verwandelte sich in einen Schwan und bemächtigte sich ihrer triumphierend zu Rhamnos in Attika. Ergeben schüttelte Nemesis ihr Gefieder und zog sich nach Sparta zurück. Dort, in den Marschen, fand eines Tages Leda, Gemahlin des Königs Tyndareos, ein hyazinthenfarbenes Ei. Sie brachte es in ihr Haus und verbarg es in einer Truhe. Nach einiger Zeit schlüpfte daraus Helena von Troia [1]. Nach einer anderen Version soll dieses Ei vom Mond herabgefallen sein, gleich dem, das die Babylonier im Euphrat gefunden hatten. Letzteres war von Fischen an die Küste gebracht und dort von Tauben ausgebrütet worden. Aus dem aufbrechenden Ei trat die syrische Göttin der Liebe [2].

b. Nach einer weiteren Lesart soll Zeus sich in Gestalt eines Schwanes, der vorgab, von einem Adler verfolgt zu werden, in den Schutz der Nemesis geflüchtet und sie vergewaltigt haben. Die Geschändete legte im Laufe der Zeit ein Ei, welches Hermes zwischen die gespreizten Schenkel der Leda warf. So wurde Leda die Mutter der Helena. Zur Erinnerung an sein Gaunerstückchen setzte Zeus die Sternbilder des Schwanes und des Adlers an den Himmel [3].

c. In der am meisten verbreiteten Sage hat Leda selbst am Ufer des Flusses Eurotas den Gott in der Gestalt eines Schwanes empfangen. Die Frucht dieser Vereinigung war ein Ei, dem Helena, Kastor und Polydeukes entsprangen. Leda wurde als Nemesis unter die Götter aufgenommen [4]. Kompliziert wurde die Schwanenhochzeit dadurch, daß Leda noch in der gleichen Nacht das Lager mit ihrem Gemahl Tyndareos teilte. So kam es, daß manche in ihm den Vater der Zwillinge Kastor und Polydeukes sahen, während andere diesen Erfolg Zeus zuschrieben, wobei sie, außer Helena, auch noch Klytaimnestra dazu rechneten [5]. Schließlich gab es auch noch die Aufteilung: Kastor und Klytaimnestra als Kinder des Tyndareos und Helena und Polydeukes als Kinder des Zeus [6].

1. Athenaios über Homers Kypria S. 334 b; Apollodoros III, 10, 7; Sappho, Fragment 105; Pausanias I, 33, 7; Eratosthenes, Katasterismoi 25.
2. Athenaios 57 f; Plutarch, Symposiaka II, 3, 3; Hyginus, Fabel 197.
3. Hyginus, Poetische Astronomie II, 8.
4. Laktantius I, 21; Hyginus, Fabel 77; Erster Mythograph des Vatikans 78 und 204.
5. Homer, Odyssee XI, 299; Ilias III, 426; Euripides, Helena 254, 1497 und 1680.
6. Pindar, Nemeische Oden X, 80; Apollodoros III, 10, 6-7.

1. Nemesis war die Mondgöttin in ihrer Nymphengestalt (s. 32, 2). In der frühesten Form der mythischen Liebesjagd verfolgte sie den Heiligen König durch seine jahreszeitlichen Verwandlungen als Hase, Fisch, Biene und Maus – oder Hase, Fisch, Vogel und Weizenkorn – und verschlang ihn zu guter Letzt. Mit dem Sieg des patriarchalischen Systems verlief die Jagd umgekehrt: Jetzt floh die Göttin vor Zeus (s. 89, 2). Ehedem hatte sie sich in einen Otter oder in einen Biber verwandelt, um den (königlichen) Fisch zu verfolgen. Kastors Name (‹Biber›) ist offensichtlich ein Überrest dieses Mythos, wogegen der Name des Polydeukes (‹sehr süßer Wein›) den Charakter des Festes, während dessen die Jagd stattfand, spiegelt.

2. Leda soll auch das lykische (d. h. kretische) Wort für ‹Frau› sein. Leda war die Göttin Latona (auch Leto oder Lat), die Artemis und Apollon zu Delos

gebar (s. 14, 2). Das hyazinthenfarbene Ei erinnert an das blutrote Osterei der Druiden, das *glain* genannt und das jedes Jahr an der Meeresküste gesucht wurde. Im keltischen Mythos war es die Frucht einer göttlichen Seeschlange. Die Sage, wonach es zwischen die Schenkel der Leda geworfen wurde, ist wahrscheinlich von einem Bild der Göttin abgeleitet, das sie auf einem Gebärstuhl sitzend und Apollons Haupt aus ihrem Schoße hervorquellend zeigte.

3. Helene (Helena) und Helle, auch Selene, sind lokale Varianten der Mondgöttin (s. 43, *10*; 70, *8* und 159, *1*), deren Identität mit LUKIANS syrischer Göttin von HYGINUS betont wird. Allerdings ist der Bericht des HYGINUS etwas verwirrend. Danach hat die Göttin als Frucht ihrer Vereinigung mit der Schlange Ophion selbst das Weltei gelegt. Ophion, in Gestalt einer Taube, brütete es auf dem Wasser aus. Sie selbst war aus dem Nichts entstanden (s. 1, a). Zwei Tempel in der Nähe von Sparta waren der Helena geweiht; der eine, in Therapnai, war auf einer alten mykenischen Kultstätte erbaut worden; der andere, in Dendra, stand, wie auch ihr rhodesisches Heiligtum, mit dem Baumkult in Verbindung (s. 88, *10*). POLLUX * (X, 191) erwähnt ein spartanisches Fest mit der Bezeichnung Helenephoriai, das den attischen Thesmophorien der Athene sehr ähnlich war (s. 48, b). Während dieses Festes seien gewisse Gegenstände in einem besonderen Korb, *helene* genannt, herumgetragen worden. Solch einen Korb trägt Helena eigenhändig auf den Reliefs, die sie in Begleitung der Dioskuren zeigen. Die Gegenstände waren phallische Embleme; sie war eine orgiastische Göttin.

4. Zeus täuschte Nemesis, die Göttin des peloponnesischen Schwanenkults, wie er auch die Hera des kretischen Kuckuckskults getäuscht hatte (s. 12, a). Dieser Mythos scheint sich auf den Einfall hellenischer Krieger in Kreta oder in die pelasgischen Städte zu beziehen. Anfangs huldigten die Eindringlinge der Großen Göttin und versorgten ihre Priesterinnen mit gehorsamen Männern. Doch allmählich entwanden sie ihr die Oberherrschaft.

63. IXION

a. Ixion, ein Sohn Phlegyas, des lapithischen Königs, erklärte sich bereit, Dia, die Tochter des Eioneus, zu heiraten. Er versprach reiche Brautgaben und lud Eioneus zu einem Festgelage ein. Indes ließ er vor den Toren seines Palastes eine Fallgrube anlegen, in der große Holzkohlenfeuer brannten. Der arglose Eioneus stürzte hinein und verbrannte.

b. Obwohl die kleineren Götter diese schändliche Tat nicht zu vergeben bereit waren, sprach Zeus, der sich in Liebesangelegenheiten ähnlich schlecht benommen hatte, den Mörder nicht nur frei, sondern lud ihn auch an seinen Tisch ein.

---

* JULIUS POLYDEUKES, genannt POLLUX, aus Naukratis, zweite Hälfte des 2. Jhs. n. Chr., Lexikograph und Lehrer für Sophistik in Athen. Auszüge aus seinem Werk ‹*Onomastikon*› erhalten. (Anm. d. Red.)

c. Zum Dank dafür nahm sich Ixion vor, Hera zu verführen. Er dachte, sie würde sich über die Möglichkeit freuen, sich an Zeus für seine häufigen Seitensprünge zu rächen. Zeus erkannte jedoch die Absichten des Ixion und formte eine Wolke nach dem Bilde Heras. Ixion, der schon zu betrunken war, um die Täuschung zu erkennen, stillte an ihr seine Lust. Zeus überraschte ihn dabei. Er befahl Hermes, den Übeltäter mitleidslos zu geißeln, bis er die Worte wiederholen würde: ‹Wohltäter verdienen Ehre.› Dann sollte er ihn an ein feuriges Rad binden, das ewig am Himmel entlangrollt. Die falsche Hera, die später Nephele genannt wurde, gebar Ixion den Bastard Kentauros. Als dieser zum Manne herangewachsen war, soll er mit den Stuten Magnesias die Kentauren gezeugt haben, von denen der weise Cheiron der berühmteste war [1].

1. Scholiast über Apollonios Rhodios III, 62; Hyginus, Fabeln 33 und 62; Pindar, Pythische Oden II, 33-89; mit Scholien; Lukian, Dialoge der Götter 6; Scholiast über Euripides, Phoinikerinnen 1185.

1. Ixions Name, der aus *ischys* (‹Stärke›) und *io* (‹Mond›) (s. 61, 2) zusammengesetzt ist, erinnert an *ixias* (‹Mistel›). Als Eichenkönig mit Misteln als Genitalien (s. 50, 2) stellte er den Donnergott dar. In ritueller Ehe heiratete er die regenbringende Mondgöttin. Dann wurde er gegeißelt, auf daß sein Blut und sein Samen die Erde befruchte (s. 116, 4), mit einer Axt enthauptet, entmannt, an einen Baum gekreuzigt und angezündet. Hierauf verzehrten ihn seine Verwandten. *Eion* ist ein homerischer Beiname für einen Fluß; aber Dias Vater wird nicht nur Eioneus genannt, sondern auch Deioneus, was ‹der Zerstörer› bedeutet.

2. Die Mondgöttin des Eichenkults war als Dia = ‹vom Himmel› bekannt; dies war auch ein Beiname der dodonischen Eichengöttin (s. 51, 1), die wiederum mit Hera, der Gattin des Zeus, identisch ist. Daß alte Heilige Könige sich selbst Zeus nannten (s. 43, 2; 45, 2; 68, 1 und 156, 4) und Dia, ‹die aus der Regenwolke›, heirateten, mißfiel natürlich den olympischen Priestern. Sie mißdeuteten das rituelle Bild des gekreuzigten lapithischen Königs und sahen darin eine Strafe für Ketzer. Die Anekdote von der genotzüchtigten Wolke ist ihre Erfindung. Auf einem etruskischen Spiegel ist Ixion, mit brennenden Füßen an ein Feuerrad gebunden, dargestellt. Auf anderen Bildern ist er mit ‹fünffachen Banden› an das Rad gefesselt – wie der irische Held Curoi den Cuchulain fesselte – nach rückwärts gestreckt (Philostratos, Leben des Apollonios von Tyana VII, 12), an Füßen, Armen und am Hals zusammengebunden. Ähnlich ist auch die Fesselung des Osiris im ‹Buch der Toten›. Dieses Bild erinnert an die brennenden Räder, die bei den germanischen Sonnenwendfeiern von den Hügeln herabgerollt wurden. Ixions Fallgrube ist keine Metapher. Die Heiligen Könige benötigten Ersatzopfer. Dazu mußten Kriegsgefangene oder Reisende, die in eine Falle gegangen waren, herhalten. Der Mythos symbolisiert anscheinend einen Vertrag, den die Hellenen des Zeus mit den Lapithern, Phlegyern und Kentauren geschlossen hatten. Der Vertrag wurde durch rituelle Morde an hellenischen Reisenden und durch Gefangennahme ihrer

Frauen gebrochen. Die Hellenen verlangten und erhielten offizielle Genugtuung.

3. Pferde waren dem Mond geweiht. Tänzer in Pferdemasken beschworen den Regen herbei. Hier liegt anscheinend der Ursprung der Vorstellung von den Kentauren als einer Mischgestalt aus Mensch und Pferd. Die früheste griechische Darstellung von Kentauren – zwei Männerköpfe auf Pferdeleibern – ist auf einem mykenischen Schmuckstück abgebildet, das im Heraion in Argos gefunden wurde; sie stehen einander gegenüber und tanzen. Ein ähnliches Paar erscheint auf einem kretischen Siegel. Da es aber in Kreta keinen eingeborenen Pferdekult gab, war das Motiv anscheinend vom Festland eingeführt worden. In der archaischen Kunst wurden auch Satyrn als Pferdemenschen dargestellt, später nur noch als Ziegenböcke. Kentauros war vermutlich ein Orakelheld mit einem Schlangenschwanz. Seine Vorliebe für Stuten ist nur eine Neuauflage der Abenteuer des Nordwinds (s. 48, e).

64. ENDYMION

a. Endymion war der schöne Sohn des Zeus und der Nymphe Kalyke, ein Aioler der Abstammung nach, doch karischer Herkunft. Er vertrieb Klymenos aus seinem Königreich Elis. Seine Gemahlin, unter vielen Namen wie Iphianassa, Hyperippe, Chromia und Neis bekannt, gebar ihm vier Söhne. Mit Selene, die sich leidenschaftlich in ihn verliebt hatte, zeugte er fünfzig Töchter [1].

b. Endymion schlief eines Nachts in einer Höhle auf dem Berge Latmos, als ihn Selene zum ersten Male erblickte, sich zu ihm legte und ihn sanft auf seine geschlossenen Augen küßte. Manche sagen, daß er später in die Höhle zurückkehrte und in einen tiefen traumlosen Schlaf fiel. Dieser Schlaf, aus dem er immer noch nicht aufgewacht ist, hat verschiedene Ursachen. Die erste ist Endymions eigener Wunsch, denn er haßte den Gedanken, alt zu werden; die zweite nennt Zeus, der ihn einer heimlichen Liebe zu Hera verdächtigte; als dritte wird Selene angeführt, die zarte Küsse mehr schätzte als seine zu fruchtbare Leidenschaft. Auf jeden Fall wurde Endymion nie älter und behielt die Blüte der Jugend auf seinen Wangen. Trotzdem heißt es, daß er in Olympia begraben liegt, wo sein Sohn Epeios in einem Wettlauf mit seinen drei Brüdern den freien Thron gewann [2].

c. Einer der unterlegenen Brüder, Aitolos, beteiligte sich später an einem Wagenrennen, das dem Gedenken Azanas, des Sohnes des Arkas, gewidmet war. Es war das erste Wagenrennen, das in Griechenland veranstaltet wurde. Da die Zuschauer nicht wußten, daß sie die Rennstrecke freihalten mußten, überfuhr der Wagen des Aitolos durch einen unglücklichen Zufall den Apis, Sohn des Phoroneus, und verletzte ihn tödlich. Salmoneus, der dabei war, verbannte Aitolos nach Korinth. Hier tötete er Doros und seine Brüder und eroberte das Land, das nach ihm Aitolia benannt wurde[3].

1. Apollodoros I, 7, 5-6; Pausanias V, 8, 1 und 1, 2.
2. Apollodoros I, 7, 6; Scholiast über Theokritos' Idylle III, 49; Cicero, Gespräche in Tusculum I, 38; Pausanias V, 1, 3.
3. Pausanias VIII, 4, 2-3 und V, 1, 6; Apollodoros I, 7, 6; Strabon VIII, 3,33.

1. Dieser Mythos ist der Bericht von einem aiolischen Eroberer, der Elis besetzte und aus seiner neuen Königswürde die Konsequenz zog, die Oberpriesterin der pelasgischen Mondgöttin Hera zu heiraten. Die Namen der Gemahlinnen des Endymion sind alles Mondnamen (s. 60, 3). Als seine Regierungszeit zu Ende ging, wurde er, wie vorgeschrieben, geopfert. In Olympia erhielt er eine Weihestätte. Pisa, die Stadt, zu der Olympia gehörte, soll in der lydischen (oder kretischen) Sprache ‹eigener Ruheplatz› bedeuten: nämlich des Mondes (Servius über Vergil X, 179).

2. Der Name Endymion, von *enduein* (latein.: *inducere*), bezieht sich auf die Verführung des Königs durch den Mond, wie wenn der Mond eine der Empusen wäre (s. 55, a). Doch die Alten erklärten seinen Namen aus *somnum ei inductum*, ‹der Schlaf, der über ihn gebreitet wurde›.

3. Aitolos wird wahrscheinlich wie Pelops seinen Wagen in einer Sonnenbahn um das olympische Stadion (s. 69, 1) geführt haben. Der verunglückte Apis stellt die Unterwerfung Elis' durch Aitoler dar; der Vorgang scheint von einem Bild abgeleitet zu sein, das den Tod des Königstellvertreters in einem Wagenunglück symbolisierte (s. 71, 1 und 109, 4). Der Wettlauf, den Epeios (‹Nachfolger›) gewann, war ein älteres Ereignis (s. 53, 3). Das Lager des Endymion auf dem Berge Latmos in Karien deutet auf eine aiolische Besetzung von Elis hin. Seine rituelle Heirat mit Hera hat, ebenso wie die des Ixion, wahrscheinlich die Priester des Zeus verletzt (s. 63, 2).

4. Apis ist das Hauptwort von *apios*, einem homerischen Adjektiv mit der Bedeutung von ‹weit fort›. Auf den Peloponnes angewendet (Aischylos, ‹Die Flehenden› 262), bedeutete es soviel wie ‹vom Birnbaum kommend› (s. 74, 6).

65. PYGMALION UND GALATEA

a. Pygmalion, Sohn des Belos, verliebte sich in Aphrodite. Da aber die Göttin für ihn unerreichbar war, schnitt er ihr Bild in Elfenbein, legte es in sein Bett und flehte es an, ihn zu erhören. Gerührt von soviel Ergebenheit, schlüpfte Aphrodite in ihr Abbild und belebte es mit menschlicher Wärme. Als Galatea gebar sie dem Pygmalion Paphos und Metharme. Paphos, der Nachfolger Pygmalions, wurde der Vater von Kinyras, der die kyprische Stadt Paphos gründete und dort einen berühmten Tempel zu Ehren der Aphrodite errichtete[1].

1. Apollodoros III, 14, 3; Ovid, Metamorphosen X, 243 ff; Arnobius, Gegen die Nationen VI, 22.

1. Pygmalion, der mit der Oberpriesterin der Aphrodite zu Paphos verheiratet war, scheint das weiße Abbild der Göttin (vgl. *1. Samuel XIX, 13*) als Unterpfand für den Bestand seines Thrones bei sich verborgen gehalten zu haben. Wenn sein Sohn Paphos, den ihm die Priesterin gebar, wirklich sein Nachfolger auf dem Thron Kypros' gewesen ist, so war er der König, der die patriarchalische Ordnung auf Kypros einführte. Es ist jedoch wahrscheinlicher, daß er, ebenso wie sein Enkel Kinyras (s. 18, 5), sich am Ende seiner achtjährigen Regierung weigerte, das Abbild der Göttin herauszugeben. Vielleicht ist es ihm dadurch und durch eine zweite Ehe mit einer anderen Priesterin der Aphrodite gelungen, seine Regierungszeit zu verlängern. Eine andere Priesterin — das könnte allerdings nur heißen, daß er seine eigene Tochter Metharme, die ja die Thronerbin war, geheiratet hat. Metharme bedeutet ‹Wechsel›.

66. AIAKOS

a. Drei Elternpaaren wird die Geburt des Flußgottes Asopos zugeschrieben: Okeanos und Tethys; Poseidon und Pero; Zeus und Eurynome. Asopos heiratete Metope, die Tochter des Flusses Ladon, von der er zwei Söhne und zwölf oder zwanzig Töchter hatte [1].

b. Von den Töchtern wurden einige entführt und bei verschiedenen Gelegenheiten von Zeus, Poseidon und Apollon vergewaltigt. Als auch die jüngste, Aigina, die Zwillingsschwester der Thebe, der Lüsternheit des Zeus zum Opfer gefallen und verschwunden war, machte sich Asopos auf, sie zu suchen. In einem Wald bei Korinth überraschte er Zeus sozusagen *in flagranti*. Zeus, der unbewaffnet war, floh schamlos durch das Gebüsch und verwandelte sich, als er außer Sicht war, in einen Felsen, an dem Asopos achtlos vorbeiging. Dann schlich er zum Olympos zurück und überschüttete Asopos aus der Sicherheit der Mauern heraus mit Blitzen. Wegen der vielen Wunden, die ihm dadurch geschlagen wurden, bewegt Asopos sich noch heute nur langsam fort. Und oft werden große Stücke verbrannter Kohle in seinem Flußbett gefunden [2].

c. Nachdem Zeus auf diese Art Aiginas Vater losgeworden war, führte er sie heimlich auf die Insel, die damals Oinone oder Oinopia genannt wurde. Hier vereinigte er sich mit ihr in der Gestalt eines Adlers oder einer Flamme, während Liebesgötter über ihrem Lager schwebten [3]. Als Hera erfuhr, daß Aigina dem Zeus einen Sohn namens Aiakos geboren hatte und daß dieser König von Oinone geworden war, beschloß sie, alle Einwohner seines Reiches zu vernichten. Eine Schlange mußte in ihrem Auftrag unzählige Eier in die Flüsse legen. Daraus entwickelten sich Schwärme von Schlangen, die über Felder und durch Gewässer wanderten und das ganze Land vergifteten. Finsternis und beklemmende Hitze breiteten sich über der Insel aus, die Aiakos in Aigina umbenannt hatte. Vier Monate blies ununterbrochen der pestbringende Südwind. Felder und Weiden vertrockneten, Hunger breitete sich aus, und fast noch schlimmer peinigte die Inselbewohner der Durst. Als ihr Weinvorrat erschöpft war, krochen sie zum nächsten Fluß und tranken sich an dem vergifteten Wasser zu Tode.

d. Alle Hilferufe an Zeus waren vergeblich. Die erschöpften Bittsteller fielen, wie ihre Opfertiere, tot vor seinen Altären um. Schließlich konnte, außer den Schlangen, kaum noch ein Lebewesen krauchen [4].

e. Eines Tages vernahm Aiakos ein Donnern und Blitzen. Durch dieses günstige Zeichen ermutigt, bat er Zeus, das leere Land wieder zu bevölkern und ihm so viele Untertanen zu schenken, wie Ameisen Getreidekörner auf einen nahen Eichenbaum hinauftrugen. Dieser Baum, aus einer dodonischen Eichel entsprossen, war dem Zeus geweiht. Aiakos spürte, wie ein Zittern und ein Rascheln durch die weit ausgebreiteten Zweige ging, obwohl kein Lüftchen wehte. Er erschrak, floh aber nicht, sondern küßte immer wieder den Baum und die Erde um seine Wurzel. In dieser Nacht sah er im Traum Unmengen von Ameisen von der heiligen Eiche auf den Boden herabfallen und als Männer wieder aufstehen. Als er erwacht war, wies er diesen Traum als ein Produkt seiner Phantasie von sich. Aber plötzlich rief ihn sein Sohn Telamon und zeigte auf eine Menschenmenge, die langsam näherkam. Es waren die Männer aus seinem Traum. Die Schlangenplage war vorüber, und Regen fiel in steten Tropfen.

f. Voll Dankbarkeit gegenüber Zeus teilte Aiakos das heimgesuchte Land unter seine neuen Untertanen auf, die er Myrmidonen, d. h. ‹Ameisen›, nannte. Deren Abkömmlinge zeigen noch immer ameisenhaften Fleiß, Geduld und Ausdauer. Später folgten diese Myrmidonen Peleus von Aigina aus ins Exil. An der Seite des Achilleus und des Patroklos kämpften sie in Troia [5].

g. Nach anderen Berichten sollen die dem Achilleus verbündeten Myrmidonen zu Ehren des Königs Myrmidon so genannt worden sein. Dessen Tochter Eurymedusa war von Zeus in Gestalt einer Ameise verführt worden. Daher wurden Ameisen in Thessalien als heilige Tiere verehrt. Wieder andere erzählen von einer Nymphe namens Myrmex, die sich rühmte, den Pflug erfunden zu haben. Athene, die diese Erfindung für sich in Anspruch nahm, verwandelte ihre Gefährtin zur Strafe in eine Ameise [6].

h. Aiakos, der Endeis von Megara heiratete, war wegen seiner Frömmigkeit weithin bekannt. Er war so beliebt, daß es sich viele Menschen zur Ehre anrechneten, ihn sehen zu dürfen. Die edelsten Helden Spartas und Athens wünschten unter seinem Befehl zu kämpfen. Er hatte Aigina zu einer Festung gemacht. Felsen und gefährliche Klippen schützten sie vor Piraten[7]. Als ganz Griechenland einmal von einer Dürre heimgesucht wurde, die durch Pelops' Mord an dem arkadischen König Stymphalos – oder, wie andere meinen, durch den Mord der Athener an Androgeus – verursacht worden war, riet das Delphische Orakel den Griechen: ‹Bittet Aiakos, für eure Rettung zu beten!› Daraufhin sandte jede Stadt einen Boten zu Aiakos, der auf den Berg Panhellenios, dem höchsten Gipfel seiner Insel, stieg. Gekleidet als Priester des Zeus, opferte er hier den Göttern und flehte sie an, der Trockenheit ein Ende zu machen. Sein Gebet wurde von einem lauten Donner beantwortet, Wolken verdunkelten den Himmel, und wilde Regenschauer fielen auf ganz Griechenland nieder. Aus Dankbarkeit weihte er dem Zeus ein Heiligtum auf Panhellenios. Eine Wolke, die sich auf dem Gipfel dieses Berges niederläßt, ist seitdem ein unfehlbares Zeichen kommenden Regens[8].

i. Apollon und Poseidon luden Aiakos ein, ihnen beim Bau der Mauern Troias zu helfen. Sie wußten, daß die Stadt unmöglich zu erobern wäre, wenn nicht ein Sterblicher bei ihrem Bau mitgewirkt hätte. Es könnten ihre Bewohner sogar den Göttern Trotz bieten. Kaum hatten sie ihr Werk vollendet, versuchten drei grauäugige Schlangen, die Mauern zu erklettern. Zwei von ihnen wählten die Teile, die von den Göttern errichtet waren; sie stürzten ab und verendeten. Die dritte schwang sich mit einem Schrei auf die Mauer, die Aiakos gebaut hatte, und erzwang sich den Weg in die Stadt. Da prophezeite Apollon, daß Troias Mauern mehr als einmal fallen und daß die Söhne des Aiakos, sowohl in der zweiten wie auch in der vierten Generation, unter ihren Eroberern sein würden. Telamon und Aias machten seine Prophezeiung wahr[9].

j. Aiakos, Minos und Rhadamanthys waren die drei Söhne des Zeus, denen er gern die Last des Alters erspart hätte. Die drei Schicksalsgöttinnen sperrten sich gegen diesen Wunsch. Zeus beugte sich ihrem Spruch mit guter Miene und gab damit allen Olympiern ein Beispiel[10].

k. Als Aiakos gestorben war, wurde er unter die drei Richter des Tartaros versetzt. Dort sitzt er zu Gericht über die Schatten. Manchmal wird er sogar aufgerufen, einen Streit unter den Göttern zu schlichten. Er soll auch die Schlüssel der Unterwelt bewahren, Wegegeld kassieren und die von Hermes geleiteten Schatten einem ersten Verhör unterziehen[11].

1. Apollodoros III, 12, 6; Diodorus Siculus IV, 72.
2. Diodorus Siculus a. a. O.; Pindar, Isthmische Oden VIII, 17 ff; Kallimachos, Hymnos an Delos 78; Apollodoros a. a. O.; Lactantius über Statius' Thebais VII, 215.

3. APOLLODOROS III, 12, 6; PINDAR a. a. O.; Scholiast über HOMERS Ilias I, 7; PINDAR, Nemeische Oden VIII, 6; OVID, Metamorphosen VI, 113.
4. HYGINUS, Fabel 52; OVID, Metamorphosen VII, 520 ff.
5. OVID, Metamorphosen VII, 614 ff; HYGINUS a. a. O.; APOLLODOROS a. a. O.; PAUSANIAS II, 29, 2; STRABON VIII, 6, 16 und IX, 5, 9.
6. SERVIUS über VERGILS Aeneis II, 7 und IV, 402.
7. APOLLODOROS III, 12, 6; PINDAR, Nemeische Oden VIII, 8 ff; PAUSANIAS II, 29, 5.
8. DIODORUS SICULUS IV, 61, 1; CLEMENS VON ALEXANDRIA, Teppiche VI, 3, 28; PAUSANIAS II, 30, 4; THEOPHRASTOS, Wetterzeichen I, 24.
9. PINDAR, Olympische Oden VIII, 30 ff, mit Scholiast.
10. OVID, Metamorphosen IX, 426 ff.
11. ebd. XIII, 25; PINDAR, Isthmische Oden VIII, 24; APOLLODOROS III, 12, 6; LUKIAN, Dialoge der Toten XX, 1; Charon 2 und Reise Hinunter IV.

1. Die Töchter des Asopos, denen Apollon und Poseidon Gewalt angetan hatten, waren Priesterinnen der Mondgöttin im Asopostal des nordöstlichen Peloponnes. Diese fruchtbaren Gebiete waren von Aiolern erobert worden. Aiginas Schändung läßt sich auf die Eroberung von Phlios, einer Stadt an der Mündung des Asopos, beziehen. Ihre Hilferufe korrespondieren mit den erfolglosen Bitten der Stadtbewohner um militärische Unterstützung durch die Korinther. Eurynome und Tethys (1, a und d), die Namen von Asopos' Mutter, waren Beinamen der Mondgöttin. Pero weist auf *pera* = Lederbeutel (s. 36, 1) und somit auf die Ziegenfell-Aigis Athenes. ‹Aigina› deutet gleichfalls auf Athenes Schurz hin.

2. In der Sage von Aiakos spiegelt sich die Eroberung Aiginas durch die phthiotischen Myrmidonen, deren Stammeszeichen die Ameise war. Vordem waren anscheinend die Pelasger, die dem Ziegenkult anhingen, Besitzer der Insel. Ihre Feindschaft gegenüber den Eindringlingen spricht aus Heras Verseuchung der Flüsse. Nach STRABON, der immer nach einer vernünftigen Auslegung der Mythen, aber selten tief genug forscht, war die Erde Aiginas von einer dicken Steinschicht bedeckt. Um sie zu beseitigen, hätten die Bewohner der Insel fleißig wie Ameisen sein müssen. Den Namen Myrmidonen hätten sie sich selbst gegeben. Außerdem seien sie Troglodyten gewesen (STRABON VIII, 6, 16). Aber die thessalische Legende von Myrmex ist ein einfacher Ursprungsmythos. Die phthiotischen Myrmidonen nahmen für sich in Anspruch, so eingeboren wie die Ameisen zu sein. Gegenüber den Gesetzen ihrer Priesterin, der Königin Ameise, verhielten sie sich so korrekt, daß der Bewerber um ihre Hand, ein Anhänger des Zeus, sich zur Ehrenameise ernennen lassen mußte. Wenn Myrmex, wie es scheint, ein Beiname der Mondgöttin des nördlichen Griechenland war, so durfte sie sich mit Recht der Erfindung des Pfluges rühmen. Denn die Kunst des Ackerbaus war dort, lange bevor die Hellenen nach Athen kamen, von Einwanderern aus Kleinasien eingeführt worden.

3. Die Mythen der phthiotischen Einwanderer Aiginas verschmolzen später mit denen der achaiischen Eroberer von Phlios am Flusse Asopos. Da die Phlier ihrem Eschenorakel von Dodona (s. 51, a) die Treue hielten, mußten die Ameisen, statt aus der Erde zu kommen, von einem Baum herabfallen.

4. In dem frühesten Aiakos-Mythos hat der Held den erlösenden Regen nicht durch seine Frömmigkeit, sondern durch Zauberei bewirkt. Die gleichen Praktiken hatte auch Salmoneus angewandt (s. 68, 1). Aiakos' Richteramt in der Unterwelt ist, ebenso wie das seiner Kollegen Minos und Rhadamanthys, ein Hinweis darauf, daß aiginische Gesetzgebung sich auch in anderen Teilen Griechenlands durchgesetzt hatte. Diese Gesetzgebung betraf wahrscheinlich mehr das Handels- als das Strafrecht. Noch im Klassischen Zeitalter war das aiginische Talent das Standardgewicht für Edelmetalle. Es war kretischen Ursprungs und wog etwas weniger als einhundert Pfund.

67. SISYPHOS

a. Sisyphos war ein Sohn des Aiolos. Seine Gemahlin Merope, mit dem Beinamen ‹die Pleiade›, die ihm die Söhne Glaukos, Ornytion und Sinon schenkte, war eine Tochter des Atlas. Merope besaß auf dem Isthmos von Korinth eine Herde edler Rinder [1].

b. In der Nähe des Paares lebte Autolykos, ein Sohn der Chione. Sein Zwillingsbruder Philamon war von Apollon gezeugt worden, während Autolykos selbst sich auf Hermes als seinen Vater berief [2].

c. Autolykos war ein Meister der Diebeskunst. Hermes hatte ihm die Gabe verliehen, alle Rinder, die er stahl, aus gehörnten in ungehörnte, aus schwarzen in weiße zu verwandeln und umgekehrt. Sisyphos bemerkte zwar, daß seine Herden immer kleiner, die des Autolykos aber immer größer wurden. Er konnte ihm jedoch den Diebstahl nicht nachweisen. Da kam er eines Tages auf den Gedanken, in die Hufe seiner Rinder sein Monogramm SS – manche sagen auch, die Worte ‹gestohlen von Autolykos› – einzuschneiden. Als Autolykos nachts nun wieder einige Rinder des Sisyphos in seinen Stall entführt hatte, zeigten die Hufspuren in der Frühe deutlich den Dieb an. Sisyphos rief seine Nachbarn als Zeugen herbei und drang in die Ställe des Autolykos ein, wo er sein Eigentum an den gezeichneten Hufen sofort wiedererkannte. Während er seine Zeugen sich mit dem überführten Bösewicht herumzanken ließ, rannte er selbst um das Haus herum, stürmte in die Frauengemächer und vergewaltigte Antikleia, die Tochter des Autolykos, die dem Laertes von Argos angetraut war. Die Frucht dieses Racheaktes war Odysseus. Der sonderbare Charakter seiner Zeugung erklärt zur Genüge die Anlagen dieses Abenteurers sowie seinen Spottnamen Hypsipylon [3].

d. Sisyphos gründete Ephyra, das später als Korinth bekannt wurde. Er bevölkerte die Stadt mit Menschen, die Pilzen entsprungen waren. Möglicherweise hat auch Medea ihm das Königreich geschenkt. Seine Zeitgenossen nannten ihn den größten lebenden Schurken, gaben allerdings zu, daß er Handel und Seefahrt förderte [4].

e. Nach dem Tod des Aiolos bemächtigte sich Salmoneus des thessalischen Throns. Sisyphos, der der rechtmäßige Erbe war, wandte sich an das Orakel in Delphi. Dort wurde ihm gesagt: «Zeuge mit deiner Nichte Kinder; sie werden dich rächen!» Daraufhin verführte er Tyro, die Tochter des Salmoneus. Als Tyro erkannte, daß er die Tat nicht aus Liebe zu ihr begangen hatte, sondern aus Haß gegen ihren Vater, tötete sie die beiden Söhne, die sie ihm geboren hatte. Da betrat Sisyphos den Marktplatz von Larissa, zeigte die toten Körper, beschuldigte fälschlicherweise Salmoneus der Inzucht und des Mordes und ließ ihn aus Thessalien verjagen[5].

f. Als Zeus Aigina entführt hatte, kam der Flußgott Asopos nach Korinth, sie zu suchen. Sisyphos wußte wohl, was Aigina zugestoßen war, doch wollte er es nur dann verraten, wenn Asopos verspräche, der Stadt Korinth eine ewige Quelle zu schenken. So ließ Asopos die Quelle Peirene hinter Aphrodites Tempel hervorbrechen, wo nun Statuen der bewaffneten Göttin, der Sonne und Eros', des Bogenschützen, stehen. Da erzählte ihm Sisyphos alles, was er wußte[6].

g. Zeus, der gerade noch der Rache des Asopos entgangen war, befahl seinem Bruder Hades, Sisyphos in den Tartaros zu holen und ihn ewiglich für den Verrat göttlicher Geheimnisse zu bestrafen. Doch Sisyphos war nicht zu überlisten. Schlauerweise fesselte er Hades selbst in seinen eigenen Fesseln, indem er ihn überredete, ihm doch zu zeigen, wie man diese verwendet, und sie dann schnell zuschloß. So war Hades einige Tage im Hause des Sisyphos gefangen. Dies war eine widernatürliche Situation, denn niemand konnte sterben; selbst nicht die Männer, die enthauptet oder gevierteilt worden waren. Endlich eilte Ares, dessen Interessen bedroht waren, heran, befreite ihn und lieferte Sisyphos ihm aus.

h. Sisyphos versuchte jedoch noch eine andere List. Bevor er zum Tartaros hinabstieg, befahl er seiner Gemahlin Merope, ihn nicht zu begraben. Als er im Palast des Hades ankam, ging er geradewegs zu Persephone. Er erzählte ihr, daß er als Unbegrabener kein Recht hätte, hier zu sein, sondern auf der anderen Seite des Flusses Styx sein müßte. «Laß mich in die obere Welt zurückkehren», bat er, «wo ich mein Begräbnis anordnen und mich für die geschehene Vernachlässigung rächen kann. Mein Aufenthalt hier ist gegen alle Ordnung. Innerhalb von drei Tagen werde ich zurückkommen.» Persephone ließ sich täuschen und gewährte ihm seine Bitte. Sobald aber Sisyphos sich wieder im Lichte der Sonne befand, brach er sein Versprechen an Persephone. Da wurde Hermes gerufen, ihn mit Gewalt zurückzubringen[7].

i. Vielleicht war es, weil er Salmoneus verletzt hatte oder weil er das Geheimnis des Zeus verriet oder weil er immer von Raub gelebt und oft gutgläubige Reisende getötet hatte – während andere wieder sagen, daß es Theseus war, der der Laufbahn des Sisyphos ein Ende setzte, obwohl dies für gewöhnlich nicht als eine seiner Taten erwähnt wird – auf jeden Fall wurde über Sisyphos eine außergewöhnlich harte Strafe verhängt[8]. Die Richter der Toten zeigten ihm einen riesigen Stein – ähnlich dem, in den sich Zeus verwandelt hatte, als er vor Asopos floh – und befahlen ihm, diesen Stein den Hang eines Hügels hinaufzurollen. Oben angekommen, sollte er ihn auf der anderen Seite hinunterrollen lassen. Jedoch ist ihm dies nie gelungen. Wenn er fast den Gipfel erreicht hat, wird das Gewicht des tückischen Steines so groß, daß dieser wieder in das Tal hinabrollt. Von dort holt er ihn müde zurück und muß wieder von vorn anfangen, obwohl er in Schweiß gebadet ist und eine Staubwolke über seinem Haupte hängt[9].

j. Merope schämte sich, die einzige Pleiade zu sein, die einen Gemahl in der Unterwelt hatte – und noch dazu einen Verbrecher. Sie verließ ihre sechs schwesterlichen Sterne im Nachthimmel und wurde seitdem nicht wieder gesehen. Und da der Ort des Grabes des Neleus auf dem korinthischen Isthmos ein Geheimnis war, das Sisyphos selbst Nestor nicht verraten wollte, so schweigen nun die Korinther in der gleichen Weise, wenn man sie nach dem Grabe des Sisyphos fragt[10].

1. Apollodoros I, 9, 3; Pausanias II, 4, 3; Servius über Vergils Aeneis II, 79.
2. Hyginus, Fabel 200.
3. Polyainos VI, 52; Hyginus, Fabel 201; Suidas unter: *Sisyphos*; Sophokles, Aias 190; Scholiast über Sophokles' Philoktetes 417.
4. Apollodoros I, 9, 3; Ovid, Metamorphosen VII, 393; Eumelos, zit. von Pausanias II, 3, 8; Homer, Ilias VI, 153; Scholiast über Aristophanes' Acharner 390; Scholiast über Sophokles' Aias 190; Tzetzes, Über Lykophron 980; Ovid, Heroides XII, 203; Horaz, Satiren II, 17, 12.
5. Hyginus, Fabel 60.
6. Pausanias II, 5, 1.
7. Theognis 712 ff; Eustathios über Homers Ilias S. 487, 631 und 1702.
8. Servius über Vergils Aeneis VI, 616; Scholiast über Statius' Thebais II, 380; Hyginus, Fabel 38.
9. Scholiast über Homers Ilias I, 180; Pausanias X, 31, 3; Ovid, Metamorphosen IV, 459; Homer, Odyssee XI, 593-600.
10. Ovid, Fasti IV, 175-6; Eumelos, zit. v. Pausanias II, 2, 2.

1. ‹Sisyphos› wird von Hesychios – obwohl die Griechen meinten, es bedeutet ‹sehr weise› – *Sesephos* geschrieben. Man nimmt an, daß es eine griechische Variante des Namens Tesup, des hethitischen Sonnengottes, ist, der mit Atabyrios, dem Sonnengott von Rhodos (s. 42, 4 und 93, 1), identisch ist; sein heiliges Tier war der Stier. Es wurden Bronzestatuen und Reliefs dieses Stieres gefunden, die aus dem 14. Jahrhundert v. Chr. stammen. Man erkennt ihn an einem Zepter, an zwei Scheiben an seiner Seite und an einem Kleeblatt

auf seinem Hinterteil. Angriffe auf das gekennzeichnete Vieh des Sonnengottes sind im griechischen Mythos häufig: Die Gefährten des Odysseus unternahmen solche (s. 170, u), ebenso Alkyoneus und sein Zeitgenosse Herakles (s. 132, d und w). Aber daß Autolykos bei seinem Diebstahl – an Sisyphos – Magie verwendete, erinnert an die Geschichte von Jakob und Laban (*Genesis XXIX* und *XXX*). Jakob hatte wie Autolykos die Gabe, die Farbe des Viehs nach Willen zu ändern. Auf diese Art beraubte er die Herden des Laban. Die kulturellen Ähnlichkeiten zwischen Korinth und Kanaan, die aus den Sagen über Nisos (s. 91, 1), Oidipus (s. 105, 1 und 7), Alkathoos (s. 110, 2) und Melikertes (s. 70, 2) ersichtlich werden, können hethitischen Ursprungs sein. Alkyoneus kam aus Korinth.

2. Der ‹tückische Stein› des Sisyphos war ursprünglich eine Sonnenscheibe; der Hügel ist das Gewölbe des Himmels, ein bekanntes Bild. Das Bestehen eines korinthischen Sonnenkultes ist gut dokumentiert: Es wird gesagt, daß erst Helios und dann Aphrodite in der Akropolis herrschten, wo sie einen Tempel zwischen sich teilten (Pausanias II, 4, 7). Außerdem wird im Tartaros Sisyphos stets neben Ixion gesetzt; Ixions Feuerrad ist ein Symbol der Sonne. Das erklärt auch, warum die Bevölkerung Ephyras Pilzen entsprungen sein soll: Pilze waren der rituelle Zünder von Ixions Feuerrad (s. 63, 2); und der Sonnengott verlangte zu Beginn seines Jahres menschliche Brandopfer. Antikleias Verführung ist wahrscheinlich von einem Bilde abgeleitet, das die Heirat des Helios mit Aphrodite zeigte. Die Feindschaft der Mythographen gegenüber Sisyphos kennzeichnet die hellenische Abneigung gegen die strategische Errichtung nichthellenischer Siedlungen auf dem engen Isthmos, der den Peloponnes von Attika trennte. Seine Überlistung des Hades bezieht sich wahrscheinlich auf eine Weigerung des Heiligen Königs, am Ende seiner Regierung abzudanken (s. 170, 1). Nach den Brandmarkungen des Sonnen-Stieres zu urteilen, gelang es ihm, zwei Große Jahre lang, durch das Zepter und die Sonnenscheiben symbolisiert, zu regieren. Er scheint dafür die Zustimmung der Dreifaltigen Göttin erreicht zu haben, was durch das dreiblättrige Kleeblatt dargestellt wird. Hypsipylon, der Spottname des Odysseus, ist die männliche Form von Hypsipyle: wahrscheinlich ein Name der Mondgöttin (s. 106, 3).

3. Sisyphos und Neleus waren wahrscheinlich als Zauber gegen Invasion an strategisch wichtigen Punkten auf dem Isthmos begraben (s. 101, 3 und 146, 2). In dem Bericht des Hyginus besteht über die Rache des Sisyphos an Salmoneus eine Lücke; Absatz e) oben versucht, dieser Geschichte einen Sinn zu geben.

4. Die Quelle Peirene an der Mauer Korinths, wohin Bellerophon Pegasos zur Tränke führte (s. 75, c), hatte keinen Ausfluß und vertrocknete nie (Pausanias II, 5, 1; Strabon VIII, 6, 21). Peirene war auch der Name eines Springbrunnens vor dem Stadttore, auf dem Wege vom Marktplatz nach Lechaion. Dort soll Peirene (‹von der Korbweide›) – die die Mythographen als die Tochter des Acheloos oder des Oibalos (Pausanias a. a. O.) oder des Asopos und der Merope (Diodorus Siculus IV, 72) beschreiben – in eine Quelle verwandelt worden sein, als sie um ihren Sohn Kenchrias (‹gefleckte Schlange›) weinte, den Artemis unwissentlich getötet hatte. ‹Korinthische Bronze› erhielt ihre charakteristische Farbe dadurch, daß sie glühendrot in diese Quelle getaucht wurde (Pausanias II, 3, 3).

5. Eine der sieben Pleiaden verschwand schon früh im Klassischen Zeitalter, und ihre Abwesenheit mußte erklärt werden (s. 41, *6*).

6. Es bleibt noch die Frage offen, ob das doppelte S wirklich das Monogramm des Sisyphos war. Das Bild, das diesen Mythos illustriert, zeigte wahrscheinlich, wie er die Spuren der gestohlenen Schafe und Rinder untersucht. Diese Spuren hatten, da die Tiere ‹die Hufe gespalten hatten›, die Form CƆ Dieses Zeichen stand für SS in der frühesten griechischen Schrift und konnte auch als die verbundenen Hälften des Mond-Monates und als alles, was dies bedeutete – Zunehmen und Abnehmen, Segnen und Fluchen –, gelesen werden. Tiere, die ‹gespaltene Hufe› hatten, waren so dem Monde geweiht – sie sind die Opfer, die im *‹Leviticus›* für das Neumondfest vorgeschrieben waren. Das SS hat sich wahrscheinlich eher auf Selene, den Mond, *alias* Aphrodite, als auf Sisyphos, der als Sonnenkönig bloß ihren Heiligen Herd in Obhut hatte (s. 42, *1)*, bezogen. Die Figur CƆ, die den Vollmond darstellt (zum Unterschied von O, das einfach die Sonnenscheibe kennzeichnet), war der Heiligen Kuh, die Kadmos zu der Stätte des späteren Theben führte (s. 58 f), auf beiden Seiten eingebrannt.

68. SALMONEUS UND TYRO

a. Salmoneus, ein Sohn oder Enkel des Aiolos und der Enarete, regierte eine Zeitlang in Thessalien, bevor er eine aiolische Kolonie an den östlichen Grenzen von Elis gründete. Er baute hier die Stadt Salmonia nahe der Quelle des Flusses Enipeus, eines Nebenflusses des Alpheios [1]. Salmoneus wurde von seinen Untertanen gehaßt. In seiner königlichen Überheblichkeit ging er so weit, die Opfer des Zeus auf seinem eigenen Altar darbringen zu lassen, und verkündete, er sei Zeus. Er fuhr sogar durch die Straßen Salmonias und zog bronzene, mit Häuten umbundene Kessel hinter seinem Wagen her, um den Donner des Zeus zu imitieren; dabei warf er eichene Fackeln in die Luft. Einige dieser brennenden Fackeln trafen, wenn sie herunterfielen, die unglücklichen Untertanen, von denen er verlangte, sie für Blitze zu halten. Eines Tages bestrafte Zeus Salmoneus, indem er einen wirklichen Blitz schleuderte. Er zerstörte Salmoneus' Wagen und seinen Besitz. Die ganze Stadt brannte er nieder [2].

b. Alkidike, die Gattin des Salmoneus, starb viele Jahre früher bei der Geburt einer schönen Tochter namens Tyro. Tyro wuchs unter der Aufsicht ihrer Stiefmutter Sidero heran. Diese behandelte das Mädchen grausam, da sie die Ursache der Vertreibung der Familie aus Thessalien war: Tyro hatte die beiden Söhne, die sie ihrem Onkel Sisyphos gebar, getötet. Danach verliebte sie sich in den Fluß Enipeus, wandelte an seinen Ufern Tag für Tag und beweinte ihre Einsamkeit. Obwohl der Flußgott erfreut und von ihrer Leidenschaft sogar geschmeichelt war, wollte er sie nicht im geringsten ermutigen.

c. Poseidon beschloß, diese lächerliche Lage auszunutzen. Er verkleidete sich als der Flußgott und forderte Tyro auf, sich mit ihm am Zusammenfluß des Enipeus und des Alpheios zu treffen. Hier ließ er sie in einen magischen Schlaf fallen, während eine dunkle Welle sich wie ein Berg erhob, um mit ihrem schäumenden Kamm seine Schurkerei zu verdecken. Als Tyro erwachte und sich vergewaltigt fand, war sie über diese Täuschung entsetzt. Doch Poseidon lachte und riet ihr, sich auf den Weg nach Hause zu machen und darüber, was ihr geschehen war, zu schweigen. Ihr Lohn, so sagte er, würden wackere Zwillinge sein, Söhne eines besseren Vaters als eines armseligen Flußgottes [3].

d. Sie hütete ihr Geheimnis bis zur Geburt der versprochenen Zwillinge. Dann aber bekam sie Angst vor Sidero und setzte die beiden auf einem Berge aus. Ein vorbeiziehender Pferdehirt fand die Knaben und nahm sie mit sich nach Hause, nachdem seine Zuchtstute den älteren in das Gesicht geschlagen hatte. Die Frau des Pferdehirten zog die Knaben auf. Sie gab den Verletzten einer Mähre zum Säugen und nannte ihn Pelias. Der andere, den sie Neleus nannte, erhielt seine wilde Art von der Hündin, die seine Amme war. Doch sagen manche, die Zwillinge seien gefunden worden, als sie in einer hölzernen Kiste den Enipeus hinabschwammen. Als Pelias und Neleus entdeckten, wer ihre Mutter gewesen und wie schlecht sie behandelt worden war, brachen sie auf, sie zu rächen. Sidero suchte in einem Tempel der Hera Zuflucht. Doch Pelias schlug sie nieder, trotzdem sie sich an den Hörnern des Altars festhielt. Dies war die erste von vielen Beleidigungen, die er der Göttin zufügte [4].

e. Später heiratete Tyro ihren Onkel Kretheus, den Gründer von Iolkos, und gebar ihm Aison, den Vater des Argonauten Iason. Kretheus adoptierte auch Pelias und Neleus als seine Söhne [5].

f. Nach dem Tode des Kretheus begannen die Zwillinge zu streiten: Pelias bemächtigte sich des Thrones von Iolkos, sandte Neleus ins Exil und hielt Aison im Palast gefangen. Neleus führte die Enkel des Kretheus, Melampos und Bias, mit einem Heere von Achaiern, Phthiotinern und Aiolern in das Land Messenien, wo er die Leleger aus Pylos vertrieb, und machte die Stadt so berühmt, daß er nun als ihr Gründer genannt wird. Er heiratete Chloris; alle ihre zwölf Kinder, mit Ausnahme Nestors, wurden im Laufe der Zeit von Herakles getötet [6].

1. Apollodoros I, 7, 3; Hyginus, Poetische Astronomie II, 20; Strabon VIII, 3, 32.
2. Diodorus Siculus IV, 68, 1; Apollodoros I, 9, 7; Hyginus, Fabel 61.
3. Apollodoros I, 9, 8; Homer, Odyssee XI, 235 ff; Lukian, Dialogi Marini 13.
4. Apollodoros a. a. O.; Eustathios über Homers Odyssee XI, 253; Sophokles, Tyro, zit. v. Aristoteles, Poetik XVI, 1454.

5. PAUSANIAS IV, 2, 3; APOLLODOROS I, 9, 11; HYGINUS, Fabel 12.
6. HESIOD, Theogonie 996; Scholiast über EURIPIDES' Alkestis 255; DIODORUS SICULUS IV, 68, 6; PAUSANIAS IV, 2, 3; 36, 1 und X, 29, 3; HOMER, Ilias XI, 682.

1. ANTIGONOS VON KARYSTOS (‹Bericht über Wundervolle Dinge› 15) berichtet, daß ein regenbringender Bronzewagen zu Krannon stand: In Zeiten großer Dürre fuhren die Einwohner den Wagen über steinigen Grund, so daß er erschüttert und zum Klingen gebracht und (wie die Münzen Krannons zeigen) das Wasser aus Krügen versprengt wurde. Stets folgte Regen, wie ANTIGONOS berichtet. Die Magie des Salmoneus, Gewitterstürme hervorzurufen, war ein allgemein angewandter religiöser Brauch: ähnlich wie klappernde Kieselsteine in einem ausgetrockneten Kürbis, Klopfen an eichene Türen, polternde Steine in einer Kiste, wie Tanzen, Aneinanderschlagen der Schilde oder Schwingen der ‹Stier-Brüller›. Er wurde erst dann zum Verbrecher gestempelt, als die Verkörperung des Zeus durch die zentrale achaiische Autorität verboten worden war (s. 45, 2). Nach den Sieben der Danaiden (s. 60, 6) und dem Kuhtanz zu Argos (s. 56, 1) zu urteilen, war Regenmachen ursprünglich ein Vorrecht der Frau – wie heute noch bei gewissen primitiven afrikanischen Stämmen, so bei den Hereros und Damaras. Es ging jedoch in die Hände des Heiligen Königs über, als ihm die Königin erlaubte, als ihr Stellvertreter aufzutreten (s. 136, 4).

2. Tyro war die Göttin-Mutter der Tyrer und Tyrrhener, oder Tyrsener, vielleicht auch der Tirynther. Ihr Name ist wahrscheinlich prähellenischen Ursprungs, gab dem Griechischen aber das Wort *tyrsis* (‹umwallte Stadt›) und so den Begriff der ‹Tyrannis›. Ihre grausame Behandlung durch Sidero erinnert an die der Antiope durch Dirke, eine Sage, die dieser sehr ähnlich ist (s. 76, a). Ursprünglich hat sie wahrscheinlich die Unterdrückung der Tyrer durch ihre Nachbarn, die Sidoner dargestellt. Man glaubte, daß Flußwasser die jungen Ehefrauen, die darin badeten, schwängerte. Baden galt auch als Reinigungsritus nach der Menstruation oder einer Geburt – und es ist wahrscheinlich, daß Tyros Enipeus, wie der Skamander (s. 137, 3), angerufen wurde, die Jungfräulichkeit zu nehmen. Die Anekdote von Tyros Vergewaltigung durch Poseidon soll erklären, warum die Nachkömmlinge des Salmoneus manchmal ‹Söhne des Enipeus›, da dort ihr ursprüngliches Heim war, und manchmal ‹Söhne des Poseidon› wegen ihres Rufes als Seefahrer genannt wurden. Ihre vorhergehende Vergewaltigung durch Sisyphos läßt vermuten, daß der korinthische Sonnenkult auch nach Salmonia übertragen wurde. Antiope war auch durch Heirat mit Sisyphos verbunden (s. 76, b).

3. Die Kiste, in der Tyro die Zwillinge den Enipeus hinabtreiben ließ, war aus Erlenholz gemacht wie jene, in der Rhea Silvia die Brüder Romulus und Remus auf dem Tiber aussetzte. Der Streit zwischen Pelias und Neleus, wie der zwischen Eteokles und Polyneikes, Akrisios und Proitos, Atreus und Thyestes und anderen Königspaaren, kennzeichnet den Zusammenbruch des Systems, nach dem die Könige und ihre Stellvertreter abwechselnd fünfzig Monate im gleichen Königreich regierten (s. 69, 1; 73, a und 106, b).

4. Die Hörner des Altars, an die sich Sidero klammerte, waren gewöhnlich an den Kultbildern der Kuhgöttin Hera, Astarte, Io, Isis oder Hathor angebracht. Pelias scheint ein achaiischer Eroberer gewesen zu sein, der mit Gewalt

den aiolischen Göttinnenkult im südlichen Thessalien reorganisierte. In Palästina überlebten gehörnte Altäre — so wie der, an den sich Io klammerte (*1. Könige II, 28* etc.) — die Entthronung der Mondkuh und ihres goldenen Kalbes.

69. ALKESTIS

a. Alkestis, die schönste der Töchter des Pelias, wurde von vielen Königen und Prinzen zur Gemahlin begehrt. Pelias, der seine politische Stellung nicht durch Absagen verschlechtern wollte und doch nicht in der Lage war, mehr als einen zufriedenzustellen, verkündete, daß er Alkestis dem Manne zur Frau geben würde, der ein wildes Schwein und einen Löwen einjochen, vor seinen Wagen spannen und mit ihnen um den Rennplatz fahren könnte. Da rief Admetos, der König von Pherai, Apollon zu sich, der ihm auf Befehl des Zeus ein Jahr lang als Hirt diente, und fragte ihn: «Habe ich dir den Respekt, der dir, dem Gott zukommt, erwiesen?» «Dies hast du in der Tat», bestätigte Apollon, «und ich zeigte dir meine Dankbarkeit, indem ich alle deine Mutterschafe Zwillinge werfen ließ.» «Als letzten Gefallen dann», bat Admetos, «hilf mir, die Bedingungen des Pelias zu erfüllen und Alkestis zu gewinnen.» «Dies werde ich gern tun», erwiderte Apollon. Herakles half ihm, die wilden Tiere zu zähmen. Sofort trieb Admetos seinen Wagen, gezogen von diesem wilden Gespann, um den Rennplatz zu Iolkos [1].

b. Man weiß nicht, warum Admetos das Opfer an Artemis vor seiner Heirat mit Alkestis vernachlässigte; doch die Göttin strafte ihn schnell. Als er, vom Weine erhitzt, mit wohlriechenden Ölen gesalbt und mit Blumen bekränzt, bei Nacht das Brautgemach betrat, schreckte er entsetzt zurück. Statt der lieblichen, nackten Braut erwartete ihn auf seinem Ehelager ein sich windender Haufen zischender Schlangen. Da entfloh der entsetzte Admetos und rief Apollon um Hilfe an. Dieser setzte sich für ihn bei Artemis ein. Das versäumte Opfer wurde dargebracht, und alles ging seinen Gang. Apollon erhielt von Artemis sogar das Versprechen, daß Admetos, wenn sein Tag käme, vom Tode verschont bleiben würde, sollte ein Mitglied seiner Familie aus Liebe zu ihm freiwillig sterben.

c. Dieser schreckliche Tag kam früher, als Admetos erwartet hatte. Eines Tages flog Hermes zu seinem Palast und rief ihn zum Tartaros. Großer Kummer erfüllte alle; aber Apollon erwirkte noch eine Gnadenfrist für Admetos, indem er die drei Schicksalsgöttinnen trunken machte. So hielt er die tödlichen Scheren, die Admetos' Lebensfaden durchtrennen sollten, auf. Eilends lief Admetos zu seinen alten Eltern, umschlang ihre Knie und bat sie, ihm den Rest ihrer Tage zu schenken. Doch beide weigerten sich, da sie noch viel Freude vom Leben erwarteten, und rieten ihm, sich wie jeder andere mit der ihm zugewiesenen Lebenszeit zufriedenzugeben.

d. Da nahm Alkestis aus Liebe zu Admetos Gift, und ihr Geist stieg hinab zum Tartaros. Aber Persephone betrachtete dies als einen üblen Betrug, denn eine Frau sollte nicht anstelle ihres Gatten sterben. «Zurück mit dir in die Oberwelt!» schrie sie erbost[2].

e. Doch manche erzählen diese Geschichte anders. Sie sagen, daß Hades selbst kam, Admetos zu holen, und daß Alkestis, als dieser floh, sich freiwillig anbot, seinen Platz einzunehmen. Da kam Herakles unerwartet mit einer neuen Keule aus wildem Olivenholz und rettete sie[3].

1. Hyginus, Fabel 50; Apollodoros III, 10, 4; Kallimachos, Hymnos an Apollon 47-54; Scholiast über Euripides' Alkestis 2; Fulgentius I, 27.
2. Apollodoros I, 9, 15.
3. Euripides, Alkestis.

1. Die Zähmung eines Löwen und eines Ebers, die dann vor den gleichen Wagen gespannt wurden, ist das Thema einer thebanischen Sage (s. 106, a), deren ursprüngliche Bedeutung unklar ist. Löwe und Keiler waren die Tiersymbole der ersten und zweiten Hälfte des Heiligen Jahres – sie erscheinen auf etruskischen Vasen stets in Gegenüberstellung. Das Orakel scheint einen Vorschlag zur friedlichen Beilegung der traditionellen Rivalität zwischen dem Heiligen König und seinem Stellvertreter gemacht zu haben. Der Vorschlag meinte, daß das Königreich in Hälften geteilt von beiden zusammen regiert werden sollte, wie es schließlich Proitos und Akrisios zu Argos taten (s. 73, a). Dies wäre besser, als es ungeteilt, aber abwechselnd zu regieren – wie im Falle des Polyneikes und des Eteokles zu Theben (s. 106, b). Der Umzug um den Rennplatz im Wagen war ein Zeichen königlicher Abkunft (s. 64, 3).

2. Artemis war gegen die monogame Heirat, denn sie gehörte dem prähellenischen Kult an, in dem Frauen Verhältnisse außerhalb ihrer Sippe unterhielten. Die Hellenen besänftigten sie mit Hochzeitsopfern und trugen ihr zu Ehren Weißdornfackeln. Die patriarchale Sitte der ‹Sati› (Witwenverbrennung in Indien), die hier, wie auch in den Mythen über Euadne (s. 106, l) und Polyxena (s. 168, k) erwähnt wird, hatte ihren Ursprung in der indoeuropäischen Sitte, die den Witwen Wiederheirat verbot. Sobald dieses Verbot aber gelokkert war, erschien der Status einer ‹Sati› wenig verlockend (s. 74, a).

3. In der ersten Version dieser Mythe lehnte Persephone das Opfer der Alkestis ab – Persephone vertritt den matriarchalen Standpunkt. Nach der zweiten Version wurde es von Herakles verboten, der so zum Instrument des Willens des Zeus, d. h. der patriarchalen Ethik auserkoren wurde. Denn einst hatte er die Hölle verärgert, indem er Theseus gerettet hatte (s. 103, d). Der wilde Olivenbaum diente in Griechenland zur Vertreibung böser Einflüsse (s. 119, 2) – so wie die Birke in Italien und im nördlichen Europa (s. 52, 3).

70. ATHAMAS

a. Athamas der Aioler, der Bruder des Sisyphos und des Salmoneus, regierte über Boiotien. Auf Befehl Heras heiratete er Nephele, ein Phantom, das Zeus als ihr Abbild geschaffen hatte, als er Ixion, den Lapithen, täuschen wollte, und das nun trostlos durch die Hallen des Olympos wandelte. Nephele gebar Athamas zwei Söhne: Phrixos und Leukon, und eine Tochter, Helle. Aber Athamas war über die Verachtung, die Nephele ihm zeigte, verärgert und verliebte sich in Ino, die Tochter des Kadmos. Er brachte sie heimlich zu seinem Palaste am Fuße des Berges Laphystion, wo er mit ihr Learchos und Melikertes zeugte.

b. Als Nephele durch die Palastdiener von ihrer Nebenbuhlerin erfuhr, kehrte sie zornig zum Olymp zurück und klagte Hera diese Beleidigung. Hera nahm für sie Partei und schwur: «Meine ewige Rache soll auf Athamas und sein Haus fallen!»

c. Daraufhin kehrte Nephele zum Berge Laphystion zurück, wo sie öffentlich Heras Eid verkündete und Athamas' Tod verlangte. Aber die Männer Boiotiens, die Athamas mehr als Hera fürchteten, wollten nicht auf Nephele hören. Die Frauen Boiotiens waren Ino ergeben, von der sie nun überredet wurden, das Saatgut ohne Wissen ihrer Männer zu versengen, auf daß die Ernte mißlingen sollte. Ino sah voraus, daß Athamas, wenn die Zeit zum Keimen des Korns gekommen war, aber keine Pflanze erschiene, das Delphische Orakel befragen würde, um den Grund dafür zu erfahren. Sie hatte bereits die Boten des Athamas bestochen, eine falsche Antwort zurückzubringen. Sie sollten berichten, daß das Land wieder fruchtbar werden würde, wenn Phrixos, der Sohn Nepheles, Zeus auf dem Berge Laphystion geopfert werde.

d. Phrixos war ein schöner Jüngling, in den sich seine Tante Biadike, die Gemahlin des Kretheus, verliebt hatte. Als er ihre Annäherungen zurückwies, klagte sie ihn der versuchten Vergewaltigung an. Die Männer Boiotiens glaubten der Geschichte Biadikes und priesen Apollons weise Wahl eines Sühneopfers. Sie verlangten, daß Phrixos sterben sollte; woraufhin Athamas laut weinend Phrixos auf den Berggipfel führte. Er wollte gerade seine Kehle durchschneiden, als Herakles, der zufällig in der Nähe war, heraneilte und das Opfermesser seiner Hand entwand. «Mein Vater Zeus», rief Herakles aus, «verabscheut Menschenopfer!» Trotzdem hätte Phrixos sterben müssen, wäre nicht ein geflügelter goldener Widder, den Hermes auf Befehl Heras – oder wie manche sagen, auf Befehl des Zeus selbst – gesandt hatte, plötzlich vom Olymp zu seiner Rettung niedergeflogen.

«Steige auf meinen Rücken!» rief der Widder, und Phrixos gehorchte.

«Nimm auch mich!» bat Helle. «Laß mich nicht zurück in den Händen meines Vaters.»

e. Da zog Phrixos sie auf den Widder, und dieser floh nach Osten, zum Lande Kolchis, wo Helios seine Pferde hält. Doch dauerte es nicht lange, und Helle wurde schwindlig. Sie verlor den Halt und stürzte in die Meeresenge zwischen Europa und Asien, die ihr zu Ehren Hellespont genannt wird. Phrixos kam sicher in Kolchis an und opferte den Widder Zeus, dem Retter. Das goldene Widderfell wurde berühmt, als eine Generation später die Argonauten kamen, es zu suchen.

f. Überwältigt von dem Wunder auf dem Berge Laphystion gestanden die Boten des Athamas, daß sie von Ino bestochen worden wären, eine falsche Antwort von Delphi zu bringen. So kamen all ihre Schlauheit und die Verderbtheit der Biadike zutage. Wieder verlangte Nephele, daß Athamas sterben sollte, und das Opferband, das Phrixos getragen hatte, wurde auf sein Haupt gesetzt. Nur das erneute Eingreifen des Herakles rettete ihn vor dem Tode.

g. Hera war über Athamas erzürnt und trieb ihn zum Wahnsinn. Es war nicht nur Nepheles wegen, sondern auch, weil er Ino geholfen hatte, das Kind Dionysos zu verstecken, den Bastardsohn des Zeus mit ihrer Schwester Semele, das als Mädchen verkleidet in dem Palaste lebte. Athamas ergriff in seinem Wahn einen Bogen und rief aus: «Siehe, ein weißer Hirsch! Tritt zurück, während ich schieße!» Er sprach dies aus und durchbohrte Learchos mit einem Pfeil. Dann machte er sich daran, den noch zitternden Körper in Stücke zu reißen.

h. Ino riß ihren jüngeren Sohn Melikertes an sich und floh. Aber sie wäre der Rache des Athamas kaum entkommen, hätte das Kind Dionysos ihn nicht geblendet, so daß er irrtümlich eine Ziege an ihrer Stelle zu peitschen begann. Ino rannte zum Molurischen Felsen, von dem sie in das Meer sprang und ertrank. Dieser Felsen wurde später ein Platz üblen Rufes, denn der wilde Skiron pflegte von ihm Fremdlinge ins Meer zu stürzen. Aber Zeus, der sich der Freundlichkeit Inos gegenüber Dionysos erinnerte, wollte ihren Geist nicht in den Tartaros senden und machte sie zur Göttin Leukothea. Er vergöttlichte auch ihren Sohn Melikertes als den Gott Palaimon und sandte ihn reitend auf dem Rücken eines Delphins zum Isthmos von Korinth. Die Isthmischen Spiele, die ihm zu Ehren von Sisyphos gegründet wurden, werden immer noch jedes vierte Jahr gefeiert.

i. Athamas, der nun von Boiotien verbannt war und ohne Kinder lebte, da sein letzter Sohn Leukon krank geworden und gestorben war, fragte das Delphische Orakel, wo er sich niederlassen sollte. Es antwortete: «Wo immer dich wilde Tiere bewirten.» Er wanderte ziellos nach Norden, ohne Nahrung und Trunk, als er ein Wolfsrudel traf, das gerade eine Herde Schafe in einer einsamen thessalischen Ebene verschlang. Die Wölfe flohen, als er sich näherte. Er und seine hungernden Gefährten aßen, was vom Fleische übriggeblieben war. Dann erinnerte er sich des Orakelspruches und, da er Haliartos und Koronea, seine korinthischen Großneffen, adoptiert hatte, gründete er eine Stadt. Er nannte sie Alos, vielleicht nach seinen Wanderungen oder nach seiner Dienstmagd Alos. Das Land wurde Athamania genannt. Später heiratete er Themisto und zog eine neue Familie heran[1].

j. Manche erzählen die Geschichte anders. Sie lassen die Heirat des Athamas mit Nephele aus und sagen, daß seine Frau Ino eines Tages, nach der Geburt des Learchos und Melikertes, zur Jagd ging und nicht zurückkam. Blutflecken auf einem zerrissenen Gewande ließen ihn annehmen, daß sie von den wilden Tieren getötet worden war. In Wahrheit aber wurde sie von bacchischem Wahn erfaßt, als ein Luchs sie angriff. Sie erwürgte ihn, zog seine Haut mit ihren Zähnen und Nägeln ab und verschwand, nur in einen Pelz gekleidet, unter den Teilnehmern der Orgien auf dem Berge Parnassos. Nach einer Zeit der Trauer heiratete Athamas Themisto, die ihm ein Jahr später Zwillingssöhne gebar. Doch da erfuhr er zu seinem Schrecken, daß Ino noch unter den Lebenden weilte. Sofort sandte er nach ihr und ließ sie in das Zimmer der Kinder bringen. Aber Themisto erzählte er: «Ich habe für dich ein passendes Kindermädchen aus den Gefangenen von dem jüngsten Angriff auf den Berg Kithairon.» Themisto, der ihre Mägde bald alles erzählten, besuchte das Kinderzimmer und stellte sich unwissend, wer Ino sei. Sie sagte ihr: «Pflegerin, bereitet bitte ein Paar weiße, wollene Kleider für meine beiden Söhne und Trauergewänder für die Söhne meiner unglücklichen Vorgängerin Ino vor. Morgen sollen sie getragen werden.»

k. Dann befahl Themisto am folgenden Tag ihren Soldaten, in das königliche Kinderzimmer einzubrechen und die Zwillinge, die in Trauer gekleidet wären, zu töten, aber die anderen zwei zu schonen. Doch Ino, die erraten hatte, was Themisto vorhatte, gab ihren eigenen Söhnen die weißen Kleider und die schwarzen Kleider den Söhnen ihrer Widersacherin. So wurden die Zwillinge Themistos getötet. Die Nachricht davon trieb Athamas in den Wahnsinn: Er erschoß Learchos, den er für einen Hirsch hielt. Aber Ino gelang es, mit Melikertes zu entfliehen. Sie sprang ins Meer und wurde unsterblich.

l. Andere wieder sagen, Phrixos und Helle seien die Kinder Nepheles durch Ixion. Als sie eines Tages im Walde wandelten, kam ihre Mutter, in bacchischem Wahn, einen goldenen Widder an den Hörnern führend, zu ihnen. «Schauet doch», lallte sie, «hier ist ein Sohn Eurer Base Theophane. Sie war zu viel umworben; so verwandelte Poseidon sie in ein Schaf und sich selbst in einen Widder und besprang sie auf der Insel Krumissa.»

«Was geschah mit den Bewerbern, Mutter?» fragte die kleine Helle.

«Sie wurden Wölfe», antwortete Ino, «und heulen nach Theophane die ganze Nacht hindurch. Nun aber stellet keine anderen Fragen, klettert auf den Rücken dieses Widders und reitet zum Königreiche Kolchis, wo Aiëtes, Sohn des Helios, regiert. Sobald ihr ankommt, opfert Ares den Widder.»

m. Phrixos befolgte den eigenartigen Befehl seiner Mutter und hängte das Goldene Vlies im Tempel des Ares zu Kolchis auf, wo es von einem Drachen behütet wurde. Viele Jahre später rettete sein Sohn Presbon oder Kytisoros, der von Kolchis nach Orchomenos gekommen war, Athamas, als er als Sühneopfer dargebracht werden sollte[2].

1. PAUSANIAS I, 44, 11; IX, 34, 4-5 und 23, 3; APOLLODOROS I, 7, 3 und III, 4, 3; HYGINUS, Fabeln 2 und 4; Poetische Astronomie II, 20; Fragmente von SOPHOKLES' Athamas; NONNOS, Dionysiaka X, 1 ff; Scholiast über HOMERS Ilias VII, 86; EUSTATHIOS über dasgl.; OVID, Metamorphosen IV, 480-541; Etymologicum Magnum 70, 8; STEPHANOS VON BYZANZ unter: *Athamania.*
2. HYGINUS, Fabeln 1, 3, 5 und 88; Fragmente von EURIPIDES' Ino; HERODOT VII, 197; PAUSANIAS IX, 34, 5.

1. Athamas Name wird in der Mythe mit Athamania, der Stadt also, die er in der thessalischen Wildnis gegründet haben soll, in Verbindung gebracht. Doch scheint es, daß es eher von *Ath* (‹hoch›) und *amaein* (‹ernten›) geformt wurde – mit der Bedeutung ‹der König, der dem Ernter in der Höhe ergeben ist›, nämlich der Göttin des Ernte-Mondes. Der Streit zwischen seinen rivalisierenden Gattinnen Ino und Nephele war wahrscheinlich ein Streit zwischen den frühen ionischen Siedlern Boiotiens, die den Kult der Korngöttin Ino angenommen hatten, und den viehzüchtenden aiolischen Eindringlingen. Ein Versuch, die landwirtschaftlichen Riten der ionischen Göttin Ino auf den aiolischen Donnergott und seine Frau Nephele, die Regenwolke, zu übertragen, scheint von den Priesterinnen durch Verbrennung des Saatgutes vereitelt worden zu sein.

2. Die Mythe des Athamas und Phrixos ist der Bericht des jährlichen Bergopfers des Königs oder seines Stellvertreters. Anfangs wurde ein in ein Widderfell gekleideter Knabe und später ein Widder während des regenbringenden Neujahrsfestes, das die Schafhirten zur Zeit der Frühlingstagundnachtgleiche feierten, geopfert. Die Opferung eines Widders zu Ehren des Zeus auf dem Berge Pelion in der Nähe von Laphystion fand im April statt, wenn der Widder nach dem Tierkreis in der Aszendenz war. Die Häuptlinge dieses Distriktes pflegten in weiße Schaffelle gekleidet (DIKAIARCHOS II, 8) den Berg zu besteigen. Der Ritus lebt dort noch heute in einem Scheinopfer und in der Auferstehung eines alten Mannes, der eine schwarze Schafsmaske trägt (s. 148, *10*), fort. Die Trauerkleider, die für die zum Tode verurteilten Kinder bestellt wurden, stellten das schwarze Schaffell dar, das vom Opfer getragen wurde. Die weißen Kleider wurden von den Priestern und Zuschauern getragen. Die Liebe Biadikes zu Phrixos erinnert an Potiphars Liebe zu Joseph: eine ähnliche Mythe kanaanitischen Ursprungs. Fast die gleiche Geschichte wird

auch von Anteia und Bellerophon (s. 75, a), Kretheis und Peleus (s. 81, g), Phaidra und Hippolytos (s. 101, a – g), Phylonome und Tenes (s. 161, g) erzählt.

3. Nephele (‹Wolke›) war Heras Gabe an Athamas, geschaffen als ihr Ebenbild: Das bedeutet, daß in der ursprünglichen Version Athamas ebenso wie sein Vorgänger Ixion (s. 63, *1*) und sein Bruder Salmoneus (s. 68, *1*) den Donnergott selbst darstellte. Als er Themisto heiratete (die nach Euripides die Rivalin Inos ist), übernahm sie so die Rolle der Gemahlin des Donnergottes.

4. Ino war Leukothea, ‹die Weiße Göttin›; sie beweist ihre Identität mit der Dreifaltigen Muse durch ihre Orgien auf dem Berge Parnassos. Ihr Name (‹die, die sehnig macht›) verweist auf ithyphallische Orgien und auf das kräftige Wachstum des Kornes. Vor jeder Wintersaat wurden ihr Knaben als blutiges Opfer dargebracht. Zeus aber wird zugeschrieben, Ino aus Dankbarkeit für ihr Mitleid mit Dionysos geholfen zu haben. Athamas trägt ihr zu Ehren einen landwirtschaftlichen Namen. Mit anderen Worten: Die ionischen Bauern regelten ihre religiösen Differenzen mit den aiolischen Schafhirten zu ihrem eigenen Vorteil.

5. Die Sage ist eine Mischung verschiedener früher Kultelemente. Der sakramentale Zagreuskult, der dann zum Kulte des jungen Dionysos wurde (s. 30, *3*), läßt sich daraus erkennen, daß Athamas Ino mit einer Ziege verwechselte. Der sakramentale Kult des Aktaion wird in der Verwechslung des Learchos mit einem Hirsch deutlich – er erschießt ihn und reißt ihn in Stücke (s. 22, *1*). Inos jüngerer Sohn Melikertes ist der kanaanitische Herakles Melkarth (‹Schützer der Stadt›) oder Moloch, der als der neugeborene Sonnenkönig auf einem Delphinrücken zum Isthmos ritt. Seines Todes am Ende seiner vierjährigen Regierung wurde durch die Isthmischen Begräbnisspiele gedacht. Kleine Kinder wurden Melikertes auf der Insel Tenedos und wahrscheinlich auch zu Korinth (s. 156, *2*) geopfert – so wie sie in Jerusalem dem Moloch dargebracht wurden (*Leviticus XVIII, 21* und *1. Könige XI, 7*).

6. Erst als Zeus der Gott des klaren Himmels wurde und die Sonnenattribute der Göttin übernahm, wurde das Vlies golden; daher sagt auch der Erste Mythograph des Vatikans, daß es ‹das Vlies war, in dem Zeus zum Himmel anstieg›. Wenn er aber Gewitter verursacht, wird es purpur-schwarz (Simonides, Fragment 21).

7. In einer anderen Version der Mythe (Hippias, Fragment 12) wird Ino Gorgopis (‹böses Antlitz›) genannt, ein Name der Athene. Der wilde Skiron, der Reisende von der Klippe stürzte, erhielt seinen Namen von dem weißen Sonnenschirm – richtiger von einem Mondschirm –, der in Athenes Prozession getragen wurde. Der Molurische Felsen war offensichtlich die Klippe, von der der Heilige König oder sein Stellvertreter zu Ehren der Mondgöttin Athene oder Ino in das Meer geworfen wurde. Der Sonnenschirm wurde wahrscheinlich dazu verwendet, den Fall zu verlangsamen (s. 89, *6*; 92, *3*; 96, *3* und 98, *7*).

8. Helle ertrinkt wie Ino. Beide sind Mondgöttinnen, und die Mythe ist doppelsinnig: Sie stellt einerseits das nächtliche Niedergehen des Mondes dar, andererseits die Verdrängung des Mondkultes der Helle durch den Sonnenkult des Zeus. Beide sind Meeresgöttinnen: Helle gab der Verbindung der beiden

Meere ihren Namen; Ino-Leukothea erschien Odysseus in der Gestalt einer Seemöwe und rettete ihn vor dem Ertrinken (s. 170, y).

9. Der Stamm des Athamas scheint eher vom Berg Laphystion und von Athamania in Boiotien nach dem Berg Laphystions und Athamania in Thessalien als umgekehrt gewandert zu sein. Er hatte eine starke Verbindung mit Korinth, dem Königreiche seines Bruders Sisyphos. Die Stadt Akraiphia östlich dem Kopais-See soll von ihm gegründet worden sein. Dort war ein ‹Feld des Athamas› (STEPHANOS VON BYZANZ unter: *Acraiphia*; PAUSANIAS IX, 24, 1). Auch wird einigen seiner Söhne die Gründung der boiotischen Städte zugeschrieben. Tatsächlich wird er glaubhaft als ein Sohn Minyas und als König von Orchomenos beschrieben, wodurch ihm Macht über die kopaischen Ebenen und den Berg Laphystion gegeben wurde (Scholiast zu APOLLONIOS RHODIOS I, 230; HELLANIKOS über APOLLONIOS RHODIOS III, 265). Dies würde ihn in ein Bündnis mit Korinth gegen die Staaten Athen und Theben gebracht haben. Der wahrscheinliche Grund für die Wanderung des Athamas nordwärts nach Thessalien war der katastrophale Krieg, der zwischen Orchomenos und Theben stattfand und der im Heraklischen Zyklus erwähnt wird (s. 121, d). Nepheles Ausschweifungen auf dem Berg erinnern an die Töchter von Minyas, die auf dem Berge Laphystion von bacchischem Wahn ergriffen worden sein sollen (Scholiast zu LYKOPHRONS *‹Alexandra›* 1237): dies ist der angebliche Ursprung der Agrionischen Festspiele zu Orchomenos.

71. DIE MÄHREN DES GLAUKOS

a. Glaukos, der Sohn des Sisyphos und der Merope, der Vater des Bellerophon, lebte zu Potniai in der Nähe von Theben. Er verachtete die Macht der Aphrodite und weigerte sich, seine Mähren zur Zucht zuzulassen. Er hoffte, sie dadurch lebhafter als die Stuten der anderen Wagenkämpfer zu machen. Diese Kämpfe waren sein Hauptinteresse. Doch Aphrodite war erzürnt. Sie beklagte sich bei Zeus, daß er die Mähren selbst mit menschlichem Fleisch fütterte. Als Zeus ihr erlaubte, Glaukos nach ihrem Gutdünken zu bestrafen, entführte sie die Mähren eines Nachts. Sie brachte sie zu einem Brunnen, der ihr geweiht war. Von diesem Wasser sollten sie trinken und von einer Pflanze, Hippomanes genannt, fressen. Sie tat dies, gerade bevor Iason die Begräbnisspiele des Pelias an der Meeresküste zu Iolkos feierte. Kaum hatte Glaukos seine Mähren vor seinen Wagen gespannt, als sie davonrannten, den Wagen umwarfen und ihn, in die Zügel verwirrt, durch die ganze Länge des Stadions über den Boden schleiften. Dann fraßen sie ihn bei lebendigem Leibe auf [1]. Doch sagen manche, daß dies in Potniai und nicht in Iolkos geschah, andere, daß Glaukos sich vor Kummer über Melikertes, den Sohn des Athamas, in das Meer stürzte oder daß Glaukos der Name war, der Melikertes nach seinem Tode gegeben wurde [2].

b. Der Geist des Glaukos, genannt Taraxippos oder Pferdeschreck, gespenstert noch immer um den Isthmos von Korinth. Sein Vater Sisyphos lehrte ihn dort die Kunst des Wagenlenkens. Er hatte Freude daran, die Pferde bei den Isthmischen Spielen zu erschrecken, wodurch er viele Unglücksfälle verursachte. Ein anderer Pferdeschreck ist der Geist des Myrtilos, den Pelops tötete. Er haust im Stadion zu Olympia, wo die Wagenlenker ihm Opfer darbringen, hoffend, so dem Tod zu entrinnen [3].

1. HOMER, Ilias VI, 154; APOLLODOROS II, 3, 1; PAUSANIAS VI, 20, 9; HYGINUS, Fabeln 250 und 273; OVID, Ibis 557; Scholiast über EURIPIDES' Orestes 318 und Phoinikerinnen 1131; AELIAN, Über die Natur der Tiere XV, 25.
2. STRABON IX, 2, 24; ATHENAIOS VII, S. 296-7.
3. PAUSANIAS VI, 20, 8.

1. Die Mythen über Lykurgos (s. 27, e) und Diomedes (s. 130, b) lassen darauf schließen, daß prähellenische Heilige Könige am Ende ihrer Regierungszeit von als Mähren verkleideten Frauen zerrissen wurden. In hellenischen Zeiten wurde dieses Ritual so geändert, daß der Heilige König an das Ende eines von vier Pferden gezogenen Wagens angebunden und zu Tode geschleift wurde, wie es in den Mythen über Hippolytos (s. 101, g), Laios (s. 105, d), Oinomaos (s. 109, j), Abderos (s. 130, 1), Hektor (s. 163, 4) und andere beschrieben wird. Bei den babylonischen Neujahrsfesten wurde, wenn der Sonnengott Marduk — wiederauferstanden im König — in der Hölle das Meerungeheuer Tiamat bekämpfte (s.73, 6), ein von vier lenkerlosen Pferden gezogener Wagen in den Straßen losgelassen. Er sollte die chaotische Situation der Welt während der Abwesenheit des Trägers der Krone darstellen. Wahrscheinlich stellte eine Puppe den Wagenlenker dar und hielt die Zügel. War das babylonische Ritual gleichen Ursprungs wie das griechische, so wird ein Knaben-*interrex* während des Königs Abwesenheit von einem Tag Zugang zu dessen Thron und Bett gehabt haben. Er wurde dann am nächsten Morgen zur Zeit der Morgendämmerung vom Wagen zu Tode geschleift — wie in der Mythe über Phaëthon (s. 42, 2) und Hippolytos (s. 101, g). Dann wurde der König wieder auf seinen Thron gesetzt.

2. Die Mythe über Glaukos ist ungewöhnlich: Er wird nicht nur in einen Wagenunfall verwickelt, sondern auch von den Mähren gefressen. Daß er Aphrodite verachtete und seine Mähren nicht zur Zucht zuließ, weist auf die Bemühung der Vertreter der patriarchalen Ordnung hin, die erotischen Festlichkeiten zu Ehren Potnias, ‹der Mächtigen›, nämlich der Mondtriade, in Theben zu unterdrücken.

3. Der Taraxippos scheint eine alte königliche Statue gewesen zu sein, die die erste Runde auf dem Rennplatz markierte. Pferde, die zum ersten Mal im Stadion liefen, scheuten vor ihr, wenn ihr Lenker versuchte, seinen Rivalen den Weg zu schneiden und die innere Bahn zu erreichen. Es war dies aber auch der Platz, wo der Wagenunfall des alten Königs oder seines *interrex* inszeniert wurde, indem man den Achsennagel seines Wagens entfernte (s. 109, j).

4. Glaukos (‹grau-grün›) war wahrscheinlich der minoische Repräsentant, der jährlich den Isthmos mit den Befehlen Minos' besuchte (s. 90, 7). Ande-

rerseits war er auch Melikertes (Melkarth, ‹Hüter der Stadt›), ein phoinikischer Titel des Königs von Korinth, der theoretisch jedes Jahr auf dem Rücken eines Delphins neugeboren ankam (s. 70, 5 und 87, 2) und der dann am Ende seiner Regierungszeit ins Meer geworfen wurde (s. 96, 3).

72. MELAMPOS

a. Melampos der Minyer, der Enkel des Kretheus, lebte zu Pylos in Messene. Er war der erste Sterbliche, dem prophetische Sicht verliehen war, der erste, der die Ärztekunst ausübte, der erste, der in Griechenland dem Dionysos einen Tempel baute, und der erste, der Wein mit Wasser mischte [1].

b. Sein Bruder Bias, dem er sehr nahestand, verliebte sich in seine Base Pero. Es warben aber noch so viele andere um ihre Hand, daß ihr Vater Neleus sie demjenigen versprach, der das Vieh des Königs Phylakos von Phylake entführen könne. Ausgenommen seinen einzigen Sohn Iphiklos, schätzte Phylakos sein Vieh über alles in der Welt. Er bewachte es selbst mit Hilfe eines Hundes, der unnahbar war und nie schlief.

c. Nun konnte Melampos die Sprache der Vögel verstehen, denn seine Ohren waren von einer dankbaren Brut junger Schlangen reingeleckt worden. Er hatte sie vom Tode durch die Hände seiner Diener gerettet, und fromm begrub er die toten Körper ihrer Eltern. Auch hatte ihn Apollon, den er eines Tages am Ufer des Flusses Alpheios traf, gelehrt, aus den Eingeweiden der Opfertiere wahrzusagen [2]. So wurde ihm kund, daß, wer immer versuchen sollte, das Vieh zu stehlen, dieses als Geschenk erhalten würde — doch nur, nachdem er genau ein Jahr im Gefängnis verbracht hätte. Bias war verzweifelt; da beschloß Melampos, den Kuhstall des Phylakos in finsterer Nacht aufzusuchen. Aber sobald er seine Hand an die erste Kuh gelegt hatte, biß der Hund ihn ins Bein. Phylakos hörte seinen Schrei, sprang vom Stroh auf und führte ihn ins Gefängnis. Das hatte Melampos nur erwartet.

d. Am Abend, bevor das Jahr seiner Gefangenschaft zu Ende war, hörte Melampos zwei Holzwürmer am Ende eines Holzbalkens, der in der Wand über seinem Haupt eingelassen war, sprechen. Der eine fragte mit einem müden Seufzer: «Wie viele Tage müssen wir noch bohren, Bruder?»

Der andere Wurm, der den Mund voll von Holzstaub hatte, antwortete: «Wir machen schöne Fortschritte. Morgen zur Zeit der Dämmerung wird der Balken zusammenfallen, wenn wir nicht in eitlen Reden Zeit vergeuden.»

Sofort rief Melampos: «Phylakos, Phylakos, bringe mich in eine andere Zelle!» Phylakos versagte ihm diese Bitte nicht, obwohl er über die

Gründe, die Melampos angab, lachte. Als dann der Balken wirklich zusammenbrach und eine der Frauen, die half, das Bett hinauszutragen, tötete, erschrak Phylakos über das prophetische Wissen des Melampos. «Ich will dir sowohl deine Freiheit als auch das Vieh geben», sagte er, «wenn du nur meinen Sohn Iphiklos von seiner Impotenz heilen könntest.»

e. Freudig versprach dies Melampos. Er begann seine Aufgabe, indem er Apollon zwei Stiere opferte. Nachdem er die Markknochen verbrannt hatte, ließ er die Gerippe vor dem Altar liegen. Da flogen zwei Geier nieder, und einer bemerkte zum anderen: «Es müssen schon viele Jahre vergangen sein, seitdem wir das letzte Mal hier waren — zu der Zeit, als Phylakos die Widder verschnitt und wir das uns Zukommende sammelten.»

«Ich erinnere mich wohl», sagte der andere Geier. «Iphiklos, der damals noch ein Kind war, sah seinen Vater mit einem blutgefärbten Messer auf sich zukommen und erschrak. Anscheinend fürchtete er, selbst kastriert zu werden, denn er schrie laut. Phylakos trieb sein Messer dort drüben in den heiligen Birnbaum und lief zu Iphiklos, um ihn zu trösten. Diese Angst ist die Ursache seiner Impotenz. Sieh da, Phylakos vergaß, sein Messer wieder an sich zu nehmen! Dort ist es noch, es steckt im Baum, aber die Rinde ist über seine Klinge gewachsen, und man sieht nur den Griff.»

«In der Tat», bemerkte der erste Geier, «die Heilung des Iphiklos würde darin bestehen, das Messer herauszuziehen, den Rost, den das Widderblut zurückließ, abzureiben, und ihn mit Wasser vermischt Iphiklos zehn Tage lang zu trinken zu geben.»

«Ich bin derselben Meinung», sagte der andere Geier. «Aber wer, weniger klug als wir, würde Verstand genug haben, solch eine Medizin zu verschreiben?»

f. Jetzt konnte Melampos Iphiklos heilen, so daß dieser bald darauf einen Sohn namens Podarkes zeugte. Nachdem Melampos zuerst das Vieh und dann Pero verlangt hatte, schenkte er sie, die noch immer eine Jungfrau war, seinem dankbaren Bruder Bias [3].

g. Nun hatte Proitos, der Sohn des Abas, der zusammen mit Akrisios Argolis regierte, Stheneboia geheiratet. Sie gebar ihm drei Töchter namens Lysippe, Iphinoë und Iphianassa — doch manche nennen die beiden jüngeren Hipponoë und Kyrianassa. Vielleicht nun, weil sie Dionysos beleidigt hatten oder Hera dadurch erzürnten, daß sie zu sehr ihren Liebschaften nachgingen oder Gold von ihrer Statue zu Tiryns, ihres Vaters Hauptstadt, stahlen: Alle drei wurden durch göttlichen Beschluß von Wahnsinn befallen und zogen tobend wie Kühe, die von Bremsen gestochen wurden, in die Berge. Sie benahmen sich abstoßend und belästigten die Reisenden [4].

h. Als Melampos davon hörte, kam er nach Tiryns und erbot sich, die Mädchen zu heilen, unter der Bedingung, daß Proitos ihm ein Drittel seines Königreiches gäbe.

«Der Preis ist zu hoch», sagte Proitos kurz angebunden. Da zog sich Melampos zurück.

Der Wahnsinn griff dann auch auf die anderen Frauen von Argos über. Viele töteten ihre Kinder, verließen ihr Heim und zogen tobend fort. Sie schlossen sich den drei Töchtern des Proitos an, so daß die Straßen nicht mehr sicher waren und die Schafe und die Rinder immer weniger wurden, denn die wilden Frauen rissen sie in Stücke und verzehrten sie roh. Da sandte Proitos eilends eine Botschaft zu Melampos, daß er bereit wäre, dessen Bedingungen anzunehmen.

«Nein, o Proitos», war die Antwort des Melampos, «da die Krankheit sich so ausgebreitet hat, ist auch meine Gebühr gestiegen! Ich fordere jetzt ein Drittel deines Königreiches, ein anderes Drittel gib meinem Bruder Bias, und ich verspreche, dich von deiner Not zu retten. Verweigerst du dies, so wird keine Frau von Argos mehr in ihrem Heim bleiben.»

Als Proitos die Bedingungen annahm, riet ihm Melampos: «Versprich Helios zwanzig rote Ochsen. Dabei sprich nach, was ich dir sagen werde — und alles wird wieder in Ordnung kommen.»

i. Proitos gelobte dann, Helios die Ochsen zu geben, unter der Bedingung, daß seine Töchter und ihr Gefolge geheilt würden. Helios, der alles sieht, versprach nun Artemis, ihr die Namen einiger Könige, die das Opfer an sie vergessen hatten, zu verraten; doch nur unter der Voraussetzung, daß sie Hera überrede, den Fluch von den Frauen von Argos zu nehmen. Nun hatte Artemis erst jüngst die Nymphe Kallisto auf Heras Wunsch zu Tode gejagt; so hatte sie keine Schwierigkeit, ihren Teil des Geschäftes durchzuführen. Dies ist die Art, auf die im Himmel wie auch auf Erden Geschäfte getan werden: Eine Hand wäscht die andere.

j. Dann trieb Melampos mit Hilfe von Bias und einer Gruppe auserwählter, starker Jünglinge die unordentliche Menge der Frauen von den Bergen nieder nach Sikyon, wo der Wahnsinn von ihnen abließ. Er wusch sie dann rein, indem er sie im Wasser eines heiligen Brunnens untertauchte. Doch die Töchter des Proitos befanden sich nicht unter ihnen. Da machten sich Melampos und Bias wieder auf die Suche und trieben die drei nach Lusi in Arkadien, wo sie in einer Höhle, die über dem Flusse Styx liegt, Zuflucht nahmen. Hier gewannen Lysippe und Iphianassa ihre Gesundheit wieder und wurden gereinigt. Iphinoë aber starb auf dem Weg.

k. Melampos heiratete dann Lysippe, Bias (dessen Frau Pero jüngst gestorben war) heiratete Iphianassa, und Proitos belohnte sie beide wie versprochen. Doch sagen manche, daß der wahre Name des Proitos Anaxagoras war[5].

1. Apollodoros II, 2, 2; Athenaios II, S. 45.
2. Apollodoros I, 9, 11.
3. Homer, Odyssee XI, 281-97, mit Scholien; Apollodoros I, 9, 12.
4. Hesiod, Frauenkatalog; Apollodoros II, 4, 1; Diodorus Siculus IV, 68; Servius über Vergils Ecloga VI, 48.
5. Apollodoros II, 1-2; Bakchylides, Epinika X, 40-112; Herodot IX, 34; Diodorus Siculus IV, 68; Pausanias II, 18, 4; IV, 36, 3; V, 5, 5 und VIII, 18, 3; Scholiast über Pindars Nemeische Oden IX, 13.

1. Es war nichts Ungewöhnliches, daß Zauberer behaupteten, ihre Ohren seien von Schlangen beleckt worden, die als Inkarnation der Seelen von Orakelheroen galten (J. R. Frazer, *‹The Language of Animals›* in: Archaeological Review I, 1888), und daß sie dadurch befähigt wurden, die Sprache der Vögel und Insekten zu verstehen (s. 105, g und 158, p). Apollons Priester scheinen ungewöhnlich heftig auf ihrer Behauptung, auf diese Art wahrsagen zu können, bestanden zu haben.

2. Apollodoros beschreibt den Baum, in dem das Messer steckte, als eine Eiche. Doch wahrscheinlich war es der wilde Birnbaum, der der Weißen Göttin des Peloponnes (s. 74, 6) geweiht war und der im Mai, dem Monat der erzwungenen Keuschheit, Blüten trägt. Phylakos beleidigte die Göttin, als er ihren Baum verletzte. Die Behauptung der Zauberer, daß ihnen die Geier – wichtige Vögel in der Zeichendeutung (s. 119, i) – die Art der Behandlung verraten hätten, sollte den Glauben an ihre Wirksamkeit stärken. Der Name Pero wurde mit ‹verkrüppelt oder mangelhaft› gedeutet: eine Anspielung auf die Impotenz des Iphiklos, die ja der Kern der Geschichte ist. Diese Deutung ist richtiger als die Deutung ‹Lederbeutel›, eine Anspielung auf ihre Herrschaft über die Winde (s. 36, 1).

3. Anscheinend eroberte ‹Melampos›, ein Anführer der Aioler zu Pylos, einen Teil von Argolis von den kanaanitischen Siedlern, die sich selbst Söhne des Abas (das semitische Wort für ‹Vater›), und zwar des Gottes Melkarth (s. 70, 5), nannten. Dann errichtete er ein Doppel-Königtum. Daß er das Vieh von Phylakos (‹Hüter›), der einen niemals schlafenden Hund besaß, gewann, erinnert an die zehnte Arbeit des Herakles. Die Mythe beruht ebenso auf der hellenischen Sitte, nach der eine Braut mit dem Erlös gestohlenen Viehs gekauft wurde (s. 132, 1).

4. ‹Proitos› scheint ein anderer Name für Ophion, den Weltschöpfer, zu sein (s. 1, a). Die Mutter seiner Töchter war Stheneboia, die Mondgöttin in Gestalt einer Kuh – nämlich Io, die in ähnlicher Weise wahnsinnig wurde (s. 56, a). Die Namen der Töchter sind Namen der Göttin in ihrem destruktiven Charakter als Lamia (s. 61, 1) und als Hippolyte, deren wilde Mähren den Heiligen König am Ende seiner Regierungszeit in Stücke reißen (s. 71, a). Aber die Orgie, für die sich die Mondpriesterinnen als Mähren verkleideten, muß vom regenbringenden Stechfliegentanz unterschieden werden. Für diesen Tanz verkleideten sie sich als junge Kühe (s. 56, 1). Sie hat auch nichts mit dem

herbstlichen Ziegenkultfest zu tun, bei dem Kinder und Tiere unter dem Einfluß von Met, Wein oder Efeubier (s. 27, 2) in Stücke gerissen wurden. Die aiolische Eroberung des Schreines der Göttin zu Lusi, die hier in mythischer Form überliefert wird, hat den Orgien der wilden Mähren ein Ende gesetzt. Auch die Vergewaltigung der Demeter durch Poseidon (s. 16, 5) bezieht sich auf das gleiche Ereignis. Trankopfer, die der Schlangengöttin im arkadischen Schrein zwischen Sikyon und Lusi dargebracht wurden, liegen der Geschichte von Iphinoës Tod zugrunde.

5. Die offizielle Anerkennung des ekstatischen Weinkultes des Dionysos zu Delphi, Korinth, Sparta und Athen, die erst viele Jahrhunderte später gegeben wurde, zielte darauf hin, alle früheren, primitiveren Riten zu verdrängen. Sie scheint dem Kannibalismus und dem rituellen Mord, mit Ausnahme der unzivilisierteren Teile Griechenlands, ein Ende gesetzt zu haben. In Patrai in Achaia hatte zum Beispiel Artemis Tridaria (‹dreifache Zuteilerin›) die jährliche Opferung von Knaben und Mädchen, deren Häupter mit Efeu und Getreideähren umkränzt waren, bei den Ernteorgien gefordert. Diese Sitte sollte eine Buße für die Entheiligung des Heiligtums durch zwei Liebende, Melanippos und Komaitho, eine Priesterin der Artemis, sein. Sie fand ihr Ende durch die Ankunft der Truhe, die die Statue des Dionysos enthielt und die von Eurypylos (s. 160, x) aus Troia (PAUSANIAS VII, 19, 1-3) gebracht wurde.

6. Melampodes (‹schwarze Füße›) war im Klassischen Zeitalter der gebräuchliche Name für die Ägypter (s. 60, a). Die Geschichten, die erzählen, daß Melampos die Sprache der Vögel und Insekten verstand, sind wahrscheinlich afrikanischen, nicht aiolischen Ursprungs.

73. PERSEUS

a. Abas, König von Argolis und Enkel des Danaos, war ein so berühmter Kriegsheld, daß nach seinem Tode Aufständische gegen das Königshaus allein durch den Anblick seines Schildes in die Flucht geschlagen werden konnten. Er heiratete Aglaia und vermachte ihren Zwillingssöhnen, Proitos und Akrisios, sein Königtum. Er befahl ihnen, abwechselnd zu regieren. Ihr Streit, der schon im Mutterschoße begonnen hatte, wurde heftiger noch, als Proitos mit der Tochter des Akrisios, mit Danaë, lag und gerade noch mit dem Leben davonkam [1]. Da Akrisios sich nun weigerte, am Ende seiner Regierungszeit den Thron zu übergeben, floh Proitos zum Hofe des Iobates, des Königs von Lykien, dessen Tochter Stheneboia oder Anteia er heiratete. Kurz darauf kehrte er an der Spitze einer lykischen Armee zurück, um seine Forderung auf die Nachfolge durchzusetzen. Eine blutige Schlacht wurde gefochten, in der keine Seite irgendwelche Vorteile erringen konnte. So kamen Proitos und Akrisios, wenn auch ungern, überein, das Königreich unter sich aufzuteilen. Der Teil des Akrisios sollte Argos und seine Umgebung sein, während Proitos Tiryns, das Heraion (nun ein Teil Mykenes), Midea und die Küste von Argolis zufielen [2].

b. Sieben riesenhafte Kyklopen, Gasterocheiren genannt, weil sie ihren Unterhalt als Steinmetze verdienten, begleiteten Proitos von Lykien aus und befestigten Tiryns mit festen Wällen. Sie verwendeten Steinblöcke, die so groß waren, daß selbst ein Maultiergespann den kleinsten nicht vom Platze hätte rücken können [3].

c. Akrisios, der mit Aganippe verheiratet war, hatte keine Söhne, sondern nur die einzige Tochter Danaë, die Proitos verführt hatte. Er befragte ein Orakel, wie er einen männlichen Erben finden könne, und erhielt die Antwort: «Du wirst keine Söhne haben, und dein Enkel wird dich töten.» Um diesem Schicksal zu entgehen, setzte Akrisios Danaë in einem Gefängnis mit kupfernen Türen gefangen und ließ es von wilden Hunden bewachen. Aber trotz aller Vorsicht kam Zeus in einem Schauer von Gold und verführte sie. Sie gebar ihm einen Sohn, genannt Perseus. Als Akrisios von Danaës Geschick erfuhr, wollte er nicht glauben, daß Zeus der Vater sei, und verdächtigte seinen Bruder, von neuem Beziehungen mit ihr aufgenommen zu haben. Er wagte aber nicht, seine eigene Tochter zu töten, und sperrte sie und den Säugling Perseus in eine hölzerne Arche, die er in das Meer warf. Diese Arche wurde zur Insel Seriphos geschwemmt, wo ein Fischer namens Diktys sie auffing, an die Küste zog, aufbrach und Danaë und Perseus noch lebend fand. Er brachte sie sofort zu seinem Bruder, dem König Polydektes, der Perseus in seinem eigenen Haus aufzog [4].

d. Es vergingen einige Jahre, und Perseus war inzwischen zum Manne herangewachsen. Er verteidigte Danaë gegen Polydektes, der mit Hilfe seiner Untertanen versucht hatte, sie zur Heirat zu zwingen. Polydektes versammelte dann seine Freunde und sagte, er wolle um die Hand Hippodameias, der Tochter des Pelops, anhalten. Er bat jeden um ein Pferd für seine Liebesgabe. «Seriphos ist nur eine kleine Insel», sagte er, «aber ich will nicht ärmlich aussehen an der Seite der reichen Umwerber vom Festland. Kannst du mir, o edler Perseus, helfen?»

«Wie schade», antwortete Perseus, «ich besitze weder Pferd noch Gold, um eines zu kaufen. Wenn du aber Hippodameia heiraten willst und nicht meine Mutter, werde ich mich bemühen, was immer du auch nennst, für dich herbeizuschaffen.» Er fügte leichtsinnig hinzu: «Selbst das Haupt der Gorgo Medusa, solltest du dies verlangen.»

e. «Das würde mir in der Tat mehr gefallen als irgendein Pferd auf dieser Erde», antwortete Polydektes sofort [5]. Nun trug aber die Gorgo Medusa Schlangen anstelle von Haaren, hatte riesenhafte Zähne und eine hervorhängende Zunge. Ihr Gesicht war so häßlich, daß bei seinem Anblick alle sofort vor Angst versteinerten.

f. Athene hörte die Unterhaltung auf Seriphos, und da sie eine erbitterte Feindin der Medusa war, für deren furchtbare Erscheinung sie selbst verantwortlich war, begleitete sie Perseus auf seinem Abenteuer. Zuerst führte sie ihn nach Samos zu der Stadt Diekterion, wo Abbilder aller drei Gorgonen ausgestellt werden. So konnte Perseus Medusa von ihren unsterblichen Schwestern Stheno und Euryale unterscheiden. Dann warnte sie ihn, die Medusa nie selbst anzusehen, sondern nur ihr Spiegelbild. Dazu schenkte sie ihm einen glanzpolierten Schild.

g. Auch Hermes half Perseus und gab ihm eine diamantene Sichel, mit der er die Medusa enthaupten sollte. Aber noch brauchte Perseus ein Paar geflügelter Sandalen, einen Zaubersack für das abgeschlagene Haupt und den dunklen Helm der Unsichtbarkeit, der dem Hades gehörte. All diese Dinge waren in der Obhut der stygischen Nymphen. Von ihnen mußte Perseus sie holen. Ihr Aufenthalt war aber nur den Schwestern der Gorgonen, den drei schwanengleichen Graien, die alle drei zusammen nur ein einziges Auge und einen einzigen Zahn besaßen, bekannt. Daher suchte Perseus die drei Graien am Fuße des Berges Atlas auf. Er schlich sich hinter sie und riß Auge und Zahn an sich, als diese von einer Schwester der anderen gereicht wurden, und gab sie erst wieder zurück, als ihm verraten worden war, wo die stygischen Nymphen lebten[6].

h. Dann holte Perseus die Sandalen, den Sack und den Helm von den Nymphen und flog gegen Westen zum Land der Hyperboreer. Dort fand er unter den regenverwaschenen Gestalten der Männer und wilden Tiere, die von der Medusa zu Stein verwandelt worden waren, die Gorgonen in Schlaf versunken vor. Er ließ seine Augen nicht vom Spiegelbild in seinem Schild, Athene führte seine Hand, und er schlug mit einem Streich seiner Sichel das Haupt der Medusa ab. Daraufhin entsprangen zu seiner großen Überraschung das geflügelte Pferd Pegasos und der Krieger Chrysaor schon ganz erwachsen und mit einem goldenen Schwert in seiner Hand ihrem toten Körper. Perseus wußte zwar nicht, daß Poseidon diese in einem Tempel Athenes mit der Medusa gezeugt hatte, beschloß aber, sie nicht weiter zu reizen. Eilig warf er das Haupt in seinen Sack und machte sich davon. Stheno und Euryale wurden von ihren neuen Neffen geweckt und machten sich auf, ihn zu verfolgen. Doch der Helm machte Perseus unsichtbar, und er entkam in die Sicherheit des Südens[7].

i. Bei Sonnenuntergang landete Perseus in der Nähe des Palastes des Titanen Atlas. Als Strafe für dessen Ungastlichkeit zeigte er ihm das Haupt der Gorgo und verwandelte ihn so in einen Berg. Am folgenden Tage zog er nach Osten und flog über die Libysche Wüste; Hermes half ihm, das schwere Haupt zu tragen. Unterwegs ließ er das Auge und den Zahn der Graien in den See Triton fallen. Auch einige Tropfen vom Blute der Gorgo fielen in den Wüstensand; ihnen entsprang ein Schwarm giftiger Schlangen, von denen eine später Mopsos, den Argonauten, tötete[8].

j. Perseus machte zu Chemmis in Ägypten, wo er noch heute verehrt wird, Rast, um sich zu erfrischen, und flog dann weiter. Als er nördlich an der Küste Philistias vorbeikam, erblickte er eine unbekleidete Frau, gekettet an eine Klippe im Meer, und verliebte sich in sie auf den ersten Blick. Es war Andromeda, die Tochter des Kepheus, des äthiopischen Königs von Ioppe, und der Kassiopeia[9]. Kassiopeia hatte sich gerühmt, daß sie und ihre Tochter schöner seien als die Nereiden, die sich bei ihrem Beschützer Poseidon über diese Beleidigung beklagten. Poseidon sandte eine Sturmflut und ein weibliches Seeungeheuer, Philistia zu zerstören. Als Kepheus das Orakel des Ammon befragte, erhielt er zur Antwort, daß er nur dann auf Erlösung hoffen könne, wenn Andromeda dem Seeungeheuer geopfert würde. Da zwangen ihn seine Untertanen, sie an einen Felsen zu ketten, nackt bis auf einige Schmuckstücke, und sie dort zu lassen, um lebendigen Leibes gefressen zu werden.

k. Als Perseus zu Andromeda flog, sah er, wie Kepheus und Kassiopeia ihn voller Angst von der nahen Küste beobachteten. Er landete an ihrer Seite, um sie um Rat zu fragen. Unter der Bedingung, daß Andromeda, sollte er sie retten können, seine Gattin werden und mit ihm nach Griechenland zurückkehren würde, erhob sich Perseus wieder in die Luft. Er ergriff seine Sichel und stürzte sich von oben auf das sich nähernde Seeungeheuer, das von seinem Schatten auf dem Meere getäuscht worden war, herab und enthauptete es. Er hatte das Haupt der Gorgo aus seinem Sacke genommen für den Fall, daß das Ungeheuer in die Höhe schauen sollte. Nun legte er es mit dem Gesicht nach unten auf einen Haufen von Blättern und Seealgen (die sich sofort in Korallen verwandelten). Als er seine Hände vom Blute gereinigt hatte, errichtete er drei Altäre und opferte Hermes, Athene und Zeus ein Kalb, eine Kuh und einen Stier[10].

l. Kepheus und Kassiopeia hießen ihn widerwillig als ihren Schwiegersohn willkommen, und als Andromeda darauf bestand, wurde die Heirat sofort gefeiert. Die Festlichkeiten wurden jedoch jäh unterbrochen, als Agenor, der Zwillingsbruder des Königs Belos, an der Spitze einer bewaffneten Schar eindrang und Andromeda für sich selbst beanspruchte. Er war zweifelsohne von Kassiopeia gerufen worden, da sie und Kepheus sofort mit Perseus brachen und behaupteten, daß sie ihm Andromedas Hand versprochen hätten, sei durch die Umstände erzwungen worden, und der Anspruch des Agenor sei älter.

«Perseus muß sterben!» ereiferte sich Kassiopeia.

m. In dem Kampfe, der folgte, erschlug Perseus viele seiner Gegner. Da er aber einer vielfachen Überzahl gegenüberstand, war er gezwungen, das Haupt der Gorgo von seinem Korallenbette zu holen und die übrigen zweihundert zu Stein zu verwandeln[11].

n. Poseidon setzte das Bild des Kepheus und der Kassiopeia unter die Sterne — das der Kassiopeia zeigt sie zur Strafe für ihren Verrat in einem Marktkorb gefesselt, der zu manchen Jahreszeiten mit der Öffnung nach unten schaut, so daß sie lächerlich aussieht. Athene setzte später Andromedas Abbild in eine würdigere Konstellation, da sie trotz des Verrates ihrer Eltern darauf bestanden hatte, Perseus zu heiraten. Die Spuren ihrer Ketten werden noch immer an einer Klippe in der Nähe Ioppes gezeigt. Die versteinerten Knochen des Ungeheuers wurden in der Stadt selbst ausgestellt, bis MARCUS AEMILIUS SCAURUS sie nach Rom bringen ließ, während er Aedil war [12].

o. Perseus kehrte eilends nach Seriphos zurück und nahm Andromeda mit sich. Er erfuhr, daß Danaë und Diktys, bedroht von der Gewalttätigkeit des Polydektes, der natürlich niemals die Absicht hatte, Hippodameia zu ehelichen, Zuflucht in einem Tempel genommen hatten. Er ging daher geradewegs zum Palaste, wo Polydektes mit seinen Freunden bei einem Gelage war, und verkündete, daß er die versprochene Liebesgabe gebracht hätte. Er wurde mit Spott überschüttet. Da zog er das Haupt der Gorgo hervor, zeigte es der Tafelrunde, wandte seine eigenen Augen ab und verwandelte sie alle zu Stein. Der Kreis von Felsen wird noch immer in Seriphos gezeigt. Dann gab er Athene das Haupt, die es an ihre Aigis heftete. Hermes gab den stygischen Nymphen die Sandalen, den Sack und den Helm zur Obhut zurück [13].

p. Nachdem er Diktys auf den Thron von Seriphos gesetzt hatte, segelte Perseus nach Argos, begleitet von seiner Mutter, seiner Gemahlin und einer Gruppe von Kyklopen. Als Akrisios von ihrem Kommen hörte, floh er zum pelasgischen Larissa. Doch war Perseus dorthin zu den Begräbnisfeierlichkeiten, die König Teutamides zu Ehren seines toten Vaters abhielt, eingeladen worden und nahm am Fünfkampf teil. Beim Diskuswurf traf seine Scheibe, vom Wind und dem Willen der Götter aus der Richtung gelenkt, den Fuß des Akrisios und tötete ihn [14].

q. Perseus begrub von Gram erfaßt seinen Großvater im Tempel der Athene über der Akropolis der Stadt. Dann ging er, da er sich schämte, in Argos zu regieren, nach Tiryns, wo Megapenthes, der Sohn des Proitos, den Thron bestiegen hatte. Er kam mit ihm überein, die Königreiche zu tauschen. So zog Megapenthes nach Argos, während Perseus in Tiryns regierte und kurz darauf die beiden anderen Teile des Königreiches des Proitos zurückgewann.

r. Perseus befestigte Midea und gründete Mykene, so genannt, weil ein Pilz *(mykos)* dem Boden entsprang und ihn, als er durstig war, mit Wasser labte. Die Kyklopen bauten die Mauern beider Städte [15].

s. Doch manche geben einen anderen Bericht über diese Ereignisse. Sie sagen, daß Polydektes Danaë heiratete und Perseus im Tempel der Athene aufzog. Einige Jahre später erfuhr Akrisios, daß sie noch lebten.

Da machte er sich mit dem Entschluß nach Seriphos auf, Perseus jetzt mit seinen eigenen Händen zu töten. Doch Polydektes trat dazwischen und ließ sie alle feierlich schwören, niemals das Leben des anderen zu bedrohen. Es erhob sich jedoch ein Sturm, und als das Schiff des Akrisios, durch das Wetter am Segeln gehindert, noch auf dem Strande lag, starb Polydektes. Während der Begräbnisfeierlichkeiten warf Perseus einen Diskus, der durch Zufall Akrisios am Haupte traf und ihn tötete. Da segelte Perseus nach Argos und beanspruchte den Thron. Doch fand er, daß Proitos sich dessen bemächtigt hatte, und verwandelte ihn deshalb in einen Stein. So regierte er nun über ganz Argolis, bis Megapenthes seines Vaters Tod rächte und ihn ermordete [16].

t. Was nun die Gorgo Medusa betrifft, so sagt man, daß sie eine schöne Tochter des Phorkys war, der Athene beleidigt hatte, und daß sie die Libyer, die am See Triton ansässig waren, im Kampfe anführte. Perseus, der von Argos mit einem Heere kam, wurde beim Morde der Medusa von Athene unterstützt. Bei Nacht schnitt er das Haupt der Medusa ab und begrub es unter einem Erdhaufen auf dem Marktplatze von Argos. Dieser Haufen liegt nahe dem Grabe Gorgophones, der Tochter des Perseus, berüchtigt dafür, daß sie die erste Witwe war, die wieder heiratete [17].

1. SERVIUS über VERGILS Aeneis III, 286; Scholiast über EURIPIDES' Orestes 965; APOLLODOROS II, 2, 1 und 4, 7.
2. HOMER, Ilias VI, 160; APOLLODOROS II, 2, 1; PAUSANIAS II, 16, 2.
3. PAUSANIAS II, 25, 7; STRABON VIII, 6, 11.
4. HYGINUS, Fabel 63; APOLLODOROS II, 4, 1; HORAZ, Oden III, 16, 1.
5. APOLLODOROS II, 4, 2.
6. APOLLODOROS a. a. O.; HYGINUS, Poetische Astronomie II, 12.
7. PINDAR, Pythische Oden X, 31; OVID, Metamorphosen IV, 780; APOLLODOROS II, 4, 3.
8. EURIPIDES, Elektra 459-63; HYGINUS, Poetische Astronomie II, 12; APOLLONIOS RHODIOS IV, 1513 ff.
9. HERODOT II, 91; TZETZES, Über Lykophron 836; STRABON I, 2, 35; PLINIUS, Naturgeschichte VI, 35.
10. APOLLODOROS II, 4, 3; HYGINUS, Fabel 64; OVID, Metamorphosen IV, 740 ff.
11. HYGINUS a. a. O.; OVID, Metamorphosen V, 1 — 235; APOLLODOROS a. a. O.
12. HYGINUS, Poetische Astronomie II, 9-10 und 12; JOSEPHUS FLAVIUS, Der Jüdische Krieg III, 9, 2; PLINIUS, Naturgeschichte IX, 4.
13. STRABON X, 5, 10; APOLLODOROS II, 4, 3.
14. Scholiast über EURIPIDES' Orestes 953; APOLLODOROS II, 4, 4.
15. CLEMENS VON ALEXANDRIA, Rede an die Griechen III, 45; APOLLODOROS II, 4, 4-5.
16. OVID, Metamorphosen V, 236-41; HYGINUS, Fabeln 63 und 244.
17. PAUSANIAS II, 21, 6 ff.

1. Die Sage von Akrisios und Proitos weist auf die Gründung eines Doppel-Königtums zu Argos hin: Der König starb nicht, wie es üblich war, jeden Sommer und wurde dann durch seinen Stellvertreter für den Rest des Jahres abgelöst, sondern jeder regierte nun fünfzig Monate – die Hälfte eines Großen Jahres (s. 106, 1). Dieses Königreich wurde anscheinend später in zwei Hälften geteilt, in denen die beiden Könige gleichzeitig während eines ganzen Großen Jahres regierten. Die frühere Auffassung, daß der strahlende Geist des zunehmenden Jahres und sein stellvertretender Zwilling, der dunkle Geist des abnehmenden Jahres, in endlosem Streit waren, durchdringt ebenso den keltischen und palästinensischen Mythos wie auch den griechischen und lateinischen.

2. Zwei solcher Zwillingspaare werden in der *Genesis* erwähnt: Esau und Jakob *(Genesis XXIV, 24-26)* und Perez (s. 159,4) und Serach *(Genesis XXXVIII, 27-30)*. Beide Paare stritten schon im Schoße der Mutter um den Vorrang, wie Akrisios und Proitos. In der einfacheren palästinensischen Mythe über Mot und Aleyn streiten die Zwillinge um eine Frau so wie Akrisios und Proitos. Das gleiche gilt für ihre Gegenstücke im keltischen Mythos – in der *‹Mabinogion›* kämpfen Gwyn und Gwythur am Vorabend des Maitages um die Hand Creiddylads, der Tochter Llyrs (Cordelia, Tochter des Königs Lear). In allen Fällen ist diese Frau eine Mondpriesterin; derjenige, der sie heiratete, wurde dann König.

3. Die Sage von Danaë, Perseus und der Arche scheint der Sage von Isis, Osiris, Set und dem Kinde Horus verwandt zu sein. In der frühesten Version ist Proitos der Vater des Perseus, sozusagen der Osiris von Argos; Danaë ist seine schwesterliche Gemahlin Isis; Perseus das Kind Horus; Akrisios der eifersüchtige Set, der seinen Zwillingsbruder Osiris tötete und an dem dann von Horus Rache genommen wurde. Die Arche ist das Akazienholzboot, in dem Isis und Horus das Delta nach dem Körper des Osiris absuchten. Eine ähnliche Geschichte kommt in einer Fassung der Semele-Mythe (s. 27, 6) und in der Mythe über Rhoio (s. 160, 7) vor. Doch ist Danaë, die in einem bronzenen Gefängnis, in dem sie ein Kind gebiert, gefangengehalten wurde, die Gestalt eines bekannten Neujahr-Ikons (s. 43, 2 und 73, 4). Die Schwängerung der Danaë durch Zeus in der Erscheinung eines Goldschauers muß sich auf die rituelle Ehe der Sonne und des Mondes beziehen, aus der der Neujahrskönig geboren wurde. Doch kann sie auch als pastorale Allegorie verstanden werden: ‹Wasser ist Gold› für die Schafhirten Griechenlands; Zeus sendet Donnerschauer über die Erde, symbolisiert durch Danaë. Der Name ‹Diekterion› könnte ein verkümmertes Participium perfecti des Wortes *diectarassesthai* = ‹sehr erregt sein› sein.

4. Dynastische Streitigkeiten zu Argos wurden durch das Bestehen einer Kolonie in Karien kompliziert, die sowohl in dieser als auch in der Mythe über Bellerophon (s. 75, b) erscheint. Als Knossos um 1400 v. Chr. fiel, war die karische Kriegsflotte eine der stärksten im Mittelmeer. Die Sagen über Perseus und über Bellerophon sind eng miteinander verbunden. Perseus tötete das Monster Medusa mit Hilfe geflügelter Sandalen; Bellerophon verwendete ein geflügeltes Pferd, das dem enthaupteten Körper der Medusa entsprang, um das Monster Chimaira zu töten. Beide Taten reflektieren den Übergang der Macht der Mondgöttin an die hellenischen Eindringlinge; sie erscheinen in

einem altertümlichen boiotischen Vasenbild, das eine gorgoköpfige Mähre zeigt. Diese Mähre ist die Mondgöttin, deren Kalendersymbol die Chimaira (s. 75, 2) war. Das Gorgonenhaupt ist eine Schutzmaske, die von ihren Priesterinnen getragen wurde, um die Nichteingeweihten (s. 33, 3) zu vertreiben. Von ihnen übernahmen die Hellenen diese Maske.

5. In der zweiten, einfacheren Version der Mythe bekämpft Perseus eine libysche Königin, enthauptet sie und begräbt ihr Haupt auf dem Marktplatz von Argos. Dies kann nur eine Eroberung Libyens durch Argos, die Unterdrückung des dort vorherrschenden matriarchalen Systems und eine Verletzung der Mysterien der Göttin Neith (s. 8, 1) bedeuten. Das begrabene Haupt auf dem Marktplatz erinnert daran, daß dort heilige Reliquien in einer Truhe aufbewahrt wurden, auf der sich eine schützende Maske befand, die die Totengräber davon abhalten sollte, die Magie zu stören.

6. Die Geschichte von Andromeda wurde von einem palästinensischen oder syrischen Bilde des Sonnengottes Marduk oder seines Vorgängers Bel abgeleitet. Es stellt ihn auf seinem weißen Pferde dar, wie er das Seeungeheuer Tiamat tötet. Diese Mythe ist auch ein Teil der hebräischen Mythologie: Jesaja erwähnt, daß Jehova (Marduk) Rahab mit einem Schwerte in Stücke schlug (*Jesaja LI, 9*); nach *Hiob IX, 13* und *XXVI, 12* war Rahab das Meer. Auf diesem Bild stellt die juwelentragende, aber sonst nackte Andromeda entweder Aphrodite oder Ischtar oder Astarte, die lüsterne Meeresgöttin, ‹Beherrscherin der Männer›, dar. Aber sie wartet nicht darauf, gerettet zu werden: Marduk selbst band sie hier an, nachdem er ihre Verkörperung, die Seeschlange Tiamat, getötet hatte, um weiteres Unglück zu verhüten. Im babylonischen Schöpfungsepos wird erzählt, daß sie es war, die die Sintflut über die Menschheit brachte. Als Meeresgöttin hatte Astarte Tempel entlang der ganzen palästinensischen Küste. In Troia war sie Hesione, ‹Königin Asiens›, die durch Herakles vor einem anderen Seeungeheuer gerettet worden sein soll (s. 137, 2).

7. Eine griechische Kolonie zu Chemmis, die anscheinend gegen Ende des 2. Jahrtausends v. Chr. gegründet wurde, identifizierte Perseus mit dem Gotte Chem, dessen Hieroglyphe einen Vogel mit gespreizten Flügeln und eine Sonnenscheibe darstellt. Herodot betont den Zusammenhang zwischen Danaë, der Mutter des Perseus, und der libyschen Invasion von Argos durch die Danaer.

8. Die zweite, einfachere Version der Mythe zeigt, daß der Besuch des Perseus bei den Graien, sein Ansichreißen des Auges, des Zahnes, des Sackes, der Sichel und der Tarnkappe und seine Verfolgung durch die anderen Gorgonen, nachdem er die Medusa enthauptet hatte, unwesentlich für seinen Streit mit Akrisios sind. Die Verwirrung zwischen Hermes und Perseus könnte daraus entstanden sein, daß Hermes, als Bote des Todes, auch den Titel *Pterseus* = ‹der Zerstörer› für sich erworben hatte.

74. DER WETTSTREIT DER ZWILLINGSPAARE

a. Als die männliche Linie des Hauses des Polykaon nach fünf Generationen ausgestorben war, forderten die Messener den Perieres, den Sohn des Aiolos, auf, ihr König zu sein. Er heiratete Gorgophone, die Tochter des Perseus. Sie überlebte ihn und wurde die erste Witwe, die wieder heiratete. Ihr neuer Gemahl war Oibalos, der Spartaner[1]. Bis dahin war es Sitte gewesen, daß Frauen beim Tode ihres Mannes Selbstmord begingen: So wie es Polydora, die Tochter des Meleager tat, deren Gatte Protesilaos als erster ans Ufer sprang, nachdem die griechische Flotte die Küste Troias erreicht hatte; oder wie Marpessa, Kleopatra und Euadne, die Tochter des Phylakos, die sich auf den Scheiterhaufen warf, als ihr Gatte in Theben umkam[2].

b. Aphareus und Leukippos waren die Söhne Gorgophones von Perieres, während Tyndareos und Ikarios mit ihr von Oibalos gezeugt worden waren[3]. Tyndareos folgte seinem Vater auf den Thron Spartas, Ikarios war sein Mitkönig. Aber Hippokoon und seine zwölf Söhne verjagten die beiden – obwohl manche sagen, daß Ikarios (der später der Schwiegervater des Odysseus wurde) sich auf die Seite Hippokoons schlug. Tyndareos suchte Zuflucht beim König Thestios in Aitolien und heiratete dessen Tochter Leda, die ihm Kastor und Klytaimnestra und zur gleichen Zeit dem Zeus Helena und Polydeukes gebar[4]. Später adoptierte Tyndareos den Polydeukes und gewann den Thron Spartas zurück. Er war einer von denen, die durch Asklepios vom Tode erweckt wurden. Noch heute wird sein Grab in Sparta gezeigt[5].

c. In der Zwischenzeit hatte sein Halbbruder Aphareus den Thron von Messene bestiegen, wo Leukippos – von dem die Messener sagen, daß er der Stadt Leuktra ihren Namen gab – als sein Mitkönig regierte und sich geringerer Macht erfreute. Aphareus ehelichte seine Halbschwester Arene, die ihm Idas und Lynkeus gebar. Doch war Idas, um die Wahrheit zu sagen, der Sohn des Poseidon[6]. Nun wurden die Töchter des Leukippos, die Leukippiden, nämlich Phoibe, die eine Priesterin der Athene war, und Hilaiira, eine Priesterin der Artemis, ihren Vettern Idas und Lynkeus angetraut. Später entführten sie Kastor und Polydeukes, die allgemein als die Dioskuren bekannt sind, und zeugten mit ihnen Söhne. So kam es zu einem bitteren Streit zwischen den zwei Zwillingspaaren[7].

d. Die Dioskuren, die in keinem ihrer Abenteuer voneinander getrennt werden konnten, waren der Stolz Spartas. Kastor war als Soldat und für seine Kunst, Pferde zu zähmen, berühmt; Polydeukes galt als der beste Faustkämpfer seiner Zeit. Bei den Olympischen Spielen gewannen beide Preise. Ihre Vettern und Widersacher waren einander nicht weniger zugetan: Idas war zwar stärker als Lynkeus, doch Lynkeus hatte so scharfe Augen, daß er im Dunkeln sehen oder den Platz vergrabener Schätze ahnen konnte[8].

e. Nun hatte Euenos, ein Sohn des Ares, Alkippe geheiratet, die ihm Marpessa gebar. Er versuchte, Marpessas Unberührtheit zu behüten, indem er jeden Bewerber aufforderte, ein Wagenrennen mit ihm durchzuführen. Der Sieger sollte Marpessa gewinnen, der Besiegte seinen Kopf verlieren. Bald waren viele Häupter an die Mauern des Hauses genagelt. Apollon, der sich in Marpessa verliebte, gab seinem Ekel über eine so barbarische Sitte Ausdruck. Er sagte, daß diese Unsitte bald enden würde, wenn er Euenos zu einer Wettfahrt fordern würde. Doch auch Idas hatte sein Herz an Marpessa verloren und erbat von seinem Vater Poseidon einen geflügelten Wagen[9]. Bevor noch Apollon handeln konnte, war Idas nach Aitolia gefahren und hatte Marpessa aus der Mitte einer Gruppe von Tänzern entführt. Euenos verfolgte ihn, konnte ihn aber nicht überholen. Euenos betrauerte sein Unglück so sehr, daß er seine Pferde tötete und sich selbst in den Fluß Lykormas stürzte, der seit damals Euenos genannt wird[10].

f. Als Idas in Messene ankam, versuchte Apollon, ihm Marpessa zu rauben. Sie fochten einen Zweikampf, doch trennte Zeus sie und befahl, daß Marpessa selbst entscheiden sollte, wen sie heiraten wollte. Sie fürchtete, daß Apollon sie verstoßen würde, wenn sie alt geworden wäre — er hatte es schon so mit vielen anderen seiner Frauen getan — und erkor Idas zum Gemahl[11].

g. Idas und Lynkeus gehörten der Gruppe der kalydonischen Jäger an und segelten mit ihnen auf der Argo nach Kolchis. Eines Tages, nach dem Tode des Aphareus, legten sie und die Dioskuren ihren Streit so weit bei, daß sie sich zu einem Viehraub in Arkadien zusammentaten. Der Raubzug war erfolgreich, und Idas wurde durch das Los erkoren, die Beute unter den vieren aufzuteilen. Daraufhin vierteilte er eine Kuh und bestimmte, daß die eine Hälfte der Beute dem gehören sollte, der sein Teil als erster verzehrt hätte, der Rest dem Nächstschnellen. Fast noch bevor die andern begonnen hatten, diesen Wettkampf durchzuführen, hatte Idas schon sein eigenes Teil verschlungen und half dann Lynkeus, dessen Teil zu vertilgen. Bald war der letzte Bissen verschlungen, und Idas und Lynkeus trieben das Vieh nach Messene fort. Die Dioskuren warteten, bis Polydeukes, der langsamere von beiden, sein Teil geendet hatte. Daraufhin gingen sie nach Messene und legten vor den Bürgern der Stadt Einspruch ein: Lynkeus hätte seinen Anteil verloren, da Idas ihm geholfen habe, Idas hätte seinen Anteil verloren, weil er nicht gewartet hätte, bis alle Teilnehmer an dem Wettessen bereit gewesen wären. Idas und Lynkeus waren nicht in der Stadt, sondern auf dem Berge Taygetos, wo sie dem Poseidon ein Opfer darbrachten. Da ergriffen die Dioskuren das umstrittene Vieh und andere Beute und versteckten sich selbst in einer hohlen Eiche, um die Rückkehr ihrer Rivalen zu erwarten. Lynkeus aber hatte sie schon vom Gipfel des Taygetos erblickt. Idas, der von dem Berghange herabeilte, schleuderte seinen Speer gegen den Baum und durchbohrte Kastor. Als Polydeukes hervorstürmte, um den Tod seines Bruders zu rächen, riß Idas den behauenen Grabstein vom Grabe des Aphareus und warf ihn auf Polydeukes. Dieser jedoch konnte, obwohl er schwer verletzt war, noch Lynkeus mit seinem Speer töten. In diesem Augenblick griff Zeus ein, um seinen Sohn zu retten. Mit einem Blitze schlug er Idas nieder [12].

h. Doch die Messener erzählen, daß Kastor Lynkeus tötete und daß der trauernde Idas den Kampf unterbrach, um seinen Bruder zu begraben. Da näherte sich Kastor und zerstörte skrupellos das Grabmal, das Idas gerade errichtet hatte, und behauptete, Lynkeus sei dessen unwürdig. «Dein Bruder focht nicht besser als ein altes Weib!» rief er voll Spott. Da kehrte sich Idas um und stieß sein Schwert in Kastors Leib. Doch Polydeukes nahm an ihm sofort Rache [13].

i. Andere aber sagen, daß Lynkeus den Kastor in einer Schlacht zu Aphidna tödlich verwundete. Wieder andere behaupten, daß Kastor getötet wurde, als Idas und Lynkeus Sparta angriffen. Und schließlich erzählt man auch, daß beide Dioskuren den Kampf überlebten, Kastor jedoch später von Meleager und Polyneikes getötet wurde [14].

j. Doch alle stimmen darin überein, daß Polydeukes der letzte Überlebende der Zwillingspaare war und daß er, nachdem er ein Triumphmal in der Nähe der spartanischen Rennbahn errichtet hatte, um seinen Sieg über Lynkeus zu feiern, zu Zeus betete: «Vater, laß mich nicht länger als meinen teuren Bruder leben!» Doch das Schicksal hatte bestimmt, daß nur einer der Söhne Ledas sterben sollte. Da Kastors Vater Tyndareos ein Sterblicher war, gelangte Polydeukes als Sohn des Zeus in den Himmel. Aber er weigerte sich, Unsterblichkeit anzunehmen, wenn Kastor nicht an ihr teilhaben könnte. So erlaubte Zeus den beiden, ihre Tage abwechselnd in der oberen Atmosphäre und unter der Erde zu Therapne zu verbringen. Als zusätzlichen Lohn für ihre Bruderliebe setzte er ihr Bild unter die Sterne als das Sternbild der Zwillinge [15].

k. Nachdem die Dioskuren zu Gottheiten erhoben worden waren, rief Tyndareos Menelaos nach Sparta, wo er ihm sein Königreich abtrat. Da nun das Haus des Aphareus ohne Erben geblieben war, bestieg Nestor den Thron ganz Messeniens, mit Ausnahme des Teiles, der von den Söhnen des Asklepios beherrscht wurde [16].

l. Noch immer zeigen die Spartaner das Haus, in dem die Dioskuren lebten. Nach ihnen wurde es von einem gewissen Phormio bewohnt. Ihn besuchten die Dioskuren eines Nachts und gaben vor, Fremdlinge aus Kyrene zu sein. Sie baten ihn um Unterkunft und Erlaubnis, in ihrem alten Gemach schlafen zu dürfen. Da antwortete ihnen Phormio, daß ihnen jeder Teil des Hauses, mit Ausnahme dieses einen Gemaches, zur Verfügung stünde, denn bedauerlicherweise wohne nun seine Tochter in dem Zimmer. Am nächsten Morgen waren das Mädchen und all ihre Habe verschwunden: Das Zimmer war leer bis auf ein Bild der Dioskuren und einiger Benzoëzweige, die auf einem Tisch lagen[17].

m. Poseidon machte Kastor und Polydeukes zu Schutzherren schiffbrüchiger Seeleute und verlieh ihnen die Macht, günstige Winde zu senden; das Opfer eines weißen Lammes, dargebracht auf dem Bug eines Schiffes, bringt sie eilends vom Himmel, gefolgt von einem Zug Sperlinge[18].

n. Die Dioskuren fochten mit der spartanischen Flotte bei Aigospotamoi. Die Sieger hingen ihnen zu Ehren zwei goldene Sterne im Delphischen Schreine auf; doch diese fielen herunter und verschwanden kurz vor der schicksalhaften Schlacht von Leuktra[19].

o. Während des zweiten Messenischen Krieges riefen zwei Messener den Ärger der Dioskuren hervor, da sie sich fälschlicherweise als diese ausgaben. Als das spartanische Heer ein Fest zu Ehren der Halbgötter feierte, kamen zwei Lanzenträger in vollem Galopp in das Lager geritten, gekleidet in weiße Tuniken, purpurne Mäntel und eierschalenförmige Helme. Die Spartaner warfen sich in Anbetung zu Boden. Doch die angeblichen Dioskuren, zwei messenische Jünglinge namens Gonippos und Panormos, töteten viele von ihnen. Nach der Schlacht am Ebergrabe versteckten sich die Dioskuren auf einem Wildbirnbaum und ließen durch Zauber den Schild des siegreichen messenischen Befehlshabers Aristomenes verschwinden. So konnte er die sich zurückziehenden Spartaner nicht verfolgen, wodurch ihr Leben gerettet wurde. Dann schreckten die Geister der Dioskuren und ihrer Schwester Helena Aristomenes zurück, als er versuchte, Sparta bei Nacht anzugreifen. Später, als Epaminondas die neue Stadt Messene gründete, verziehen Kastor und Polydeukes den Messenern, die ihnen Opfer darbrachten[20].

p. Sie sind die Schutzherren der Spartanischen Spiele und, als Erfinder des Kriegstanzes und der Kriegsmusik, auch die aller Barden, die von vergangenen Schlachten singen. In Hilaiira und beim Heiligtum der Phoibe zu Sparta werden die Priesterinnen noch immer Leukippiden genannt; das Ei, dem die Zwillinge der Leda entsprangen, hängt immer noch vom Dache[21]. Die Spartaner stellen die Dioskuren durch zwei parallele hölzerne Pfähle dar, die durch zwei Querbalken verbunden sind. Der Mitkönig nimmt sie immer in die Schlacht mit. Als zum ersten Male ein spartanisches Heer nur von einem König angeführt wurde, beschloß man, einen der Balken in Sparta zurückzulassen. Wenn es stimmt, was diejenigen erzählen, die die Dioskuren gesehen haben, so ist der einzige merkbare Unterschied zwischen den Zwillingen, daß das Antlitz des Polydeukes die Narben des Faustkampfes trägt. Beide sind gleich gekleidet: Jeder trägt seinen eierschalenförmigen, mit einem Stern geschmückten Helm und einen Speer und reitet ein weißes Pferd. Manche erzählen, Poseidon habe ihnen diese Pferde gegeben; andere, daß das thessalische Schlachtroß des Polydeukes eine Gabe des Hermes gewesen sei[22].

1. Pausanias IV, 2, 2 und III, 1, 4; Apollodoros I, 9, 5.
2. Kypria, zit. v. Pausanias IV, 2, 5; Pausanias III, 1, 4.
3. Apollodoros I, 9, 5; Pausanias a. a. O.
4. Pausanias a. a. O.; Apollodoros III, 10, 5-7.
5. Panyasis, zit. v. Apollodoros III, 10, 3; Pausanias III, 17, 4.
6. Pausanias III, 26, 3 und IV, 2, 3; Apollodoros III, 10, 3.
7. Apollodoros III, 11, 2; Hyginus, Fabel 80.
8. Apollodoros a. a. O. und III, 10, 3; Homer, Odyssee XI, 300; Pausanias IV, 2, 4; Hyginus, Fabel 14; Palaiphatos, Unglaubliche Geschichten X.
9. Hyginus, Fabel 242; Apollodoros I, 7, 8; Plutarch, Parallele Lebensbeschreibungen 40; Scholiast und Eustathios über Homers Ilias IX, 557.
10. Plutarch a. a. O.; Apollodoros a. a. O.
11. Apollodoros I, 7, 9.
12. Apollodoros I, 8, 2; I, 9, 16 und III, 11, 2; Theokrit, Idylle XXII, 137 ff; Pindar, Nemeische Oden X, 55 ff.
13. Hyginus, Fabel 80.
14. Ovid, Fasti V, 699 ff; Hyginus, Poetische Astronomie II, 22; Theokrit a. a. O.; Scholiast zu Homers Odyssee XI, 300.
15. Pausanias III, 14, 7; Apollodoros III, 11, 2; Pindar, Nemeische Oden X, 55 ff; Lukian, Dialoge der Götter 26; Hyginus a. a. O.
16. Apollodoros a. a. O; Pausanias IV, 3, 1.
17. Pausanias III, 16, 3.
18. Hyginus, Poetische Astronomie II, 22; Euripides, Helena 1503; Homerischer Hymnos an die Dioskuren 7 ff.
19. Cicero, Über die Kunst des Wahrsagens I, 34, 75 und II, 32, 68.
20. Pausanias IV, 27, 1; IV, 16, 2 und V, 27, 3.
21. Pindar, Nemeische Oden X, 49; Cicero, Über die Redekunst II, 8, 86; Theokritos, Idylle XXII, 215-20; Pausanias III, 16, 1-2.
22. Plutarch, Über die Bruderliebe I; Herodot V, 75; Lukian, Dialoge der Götter 26; Hyginus, Poetische Astronomie II, 22; Ptolemaios Hephaistionos VIII, zit. v. Photios S. 490.

1. Um dem Heiligen König höheren Rang als seinem Stellvertreter zukommen zu lassen, wurde er gewöhnlich als Sohn eines Gottes betrachtet. Dann gebar seine Mutter ihrem Gemahl einen sterblichen Zwilling. So ist Herakles der Sohn des Zeus und der Alkmene, aber sein Zwillingsbruder Iphikles ist der Sohn ihres Gatten Amphitryon. Ähnliches wird von den Dioskuren in Lakonien und ihren Widersachern Idas und Lynkeus von Messenien erzählt. Der vollständige Einklang zwischen den Zwillingsbrüdern kennzeichnet eine neue Stufe in der Entwicklung des Königtums: Der Stellvertreter fungiert als Vizekönig und Oberbefehlshaber (s. 94, 1), obwohl er dem Namen nach weniger

Macht als der Heilige König besaß. Daher ist auch Kastor, nicht Polydeukes, die Autorität in Kriegsfragen – er unterrichtet selbst Herakles in der Kriegskunst und identifiziert sich dadurch mit Iphikles. Lynkeus, nicht Idas, hat das scharfe Auge. Bis sich aber das System des Doppelkönigtums entwickelt hatte, galt der Stellvertreter weder als unsterblich, noch wurde ihm der gleiche postume Status wie seinem Zwillingsbruder zuerkannt.

2. Die Spartaner führten oft mit den Messenern Krieg. Im Klassischen Zeitalter hatten sie große militärische Macht. Ihr Einfluß auf das Delphische Orakel ermöglichte es ihnen, ihre Zwillingsheroen dem übrigen Griechenland aufzuzwingen, besonders, da sich diese größerer Gunst ihres Vaters Zeus als irgendein anderes Zwillingspaar erfreuten; das Königreich Sparta überlebte in der Tat alle seine Feinde. Andernfalls hätte das Sternbild der Zwillinge entweder Herakles und Iphikles oder Idas und Lynkeus oder Akrisios und Proitos darstellen müssen – und nicht Kastor und Polydeukes, die nicht einmal die einzigen Helden waren, denen das Recht, weiße Pferde zu reiten, zustand: Jeder Heros, der eines Festes für würdig befunden worden war, war ein Reiter. Es sind diese Sonnenuntergangsfeste, bei denen ein ganzer Ochse von der Verwandtschaft der Heroen verspeist wurde. So erklären sich die Schlemmereien, die Lepreus (s. 138, h) und Herakles (s. 143, a) und hier auch Idas, Lynkeus und ihren Widersachern zugeschrieben werden.

3. Heirat mit den Leukippiden gab dem spartanischen Mitkönig den Rang eines Königs. Sie galten als Priesterinnen der Athene und der Artemis und erhielten Mondnamen als tatsächliche Repräsentantinnen der Mondgöttin. So wird auch auf Vasenmalereien der Wagen der Selene öfters von den Dioskuren begleitet. Es war selbstverständlich, daß der Heilige König als Geist des zunehmenden Jahres sich mit Artemis, der Mondgöttin des Frühjahrs und des Sommers, vermählte. Sein Stellvertreter, als Geist des abnehmenden Jahres, heiratete Athene, die die Mondgöttin des Herbstes und des Winters geworden war. Der Mythograph behauptet, daß die Spartaner die Messener besiegten und ihre Führer die Erbinnen Arenes, der Hauptstadt von Messenien, wo die pferdeköpfige Mutter verehrt wurde, mit Gewalt heirateten. So gewannen sie ein Anrecht auf das umgebende Gebiet.

4. Ähnliches gilt für Marpessa: Anscheinend überfielen die Messener die Aitoler im Tal des Euenos, wo die Sau-Mutter verehrt wurde, und entführten die Erbin, Marpessa (‹Ergreiferin› oder ‹Verschlingerin›). Sie wurden von den Spartanern, Anbeter des Apollon, bekämpft, die ihnen ihren Erfolg mißgönnten. Der Streit wurde dann der zentralen Autorität zu Mykene unterbreitet, die die Messener unterstützte. Doch der Wagenwettkampf zwischen Euenos und Idas erinnert an die Sagen von Pelops und Oinomaos (s. 109, j) und von Herakles und Kyknos (s. 143, e–g). In jedem Falle werden die Schädel der Rivalen des Königs erwähnt.

5. Der Besuch des Kastor und des Polydeukes im Hause Phormios ist ungeschickt beschrieben: Der Autor berichtet über einen anderen Trick, der den dummen Spartanern durch die gefälschte Darstellung ihrer Nationalhelden gespielt wurde. Kyrene, wo die Dioskuren verehrt wurden, lieferte den Benzoëbusch, eine Art Asafoetida, deren starker Geruch und Geschmack sie als Gewürz wertvoll machte. Offensichtlich waren die beiden kyrenischen Kaufleute, was sie zu sein vorgaben. Als sie sich mit Phormios Tochter davonmachten,

ließen sie ihre Waren als Zahlung zurück; Phormio beschloß, es ein Wunder zu nennen.

6. Wildbirnbäume waren wegen ihrer weißen Blüten der Mondgöttin geweiht. Das älteste Abbild der Todesgöttin Hera im Heraion zu Mykene war aus Birnenholz geschnitzt. Plutarch (‹Griechische Fragen› 51) und Aelian (‹*Varia Historia*› III, 39) erwähnen, daß besonders die Birne als Frucht in Argos und Tiryns geschätzt wurde; daher nannte man auch den Peloponnes Apia, ‹vom Birnbaum› (s. 64, 4). Athene, die auch eine Todesgöttin war, hatte den Beinamen Onke (‹Birnbaum›) in ihrem Birnenschrein in Boiotien. Die Dioskuren wählten diesen Baum, um sich als Heroen auszuweisen. Zudem bildet der Birnbaum seine Früchte gegen Ende des Monats Mai (s. 72, 2), wenn sich die Sonne im Hause der Zwillinge befindet und wenn die Zeit der Segelschiffahrt im östlichen Mittelmeer beginnt. Sperlinge, die den Dioskuren folgen, wenn sie in Beantwortung der Gebete den Seeleuten erscheinen, gehören eigentlich der Meeresgöttin Aphrodite. Xuthos (‹Sperling›), der Vater des Aiolos (s. 43, 1), war ein Vorfahre der Dioskuren, die sie verehrten.

7. In dem Homerischen Hymnos an die Dioskuren (7 ff) ist nicht klar, ob Sperlinge Kastor und Polydeukes folgten; ferner, ob sie durch die Luft oder auf ‹Sperlingsflügeln› herniederkommen, um Seeleuten in Not zu helfen. Auf manchen etruskischen Spiegeln werden sie zuweilen beflügelt dargestellt. Ihr Symbol zu Sparta, die *Dokana,* stellte die zwei stützenden Säulen eines Schreines dar. Ein anderes Symbol zeigte zwei Amphoren, jede von einer Schlange umwunden – die Schlangen gelten als die wiederauferstandenen Dioskuren, die zurückkommen, um die in den Amphoren zurückgelassene Nahrung zu verzehren.

75. BELLEROPHON

a. Bellerophon, der Sohn des Glaukos und Enkel des Sisyphos, verließ Korinth in einer Wolke, nachdem er zuerst einen gewissen Belleros – was ihm den Spottnamen Bellerophontes, abgekürzt Bellerophon, einbrachte – und dann seinen eigenen Bruder getötet hatte, der gewöhnlich Deliades genannt wird [1]. Er floh zu Proitos, König von Tiryns, und bat um Asyl. Aber (so wollte es das böse Schicksal) Anteia, die Gattin des Proitos, die manche Stheneboia nennen, verliebte sich auf den ersten Blick in ihn. Als er ihre Annäherungen zurückwies, beschuldigte sie ihn der versuchten Verführung. Proitos schenkte ihrer Geschichte Glauben und war von Zorn erfüllt. Doch wagte er nicht, durch den Mord an einem Bittsteller die Rache der Furien auf sich zu ziehen. Daher sandte er ihn mit einem versiegelten Brief zu Iobates, dem Vater Anteias, König von Lykien, in dem er schrieb: «Ich bitte Dich, entferne den Überbringer dieses Briefes aus der Welt; er versuchte meine Gattin, Deine Tochter, zu vergewaltigen.»

b. Auch Iobates scheute vor der Mißhandlung eines königlichen Gastes zurück. So bat er Bellerophon, die Chimaira zu töten, ein feuerspeiendes weibliches Ungeheuer mit dem Haupt eines Löwen, dem Körper einer Ziege und dem Schwanz einer Schlange. «Sie ist», so erklärte er, «eine Tochter der Echidne, die mein Feind, der König von Karien, zu einem Haustier gemacht hat.» Bevor Bellerophon an seine Aufgabe ging, befragte er den Seher Polyeidos, der ihm riet, das geflügelte Pferd Pegasos zu fangen und zu zähmen. Dieses Pferd wurde von den Musen des Berges Helikon in Ehren gehalten, da es für sie den Brunnen Hippokrene geschaffen hatte, indem es seinen mondförmigen Huf auf den Boden stampfte [2].

c. Pegasos war zu der Zeit nicht auf dem Berge Helikon, doch fand ihn Bellerophon in Peirene, als er auf der Akropolis von Korinth Wasser trank. Er warf einen goldenen Zügel über dessen Haupt, ein Geschenk der Athene. Doch sagen manche, daß Athene dem Bellerophon das bereits gezäumte Pferd Pegasos gab. Andere behaupten, daß dies Poseidon tat, der in Wirklichkeit Bellerophons Vater war. Wie immer es auch gewesen sei, Bellerophon besiegte die Chimaira: Er flog auf dem Rücken des Pegasos über sie, durchbohrte sie mit Pfeilen und warf dann einen Bleiklumpen, den er an der Spitze seines Speeres befestigt hatte, in ihr Maul. Der feurige Atem der Chimaira schmolz das Blei, das ihre Kehle hinabtropfte und ihre Eingeweide verbrannte [3].

d. Iobates jedoch dachte nicht daran, Bellerophon für diese wagemutige Tat zu belohnen; er sandte ihn jetzt gegen die kriegerischen Solymer und ihre Verbündeten, die Amazonen, aus. Bellerophon besiegte beide, indem er hoch über ihren Köpfen, außerhalb der Reichweite ihrer Pfeile, umherflog und riesige Felsen auf sie herabstürzen ließ. Als nächstes verjagte er in der Lykischen Ebene von Xanthos eine Bande karischer Piraten. Ihr Anführer war ein gewisser Cheimarrhos, ein wilder und prahlerischer Krieger, der in einem Schiffe, geschmückt mit einem Löwen am Bug und einer Schlange am Heck, das Meer befuhr. Als selbst dann Iobates immer noch keine Dankbarkeit zeigte, sondern sogar die Palastwache aussandte, dem zurückkehrenden Bellerophon aufzulauern, stieg er von seinem Pferd und betete zu Poseidon: er möge doch die Xanthische Ebene hinter ihm überfluten, während er selbst zu Fuß weiterginge. Poseidon erhörte das Gebet und schickte, als Bellerophon sich dem Palaste des Iobates näherte, große Wellen über die Ebene. Da ihn niemand überreden konnte, sich zurückzuziehen, hoben die xanthischen Frauen ihre Röcke über die Hüften, liefen ihm so entgegen und boten sich ihm an, wenn er nur von seinem Ärger ließe. Bellerophon war dadurch so eingeschüchtert, daß er sich umdrehte und davonlief. Die Wellen zogen hinter ihm her.

e. Nun war Iobates überzeugt, daß Proitos sich geirrt haben müßte, als er über den vermeintlichen Angriff auf Anteias Tugend schrieb. Er zog den Brief hervor und verlangte einen genauen Bericht über das Geschehene. Als er die Wahrheit erfuhr, bat er Bellerophon um Vergebung, gab ihm seine Tochter Philonoë zur Frau und machte ihn selbst zum Erben des lykischen Thrones. Auch pries er die xanthischen Frauen ob ihrer Klugheit und befahl, daß in Zukunft alle Xanther ihre Abstammung von der Mutter und nicht vom Vater her rechnen sollten.

f. Auf der Höhe seines Glücks wurde Bellerophon leichtsinnig und flog zum Olymp, wie wenn er ein Unsterblicher wäre. Da sandte Zeus eine Stechfliege, die Pegasos unter dem Schwanze stach, so daß er aufbäumte und Bellerophon schmachvoll zur Erde hinabfiel. Pegasos setzte seinen Flug zum Olymp fort, wo Zeus ihn nun als Tragtier für seine Blitze verwendet. Bellerophon war in einen Dornenbusch gefallen. Er wanderte über die Erde, lahm, blind, einsam und verflucht und mied die Wege der Menschen, bis der Tod ihn erlöste[4].

1. Apollodoros I, 9, 3; Homer, Ilias VI, 155.
2. Homer, Ilias VI, 160; Eustathios über den gleichen Text; Apollodoros II, 3, 1; Antoninus Liberalis 9; Homer, Ilias XVI, 328 ff.
3. Hesiod, Theogonie 319 ff; Apollodoros: II, 3, 2; Pindar, Olympische Oden XIII, 63 ff; Pausanias II, 4, 1; Hyginus, Fabel 157; Scholiast zu Homers Ilias VI, 155; Tzetzes, Über Lykophron 17.
4. Pindar, Olympische Oden XIII, 87-90; Isthmische Oden VII, 44; Apollodoros a. a. O.; Plutarch, Über die Tugenden der Frauen 9; Homer, Ilias VI, 155-203; und XVI, 328; Ovid, Metamorphosen IX, 646; Tzetzes, Über Lykophron 838.

1. Anteias Versuch, Bellerophon zu verführen, hat mehrere griechische Parallelen (s. 70, 2), außerdem eine palästinensische in der Geschichte von Joseph und der Gattin Potiphars und eine ägyptische in der ‹Geschichte der Zwei Brüder›. Die Heimat dieser Mythe ist unbekannt.

2. Echidnes Tochter, die Chimaira, die in einem hethitischen Tempel zu Karkemisch abgebildet ist, war ein Symbol des dreigeteilten Heiligen Jahres der Großen Göttin. Der Löwe war das Symbol des Frühlings, die Ziege das des Sommers und die Schlange das des Winters. Eine beschädigte Glasplatte, die zu Dendra in der Nähe von Mykene gefunden wurde, zeigt einen Helden, der mit einem Löwen ringt. Dem Rücken des Löwen entspringt etwas, das das Haupt einer Ziege zu sein scheint; der Schwanz ist lang, dem einer Schlange ähnlich. Da diese Glasplatte aus einer Zeit stammt, in der noch die Göttin herrschte, muß dieses Bild — das eine Parallele in einem etruskischen Fresko zu Tarquinia hat, obzwar hier der Held wie Bellerophon auf einem Pferd reitet — als Krönungskampf des Königs gegen Männer in Tierkleidung (s. 81, 2 und 123, 1), die die verschiedenen Jahreszeiten darstellen, gedeutet werden. Nach der achaiischen Religionsrevolution, die die Göttin Hera Zeus unterordnete, wurde dieses Bild doppeldeutig: es konnte auch als Unterdrückung des alten karischen Kalenders durch die hellenischen Eroberer gedeutet werden.

3. Wenn Bellerophon das Mondpferd Pegasos, das zum Regenmachen verwendet wurde, mit dem Zaumzeug der Athene zähmte, so heißt das: Der Anwärter auf das Heilige Königtum wurde von der Dreifaltigen Muse (‹Berggöttin›) oder ihrem Stellvertreter beauftragt, ein wildes Pferd einzufangen; so ritt später Herakles Arion (‹das Mondwesen in der Höhe›), als er Elis besetzte (s. 138, g). Wie sich aus primitiven dänischen und irischen Bräuchen schließen läßt, wurde das Fleisch dieses Pferdes vom König als Sakrament nach seiner symbolischen Wiedergeburt durch die pferdeköpfige Berggöttin verspeist. Doch auch diesem Teil der Sage kommen zwei Deutungen zu: Es kann auch die Eroberung des Schreines der Mondgöttin zu Askra auf dem Berge Helikon und zu Korinth durch die hellenischen Eindringlinge bedeuten. Ein ähnliches Ereignis fand seinen Ausdruck in der Vergewaltigung der pferdeköpfigen arkadischen Demeter (s. 16, f) durch Poseidon; mit ihr zeugte er dieses Mondpferd Arion; ebenso in der Vergewaltigung der Medusa, mit der er Pegasos zeugte (s. 73, h). Daher finden wir auch Poseidon in der Geschichte Bellerophons. Die Erniedrigung Bellerophons durch Zeus ist eine moralische Anekdote, die erzählt wurde, um die Hörer vor der Auflehnung gegen den olympischen Glauben zu warnen. Bellerophon, der Pfeilträger, der über den Himmel fliegt, ist die gleiche Gestalt wie sein Großvater Sisyphos oder wie Tesup (s. 67, 1), der Sonnenheld, dessen Anbetung durch die Anbetung des Sonnen-Zeus verdrängt wurde. Deshalb war sein Ende ebenso unglücklich wie das des Phaëthon, des Sohnes des Helios (s. 42, 2).

4. Bellerophons Feinde, die Solymer, waren Kinder Salmas. Da alle Städte und Landzungen, die mit der Silbe *salm* begannen, östlich lagen, war sie wahrscheinlich die Göttin der Frühlingstagundnachtgleiche. Bald wurde sie als der Sonnengott Solyma oder Selim, Salomon oder Ab-Salom vermännlicht. Die Amazonen waren die streitbaren Priesterinnen der Mondgöttin (s. 110, 1).

5. Der Rückzug Bellerophons vor den xanthischen Frauen wurde von einem Bilde abgeleitet, das die wilden Frauen zeigt, die erregt durch den Genuß von Hippomanes – entweder einer Pflanze oder der schwarzen Membrane, die von der Stirne des neugeborenen Fohlens abgeschnitten wurde – den Heiligen König am Ende seiner Regierungszeit an der Küste des Meeres umringen. Ihre Röcke waren gehoben, wie in der erotischen Anbetung des ägyptischen Apis (Diodorus Siculus I, 85). Da Xanthos (‹gelb›) der Name eines der Pferde des Achilleus sowie des Hektor ist und eines, das Peleus als Geschenk von Poseidon erhielt, haben diese Frauen wahrscheinlich rituelle Pferdemasken mit mondgelben Mähnen getragen; denn es waren wilde Mähren, die Bellerophons Vater Glaukos an der Küste von Korinth (s. 71, 1) verschlangen. Doch enthält diese umgeformte Mythe ein primitives Element: Der Ansturm nackter Frauen aus dem Clan des Stammeshäuptlings, mit dem Geschlechtsverkehr verboten war, würde ihn gezwungen haben, sich zurückzuziehen und sein Gesicht zu verbergen. In einer irischen Legende wird das gleiche Mittel gegen Cuchulain verwendet, wenn sein Zorn nicht anders gezügelt werden konnte. Der Bericht über die xanthische matrilineare Erbfolge wurde falsch aufgefaßt: es waren die Hellenen, die eigentlich die patrilineare Folge allen Karern, mit Ausnahme der konservativen Xanther, aufzwangen.

6. Der Name des Cheimarrhos ist von *chimaros* oder *chimaira* (‹Ziege›) ab-

geleitet. Sowohl seine wilde Art als auch sein Schiff mit dem Löwen als Bugfigur und dem Schlangenheck wurden in Bellerophons Geschichte von irgendeinem Rationalisten eingeführt, um die feuerspeiende Chimaira zu erklären. Der Berg Chimaira (‹Ziegenberg›) war auch der Name eines aktiven Vulkans in der Nähe von Phaselis in Lykien (PLINIUS, ‹Naturgeschichte› II, 106 und V, 27), eine Tatsache, die den feurigen Atem erklärt.

76. ANTIOPE

a. Es wird erzählt, daß Antiope, die Tochter des Thebaners Nykteus, zum König von Sikyon floh, als Zeus sie verführte. Der König von Sikyon war bereit, sie zu ehelichen, was zu einem Krieg führte, in dem Nykteus getötet wurde. Antiopes Oheim Lykos besiegte darauf die Sikyoner in einer blutigen Schlacht und brachte die nun verwitwete Antiope nach Theben zurück. Nachdem sie in einem Gebüsch am Wegesrand die Zwillinge Amphion und Zethos geboren hatte, die Lykos sogleich auf dem Berge Kithairon aussetzte, wurde sie viele Jahre lang von ihrer Tante Dirke schlecht behandelt. Es gelang ihr endlich, aus dem Gefängnis, in dem sie eingemauert war, zu fliehen. In der Hütte des Amphion und des Zethos, die von einem vorübergehenden Viehhirten gerettet worden waren, suchte sie Schutz. Doch die beiden verkannten Antiope, hielten sie für eine flüchtige Sklavin und verweigerten ihr Hilfe. Da stürzte Dirke mit bacchischem Toben herbei, ergriff Antiope und schleppte sie fort.

«Jünglinge», rief der Viehhirt, «hütet Euch vor den Furien!»

«Warum vor den Furien?» fragten sie.

«Weil ihr euch weigert, eure Mutter zu schützen, die nun von ihrer grausamen Tante zur Hinrichtung geschleppt wird.»

Da machten sich die Zwillinge zur Verfolgung auf, retteten Antiope und banden Dirke mit ihren Haaren an die Hörner eines wilden Stieres, der ihr bald ein Ende bereitete [1].

b. Andere wieder erzählen, der Fluß Asopos sei Antiopes Vater. Eines Nachts soll der König von Sikyon vorgetäuscht haben, ihr Gatte Lykos zu sein. So sei Antiope verführt worden. Daraufhin verjagte Lykos Antiope und heiratete Dirke. So konnte nun Zeus der einsamen Antiope den Hof machen und sie schwängern. Dirke aber, die Lykos dieser Tat verdächtigte, sperrte Antiope in ein dunkles Gefängnis. Noch rechtzeitig konnte Zeus sie befreien, und sie gebar Amphion und Zethos auf dem Berge Kithairon. Die Zwillinge wuchsen unter den Viehhirten, bei denen ihre Mutter Zuflucht gesucht hatte, auf. Als sie alt genug waren, konnte ihre Mutter sie überreden, das an ihr begangene Unrecht zu rächen. Sie fanden Dirke, wie sie auf den Abhängen des Berges Kithairon in bacchischer Besessenheit herumzog, banden sie mit ihren Haaren an die Hörner eines wilden Stieres und warfen ihren Körper, als sie tot war, auf den Boden. An dieser Stelle entsprang eine Quelle, die nachher der Dirkische Strom genannt wurde. Doch Dionysos rächte den Mord seiner Anhängerin: Er ließ Antiope dem Wahnsinn verfallen, so daß sie durch ganz Griechenland irrte, bis endlich Phokos, ein Enkel des Sisyphos, sie heilte und in Phokis heiratete.

c. Amphion und Zethos besuchten Theben. Hier vertrieben sie König Laios und erbauten die tiefer gelegene Stadt; Kadmos hatte bereits die obere Stadt gebaut. Nun hatte Zethos Amphion schon oft wegen seiner Begeisterung für die Leier, die ihm Hermes gegeben hatte, verspottet. «Sie lenkt dich», sagte er, «von nützlicher Arbeit ab.» Doch beim Bau der Stadt bewegten sich die Steine zu den Klängen der Leier des Amphion und glitten leicht an ihren Platz – während Zethos Anstrengung und Mühe aufwenden mußte und weit hinter seinem Bruder zurückblieb. Die Zwillinge regierten gemeinsam in Theben, wo Zethos Thebe heiratete, nach der die Stadt – früher als Kadmeia bekannt – nun benannt wurde; Amphion heiratete Niobe. Doch alle ihre Kinder, mit Ausnahme zweier, wurden von Apollon und Artemis getötet, deren Mutter Leto sie beleidigt hatten. Amphion selbst wurde von Apollon getötet, weil er versucht hatte, an den delphischen Priestern Rache zu nehmen. Später wurde er auch noch im Tartaros bestraft[2]. Amphion und Zethos liegen in einem Grab zu Theben begraben, das sorgsam bewacht wird, wenn die Sonne über dem Tauros steht. Dann nämlich versuchen die Einwohner des phokischen Tithorea, Erde vom Grabhügel zu stehlen und sie auf die Gräber von Phokos und Antiope zu schütten. Ein Orakel sagte einst, daß dieser Diebstahl die Fruchtbarkeit von ganz Phokis zuungunsten von Theben vermehren würde[3].

1. Hyginus, Fabel 8; Apollodoros III, 5, 5; Pausanias II, 6, 2; Euripides, Antiope, Fragmente; Apollonios Rhodios IV, 1090, mit Scholiast.
2. Homer, Odyssee XI, 260; Hyginus, Fabel 7; Pausanias VI, 20, 8; IX, 5, 3 und 17, 4; Horaz, Episteln I, 18, 41; Apollonios Rhodios I, 735-41.
3. Pausanias IX, 17, 3.

1. Die beiden Versionen der Mythe über Dirke zeigen, wie frei die Mythographen mit ihren Erzählungen umgingen, um sie den Hauptelementen einer literarischen Tradition anzupassen, die, wie in diesem Falle, von einer Reihe heiliger Bilder abgeleitet war. Antiope war voller Freude aus ihrem Gefängnis enteilt, gefolgt von der grollenden Dirke: Das erinnert an das jährliche Wiedererscheinen der Kore zusammen mit Hekate (s. 24, k). Man nennt sie in diesem Zusammenhang Antiope (‹Gegenüberstellen›), weil ihr Gesicht zum Himmel und nicht zur unteren Welt gekehrt ist, oder auch ‹Tochter der Nacht› – Nykteis, nicht Nykteus –, weil sie aus der Dunkelheit hervorkommt. Das

‹auf dem Berge Herumirren› der Dirke und Antiope wurde als bacchische Orgie mißverstanden. Ihre Bewegungen waren offensichtlich ein erotischer Tanz, in dem sie sich wie junge, liebestolle Mondkühe benahmen (s. 56, 1). Dirkes Name (‹doppelt›) bezeichnet den gehörnten Mond. Das Bild, dem diese Mythe entnommen ist, zeigte sie nicht zur Strafe an einen Stier gebunden, sondern in ritueller Heirat mit dem Stierkönig (s. 88, 7). Eine untergeordnete Bedeutung könnte noch in *dirce* verborgen sein: und zwar ‹gespalten›, d. h. ‹in erotischen Umständen›. Die Dirkische Quelle war wahrscheinlich wie Hippokrene mondförmig. Die Söhne der Antiope sind das uns bereits bekannte königliche Zwillingspaar, das von der Mondgöttin geboren wurde: ihr Heiliger König und sein Stellvertreter.

2. Amphions dreisaitige Leier, mit der er die Mauern der Unterstadt von Theben errichtete — da Hermes sein Meister war, kann sie nur drei Saiten gehabt haben —, war so konstruiert, um die Dreifache Göttin, die in der Luft, auf der Erde und in der unteren Welt regierte, zu feiern. Sie wurde während des Baues der Stadt gespielt, um ihre Grundmauern, Tore und Türme zu schützen. Der Name ‹Amphion› (‹beschützt vom Mond›) zeigt des Königs Verbindung mit der Göttin.

77. NIOBE

a. Niobe, die Schwester des Pelops, heiratete Amphion, den König von Theben, und gebar ihm sieben Söhne und sieben Töchter, auf die sie so stolz war, daß sie eines Tages Leto selbst verspottete, da diese nur zwei Kinder hatte: Apollon und Artemis. Mante, die seherische Tochter des Teiresias, hörte diese lästerliche Bemerkung und riet den thebischen Frauen, Leto und ihre Kinder sofort zu besänftigen: Sie sollten Weihrauch verbrennen und ihre Haare mit Lorbeerzweigen umkränzen. Als der Rauch des Weihrauchs bereits in der Luft schwebte, erschien Niobe, gefolgt von ihren Dienern, in ein prächtiges phrygisches Gewand gekleidet und ihr langes Haar lose im Winde flatternd. Sie unterbrach das Opfer und fragte voller Zorn, warum Leto als Frau unbekannter Herkunft, mit einer männischen Tochter und einem weibischen Sohn, ihr, der Niobe, dem Enkelkind des Zeus und des Atlas, des Schreckens der Phryger, und der Königin aus dem königlichen Hause des Kadmos vorgezogen werde. Sollte das Schicksal ihr zwei oder drei Kinder nehmen, würde sie nicht noch immer die reichere sein?

b. Da sie nun das Opfer verlassen mußten, versuchten die von Schreck erfüllten thebischen Frauen, Leto mit gemurmelten Gebeten zu besänftigen, aber es war bereits zu spät. Sie hatte schon Apollon und Artemis ausgesandt, Niobes Überheblichkeit zu bestrafen. Apollon fand die Knaben bei der Jagd auf dem Berge Kithairon und erschoß sie, einen nach dem anderen. Nur Amyklas schonte er, der klugerweise Leto ein Gebet dargebracht hatte. Artemis fand die Mädchen beim Spinnen im

Palaste; mit einem Köcher voll Pfeilen tötete sie alle mit Ausnahme Meliboias, die dem Beispiel ihres Bruders Amyklas gefolgt war. Die beiden Überlebenden erbauten Leto einen Tempel, obwohl Meliboia vor Angst so blaß wurde, daß sie noch immer den Namen Chloris trug, als Neleus sie einige Jahre später heiratete. Doch sagen manche, daß keines der Kinder der Niobe überlebte und daß auch ihr Gemahl Amphion von Apollon getötet wurde.

c. Neun Tage und neun Nächte lang trauerte Niobe um ihre Toten und fand niemanden, der sie begraben wollte. Zeus hatte Letos Partei ergriffen und alle Thebaner in Stein verwandelt. Am zehnten Tage jedoch ließen sich die Olympier selbst herab, die Toten zu begraben. Niobe floh über das Meer zum Berge Sipylos, der Heimat ihres Vaters Tantalos, wo sie Zeus, von Mitleid bewegt, in eine Statue verwandelte. Noch immer sieht man diese im frühen Sommer Tränen vergießen [1].

d. Alle Männer trauerten um Amphion, beklagten die Ausrottung seines Geschlechtes, aber niemand trauerte um Niobe, mit Ausnahme ihres gleich stolzen Bruders Pelops [2].

1. Hyginus, Fabeln 9 und 10; Apollodoros III, 5, 6; Homer, Ilias XXIV, 612 ff; Ovid, Metamorphosen VI, 146 – 312; Pausanias V, 16, 3; VIII, 2, 5 und I, 21, 5; Sophokles, Elektra 150-52.
2. Ovid, Metamorphosen VI, 401-4.

1. Homer zählt zwölf Kinder Niobes auf, und Hesiod (laut verschiedenen Scholien) zwanzig. Bei Herodot sind es vier, bei Sappho achtzehn. Doch nach dem Bericht, dem Euripides und Apollodoros folgen und der noch am sinnvollsten ist, soll sie sieben Söhne und sieben Töchter gehabt haben. Niobe war nach der thebanischen Version der Mythe eine Enkeltochter des Titanen Atlas, nach der Version von Argos eine Tochter oder Mutter des Phoroneus (s. 57, a), der auch ein Titan gewesen sein soll (Apollodoros II, 1 und Scholiast über Euripides' Orestes 932), oder des Pelasgos. Da sie auch Anspruch erheben konnte, die erste sterbliche Frau gewesen zu sein, die Zeus vergewaltigte (Diodorus Siculus IV, 9, 14; Apollodoros a. a. O.; Pausanias II, 22, 6), könnte sich die Mythe auch auf die Niederlage der sieben Titanen und Titaninnen durch die Olympier beziehen. Ist dies der Fall, dann handelt es sich um einen Bericht über die Unterdrückung des Kalendersystems, das im pelasgischen Griechenland, in Palästina, in Syrien und im nordwestlichen Europa vorherrschte. Dieses System war auf einen Monat aufgebaut, der in vier Wochen von je sieben Tagen eingeteilt war und von denen jeder von einem der sieben Planeten (s. 1, 3 und 43, 4) beherrscht wurde. Amphion und seine zwölf Kinder stehen in Homers Version der Mythe (*‹Ilias›* XXIV, 603-17) für die dreizehn Monate dieses Kalenders. Wahrscheinlich war der Berg Sipylos das letzte Heim der Titanen in Kleinasien, so wie es Theben in Griechenland war. Die Statue der Niobe ist ein Felsen von ungefähr menschenähnlicher Form, der zu weinen scheint, wenn die Sonnenstrahlen seine winterliche Schneekappe treffen. Die Ähnlichkeit wird noch durch das Bild einer hethitischen Göttermutter,

das in einen Felsen auf dem gleichen Berge eingehauen ist und wahrscheinlich aus dem späten 15. Jahrhundert v. Chr. stammt, betont. ‹Niobe› bedeutet wahrscheinlich ‹mit Schnee› – das *b* ist sicherlich das *v* im lateinischen *nivis* oder das *ph* im griechischen *nipha*. Eine ihrer Töchter wird von HYGINUS Chiade genannt: Ein Wort, das im Griechischen keine Bedeutung hat. Vielleicht ist es eine verkümmerte Form von *chionos niphades* = ‹Schneeflocken›.

2. PARTHENIOS (‹Liebesgeschichten› 33) erzählt eine andere Version der Bestrafung der Niobe: Leto läßt Niobes Vater sich in die Tochter verlieben. Als sie ihn abwies, verbrannte er ihre Kinder. Später wurde ihr Mann von einem wilden Keiler zerrissen, und sie selbst stürzte sich von einem Felsen. Diese Geschichte wird von einem Scholiasten zu EURIPIDES' Phoinikerinnen (159) bestätigt. Sie ist von den Mythen über Kinyras, Smyrna und Adonis (s. 18, h) und von der Sitte, Kinder dem Gotte Moloch als Brandopfer darzubringen (s. 70, 5 und 156, 2), beeinflußt.

78. KAINIS UND KAINEUS

a. Einst lag Poseidon mit der Nymphe Kainis, der Tochter des Elatos, des Magnesers oder, wie manche sagen, der Tochter des Koronos von Lapith. Er erlaubte ihr hernach, sich eine Liebesgabe von ihm zu wünschen.

«Verwandle mich», sagte sie, «in einen unverwundbaren Kämpfer. Ich bin es müde, eine Frau zu sein.»

Poseidon erfüllte ihren Wunsch und änderte ihr Geschlecht. Sie wurde Kaineus. Ihre Kriege führte sie mit solchem Erfolg, daß die Lapither sie bald zu ihrem König erwählten. Sie zeugte sogar einen Sohn, Koronos. Ihn tötete Herakles viele Jahre später, als er für den Dorer Aigimios kämpfte. Stolz auf seine Erfolge, setzte Kaineus einen Speer in die Mitte des Marktplatzes, wo die Leute zusammenkamen. Er ließ sie diesem Speer wie einem Gott opfern und verbot ihnen, anderen Göttern zu huldigen.

b. Zeus erfuhr von der Überheblichkeit des Kaineus und veranlaßte die Kentauren, ihn zu ermorden. Während der Hochzeit des Peirithoos stürzten sie sich plötzlich auf Kaineus, dem es nicht schwerfiel, fünf oder sechs von ihnen zu töten, ohne selbst die kleinste Wunde zu erleiden; ihre Waffen glitten harmlos von seiner verzauberten Haut ab. Die überlebenden Kentauren schlugen jedoch mit Fichtenästen solange auf sein Haupt ein, bis er in den Boden getrieben war. Dann legten sie einen Haufen Balken über ihn. So erstickte Kaineus und starb. Ein graugeflügelter Vogel, in dem der Seher Mopsos seine Seele erkannte, entflog dem Haufen. Als man kam, um ihn zu begraben, war sein Körper wieder der einer Frau [1].

1. APOLLODOROS I, 9, 16; II, 7, 7 und Epitome I, 22; APOLLONIOS RHODIOS I, 57-64, mit Scholiast; HYGINUS, Fabel 14; Oxyrhynchus Papyri XIII, S. 133 ff; SERVIUS über VERGILS Aeneis VI, 448; OVID, Metamorphosen XII, 458 – 531; Scholiast zu HOMERS Ilias I, 264.

1. Dieser Mythe liegt zugrunde: erstens eine Sitte, die noch in Albanien zu finden ist; dort schließen sich Mädchen in Männerkleidern den Kriegerbanden an, so daß erst, wenn sie in der Schlacht getötet werden, ihr Feind überrascht ihr wirkliches Geschlecht entdeckt; zweitens eine Weigerung der Lapithen, hellenische Oberherrschaft anzuerkennen. Der Speer, der angebetet werden sollte, ist der Maibaum zu Ehren der Neumondgöttin Kainis oder Elate (‹Fichte›), der die Fichte geweiht war. Später wurden die Lapithen von den Aiolern aus Iolkos mit Hilfe der verbündeten Kentauren unterdrückt und dem Gott Poseidon untertänig gemacht. Doch ihre Stammesgesetze wurden nicht verletzt. Nur wurde die Stammesherrin so wie zu Argos gezwungen, einen künstlichen Bart zu tragen, um ihr Recht auf richterliche und militärische Gewalt zu beweisen: So wurde Kainis Kaineus und Elate Elatos. Ein ähnlicher Geschlechtswechsel wird auch von der Königin des Südens, einer Mitregiererin des Lozi-Königtums im Zambesibecken, berichtet. Sie betritt das Amtszimmer mit den Worten: ‹Ich bin in einen Mann verwandelt worden!› Doch hat dies seinen Grund darin, daß eine ihrer weiblichen Vorfahren den patriarchalen Thron an sich riß. Drittens ist dieser Mythos ein Ritus, der auf einem schwarzfigurigen Ölkrug (s. 9, 1) dargestellt ist: Nackte Männer schlagen mit Keulen bewaffnet einem Abbild der Mutter Erde auf das Haupt, anscheinend, um Kore, als den Geist des Neuen Jahres, zu befreien; ‹Kainis› bedeutet ‹neu›.

2. Die Gattung des graugeflügelten Vogels, der aus dem Abbild befreit wurde, hängt von der Jahreszeit, in der sich der Ritus abspielte, ab. Wenn es Frühling war, könnte es ein Kuckuck gewesen sein (s. 12, 1).

79. ERIGONE

a. Obwohl Oineus als erster Sterblicher von Dionysos einen Weinstock bekam, war ihm Ikarios doch im Keltern des Weines voraus. Dieser bot eine Probe seines ersten Kruges einer Gruppe von Schafhirten in den Wäldern Marathons unter dem Berge Pentelikos an. Die Hirten vermischten ihn nicht, wie Oinopion später riet, mit Wasser und wurden so angetrunken, daß sie alles doppelt sahen und sich verzaubert glaubten: Da töteten sie Ikarios. Sein Hund Maira stand und beobachtete, wie sie ihn unter einem Tannenbaum begruben. Der Hund zerrte nachher seine Tochter Erigone an einem Zipfel ihres Gewandes zu dem Grabe. Da fand sie den Leichnam. In ihrer Verzweiflung erhängte sich Erigone an einem Tannenbaum. Doch zuvor bat sie, daß die Töchter Athens das gleiche Schicksal erleiden sollten, solange Ikarios ungerächt bliebe. Nur die Götter hörten sie. Die Hirten flohen über das Meer, und viele Mädchen Athens wurden — eine nach der anderen — an Tannenbäumen erhängt gefunden. Schließlich erklärte das Delphische Orakel, daß es Erigone gewesen wäre, die ihr Leben gefordert hätte. Die schuldigen Schafhirten wurden aufgespürt und erhängt, das heutige Weinlesefest wurde eingeführt. Während des Festes werden Ikarios und Erigone Trinkopfer dargebracht, und die Mädchen schaukeln mit den Füßen auf einem kleinen Brett an Seilen von den Ästen der Bäume. So wurde die Schaukel erfunden. Man läßt auch Masken von den Bäumen hängen, die dann im Winde pendeln.

b. Das Bild des Hundes Maira wurde in den Himmel gesetzt als der kleine Sirius. Daher identifizieren manche Ikarios mit Bootes und Erigone mit dem Sternbild der Jungfrau [1].

1. Scholiast zu Homers Ilias XXII, 29; Nonnos, Dionysiaka XLVII, 34-245; Hyginus, Fabel 130 und Poetische Astronomie II, 4; Apollodoros I, 8, 1 und III, 14, 7; Athenaios XIV, 10; Festus unter: *Oscillantes;* Statius, Thebais XI, 644-7; Servius über Vergils Georgica II, 388-9.

1. Die Gattin des Priamos, Hekabe oder Hekuba, wurde Maira genannt, seit sie in einen Hund verwandelt worden war (s. 168, *1*). Hekuba war eigentlich die dreiköpfige Todesgöttin Hekate (s. 31, *7*). Daher waren wahrscheinlich die Trankopfer, die Erigone und Ikarios gebracht wurden, für sie bestimmt. Das Tal, in dem diese Zeremonie stattfand, wird jetzt ‹Dionysos› genannt. Die Tanne der Erigone war sicherlich der Baum, unter dem der Phryger Attis kastriert wurde und verblutete (Ovid, ‹Fasti› IV, 221 ff; Servius über Vergils *‹Aeneis›* IX, 116). Diese Mythe wird aus dem Brauch der Schafhirten verständlich, die jährlich zur Zeit, wenn der kleinere Sirius in der Aszendenz war, einen aus ihrer Mitte der Göttin Erigone opferten.

2. Ikarios bedeutet ‹aus dem Ikarischen Meer›, d. h. aus den Kykladen, von wo der Kult nach Attika kam. Später wurde diesem der Kult des Dionysos aufgepflanzt. Die Geschichte vom Selbstmord der Mädchen Athens sollte die von einem Tannenbaum in der Mitte der Weinberge schwingenden Masken des Dionysos erklären. Sie drehten sich mit dem Winde, und man glaubte, sie befruchteten die Weinstöcke, die sie anblickten. Dionysos wurde gewöhnlich als langhaariger, weibischer Jüngling dargestellt. Seine Maske sollte eine hängende Frau andeuten. Doch wurden wahrscheinlich schon früher die Puppen, die die Fruchtbarkeitsgöttin Ariadne oder Helena darstellten, an Obstbäume gehängt (s. 88, *10* und 98, *5*). Die schaukelnden Mädchen beim Weinlesefest entstammen ursprünglich einer magischen Absicht: Sie stellten Vogelgöttinnen dar, und ihre Schaukeln beschrieben zu Ehren des Neuen Mondes einen Halbkreis. Diese Sitte kam von Attika nach Kreta: Eine Terracottagruppe, die in Hagia Triada gefunden wurde, zeigt ein zwischen zwei Säulen schaukelndes Mädchen; auf jeder der Säulen hockt ein Vogel.

3. Der Name Erigone wird von den Mythographen als ‹Kind des Streites› gedeutet, und zwar wegen der Schwierigkeiten, die sie Athen verursacht hatte. Doch ist die richtige Bedeutung offensichtlich ‹zahlreiche Nachkommen›, eine Anspielung auf die reiche Ernte, die man von den Puppen erhoffte.

80. DER KALYDONISCHE EBER

a. Oineus, der König von Kalydon in Aitolien, nahm Althaia zur Gemahlin. Als ersten Sohn gebar sie ihm Toxeus, den Oineus mit seinen eigenen Händen tötete, weil er spottend über den Graben sprang, der zur Verteidigung der Stadt gebaut worden war; dann Meleager, von dem manche sagen, er sei in Wirklichkeit ihr Sohn von Ares gewesen. Meleager war sieben Tage alt, als die Schicksalsgöttinnen in Althaias Schlafgemach kamen und verkündeten, daß er nur so lange leben würde, bis ein bestimmtes Scheit auf dem Herde verbrannt wäre. Sofort riß sie jenes Stück Holz aus dem Feuer, löschte es mit einem Eimer Wasser und versteckte es in einer Truhe.

b. Meleager wuchs zu einem kühnen und unverwundbaren Kämpfer heran. Bei den Begräbnisfeierlichkeiten des Akastos erwies er sich als der beste Speerwerfer Griechenlands. Er würde noch immer leben, hätte Oineus nicht eines Sommers leichtsinnigerweise vergessen, Artemis bei seinem Opfer an die zwölf Götter des Olymps einzuschließen. Artemis erfuhr diese Nachlässigkeit von Helios. Darauf sandte sie einen riesigen Keiler aus, das Vieh und die Arbeiter des Oineus zu töten und seine Ernte zu zerstören. Da schickte Oineus Herolde aus: Er fordere die tapfersten Kämpfer Griechenlands auf, mit ihm den Keiler zu jagen, und verspreche dem, der ihn töten würde, dessen Pelz und dessen Hauer.

c. Viele kamen seinem Rufe nach, darunter Kastor und Polydeukes von Sparta, Idas und Lynkeus von Messene, Theseus von Athen, Peirithoos von Larissa, Iason von Iolkos, Admetos von Pherai, Nestor von Pylos, Peleus und Eurytion von Phthia, Iphikles von Theben, Amphiaraos von Argos, Telamon von Salamis, Kaineus von Magnesia und schließlich Ankaios und Kepheus von Arkadien. Auch deren Landsmännin, die keusche und schnellfüßige Atalanta, folgte dem Ruf. Atalanta war die einzige Tochter des Iasos und der Klymene[1]. Iasos hatte sich einen männlichen Erben gewünscht. Daher enttäuschte ihn die Geburt Atalantas so sehr, daß er sie auf dem parthenischen Hügel in der Nähe von Kalydon aussetzte, wo sie von einem Bären, den Artemis zu Hilfe gesandt hatte, genährt wurde. Atalanta wuchs unter den Jägern, die sie gefunden und aufgezogen hatten, zur Frau heran. Sie blieb Jungfrau und war stets bewaffnet. Eines Tages kam sie erschöpft vor Durst nach Kyphanta. Sie stieß die Spitze ihres Speeres in einen Felsen und rief Artemis an. Eine Wasserquelle entsprang dem Felsen. Doch noch war sie nicht mit ihrem Vater versöhnt[2].

d. Oineus bewirtete die Jäger königlich für neun Tage. Ankaios und Kepheus weigerten sich zunächst, zusammen mit einer Frau zu jagen. Da erklärte Meleager im Auftrage des Oineus, daß er die Jagd abbrechen werde, zögen sie nicht ihre Weigerung zurück. Denn Meleager, der Idas' Tochter Kleopatra geehelicht hatte, fand sich nun plötzlich in Atalanta verliebt und suchte ihre Zuneigung. Die Brüder Althaias, seine Onkel, hatten von Anfang an eine Abneigung gegen das Mädchen. Sie waren überzeugt, daß ihre Anwesenheit nur Unglück bringen könnte, denn Meleager seufzte unaufhörlich und rief: «Wie glücklich ist der Mann, der sie heiraten wird!» So begann die Jagd unter unglücklichen Voraussetzungen; Artemis selbst hatte dafür gesorgt.

e. Amphiaraos und Atalanta waren mit Pfeil und Bogen bewaffnet; andere mit Jagdspeeren, Wurfspeeren oder Äxten. Jeder wollte den Pelz für sich selbst gewinnen, so daß die Jagdordnung völlig vernachlässigt wurde. Auf den Vorschlag Meleagers ging die Jagdgesellschaft in halbmondförmiger Aufstellung mit einigen Schritten Abstand zwischen den Teilnehmern durch den Wald, in dem der Keiler hauste.

f. Das erste vergossene Blut war das eines Menschen. Als Atalanta sich auf die äußerste rechte Flanke in einigem Abstand von ihren Jagdgefährten begab, wollten sie zwei Kentauren, Hylaios und Rhaikos, die sich der Jagd angeschlossen hatten, vergewaltigen; jeder sollte dem anderen helfen. Als sie sich auf Atalanta stürzten, erschoß sie beide und setzte die Jagd an Meleagers Seite fort.

g. Da wurde der Eber in einem von Weiden überwachsenen Wassergraben aufgestöbert. Er sprang hervor, tötete zwei Jäger, zerriß die Kniesehnen eines anderen und jagte den jungen Nestor, der später bei Troia kämpfte, auf einen Baum hinauf. Iason und einige andere schleuderten schlecht gezielte Wurfspeere gegen den Keiler. Nur Iphikles gelang es, wenigstens dessen Schulterblatt zu streifen. Dann gingen Telamon und Peleus kühn mit ihren Eberspeeren vor. Doch Telamon stolperte über eine Baumwurzel. Als Peleus ihm wieder aufhalf, erblickte sie der Keiler und griff an. Zur rechten Zeit ließ Atalanta einen Pfeil los, der das Tier hinter dem Ohr traf und verjagte. Da spottete Ankaios: «So jagt man nicht! Schaut her!» Er schwang seine Schlachtaxt und wollte den Keiler, als er wieder angriff, niederschlagen. Aber Ankaios war nicht schnell genug: Plötzlich war er entmannt und lag mit aufgeschlitztem Bauch am Boden. In seiner Erregung tötete Peleus Eurytion mit einem Speer, der gegen den Keiler gezielt war. Amphiaraos war es gelungen, das Tier mit einem Pfeil zu blenden. Es griff dann Theseus an, dessen Wurfspeer das Ziel verfehlte; doch auch Meleager hatte seinen Speer geschwungen und die rechte Flanke durchbohrt. Als sich dann der Eber vor

Schmerzen wand und das Geschoß herauszureißen versuchte, stieß er seine Waffe tief unter dessen linkes Schulterblatt, mitten ins Herz.

Endlich stürzte der Keiler tot nieder.

Sofort enthäutete ihn Meleager und bot Atalanta den Pelz mit den Worten an: «Du trafst ihn als erste, und hätten wir das Tier nicht angegriffen, bald wäre es deinem Pfeile erlegen.»

h. Seine Onkel waren gekränkt. Der älteste von ihnen, Plexippos, wandte ein, daß Meleager selbst den Pelz gewonnen hätte. Sollte dieser verzichten, so gebühre die Siegesbeute dem ehrenwertesten Teilnehmer an der Jagd — nämlich ihm selbst, als dem Schwager des Oineus. Der jüngere Bruder des Plexippos unterstützte ihn: Iphikles, und nicht Atalanta, hätte das Tier als erster getroffen. Meleager, im Zorne der Verliebtheit, tötete sie beide.

i. Als die beiden Leichen heimgetragen wurden, verfluchte Althaia Meleager. Dieser Fluch verwehrte ihm die Verteidigung Kalydons, als seine beiden überlebenden Onkel der Stadt den Krieg erklärten und viele ihrer Verteidiger töteten. Schließlich überredete ihn seine Gemahlin Kleopatra, zu den Waffen zu greifen. Er tötete die beiden Angreifer trotz ihrer Unterstützung durch Apollon. Da aber befahlen die Furien der Althaia, das unverbrannte Scheit aus der Truhe zu nehmen und es ins Feuer zu werfen. Meleager fühlte ein plötzliches Brennen in seinem Inneren, und der Feind überkam ihn mühelos. Althaia und Kleopatra erhängten sich. Artemis verwandelte alle in Perlhühner und brachte sie auf ihre Insel Leros, das Heim der Übeltäter [3]. Nur zwei klagende Schwestern des Meleager schonte sie.

j. Iasos war erfreut über Atalantas Erfolge. Er erkannte sie als seine Tochter an. Doch kaum war sie im Palaste angekommen, als er sie mit den Worten empfing: «Mein Kind, bereite dich vor, einen Gatten zu nehmen!» — eine unangenehme Kunde, hatte doch das Delphische Orakel sie vor einer Heirat gewarnt. Sie antwortete: «Vater, nur unter einer Bedingung stimme ich zu. Jeder Bewerber um meine Hand soll sich mit mir im Wettlauf messen. Kann er mich besiegen, so werde ich seine Frau, sonst will ich ihn töten.» «So sei es», sprach Iasos.

k. Viele unglückliche Prinzen verloren so ihr Leben; sie war der schnellfüßigste Sterbliche auf dieser Erde. Doch Melanion, ein Sohn des Arkaders Amphidamas, rief Aphrodite um Hilfe an. Sie gab ihm drei goldene Äpfel mit den Worten: «Halte Atalanta auf, indem du die Äpfel einen nach dem anderen auf die Laufbahn fallen läßt.» Melanion siegte: Atalanta bückte sich und hob jeden Apfel auf und erreichte das Ziel kurz hinter ihm.

l. Die Heirat fand statt. Dennoch erfüllte sich bald die Warnung des Orakels. Eines Tages kamen sie an einem Tempel des Zeus vorbei. Melanion überredete sie, in den Tempel zu kommen und dort mit ihm zu liegen. Zeus war erbost über die Entweihung seines Tempels und verwandelte sie beide in Löwen: Denn Löwen paaren sich nicht mit Löwen, sondern nur mit Leoparden. So war es ihnen unmöglich, einander wieder zu lieben. Diese Strafe hatte Aphrodite verlangt. Sie hatte darauf bestanden, daß Atalanta Jungfrau bliebe. Dem Melanion aber zürnte sie für seinen Mangel an Dankbarkeit für die goldenen Äpfel[4]. Manche sagen, Atalanta sei schon vorher Melanion untreu gewesen und habe Meleager ein Kind namens Parthenopaios geboren. Dieses Kind soll auf dem gleichen Hügel ausgesetzt worden sein, wo sie einst von der Bärin gesäugt wurde. Das Kind blieb am Leben und besiegte später Idas in Ionien und marschierte mit den sieben Siegern gegen Theben. Nach anderen wiederum war Ares und nicht Meleager der Vater des Parthenopaios[5]; Atalantas Ehemann sei nicht Melanion, sondern Hippomenes gewesen. Oder auch: sie wäre die Gattin Schoineus', der über das boiotische Onchestos regierte. Manche behaupten, daß die beiden nicht ein Heiligtum des Zeus, sondern der Kybele entheiligten, die sie in Löwen verwandelte und dann vor ihren Wagen spannte[6].

1. Aelian, Varia Historia XIII, 1; Kallimachos, Hymnos an Artemis 216.
2. Apollodoros III, 9, 2.
3. Homer, Ilias IX, 527-600; Apollodoros I, 8, 2-3; Hyginus, Fabeln 171, 174 und 273; Ovid, Metamorphosen VIII, 270-545; Diodorus Siculus IV, 48; Pausanias IV, 2, 5; VIII, 4, 7 und X, 31, 2; Kallimachos, Hymnos an Artemis 220-24; Antoninus Liberalis 2; Athenaios XIV, 71.
4. Apollodoros III, 9, 2; Hyginus, Fabel 185; Servius über Vergils Aeneis III, 113; Erster Mythograph des Vatikans 39.
5. Hyginus, Fabeln 70, 99 und 270; Erster Mythograph des Vatikans 174.
6. Apollodoros III, 9, 2, zitiert Euripides' Meleager; Ovid, Metamorphosen X, 565 ff; Tzetzes, Chiliades XIII, 453; Lactantius über Statius' Thebais VI, 563; Hyginus, Fabel 185.

1. Griechische Ärzte schrieben dem Althaiasaft (*althaia* von *althainein* = ‹heilen›) heilende Kräfte zu. Sie ist die erste Frühlingsblume, von der die Bienen Honig holen. Ihr kommt gleiche mythische Bedeutung wie der Efeublüte zu. Die Kalydonische Jagd ist eine heroische Sage. Sie beruht möglicherweise auf einer berühmten Wildschweinjagd, die Anlaß zu einem aitolischen Geschlechterkampf wurde. Doch der Tod des Heiligen Königs durch einen angreifenden Keiler – dessen gekrümmte Hauer ihn dem Mond weihten – ist eine alte Mythe (s. 18, 3). Sie erklärt die Aufzählung der Heroen verschiedener griechischer Staaten, die gleiches Schicksal erlitten. Im besonderen war der Keiler das Emblem Kalydons (s. 106, c). Er war Ares geweiht, der Meleagers Vater gewesen sein soll.

2. Der Sprung des Toxeus über den Graben der Stadt hat eine Parallele in dem Sprunge des Remus über die Mauer des Romulus. Das erinnert an die weitverbreitete Sitte, bei der Gründung einer Stadt einen königlichen Prinzen zu opfern *(1. Könige XVI, 34)*. Das schicksalhafte Scheit des Meleager erinnert

an verschiedene keltische Mythen: Ein Held stirbt, wenn irgendein Gegenstand – eine Frucht, ein Baum oder ein Tier – zerstört wird.

3. Artemis wurde als Meleagris oder Perlhenne auf der Insel Leros und auf der Akropolis Athens angebetet. Dieser Kult ist ostafrikanischen Ursprungs, wie diese besondere Rasse von Perlhühnern beweist – sie haben im Gegensatz zu dem rotkämmigen italienischen Vogel, der aus Numidien eingeführt wurde, einen blauen Kamm. Sein eigenartiges Glucken galt als Ton der Trauer. Weder die Anhänger der Artemis noch der Isis dürfen Perlhühner essen. Die Lerer, berüchtigt wegen ihres üblen Lebens, verdankten ihren Ruf, ebenso wie die Kreter ihren Ruf der Lügenhaftigkeit (s. 45, 2), ihrem religiösen Konservatismus.

4. Der weibliche Bär war der Artemis geweiht (s. 22, 4). Die zweite Version der Mythe scheint die ältere zu sein, da Schoineus, der Name des Vaters der Atalanta, für Schoinis, einen Namen Aphrodites, steht. Zudem wird Zeus in ihr nicht erwähnt.

5. Für die Strafe der Liebenden beziehen sich die Mythographen fälschlich auf Plinius. Denn gerade Plinius sagt, daß Löwen die Löwinnen, die sich mit Leoparden paaren, streng bestrafen (‹Naturgeschichte› VIII, 17). Warum die Liebenden bestraft wurden, ist ein größeres Problem, als James Frazer in seinen Notizen über Apollodoros andeutet. Es scheint eine alte exogame Regel zu sein, nach der weder Mitglieder des gleichen Totemclans miteinander, noch Mitglieder des Löwenclans in den Leopardenclan, der zu der gleichen Unterphratrie gehörte, heiraten konnten. Ebenso war es den Mitgliedern des Lamm- und Ziegenclans in Athen verboten, untereinander zu heiraten (s. 97, 3).

6. Oineus war nicht der einzige hellenische König, der Artemis bei seinen Opfern vernachlässigte (s. 69, b und 72, i). Sie verlangte weitaus mehr als die anderen olympischen Gottheiten. Noch im Klassischen Zeitalter forderte sie das Brandopfer lebender Tiere. Diese wird Oineus ihr kaum verweigert haben. Es war jedoch Sitte in Arkadien und Boiotien, den König selbst – oder einen Stellvertreter wie den aktaionischen Hirsch (s. 22, 1) – zu opfern; verständlicherweise wollte sich Oineus nicht in Stücke reißen lassen.

81. TELAMON UND PELEUS

a. Die Mutter der beiden älteren Söhne des Aiakos, nämlich des Telamon und des Peleus, war Endeis, die Tochter des Skiron. Phokos, der jüngste, war ein Sohn der Nereide Psamathe, die sich in einen Seehund verwandelt hatte und ohne Erfolg den Werbungen des Aiakos zu entfliehen versuchte. Sie alle lebten auf der Insel Aigina[1].

b. Phokos war der Lieblingssohn des Aiakos. Seine hervorragenden Leistungen bei den athletischen Spielen zogen ihm die maßlose Eifersucht des Telamon und des Peleus zu. Um Frieden zu halten, führte er eine Gruppe aiginischer Auswanderer nach Phokis. Hier hatte ein anderer Phokos, ein Sohn des Korinthers Ornytion, bereits die Umgebung von Tithorea und Delphi besiedelt – und im Laufe der Zeit erweiterten seine Söhne den Staat Phokis bis zu seinen heutigen Grenzen. Eines Tages ließ Aiakos Phokos rufen, vielleicht, um ihm die Herrschaft über die Insel zu übertragen. Telamon und Peleus hatten, mit Zustimmung ihrer Mutter, den Plan gefaßt, ihn bei seiner Rückkehr zu töten. Sie forderten Phokos zu einem fünffachen athletischen Wettkampf auf. Seither ist oft darüber gestritten worden, ob Telamon ihn wie zufällig zu Fall brachte, indem er ihn mit einem Steindiskus am Kopf traf, und dann Peleus ihn mit einer Axt tötete, oder ob es umgekehrt war. Jedenfalls waren Telamon und Peleus gleich schuldig am Brudermord. Zusammen verbargen sie den Leichnam in einem Wald, wo Aiakos ihn fand. Phokos liegt nahe dem Aiakaion begraben [2].

c. Telamon floh auf die Insel Salamis, wo König Kychreus herrschte. Er sandte einen Boten heim mit der Botschaft, er wäre am Morde unschuldig. Aiakos antwortete, er verbiete ihm, jemals wieder nach Aigina zu kommen, doch erlaubte er ihm, seine Unschuld vom Meere aus zu beteuern. Telamon wollte nicht vom Deck seines Schiffes, verborgen von den Wellen, rufen. Er segelte eines Nachts in den nun ‹geheim› genannten Hafen und sandte Zimmerleute an Land, ihm eine Plattform zu bauen. Diese wollte er als Podium benutzen. Sie beendeten ihre Arbeit vor der Morgendämmerung. Noch immer kann man die Mole sehen. Aiakos glaubte die beredsame Behauptung, der Tod des Phokos sei ein Unglücksfall gewesen, nicht. So kehrte Telamon nach Salamis zurück. Dort heiratete er Glauke, des Königs Tochter, und folgte Kychreus auf dem Throne nach [3].

d. Dieser Kychreus, ein Sohn des Poseidon und der Salamis, der Tochter des Flusses Asopos, war zum König von Salamis erwählt worden, nachdem er eine Schlange getötet und so das Land von ihren Schreckenstaten befreit hatte. Aus der Brut dieses Tieres behielt er eine jüngere Schlange, die sich jedoch auf die gleiche zerstörende Art benahm. Sie wurde von Eurylochos, einem Gefährten des Odysseus, verjagt. Demeter nahm sie dann zu Eleusis unter ihr Gefolge auf. Doch sagen manche, daß Kychreus selbst, wegen seiner Grausamkeit ‹Schlange› genannt, von Eurylochos verbannt wurde und Zuflucht zu Eleusis suchte, wo er zu einem Diener im Heiligtum der Demeter ernannt wurde. Auf jeden Fall wurde er einer der Schutzheroen von Salamis, der Schlangeninsel. Dort liegt er begraben, mit dem Gesicht nach Westen gewendet. Er erschien in der Gestalt einer Schlange zwischen den griechischen Schiffen beim berühmten Sieg zu Salamis. An seinem Grabe werden Opfer dargebracht. Als die Athener sich mit den Megarern um die Herrschaft über die Insel stritten, segelte Solon, der berühmte Gesetzgeber, bei Nacht über das Meer und bat um seine Gunst [4].

e. Nach dem Tod seiner Gemahlin Glauke heiratete Telamon Periboia von Athen, eine Enkelin des Pelops, die ihm Groß-Aias gebar. Später ehelichte er die Gefangene Hesione, die Tochter des Laomedon, die ihm den gleichberühmten Teuker schenkte[5].

f. Peleus floh an den Hof Aktors, des Königs von Phthia, dessen Adoptivsohn Eurytion ihn von seiner Schuld reinwusch. Aktor gab ihm seine Tochter Polymela zur Gemahlin und schenkte ihm ein Drittel seines Königreiches; ein anderes Drittel regierte Eurytion. Eines Tages ritten Eurytion und Peleus zur Jagd auf den Kalydonischen Keiler. Durch einen unglücklichen Zufall durchbohrte Peleus Eurytion mit einem Speer und floh nach Iolkos. Hier wurde er noch einmal, jetzt aber von Akastos, einem Sohn des Pelias, von seiner Schuld reingewaschen[6].

g. Kretheis, die Gemahlin des Akastos, wollte Peleus verführen. Als er aber ihre Annäherungen zurückwies, erzählte sie seiner Gattin Polymela: «Er will dich verlassen und meine Tochter Sterope heiraten.» Polymela schenkte Kretheis' böswilliger Erzählung Glauben und erhängte sich. Kretheis war aber mit dem Erfolg ihrer Intrige noch nicht zufrieden. Mit Tränen in den Augen ging sie zu Akastos und klagte Peleus an, ihre Tugend versucht zu haben.

h. Abgeneigt, einen Mann zu töten, den er von Schuld reingewaschen hatte, forderte Akastos ihn zu einem Wettjagen auf dem Pelion auf. Zum Lohn für seine Standhaftigkeit hatten die Götter Peleus ein Zauberschwert gegeben, von Daidalos geschmiedet. Es machte seinen Träger im Kampfe unbesiegbar und auf der Jagd erfolgreich. Bald häufte er Hirsche, Bären und Keiler als seine Beute auf. Als er sich wieder aufmachte, noch mehr zu erjagen, behaupteten die Begleiter des Akastos, die Beute gehöre ihrem Herrn, und spotteten über seinen Mangel an Geschicklichkeit. «Laßt die toten Tiere selbst mit ihrem Maule die Entscheidung treffen!», rief Peleus aus, der ihre Zungen herausgeschnitten hatte. Er holte sie aus einem Sacke hervor, um zu beweisen, daß er den Wettkampf gewonnen hätte[7].

i. Beim Festmahle übertraf er alle anderen beim Zerlegen der Tiere. Erschöpft fiel er in einen tiefen Schlaf. Da beraubte Akastos ihn seines Zauberschwertes, verbarg es unter einem Haufen Kuhmist und schlich sich mit seinen Männern fort. Als Peleus nun erwachte, fand er sich verlassen, entwaffnet und von wilden Kentauren, die ihn töten wollten, umgeben. Ihr König Cheiron rettete ihm durch sein Dazwischentreten nicht nur sein Leben, sondern verhalf ihm sogar wieder zu seinem Schwert[8].

j. Inzwischen hatte Zeus auf den Rat der Themis hin Peleus zum Gatten der Nereide Thetis erwählt. Er hätte sie gern selbst geheiratet, aber die Prophezeiung der Schicksalsgöttinnen warnte ihn davor: Jeder Sohn der Thetis würde mächtiger sein als sein Vater. Auch war er erbost, daß Thetis seine Annäherungen um ihrer Pflegemutter Hera willen abgewiesen hatte. Zeus schwur, sie werde niemals einen Unsterblichen heiraten. Doch Hera wollte sich dankbar erweisen und sie mit dem edelsten aller Sterblichen vermählen. Beim nächsten Vollmond rief sie alle Olympier zum Heiratszeremoniell und sandte zur gleichen Zeit ihre Botin Iris mit dem Befehl zur Höhle des Königs Cheiron, Peleus solle sich bereithalten [9].

k. Nun aber sah Cheiron voraus, daß die unsterbliche Thetis zunächst mit ihrer Heirat unzufrieden sein würde. Er riet Peleus, sich hinter einem Myrtenstrauch an der Küste einer thessalischen Insel zu verstecken. Hierher kam Thetis nackt auf einem gezäumten Delphin geritten, um ihren Mittagsschlaf in einer Höhle, die von jenem Strauch halb verdeckt war, zu genießen. Sobald sie die Höhle betreten hatte und eingeschlafen war, stürzte sich Peleus auf sie. Der Kampf war lautlos und heftig. Thetis verwandelte sich abwechselnd in Feuer, Wasser, einen Löwen und eine Schlange [10]. Doch Peleus war gewarnt worden. Selbst als sie sich in einen riesigen, schlüpfrigen Tintenfisch verwandelte und ihn mit Tinte bespritzte – was Kap Sepias, dem nahebei liegenden Landvorsprung, der nun den Nereiden geweiht ist, seinen Namen gab –, ließ er nicht von ihr ab. Verbrannt, geschlagen, gestochen und mit klebriger Sepiatinte bespritzt, bezwang er sie schließlich. Sie ergab sich ihm in leidenschaftlicher Umarmung [11].

l. Ihre Vermählung wurde vor der Höhle des Cheiron auf dem Berge Pelion gefeiert. Alle Olympier waren gekommen und saßen auf zwölf Thronsesseln, und Hera selbst trug die Brautfackel. Zeus hatte sich mit seinem Schicksal abgefunden und spielte den Brautvater. Die Schicksalsgöttinnen und die Musen sangen, Ganymedes schenkte Nektar aus, und die fünfzig Nereiden tanzten auf dem weißen Sande. Viele Kentauren nahmen an der Feier teil, trugen Grasbündel, schossen Feuerpfeile und prophezeiten Glück [12].

m. Cheiron gab Peleus einen Speer, der aus einer Esche vom Gipfel des Berges Pelion geschnitten war. Athene hatte den Schaft poliert und Hephaistos die Spitze geschmiedet. Die Götter schenkten gemeinsam einen herrlichen Panzer aus reinem Gold und Poseidon außerdem die beiden unsterblichen Pferde Balios und Xanthos, die von der Harpyie Podarge und dem Westwind abstammten [13].

n. Die Göttin Eris war nicht eingeladen worden. Daher beschloß sie, Streit unter die göttlichen Gäste zu bringen. Während Hera, Athene und Aphrodite freundlich, Arm in Arm miteinander plauderten, rollte sie einen goldenen Apfel vor deren Füße. Peleus hob ihn auf und las verlegen die Inschrift: ‹Der Schönsten!› Er wußte aber nicht, welcher Göttin er den Apfel geben sollte. Dieser Apfel wurde die Ursache des Trojanischen Krieges [14].

o. Manche sagen, daß Thetis, die Gattin des Peleus, eine sterbliche

Tochter des Cheiron gewesen sei. Sie behaupten, daß Cheiron, um Peleus zu ehren, das Gerücht von seiner Heirat mit der Göttin verbreitete [15].

p. Peleus, dessen Reichtümer der freundliche Cheiron zurückgab, hatte auch eine große Viehherde als Brautgabe erhalten. Von diesen Tieren schickte er einige nach Phthia, um Sühne für den zufällig verursachten Tod Eurytions zu leisten. Als aber die Phthier die Annahme dieser Buße verweigerten, ließ er die Tiere wild im Lande umherstreifen. Das war ein glücklicher Entschluß, denn ein wilder Wolf, den Psamathe nach ihm ausgesandt hatte, um den Tod ihres Sohnes Phokos zu rächen, fraß soviel von dem herrenlosen Vieh, daß er kaum noch kriechen konnte. Als Peleus und Thetis dem Wolfe begegneten, wollte das Tier Peleus anspringen. Doch Thetis verlachte den Wolf mit herausgestreckter Zunge und verwandelte ihn in einen Stein, den man noch immer auf der Straße zwischen Lokris und Phokis sehen kann [16].

q. Später kehrte Peleus nach Iolkos zurück. Hier gab ihm Zeus ein Heer von Ameisen, die er in Krieger verwandelt hatte; so wurde Peleus als König der Myrmidonen bekannt. Er eroberte die Stadt, tötete erst Akastos und dann den feigen Kretheis. Seine Myrmidonen führte er über deren entgliederte Leichen in die Stadt [17].

r. Thetis verbrannte die sterbliche Hülle ihrer sechs Söhne von Peleus, um sie – sich selbst gleich – unsterblich zu machen, und sandte sie zum Olymp. Doch gelang es Peleus, ihr den siebenten Sohn zu entreißen, als sie schon fast seinen ganzen Körper mit Ausnahme der Fußgelenke unsterblich gemacht hatte. Sie hatte ihn auf das Feuer gelegt und nachher mit Ambrosia eingerieben. Nur das halbverkohlte Gelenk war sterblich geblieben. Thetis war erzürnt, daß Peleus ihre Handlung unterbrochen hatte. Sie trennte sich von ihm und kehrte zu ihrem Heim im Meere zurück. Jenen siebenten Sohn nannte sie ‹Achilleus›, weil er noch nicht von ihrer Brust getrunken hatte. Peleus gab Achilleus ein neues Fußgelenk, das er dem Skelett des schnellen Riesen Damysos entnommen hatte. Später sollte es sich zeigen, daß dies sein Verderben war [18].

s. Peleus war zu alt, um in Troia noch selbst zu kämpfen. Er gab Achilleus den goldenen Panzer, den eschenen Speer und die zwei Pferde, die er zu seiner Hochzeit von den Göttern erhalten hatte. Schließlich wurde er von den Söhnen des Akastos aus Phthia verjagt, als sie vom Tod des Achilleus erfuhren und ihn nicht länger fürchteten. Da befahl ihm Thetis, die Höhle beim Myrtenbusche aufzusuchen, wo er sie zum ersten Male bezwungen hatte. Dort sollte er warten, bis sie ihn mit sich in die Tiefen des Meeres nähme, wo er für immer mit ihr leben sollte. Peleus ging zu der Höhle und schaute erwartungsvoll den vorbeifahrenden Schiffen nach. Immer noch hoffte er, daß eines von ihnen seinen Enkel Neoptolemos von Troia zurückbringen würde [19].

t. Neoptolemos sammelte inzwischen seine zerstörte Flotte in Molossia. Als er von der Verbannung des Peleus hörte, verkleidete er sich als troischer Gefangener und segelte nach Iolkos. Dort tötete er die Söhne des Akastos und eroberte die Stadt. Doch Peleus war ungeduldig geworden und hatte ein Schiff für die Reise nach Molossia gemietet. Ungünstige Winde trieben ihn zur Insel Ikos, in der Nähe von Euboia, wo er starb und begraben wurde. So verlor Peleus die Unsterblichkeit, die Thetis ihm versprochen hatte [20].

1. Apollodoros III, 12, 6; Pindar, Nemeische Oden V, 13.
2. Plutarch, Parallele Lebensgeschichten 25; Pausanias X, 1, 1 und II, 29, 7; Apollodoros a. a. O.; Die Alkmaionen, zit. von Scholiast zu Euripides' Andromache 687; Tzetzes, Über Lykophron 175; Diodorus Siculus IV, 72.
3. Apollodoros III, 12, 7; Pausanias II, 29, 7; Diodorus Siculus a. a. O.
4. Apollodoros a. a. O.; Hesiod, zit. v. Strabon IX, 1, 9; Stephanos von Byzanz unter: *Kychreios Pagos;* Eustathios über Dionysios' Beschreibung der Erde 507; Plutarch, Solon 9; Lykophron, Kassandra 110; Pausanias I, 36, 1.
5. Apollodoros a. a. O.
6. ebd. III, 13, 1-2; Diodorus Siculus a. a. O.; Tzetzes, Über Lykophron 175; Eustathios über Homers Ilias II, 648.
7. Pindar, Nemeische Oden V, 26 ff und IV, 59; Scholiast zu Pindars Nemeischen Oden IV, 54 und 59; Zenobios, Sprichwörter V, 20; Apollodoros a. a. O.
8. Apollodoros III, 13, 3; Hesiod, zit. v. Scholiast zu Pindars Nemeischen Oden IV, 59.
9. Apollonios Rhodios IV, 790 ff; Pindar, Isthmische Oden VIII, 41 ff.
10. Ovid, Metamorphosen XI, 221 ff; Sophokles, Troilos, zit. v. Scholiast zu Pindars Nemeischen Oden III, 35; Apollodoros III, 13, 5; Pindar, Nemeische Oden IV, 62; Pausanias V, 18, 1.
11. Tzetzes, Über Lykophron 175 und 178; Scholiast zu Apollonios Rhodios I, 582; Herodot VII, 191; Philostratos, Heroica XIX, 1.
12. Euripides, Iphigeneia in Aulis 703 ff und 1036 ff; Apollonios Rhodios IV, 790; Catull XLIV, 305 ff.
13. Apollodoros III, 13, 5; Homer, Ilias XVI, 144; XVIII, 84 und XVI, 149; Kypria, zit. v. Scholiast zu Homers Ilias XVI, 140.
14. Hyginus, Fabel 92; Fulgentius III, 7.
15. Apollonios Rhodios I, 558; Scholiast zu Apollonios Rhodios IV, 816.
16. Antoninus Liberalis, Transformationen 38; Tzetzes, Über Lykophron 175 und 901.
17. Tzetzes, Über Lykophron 175; Homer, Ilias XXIV, 536; Pindar, Nemeische Oden III, 34; Apollodoros III, 13, 7; Scholiast zu Apollonios Rhodios I, 224.
18. Ptolemaios Hephaistionos IV, zit. v. Photios S. 487; Apollodoros III, 13, 6; Lykophron, Kassandra 178 ff; Scholiast zu Homers Ilias XVI, 37.
19. Homer, Ilias XVIII, 434 und XVI, 149; Euripides, Troerinnen 1128, mit Scholiast; Andromache 1253 ff.

20. Dictys Cretensis VI, 7-9; Stephanos von Byzanz unter: *Ikos*; Anthologia Palatina VII, 2, 9 ff.

1. Die Sage von Aiakos, Psamathe (‹sandige Küste›) und Phokos (‹Seehund›) taucht in der Folklore fast jeden europäischen Landes auf. Der Tanz der fünfzig Nereiden bei der Hochzeit und Thetis' Rückkehr in das Meer nach der Geburt des Achilleus scheinen Fragmente der gleichen Mythe zu sein. Ihr Ursprung wird ein ritueller Tanz von fünfzig Seehund-Priesterinnen zu Ehren des Mondes gewesen sein, der den Auftakt bildete zur Wahl des Heiligen Königs durch die Oberpriesterin. Hier spielt die Szene auf Aigina. Aber nach dem Kampf des Peleus in der Nähe Kap Sepias zu urteilen, wurde ein ähnlicher Ritus in Magnesia von einem Kollegium von Tintenfisch-Priesterinnen durchgeführt. Der Tintenfisch erscheint in kretischen Kunstwerken, darunter das Standardgewicht der königlichen Schatzkammer zu Knossos, und auch auf megalithischen Monumenten in Carnak und anderswo in der Bretagne. Er hat acht Saugarme; acht war die Zahl der Fruchtbarkeit in der Mythologie des Mittelmeeres. Peleus (‹schlammig›) könnte der Titel des Heiligen Königs geworden sein, nachdem er mit Sepia gesalbt wurde, zumal er als Sohn der Endeis, welcher Name ‹der Umschlinger›, ein Synonym für Tintenfisch, bedeutet, bezeichnet wurde.

2. Die von Akastos veranstaltete Jagd, das darauffolgende Gelage und der Verlust des Zauberschwertes scheinen von einem mißverstandenen Bilde, das die Vorbereitungen zu einer Krönungszeremonie zeigt, abgeleitet worden zu sein: Krönung bedeutet in diesem Fall Heirat mit der Stammeserbin. Der Eschenspeer, den Cheiron auf dem Berge Pelion schnitt, war schon früher als das Schwert das Symbol der Herrschaft.

3. Die Verwandlungen der Thetis bezeichnen die mit den Jahreszeiten verbundene Macht der Göttin; sie wurden in einer Tanzsuite dargestellt (s. 9, d und 32, b). Der Myrtenbusch, hinter dem Peleus sie zum ersten Male erwartete, ist das Wahrzeichen des letzten Monats der Regierung seines Vorgängers (s. 52, *3* und 109, *4*). Dieser Busch war daher auch der Treffpunkt, als seine eigene Regierung ihrem Ende zuging.

Diese Mythe scheint von einer Vertragsheirat zu berichten, die von den Vertretern der zwölf verbündeten Stämme oder Clans besucht wurde. Es war die Heirat zwischen einem phthiischen Prinzen und der Mondpriesterin von Iolkos in Thessalien.

4. Die Kentauren von Magnesia und die Thessaler von Iolkos scheinen durch ein exogames Bündnis verbunden gewesen zu sein: Daher die Feststellung des Scholiasten zu Apollonios Rhodios, daß die Gemahlin des Peleus in Wirklichkeit die Tochter des Cheiron war.

5. Die Verlegenheit des Peleus, als er den Apfel der Eris fand, erinnert an ein Bild der Mondgöttin als Dreifaltigkeit: Sie gibt dem Heiligen König den Apfel der Unsterblichkeit (s. 32, *4*; 53, *5* und 159, *3*).

6. Die zahlreichen zufälligen oder absichtlichen Morde, die die Prinzen zur Flucht und zur Reinigung durch fremde Könige zwangen, deren Töchter sie dann heirateten, sind eine Erfindung der späteren Mythographen. Es gibt keinen Anhaltspunkt dafür, daß Peleus von Aigina oder Phthia vertrieben wurde. Als das Königtum matrilinear vererbt wurde, kamen die Anwärter auf den

Thron immer aus fremden Ländern. Der neue König wurde in das königliche Haus wiedergeboren, nachdem er einen rituellen Mord an seinem Vorgänger begangen hatte. Er änderte dann seinen Namen und seinen Stamm, um den rachsüchtigen Geist des ermordeten Mannes von seiner Spur abzulenken. So ging Telamon von Aigina nach Salamis, wurde als neuer König gewählt, tötete den alten König — der ein Orakelheros wurde — und heiratete die Oberpriesterin eines Eulenkollegiums. In zivilisierteren Zeiten hielt man es — als der gleiche Ritus angewandt wurde, um gewöhnliche Verbrecher reinzuwaschen — für bequemer zu vergessen, daß das Königtum an Mord geknüpft war. Daher werden Peleus, Telamon und all die anderen mit einem Verbrechen oder einem Skandal in Verbindung gebracht, der mit der Thronfolge nichts zu tun hatte. Der Skandal besteht häufig in der falschen Beschuldigung eines Angriffs auf die Tugend der Königin (s. 75, a und 101, e). Die Verbindung des Kychreus mit den Eleusischen Mysterien und die Heirat des Telamon mit einer athenischen Prinzessin erhielten große Bedeutung, als sich 620 v. Chr. Athen und Megara um den Besitz von Salamis stritten. Die Spartaner entschieden als Richter diesen Streit. Die athenischen Gesandten konnten auf Grund der Verbindung Telamons mit Attika (PLUTARCH, ‹Solon› 8 und 9) mit Erfolg ihren Anspruch begründen.

7. Nicht nur Achilleus wurde wegen einer verwundbaren Ferse getötet, gleiches geschah auch in ägyptischen, keltischen, lydischen, indischen und altnordischen Mythen (s. 90, *8*; 92, *10* und ‹Die Weiße Göttin›, S. 302).

8. Der Feuertod der Söhne der Thetis war eine allgemein verbreitete Sitte: das jährliche Opfer eines Knaben, der für den Heiligen König einstand (s. 24, *10* und 156, 2). Am Ende des achten Jahres starb der König selbst (s. 91, *4* und 109, *3*). Die Dreiteilung des Königreiches des Aktor hat eine Parallele in der Mythe über Proitos (s. 72, h): Da sich der Heilige König am Ende seiner Regierungszeit nicht opfern wollte, behielt er einen Teil seines Königreiches und gab den Rest seinen Nachfolgern. Spätere Könige bestanden darauf, die Herrschaft auf Lebenszeit zu behalten.

9. Der Tod des Peleus zu Kos zeigt, daß sein Name sowohl dort wie auch in Phthia, Iolkos und Salamis ein Name des Königs war. Er wurde König der Myrmidonen, da die Phthier ihre Göttin als Myrmex (‹Ameise› — s. 66, 2) verehrten. Die Geschichte des ANTONINUS LIBERALIS über Thetis und den Wolf scheint von einem Bild zu stammen, das eine Priesterin der Wölfischen Aphrodite zeigt (PAUSANIAS II, 31, 6), die, als sie ihrer Herrin Vieh opfert, eine Gorgomaske trägt. Artemis konnte irrtümlicherweise leicht für Thetis gehalten werden, da ihr Fische geweiht waren.

82. ARISTAIOS

a. Hypseus, ein Hochkönig der Lapithen, den die Naiade Krëusa dem Flußgott Peneios gebar, heiratete Chlidanope, eine andere Naiade, und hatte von ihr eine Tochter namens Kyrene. Kyrene verachtete die Spinnerei, Weberei und ähnliche Hausarbeiten. Sie jagte den ganzen Tag und die halbe Nacht wilde Tiere auf dem Berge Pelion und erklärte, daß die Herden ihres Vaters ihres Schutzes bedürften. Einst wurde sie von Apollon beobachtet, wie sie mit einem mächtigen Löwen rang. Er rief König Cheiron, den Kentauren, herbei, damit auch dieser dem Kampf, aus dem Kyrene wie gewöhnlich als Siegerin hervorging, zusehen sollte. Dann fragte er ihn nach dem Namen des Mädchens und ob sie für ihn wohl eine passende Braut wäre. Da lachte Cheiron. Er wußte, daß Apollon ihren Namen kannte und sich bereits entschlossen hatte, sie zu entführen. Entweder hatte er sie die Herden des Hypseus beim Flusse Peneios hüten gesehen oder kannte sie noch, seit sie zwei Jagdhunde als Preis für den Wettlauf bei den Begräbnisfestlichkeiten des Pelias aus seinen Händen empfangen hatte[1].

b. Cheiron prophezeite, Apollon würde Kyrene über das Meer zu dem reichsten Garten des Zeus führen und sie zur Königin einer großen Stadt machen. Zuerst aber würde er die Bevölkerung einer Insel um einen Hügel in der Ebene ansiedeln. In Libyen solle sie ein goldener Palast erwarten. Sie würde ein Königreich gewinnen, das sowohl zur Jagd wie zum Ackerbau reiche Gelegenheit geben werde. Dort würde sie ihm einen Sohn gebären. Bei der Geburt werde Hermes helfen und dann das Kind, Aristeus oder Aristaios genannt, zu den Göttinnen der Stunden und zur Mutter Erde bringen mit dem Auftrag, dieses Kind mit Nektar und Ambrosia aufzuziehen. Als Mann werde Aristaios die Titel ‹unsterblicher Zeus›, ‹verklärter Apollon› und ‹Schützer der Herden› gewinnen[2].

c. Apollon brachte Kyrene in seinem goldenen Wagen zu der Stätte, die nun die Stadt Kyrene ist. Aphrodite erwartete sie, um ihre Ankunft zu begrüßen, und bettete sie sogleich in dem goldenen Gemach Libyens. An diesem Abend versprach Apollon Kyrene ein langes Leben, in dem sie leidenschaftlich werde jagen können, und die Herrschaft über ein fruchtbares Land. Dann überließ er sie auf dem nahen Hügel der Obhut gewisser Myrtennymphen, der Kinder des Hermes. Sie gebar Aristaios und nach Apollons zweitem Besuch Idmon den Seher. Doch eines Nachts schlief sie auch mit Ares und schenkte ihm den thrakischen Diomedes, den Herrscher menschenfressender Mähren[3].

d. Die Myrtennymphen gaben Aristaios die Kosenamen ‹Agreus› und ‹Nomios›. Sie lehrten ihn, Milch gerinnen zu lassen, Käse daraus zu machen, Bienenstöcke zu bauen und den wilden Olivenbaum zu veredeln, so daß er die kultivierte Olive hervorbringe. Diese nutzbringenden Künste gab er an andere weiter, die ihm voll Dankbarkeit göttliche Ehren erwiesen. Von Libyen segelte er nach Boiotien. Apollon führte ihn zur Höhle des Cheiron, damit er in gewisse Mysterien eingeführt werde.

e. Als Aristaios zum Manne herangewachsen war, verheirateten ihn die Musen mit Autonoë, durch die er Vater des unglücklichen Aktaion und der Makris wurde, die später die Amme des Dionysos war. Sie lehrten ihn auch die Kunst des Heilens und des Wahrsagens und ließen ihn ihre Schafe hüten, die auf der Athamantischen Ebene von Phthia, auf dem Berge Othrys und in dem Tale des Flusses Apidanos grasten. Hier vollendete Aristaios seine Jagdkunst, in der er von Kyrene unterrichtet worden war[4].

f. Eines Tages ging er, das Delphische Orakel zu befragen. Es wurde ihm gesagt, er solle die Insel Keos aufsuchen, wo ihm große Ehren zuteil werden würden. Er brach sofort auf und fand die Inselbewohner von einer Seuche heimgesucht, die der versengende Seirios über sie gebracht hatte. Seirios wollte Ikarios rächen, dessen Mörder auf der Insel Schutz gesucht hatten. Aristaios rief die Leute zusammen, errichtete einen großen Altar in den Bergen und opferte hier dem Zeus, gleichzeitig besänftigte er den Hundsstern, indem er die Mörder zum Tode verurteilte. Zeus war zufrieden und befahl den Etesischen Winden, vierzig Tage lang ganz Griechenland und die benachbarten Inseln von dem Zeitpunkt an, an dem der Seirios erscheint, zu kühlen. So endete die Seuche, und die Keer überschütteten nicht nur Aristaios mit Beweisen ihrer Dankbarkeit, sondern sie setzen noch immer die Tradition fort, dem Hundsstern jedes Jahr vor seinem Erscheinen besänftigende Opfer darzubringen[5].

g. Dann besuchte Aristaios Arkadien und ließ sich später zu Tempe nieder. Hier starben alle seine Bienen. Bekümmert ging er zu einer tiefen Stelle des Peneiosflusses. Er wußte, daß er dort Kyrene und ihre Schwestern, die Naiaden, treffen würde. Seine Tante Arethusa hörte in der Tiefe des Wassers eine flehende Stimme, steckte ihren Kopf hervor, erkannte Aristaios und lud ihn in den wundervollen Palast der Naiaden ein. Sie wuschen ihn mit Wasser aus einem ewigen Quell. Nach einem Opferfeste gab ihm Kyrene den Rat: «Fessele meinen Vetter Proteus und zwinge ihn, dir zu erklären, warum deine Bienen starben.»

h. Proteus hielt seine Mittagsruhe in einer Höhle auf der Insel Pharos und suchte dort vor der glühenden Hitze des Sirios Schutz. Aristaios besiegte ihn trotz aller Verwandlungen, die Proteus versuchte. Er erfuhr, daß die Krankheit seiner Bienen die Strafe für den Tod der Eurydike war, den er verschuldet hatte, als er ihr am Flußufer in der Nähe von Tempe den Hof machte, sie vor ihm floh und von einer Schlange gebissen wurde.

i. Aristaios kehrte nun zum Palaste der Naiaden zurück. Kyrene riet ihm, vier Altäre zu Ehren der Dryaden, der Gefährtinnen Eurydikes, im Walde zu errichten und auf ihnen vier junge Stiere und vier junge Kühe zu opfern. Dann sollte er ein Blutopfer darbringen und die Kadaver zurücklassen. Am Morgen des neunten Tages müsse er mit Mohnblumen des Vergessens, mit einem fetten Kalb und einem schwarzen

Lamm zurückkehren und den Geist des Orpheus, der jetzt bei Eurydike weilte, besänftigen. Aristaios gehorchte, und am neunten Morgen erhob sich ein Bienenschwarm aus den verfaulten Kadavern und ließ sich auf einem Baume nieder. Er fing den Schwarm ein und brachte ihn in einen Stock. Die Arkader ehren ihn nun als Zeus, denn er hatte sie gelehrt, neue Bienenschwärme aufzuziehen[6].

j. Später erschütterte der Tod seines Sohnes Aktaion ihn sehr und ließ ihn Boiotien hassen. Er segelte mit seinen Gefährten nach Libyen, wo er von Kyrene eine Flotte erbat, um auszuwandern. Sie erfüllte gern seinen Wunsch, und bald war er wieder auf dem Meere. Er segelte gegen Nordwesten. Die wilde Schönheit Sardiniens entzückte ihn. So entschloß er sich, an diesem ersten Landeplatz zu bleiben und die Gegend zu besiedeln. Er zeugte dort zwei Söhne. Dann schloß sich ihm Daidalos an. Doch wird berichtet, daß Aristaios dort keine Stadt gegründet habe[7].

k. Aristaios besuchte andere ferne Inseln und verbrachte einige Jahre auf Sizilien. Besonders die sizilianischen Bauern erwiesen ihm göttliche Ehren, da sie den Anbau der Olive betrieben. Endlich zog er nach Thrakien und erweiterte seine Bildung durch die Teilnahme an den Mysterien des Dionysos. Eine Zeitlang lebte er in der Nähe des Berges Haimos und gründete die Stadt Aristaion. Dann verschwand er, ohne eine Spur zurückzulassen, und wird nun von den thrakischen Barbaren und von den zivilisierten Griechen als Gott verehrt[8].

1. Pindar, Pythische Oden IX, 5 ff; Apollonios Rhodios II, 500 ff; Kallimachos, Hymnos an Artemis 206.
2. Pindar a. a. O.
3. Diodorus Siculus IV, 81; Pindar a. a. O.; Apollonios Rhodios a. a. O.; Hyginus, Fabel 14; Apollodoros II, 5, 8.
4. Diodorus Siculus a. a. O.; Apollodoros III, 4, 4; Apollonios Rhodios IV, 1131 und II, 500 ff; Pindar a. a. O.
5. Apollonios Rhodios II, 500 ff; Diodorus Siculus IV, 82; Hyginus, Poetische Astronomie II, 4.
6. Vergil, Georgica IV, 317–558; Pindar, zit. von Servius zu Vergils Georgica I, 14.
7. Servius a. a. O.
8. Diodorus Siculus a. a. O.; Pausanias X, 17, 3.

1. Die ursprüngliche Gestalt des Aristaios ist von Pindar ausgeschmückt worden, um einem Abkömmling des Battos, der 691 v. Chr. eine Auswanderergruppe von Thera nach Libyen führte, Kyrene gründete und der der erste König einer langen Dynastie war, zu schmeicheln. Die Kyrener behaupteten, ihr Vorfahre Aristaios – nach Justin (XIII, 7) war Battos (‹schwerzungig›) nur sein Spitzname – sei ein Sohn Apollons gewesen. Apollon wurde in Thera verehrt und daher der Hafen von Kyrene Apollonia genannt. Doch war Kyrene schon lange vor der Zeit des Battos eine mythologische Figur. Ihre Verbindung zu

den Kentauren besagt, daß sie eine Göttin des magnesischen Pferdekultes war, der von Thera eingeführt worden war; auch Cheirons Name erscheint auf einer frühen theranischen Felsinschrift. Die Mythe über die Abstammung des Idmon von Kyrene und Ares bezieht sich auf diese frühere Göttin.

2. Die Myrte ist ursprünglich ein Todesbaum (s. 109, 4), und die Myrtennymphen waren Prophetinnen, die den jungen Aristaios unterrichten konnten. Doch später wurde sie ein Symbol der Kolonisation. Auswanderer führten Myrtenzweige mit sich, um das Ende einer Epoche anzuzeigen.

3. Aristaios war der kultische Name des arkadischen und keïschen Zeus; anderswo des Apollon und des Hermes. Nach SERVIUS (über VERGILS Georgica I, 14) nannte HESIOD den Aristaios einen ‹Hirten Apollons›. Zu Tanagra in Boiotien (PAUSANIAS IX, 22, 1) war Hermes als ‹Träger des Widders› bekannt; Fische waren ihm zu Pharai in Achaia geweiht (PAUSANIAS VII, 22, 2). So zeigt ein Grabgemälde zu Kyrene ‹Aristaios› von Schafen und Fischen umgeben und einen Widder tragend. Seine Wanderungen dienen der Klärung seines Kulttitels Aristaios, der in Sizilien, Sardinien, Keos, Boiotien, Thessalien, Makedonien und Arkadien vorkommt. Der Hundsstern oder Seirios ist der ägyptische Gott Thoth. Er wird mit Hermes identifiziert und ist bei den Keern als Aristaios bekannt.

4. VERGIL berichtet fälschlicherweise, Aristaios habe Bienen im Kadaver des Viehs gezüchtet. Sie stiegen wahrscheinlich aus dem Kadaver eines Löwen auf, den Kyrene getötet hatte oder der ihr zu Ehren getötet wurde. Der Löwe, den der Heilige König selbst tötete – wie es Herakles und sein Freund Phylios (s. 153, e-f) auf dem Peloponnes oder Kyzikos auf dem Berge Dindymon im Marmarameer (s. 149, h) oder Samson in Philistia *(Richter XIV, 6)* oder David zu Bethlehem *(1. Samuel XVII, 34)* taten –, war eines der Tiere, die ihn zur Zeit seiner Krönung zu einem rituellen Zweikampf aufforderten.

5. VERGILS Bericht, daß Aristaios den Fluß Peneios aufsuchte, ist beispielhaft für den Mißbrauch von Mythen: Proteus, der zu Pharos an der Küste des Nildeltas lebte, wurde willkürlich in diese Geschichte einbezogen.

6. Der Export von Öl nach Sizilien war für die Kreter gewinnbringender als der von Oliven-Pfropfreisern. Aber kaum waren im spätmykenischen Zeitalter hellenische Kolonien an der südlichen Küste errichtet worden, setzte sich auch dort der Olivenkult durch. Aristaios, der Sizilien besuchte, kann mit Zeus Morios identifiziert werden. Diesem oblag die Verteilung von Ästen des heiligen Olivenbaumes, die von dem Baum stammten, den Athene auf der athenischen Akropolis gepflanzt hatte (s. 16, c). Er könnte auch die Kunst der Bienenzucht eingeführt haben, die nach Athen vom minoischen Kreta kam, wo berufliche Bienenzüchter Terracotta-Bienenstöcke verwendeten und eine Biene und einen Handschuh als ihr Standeszeichen hatten. In der Tat muß Ker, deren Name (auch Kar oder Q're) ‹Schicksal›, ‹Untergang› oder ‹Geschick› bedeutet, die kretische Bienengöttin, eine Göttin des ‹Tod im Leben›, gewesen sein. So wird die Sphinxgöttin von Theben von AISCHYLOS (‹Sieben gegen Theben› 777) ‹die männerfangende Ker› genannt.

83. MIDAS

a. Midas, der Sohn der Großen Göttin von Ida und eines Satyrs, dessen Namen man nicht kennt, war ein vergnügungssüchtiger König im makedonischen Bromion. Hier regierte er die Briger (auch Moscher genannt) und legte seinen berühmten Rosengarten an [1]. Während seiner Kindheit beobachtete man eine Ameisenprozession, die Weizenkörner an seine Wiege schleppte und zwischen die Lippen des schlafenden Kindes legte. Die Wahrsager deuteten diesen Vorfall als ein Zeichen großen Reichtums, der in seinen Händen noch zusammenfließen würde. Orpheus wurde des Knaben Erzieher [2].

b. Eines Tages zog das wilde Heer des Dionysos von Thrakien nach Boiotien. Silenos, der alte, verkommene Satyr, der früher der Lehrer des Dionysos war, blieb weit zurück. Man fand den Trunkenen schlafend in den Rosengärten. Die Gärtner fesselten ihn mit Blumenkränzen und führten ihn vor Midas, dem er wundersame Geschichten von einem weiten Land jenseits des Okeanos erzählte. Es läge nicht in Europa, Asien oder Afrika; es sei mit herrlichen Städten geschmückt und von gigantischen, glücklichen und langlebenden Bewohnern bevölkert. Sie erfreuten sich eines bemerkenswerten Rechtssystems. Einst soll sich dort eine große Expedition — wenigstens zehn Millionen Teilnehmer stark — aufgemacht haben, um auf dem Seewege den Okeanos zu überqueren und die Hyperboreer zu besuchen. Als sie aber erfuhren, daß deren Land das beste wäre, das ihnen die Alte Welt anbieten konnte, kehrten sie enttäuscht zurück. Silenos erzählte auch unter anderen wundersamen Dingen von einem schrecklichen Wirbel, den kein Reisender zu überqueren vermöge. In dessen Nähe flössen zwei Ströme. Die Bäume am Ufer des einen trügen Früchte, die den, der davon koste, weinen und klagen und langsam dahinsiechen ließen. Doch die Früchte der Bäume am anderen Strome verjüngten selbst die ganz Alten: In der Tat, sie entwickelten sich zurück durch ihr mittleres Alter, durch das junge Mannes- und Jünglingsalter, bis sie endlich wieder Kinder würden, dann Säuglinge und schließlich ganz verschwänden. Midas war entzückt von den Geschichten des Silenos und bewirtete ihn fünf Tage und Nächte. Dann befahl er einem Führer, ihn zum Hauptquartier des Dionysos zurückzugeleiten [3].

c. Dionysos hatte sich schon Sorgen um Silenos gemacht. Er sandte einen Boten zu Midas und ließ fragen, wie Midas belohnt werden möchte. Midas antwortete ohne Zögern: «Möge sich alles, was ich berühre, in Gold verwandeln.» Da verwandelten sich nicht nur die Steine, die Blumen und der Hausrat in Gold, sondern auch die Speisen auf der gedeckten Tafel, sobald er sie nur berührte, und sogar das Wasser, wenn er es trinken wollte. Midas starb langsam vor Hunger und Durst und flehte inständig, von diesem Segen befreit zu werden. Da befahl ihm Dionysos, der sich köstlich amüsierte, die Quellen des Flusses Paktolos in der Nähe des Berges Tmolos zu besuchen und sich dort zu waschen. Midas gehorchte und wurde sogleich von seiner unheilvollen Gabe befreit. Doch der Sand am Flusse Paktolos ist noch heute reich an Gold[4].

d. Nachdem Midas auf diese Weise mit seinem brigischen Gefolge in Asien eingezogen war, wurde er von dem kinderlosen phrygischen König Gordios adoptiert. Gordios war anfangs ein armer Bauer gewesen, als sich eines Tages zu seinem Erstaunen ein Königsadler auf der Deichsel seines Ochsenwagens niederließ. Der Adler schien den ganzen Tag dort sitzen bleiben zu wollen. So trieb Gordios seine Ochsen nach Telmissos in Phrygien, das nun ein Teil Galatiens ist, wo sich ein verläßliches Orakel befand. Am Tore der Stadt traf er eine junge Prophetin. Als sie den Adler auf seiner Deichsel sitzen sah, bestand sie darauf, daß er sofort dem König Zeus Opfer darbringen sollte. «Laß mich mit dir gehen, Bauer», sagte sie, «damit du auch sicherlich die rechten Opfer wählest.» «So soll es sein», erwiderte Gordios. «Du scheinst eine weise und kluge junge Frau zu sein. Bist du bereit, mich zu heiraten?» «Sobald das Opfer dargebracht ist», antwortete sie.

e. Inzwischen war der König von Phrygien plötzlich gestorben, ohne einen Erben zurückzulassen. Da verkündete ein Orakel: «Phryger, Euer neuer König nähert sich mit seiner Braut auf einem Ochsenkarren!»

Als Gordios mit seinem Ochsenkarren auf den Marktplatz von Telmissos kam, zog der Adler sofort die Aufmerksamkeit des Volkes auf sich, und Gordios wurde einstimmig zum König gewählt. Dankbar weihte er den Karren und dessen Joch, das er auf besondere Art an die Deichsel gebunden hatte, dem Zeus. Ein Orakel verkündete dann, daß derjenige, der den Knoten zu lösen vermöchte, Herr über ganz Asien werden würde. Das Joch und die Deichsel wurden in der Akropolis zu Gordion, einer Stadt, die Gordios gründete, aufbewahrt. Eifersüchtig hüteten sie hier die Priester des Zeus jahrhundertelang – bis ALEXANDER der Makedoner den Knoten ungeduldig mit seinem Schwerte zerschnitt[5].

f. Nach dem Tod des Gordios trat Midas die Herrschaft an. Er förderte die Verehrung des Dionysos und gründete die Stadt Ankyra. Die Briger, die mit ihm eingewandert waren, wurden als Phryger bekannt. Noch bis zum heutigen Tage werden die Könige Phrygiens abwechselnd Midas und Gordios genannt. So wird der erste Midas fälschlicherweise für einen Sohn des Gordios gehalten[6].

g. Midas war bei dem bekannten musikalischen Wettkampf zwischen Apollon und Marsyas zugegen gewesen, bei dem der Flußgott Tmolos Schiedsrichter war. Tmolos sprach Apollon den Preis zu. Midas war mit diesem Urteil nicht einverstanden und wurde für seinen Widerspruch mit Eselsohren bestraft. Lange Zeit konnte er sie unter einer phrygischen Kappe verbergen. Doch sein Barbier wußte von den Ohren und konnte das Geheimnis nicht für sich behalten, obwohl Midas ihm unter Androhung der Todesstrafe Schweigepflicht auferlegt hatte. Der Diener grub ein Loch am Flußufer und überzeugte sich, daß niemand in der Nähe sei. Dann flüsterte er in das Loch: «König Midas hat Eselsohren!» Er schaufelte das Loch wieder zu und ging fort, in Frieden mit sich selbst. Doch entsprang dem Ufer ein Schilfrohr und verriet das Geheimnis allen Vorbeiziehenden. Als Midas erfuhr, daß seine Schande allgemein bekanntgeworden war, verurteilte er den Barbier zum Tode, trank das Blut eines Stieres und starb eines elenden Todes [7].

1. Hyginus, Fabel 274; Philostratos, Das Leben des Apollonios von Tyana VI, 27; Herodot I, 14 und VIII, 138.
2. Cicero, Über die Kunst des Wahrsagens I, 36; Valerius Maximus I, 6, 3; Ovid, Metamorphosen XI, 92-3.
3. Aelian, Varia Historia III, 18.
4. Plutarch, Minos 5; Ovid, Metamorphosen XI, 90 ff; Hyginus, Fabel 191; Vergil, Ecloga VI, 13 ff.
5. Arrian, Alexanderzug II, 3.
6. Justin XI, 7; Pausanias I, 4, 5; Aelian, Varia Historia IV, 17.
7. Ovid, Metamorphosen XI, 146 ff; Persius, Satiren I, 121; Strabon I, 3, 21.

1. Möglicherweise ist Midas mit Mita, dem König der Moscher (‹Kalbmänner›), oder Muschki identisch. Die Moscher waren ein Volk pontischen Ursprungs, das um die Mitte des 2. Jahrtausends v. Chr. den westlichen Teil Thrakiens, der später als Makedonien bekannt wurde, besetzt hielt. Um das Jahr 1200 v. Chr. überquerten sie den Hellespont, brachen die Macht der Hethiter in Kleinasien und eroberten deren Hauptstadt Pteria. ‹Moscher› bezieht sich vielleicht auf den Kult des Stierkalbes als Geist des Heiligen Jahres. Die Rosengärten des Midas und die Geschichte von seiner Geburt deuten auf einen orgiastischen Kult der Aphrodite, der die Rose geweiht war. Der unheilvolle Goldsegen des Midas wurde erfunden, um die Reichtümer der Mita-Dynastie und das Vorhandensein von Gold im Flusse Paktolos zu erklären. Oft wird behauptet, die Eselsohren des Midas seien auf seine Darstellung als ein Satyr mit verlängerten Ohren im komischen Drama Athens zurückzuführen.

2. Da aber Esel dem Wohltäter Dionysos geweiht waren – er setzte zwei Esel unter die Sterne (Hyginus, ‹Poetische Astronomie› II, 23) –, so ist mit Wahrscheinlichkeit anzunehmen, daß der ursprüngliche Midas auf seine Eselsohren stolz war. Eselsohren auf einem Rohrzepter galten als königliches Zeichen, das von allen dynastischen Göttern Ägyptens getragen wurde. Es erinnert an die Zeit, als der eselsohrige Set (s. 35, 4) ihr oberster Gott war. Dann aber schwand die Bedeutung Sets, bis die Hyksos-Könige des frühen 2. Jahrtausends v. Chr. ihm zeitweise wieder Ansehen verliehen.

3. Der geheimnisumwitterte Gordische Knoten scheint religiöser Art gewesen zu sein. Wahrscheinlich war er der Name des Dionysos, als Knotenzeichen in eine lederne Schnur gebunden. Gordion war das Tor zu Asien (Kleinasien); seine Zitadelle beherrschte die einzige brauchbare Handelsroute von Troia nach

Antiochien. Als ALEXANDER kurzerhand den Knoten durchschnitt und sein Heer in Gordion auf die Eroberung Asiens vorbereitete, machte er dem alten Glauben ein Ende: Er setzte die Macht des Schwertes über die Macht der religiösen Mysterien.

4. Warum eigentlich die Geschichte von Atlantis dem trunkenen Silenos zugeschrieben wird, kann drei Schilderungen in PLUTARCHS ‹Leben des Solon› (25 bis 29) entnommen werden. Die erste berichtet, daß SOLON viele Reisen nach Kleinasien und Ägypten unternahm; die zweite, daß er an die Geschichte von Atlantis glaubte (s. 39, b) und sie für ein episches Gedicht verwendete, und die dritte, daß er mit THESPIS, dem Dramatiker, im Streite lag. THESPIS ließ in seinen Komödien Satyrn ironische Anspielungen auf Dionysos machen. AELIAN, der THEOPOMPOS als Quelle zitiert, scheint eine Komödie des THESPIS oder seines Schülers PRATINAS gekannt zu haben. Sie machte sich über SOLON wegen der im Epos erzählten utopischen Lügen lustig und stellt ihn als den zwecklos durch Ägypten und Kleinasien wandernden Silenos dar (s. 27, b). Wie Silenos der Lehrer des Dionysos war, so erzog SOLON den PEISISTRATOS, der die dionysischen Riten in Athen begründete (s. 27, 5).

5. Möglicherweise hatte SOLON während seiner Reisen Fragmente der Atlantisgeschichte gehört und sie in sein Epos aufgenommen. So wurde er zur Zielscheibe des Spottes auf der Bühne. Vom nicht schiffbaren Wirbelstrom nahmen die alten Physiker an, daß er sich dort befände, wo der Ozean über die Kanten der Welt ins Nichts stürze. SOLON scheint auch die Diskussionen einiger Geographen über die Möglichkeit der Existenz eines atlantischen Kontinents gehört zu haben. ERATOSTHENES, MELA, CICERO und STRABON stellten Betrachtungen darüber an, und SENECA sagte dessen Entdeckung im 2. Akte seiner *‹Medea›* voraus: Dies soll auf den jungen KOLUMBUS einen tiefen Eindruck gemacht haben.

84. KLEOBIS UND BITON

a. Kleobis und Biton aus Argos waren die Söhne der Hera-Priesterin zu Argos. Als die weißen Ochsen, die den heiligen Wagen ziehen sollten, einst zur Zeit der Ritualien noch nicht von der Weide zurückgekehrt waren, spannten sich Kleobis und Biton selbst vor den Wagen und zogen ihn zum Tempel, der fast fünf Meilen entfernt lag. Über die Ergebenheit ihrer Söhne erfreut, bat die Priesterin Hera um das Beste für Kleobis und Biton, was einem Sterblichen gewährt werden könnte. Als sie den Ritus vollzogen hatte, schliefen beide im Tempel ein, um nie wieder aufzuwachen [1].

b. Ähnliches wurde von Agamedes und Trophonios, den Söhnen des Erginos, erzählt. Diese Zwillinge setzten eine steinerne Schwelle auf die Fundamente, die Apollon selbst für seinen Tempel zu Delphi gelegt hatte. Sein Orakel befahl ihnen: «Lebet fröhlich und gebet euch sechs Tage lang allen Freuden hin; am siebenten Tage soll die Sehnsucht eures

Herzens erfüllt werden.» Am siebenten Tage wurden sie beide tot in ihren Betten gefunden. Daher heißt es: «Wen die Götter lieben, den rufen sie früh. [2]»

c. Trophonios erhielt später ein eigenes Orakel zu Lebadeia in Boiotien [3].

1. Herodot I, 31; Pausanias II, 20, 2.
2. Pindar, zit. von Plutarch, Trostworte an Apollonios 14; Homerischer Hymnos an Apollon 294-99; Menander, Fragmente der Griechischen Komödie IV, 105, ed. Meinecke.
3. Herodot I, 46; Euripides, Ion 300.

1. Die Geschichte von Kleobis und Biton bezieht sich auf die zur Weihe eines neuen Tempels der Mondgöttin vollzogenen Menschenopfer. Zu Argos wählte man Zwillingsbrüder anstelle des Mitkönigs. Sie wurden statt eines weißen Stieres, der gewöhnlich als Opfer diente, vor den Mondwagen gespannt. Man begrub sie unter der Tempelschwelle, um feindliche Einflüsse zu bannen (s. 169, h). Deshalb wurden auch die Zwillinge Kastor und Polydeukes (s. 62, c) manchmal Oibaliden genannt, was eher ‹Söhne der Tempelschwelle› als ‹von dem gefleckten Schaffell› bedeutet. Die Apollon-Priester zu Delphi übernahmen diesen Brauch, obwohl sie der Mondgöttin, der dieses Opfer dargebracht werden sollte, jedes Recht im Tempel verwehrten.

2. Der siebente Tag war dem Titanen Kronos (und Jehova zu Jerusalem) geweiht. Seine planetare Funktion war Ruhe; ‹Ruhe› heißt in diesem Falle jedoch Tod zu Ehren der Göttin – daher das Heros-Orakel, das Trophonios zugesprochen wurde (s. 51, i).

85. NARKISSOS

a. Der Thesper Narkissos war der Sohn der blauen Nymphe Leiriope, die der Flußgott Kephissos einst mit seinen gewundenen Flüssen umschlungen und hernach vergewaltigt hatte. Der Seher Teiresias sagte Leiriope, die ihn als erste um Rat fragte: «Narkissos wird sehr alt werden — aber nur, wenn er sich niemals selber kennt.» Es war verständlich, daß sich jeder in Narkissos verliebte, selbst als er noch ein Kind war. Mit sechzehn Jahren bereits wies er herzlos die Liebe von Männern und Frauen zurück; er war von trotzigem Stolz auf seine eigene Schönheit erfüllt.

b. Auch die Nymphe Echo verliebte sich in ihn. Echo war mit dem Verlust ihrer Sprache bestraft worden — sie konnte nur die Rufe anderer nachschwätzen —, weil sie Hera einst mit langen Geschichten unterhielt, so daß die Konkubinen des Zeus, die Bergnymphen, ihrem eifersüchtigen Auge entwischen konnten. Eines Tages ging Narkissos zur Hirschjagd.

Echo folgte ihm leise durch den weglosen Forst und wollte mit ihm sprechen. Sie konnte aber das Gespräch nicht selbst beginnen. Endlich rief Narkissos, als er sich verirrt hatte: «Ist jemand hier?»

«Hier!» antwortete Echo zur Verwunderung des Narkissos, da er niemanden sehen konnte.

«Komm!»

«Komm!»

«Warum meidest du mich?»

«Warum meidest du mich?»

«Laß uns hier zusammenkommen!»

«Laß uns hier zusammenkommen!» wiederholte Echo und rannte voller Freude aus ihrem Versteck, um Narkissos zu umarmen. Roh schüttelte er sie von sich und lief davon. «Ich würde eher sterben, als mit dir liegen!» rief er.

«Mit mir liegen!» flehte Echo.

Doch Narkissos war bereits fortgegangen, und sie verbrachte den Rest ihres Lebens in einsamen Schluchten. Dort siechte sie vor Liebeskummer dahin, bis nur ihre Stimme zurückblieb [1].

c. Eines Tages sandte Narkissos ein Schwert zu Ameinios, seinem aufdringlichen Bewerber. Nach diesem ist der Fluß Ameinios, ein Nebenfluß des Helisson, der in den Alpheios mündet, benannt. Ameinios tötete sich auf der Türschwelle des Narkissos und rief die Götter an, seinen Tod zu rächen.

d. Artemis hörte die Bitte und strafte Narkissos mit unerfüllbarer Selbstliebe. Zu Donakon in Thespien fand er eine Quelle, klar wie Silber. Noch nie war sie von Vieh, Vögeln, wilden Tieren oder selbst von den fallenden Zweigen der Bäume, die sie beschatteten, gestört worden. Er warf sich erschöpft nieder. Da verliebte er sich in sein eigenes Spiegelbild. Zuerst versuchte er den schönen Knaben, den er im Wasser vor sich sah, zu umarmen und zu küssen. Aber bald erkannte er sich selbst, lag da und schaute Stunde um Stunde verzückt auf das Wasser. Wie konnte er es ertragen, seine Liebe zu besitzen und doch nicht zu besitzen? Kummer quälte ihn endlos, doch er erfreute sich an der Qual. Wenigstens wußte er, daß sein Bildnis ihm treu bliebe, was immer auch geschehe.

e. Echo hatte Narkissos nicht vergeben, doch sein Leid erfüllte sie mit Schmerz. Als er sich einen Dolch in die Brust stieß, echote sie: «Weh! Weh!»; und als er dann starb: «O Jüngling, Geliebter, lebe wohl!» Sein Blut tränkte die Erde. Ihr entsprang die weiße Narzisse mit ihren rotgelben Herzblättern, aus der noch heute zu Chaironea ein Balsam destilliert wird. Er wird gegen Ohrenkrankheiten (obwohl er Kopfschmerzen verursachen kann), als Wundheilmittel und gegen Frostbeulen empfohlen [2].

1. Ovid, Metamorphosen III, 341–401.
2. Pausanias VIII, 29, 4 und IX, 31, 6; Ovid, Metamorphosen 402–510; Konon, Erzählungen 24; Plinius, Naturgeschichte XXI, 75.

1. Die ‹Narzisse› wurde im Altertum in den Kränzen für Demeter und Persephone (Sophokles, ‹Oidipus auf Kolonos› 682 ff) verwendet. Man nannte sie auch *leirion*. Sie war die dreiblättrige blaue Lilie oder Iris, die der Dreifaltigen Göttin geweiht war, und wurde bei der Anbetung der drei Feierlichen (s. 115, c) oder Erinyen als Kranz getragen. Sie blüht im späten Herbst kurz vor der ‹Narzisse des Dichters›. Vielleicht ist das der Grund, warum Leiriope die Mutter des Narkissos genannt wird. Diese phantasievolle moralische Erzählung, die auch von den medizinischen Eigenschaften des Narzissenöls – ein wohlbekanntes Narkotikum, wie die erste Silbe des Wortes ‹Narkissos› schon sagt – berichtet, kann von einem Bilde des Alkmaion (s. 107, e) oder Orestes (s. 114, a) abgeleitet sein. Es zeigt ihn verzweifelt am Rande eines Teiches, mit Lilien bekränzt. Hier hatte Alkmaion vergeblich versucht, sich von dem Mord an seiner Mutter reinzuwaschen. Die Erinyen ließen sich nicht besänftigen. Echo stellt in diesem Bilde den spottenden Geist der Mutter dar, Ameinios seinen ermordeten Vater.

2. Aber *-issos* ist, wie *-inthos*, eine kretische Endung. Sowohl Narkissos wie auch Hyakinthos scheinen die Namen kretischer Frühlingsblumenheroen gewesen zu sein, deren Tod die Göttin auf dem goldenen Fries der mykenischen Akropolis beklagt. Anderweitig wird er Antheus (s. 159, 4) genannt, ein Beiname des Dionysos. Die Lilie war auch das königliche Zeichen der knossischen Könige. Man fand unter den Ruinen des Palastes bemalte Reliefs, die ihn über eine Wiese wandelnd darstellen, ein Zepter in der Hand und mit Lilien zu seinen Füßen und mit Lilien gekrönt und bekränzt.

86. PHYLLIS UND KARYA

a. Phyllis, die thrakische Prinzessin, war in Liebe zu Akamas, einem Sohne des Theseus, entbrannt; doch er war nach Troia in den Kampf gezogen. Als Troia dann fiel und die athenische Flotte zurückkehrte, ging Phyllis oft an die Küste und hielt nach seinem Schiffe Ausschau. Dieses war durch ein Leck aufgehalten worden. Nachdem sie neunmal erfolglos gekommen war, starb sie an einem Platz, den man Enneodos nannte. Da verwandelte Athene sie in einen Mandelbaum. Am folgenden Tage konnte der zurückkehrende Akamas nurmehr ihre rauhe Rinde umarmen. Sie wollte seine Liebkosungen beantworten, und da ließ sie ihre nackten Äste in Blüten statt in Blätter ausbrechen. Seit jener Zeit ist dies ein Merkmal des Mandelbaumes. Jedes Jahr führen nun die Athener ihr und ihm zu Ehren Tänze auf[1].

b. Karya, die Tochter eines lakonischen Königs, war die Geliebte des

Dionysos. Plötzlich starb sie zu Karyai. Da verwandelte sie der liebende Gott in einen Walnußbaum. Artemis brachte die Nachricht von ihrem Tode zu den Lakonern, die daraufhin der Artemis Karyatis einen Tempel bauten. So erhielten die Karyatiden – weibliche Statuen, die als Säulen dienen – ihren Namen. Auch zu Karyai tanzen die lakonischen Frauen jährlich zu Ehren der Göttin, seit die Dioskuren es befohlen hatten [2].

1. LUKIAN, Über den Tanz 40; HYGINUS, Fabel 59; SERVIUS über VERGILS Ecloga V, 10; Erster Mythograph des Vatikans 159.
2. PAUSANIAS III, 10, 8 und IV, 16, 5; SERVIUS über VERGILS Ecloga VIII, 29.

1. Beide Mythen erklären die rituelle Verwendung von Mandel- oder Walnußzweigen zu Ehren der Kar oder Karya (s. 57, 2), die auch als Metis (s. 1, d und 9, d), Titanin der Weisheit, bekannt war. Enneodos wird auch in der Legende der thrakischen Phyllis, die Demophon zum Wahnsinn trieb (s. 169, i), erwähnt. Es bedeutet ‹neun Tagereisen›. Irische Barden brachten die Zahl neun mit den Nüssen der poetischen Inspiration in Verbindung. In ihrem Baumalphabet (s. 52, 3) bezeichnet der Buchstabe *coll* (‹C›), der die Bedeutung ‹Haselnuß› hat, auch die Zahl neun.

2. Die Göttin Kar, von der der Name Karya abstammt, wurde in Italien die prophetische Göttin Carmenta, ‹Kar die Weise› (s. 52, *5*; 82, *6*; 95, *5* und 132, o). Die Karyatiden sind ihre Nußnymphen (so wie die Meliai Eschennymphen, die Mēliai Apfelnymphen und die Dryaden Eichennymphen sind). PLINIUS überliefert, daß Kar die Deutung von Vorzeichen erfand (‹Naturgeschichte› VIII, 57). Phyllis (‹blättrig›) ist wahrscheinlich eine bescheidene griechische Version der palästinensischen und mesopotamischen Großen Göttin Belili. Im Demophon-Mythos wird sie mit Rhea in Verbindung gebracht (s. 169, j).

87. ARION

a. Arion von Lesbos, ein Sohn des Poseidon und der Nymphe Oneaia, war ein Meister der Leier. Zu Ehren des Dionysos erfand er den Dithyrambos. Eines Tages wurde er eingeladen, an einem musikalischen Wettstreit in Tainaros in Sizilien teilzunehmen. Nur widerwillig gab sein Herr Periander, der Tyrann von Korinth, die Erlaubnis zu dieser Reise. Arion gewann den Preis. Seine Bewunderer überhäuften ihn mit vielen reichen Gaben. Dieser Reichtum entflammte die Gier der Seeleute, die ihn nach Korinth zurückbringen sollten.

«Es tut uns wirklich leid, Arion, aber du mußt sterben», sagte ihm der Kapitän des Schiffes.

«Welches Verbrechen habe ich denn begangen?» fragte Arion.

«Du bist zu reich», antwortete der Kapitän.

«Schont mein Leben, und ihr sollt all meine Preise haben», flehte Arion.

«Du würdest dein Versprechen nur zu leicht vergessen, wenn wir in Korinth ankommen», erwiderte der Kapitän, «auch ich würde es an deiner Stelle tun. Eine erzwungene Gabe ist keine Gabe.»

Arion ergab sich seinem Schicksal, doch bat er: «Erlaubt mir, noch ein letztes Lied zu singen.»

Der Kapitän willigte ein. Arion legte seine besten Gewänder an, stieg zum Bug des Schiffes, rief die Götter mit leidenschaftlicher Stimme an und sprang dann über Bord. Das Schiff segelte weiter.

b. Nun hatte sein Gesang eine Schar Delphine angelockt. Einer von ihnen ließ Arion auf seinen Rücken aufsitzen. Noch am gleichen Abend überholten sie das Schiff und erreichten den Hafen von Korinth, bevor es dort Anker werfen konnte. Periander war über die wunderbare Rettung des Arion hocherfreut. Der Delphin wollte sich nicht von Arion trennen und bestand darauf, ihn zum Palast zu begleiten. Hier starb er aber bald an den Folgen des üppigen Lebens. Arion gab ihm ein großartiges Begräbnis.

Als das Schiff anlegte, ließ Periander den Kapitän und die Mannschaft vor sich kommen. Mit geheuchelter Angst bat er um Nachrichten über Arion.

«Er wurde in Tainaros durch die überreiche Gastfreundschaft der Einwohner zurückgehalten», antwortete der Kapitän.

Periander ließ sie alle am Grabe des Delphins schwören, daß sie die Wahrheit gesagt hätten, und stellte sie dann plötzlich Arion gegenüber. Nun konnten sie ihre Schuld nicht mehr bestreiten und wurden an Ort und Stelle zum Tode verurteilt. Apollon setzte später das Bild des Arion und seiner Leier unter die Sterne [1].

c. Arion verdankte nicht als erster Mensch sein Leben einem Delphin. Enalos war bereits auf ähnliche Weise gerettet worden. Er war ins Meer gesprungen, um bei seiner Geliebten Phineis zu sein. Auf den Rat des Orakels war Phineis durch Los gewählt worden, Amphitrite durch ihren Tod in den Wellen des Meeres zu besänftigen. So erhofften die Söhne des Penthilos erfolgreich die Expedition der ersten Einwohner zur Insel Lesbos zu führen. Ein Delphin rettete Phineis. Auch Phalanthos entkam so dem sicheren Tod im Krisaiischen Meer, als er auf dem Wege nach Italien war. Gleiches wird auch von Ikadios, dem kretischen Bruder des Iapys, berichtet. Auf einer Reise nach Italien erlitt er Schiffbruch und wurde von einem Delphin nach Delphi geführt. Dieses Ereignis gab dem Orakel seinen Namen; denn der Delphin war der verkleidete Apollon [2].

1. Herodot I, 24; Scholiast zu Pindar, Olympische Oden XIII, 25; Hyginus, Fabel 194; Pausanias III, 25, 5.
2. Plutarch, Das Gelage der Sieben Weisen Männer 20; Pausanias X, 13, 5; Servius über Vergils Aeneis III, 332.

1. Sowohl ARION als auch PERIANDER sind historische Gestalten aus dem 7. Jahrhundert v. Chr. Ein Fragment der ‹Hymne an Poseidon› des ARION ist erhalten geblieben. Die Geschichte stützt sich teilweise auf eine Überlieferung, nach der sein Gesang eine Schar Delphine herbeirief, die ihm die Flucht vor den räuberischen Seeleuten ermöglichte – Delphine und Seehunde sind bekanntlich für Musik empfänglich. Zum Teil beruht sie auf einer falschen Interpretation einer Statue. Diese zeigte, wie der Gott Palaimon mit der Leier in der Hand auf einem Delphinrücken in Korinth ankommt (s. 70, 5). Die ganze Geschichte erhielt mythischen Charakter, als ARION zum Sohne des Poseidon (wie sein Namensvetter, das wilde Pferd Arion, s. 16, f) gemacht wurde und man seinen Namen dem Sternbild der Leier gab. Der besonnene und wahrheitsliebende PAUSANIAS bezweifelt die auf Gerüchten beruhende Geschichte HERODOTS über ARION. Er berichtet aber, er habe mit eigenen Augen den Delphin zu Poroselene gesehen. Er war von Fischern verletzt worden; seine Wunden wurden von einem Knaben gepflegt, dem das Tier später auf Ruf gehorchte und ihm dankbar erlaubte, auf seinem Rücken zu reiten (III, 25, 5). Dies läßt vermuten, daß die rituelle Ankunft des Neujahrskindes in Korinth mit Hilfe eines vom Sonnenpriester gezähmten Delphins dramatisiert wurde.

2. Enalos wird von PLUTARCH mit dem Oktoposkult in Verbindung gebracht. Sein Name erinnert an Oidipus, das korinthische Neujahrskind (s. 105, 1), dessen Analogie er zu Mytilene und Phalanthos in Italien war. Taras, ein Sohn des Poseidon von Minos' Tochter Satyraia (‹von den Satyrn›), war das auf einem Delphin reitende Neujahrskind in Tarentum, das er auch gegründet haben soll. Er hatte dort einen Heroenschrein (PAUSANIAS X, 10, 4 und 13, 5; STRABON VI, 3, 2). PHALANTHOS, der Gründer des dorischen Tarentum im Jahre 708 v. Chr., übernahm den Delphinkult von den bereits ansässigen kretisierten Sikelen.

3. Der Name Ikadios = ‹der Zwanzigste› bezieht sich auf das Datum des Monats, in dem seine Ankunft gefeiert wurde.

88. MINOS UND SEINE BRÜDER

a. Als Europa von Zeus verlassen worden war — er hatte Minos, Rhadamanthys und Sarpedon mit ihr in Kreta gezeugt —, heiratete sie Asterios, den König. Sein Vater Tektamos, Sohn des Doros, hatte eine gemischte Gruppe von aiolischen und pelasgischen Siedlern auf die Insel gebracht und dort eine Tochter des Aiolers Kretheus geheiratet[1].

b. Diese Ehe blieb kinderlos. So adoptierte Asterios Minos, Rhadamanthys und Sarpedon und machte sie zu seinen Erben. Als die Brüder nun zu Männern herangewachsen waren, gerieten sie um die Liebe eines schönen Knaben namens Miletos, der von Apollon mit der Nymphe Areia, die manche Deione und andere Theia nennen, gezeugt worden war, in Streit[2]. Miletos aber hatte sich für Sarpedon, den er am meisten liebte, entschieden. Daraufhin wurde er von Minos aus Kreta vertrieben.

Er segelte mit einer stattlichen Flotte nach Karia in Kleinasien und gründete dort die Stadt und das Königreich Miletos. Zuvor war das Land, das damals Anaktoria genannt wurde, zwei Generationen lang von dem Riesen Anax, einem Sohn des Uranos und der Mutter Erde, und von seinem gleichfalls gigantischen Sohn Asterios regiert worden. Miletos tötete Asterios und begrub den Leichnam auf einer kleinen Insel in der Nähe von Lade, wo das Skelett erst unlängst wieder ausgegraben wurde; es ist wenigstens zehn Ellen lang. Doch manche sagen, Minos habe den Miletos verdächtigt, daß er ihn entthronen und das Königreich an sich reißen wolle. Nur die Furcht vor Apollon habe den Minos davon abgehalten, dem Miletos Ärgeres zu tun, als ihn zu warnen. Darauf sei Miletos freiwillig nach Karien geflohen [3]. Andere wieder behaupten, nicht Miletos, sondern ein Knabe namens Atymnios, ein Sohn des Zeus und der Kassiopeia oder der Phoinix, sei die Ursache des Streites gewesen [4].

c. Nach dem Tode des Asterios beanspruchte Minos den kretischen Thron. Als Nachweis der Rechtmäßigkeit seines Anspruchs gab er vor, daß die Götter alle seine Gebete erhören würden. Zuerst weihte er dem Poseidon einen Altar und bereitete ein Opfer vor. Dann betete er, daß ein Stier dem Meere entsteigen möge. In diesem Augenblick schwamm ein strahlend weißer Stier ans Ufer. Minos war von der Schönheit dieses Tieres so überwältigt, daß er es sogleich zu seinen eigenen Herden sandte und ein anderes Tier an seiner Stelle tötete. Der Anspruch des Minos auf den Thron wurde von allen Kretern, mit Ausnahme Sarpedons, der noch immer um Miletos trauerte, anerkannt. Sarpedon erklärte, daß Asterios das Königreich zu gleichen Teilen zwischen seinen drei Erben aufteilen wollte. Tatsächlich hatte Minos selbst die Insel bereits in drei Teile geteilt und jedem Teile eine Hauptstadt zugedacht [5].

d. Minos verjagte Sarpedon von Kreta. Dieser floh daraufhin nach Kilikien in Kleinasien, wo er sich mit Kilix gegen die Milyer verband, sie besiegte und ihr König wurde. Zeus gewährte ihm gnadenvoll ein Leben von drei Generationen. Als er schließlich starb, wurde das milysche Königreich nach seinem Nachfolger Lykos Lykien genannt. Lykos hatte bei ihm Zuflucht gesucht, als er von Aigeus aus Athen verbannt worden war [6].

e. In der Zwischenzeit hatte Minos Pasiphaë geheiratet, eine Tochter des Helios und der Nymphe Krete, die auch als Perseis bekannt war. Poseidon wollte sich für die Beleidigung, die ihm von Minos zugefügt worden war, rächen. Er ließ Pasiphaë sich in den weißen Stier, den Minos nicht geopfert hatte, verlieben. Sie gestand dem Daidalos ihr widernatürliches Begehren. Dieser berühmte Kunsthandwerker aus Athen lebte nun zu Knossos im Exil und schnitzte belebte Puppen, die Minos und seiner Familie die Zeit vertreiben halfen. Daidalos versprach, ihr zu helfen. Er baute eine hohle, hölzerne Kuh, überzog sie mit einer Kuhhaut und setzte sie auf in den Hufen versteckte Räder. So schob er seine Atrappe auf die Wiese in der Nähe von Gortys, wo Poseidons Bulle unter den Eichen zwischen den Kühen des Minos weidete. Er zeigte Pasiphaë, wie sie die Klapptür im Rücken der Kuh öffnen, in das Gestell hineinschlüpfen und ihre Beine in dessen Hinterteil verbergen könne. Dann zog er sich diskret zurück. Bald kam der weiße Stier angetrottet und bestieg die Kuh. So wurde Pasiphaës Begierde befriedigt, und sie gebar später den Minotauros, ein Ungeheuer mit dem Kopf eines Stieres und der Gestalt eines Menschen [7].

f. Doch wird abweichend berichtet, daß Minos, der dem Poseidon jährlich seinen besten Stier opferte, einmal nur sein zweitbestes Stück tötete und so Poseidon erzürnte. Andere wieder berichten, er habe Zeus beleidigt. Auch soll Pasiphaë es einige Jahre unterlassen haben, Aphrodite zu huldigen. So sei sie mit dieser ungeheuerlichen Begierde bestraft worden. Hernach wurde der Stier wild und verwüstete ganz Kreta, bis Herakles ihn einfing und nach Griechenland brachte, wo er schließlich von Theseus getötet wurde [8].

g. Minos befragte ein Orakel, wie ein Skandal am besten vermieden und Pasiphaës Schande verborgen bleiben könnte. Die Antwort war: «Gib Daidalos den Befehl, dir eine Zuflucht in Knossos zu bauen!» Daidalos tat dies, und Minos verbrachte seine restlichen Jahre in dieser unentrinnbaren Wirrnis, die Labyrinth genannt wurde. Mitten darin hielt er Pasiphaë und den Minotauros verborgen [9].

h. Rhadamanthys war klüger als Sarpedon gewesen und in Kreta geblieben. Er lebte mit Minos in Frieden; so wurde ihm ein Drittel des Königtums des Asterios zugesprochen. Er war als gerechter und ehrlicher Gesetzgeber bekannt. Unbestechlich bestrafte er die Übeltäter und gab sowohl den Kretern als auch vielen Inselbewohnern von Kleinasien Gesetze. Alle neun Jahre besuchte er die Höhle des Zeus und brachte neue Gesetze mit. Nach ihm setzte sein Bruder Minos diesen Brauch fort [10]. Doch bestreiten manche, daß Rhadamanthys ein Bruder des Minos gewesen sei. Sie behaupten, er sei ein Sohn des Hephaistos; andere wieder bestreiten, daß Minos der Sohn des Zeus war — sie nennen ihn einen Sohn des Lykastos und der Nymphe von Ida. Er schenkte seinem Sohn Gortys Ländereien in Kreta; nach ihm wurde die kretische Stadt benannt, obwohl die Tegeer wiederum auf der arkadischen Abstammung des Gortys als Sohn des Tegeates bestehen [11]. Rhadamanthys schenkte seinem Sohne Erythros auch Land in Kleinasien. Oinopion, der Sohn der Ariadne, dem Dionysos als erstem das Keltern des Weines beigebracht hatte, erhielt die Insel Chios. Lemnos gab er dem Thoas, einem anderen Sohn der Ariadne. Kournos fiel an Enyues, Peparethos an Staphylos, Maroneia an Euanthes, Paros an Aklaios, Delos an Anios und Andros an Andros [12].

i. Der Mord an einem Verwandten zwang Rhadamanthys zur Flucht nach Boiotien. Er lebte zu Okaleai in Verbannung und heiratete dort nach dem Tode des Amphitryon Alkmene, die Mutter des Herakles. Ihr Grab wird zu Haliartos gezeigt. Es liegt nahe einer Pflanzung zähen Rohres, das von Kreta gebracht worden war und aus dem Wurfspeere und Flöten geschnitzt werden. Manche erzählen von der Heirat des Rhadamanthys mit Alkmene in den Elysischen Gefilden, nachdem sie gestorben war[13]. Denn Zeus hatte ihn zu einem der drei Totenrichter ernannt. Die beiden anderen waren Minos und Aiakos; auch sie bewohnten die Elysischen Gefilde[14].

1. Diodorus Siculus IV, 60 und V, 80.
2. Diodorus Siculus IV, 60; Apollodoros III, 1, 2; Ovid, Metamorphosen IX, 442; Antoninus Liberalis, Transformationen 30.
3. Pausanias VII, 2, 3 und I, 35, 5; Ovid, Metamorphosen IX, 436 ff.
4. Apollodoros a. a. O.; Scholiast zu Apollonios Rhodios II, 178.
5. Strabon X, 4, 8.
6. Apollodoros a. a. O.; Herodot I, 173.
7. Diodorus Siculus a. a. O.; Pausanias VII, 4, 5; Vergil, Ecloga VI, 5 ff; Apollodoros a. a. O. und III, 1, 3–4.
8. Diodorus Siculus IV, 77, 2 und 13, 4; Erster Mythograph des Vatikans 47; Hyginus, Fabel 40 (aber der Text ist unverläßlich).
9. Ovid, Metamorphosen VIII, 155 ff; Apollodoros III, 1, 4.
10. Diodorus Siculus IV, 60 und V, 79; Apollodoros III, 1, 2; Strabon a. a. O.
11. Kinaithon, zit. von Pausanias VIII, 53, 2; Diodorus Siculus IV, 60; Pausanias VIII, 53, 2.
12. Scholiast zu Apollonios Rhodios III, 997; Diodorus Siculus V, 79, 1–2.
13. Tzetzes, Über Lykophron 50; Apollodoros II, 4, 11; Plutarch, Lysander 28; Strabon XI, 11, 30; Pherekydes, zit. von Antoninus Liberalis, Transformationen 33.
14. Diodorus Siculus V, 79; Homer, Odyssee IV, 564.

1. Minos scheint der königliche Name einer hellenischen Dynastie gewesen zu sein, die in Kreta im frühen 2. Jahrtausend regierte. Jeder König vollzog mit der Mondpriesterin von Knossos eine rituelle Heirat und erhielt von ihr seinen Namen ‹Mondwesen›. Die anachronistische Interpretation macht Minos zum Nachfolger des Asterios, des Enkels des Doros, obwohl die Dorer nicht vor dem Ende des 2. Jahrtausends nach Kreta kamen. Wahrscheinlich waren die Aioler und Pelasger (vielleicht auch die ‹Ioner von Attika›), die Tektamos (‹Handwerker›) – dieser Name identifiziert ihn mit Daidalos und Hephaistos, dem angeblichen Vater des Rhadamanthys – mit sich brachte, die ursprünglichen Gefährten des Minos. Es ist anzunehmen, daß Asterios (‹zu den Sternen gehörend›) eine Vermännlichung von Asteriē, der Göttin als Königin des Himmels und als Schöpferin der planetaren Kräfte (s. 1, d), war. Kreta selbst ist ein griechisches Wort, eine Form von *crateia* ‹starke oder herrschende Göttin› – davon stammt Kreteus und Kretheus. Nach den jüngsten Untersuchungen der

bis heute unentzifferten linearen Schrift B, von der Beispiele zu Pylos, Theben, Mykene und unter den Ruinen des um 1400 v. Chr. zerstörten knossischen Palastes gefunden wurden, durch M. VENTRIS und J. CHADWICK war die offizielle Sprache zu Knossos in der Mitte des 2. Jahrtausends eine frühe Form des aiolischen Griechisch. Die Schrift scheint ursprünglich zum Gebrauch für eine nichtarische Sprache bestimmt gewesen und dann unter einigen Schwierigkeiten dem Griechischen angeglichen worden zu sein. (Ob Inschriften in linearer Schrift A griechisch oder kretisch sind, ist noch nicht festgestellt.) Viele Namen aus der griechischen Mythologie finden sich sowohl auf kretischen Tafeln wie auch auf denen des Festlandes; so etwa Achilleus, Idomeneus, Theseus, Kretheus, Nestor, Ephialtes, Xuthos, Aias, Glaukos und Aiolos. Man kann mit Recht annehmen, daß viele dieser Mythen noch in die Zeit vor den Fall Troias zurückreichen.

2. Da Miletos ein männlicher Name ist, wurde der bekannten Sage über die zwei Brüder, die sich um die Gunst einer Frau streiten, eine homosexuelle Wendung gegeben. In Wahrheit scheinen aber – während einer Zeit der Anarchie, die der achaiischen Zerstörung von Knossos um 1400 v. Chr. folgte – zahlreiche griechischsprechende kretische Aristokraten von aiolisch-pelasgischer oder ionischer Abstammung, für die die Mondgöttin die oberste Gottheit war, mit ihrem eingeborenen Gesinde nach Kleinasien, besonders aber nach Karien, Lykien und Lydien ausgewandert zu sein. HERODOT übergeht die überlieferten Berichte über die Dynastie Sarpedons und behauptet, daß zu seiner Zeit sowohl die Lyker (HERODOT I, 173; STRABON XII, 8, 5) als auch die Karer (s. 75, 5) die matrilineare Abstammung anerkannten. *Miletos* könnte ursprünglich ein kretisches Wort oder eine Transliteration von *milteios*, ‹die Farbe roten Ockers oder roten Bleis› und daher ein Synonym für Erythros oder Phoinix sein, da beide ‹rot› bedeuten. Die Gesichtsfarbe der Kreter war rötlicher als die der Hellenen; die Lyker und Karer waren teilweise kretischen Ursprungs. Das gleiche gilt für die Puresatoi (Philister), deren Namen ‹rote Männer› (s. 38, 3) bedeutet.

3. Die riesenhaften Herrscher Anaktoriens erinnern an die Anakim der *Genesis*, an Riesen *(Josua XIV, 13)*, die von Kaleb vom Schrein vertrieben wurden, der einst zu Ephron dem Sohne Heths (Tethys?) gehört hatte. Ephron gab seinen Namen der Stadt Hebron *(Genesis XXIII, 16)*. Er kann mit Phoroneus identifiziert werden. Diese Anakim scheinen von Griechenland als Mitglieder der Konföderation der Meeresvölker, die den Ägyptern im 14. Jahrhundert v. Chr. soviel zu schaffen machten, eingewandert zu sein. Lade, der Begräbnisplatz des Asterios, des Sohnes des Anax, wurde wahrscheinlich zu Ehren der Göttin Lat, Leto oder Latona (s. 14, 2) so benannt. Die Namensgleichheit dieses Asterios mit dem Vater des Minos könnte besagen, daß die Mileser ihn vom kretischen Miletos mit sich brachten (s. 25, 6). Nach einem glaubhaften Bericht im irischen ‹Buch der Invasionen› hatten die irischen Mileser ihren Ursprung in Kreta, flohen dann über Kleinasien nach Syrien und von hier im 13. Jahrhundert v. Chr. westwärts nach Gaitulia in Nordafrika und gelangten endlich über Brigantion (Compostela im nordwestlichen Spanien) nach Irland.

4. Miletos behauptete, ein Sohn des Apollon zu sein. Daher ist anzunehmen, daß den milesischen wie den korinthischen Königen (s. 67, 2) Sonnenattribute zukamen.

5. Der Sieg des Minos, des Sohnes des Zeus, über seine Brüder bezieht sich auf die Unterwerfung Kretas durch die Dorer. Der Stier wurde jedoch dem Poseidon geopfert, was wiederum darauf schließen läßt, daß die früheren Träger des Titels ‹Minos› Aioler waren. Kreta war durch Jahrhunderte hindurch ein reiches Land gewesen. Erst im späten 8. Jahrhundert v. Chr. wurde es zwischen den Achaiern, Dorern, Pelasgern, Kydonern (Aiolern) und den ‹wahren Kretern› (*‹Odyssee›* XIX, 171-5) im äußersten Westen der Insel aufgeteilt. Diodorus Siculus versucht, zwischen Minos, dem Sohn des Zeus, und seinem Enkel Minos, dem Sohn des Lykastos, zu unterscheiden. Es können zu Knossos jedoch zwei oder drei Minos-Dynastien nacheinander regiert haben.

6. Sarpedons Name (‹Freude in einer hölzernen Arche›) weist auf die Einführung der Riten des Sonnenheros in Lykien hin (s. 162, n). An jedem Neujahrstag erscheint er als Kind in einer Arche – wie Moses, Perseus (s. 73, c), Anios (s. 160, t) und andere. Die Verbindung des Perseus-Mythos mit Kreta wird durch Pasiphaës Mutter Perseis hergestellt. Dem Sarpedon wird von Zeus eine Lebensspanne von drei Generationen geschenkt. Diese Gabe bezieht sich auf die Länge seiner Regierungszeit. Minos regierte wie üblich acht Jahre – ein Großes Jahr. Dagegen währte Sarpedons Herrschaft bis zum neunzehnten Jahre, wenn der Sonnen- und Mondkalender näher als am Ende von acht Jahren zusammengekommen sind. So herrschte er bis in das dritte Große Jahr (s. 67, 2).

7. Da ‹Pasiphaë› nach Pausanias (III, 26, 1) ein Titel des Mondes, ‹Itone›, ihr anderer Name, ein Titel der Athene als Regenmacherin ist (Pausanias IX, 34, 1), deutet die Mythe über Pasiphaë und den Stier auf eine rituelle Heirat unter einer Eiche zwischen der Mondpriesterin mit Kuhhörnern und dem Minos-König mit einer Stiermaske (s. 76, 1) hin. Nach Hesychios (unter: *Karten*) bedeutet ‹Gortys› soviel wie *Karten*, das kretische Wort für ‹Kuh›. Die Heirat wurde als Verbindung der Sonne mit dem Mond angesehen; in Gortys (Servius über Vergils *‹Ecloga›* VI, 60) war eine Viehherde der Sonne geweiht. Daidalos zieht sich diskret von der Wiese zurück, denn diese Heirat wurde nicht vor den Augen der Öffentlichkeit vollzogen – wie es piktischer oder moisynoichischer Brauch war. Die späteren Griechen verabscheuten die Mythe über Pasiphaë in dieser Form. Sie ersetzten den Stier durch einen Mann namens Tauros (Plutarch, ‹Theseus› 19; Palaiphatos, ‹Über unglaubliche Geschichten› II). Weiße Stiere waren hauptsächlich dem Mond geweiht (s. 84, 1) und wurden jährlich auf dem Mons Albanus zu Rom, im Kult des Thrakischen Dionysos, im Mistel- und Eichenritus der gallischen Druiden (s. 50, 1) und laut dem ‹Buch der Schwarzbraunen Kuh› in den seherischen Riten, die den alten irischen Krönungszeremonien vorangingen, geopfert.

8. Der Palast des Minos zu Knossos bestand aus Zimmern, Vorräumen, Hallen und Korridoren, die so angelegt waren, daß ein Besucher sich leicht verirren konnte. Sir Arthur Evans nimmt an, es sei dies das Labyrinth gewesen, so genannt nach der *labrys* oder der doppelköpfigen Axt. Diese Axt war das Symbol der kretischen Herrschaft. Sie war wie der zu- und abnehmende Mond geformt, Rücken gegen Rücken gestellt, und war das Symbol sowohl der schöpferischen wie auch der destruktiven Macht der Göttin. Doch das wirkliche Labyrinth zu Knossos lag außerhalb des Palastes. Es wurde durch Mosaiken als ein rituelles Tanzmuster auf dem Pflaster markiert – ein Muster, das in so weit auseinanderliegenden Gegenden wie Wales und das nordöstliche Rußland beim österlichen Labyrinthtanz benutzt wurde. Dieser Tanz ist aus Italien (Plinius, ‹Naturgeschichte› XXXVI, 85) und aus Troia (Scholiast über Euripides' ‹*Andromache*› 1139) bekannt und scheint gegen Ende des 3. Jahrtausends v. Chr. durch neolithische Einwanderer aus Nordafrika nach Britannien gebracht worden zu sein. Homer beschreibt das Labyrinth zu Knossos (‹*Ilias*› XVIII, 592), und Lukian (‹Über den Tanz› 49) berichtet von Volkstänzen in Kreta, die mit Ariadne und dem Labyrinth zusammenhingen.

9. Der Kult des Rhadamanthys kam von Boiotien nach Kreta – und nicht umgekehrt. In Haliartos, das anscheinend der ‹Weißen Göttin des Brotes›, der Demeter, geweiht war, hatte er einen Heroenschrein. *Halia*, ‹aus dem Meer›, war ebenso wie Leukothea, ‹die Weiße Göttin›, (Diodorus Siculus V, 55), ein Name des Mondes; *artos* bedeutet ‹Brot›. Der Mond wurde auch Alkmene (‹stark im Zorn›) genannt. Obwohl behauptet wird, daß das Wort Rhadamanthys kretischen Ursprungs sei, bedeutet Rhadamanthys doch *Rhabdomantis*, ‹Weissagen mit einer Gerte oder Rute›. Dieser Name stammt von den Schilfpflanzen zu Haliartos, deren Spitzen von seinem Geist orakelhaft bewegt werden (s. 83, *3*). Öfter gilt er als Sohn des Zeus – nicht des Hephaistos, denn die Rhadamanthischen Orakel kamen von der Diktischen Höhle, die Zeus geweiht war (s. 7, b).

10. Zu Petsofa auf Kreta fand man eine große Anzahl menschlicher Köpfe und Glieder. Sie sind aus Ton geformt und durchlöchert, so daß man sie auf einen Strick aufreihen kann. Auf dem berühmten Goldring aus dem Akropolisschatz zu Mykene sieht man eine von einem Obstbaum hängende Puppe. Gegenstand zahlreicher minoischer Kunstwerke ist die Anbetung von Bäumen. Die kretische Göttin Ariadne soll sich wie die attische Erigone (s. 79, a) erhängt haben (‹Der Wettstreit zwischen Homer und Hesiod› 14). ‹Artemis die Erhängte› hatte ein Heiligtum zu Kondykleia in Arkadien (Pausanias VIII, 23, 6), und ‹Helena von den Bäumen›, die von Polyxo gehängt worden sein soll (Pausanias III, 19, 10), zu Rhodos. Beide sind die gleiche Göttin in verschiedener Gestalt.

89. DIE LIEBSCHAFTEN DES MINOS

a. Minos lag mit der Nymphe Paria, deren Söhne Paros kolonisierten und später von Herakles getötet wurden, mit Androgeneia, der Mutter des kleineren Asterios [1], und mit noch vielen anderen. Besonders versessen war er auf Britomartis von Gortyna, eine Tochter der Leto. Sie erfand das Jagdnetz und war eine stete Begleiterin der Artemis, deren Hunde sie an der Leine führte [2].

b. Britomartis verbarg sich vor Minos unter einem dichten Eichenbusch in den Wasserwiesen. Aber Minos verfolgte sie neun Monate lang über hohe Berge und flache Ebenen, bis sie sich endlich voller Verzweiflung ins Meer stürzte. Von Fischern wurde sie gerettet. Artemis vergöttlichte Britomartis als Diktynna. Auf Aigina wird sie, weil sie verschwand, als Aphaia verehrt. In Sparta nennt man sie Artemis, mit dem Zunamen ‹die Frau vom See›; auf Kephallenia Laphria. Nur die Samer rufen sie mit ihrem wahren Namen an[3].

c. Pasiphaë war über die ständige Untreue des Minos so erbost, daß sie ihn verzauberte; bei jeder Liebschaft mit einer anderen Frau vergoß er statt Samen einen Schwarm giftiger Schlangen, Skorpione und Tausendfüßler, die ihre Eingeweide zerfraßen[4]. Eines Tages besuchte Prokris, die Tochter des Königs Erechtheus von Athen, Kreta. Ihr Mann Kephalos hatte sie verlassen. Eos hatte sich in ihn verliebt und ihn dazu verleitet. Anfangs wies er höflich ihre Annäherungen zurück. Er wollte Prokris nicht betrügen, da er ihr einen Eid ewiger Treue geschworen hatte. Eos kannte Prokris besser als er und behauptete, sie würde sich bereitwillig für Gold verkaufen. Kephalos wies diese Behauptung empört zurück. Da verwandelte ihn Eos in einen gewissen Pteleon und riet ihm, Prokris zu versuchen. Er solle ihr eine goldene Krone als Preis anbieten, wenn sie mit ihm schliefe. Kephalos sah bald ein, daß Prokris leicht zu verführen wäre. Ohne Gewissensbisse schlief er jetzt mit Eos, die nun von der eifersüchtigen Prokris gehaßt wurde.

d. Eos gebar Kephalos einen Sohn namens Phaëton. Noch als Kind wurde er von Aphrodite, die ihn zum Hüter ihrer heiligen Schreine machen wollte, entführt. Die Kreter nennen ihn Adymnos, womit sie den Morgen- und Abendstern meinen[5].

e. Prokris' Aufenthalt in Athen war unmöglich geworden. Ihr Schicksal war Gegenstand des allgemeinen Geredes geworden. So also ging sie nach Kreta. Minos fiel es nicht schwerer als dem sogenannten Pteleon, sie zu verführen. Er bestach sie mit einem Hund, der noch nie seine Beute, und mit einem Pfeil, der noch nie sein Ziel verfehlt hatte. Hund und Pfeil hatte er von Artemis erhalten[6]. Prokris war eine begeisterte Jägerin und nahm die Geschenke mit Freuden entgegen. Bevor sie sich dem Minos hingab, bestand sie aber darauf, daß er einen Trunk zu sich nähme — ein Gebräu magischer Wurzeln, das die Hexe Kirke erfunden hatte. Sie wollte sich vor seinen Reptilien und Insekten schützen. Der Aufguß hatte die erwünschte Wirkung. Jetzt fürchtete Prokris die Rache der Pasiphaë. Um von ihr nicht verzaubert zu werden, änderte sie ihren Namen in Pterelas, verkleidete sich als hübscher Knabe und kehrte eilends nach Athen zurück. Sie sah Minos nie wieder.

f. Sie schloß sich Kephalos, der sie nicht wiedererkannte, an. Ihr Hund und ihr nie irrender Pfeil gefielen ihm so sehr, daß er sie für eine große Menge Silber kaufen wollte. Prokris weigerte sich, die Geschenke des Minos für Silber zu verkaufen. Nur für einen Liebesdienst wollte sie sich von ihnen trennen. Als Kephalos zustimmte und sie in sein Bett nahm, gab sie sich ihm voller Tränen als seine Gattin zu erkennen. So versöhnten sie sich. Kephalos war begeistert von dem Hunde und dem

Pfeil. Artemis jedoch war verärgert, daß ihre kostbaren Geschenke von diesen käuflichen Ehebrechern so verschachert wurden, und sann auf Rache. Sie ließ Prokris mißtrauisch werden, daß Kephalos noch immer Eos besuche, wenn er zwei Stunden nach Mitternacht aufstand und zur Jagd ging.

g. Eines Nachts folgte sie ihm, in einen dunklen Mantel gehüllt. Kephalos hörte hinter sich im Dickicht ein Geräusch, der Hund Lailaps schlug an, und er schoß seinen nie irrenden Pfeil ab, der Prokris durchbohrte. Und so geschah es, daß der Areiopag ihn wegen Mordes zur ewigen Verbannung verurteilte[7].

h. Kephalos zog sich nach Theben zurück. König Amphitryon, den man für den Vater des Herakles hielt, borgte sich Lailaps aus, um die teumessische Füchsin, die in Kadmeia allerhand Schaden angerichtet hatte, zu jagen. Diese Füchsin sollte nach einem Beschluß der Götter niemals gefangen werden. Nur durch das monatliche Opfer eines Kindes konnte sie befriedigt werden. Da aber Lailaps durch Beschluß der Götter niemals seine Beute verfehlte, erhob sich im Himmel die Frage, wie dieser Widerspruch gelöst werden könnte. Verärgert schaffte Zeus das Problem aus der Welt, indem er Lailaps und auch die Füchsin in Steine verwandelte[8].

i. Kephalos half dann Amphitryon in einem erfolgreichen Krieg gegen die Teleboer und Tapher. Zuvor hatte Amphitryon seine Verbündeten bei Athene und Ares schwören lassen, einander nichts von der Beute vorzuenthalten. Nur einer, Panopeus, brach diesen Eid. Er wurde so bestraft, daß er einen Feigling, den berüchtigten Epekios, zeugte[9]. Der teleboische König war Pterelaos, auf dessen Haupt sein Großvater Poseidon die goldene Locke der Unsterblichkeit gesetzt hatte. Seine Tochter Komaitho verliebte sich in Amphitryon. Um seine Liebe zu gewinnen, rupfte sie die goldene Locke des Pterelaos aus. Pterelaos starb, und Amphitryon besiegte die Teleboer mit Hilfe des Kephalos. Trotzdem verurteilte Amphitryon Komaitho wegen Vatermordes zum Tode.

j. Kephalos erhielt vom teleboischen Reiche die Insel Kephallenia, die noch immer seinen Namen trägt. Nie verzieh er dem Minos die Verführung seiner Gattin Prokris und die Gabe des todbringenden Pfeiles; wenngleich er sich selbst auch nicht von Schuld freisprechen konnte. Hatte er doch als erster den Eid gebrochen, denn das Verhältnis der Prokris mit dem sogenannten Pteleon war nicht als Treulosigkeit anzusehen. «Nein, nein», klagte er, «ich hätte niemals mit Eos schlafen sollen!» Obwohl er von seiner Schuld reingewaschen worden war, verfolgte ihn der Geist der Prokris. Da er befürchtete, er werde seinen Gefährten Unglück bringen, ging er eines Tages zum Kap Leukas, wo er dem ‹Apollon vom Weißen Felsen› einen Tempel erbaut hatte. Von einer Klippe stürzte er sich in das Meer und rief laut den Namen Pterelas aus, denn unter diesem Kosenamen war ihm Prokris am liebsten gewesen[10].

1. Apollodoros II, 5, 9 und III, 1, 2; Nonnos, Dionysiaka XIII, 222 und XL, 284.
2. Solinus XI, 8; Kallimachos, Hymnos an Artemis 189; Euripides, Iphigeneia auf Tauris 126; Diodorus Siculus V, 76; Aristophanes, Frösche 1359.
3. Pausanias II, 30, 3 und III, 14, 2; Antoninus Liberalis, Transformationen 40; Herodot III, 59.
4. Antoninus Liberalis, Transformationen 41.
5. Hesiod, Theogonie 986; Solinus XI, 9; Nonnos, Dionysiaka XI, 131 und XII, 217.
6. Apollodoros II, 4, 7; Ovid, Metamorphosen VII, 771; Hyginus, Fabel 189.
7. Apollodoros a. a. O. und III, 15, 1; Antoninus Liberalis a. a. O.; Hyginus, Fabeln 125 und 189; Scholiast zu Kallimachos' Hymnos an Artemis 209.
8. Pausanias I, 37, 6 und IX, 19, 1.
9. Tzetzes, Über Lykophron 933.
10. Apollodoros II, 4, 7; Strabon X, 2, 9 und 14.

1. Die Verführung der Nymphen durch Minos im Stil des Zeus stellt ohne Zweifel die rituelle Heirat des knossischen Königs mit den Mondpriesterinnen der verschiedenen Stadtstaaten in seinem Reiche dar.

2. Die Mondgöttin wurde im östlichen Kreta Britomartis genannt. Daher identifizierten die Griechen sie mit Artemis (Diodorus Siculus V, 76; Euripides, ‹*Hippolytos*› 145 und ‹Iphigeneia auf Tauris›, 127; Hesychios unter: *Britomartis*) und mit Hekate (Euripides, ‹*Hippolytos*› 141, mit Scholien). Im westlichen Kreta war sie Diktynna, wie Vergil sagt: ‹Sie nannten den Mond Diktynna nach Dir› (Vergil, ‹*Ciris*› 305). Diktynna hängt in der Mythe mit *diktyon* = ‹das Netz› zusammen. *Diktyon* bezeichnet das Netz, wie es zur Jagd oder zum Fischfang verwendet wird; *Dikte* ist anscheinend eine verkümmerte Form von *diktynnaion* – ‹Diktynnas Platz›. Die Göttin jagte den Heiligen König mit einem Netz. Nach Einführung des patriarchalen Systems wurde die Göttin in einer Liebesjagd vom Heiligen König verfolgt (s. 9, 1 und 32, b). Beide Jagdarten werden oft in der europäischen Folklore erwähnt (s. 62, 1). Die Verfolgung der Britomartis durch Minos beginnt dann, wenn die Eichen in vollem Grün stehen – wahrscheinlich in den Hundstagen, da Set die Isis und das Kind Horus in den Marschen des Nildeltas verfolgte – und endet neun Monate später, am Vorabend des Maitages. Die Verführung Europas durch Zeus fand zur gleichen Zeit statt (s. 58, 3).

3. Wahrscheinlich ging in Kreta der Ziegenkult dem Stierkult voran, so daß Pasiphaë ursprünglich den Ziegenkönig heiratete. Laphria (‹die, die Beute gewinnt›), Diktynnas Name in Aigina, war auch ein Name der Ziegengöttin Athene, von der erzählt wird, daß sie der ziegenhafte Pallas bedrängte. Seine Haut zog sie ihm bei lebendigem Leibe ab und verwandelte sie in ihre Aigis (s. 9, a). ‹Laphria› läßt darauf schließen, daß die Göttin die Verfolgerin und nicht die Verfolgte war. Inschriften aus Aigina beweisen, daß der große Tempel der Artemis Aphaia (‹nicht dunkel›, um sie von Hekate zu unterscheiden)

geweiht war; in der Mythe soll Aphaia von *aphanes* = ‹verschwinden› abgeleitet sein.

4. Die Geschichte von Minos und Prokris verwandelte sich von einer Mythe in eine Anekdote, dann von einer Anekdote in eine Hintertreppenromanze, die an manche der Geschichten im ‹Goldenen Esel› * erinnert. Sie wird im Zusammenhang mit Minos, der einen Krieg gegen Athen führte, und der anschließenden Niederlage von Knossos erzählt. So könnte die Geschichte vielleicht eine Darstellung der Werbungen des kretischen Königs um die Hand der Hohepriesterin von Athen sein. Dies wiesen aber die Athener empört zurück. Pteleon (‹Ulmenwäldchen›), der Name des Verführers der Prokris, könnte sich auf den Weinbau beziehen, der sich zur Zeit des Minos von Kreta aus verbreitete (s. 88, h). Reben wurden an Ulmen aufgezogen. Es könnte jedoch auch von *ptelos* = ‹Keiler› stammen. In diesem Falle würden Kephalos und Pteleon als Keiler verkleidet (s. 18, 7) ursprünglich der Heilige König und sein Stellvertreter gewesen sein. Die Zauberkunst der Pasiphaë ist charakteristisch für die zürnende Mondgöttin. Prokris tritt ihr mit der Zauberkunst Kirkes entgegen. Doch ist dies nur ein anderer Name der gleichen Göttin.

5. Der Todessturz des Kephalos vom Weißen Felsen zu Kap Leukas erinnert STRABON (X, 2, 9) mit Recht an eine Gewohnheit der Leukader. Jedes Jahr stürzten sie von der Klippe einen Mann in das Meer. Doch wurden ihm Flügel gegeben, um den Fall zu mildern, oder es wurden sogar lebende Vögel an seinen Leib gebunden. Das Opfer, ein *pharmakos* oder Sündenbock, sollte die Insel von Schuld befreien. Manchmal erhielt er einen weißen Sonnenschirm, ähnlich einem Fallschirm (s. 70, 7). Überlebte er den Sturz, so wurde er von Booten aus dem Meer gefischt und auf eine andere Insel gebracht (s. 96, 3).

6. Die Mythe von Komaitho und Pterelaos spielt darauf an, daß dem Sonnenkönig vor seinem Tode der Kopf geschoren wurde (s. 83, 3; 91, 1 und 95, 5). Allerdings bestimmt der Name Pterelaos den Todessturz des geflügelten *Pharmakos* als den des Königs. Die Silbe *elāos* oder *elaios* bedeutet wilde Olive, die wie die Birke in Italien und im nordwestlichen Europa zur Austreibung böser Geister verwendet wurde (s. 89, 7 und 52, 3); im rhodischen Dialekt bedeutet *elaios* einfach *pharmakos*. Die Schicksale des Pterelaos und des Kephalos sind mythisch verbunden: Prokris nahm den Namen Pterelas an. Dennoch war sie in Wirklichkeit die Priesterin der Athene, die den geflügelten Kephalos in seinen Tod stürzte.

7. Der Fuchs war das Emblem von Messene (APOLLODOROS II, 8, 5 — s. 49, 2 und 146, 6), da die Aioler die Mondgöttin wahrscheinlich als Füchsin anbeteten. Die Mythe über die teumessische Füchsin verweist auf die Angriffe der Aioler auf Kadmeia, um dort Kinder für ihre Opferungen zu rauben. Diesem Brauch setzten die Zeus anbetenden Achaier ein Ende.

8. Phaëthon und Adymnos (von *a-dyomenos* = ‹der, der nicht untergeht›) sind beides allegorische Namen für den Planeten Venus. Doch Phaëthon, der Sohn der Eos und des Kephalos, wird von NONNOS mit Phaëthon, dem Sohn des Helios, der den Sonnenwagen lenkte und ertrank (s. 42, d), verwech-

---

* Der berühmte Roman (Originaltitel: ‹Metamorphosen›) des römischen Schriftstellers LUCIUS APULEIUS, geboren um 125 n. Chr. (Anm. d. Red.)

selt; ebenso mit Atymnios (von *atos* und *hymnos* = ‹unersättlich an heroischem Lob›), einem Sonnenheros, der von den Milesern verehrt wurde (s. 88, b).

9. Der Erbauer des hölzernen Pferdes, Epeios, (s. 167, a), erscheint in frühen Legenden als ein hervorragender Krieger. Später verspottete man mit seinem Namen die Prahler, bis man schließlich nach ihm die Feigheit benannte (Hesychios unter: *Epeios*).

90. DIE KINDER DER PASIPHAË

a. Pasiphaë gebar Minos viele Kinder, darunter Akakallis, Ariadne, Androgeus, Katreus, Glaukos und Phaidra [1]. Dem Hermes schenkte sie Kydon und dem Zeus den Libyschen Ammon [2].

b. Als Geliebte erst des Theseus, dann des Dionysos gebar Ariadne viele berühmte Kinder. Katreus, der Nachfolger des Minos, wurde in Rhodos von seinem eigenen Sohn ermordet. Phaidra heiratete Theseus. Wegen ihrer unglücklichen Liebschaft mit ihrem Stiefsohn Hippolytos war sie bald berüchtigt. Der Akakallis galt Apollons erste Liebe. Die Reise, die er mit seiner Schwester Artemis zur Reinwaschung nach Tarrha unternahm, führte ihn von Aigialai auf das Festland. Hier traf er Akakallis im Hause des Karmanor, eines Verwandten mütterlicherseits, und verführte sie. Minos war verärgert und verbannte Akakallis nach Libyen. Dort soll sie Garamas geboren haben, obwohl andere behaupten, daß er der erste Sterbliche gewesen wäre [3].

c. Glaukos spielte eines Tages, als er noch ein Kind war, mit einem Balle im Palast zu Knossos; vielleicht jagte er auch eine Maus. Jedenfalls war er plötzlich verschwunden. Minos und Pasiphaë suchten überall ohne Erfolg. Da wandten sie sich um Hilfe an das Delphische Orakel. Es antwortete ihnen: Wer das passendste Gleichnis für eine jüngst stattgefundene wichtige Geburt in Kreta geben könne, der würde das Gesuchte finden. Minos ließ herumfragen und erfuhr, daß in einer seiner Herden ein Kalb geboren worden sei. Täglich wechselte es dreimal seine Farbe — von weiß zu rot und von rot zu schwarz. Er rief seine Wahrsager in den Palast, aber keiner wußte ein Gleichnis zu finden — bis Polyeidos von Argos, ein Abkömmling des Melampos, schließlich sagte: «Dieses Kalb ist einer reifen Blaubeere (oder Maulbeere) ähnlich.» Da schickte ihn Minos sofort auf die Suche nach Glaukos [4].

d. Polyeidos wanderte durch den riesigen Palast, bis er am Eingang zum Keller eine Eule traf, die einen Schwarm Bienen verjagte. Dies hielt er für ein Omen. Im Keller fand er einen großen Krug, in dem Honig aufbewahrt wurde. Glaukos war kopfüber in den Bottich gestürzt und ertrunken. Man brachte Minos die Nachricht vom Tode seines Sohnes.

Er besprach sich mit den Kureten und befolgte ihren Rat, dem Polyeidos zu befehlen: «Nun, da du meines Sohnes Körper gefunden hast, mußt du ihn wieder ins Leben zurückrufen!» Polyeidos entgegnete, daß er nicht Asklepios sei und also nicht Tote zum Leben erwecken könne. «Das weiß ich besser», erwiderte Minos. «Du sollst solange zusammen mit dem Körper des Knaben und einem Schwert in ein Grab eingeschlossen werden, bis du meinen Befehl erfüllt hast!»

e. Langsam gewöhnte sich Polyeidos an die Dunkelheit des Grabes. Da sah er, wie sich eine Schlange dem Körper des Knaben näherte. Mit seinem Schwert tötete er sie. Da kroch eine zweite Schlange heran. Als sie ihren Genossen erschlagen fand, verschwand sie und kehrte kurz darauf mit einer magischen Pflanze in ihrem Munde zurück. Diese Pflanze legte sie auf den toten Körper. Langsam kehrte das Leben in diesen zurück.

f. Polyeidos war zunächst erstaunt, dann aber legte er geistesgegenwärtig die gleiche Pflanze auf den toten Glaukos — und hatte Erfolg. Beide riefen laut um Hilfe. Bald hörte ein Vorübergehender ihre Schreie und rannte zu Minos. Höchst erfreut ließ Minos die Gruft öffnen. Da Minos seinen Sohn gerettet wußte, überhäufte er Polyeidos mit reichen Gaben. Er wollte ihn aber nicht eher nach Argos zurückkehren lassen, bevor er Glaukos die Wahrsagekunst gelehrt hätte. Widerwillig gehorchte Polyeidos. Als er sich dann aufmachte, nach Hause zu segeln, sagte er zu Glaukos: «Spucke in meinen offenen Mund!» Glaukos tat, wie ihm befohlen, und schon hatte er alles Gelernte vergessen[5].

g. Später führte Glaukos eine Expedition nach Westen und forderte von den Italikern ein Königreich. Doch diese verachteten ihn, weil er nicht ein so bedeutender Mann wie sein Vater war. Sie übernahmen von ihm jedoch den kretischen Militärgürtel und den kretischen Schild. So kam er zu dem Namen Labikos, was ‹gegürtet› bedeutet[6].

h. Androgeus besuchte Athen und gewann jeden Wettkampf bei den Athenischen Spielen. Doch König Aigeus wußte um seine Freundschaft mit den fünfzig aufständischen Söhnen des Pallas und fürchtete, Androgeus könne seinen Vater Minos überreden, die Aufständischen bei einer offenen Revolte zu unterstützen. Da tat sich Aigeus mit den Megarern zusammen und heckte mit ihnen einen Plan aus, Androgeus auf dem Wege nach Theben, wo er an Begräbnisfeierlichkeiten teilnehmen sollte, in den Hinterhalt zu locken. Androgeus verteidigte sich mutvoll; dennoch wurde er in dem Kampf getötet[7].

i. Die Nachricht vom Tode des Androgeus erreichte Minos auf der Insel Paros, als er gerade den Chariten ein Opfer darbrachte. Er warf die Kränze nieder und befahl den Flötenspielern, mit ihrem Spiele aufzuhören. Die Opferung führte er jedoch zu Ende. Bis zum heutigen Tage opfert man den Chariten von Paros ohne Musik und ohne Blumen[8].

j. Glaukos, der Sohn des Minos, wird manchmal mit dem anthedonischen Glaukos, dem Sohn des Anthedon oder des Poseidon, verwechselt. Jener anthedonische Glaukos beobachtete einst die wiederbelebende Kraft eines gewissen Grases, das Kronos im Goldenen Zeitalter gesät hatte: als ein toter Fisch oder, wie manche sagen, ein Hase darauf gelegt wurde und wieder zu leben begann. Er kostete von dem Kraut und wurde unsterblich. Dann sprang er in das Meer, wo er nun ein Meeresgott ist, berühmt für seine Liebesaffären. Er lebt in den Tiefen des Wassers nahe der Küste von Delos. Jedes Jahr besucht er alle Häfen und Inseln Griechenlands und gibt Orakelsprüche, die von Seeleuten und Fischern sehr geschätzt sind — Apollon selbst soll sein Schüler gewesen sein[9].

1. Pausanias VIII, 53, 2; Diodorus Siculus IV, 60; Apollodoros III, 1, 2.
2. Pausanias a. a. O.; Plutarch, Agis 9.
3. Plutarch, Theseus 20; Apollodoros III, 2, 1-2; Euripides, Hippolytos; Pausanias II, 7, 7; Apollonios Rhodios IV, 1493 ff.
4. Hyginus, Fabel 136; Apollodoros III, 3, 1; Pausanias I, 43, 5.
5. Apollodoros a. a. O.; Hyginus a. a. O.
6. Servius über Vergils Aeneis VII, 796.
7. Diodorus Siculus IV, 60, 4; Apollodoros III, 15, 7; Servius über Vergils Aeneis VI, 14; Hyginus, Fabel 41.
8. Apollodoros III, 15, 7.
9. Athenaios VII, 48; Tzetzes, Über Lykophron 754; Ovid, Metamorphosen XIII, 924 ff; Pausanias IX, 22, 6; Servius über Vergils Georgica I, 437.

1. Der Pasiphaë als Mond (s. 51, h) wurden viele Söhne zugeschrieben: Kydon, der eponyme Heros von Kydon in der Nähe Tegeas und der kydonischen Kolonie in Kreta; Glaukos, ein korinthischer Meeresheros (s. 71, 4); Androgeus, der jährlich mit Festspielen zu Keramikos geehrt wurde und den die Athener als ‹Eurygyes› (‹weit-kreisend›), einen Geist des Sonnenjahres, anbeteten (Hesychios unter: *Androgeus*); Ammon, der Orakelheros der Ammon-Oase, der später Zeus gleichgestellt wurde; Katreus, dessen Name eine männliche Form von Katarrhoa, der Mond als Regenmacher, zu sein scheint. Ihre Töchter Ariadne und Phaidra sind ihre eigenen Abbilder; Ariadne, ausgesprochen *Ariagne*, ‹sehr rein›, scheint ein sumerischer Name zu sein, *Ar-ri-an-de*, ‹fruchtbare Hochmutter der Gerste›. Phaidra taucht in südpalästinensischen Inschriften als *Pdri* auf.

2. Die Mythe über Akakallis (‹ohne Mauern›) berichtet anscheinend von der Eroberung der westkretischen Stadt Tarrha durch einbrechende Hellenen aus Aigialai. Tarrha hatte, wie andere Städte auf Kreta, keine Schutzmauern (s. 98, 1). Auch die Flucht der führenden Einwohner nach Libyen, wo sie die Herrscher der friedvollen Garamanter wurden, spielt für diese Mythe eine Rolle.

3. Weiß, rot und schwarz, die Farben des Kalbes, waren auch die der Io, der Mondkuh (s. 56, 1) und des heiligen Stieres des Augeias (s. 127, 1). Man fin-

det sie auch auf einer kairetischen Vase (‹*Monumenti Inediti*› VI-VII, S. 77) des Stieres Minos, der Europa entführte. Zudem waren Ton- oder Gipsdreifüße, die der kretischen Göttin geweiht waren und zu Ninou Khani gefunden wurden — und ein ähnlicher Dreifuß, den man zu Mykene fand —, weiß, rot und schwarz bemalt. Laut KTESIAS' ‹*Indica*› waren dies die Farben des Unicorn-Hornes. Das Unicorn oder Einhorn stellte als Kalendersymbol die Herrschaft der Mondgöttin über die fünf Jahreszeiten des Osirischen Jahres dar: Jede Jahreszeit trug einen Teil des Tieres als ihr Zeichen. Der spielende Glaukos könnte auch eine Maus gejagt haben: Vielleicht enthält dies einen Hinweis auf den Konflikt zwischen den athenischen Anbetern der Athene, die eine Eule (*glaux*) als Botin hielt, und den Anbetern des Apollon Smintheus (‹Mäuse-Apollon›). Unter Umständen könnte Minos ihm eine honigüberzogene Maus zu schlucken gegeben haben — ein verzweifeltes Heilmittel, das zu alten Zeiten in östlichen Mittelmeerländern kranken Kindern als letzter Ausweg verschrieben wurde. Die Todesart könnte sich auch darauf beziehen, daß Honig zur Einbalsamierung verwendet wurde — in kretischen Häusern fand man öfters Kindergräber in Krügen. Die Eule war der Vogel des Todes. Vielleicht sind die Bienen durch eine falsche Deutung gewisser geschnittener Gemmen zu erklären (WEISELER, ‹Denkmäler der Alten Kunst› II, 252). Diese Steine zeigen Hermes, wie er Tote aus Kruggräbern ruft, während ihr Geist in Bienengestalt darüber schwebt (s. 82, 4).

4. Polyeidos ist sowohl Zagreus (s. 30, a) wie auch der Halbgott Asklepios, dessen wiederbelebende Pflanze die Mistel (s. 50,2) oder ihr osteuropäisches Analogon, der Loranthos, gewesen zu sein scheint. Die babylonische Legende über Gilgamesch ist eine Parallele zur Wiederbelebung der Schlange. Die Pflanze des ewigen Lebens wird ihm von einer Schlange gestohlen, die sich daraufhin häutet und ihre Jugend zurückerhält. Gilgamesch kann die Pflanze nicht wieder erlangen; er findet sich mit dem Tode ab. Die Pflanze wird als dem Kreuzdorn (Wegedorn) ähnlich beschrieben: Die Griechen nahmen sie als Laxans, bevor sie sich den Mysterien unterzogen.

5. Wenn Glaukos in den offenen Mund des Polyeidos spuckt, so werden wir an einen ähnlichen Vorfall erinnert: Apollon ließ sich von Kassandra in den Mund spucken, als sie ihn für die Gabe der Prophezeiung nicht bezahlt hatte. Allerdings verlor sie nicht ihre Gabe — wie im Falle des Glaukos —, sondern nur ihre Glaubwürdigkeit (s. 158, q).

6. Die Göttinnen, denen Minos ohne das übliche Flötenspiel oder Blumen opferte, als er vom Tode seines Sohnes hörte, waren die Pariai oder Alten (s. 89, a), wahrscheinlich die drei Schicksalsgöttinnen, die man euphemistisch die ‹Chariten› nannte. Die Mythe ist hier zu einer Straßenanekdote degeneriert. Der Tod des Androgeus soll den Streit zwischen Kreta und Athen (s. 98, c) erklären. Vielleicht stützt sie sich auf irgendeinen Bericht von einem Mord, der zu Oinoë begangen wurde.

7. Seine Gabe der Prophezeiung, sein Name und seine Liebesaffären — eine davon mit der Skylla (s. 170, t) — zeigen, daß der anthedonische Glaukos eine Personifizierung der kretischen Seemacht war. Sowohl Minos (der seine Orakelsweisheit von Zeus erhielt) als auch Poseidon, der Schutzherr der kretischen Konföderation (s. 39, 7), hatten ein Verhältnis mit Skylla gehabt (s. 91, 2). Anthedon (‹Freude an Blumen›) war anscheinend ein Name des kreti-

schen Frühlingsblumenheros', der in jedem spätminoischen König neu wiederkehrte (s. 85, 2). Der König von Knossos scheint durch heilige Heiraten mit allen Mitgliedsstaaten seines Bundes verbunden gewesen zu sein (s. 89, 1). Daher erhielt Glaukos den Ruf eines erfolgreichen Liebhabers. Wahrscheinlich machte ein Gesandter von Knossos – ähnlich dem Talos (s. 92, 7) – jährlich eine Reise durch die kretischen Überseebesitzungen: Er verkündete die neuesten Befehle des Orakels. Delos war eine kretische Insel und vielleicht ein Zentrum der Verbreitung von Orakelsprüchen der Diktischen Höhle zu Knossos. Doch ist Glaukos auch dem Proteus, dem orakelsprechenden Meeresgott des kretischen Pharos (s. 169, 6), und dem Melikertes, dem Meeresgott von Korinth, der auch mit einem anderen Glaukos identifiziert wird (s. 71, 4), ähnlich.

8. Eine andere Version der Glaukos-Mythe, die sich auf den lydischen Historiker XANTHOS stützt, wird von PLINIUS (‹Naturgeschichte› XXV, 14) und NONNOS (*‹Dionysiaka›* XXV, 451-551) zitiert: Sie ist auf einer Reihe sardischer Münzen festgehalten. Als der Heros Tylon oder Tylos (‹Knoten› oder ‹Phallos›) von einer Schlange tödlich in die Ferse gebissen wurde (s. 117, 1), wandte sich seine Schwester Moira (‹Geschick›) an den Giganten Damasen (‹Unterdrücker›) mit der Bitte, den Bruder zu rächen. Damasen tötete die Schlange, aber eine andere holte aus den Wäldern ‹die Blume des Zeus› und legte sie auf die Lippen ihres toten Gefährten, der wieder zum Leben kam. Moira folgte diesem Beispiel und brachte auch Tylos zu den Lebenden zurück.

91. SKYLLA UND NISOS

a. Minos war der erste König, der das Mittelmeer beherrschte. Er befreite es von Piraten und herrschte in Kreta über neunzig Städte. Als die Athener seinen Sohn Androgeus ermordet hatten, schwur er Rache. Er segelte im Aigaiischen Meer von Ort zu Ort und sammelte Schiffe und bewaffnete Heere. Die Bewohner mancher Insel versprachen ihm Hilfe, andere verweigerten sie. Die Prinzessin Arne bestach er mit Gold, ihm Siphnos auszuliefern. Da verwandelten die Götter sie in eine Elster, die das Gold und alles Glänzende liebt. Er verbündete sich mit den Bewohnern Anaphes, doch König Aiakos von Aigina wies ihn ab. Daraufhin schwur er Rache und reiste ab. Später entschloß sich Aiakos, auf den Hilferuf des Kephalos hin den Athenern im Kampf gegen Minos beizustehen [1].

b. Inzwischen belagerte Minos den Isthmos von Korinth und Nisa, das vom Ägypter Nisos, der eine Tochter namens Skylla hatte, regiert wurde. In der Stadt stand ein Turm, von Apollon (und Poseidon?) erbaut. Am Fuße der Burg lag ein Stein, der wie eine Leier klang, wenn man Kieselsteine von oben auf ihn fallen ließ. Einst hatte Apollon seine Leier auf ihn gelegt, als er als Steinmetz am Turme arbeitete. Skylla saß oft auf der Spitze des Turms und spielte dort mit einem Schoß voller

Kiesel Melodien auf dem Steine. Hierher kam sie täglich, als der Krieg begann, das Gefecht zu verfolgen.

c. Die Belagerung Nisas zog sich hin. Bald kannte Skylla den Namen jedes kretischen Kriegers. Sie war vom Aussehen des Minos und von seinen herrlichen Gewändern und seinem weißen Schlachtroß beeindruckt und verliebte sich in ihn, trotzdem er der Feind war. Manche schieben die Schuld der Aphrodite, andere aber der Hera zu [2].

d. Eines Tages schlich Skylla sich in das Gemach ihres Vaters und schnitt die berühmte, helle Locke, von der sein Leben und sein Thron abhingen, von seinem Haupte. Dann stahl sie ihm die Schlüssel des Stadttores, öffnete es und schlich sich hinaus. Sie lief geradenwegs zum Zelte des Minos und bot ihm die Locke für seine Liebe an. «Einverstanden!» rief Minos aus, eroberte die Stadt und plünderte sie. Noch in der gleichen Nacht schlief er, wie versprochen, mit Skylla. Doch er verachtete den Vatermord und wollte sie nicht mit nach Kreta nehmen. Skylla aber schwamm seinem Schiffe nach und klammerte sich an dessen Heck, bis die Seele ihres Vater Nisos in Gestalt eines Seeadlers sich mit seinen Krallen und seinem Schnabel auf sie herabstürzte. Erschrocken ließ Skylla ihren Halt fahren und ertrank; ihre Seele flog als Eule, die ja wegen ihrer roten Brust und roten Beine bekannt ist, davon [3]. Doch erzählen manche, daß Skylla auf Befehl des Minos ertränkt wurde, und andere, daß ihre Seele sich in den Eulenfisch verwandelte, also nicht in den Vogel gleichen Namens [4].

e. Zu Ehren des Megareus, eines Sohnes der Oinope und des Hippomanes, wurde Nisa hernach Megara genannt. Er war ein Verbündeter des Nisos und heiratete dessen Tochter Iphinoë. Von ihm wird gesagt, daß er Nisos auf den Thron gefolgt sein soll [5].

f. Der Krieg zog sich hin. Endlich sah Minos ein, daß er Athen nicht besiegen könne. Da betete er zu Zeus, den Tod des Androgeus zu rächen. Und ganz Griechenland wurde von Erdbeben und einer Hungersnot heimgesucht. Die Könige der verschiedenen Stadtstaaten versammelten sich zu Delphi, um das Orakel zu befragen. Hier wurde ihnen geraten, Aiakos solle zum Himmel beten. Als dies geschah, hörten die Erdbeben überall, mit Ausnahme Attikas, auf.

g. Die Athener wollten sich von dem Fluche befreien. Auf dem Grabe des Kyklopen Geraistos opferten sie der Persephone die Töchter des Hyakinthos — Antheis, Aigleis, Lyktaia und Orthaia. Diese Mädchen waren von Sparta nach Athen gekommen. Doch die Erdbeben dauerten an. Wieder befragten die Athener das Delphische Orakel und erhielten zur Antwort, sie müßten Minos die geforderte Buße leisten. Er verlangte sieben Jünglinge und sieben Jungfrauen, die alle neun Jahre nach Kreta gesandt und dem Minotauros geopfert werden mußten [6].

h. Minos kehrte nach Knossos zurück, und voller Dankbarkeit für seinen Erfolg opferte er hundert Stiere. Im neunten Jahre erreichte ihn der Tod[7].

1. Strabon X, 4, 8 und 15; Ovid, Metamorphosen VII, 480-VIII, 6.
2. Hyginus, Fabel 198; Vergil, Ciris.
3. Apollodoros III, 15, 8; Hyginus a. a. O.; Ovid, Metamorphosen VIII, 6 bis 151; Vergil a. a. O.; Pausanias II, 34, 7.
4. Apollodoros a. a. O.; Pausanias a. a. O.
5. Pausanias I, 39, 4-5.
6. Diodorus Siculus IV, 61.
7. Ovid, Metamorphosen VIII, 152 ff; Homer, Odyssee XIX, 178.

1. Den historischen Hintergrund der Skylla-Mythe bildet anscheinend ein Streit zwischen den Athenern und ihren kretischen Herren kurz vor dem Fall von Knossos im Jahre 1400 v. Chr. Die Sage selbst, die fast wörtlich in der taphischen Geschichte von Pterelaos und Komaitho wiederkehrt, erinnert an die Sage über Samson und Delilah im Lande der Philister, an Curoi, Blathnat und Cuchulain in Irland, Llew Llaw, Blodeuwedd und Gronw in Wales: alles Variationen des gleichen Themas. Es geht um den Wettstreit zwischen dem Heiligen König und seinem Stellvertreter um die Gunst der Mondgöttin, die zur Zeit der Sommersonnenwende des Königs Haar abschneidet und ihn verrät. Des Königs Stärke liegt in seinem Haar, denn es stellt die Sonne dar; seine langen, blonden Locken werden mit den Sonnenstrahlen verglichen. Die fünf aufgezählten Mythen beweisen, daß Skylla-Komaitho-Blodeuwedd-Blathnat-Delilah die Mondgöttin in ihrer Frühlings- und Sommererscheinung als Aphrodite Komaitho (‹blondhaarig›) ist. Im Herbst verwandelt sie sich in eine Eule oder eine *ciris* und wird dann entweder die Todesgöttin Athene – die in der Gestalt vieler Vögel, einschließlich der Eule, erscheint (s. 97, 4) – oder auch Hera oder Hekate. Ihr Name Skylla deutet auf den Tod des Königs, der in Stücke gerissen wurde, nachdem sein Haupt geschoren worden war, hin. Wie in der Llew Llaw-Sage ist die Strafe, die dann über die Verräterin verhängt wird, eine spätere moralische Ausschmückung.

2. Ovid (‹Liebeskunst› I, 331) identifiziert diese Skylla mit einer gleichnamigen Person, die Aphrodite in ein Hundeungeheuer verwandelte, weil Poseidon sie verführt hatte (s. 16, 2). Er erzählt auch, daß in ihrem Schoße Hunde wohnten. Dies war die Strafe für den Verrat an ihrem Vater Nisos. Ovid irrt sich selten in seiner Mythologie; vielleicht überliefert er hier eine Legende, nach der Minos, als Folge des Fluches der Pasiphaë, Skyllas Schoß eher mit Hunden als mit Schlangen, Skorpionen und Tausendfüßlern füllte. Pasiphaë und Amphitrite sind die gleiche Mond- und Meeresgöttin. Und Minos, als der Beherrscher des Mittelmeeres, wurde mit Poseidon identifiziert.

3. Nach dem *‹Etymologicum Magnum›* (unter: *Geraistides*) pflegten die Töchter des Geraistos den Säugling Zeus zu Gortyna; auch war Geraistion die Stadt in Arkadien, wo Rhea den Zeus in Windeln hüllte. So galten wahrscheinlich die Hyakinthiden als die Pflegerinnen und nicht die Töchter des Hyakinthos: Sie waren Priesterinnen der Artemis, die zu Knidos ‹Hyakinthotrophos› (‹die Amme des Hyakinthos›) genannt wurde. Man kann in ih-

nen die Geraistiden erkennen, da der jährlich sterbende kretische Zeus (s. 7, *1*) von Hyakinthos nicht zu unterscheiden war.

4. Die sieben athenischen Jünglinge, die dem Minotauros geopfert werden mußten, waren wahrscheinlich der jährliche Ersatz für den knossischen König. Wahrscheinlich wollten die Kreter lieber fremde als eigene Opfer verwenden. ‹Jedes neunte Jahr› bedeutet: ‹am Ende jedes Großen Jahres von einhundert Mondzyklen›. Wenn anstelle des Heiligen Königs sieben Knaben getötet worden waren, mußte er selber sterben (s. 81, *8*). Die sieben athenischen Jungfrauen starben nicht: Sie wurden Dienerinnen der Mondpriesterin.

5. Es ist gut möglich, daß es zu Megara eine Reihe ‹musikalischer› Steine in der Art eines Xylophons gegeben hat. Ein solches Instrument war leicht zu konstruieren.

92. DAIDALOS* UND TALOS

a. Die Eltern des Daidalos sind umstritten. Manche nennen Alkippe seine Mutter, andere Merope oder Iphinoë. Auch geben ihm alle einen anderen Vater, wenngleich man einstimmig seine Abstammung auf Erechtheus, den Gründer des königlichen Hauses Athens, zurückführte. Daidalos war ein wunderbarer Schmied; Athene selbst hatte ihn in diese Kunst eingeweiht [1].

b. Sein Lehrling Talos, der Sohn seiner Schwester Polykaste oder Perdix, hatte ihn bereits an Geschicklichkeit übertroffen, als er erst zwölf Jahre alt war. Eines Tages fand Talos den Kieferknochen einer Schlange oder, wie manche sagen, das Rückgrat eines Fisches. Er bemerkte, daß er es zum Schneiden von Holz verwenden könnte; er bildete es in Eisen nach und erfand so die Säge. Diese und andere seiner Erfindungen — wie die Töpferscheibe und der Zirkel, der Kreise zeichnet — brachten ihm in Athen großen Ruhm. Nun hatte aber Daidalos behauptet, er selbst habe die erste Säge geschmiedet. Bald wurde er von unerträglicher Eifersucht erfüllt [2]. Er führte Talos auf das Dach des Tempels der Athene auf der Akropolis, zeigte ihm die weite Aussicht und stürzte den Ahnungslosen dann plötzlich vom Dach. Trotz aller Eifersucht hätte ihm Daidalos kein Leid getan, aber er glaubte, daß Talos schändliche Beziehungen zu seiner Mutter Polykaste unterhielte. Daidalos rannte vom Dache und eilte zum Fuße der Akropolis. Hier versteckte er den Leichnam des Talos in einem Sack, denn er wollte ihn heimlich begraben. Vorbeigehende fragten ihn, was er in dem Sack trüge. Da antwortete er voll falscher Frömmigkeit: «Ich habe eine tote Schlange aufgelesen — wie es das Gesetz verlangt»,

---

* Zum Daidalos-Mythos vgl. auch ausführlich Gustav René Hocke, Manierismus in der Literatur — Sprach-Alchimie und esoterische Kombinationskunst. rde Bd. 82/83, S. 204 ff. (Anm. d. Red.)

was ja nicht ganz erlogen war; Talos war ein Erechtheide. Doch waren Blutflecken auf dem Dach geblieben, und sein Verbrechen wurde entdeckt. Daidalos wurde wegen Mordes vom Areiopagos verbannt. Nach einem anderen Bericht floh er bereits vor Beginn des Prozesses [3].

c. Nun flog die Seele des Talos, den manche Kalos, Kirkinos oder Tantalos nennen, in der Gestalt eines Rebhuhnes davon. Seinen Leichnam begrub man am Fuße der Akropolis an der Stelle, wo er niedergefallen war. Als Polykaste von seinem Tode erfuhr, erhängte sie sich. Ihr zu Ehren errichteten die Athener ein Heiligtum in der Nähe der Akropolis [4].

d. Daidalos floh in ein attisches Städtchen, dessen Bevölkerung nach ihm die Daidaliden heißen. Dann ging er nach Knossos in Kreta, wo König Minos gern den geschickten Handwerker willkommen hieß. Daidalos lebte dort einige Zeit in Frieden und erfreute sich der Gunst des Königs, bis Minos eines Tages erfuhr, daß Daidalos jene Kuh gebaut hätte, in der sich Pasiphaë mit dem weißen Stier des Poseidon gepaart hatte. Er setzte ihn im Labyrinth gefangen, zusammen mit seinem Sohn Ikaros, dessen Mutter Naukrate eine seiner Sklavinnen war; doch Pasiphaë befreite beide [5].

e. Es war nicht leicht, von Kreta zu entfliehen. Minos ließ alle seine Schiffe vom Militär bewachen und setzte eine hohe Belohnung für die Gefangennahme des Daidalos und dessen Sohnes aus. Doch Daidalos machte für sich selbst ein Paar Flügel und ein zweites für Ikaros. Die großen Federn wurden von Fäden zusammengehalten, während die kleinen Federn mit Wachs befestigt waren. Er band ein Paar dem Ikaros an und sagte zu ihm mit Tränen in den Augen: «Sei gewarnt, mein Sohn! Fliege nicht zu hoch, damit die Sonne nicht das Wachs schmelze, noch lasse dich zu tief herab, damit die Federn nicht vom Meere benetzt werden!» Dann schlüpfte er mit den Armen in seine eigenen Flügel, und sie flogen davon. «Folge mir dicht nach», rief er, «und ändere die Richtung nicht!»

In nordöstlicher Richtung flogen sie flügelschlagend von der Insel. Da hielten die Fischer, Schafhirten und Bauern die beiden fliegenden Wesen für Götter.

f. Sie hatten Naxos, Delos und Paros links hinter sich gelassen und ließen Lebynthos und Kalymne zur Rechten. Da mißachtete Ikaros den Befehl seines Vaters und erhob sich voll Freude über die Kraft seiner großen Flügel gegen die Sonne. Als Daidalos über seine Schultern zurückblickte, war Ikaros verschwunden. Nur einige Federn schwammen auf den Wellen unter ihm; die Hitze der Sonne hatte das Wachs geschmolzen, und Ikaros war ins Meer gestürzt und ertrunken. Daidalos flog solange hin und her, bis er den Leichnam des Sohnes gefunden hatte. Er trug ihn zu einer nahen Insel, die nun Ikaria genannt wird, und begrub ihn hier. Ein Rebhuhn hockte auf dem Aste einer Eiche und beobachtete ihn. Es gackerte vor Freude — es war die Seele seiner Schwester Polykaste, die nun gerächt war. Das umliegende Meer wurde nach der Insel benannt[6].

g. Doch manche, die dieser Geschichte keinen Glauben schenken, erzählen, daß Daidalos von Kreta in einem Boote geflohen wäre, das Pasiphaë ihm gegeben hätte. Auf dem Wege nach Sizilien wollten sie auf einer kleinen Insel landen, als Ikaros in das Meer fiel und ertrank. Sie fügen noch hinzu, daß Herakles den Ikaros begraben hätte. Zum Dank soll Daidalos ihm in Pisa eine Statue errichtet haben. Sie sei dem Herakles so ähnlich gewesen, daß er sie für einen Doppelgänger hielt und mit einem Stein zerschlug. Andere schreiben Daidalos die Erfindung des Segels zu und nicht die der Flügel. Mit Hilfe der Segel sei er den Galeeren des Minos entkommen. Doch Ikaros hätte so sorglos gesteuert, daß ihr Boot kenterte und er ertrank[7].

h. Daidalos flog westwärts weiter und landete in Cumae in der Nähe von Neapel. Hier weihte er seine Flügel dem Apollon und baute ihm einen Tempel mit goldenem Dach. Später wurde er in Kamikos in Sizilien gastfreundlich von König Kokalos aufgenommen. Er lebte bei den Sizilianern, bei denen er sich großen Ruhmes erfreute und viele schöne Gebäude errichtete[8].

i. Inzwischen hatte Minos eine große Flotte zusammengestellt und machte sich auf die Suche nach Daidalos. Er führte eine Tritonmuschel mit sich und versprach überall demjenigen reichen Lohn, der einen Leinenfaden durch diese Muschel ziehen könnte. Er wußte, daß nur Daidalos diese Aufgabe lösen könnte. In Kamikos angekommen, bot er König Kokalos die Muschel an. Kokalos unternahm es, den Faden durch sie durchziehen zu lassen. Und wie zu erwarten, fand Daidalos die Lösung. Er band einen Seidenfaden an eine Ameise, bohrte ein Loch durch die Spitze der Muschel und lockte die Ameise durch den Spiralengang, indem er Honig um die Ränder des Loches strich. An das Ende des Seidenfadens band er einen Leinenfaden und zog so auch diesen durch. Kokalos gab die aufgezogene Muschel zurück und forderte seine Belohnung. Minos war nun überzeugt, das Versteck des Daidalos endlich gefunden zu haben, und forderte seine Herausgabe. Doch die Töchter des Kokalos wollten Daidalos nicht verlieren, denn er hatte ihnen schöne Spielzeuge gemacht. So heckten sie zusammen einen Plan aus. Daidalos führte ein Rohr durch das Dach des Badezimmers, in dem sich Minos gerade an einem warmen Bade erfreute. Dann gossen sie durch das Rohr kochendes Wasser, oder manche sagen Pech, über den ahnungslosen Minos. Kokalos, der wahrscheinlich auch von dem Plan wußte, gab den Kretern den Leichnam ihres Königs zurück und erklärte, Minos sei über einen Teppich gestolpert und in einen Kessel kochenden Wassers gestürzt[9].

j. Das Gefolge des Minos begrub ihn mit großem Pomp. Zeus ernannte ihn zu einem der drei Totenrichter im Tartaros; die beiden anderen waren sein Bruder Rhadamanthys und sein Feind Aiakos. Sein Grab war im Mittelpunkt des Tempels der Aphrodite zu Kamikos. Durch viele Generationen hindurch wurde er von den Sizilianern, die zur Anbetung der Aphrodite hierherkamen, geehrt. Schließlich brachte Theron, der Tyrann von Akragas, seine Gebeine nach Kreta zurück.

k. Nach dem Tode ihres Königs waren die Kreter in vollständiger Verwirrung. Ihre Hauptflotte war von den Sizilianern verbrannt worden, viele der Mannschaften waren nun gezwungen, in dem fremden Land zu bleiben. Einige bauten nahe dem Küstenstrich, an dem sie gelandet waren, die Stadt Minoa; andere gründeten die Stadt Hyria in Messapien; und andere wieder marschierten landeinwärts und befestigten einen Hügel, auf dem dann die Stadt Enguos gegründet wurde, so nach einer nahegelegenen Quelle benannt. Hier bauten sie einen Tempel, um die Mütter zu ehren. Auch im fremden Lande hielten sie an diesem Brauch ihrer kretischen Heimat fest [10].

l. Daidalos verließ Sizilien und schloß sich Iolaos an, dem Neffen und Wagenlenker des Tirynthischen Herakles, der ein Heer von Athenern und Thespiern nach Sardinien führte. Viele seiner Werke blieben in Sardinien bis auf unsere Tage erhalten. Sie werden die Daidaleia genannt [11].

m. Nun war Talos auch der Name des stierköpfigen Bronzedieners des Minos. Zeus hatte ihn Minos zur Bewachung Kretas geschenkt. Manchen galt er als ein Überlebender des Bronzegeschlechtes, das von den Eschenbäumen gefallen war (s. 5, d). Andere behaupten, daß er von Hephaistos in Sardinien geschmiedet worden wäre und daß er nur eine einzige Vene hätte, die von seinem Nacken bis zu seinen Fußknöcheln lief, wo sie von einem bronzenen Zapfen verschlossen wäre. Dreimal täglich mußte er um die Insel Kreta laufen und Steine auf fremde Schiffe werfen. Dreimal im Jahr ging er langsamen Schrittes durch die Dörfer Kretas und verkündete die Gesetze des Minos, die auf bronzene Tafeln niedergeschrieben waren. Als die Sardinier versuchten, die Insel zu erobern, machte sich Talos in einem Feuer glühend heiß und tötete die Angreifer mit der Glut seiner Umarmung. Dabei grinste er grauenerregend, woher der Ausdruck ‹ein sardonisches Lächeln› stammt. Dann aber tötete Medea den Talos: Sie zog den Zapfen aus dem Fuß und ließ ihn verbluten. Manche aber behaupten, daß der Argonaute Poias seinen Knöchel mit einem vergifteten Pfeil verwundet habe [12].

1. Apollodoros III, 15, 8; Plutarch, Theseus 19; Pherekydes, zit. v. Scholiast zu Sophokles' Oidipus auf Kolonos 472; Hyginus, Fabel 39.
2. Apollodoros a. a. O.; Ovid, Metamorphosen VIII, 236-59; Hyginus, Fabel 274; Plinius, Naturgeschichte VII, 57.
3. Fulgentius, Mythen III, 2; Erster Mythograph des Vatikans 232; Zweiter Mythograph des Vatikans 130; Diodorus Siculus IV, 76, 6; Hyginus, Fabel 39; Pausanias VII, 4, 5.

4. PAUSANIAS I, 21, 6; SERVIUS über VERGILS Aeneis VI, 14; HELLANIKOS zit. v. Scholiast zu EURIPIDES' Orestes 1650; OVID a. a. O.; SUIDAS und PHOTIOS unter: Heiligtum der *Perdix*.
5. DIODORUS SICULUS a. a. O.; APOLLODOROS, Epitome I, 12.
6. ISIDOR VON SEVILLA, Ursprünge XIV, 6; HYGINUS, Fabel 40; OVID, Metamorphosen VIII, 182-235.
7. DIODORUS SICULUS IV, 77; APOLLODOROS II, 6, 3; PAUSANIAS IX, 11, 2-3.
8. VERGIL, Aeneis VI, 14 ff; PAUSANIAS VII, 4, 5; DIODORUS SICULUS IV, 78.
9. PAUSANIAS a. a. O.; APOLLODOROS, Eptiome I, 14-15; ZENOBIOS, Sprichwörter IV, 92; DIODORUS SICULUS IV, 79.
10. DIODORUS SICULUS a. a. O.; HERODOT VII, 170.
11. PAUSANIAS VII, 2, 2; DIODORUS SICULUS IV, 30.
12. SUIDAS unter: *Risus Sardonicus*; APOLLONIOS RHODIOS, Argonautika 1639 ff; APOLLODOROS I, 9, 26; PLATON, Minos 320 c.

1. Hephaistos gilt manchmal als Sohn der Hera und des Talos (s. 12, c), Talos wiederum als der junge Neffe des Daidalos. Doch Daidalos war ein jüngeres Mitglied des Hauses des Erechtheus, das erst lange nach der Geburt des Hephaistos gegründet wurde. Man trifft oft auf derartige chronologische Widersprüche in der Mythologie. Daidalos (‹glänzend› oder ‹meisterhaft geschmiedet›), Talos (‹der, der leidet›) und Hephaistos (‹der, der bei Tage scheint›) sind nur verschiedene Namen der gleichen mythischen Gestalt, wie aus den übereinstimmenden Attributen zu erkennen ist; Ikaros (von *io-carios*, ‹der Mondgöttin Kar geweiht›) ist vielleicht auch noch ein anderer seiner Namen. Denn Hephaistos, der Schmiedegott, heiratete Aphrodite, der das Rebhuhn geweiht war; die Schwester des Schmiedes Daidalos hieß Perdix (‹Rebhuhn›); die Seele des Talos, der auch ein Schmied war, entflog in der Gestalt eines Rebhuhnes; ein Rebhuhn erschien beim Begräbnis des Ikaros, des Sohnes des Daidalos. Hephaistos wurde vom Olymp, Talos von der Akropolis gestürzt. Hephaistos hinkte beim Gehen; ein Name des Talos war Tantalos (‹hinkend oder nachziehend›); das Rebhuhnmännchen hinkt bei seinem Liebestanz und hält einen Sporn zum Angriff auf den Rivalen bereit. Außerdem hinkte auch der lateinische Gott Vulkan. Sein Kult wurde aus Kreta eingeführt, wo man ihn Velchanus nannte und ihm einen Hahn als Wahrzeichen gab. Der Hahn kräht zur Morgendämmerung und ist daher ein passendes Symbol eines Sonnenheroen. Doch kam der Hahn nicht vor dem 6. Jahrhundert v. Chr. nach Kreta. Wahrscheinlich hat er das Rebhuhn als Vogel des Velchanus verdrängt.

2. Anscheinend fand im Frühling ein erotischer Rebhuhntanz zu Ehren der Mondgöttin statt. Dabei hinkten die männlichen Tänzer und trugen Flügel. Anaphe, eine Insel im Norden Kretas, mit der Minos Verträge geschlossen hatte (s. 91, a), war im Altertum als Ruheplatz der ziehenden Rebhühner bekannt.

3. Die Mythe über Daidalos und Talos scheint – wie ihre Variante, die Mythe über Daidalos und Ikaros – mehrere Riten zu verbinden: den rituellen Feuertod des Stellvertreters des adlerflügeltragenden Sonnenkönigs (s. 29, 1) im Frühlingsfreudenfeuer zur Zeit des palästinensischen Neujahrs; den rituellen Todessturz (s. 96, 3) des rebhuhnflügeltragenden *Pharmakos* von einer

Klippe und das Verwunden der Ferse des Königs mit einem vergifteten Pfeil (s. 92, 10).

4. In gewissem Sinne war das Labyrinth, dem Daidalos und Ikaros entflohen, der Mosaikboden mit dem Labyrinthmuster, dem man beim rituellen Rebhuhntanz folgen mußte (s. 98, 2). Die Flucht des Daidalos nach Sizilien, Cumae und Sardinien bezieht sich auf die Flucht der eingeborenen Bronzeschmiede aus Kreta als Folge der späteren hellenischen Invasion. Die List mit der Tritonmuschel und das Begräbnis des Minos in einem Schreine der Aphrodite, der diese Muschel geweiht war (s. 11, 3), deuten darauf hin, daß Minos in diesem Zusammenhang auch als Hephaistos, der Liebhaber der Meeresgöttin, bekannt war.

5. Der Name Naukrate (‹Seemacht›) spiegelt die historischen Folgen der Niederlage des Minos in Sizilien wider: Die Vormacht auf dem Meere ging von Kreta in griechische Hände über. Daß sie eine der Sklavinnen des Minos war, läßt auf eine Palastrevolution hellenischer Landsknechte in Knossos schließen.

6. Wenn Polykaste, ein anderer Name der Perdix, der Mutter des Talos, *polykassitere* = ‹viel Zin›, bedeutet, so ist dies ein Teil der Mythe des bronzenen Mannes, der auch Talos genannt wurde. Die kretische Vormachtstellung hing in überwiegendem Maße von den Zinnvorkommen ab. Dieses Zinn wurde mit dem kyprischen Kupfer gemischt. Zinn wurde sonst nur auf der Insel Mallorca, in den Bleiminen zu Buñola, gewonnen.

7. Hesychios behauptet, Talos sei ein Name der Sonne. Ursprünglich lief Talos also nur einmal am Tage um Kreta herum. Da Talos — die Sonne — auch Tauros (‹der Stier› — Bekker, ‹Anekdoten› I, 344, 10 ff; Apollodoros I, 9, 26) genannt wurde, waren die drei jährlichen Besuche in den Dörfern wahrscheinlich die Reise des Sonnenkönigs, der seine rituelle Stiermaske trug — das kretische Jahr war in drei Jahreszeiten aufgeteilt (s. 75, 2). Die Umarmung des glühenden Talos könnte sich auf die menschlichen Brandopfer beziehen, die dem Moloch oder Melkarth dargebracht wurden, der zu Korinth als Melikertes (s. 70, 5) angebetet wurde. Er war wahrscheinlich auch in Kreta bekannt. Da nun dieser Talos aus Sardinien kam, wohin Daidalos vor Minos geflohen sein soll, und er außerdem auch ein Geschenk des Zeus an Minos war, vereinfachten die Mythographen die Geschichte. Sie nannten eher Hephaistos als Daidalos den Schöpfer des Talos; Hephaistos und Daidalos sind ja identisch.

8. Die einzige Vene des Talos ist ein Teil des Geheimnisses um die frühen Bronzegüsse mittels der ‹verlorenen Wachs-Methode›. Zuerst verfertigten die Schmiede ein Modell aus Bienenwachs und umgaben es mit einer Lehmschicht. Dann legten sie das Ganze in den Brennofen. War der Lehm zu Ton gebrannt, so bohrte der Schmied ein Loch zwischen Ferse und Fußgelenk, so daß das restliche heiße Wachs ablaufen konnte und eine feste Form hinterließ. In diese wurde die flüssige Bronze gegossen. Sobald die Form ausgefüllt und das Metall in ihr abgekühlt war, zerbrach der Schmied den Ton: ein Bronzegebilde von der gleichen Form wie die des ursprünglichen Wachsmodelles blieb zurück. Die Kreter brachten diese Methode zusammen mit dem Kult des Daidalos nach Sardinien.

9. Zirkel sind Werkzeuge der Bronzeschmiede. Man benutzte sie zum genauen Zeichnen von konzentrischen Kreisen, wenn Schüsseln, Helme oder Masken aus dem Blech geschlagen werden sollten. Talos war daher auch unter dem Namen Kirkinos, ‹der Kreisförmige›, bekannt, was sich sowohl auf den Lauf der Sonne als auf den Gebrauch des Zirkels (s. 3, 2) bezog. Seine Erfindung der Säge wurde mit Recht betont: Die Kreter hatten sehr kleine, doppelt gezähnte Radsägen für feine Arbeiten und wußten sie mit bewundernswerter Geschicklichkeit zu benutzen. Talos ist der Sohn einer Eschennymphe, denn die Kohle des Eschenholzes gab die zum Schmelzen erforderliche Hitze.

10. Die Erschießung des Talos durch Poias erinnert an den Tod des Achilleus durch Paris. Achilleus wurde wie die Kentauren Pholos und Cheiron (s. 126, *3*) an der Ferse verwundet. Diese Mythen sind miteinander verwandt. Pholos und Cheiron starben an einem vergifteten Pfeil des Herakles. Poias war der Vater des Philoktetes. Als Herakles von einem anderen Kentauren vergiftet wurde, befahl Poias seinem Sohne, den Scheiterhaufen anzuzünden. So erhielt Philoktetes die gleichen Pfeile (s. 145, f), von denen einer ihn selbst vergiftete (s. 161, *1*). Paris borgte die tödlichen Pfeile des Thessalischen Apollon aus, um Achilleus, den Pflegesohn des Cheiron, zu töten (s. 164, j). Schließlich rächte Philoktetes den Tod des Achilleus und erschoß Paris mit einem Pfeil aus dem Köcher des Herakles (s. 166, e). Der Heilige König der Thessaler wurde, wie es scheint, von einem Pfeile getötet, der mit Schlangengift bestrichen war. Diesen Pfeil schoß sein Stellvertreter zwischen seine Ferse und sein Fußgelenk. In der Sanskrit ‹*Mahabharata*› wird der göttliche Heros Krischna, den die Griechen – als Alexander in Indien eindrang – mit Herakles identifizierten, vom Jäger Jara in die Ferse geschossen und so getötet. In manchen indischen Mythen erscheint Jara als Krischnas Bruder: das heißt, als sein Stellvertreter.

11. Obwohl Daidalos als Athener gilt, und zwar wegen der attischen *deme* (Städtchen), die nach ihm benannt wurde, wurde die daidalische Kunst von Kreta nach Attika gebracht und nicht umgekehrt. Die Spielzeuge für die Töchter des Kokalos waren wahrscheinlich Puppen mit beweglichen Gliedern, ähnlich denen, die Pasiphaë und ihre Tochter Ariadne (s. 88, e) erfreuten. Sie wurden im attischen Baumkult Erigones verwendet. Sicherlich erhängte Polykaste, die Schwester des Daidalos, ebenso wie die beiden Erigonen und Ariadne, sich selbst (s. 79, 2 und 88, *10*).

12. Die Messaper von Hyria, später Uria und jetzt Oria genannt, waren im Klassischen Zeitalter wegen ihrer kretischen Sitten bekannt: Seitenlocken, blumenbestickte Gewänder, Doppelaxt usw. Dort gefundene Tontöpfe konnten datiert werden: Sie stammen aus der Zeit um 1400 v. Chr.; wodurch die Geschichte bestätigt wird.

93. KATREUS UND ALTHAIMENES

a. Katreus, der älteste überlebende Sohn des Minos, hatte drei Töchter: Aërope, Klymene und Apemosyne und einen Sohn Althaimenes. Als das Orakel prophezeite, Katreus würde seinen Tod durch die Hand eines seiner Kinder finden, verließen Althaimenes und die schnellfüßige Apemosyne mit einem großen Gefolge Kreta. So hofften sie, dem Fluche zu entfliehen. Sie landeten auf der Insel Rhodos und gründeten die Stadt Kretinia, so genannt zu Ehren ihrer Heimatinsel [1]. Althaimenes ließ sich später in Kameiros nieder, wo er von den Einwohnern in hohen Ehren gehalten wurde. Auf dem nahen Berge Atabyrios errichtete er dem Zeus einen Altar. Vom Gipfel dieses Berges konnte er an klaren Tagen in der Ferne sein geliebtes Kreta sehen. Um den Altar stellte er bronzene Stiere, die jedesmal laut zu brüllen begannen, wenn Rhodos Gefahr drohte [2].

b. Eines Tages verliebte Hermes sich in Apemosyne, die seine Annäherungen jedoch zurückwies und vor ihm floh. Am Abend überraschte er sie in der Nähe einer Quelle. Wieder wollte sie fliehen, doch Hermes hatte schlüpfrige Häute auf dem einzigen Fluchtweg ausgelegt: Sie fiel auf ihr Gesicht, und es gelang ihm, sie zu vergewaltigen. Als Apemosyne zum Palaste zurückkehrte und Althaimenes ihr Unglück klagte, schimpfte er: «Verlogene Hure», und schlug sie zu Tode.

c. Inzwischen hatte Katreus, erfüllt von Mißtrauen gegenüber seinen Kindern Aërope und Klymene, sie von Kreta, auf dem er nun König war, verbannt. Nachdem Aërope von Thyestes, dem Pelopiden, verführt worden war, heiratete sie Pleisthenes und gebar Agamemnon und Menelaos. Klymene heiratete Nauplios, den berühmten Seefahrer. Hochbetagt und seines Wissens ohne Nachfolger für seinen Thron, machte Katreus sich endlich auf, Althaimenes, den er besonders liebte, zu suchen. Eines Nachts landete er auf Rhodos. Die kameirischen Kuhhirten hielten ihn und seine Gefährten für Piraten und griffen sie an. Katreus wollte sich zu erkennen geben und erklären, warum er gekommen sei, doch die bellenden Hunde übertönten seine Stimme. Althaimenes stürzte aus dem Palast, um den vermuteten Feind anzugreifen. Er erkannte seinen Vater nicht und tötete ihn mit einem Speer. So hatte sich das Orakel, trotz seiner langen und freiwilligen Verbannung, doch noch erfüllt. Althaimenes betete zum Himmel, die Erde möge ihn verschlingen. Da öffnete sich zu seinen Füßen ein Abgrund, und er verschwand. Bis zu diesem Tage werden ihm die Ehren eines Heroen erwiesen [3].

1. Apollodoros III, 2, 1.
2. Diodorus Siculus V, 78; Apollodoros a. a. O.; Strabon XIV, 2, 2; Scholiast über Pindars Olympische Oden VII, 159.
3. Apollodoros III, 2, 1—2; Diodorus Siculus a. a. O.

1. Diese Mythe ist eine reine Erfindung. Sie soll von einer mykenisch-minoischen Besetzung der Insel Rhodos im 15. Jahrhundert v. Chr. berichten und sowohl Trankopfer, die man in einen Abgrund zu Ehren eines rhodischen Heroen goß, wie auch die erotischen Spiele, bei denen Frauen auf den frischen Häuten der Opfertiere tanzten, erklären. Die Endung *byrios* oder *buriash* taucht in königlichen Titeln der im Jahre 1750 v. Chr. begründeten Dritten

Babylonischen Dynastie auf. Wie die Gottheit vom Atabyrion (Berg Tabor) in Palästina, die wegen der Anbetung des Goldenen Kalbes berühmt wurde, war auch die Gottheit vom Atabyrios in Kreta der hethitische Tesup, ein viehbesitzender Sonnengott (s. 67, 1). Rhodos gehörte zunächst der sumerischen Mondgöttin Dam-Kina oder Danaë (s. 60, 3), ging aber später in den Besitz des Tesup (s. 42, 4) über. Beim Zusammenbruch des hethitischen Reiches wurde Rhodos von den griechischsprechenden Kretern besetzt. Diese behielten zwar den Stierkult bei, machten aber Atabyrios zu einem Sohn des Proitos (‹erster Mann›) und der Eurynome, der Schöpferin (s. 1, a). Im Dorischen Zeitalter riß Zeus Atabyrios den rhodischen Kult des Tesup an sich.

2. Der Tod Apemosynes zu Kameira bezieht sich auf die brutale Unterdrükkung eines Kollegiums von Orakelpriesterinnen zu Kameiros, und zwar durch hethitische, nicht aber kretische Eindringlinge. Die drei Töchter des Katreus sind, ebenso wie die Danaiden, die bekannte Mond-Triade: Apemosyne ist die dritte Gestalt, Kameiras Gegenspieler. Katreus wurde unabsichtlich von Althaimenes getötet, Laios von seinem Sohn Oidipus (s. 105, d), Odysseus von seinem Sohn Telegonos (s. 170, k): Sie waren eher die Vorgänger des Heiligen Königs als deren Väter. Doch die Geschichte wurde falsch erzählt — der Sohn und nicht der Vater sollte vom Meere kommen und den tödlichen Speer werfen.

94. DIE SÖHNE DES PANDION

a. Als Erechtheus, König von Athen, von Poseidon getötet worden war, stritten seine Söhne Kekrops, Pandoros, Metion und Orneus um den Thron; Xuthos, durch dessen Urteil Kekrops, der älteste Sohn, König wurde, mußte Attika Hals über Kopf verlassen [1].

b. Metion und Orneus bedrohten Kekrops mit dem Tode. So floh er zuerst nach Megara, dann nach Euboia, wo sich ihm Pandoros anschloß und eine Kolonie gründete. Der athenische Thron fiel dem Sohn des Kekrops, Pandion, zu, dessen Mutter Metiadusa, die Tochter des Eupalamos, war [2]. Nicht lange erfreute er sich seiner Macht. Zwar war Metion gestorben, aber dessen Söhne, die er mit Alkippe oder Iphinoë gezeugt hatte, waren nicht weniger eifersüchtig als ihr Vater. Sie hießen: Daidalos, den jedoch manche seinen Enkel nennen, Eupalamos, den andere als seinen Vater bezeichnen, und Sikyon. Sikyon gilt auch oft als der Sohn des Erechtheus, des Pelops oder des Marathon. Denn diese Stammbäume sind in große Verwirrung geraten [3].

c. Als die Söhne des Metion den Pandion von Athen verjagten, floh er an den Hof des Pylas, Pylos oder Pylon, eines lelegischen Königs zu Megara [4]. Dessen Tochter Pylia heiratete er später. Pylas tötete seinen Onkel Bias und überließ Pandion die Herrschaft über Megara. Pylas selbst suchte in Messenien Zuflucht und gründete die Stadt Pylos. Von dort wurde er von Neleus und den iolkischen Pelasgern vertrieben und zog nach Elis, wo er ein zweites Pylos gründete. Pylia gebar in Megara ihrem Gatten Pandion vier Söhne: Aigeus, Pallas, Nisos und Lykos, obwohl die eifersüchtigen Brüder des Aigeus das Gerücht verbreiteten, dieser sei der Bastard eines gewissen Skyrios [5]. Pandion kehrte nie nach Athen zurück. Ihm ist ein Heroenschrein in Megara geweiht, wo sein Grab noch immer auf dem Abhang der Athene, des Tauchvogels, gezeigt wird als Beweis, daß dieses Gebiet einst Athen gehörte. Verkleidet in der Gestalt dieses Vogels, verbarg Athene Pandions Vater Kekrops unter ihren Flügeln und brachte ihn nach Megara in Sicherheit [6].

d. Nach dem Tode Pandions zogen seine Söhne gegen Athen, vertrieben die Söhne des Metion und teilten Attika in vier Teile, wie es ihr Vater befohlen hatte. Aigeus erhielt als Ältester die Herrschaft über Athen. Die anderen Brüder losten um die Herrschaft über die anderen Teile des Königreiches: Nisos gewann Megara und das umliegende Land bis nach Korinth; Lykos gewann Euboia und Pallas das südliche Attika, wo er der Vater eines starken Riesengeschlechtes wurde [7].

e. Skiron, der Sohn des Pylas, heiratete eine Tochter des Pandion und bestritt Nisos das Recht auf Megara. Aiakos wurde zum Richter in diesem Streit angerufen. Er sprach das Königtum Nisos und seinen Nachkommen zu. Befehlsgewalt über das Heer aber sollte Skiron haben. In jenen Tagen wurde Megara Nisa genannt; Nisos gab seinen Namen auch dem Hafen von Nisaia, das er gegründet hatte. Als Nisos von Minos getötet worden war, begrub man ihn in Athen; sein Grab ist noch immer hinter dem Lykaion zu sehen. Die Megarer jedoch, die nicht zugeben wollen, daß ihre Stadt von den Kretern erobert worden war, behaupten, Megareus hätte Iphinoë, die Tochter des Nisos, geheiratet und sei sein Thronfolger geworden [8].

f. Wie Kekrops und Pandion fand auch Aigeus sein Leben stets von mißgünstigen Verwandten bedroht, unter ihnen auch Lykos, den er von Euboia verbannt haben soll. Lykos floh zu Sarpedon und gab der Stadt Lykia seinen Namen. Zuvor hatte er Aphareus zu Arene besucht und das Königshaus in die Mysterien der Großen Göttinnen Demeter und Persephone eingeführt. In die alte messenische Hauptstadt Andania brachte er die Mysterien der Atthis. Diese Atthis, die Attika ihren Namen gab, war eine der drei Töchter des Kranaos, des autochthonen Königs von Athen, der zur Zeit der Deukalionischen Flut regierte. Der Eichenhain zu Andania trägt noch immer seinen Namen; hier taufte Lykos die Novizen [9]. Er verstand sich auf die Kunst des Wahrsagens. Sein Orakel erklärte später: Würden die Messener ein bestimmtes Geheimnis sicher bewahren, so könnten sie eines Tages ihr väterliches Erbe zurückgewinnen; andernfalls wäre es für immer verloren. Lykos spielte auf einen Bericht über die Mysterien der Großen Göttin an, die auf einer Zinntafel eingraviert waren. Die Messener versteckten diese Tafel in einer ehernen Urne und vergruben sie zwischen einer Eibe und einem Myrtenbusch auf dem Gipfel des Berges Ithone. Der Thebaner Epaminondas grub sie schließlich aus, als er den Messenern ihren früheren Ruhm wiedergab [10].

g. Das Lykaion der Athener war zu Ehren des Lykos so benannt. In frühester Zeit war es dem Apollon geweiht, den man dort zum ersten Mal ‹lykaiisch› nannte. Er vertrieb durch den Geruch der ihm dargebrachten Opfer die Wölfe aus Athen [11].

1. Apollodoros III, 15, 1 und 5; Plutarch, Theseus 32; Pausanias VII, 1, 2.
2. Ebd. I, 5, 3; Eustathios über Homer S. 281; Apollodoros III, 15, 5.
3. Pherekydes, zit. von Scholiast über Sophokles' Oidipus auf Kolonos 472; Apollodoros III, 15, 8; Diodorus Siculus IV, 76, 1; Pausanias II, 6, 3.
4. Apollodoros III, 15, 5; Pausanias IV, 36, 1 und I, 29, 5.
5. Apollodoros a. a. O.; Pausanias IV, 36, 1.
6. Pausanias I, 41, 6; I, 5, 3 und I, 39, 4; Hesychios unter: *Aithyia.*
7. Apollodoros III, 15, 6; Sophokles, zit. von Strabon I, 6; Pausanias I, 5, 4 und I, 39, 4.
8. Pausanias I, 39, 4-5 und 19, 5; Strabon IX, 1, 6.
9. Herodot I, 173; Pausanias I, 2, 5 und IV, 1, 4-5.
10. Pausanias X, 12. 5; IV, 20, 2 und 26, 6.
11. Ebd. I, 19, 4; Scholiast über Demosthenes XXIV, 114.

1. Ähnliche mythische Genealogien wurden immer dann zitiert, wenn ein Streit um die Herrschaft eines Staates oder um vererbte Privilegien entstand. Die Aufteilung Megaras zwischen dem Heiligen König, der die notwendigen Opfer darbrachte, und seinem Stellvertreter, der das Heer befehligte, hat eine Parallele in Sparta (s. 74, 1). Der Name Aigeus ist mit dem athenischen Ziegenkult verknüpft (s. 8, 1) so wie der Name Lykos mit dem Kulte des Wolfes. Jeder Athener, der einen Wolf erlegt hatte, mußte diesen öffentlich begraben (Scholiast über Apollonios Rhodios II, 124). Der Tauchvogel war der Athene als der Schutzherrin der Schiffe geweiht. Da der Abhang der Athene über das Meer hinausragte, mag er eine weitere der Klippen, von denen ihre Priesterin den geflügelten *Pharmakos* hinabstieß (s. 70, 7; 89, 6 usw.), gewesen sein. Atthis (*actes thea,* ‹Göttin der zerklüfteten Küste›) scheint ein Name der attischen Dreifaltigen Göttin gewesen zu sein. Ihre Schwestern nannte man Kranaë (‹steinig›) und Kranaichme (‹felsiger Ort› — Apollodoros III, 14, 5). Die in Vögel verwandelten Prokne und Philomela trugen den Namen Atthis (Martial I, 54, 9 und V, 67, 2). Daher stand sie wahrscheinlich diesem Klippenritus nahe. Atthis, als Athene, hat bei Homer verschiedene andere Vogelgestalten (s. 97, 4). Jenes Geheimnis der Großen Göttin, das sich auf die Wiederauferstehung bezog, wurde zwischen einer Eibe und einem Myrtenbusch vergraben. Denn Eibe und Myrtenbusch sind Symbole des letzten Vokals und des letzten Konsonanten des Baumalphabets (s. 52, 3). Sie waren der Todesgöttin geweiht.

95. DIE GEBURT DES THESEUS

a. Die erste Gemahlin des Aigeus war Melite, die Tochter des Hoples; seine zweite Gattin Chalkiope, die Tochter des Rhexenor; aber keine von ihnen schenkte ihm Kinder. Aigeus sah darin – wie in dem Schicksal seiner Schwestern Prokne und Philomela – den Zorn der Aphrodite. Da führte er ihre Anbetung in Athen ein und wandte sich auch an das Delphische Orakel um Rat. Das Orakel warnte ihn davor, seinen Weinschlauch zu öffnen, bevor er den höchsten Punkt Athens erreicht hätte; sonst würde er eines Tages vor Kummer sterben. Aigeus wußte diese Antwort nicht zu deuten [1].

b. Auf dem Heimweg besuchte er Korinth: Hier ließ ihn Medea feierlich schwören, sie vor allen Feinden zu beschützen, sollte sie jemals in Athen Zuflucht suchen. Als Lohn würde ihm auf magische Weise ein Sohn gegeben werden. Dann besuchte er Troizen, wohin seine alten Gefährten Pittheus und Troizen, die Söhne des Pelops, erst jüngst aus Pisa gekommen waren, um ein Königreich mit König Aitios zu teilen. Aitios war der Nachfolger seines Vaters Anthas, des Sohnes des Poseidon und der Alkyone. Anthas war nach der Gründung der Städte Anthaia und Hyperea weitergesegelt, um den Grundstein für Halikarnassos in Karien zu legen. Doch Aitios scheint sich seiner Macht nicht lange erfreut zu haben, denn Pittheus vereinte nach dem Tode des Troizen Anthaia und Hyperea zu einer einzigen Stadt und weihte sie der Athene und dem Poseidon. Er nannte sie Troizen [2].

c. Pittheus war der weiseste Mann seiner Zeit. Einer seiner moralischen Lehrsprüche über die Freundschaft wird oft zitiert: ‹Zerstöre nicht die Hoffnung, die Freundschaft schuf; sondern erfülle ihr Maß!› Er gründete zu Troizen ein Heiligtum des Orakel-Apollon. Dieser Schrein ist der älteste Griechenlands. Auch der Dreifaltigen Göttin Themis weihte er einen Altar. Drei weiße marmorne Throne schmücken nun sein Grab hinter dem Tempel der Retterin Artemis. Sie dienten ihm und zwei anderen Männern als Richterstühle. Im Heiligtum der Musen zu Troizen lehrte er auch die Redekunst. Dieses war von Ardalos, dem Sohne des Hephaistos, gegründet worden. Pittheus gilt als der Erfinder der Flöte; eine Abhandlung über die Redekunst, von ihm verfaßt, existiert noch immer [3].

d. Während Pittheus noch zu Pisa lebte, hielt Bellerophon um die Hand seiner Tochter Aithra an. Bevor aber noch die Hochzeit gefeiert werden konnte, fiel Bellerophon in Ungnade und wurde verbannt. Aithra war zwar noch immer Bellerophon versprochen, aber niemand glaubte mehr an seine Rückkehr. Den Pittheus jammerte ihre erzwungene Unberührtheit. Es war der Zauber der fernen Medea, daß Pittheus den Aigeus trunken machte und ihn mit Aithra ins Bett schickte. Noch in der gleichen Nacht ward sie auch von Poseidon besessen. Athene hatte ihr einen Traum gesandt. Diesem gehorchend, verließ sie den trunkenen Aigeus und watete durch das Wasser zu der Insel Sphairia, nahe dem troizischen Festlande. Sie brachte Trankopfer und goß sie auf das Grab des Sphairos, des Wagenlenkers des Pelops. Dort wurde sie von Poseidon, mit Hilfe Athenes, vergewaltigt. Aithra änderte daraufhin den Namen der Insel von Sphairia zu Hiera und gründete den Tempel der Apathurischen Athene. Sie befahl, daß jedes troizische Mädchen vor der Heirat ihren Gürtel der Göttin weihe. Poseidon sprach dem Aigeus großzügig die Vaterschaft über alle Kinder zu, die Aithra in den nächsten vier Monaten zur Welt bringen würde [4].

e. Als Aigeus erwachte und sich in Aithras Bett fand, verlangte er, daß, sollte sie einen Sohn gebären, dieser weder ausgesetzt noch verschenkt werden würde; er sollte in Troizen verborgen aufgezogen werden. Dann segelte er zurück nach Athen, um am Panathenischen Feste teilzunehmen. Zuvor versteckte er sein Schwert und seine Sandalen unter einem hohlen Felsen, der als ‹Altar des Starken Zeus› bekannt war und an der Straße von Troizen nach Hermion lag. Falls der Knabe, wenn er erwachsen wäre, diesen Felsen beiseiteschieben und Schwert und Sandalen an sich nehmen könnte, sollte er damit nach Athen geschickt werden. Nur mußte Aithra ihr Geheimnis hüten, damit nicht die Neffen des Aigeus, die fünfzig Kinder des Pallas, ihr Leben bedrohten. Das Schwert war ein Erbstück des Kekrops [5].

f. Auf dem Wege von der Stadt zum Hafen Troizen, an einem Ort, der nun Genethlion genannt wird, gebar Aithra einen Sohn. Manche sagen, sie hätte ihn sofort Theseus genannt, da Aigeus jene Gaben für ihn hinterlassen hatte. Andere sagen, er sei erst später, in Athen, so genannt worden. Er wurde in Troizen aufgezogen, wo sein Vormund Pittheus diskret das Gerücht von Poseidons Vaterschaft verbreitete. Ein gewisser Konnidas, dem die Athener noch immer am Tage vor den Theseischen Spielen einen Widder opfern, war sein Lehrer und Erzieher. Manche behaupten jedoch, Theseus sei zu Marathon aufgewachsen [6].

g. Eines Abends aß Herakles mit Pittheus in Troizen zu Abend. Er hatte sein Löwenfell abgelegt und über einen Stuhl geworfen, als die Kinder des Palastes hereinkamen. Sie erblickten das Löwenfell, schrien entsetzt auf und entflohen. Nur der siebenjährige Theseus holte eilends eine Axt vom Holzhaufen und kehrte kühn zurück, bereit, den vermeintlichen Löwen anzugreifen [7].

h. Im Alter von 16 Jahren besuchte Theseus Delphi und opferte sein erstes männliches Haar dem Apollon. Doch schnitt er nur sein Stirnhaar ab, wie es die Araber und Myser oder die kriegerischen Abanten von Euboia tun; so sind sie gegenüber ihren Feinden im Nahkampf stets im Vorteil. Dieser Haarschnitt und der Ort, wo die Zeremonie vorgenommen wurde, werden noch immer theseisch genannt. Theseus war nun zu einem starken, klugen und vorsichtigen Jüngling herangewachsen, als Aithra ihn zu dem Felsen führte, unter dem Aigeus das Schwert und die Sandalen versteckt hatte. Als sie ihm die Geschichte seiner Geburt erzählte, schob er mühelos den Felsen, der seitdem ‹Felsen des Theseus› genannt wird, beiseite und nahm die Gegenstände an sich. Doch obgleich Pittheus ihn gewarnt und seine Mutter ihn gebeten hatte, den Seeweg nach Athen zu nehmen, bestand er darauf, über Land zu reisen: denn er wollte den Taten seines leiblichen Vetters Herakles, den er bewunderte, nacheifern [8].

1. Scholiast zu Euripides' Medea 668; Apollodoros III, 15, 6; Pausanias I, 14, 6.
2. Euripides, Medea 660 ff; Strabon VIII, 6, 14; Plutarch, Theseus 2.
3. Plutarch a. a. O.; Pausanias II, 31, 3-4 und 8-9.
4. Pausanias II, 31, 12 und 33, 1; Apollodoros III, 15, 7; Plutarch, Theseus 3; Hyginus, Fabel 37.
5. Plutarch a. a. O.; Apollodoros a. a. O.; Pausanias II, 32, 7.
6. Pausanias II, 32, 8; Plutarch, Theseus 4 und 6; Lactantius zu Statius' Thebais XII, 194.
7. Pausanias I, 27, 8.
8. Homer, Ilias II, 542; Pausanias a. a. O. und II, 32, 7; Plutarch, Theseus 5 und 7.

1. Pittheus ist die männliche Form von Pitthea. Als er Troizen gründete, vereinigte er einige Städte, deren Namen auf eine matriarchale Kalender-Triade (s. 75, 2) schließen lassen: Anthaia (‹die Blumige›), die Göttin des Frühlings, Hyperea (‹über dem Kopf›), die Göttin des Sommers, wenn die Sonne im Zenit steht, und Pitthea (‹Tannengöttin›), die im Herbst angebetet wurde, wenn Attis-Adonis (s. 79, 1) auf seiner Tanne geopfert wurde. Sie können mit der Dreifaltigen Göttin Themis identifiziert werden, der Pittheus einen Altar weihte. Der Name Troizen ist anscheinend eine verkümmerte Form von *trion hezomenon* (der Stadt ‹der drei Sitzenden›). So erklären sich die drei weißen Thronsessel, die ‹Pittheus und den zwei anderen› als Richterstühle dienten.

2. Theseus muß ursprünglich einer von zwei Zwillingen gewesen sein, da seine Mutter in der gleichen Nacht sowohl mit einem Gotte wie auch mit einem Sterblichen schlief. Die Mythen über Idas und Lynkeus, über Kastor und Polydeukes (s. 74, 1) und über Herakles und Iphikles (s. 118, 3) lassen diese Annahme gerechtfertigt erscheinen. Er kleidete sich auch wie Herakles in ein Löwenfell, war also der Heilige König und nicht sein Stellvertreter. Als aber Theseus nach den Persischen Kriegen zum bedeutendsten Nationalhelden Athens geworden war, mußte wenigstens sein Vater athenischer Abstammung sein, wenn schon seine Mutter aus Troizen kam. Die Mythographen einigten sich dann auf folgender Lösung: Als Sohn des sterblichen Aigeus war er ein Athener. War er aber in Not, so durfte er Poseidon als seinen Vater anrufen (s. 98, j und 101, f). In jedem Fall blieb seine Mutter eine Troizenerin; Athen hatte große Interessen in dieser Stadt. Als Ehrenzwilling wurde ihm Peiri-

thoos zugesprochen, der als Sterblicher nicht wie Herakles, Polydeukes oder Theseus (s. 74, j; 103, d und 134, d) dem Tartaros entfliehen konnte. Man sparte keine Mühe, Theseus mit Herakles in Verbindung zu bringen; doch wurden die Athener niemals mächtig genug, ihn zu einer olympischen Gottheit werden zu lassen.

3. Es scheint wenigstens drei mythologische Gestalten namens Theseus gegeben zu haben: einen von Troizen, einen von Marathon in Attika und einen im Lande der Lapithen. Erst im 6. Jahrhundert v. Chr. wurden sie eine Gestalt: Als die Butader, ein lapithischer Clan, der zu den führenden Aristokraten Athens gehörte und sogar das ursprünglich pelasgische Priestertum des Erechtheus an sich gerissen hatte, den athenischen Theseus zum Rivalen des dorischen Herakles (s. 47, 4) machten. Pittheus war offensichtlich sowohl ein eleischer wie auch ein troizenischer Name, der von dem eponymen, zum Stamme des Kekrops gehörenden Heroen einer attischen *deme* getragen wurde.

4. Aithras Besuch in Sphairia zeigt, daß die alte Sitte der Selbstprostitution unverheirateter Mädchen in den Tempeln der Athene noch lange nach der Einführung des patriarchalen Systems bestand. Sie kann kaum aus Kreta stammen, da Troizen keine mykenische Siedlung ist; sie ist eher, wie in Korinth, kanaanitischen Ursprungs.

5. Sandalen und Schwert galten im Altertum als königliche Symbole. Im Bronzezeitalter bestand ein Teil der Krönungszeremonien darin, ein Schwert unter einem Felsen hervorzuziehen (s. 81, 2). Odin, Galahad und Artus kamen so zu ihrer Waffe. Auf einer heiligen Heiratsszene in Hatasos, in einen Felsen gehauen (s. 145, 5), ist ein riesiges Schwert mit einem Löwengriff in einen Felsen gerammt. Da dieser Felsen sowohl ‹Altar des Starken Zeus› als auch ‹der Felsen des Theseus› genannt wird, sind ‹Zeus› und ‹Theseus› sicherlich abwechselnd Namen der Heiligen Könige, die an diesem Altar gekrönt wurden. Die Göttin jedoch gab ihm seine Waffen. Der ‹Apollon›, dem Theseus sein Haar opferte, war Karu (‹Sohn der Göttin Kar› — s. 82, 6 und 86, 2), auch als Kar oder Q're oder Karys bekannt. Er war der Sonnenkönig, dessen Haar jährlich vor seinem Tode geschoren wurde (s. 83, 3), ähnlich dem tyrischen Samson und dem megarischen Nisos (s. 91, 1). Bei dem Fest Komyria (‹Haare schneiden›) opferten ihm junge Männer ihre Stirnlocken zum Zeichen der jährlichen Trauer. Später wurden sie Kureten (s. 7, 4) genannt. Diese Sitte, wahrscheinlich libyscher Herkunft (HERODOT IV, 194), breitete sich später nach Kleinasien und Griechenland aus; verboten wird sie in *Leviticus XXI, 5*. Doch zu PLUTARCHS Zeiten wird Apollon als unsterblicher Sonnengott angebetet und behält zum Zeichen seiner Unsterblichkeit sein Haar.

6. Aitios' Aufteilung Troizenias zwischen Troizen, Pittheus und sich selbst erinnert an das Abkommen, das Proitos mit Melampos und Bias geschlossen hatte (s. 72, h). Der Pittheus, der Rhetorik lehrte und dessen Abhandlungen noch im Klassischen Zeitalter bekannt waren, muß eine spätere, historische Gestalt gewesen sein.

96. DIE TATEN DES THESEUS

a. Theseus beschloß, die von Räubern bedrohte Küstenstraße, die von Troizen nach Athen führte, wieder sicher zu machen. Er war nicht streitsüchtig, sondern wollte sich nur an all denen rächen, die es wagten, ihn zu belästigen. Die von ihm ausgeteilte Strafe sollte – wie bei Herakles – dem Verbrechen angemessen sein[1]. Zu Epidauros lauerte auf ihn Periphetes, der Krüppel. Ihn nennen manche einen Sohn des Poseidon, andere wieder einen Sohn des Hephaistos und der Antikleia. Mit einer ungeheuer großen, ehernen Keule erschlug er die unschuldigen und ahnungslosen Reisenden; daher auch sein Spottname Korunetes, ‹der Keulenmann›. Theseus entwand die Keule seinen Händen und erschlug ihn. Er freute sich über die Größe und das Gewicht der Keule und führte sie von nun an stets stolz mit sich. Obwohl er selbst die mörderische Wucht ihres Schlages mit seinen starken Armen aufhalten konnte, in seinen Händen war sie immer tödlich[2].

b. Nahe der Isthmischen Landenge, von wo man sowohl den Golf von Korinth als auch den Golf von Saron sehen kann, lebte Sinis, der Sohn des Pemon; manche aber sagen, er sei ein Kind des Polypemon und der Sylea, der Tochter des Korinthos, der behauptete, ein unehelicher Sohn des Poseidon zu sein[3]; Sinis trug den Spottnamen Pityokamptes, ‹der Tannenbieger›, denn er war so stark, daß er die Spitzen der Tannenbäume bis zur Erde niederbiegen konnte. Oft bat er nichtsahnende Passanten, ihm bei dieser Arbeit zu helfen. Dann ließ er aber die Bäume plötzlich los, die nun in die Höhe schnellten, die unschuldigen Helfer hoch in die Luft schleuderten und töteten. Manchmal bog er auch die Gipfel zweier benachbarter Bäume zur Erde und band seine Opfer mit je einem Arm an einen Baum, so daß sie zerrissen wurden, wenn er die Bäume losließ[4].

c. Theseus kämpfte mit Sinis, besiegte ihn und ließ ihn auf die gleiche Art sterben. In diesem Augenblick rannte ein schönes Mädchen an ihm vorbei und verbarg sich in einem Dickicht von Binsen und wilden Farnen. Theseus verfolgte sie und fand sie nach langer Suche, wie sie die Pflanzen anflehte, sie doch zu verbergen. Sie gelobte ihnen, sie niemals zu verbrennen oder abzuschlagen. Theseus redete sie an und versprach, ihr kein Leid anzutun. Da kam sie hervor, und Theseus erfuhr, daß sie Perigune, die Tochter des Sinis sei. Auf den ersten Blick hatte sie sich in Theseus verliebt und verzieh ihm, daß er ihren verhaßten Vater getötet hatte. Als ihre Zeit gekommen war, gebar sie ihm einen Sohn, den sie Melanippos nannte. Theseus vermählte sie mit Deioneus, dem Oichalier. Ioxos, der Sohn des Melanippos, wanderte nach Karien aus und wurde dort der Vorfahre der Ioxider, die weder Binsen noch wildes Farnkraut verbrennen, sondern sie anbeten[5].

d. Manche erzählen jedoch, daß Theseus den Sinis erst viele Jahre später tötete und ihm die Isthmischen Spiele weihte, obwohl diese von Sisyphos zu Ehren des Melikertes, des Sohnes Inos, eingeführt worden waren [6].

e. Dann ging Theseus nach Krommyon und tötete eine wilde und schreckliche Bache. Sie hatte so viele Krommyoner getötet, daß man nicht länger die Felder zu bestellen wagte. Dieses Tier war nach der alten Hexe, die es aufgezogen hatte, benannt worden und soll ein Kind des Typhon und der Echidne gewesen sein [7].

f. Theseus folgte jener Küstenstraße und kam zu einer Klippe, die sich steil aus dem Meere erhob: Es war die Festung des Banditen Skiron. Manche sagen, Skiron sei ein Korinther, der Sohn des Pelops oder des Poseidon, gewesen; andere wieder sprechen ihm Henioche und Kanethos als Eltern zu [8]. Skiron lauerte vorbeiziehenden Reisenden hinter einem Felsen auf und zwang sie, ihm die Füße zu waschen. Beugten sie sich zu dieser Aufgabe nieder, dann stieß er sie über die Klippe in das Meer. Eine Riesenschildkröte schwamm dort herum und wartete darauf, die Opfer zu verschlingen. (Seeschildkröten sind Landschildkröten sehr ähnlich, doch sind sie größer und haben Flossen anstelle von Füßen.) Theseus weigerte sich, dem Skiron die Füße zu waschen; er packte ihn und warf ihn vom Felsen ins Meer [9].

g. Die Megarer erzählen jedoch eine andere Geschichte: Nur mit einem ehrenhaften und großzügigen Fürsten Megaras namens Skiron, dem Vater der Endeis, die Aiakos heiratete und ihm Peleus und Telamon gebar, habe Theseus gekämpft. Viele Jahre später, nach der Eroberung von Eleusis, habe er Skiron getötet und ihm zu Ehren die Isthmischen Spiele unter dem Schutze des Poseidon gefeiert [10].

h. Die Klippen des Skiron erheben sich nahe des Molurischen Felsen. Hier verläuft der Pfad des Skiron, den er als Befehlshaber des megarischen Heeres angelegt hatte. Die Athener nennen einen heftigen Nordwestwind, der von diesen Höhen auf das Meer hinausbläst, Skiron [11].

i. Nun bedeutet aber *sciron* auch ‹Sonnenschirm›. Weil der Priester des Erechtheus bei den Festlichkeiten der Frauen zu Ehren der Demeter und der Korex am zwölften Tage des Monats einen weißen Sonnenschirm trägt, wird dieser Monat Skirophorion genannt. Eine Priesterin der Athene Skiras hält bei dieser feierlichen Prozession, die von der Akropolis ausgeht, einen Sonnenschirm. Bei dieser Gelegenheit wird das Bild der Göttin mit *sciras*, eine Art Gips, bedeckt, in Angedenken an das weiße Bild der Göttin, das Theseus nach dem Sieg über den Minotauros von ihr gemacht hatte [12].

j. Theseus setzte die Reise nach Athen fort und traf den Arkader Kerkyon, den manche einen Sohn des Branchos und der Nymphe Argiope nennen; doch andere halten ihn für den Sohn des Hephaistos oder des Poseidon[13]. Kerkyon pflegte die Reisenden zu einem Ringkampf aufzufordern und drückte sie dann mit seinen starken Armen zu Tode. Theseus aber umfaßte dessen Knie, hob ihn hoch und ließ seinen Kopf auf den Boden schlagen, zur großen Freude Demeters, die Zeugin dieses Kampfes war. Kerkyons Tod trat sofort ein. Theseus verließ sich nicht so sehr auf seine Stärke als auf seine Geschicklichkeit. Er hatte die Kunst des Ringens erfunden, dessen Grundsätze bisher nicht verstanden worden waren. Der Platz dieses Ringkampfes mit Kerkyon wird noch immer auf der Straße nach Megara, in der Nähe von Eleusis, gezeigt. Er liegt nahe dem Grabe seiner Tochter Alope, die Theseus vergewaltigt haben soll[14].

k. Im attischen Korydallos angekommen, tötete Theseus Polypemon, den Vater des Sinis, der den Beinamen Prokrustes führte. Er lebte an der Straße. In seinem Hause hatte er zwei Betten, ein kleines und ein großes, die er den Reisenden als Nachtlager anbot. Die kleinen Männer legte er in das große Bett und streckte sie so lange, bis sie genau in das Bett paßten. Die großen Männer aber legte er in das kleine Bett und schnitt so viel von ihren Beinen ab, wie über die Bettlänge hinausragte. Manche behaupten, er hätte nur ein Bett mit verstellbaren Brettern verwendet, die er nach der Größe seiner Opfer länger oder kürzer machen konnte. Theseus ließ Polypemon das gleiche Geschick erleiden, das er anderen zugedacht hatte[15].

1. DIODORUS SICULUS IV, 59; PLUTARCH, Theseus 7 und 11.
2. HYGINUS, Fabel 38; APOLLODOROS III, 16, 1; PAUSANIAS II, 1, 4; PLUTARCH, Theseus 8.
3. PAUSANIAS a. a. O.; OVID, Ibis 507 ff; APOLLODOROS III, 16, 2; Scholiast über EURIPIDES' Hippolytos 977.
4. OVID, Metamorphosen VII, 433 ff; APOLLODOROS a. a. O.; HYGINUS a. a. O.; DIODORUS SICULUS IV, 59; PAUSANIAS a. a. O.
5. PLUTARCH, Theseus 8 und 29.
6. Parischer Marmor 35 ff; PLUTARCH, Theseus 25.
7. PLUTARCH, Theseus 9; DIODORUS SICULUS IV, 59; OVID, Metamorphosen VII, 433 ff; APOLLODOROS, Epitome I, 1; HYGINUS, Fabel 38.
8. STRABON IX, 1, 4; APOLLODOROS, Epitome I, 2; PLUTARCH, Theseus 25.
9. Scholiast über STATIUS' Thebais I, 339; PAUSANIAS I, 44, 12; APOLLODOROS, Epitome I, 2-3.
10. PLUTARCH, Theseus 10 und 25.
11. PAUSANIAS I, 44, 10-12; STRABON IX, 1, 4.
12. Scholiast über ARISTOPHANES, Parlament der Frauen 18; ARISTOPHANES, Wespen 925; Etymologicum Magnum unter: *Skirophorion.*
13. PLUTARCH, Theseus 11; APOLLODOROS, Epitome I, 3; HYGINUS, Fabel 38; AULUS GELLIUS XIII, 21.
14. OVID, Ibis 407 ff; APOLLODOROS a. a. O.; PAUSANIAS I, 39, 3; PLUTARCH, Theseus 11 und 29.

15. Diodorus Siculus IV, 59; Apollodoros, Epitome I, 4; Pausanias I, 38, 5; Hyginus, Fabel 38; Plutarch, Theseus 11.

1. Der Tod des Periphetes sollte die metallbeschlagene Keule des Theseus erklären, ähnlich der des Herakles (s. 120, 5). Periphetes wird als Krüppel beschrieben, da er als der Sohn des Schmiedes Daidalos galt und Schmiede oft aus rituellen Gründen gelähmt wurden (s. 92, 1).

2. Da man glaubte, der Nordwind, der die Tannen beugt, befruchte Frauen, Tiere und Pflanzen, wurde ‹Pityokamptes› als der Vater der Perigune, einer Göttin des Getreidefeldes (s. 48, 1), angesehen. Die Verehrung des wilden Farnkrautes und der Binsen durch ihre Nachkommen weist darauf hin, daß die heiligen Körbe der Thesmophorischen Festspiele aus Farn und Binsen geflochten waren und daher für den alltäglichen Gebrauch verboten waren. Die krommyonische Bache, auch Phaia genannt, ist die weiße Bachen-Demeter (s. 24, 7 und 74, 4), deren Kult auf dem Peloponnes schon früh unterdrückt worden war. Daß Theseus eine gewöhnliche Bache tötete, störte die Mythographen: Tatsächlich machen Hyginus und Ovid sie zu einem Keiler, und Plutarch nennt sie einen weiblichen Banditen, dessen abstoßendes Benehmen ihm den Spottnamen ‹Sau› eintrug. Doch erscheint die Bache auch im frühen walisischen Mythos als die Alte Weiße Bache, Hen Wen, die von dem Schweinehirten und Zauberer Coll ap Collfrewr gehütet wurde. Jener Coll ap Collfrewr hatte den Weizen und die Bienenzucht in Britannien eingeführt. Bei den Thesmophorischen Festspielen zu Eleusis wurde auch des Schweinehirten der Demeter, des Zauberers Eubuleus, gedacht: Man stürzte ihm zu Ehren lebende Schweine in einen Abgrund. Deren verrottete Überreste wurden dann als Düngemittel für das Saatgut verwendet (Scholiast zu Lukians ‹Dialoge zwischen Huren› II, 1).

3. Die Geschichten über Skiron und Kerkyon basieren anscheinend auf einer Reihe von Bildern, die den Sturz des Heiligen Königs in der Gestalt eines *pharmakos* vom Weißen Felsen illustrieren. Als erster Heros fand hier Melikertes seinen Tod (s. 70, h). Und zwar handelt es sich um Herakles Melkarth von Tyros, der wahrscheinlich seiner königlichen Insignien – Keule, Löwenfell und Schnürsandalen – beraubt worden war und dann Flügel, lebende Vögel und einen Sonnenschirm erhielt, um seinen Sturz zu mildern (s. 89, 6; 92, 3 und 98, 7). Dies läßt annehmen, daß Skiron dargestellt wurde, wie er sich daran macht, einen Reisenden ins Meer zu stürzen. Dieser ist der *pharmakos*, den sein Schicksal bei der Skirophoria, die im letzten Monat des Jahres, und zwar zur Zeit der Sommersonnenwende gefeiert wurde, erwartet. Ein zweites Bild soll den Ringkampf des Theseus mit Kerkyon darstellen. Es zeigt, wie der Heilige König von seinem Nachfolger hochgeworfen wird (wie auf der Terracotta der Königlichen Kolonnade zu Athen – Pausanias I, 3, 1), während die Priesterin der Göttin voller Freude dem Kampf zusieht. Der Ringkampf taucht oft in der Mythologie auf: Herakles rang mit Antaios um ein Königreich in Libyen (s. 133, h) und mit Eryx in Sizilien (s. 132, q); Odysseus rang mit Philomeleides auf Tenedos (s. 161, f). Das dritte Bild soll die Rache des Theseus an Skiron darstellen: Doch zeigt es, wie der *pharmakos* mit dem Schirm in der Hand durch die Luft stürzt. Die vierte Szene zeigt ihn bereits im Meer: Sein Schirm schwimmt auf den Wellen. Die sogenannte Schildkröte, die nur darauf warten sollte, ihn zu verschlingen, war sicherlich der Sonnenschirm; denn es

gibt keinerlei Berichte über einen attischen Schildkrötenkult. Der Zweite Mythograph des Vatikans (127) läßt Daidalos und nicht Theseus Skiron töten; wahrscheinlich wegen der mythischen Verbindung des Daidalos mit dem *pharmakos*-Ritus des Rebhuhnkönigs (s. 92, 3).

4. Alle Taten des Theseus scheinen zusammenzugehören. Philologen deuten den weißen Schirm als Gipsabbild der Athene. Das Bild erinnert an die weißen *Pharmakos*-Puppen, ‹Argiven› (‹weiße Männer›) genannt, die jährlich bei der Reinigung der Tempel im Mai (s. 132, p) in fließendes Wasser geworfen wurden; ferner auch an die weißen Kuchen aus mit Gips vermengtem Mehl, die wie Schweine geformt waren (Plinius, ‹Naturgeschichte› XVII, 29, 2). Man verwendete sie in den Thesmophorien anstelle des Schweinekadavers, der aus dem Abgrund des Eubuleus geholt wurde: ‹um nicht seine heiligen Schlangen zu betrügen›, meint ein Scholiast zu Lukians ‹Dialoge zwischen Huren›. Das Skirophoriafest war ein Teil der Thesmophoriai. *Thes* in *Thesmophoriai* hat die gleiche Bedeutung wie in *Theseus*: nämlich ‹hinterlassenes Pfand› – d. h. in den aus wildem Farn und Binsen geflochtenen Körben, die Perigune geweiht hatte. Da das Festspiel ein erotisches war, handelt es sich um phallische Gegenstände. Die Verführung der Perigune durch Theseus und die der Herse durch Hermes (s. 25, d) rechtfertigen diese Annahme. Der Priester des Erechtheus trug als Vorsitzender des Schlangenkultes einen Sonnenschirm. Die geheiligten Funktionen der alten Könige gingen, nachdem die Monarchie abgeschafft worden war, auf ihn über: wie in Rom auf den Priester des Zeus.

5. Kerkyons Name und Abstammung verbinden ihn mit dem Schweinekult. Das gilt auch für seine Eltern: Branchos bezieht sich auf das Grunzen der Schweine; und Argiope ist ein Synonym für Phaia. Wahrscheinlich hat Poseidons Sohn Theseus Alope vergewaltigt, das heißt, er unterdrückte den Kult der Mondgöttin Megaras, die als Füchsin dargestellt wurde (s. 49, 2).

6. Sinis und Skiron werden beide als der Heros beschrieben, dem die Isthmischen Spiele später geweiht wurden. Sinis' Spottname war Pityokamptes. Skiron war wie Pityokamptes ein Nordostwind. Da aber die Isthmischen Spiele ursprünglich dem Herakles Melkarth geweiht waren, scheint der Tod des Pityokamptes die Unterdrückung des Boreaskultes in Athen darzustellen – der jedoch nach den Persischen Kriegen wieder Bedeutung erlangte (s. 48, 4). In diesem Falle wären die Isthmischen Spiele ein Analogon zu den Pythischen Spielen gewesen. Letztere waren Python geweiht, der sowohl den befruchtenden Nordwind als auch den Geist des von seinem Rivalen Apollon getöteten Heiligen Königs darstellt. Nach Ovid und dem Scholiasten zu Euripides' ‹*Hippolytos*› (977) war ‹Prokrustes› nur ein anderer Spottname für Sinis-Pityokamptes. Die Gestalt des Prokrustes scheint zur Erklärung eines bekannten Bildes erfunden worden zu sein: das Haar des Alten Königs – sei es nun Samson, Pterelaos (s. 89, 7), Nisos (s. 91, 1), Curoi, Llew Llaw, oder wie er auch immer genannt wurde – ist an den Pfosten des Bettes seiner verräterischen Braut gebunden. Sein Widersacher, die Axt in der Hand, tritt auf ihn zu, um ihn zu töten. ‹Theseus› und die Hellenen seiner Zeit setzten der Sitte, den Alten König vom Molurischen Felsen zu stürzen, ein Ende. Sie weihten auch die Spiele Poseidon anstelle Inos; Ino war einer der ältesten Namen Athenes.

97. THESEUS UND MEDEA

a. Kaum war Theseus in Attika angekommen, empfingen ihn die Söhne des Phytalos am Ufer des Flusses Kephissos. Sie wuschen ihn von dem vergossenen Blut rein, besonders aber vom Blute des Sinis, mit dem Theseus mütterlicherseits verwandt war. Diese Zeremonie wurde vor dem Altar des Gnadenvollen Zeus vorgenommen, der immer noch am Flußufer steht. Dann hießen die Phytaliden Theseus als ihren Gast willkommen. Zum erstenmal, seit er Troizen verlassen hatte, wurde Theseus gastfreundlich aufgenommen. Er kleidete sich in ein langes Gewand, das ihm bis zu den Füßen reichte, kämmte sein Haar und betrat am achten Tage des Monats Kronios, der nun Hekatomboion genannt wird, Athen. Am Tempel des Apollon Delphin legten die Steinmetze gerade die letzte Hand an das Dach, als Theseus vorbeikam. Sie hielten ihn für ein Mädchen und fragten ganz unverschämt, wieso es ihm erlaubt wäre, ohne Begleitung herumzugehen. Theseus hielt es seiner für unwürdig, ihnen eine Antwort zu geben. Statt dessen spannte er die Ochsen vom Wagen der Steinmetze aus, ergriff einen und warf ihn hoch über das Tempeldach [1].

b. Während Theseus in Troizen aufwuchs, hatte Aigeus sein Medea gegebenes Versprechen gehalten; er gewährte ihr in Athen Unterkunft. Sie war von Korinth in dem berühmten, von geflügelten Schlangen gezogenen Wagen geflohen. In der Hoffnung, daß ihr Zauber ihm zu einem Sohn verhelfen würde, heiratete er sie; denn er wußte noch nicht, daß Aithra ihm Theseus geboren hatte [2].

c. Medea hatte Theseus sofort erkannt, als er in die Stadt gekommen war. Sie wurde auf ihn eifersüchtig, denn allgemein wurde erwartet, daß ihr Sohn Medos seinem Vater Aigeus auf den Thron Athens folgen werde. Sie redete daher Aigeus ein, Theseus sei als Spion oder Mörder gekommen. Sie ließ ihn zu einem Fest im Delphintempel einladen. Dieser Tempel diente Aigeus als seine Residenz. Dort sollte er Theseus einen Becher Wein anbieten, den sie vorbereitet hatte. Sie hatte Eisenhut in den Wein gemischt, ein Gift, das sie vom bithynischen Acherusia gebracht hatte. Dort war Eisenhut zum ersten Male dem tödlichen Geifer des Kerberos entsprungen, als Herakles ihn aus dem Tartaros entführte. Da Eisenhut auf dem nackten Felsen wächst, nennen ihn die Bauern ‹Akonit› [3].

d. Manche erzählen, Theseus habe sein Schwert im Delphintempel vor allen Anwesenden gezogen, als der Rinderbraten aufgetragen wurde, so, als hätte er ihn schneiden wollen. So sei er von seinem Vater erkannt worden. Andere wiederum erzählen, der Ahnungslose hätte den Becher bereits an seine Lippen gehoben, als Aigeus die Erechtheidenschlangen auf seinem elfenbeinernen Schwertgriff erblickte und ihm den vergifteten Wein aus der Hand schlug. Der Ort, wo der Becher zu Boden fiel, wird noch immer gezeigt: Er ist vom übrigen Tempel abgegrenzt.

e. Athen hatte nie ein solches Freudenfest erlebt. Aigeus umarmte Theseus, berief eine öffentliche Versammlung und anerkannte ihn vor allen als seinen Sohn. Er entzündete Feuer auf jedem Altare und überlud die Bilder der Götter mit Geschenken. Hekatomben bekränzter Ochsen wurden geopfert. Überall im Palaste und in der Stadt feierten die Vornehmen und die Bürger zusammen und besangen die glorreichen Taten des Theseus, die bereits die Anzahl seiner Lebensjahre übertrafen [4].

f. Dann machte sich Theseus an die Verfolgung Medeas, um sich zu rächen. Denn sie hatte sich mit einer magischen Wolke umgeben und mit dem jungen Medos Athen verlassen; Aigeus hatte ihr großzügig eine Begleitung zur Verfügung gestellt. Andere behaupten, sie sei mit Polyxenos, ihrem Sohne von Iason, geflohen [5].

g. Pallas und seine fünfzig Söhne hatten schon vor der Ankunft des Theseus erklärt, Aigeus sei kein richtiger Erechtheide und habe daher kein Anrecht auf den Thron. Jetzt erhoben sie sich in offener Revolte, machte doch Theseus ihre Hoffnung auf die Herrschaft über Athen vollends zunichte. Pallas teilte seine Schar. Er selbst marschierte mit fünfundzwanzig seiner Söhne und zahlreichen Anhängern aus der Richtung von Sphettos gegen die Stadt. Die anderen fünfundzwanzig Söhne lagen zu Gargettos im Hinterhalt. Theseus war jedoch über ihren Plan durch einen Herold namens Leos aus dem agnischen Clan unterrichtet. Er überraschte den einen Teil in seinem Versteck und vernichtete ihn bis auf den letzten Mann. Da gab sich Pallas geschlagen und bat um Frieden. Doch haben die Pallantiden niemals den Verrat des Leos vergessen und werden niemals ein Mitglied des agnischen Clans heiraten. Auch darf kein Herold wegen der Ähnlichkeit, die *leoi* mit dem Namen Leos trägt, seine Verkündungen mit den Worten ‹*Akouete leoi!*› (‹Höret, ihr Leute!›) beginnen [6].

h. Dieser Leos ist nicht mit Leos, dem Sohn des Orpheus und dem Ahnherrn der Leontiden Athens, identisch. Vor langer Zeit, als Hungersnot und Pest wüteten, gehorchte Leos dem Delphischen Orakel und opferte seine Töchter Theope, Praxithea und Eubule zur Rettung der Stadt. Ihnen zu Ehren errichteten die Athener das Leokorion [7].

1. Pausanias I, 37, 3 und 19, 1; Plutarch, Theseus 12.
2. Euripides, Medea 660 ff; Apollodoros I, 9, 28.
3. Plutarch, Theseus 12; Apollodoros, Epitome 1, 6; Ovid, Metamorphosen VII, 402 ff.
4. Plutarch a. a. O.; Ovid a. a. O.
5. Ovid a. a. O.; Apollodoros a. a. O.; Diodorus Siculus IV, 55, 6; Hellanikos, zit. von Pausanias II, 3, 7.
6. Plutarch, Theseus 13.

7. Pausanias I, 5, 2; Suidas unter: *Leos*; Aristides, Panathenische Rede; Suidas unter: *Leokorion*; Aelian, Varia Historia XII, 28.

1. Diese künstliche Romanze mit ihrer theatralischen Enthüllung in der Vergiftungsszene erinnert an die Geschichte Ions (s. 44, a). Wenn Theseus einen Ochsen durch die Luft über das Dach des Tempels schleudert, so handelt es sich um eine grobe Nachahmung der Taten des Herakles. Die Frage der Steinmetze ist anachronistisch, denn im heroischen Zeitalter konnten junge Frauen ohne Begleitung ausgehen. Theseus war auch kaum mit einem Mädchen zu verwechseln, hatte er doch bereits sein Haar dem Apollon geopfert und war so zu einem der Kureten geworden. Diese Fehler in der Geschichte zeigen, daß sie von einem alten Bilde abgeleitet wurde, das man falsch interpretiert hatte. Plutarch berichtet, daß Aigeus im Delphintempel und nicht in einem privaten Haus lebte. Dies ist eine richtige Feststellung, denn der Heilige König hatte seine Wohnung im Palaste der Königin (s. 25, 7).

2. Medeas Vertreibung aus Korinth und dann aus Athen bezieht sich auf die Unterdrückung des Kultes der Erdgöttin durch die Hellenen – ihr Wagen mit dem Schlangengespann läßt sie als Korinthische Demeter erkennen (s. 24, m). Der Sieg des Theseus über die Pallantiden bedeutet in ähnlicher Weise die Unterdrückung des ursprünglichen Kultes der Athene (s. 9, 1 und 16, 2) und ihres Kollegiums von fünfzig Priesterinnen – *pallas* kann sowohl ‹Jüngling› als auch ‹Mädchen› bedeuten. Eine andere Fassung der gleichen Geschichte berichtet von der Opferung der drei Töchter des Leos, die in Wirklichkeit die Dreifaltige Göttin sind. Das Mädchen ist Theope (‹göttliches Antlitz›), der Neumond; die Nymphe ist Praxithea (‹tätige Göttin›), die Königinbiene; die Mutter des Kekrops trug in Euboia den gleichen Namen (Apollodoros III, 15, 1 und 5). Das Alte Weib ist Eubule (‹guter Rat›), die Orakelgöttin, welcher Eubuleus, der Schweinehirt, zu Eleusis diente.

3. Die Pallantiden und Agner heiraten nicht miteinander: Dies ist ein Überbleibsel der Exogamie mit ihrem komplexen System der Gruppenheirat zwischen Phratrien; jede Phratrie oder Subphratrie besteht aus einigen totemistischen Clans. Demnach gehörten die Pallantiden und Agner der gleichen Subphratrie an; Heirat war jedoch nur zwischen Mitgliedern verschiedener Subphratrien erlaubt (s. 80, 5). Der Clan der Pallantiden hatte wahrscheinlich eine Ziege als Totem, die Agner ein Lamm, die Leontiden einen Löwen und die Erechtheiden eine Schlange. Die attische Mythologie weist noch auf viele andere totemistische Clans und die ihnen symbolischen Tiere hin: darunter die Krähe, die Nachtigall, der Wiedehopf, der Wolf, der Bär und die Eule.

4. Die Mythen über Theseus und Herakles lassen erkennen, daß sowohl die Oberpriesterin der Athene zu Athen wie auch die Oberpriesterin der Hera zu Argos einem Löwenclan angehörten, in den sie die Heiligen Könige adoptierten. Ein goldener Ring, der zu Tiryns gefunden wurde, zeigt vier Löwenmänner, die einer sitzenden Göttin einen Becher anbieten. Diese muß Hera sein, denn hinter ihrem Throne hockt ein Kuckuck (s. 12, 4). Wenn es auch auf Kreta keine Löwen gab, so figurierten sie auch dort als die Tiere der Göttin. Athene ist nicht mit dem Kuckuck in Verbindung zu bringen. Sie hatte verschiedene andere Vogelgestalten, die wahrscheinlich totemistischen Ursprungs waren. Bei Homer erscheint sie als Seeadler (‹*Odyssee*› III, 371) oder als eine Schwalbe

(ebd. XXII, 239), zusammen mit Apollon als ein Geier (‹Ilias› VII, 58) und in Gesellschaft Heras als eine Taube (ebd. V, 778). Auf einer kleinen athenischen Vase aus der Zeit um 500 v. Chr. ist sie als Lerche dargestellt; Athene als der Tauchervogel oder als weißer Tölpel hatte einen Schrein in der Nähe Megaras (PAUSANIAS I, 5, 3 und 41, 6 — s. 94, c). In der Regel aber war die weise Eule ihr hauptsächliches Bild. Der Eulenclan bewahrte seinen Ritus bis ins späte Klassische Zeitalter: Eingeweihte in Eulenkleidung stellten den zeremoniellen Fang ihres Totemvogels dar (AELIAN, *‹Varia Historia›* XV, 28; POLLUX IV, 103; ATHENAIOS 391 a—b und 629 f).

5. PLUTARCHS Bericht über *Akouete leoi* ist glaubwürdig: In primitiven Religionen werden häufig Worte, die an den Namen einer Person, eines Gegenstandes oder eines Tieres erinnern, das nicht erwähnt werden durfte, gemieden. Das gilt besonders für Wörter, die Ähnlichkeit mit den Namen verstorbener Verwandter haben, selbst wenn diese eines natürlichen Todes gestorben waren.

6. Die Behauptung der Pallantiden, Aigeus und Theseus wären keine echten Erechtheiden, könnte sich auf einen Protest der Athener gegen die Usurpation der stadteigenen Erechtheiden-Priesterschaft (s. 95, 3) durch einwandernde Butadai beziehen (die sich auf die Theseus-Legende stützten).

98. THESEUS AUF KRETA

a. Man streitet sich herum, ob Medea den Aigeus überredete, Theseus gegen Poseidons wilden Stier zu schicken, oder ob sich Theseus später, nach Medeas Vertreibung aus Athen, selbst zum Kampf gegen dieses feuerspeiende Ungeheuer entschloß, um sich so bei den Athenern noch beliebter zu machen. Herakles hatte diesen Stier von Kreta gebracht und ihn auf den Ebenen von Argos freigelassen. Von Argos trieb er ihn über den Isthmos nach Marathon. Zwischen den Städten Probalinthos und Trikorynthos hatte der Stier Hunderte von Menschen getötet, darunter, wie manche erzählen, Androgeus, den Sohn des Minos. Theseus packte kühn die mörderischen Hörner und zog den Bullen im Triumph durch die Straßen Athens, über den steilen Abhang zur Akropolis und opferte ihn der Athene oder vielleicht dem Apollon [1].

b. Auf dem Wege nach Marathon war Theseus von einer alten Jungfer namens Hekale oder Hekalene gastlich bewirtet worden. Sie versprach Zeus einen Widder, wenn Theseus sicher und gesund zurückkäme. Doch noch vor seiner Rückkehr starb Hekale. Da führte Theseus ihr und Zeus Hekaleios zu Ehren die Hekalesischen Riten ein. Noch heute werden sie gefeiert. Theseus war zu dieser Zeit noch ein Knabe; Hekale liebkoste ihn und sprach zu ihm mit kindlichen Worten. Sie wird daher gewöhnlich mit der Koseform Hekalene und seltener Hekale genannt [2].

c. Als Sühne für den Tod des Androgeus verlangte Minos von den

Athenern alle neun Jahre — nämlich zum Ende des Großen Jahres — sieben Jünglinge und sieben Jungfrauen. Sie wurden in das kretische Labyrinth geführt, in dem der Minotauros nur darauf wartete, sie zu verschlingen. Dieser Minotauros, dessen Name Asterios oder Asterion war, ist das Ungeheuer mit dem Stierkopf, das Pasiphaë dem weißen Stier geboren hatte [3]. Als Theseus nach Athen kam, nahte gerade die Zeit, zu der der Tribut zum dritten Male geleistet werden sollte. Er war so von Mitleid erfüllt für die Eltern dieser Kinder, die durch Los ausgewählt worden waren, daß er sich selbst, trotz der Bitten seines Vaters Aigeus, als Opfer anbot. Manche sagen jedoch, das Los sei auch auf ihn gefallen. Und wieder nach anderen kam König Minos mit einer großen Flotte selbst, die Opfer auszusuchen; sein Auge fiel auf Theseus, der zwar in Troizen und nicht in Athen geboren war, sich aber freiwillig als Opfer anbot. Theseus stellte aber die Bedingung, daß der Tribut wieder zurückgesendet werde, sollte er den Minotauros töten können [4].

d. Immer hatte das Schiff, das die vierzehn Opfer nach Kreta brachte, zum Zeichen der Trauer schwarze Segel gesetzt. Doch Theseus war überzeugt, daß die Götter auf seiner Seite seien. Er ließ sich von Aigeus ein weißes Segel geben, das er bei der Rückkehr als Zeichen seines Erfolges hissen wollte. Manche sprechen von einem roten Segel, das im Safte der Kermesbeere gefärbt worden war [5].

e. Als die Lose im Gerichtshause gezogen worden waren, führte Theseus die Opfer zum Delphintempel und opferte im Namen aller dem Apollon einen Zweig der geweihten Olive, gebunden mit weißer Wolle. Die vierzehn Mütter brachten Reiseproviant und erzählten ihren Kindern, um sie zu ermutigen, Fabeln und Heldensagen. Theseus tauschte zwei Mädchen gegen zwei weibische Jünglinge, die aber von außergewöhnlicher Klugheit und Tapferkeit waren. Er hieß sie warme Bäder nehmen, die Strahlen der Sonne meiden, ihre Haare und ihren Körper mit ätherischen Ölen salben und sich darin üben, wie Frauen zu gehen, sich zu gebärden und zu sprechen. So konnte er Minos täuschen und sie als Mädchen einschmuggeln [6].

f. Phaiax, der Vorfahre der Phaiaker, zu denen Odysseus verschlagen wurde, stand als Steuermann am Bug des dreißigrudrigen Schiffes, in dem sie segelten; denn es gab noch keinen Athener, der der Navigation kundig war. Manche sagen, daß Phereklos der Steuermann war. Doch haben wahrscheinlich diejenigen recht, die ihn Nausitheus nennen: Denn Theseus errichtete nach seiner Rückkehr dem Nausitheus und dem Phaiax zu Phaleron, von wo sie abgereist waren, eine Statue. Diesen beiden zu Ehren wird das Fest der Steuermänner gefeiert [7].

g. Das Delphische Orakel hatte Theseus geraten, Aphrodite als Begleiter und Führer mit auf die Reise zu nehmen. Am Strand opferte er ihr eine Ziege; und siehe da! das Opfer verwandelte sich in seinen Todeszuckungen zu einem Ziegenbock. Dieses Wunder trug Aphrodite den Namen Epitragia ein[8].

h. Theseus segelte am sechsten Tage des Monats Munychion (April). Die Athener schicken noch immer jährlich an diesem Tage Jungfrauen zu dem Delphintempel, um Apollon zu besänftigen; Theseus hatte vergessen, Apollon vor seiner Abreise ein Opfer darzubringen. Apollon war zornig und sandte einen Sturm, der Theseus zwang, in Delphi Schutz zu suchen und dort die versäumten Opfer nachzuholen[9].

i. Einige Tage später erreichte das Schiff Kreta. Minos ritt zum Hafen, um seine Opfer zu zählen. Da verliebte er sich in eine der athenischen Jungfrauen — ob es Periboia war (die die Mutter des Aias wurde) oder Eriboia oder Phereboia, steht nicht fest, denn diese drei trugen verwirrend ähnliche Namen. Minos hätte sie sofort dort vergewaltigt. Doch Theseus protestierte und berief sich, als Sohn des Poseidon, auf seine Pflicht, die Jungfrauen vor Vergewaltigung zu schützen. Der wollüstige Minos lachte und antwortete, ihm sei nicht bekannt, daß Poseidon jemals eine Jungfrau, die in seinen Augen Gefallen gefunden hatte, geschont hätte[10].

«Ha!», rief er, «beweise, daß du ein Sohn Poseidons bist und bringe diesen Schmuck zurück!» So sprach er und warf seinen goldenen Siegelring ins Meer.

«Beweise du zuerst, daß du ein Sohn des Zeus bist!» sagte Theseus.

j. So betete Minos: «Vater Zeus, erhöre mich!» und gleich wurde sein Gebet von Blitz und Donner beantwortet. Jetzt sprang Theseus ins Meer. Eine große Schar von Delphinen führte ihn hinunter zum Palaste der Nereiden. Manche sagen, daß die Nereide Thetis ihm hier ihre juwelengeschmückte Krone, ihr Heiratsgeschenk von Aphrodite, schenkte. Später soll Ariadne die Krone getragen haben. Andere erzählen, Amphitrite, die Meeresgöttin selbst habe ihm die Krone geschenkt und Nereiden in alle Richtungen geschickt, den goldenen Ring zu suchen. Jedenfalls, als Theseus aus dem Meere auftauchte, trug er den Ring und die Krone, wie es Mikon in seinem Gemälde auf der dritten Wand des Heiligtums des Theseus dargestellt hat[11].

k. Aphrodite hatte Theseus tatsächlich auf der Reise begleitet: Denn nicht nur Periboia und Phereboia luden den ritterlichen Theseus ein, ihr Lager zu teilen (und wurden nicht enttäuscht), sondern auch Minos' eigene Tochter Ariadne verliebte sich auf den ersten Blick in ihn. «Ich will dir helfen, meinen Halbbruder Minotauros zu töten», sprach sie heimlich zu ihm, «wenn ich als deine Gemahlin mit dir nach Athen zurückkehren darf.» Dieses Angebot nahm Theseus freudig an und versprach, sie zu heiraten. Ariadne hatte von Daidalos, als er noch in Kreta lebte, ein magisches Wollknäuel erhalten. Auch hatte er ihr gezeigt, wie sie damit im Labyrinth ein und ausgehen könne. Sie solle die Eingangstür öffnen und das eine Ende des Fadens an den Türstock binden. Dann solle sie das Knäuel langsam abrollen. Es würde beim Weitergehen kleiner werden und schließlich würde sie zu der innersten Kammer des Labyrinths, wo sich Minotauros befände, kommen. Dieses Wollknäuel gab Ariadne dem Theseus. Sie erklärte ihm, daß er immer weitergehen und dabei den Faden abrollen müsse, bis er zum schlafenden Ungeheuer käme. Dieses müßte er bei den Haaren packen und dem Poseidon opfern. Der Faden würde ihm dann den Rückweg zeigen, wenn er das Knäuel wieder aufrolle[12].

l. Noch in der gleichen Nacht ging Theseus ins Labyrinth. Ob er nun den Minotauros mit einem Schwert, das ihm Ariadne gegeben hatte, oder mit seinen bloßen Händen oder mit seiner berühmten Keule tötete, ist sehr umstritten. Ein Fries zu Amyklai zeigt den gefesselten Minotauros, von Theseus im Triumph nach Athen geführt. Doch ist dies nicht die allgemein anerkannte Geschichte[13].

m. Als Theseus aus dem Labyrinth zurückkam, befleckt mit dem Blut des Minotauros, umarmte ihn Ariadne voller Leidenschaft. Dann führte er die Gruppe athenischer Jünglinge und Jungfrauen zum Hafen. Denn in der Zwischenzeit hatten die beiden wie Mädchen aussehenden Jünglinge die Wachen des Frauenhauses getötet und die als Opfer bestimmten Mädchen befreit. Sie hatten sich bereits zum Ufer zurückgeschlichen, wo Nausitheus und Phaiax ihrer warteten und sie in Eile zurück zu den Schiffen ruderten. Theseus hatte erst einige Löcher in den Bug der kretischen Schiffe gebohrt, um den Kretern eine Verfolgung unmöglich zu machen. Dies aber kostete Zeit. Die Kreter schlugen Alarm. Erst nach einer Seeschlacht konnte Theseus im Schutze der Dunkelheit ohne Verluste entfliehen[14].

n. Einige Tage später landete er auf der Insel Dia, die aber heute Naxos genannt wird. Theseus ließ die schlafende Ariadne an der Küste zurück und segelte weiter. Warum er dies tat, blieb ein Geheimnis. Manche sagen, er hätte eine neue Geliebte gehabt, und zwar Aigle, die Tochter des Panopeus. Andere behaupten, ihm wäre auf dem Weg nach Dia Bedenken wegen des Skandals, den ihre Ankunft in Athen sicherlich verursacht hätte, gekommen[15]. Eine dritte Version spricht von Dionysos: er sei Theseus im Traume erschienen und habe Ariadne drohend für sich selbst gefordert. Als Theseus plötzlich die Flotte des Dionysos vor Dia sah, lichtete er in panischer Eile die Anker. Dionysos soll ihn so verzaubert haben, daß er sein Versprechen an Ariadne und sogar sie selbst vergaß[16].

o. Was immer auch die Wahrheit sein mag, die Priester des Dionysos in Athen bestätigten, daß Ariadne, als sie erwachte und sich allein an der verlassenen Küste fand, in bittere Klagen ausbrach; sie erinnerte sich daran, wie sie um Theseus bangte, als er auszog, ihren Halbbruder, das Ungeheuer, zu töten; wie sie für seinen Erfolg gebetet und aus Liebe zu ihm ihre Eltern und ihr Vaterland verlassen hatte. Himmel und Erde flehte sie an, das an ihr begangene Unrecht zu rächen; und Vater Zeus nickte zustimmend. Da kam Dionysos mit seinem fröhlichen Gefolge von Satyrn und Mainaden, Ariadne zu retten. Ohne zu zögern, heiratete er sie und setzte die Krone der Thetis auf ihr Haupt. Und sie gebar ihm viele Kinder [17]. Von diesen sollen jedoch Thoas und Oinopion die Söhne des Theseus sein. Die Krone, die Dionysos später als Corona Borealis unter die Sterne setzte, hatte Hephaistos in der Form von Rosen aus feurigem Gold und roten indischen Edelsteinen geformt [18].

p. Die Kreter wollen jedoch nicht zugeben, daß der Minotauros je gelebt hätte oder daß Theseus Ariadne mit Hilfe verbotener Mittel gewonnen hätte. Sie nennen das Labyrinth nur ein gut bewachtes Gefängnis, in dem die athenischen Jünglinge und Jungfrauen für die Begräbnisspiele des Androgeus in Bereitschaft gehalten wurden. Einige opferte man an seinem Grabe, andere wurden den Siegern als Sklaven geschenkt. Jahr um Jahr hatte der grausame und selbstherrliche Feldherr des Minos namens Tauros alle Preise eingeheimst. Zum Ärger aller anderen gewann er jeden Kampf, an dem er teilnahm. Als das Gerücht aufkam, er unterhalte mit Hilfe des Daidalos ein ehebrecherisches Verhältnis mit Pasiphaë, da verlor er auch das Vertrauen des Minos. Der Verdacht des Minos wuchs zusehends, als einer seiner Zwillingssöhne dem Tauros immer ähnlicher wurde. Minos erlaubte daher Theseus gern, gegen Tauros im Ringkampf antreten zu dürfen. Im alten Kreta durften auch Frauen den Spielen zusehen. Ariadne verliebte sich in Theseus, als er dreimal hintereinander den früheren Sieger über seinen Kopf warf und dessen Schultern fest auf den Boden drückte. Über den Ausgang dieses Kampfes war auch Minos hocherfreut: Er sprach Theseus den Preis zu, erkannte ihn als seinen Schwiegersohn an und sandte den grausamen Tribut nach Athen zurück [19].

q. Ein altes bottaiisches Lied bestätigt die Überlieferung, daß nicht alle Opfer getötet wurden. Es berichtet weiter, daß die Kreter Erstgeborene nach Delphi sandten, doch zum größten Teil waren es Kinder kretisierter athenischer Sklaven. Die Bewohner Delphis konnten jedoch die Kinder mit den dürftigen Mitteln ihrer Stadt nicht aufziehen. Sie schickten sie daher aus, eine Kolonie in Iapygia in Italien zu gründen. Später ließen sich diese Siedler in Bottaia in Thrakien nieder. Der sehnsüchtige Ausruf der bottaiischen Mädchen: «Oh, laßt uns nach Athen zurückkehren!» erinnert ständig an ihre Herkunft [20].

r. Die Bewohner Kypros', und nicht nur sie allein, erzählen eine ganz andere Geschichte. So sollen Minos und Theseus einen Vertrag geschlossen haben, den sie mit einem Eid besiegelten: Kein Schiff – außer der von Iason befehligten Argo, die die Aufgabe hatte, das Meer von Piraten zu säubern — dürfe mit einer Besatzung von mehr als fünf Mann die griechischen Gewässer befahren. Als Daidalos von Kreta nach Athen floh, brach Minos diesen Vertrag und verfolgte ihn mit Kriegsschiffen. So zog er den Ärger Poseidons auf sich, der Zeuge beim Eide gewesen war. Er ließ nun einen Sturm aufkommen, der Minos seinem Tode in Sizilien entgegentrieb. Deukalion, der Sohn des Minos, setzte den Streit fort. Er drohte, er würde alle Geiseln, die ihm Theseus beim Abschluß des Vertrages übergeben hatte, töten, falls die Athener Daidalos nicht auslieferten. Theseus antwortete, daß Daidalos sein Blutsverwandter sei. Sanft fragte er, ob man denn nicht eine andere Lösung finden könnte. Er sandte noch einige Briefe in dieser Angelegenheit an Deukalion, doch in der Zwischenzeit baute er heimlich Kriegsschiffe. Zu Thymoitidai, einem Hafen weit ab vom Hauptverkehr, und zu Troizen, wo Pittheus eine Werft hatte, von der die Kreter nichts wußten, wurde Tag und Nacht gearbeitet. Innerhalb von ein oder zwei Monaten setzte die Flotte des Theseus Segel, geführt von Daidalos und anderen Flüchtlingen aus Kreta. Die Kreter hielten die sich nähernden Schiffe für einen Teil der verlorenen Flotte des Minos und hießen sie laut willkommen. So konnte Theseus widerstandslos vom Hafen Besitz ergreifen. Dann eilte er geradenwegs nach Knossos, schlug die Leibwache des Deukalion nieder und tötete jenen selbst in einem Gemach des Palastes. Der Thron Kretas ging an Ariadne über. Mit ihr traf Theseus ein großzügiges Abkommen: Sie übergab alle athenischen Geiseln, und er schloß ein Bündnis ewiger Freundschaft mit Kreta. Durch eine Vereinigung der Kronen wurde das Abkommen besiegelt — in der Tat: sie heiratete Theseus [21].

s. Nach großen Freudenfesten setzten sie Segel und brachen nach Athen auf; doch ein Sturm trieb sie nach Kypros. Ariadne erwartete bereits ein Kind von Theseus und befürchtete, da sie unter der unruhigen See sehr litt, daß sie wegen ihrer Seekrankheit eine Fehlgeburt haben würde. Sie bat Theseus, sie bei Amathos an Land zu setzen. Kaum hatte sie das Ufer erreicht, kaum war Theseus zu seinem Schiff zurückgekehrt, da trieb ein heftiger Sturm die ganze Flotte wieder auf das Meer hinaus. Die Frauen von Amathos nahmen Ariadne freundlich auf und trösteten sie mit Briefen, die gerade von Theseus angekommen sein sollten; er repariere seine Schiffe an der Küste einer Nachbarinsel. Als sie bei der Geburt des Kindes starb, gaben ihr die Frauen ein feierliches Begräbnis. Noch heute zeigt man das Grab Ariadnes in Amathos in einem Hain, der ihr als Aridela geweiht ist. Als Theseus endlich von der syrischen Küste zurückkehrte und von ihrem Tod erfuhr, wurde er von Gram erfüllt und spendete ihrem Schrein große Summen Geldes. Die Kyprioten feiern noch immer das Fest der Ariadne am zweiten Tage des Monats September: Bei diesem Anlaß legt sich ein Jüngling auf ihr Grab und imitiert die Wehen einer Frau. Auch beten sie zwei kleine Statuen der

Ariadne an, die eine in Silber, die andere in Messing. Theseus hatte sie ihnen zurückgelassen. Sie erzählen, daß Dionysos, weit davon entfernt, Ariadne zu heiraten, empört gewesen sei, daß sie mit Theseus seine Grotte zu Naxos entweiht hätte. Dionysos beklagte sich bei Artemis, die dann Ariadne im Wochenbett mit ihren unbarmherzigen Lanzen tötete. Andere nehmen jedoch an, Ariadne habe sich aus Angst vor Artemis selbst erhängt [22].

t. Doch um auf Theseus zurückzukommen: Von Naxos segelte er nach Delos, brachte dort Apollon Opfer dar und feierte ihm zu Ehren ein athletisches Fest. Bei dieser Gelegenheit soll von ihm die Sitte eingeführt worden sein, den Sieger mit Palmenblättern zu bekränzen und ihm einen Palmenzweig in die Hand zu geben. Klugerweise weihte er Apollon auch eine kleine hölzerne Statue der Aphrodite, eine Arbeit des Daidalos, die Ariadne von Kreta mitgebracht hatte. Diese Statue hätte in Athen leicht ein Gegenstand boshafter Bemerkungen werden können. Sie wird noch immer zu Delos gezeigt: Statt auf Füßen ruht sie auf einer viereckigen Platte und ist immer mit Girlanden geschmückt [23].

u. Ein Altar aus Hörnern steht am Ufer des runden Sees zu Delos. Schon im Alter von vier Jahren betätigte sich Apollon hier als Baumeister. Er band die Hörner der zahllosen Ziegen, die Artemis auf dem Berge Kynthos getötet hatte, fest aneinander. Die Grundmauern des Altars und die ihn umgebenden Wände sind gänzlich aus Horn gemacht. Es sind entweder — und das ist eine Streitfrage — nur Hörner von der linken oder von der rechten Seite der Tiere zum Bau verwendet worden [24]. Man rechnete diesen Altar zu den Sieben Weltwundern, weil weder Mörtel noch ein anderes Bindemittel verwendet worden war. Um diesen Altar — oder nach einer anderen Version um einen Altar der Aphrodite, der die erwähnte Statue des Daidalos trug — tanzten Theseus und seine Gefährten den Kranichtanz. Dieser Tanz folgt labyrinthischen Windungen und wird in ausgemessenen Schritten zu Harfenmusik getanzt. Theseus brachte ihn aus Knossos mit; die Deler führen ihn noch immer auf. Daidalos hatte Ariadne in Knossos einen Tanzboden gebaut, mit weißen marmornen Mustern, kopiert vom ägyptischen Labyrinth. Als Theseus und seine Genossen den Kranichtanz zu Knossos aufführten, war dies das erste Mal, daß Männer und Frauen zusammen tanzten. Ältere Leute und besonders Seeleute tanzen ihn noch immer in vielen Städten Griechenlands und Kleinasiens; ebenso auch die Kinder in Italien. Er bildet die Grundlage des Troischen Spieles [25].

v. Bald schon traf Theseus die Strafe für sein Vergehen an Ariadne. Ob aus Kummer über ihren Verlust oder aus Freude beim Anblick der attischen Küste, die er wegen der Stürme so lange hatte meiden müssen — jedenfalls vergaß er sein Versprechen, das weiße Segel zu hissen [26]. Aigeus stand auf der Akropolis, wo heute der Tempel des Flügellosen Sieges steht, und hielt nach ihm Ausschau. Als er das schwarze Segel erblickte, schwanden ihm die Sinne, und er stürzte kopfüber in das tiefe Tal. Doch manche behaupten, er hätte sich selbst in das Meer gestürzt. Seit damals wird es das Aigaiische genannt [27].

w. Theseus wurde dieses tragische Geschick erst kund, nachdem er den Göttern ein Dankopfer für seine sichere Rückkehr dargebracht hatte. Dann bestattete er Aigeus und ehrte ihn mit einem Heroenschrein. Am achten Tage des Pyanepsion (Oktober), zu dem Zeitpunkt seiner Rückkehr aus Kreta, versammeln sich die loyalen Athener mit Kochtöpfen an der Küste. Sie kochen verschiedene Arten von Bohnen – um ihre Kinder daran zu erinnern, wie Theseus, der seine Mannschaft hatte hungern lassen müssen, die restlichen Lebensmittel sogleich nach der Landung in einen Topf warf und kochte. So konnten endlich ihre hungrigen Bäuche gefüllt werden. Für das Ende der Hungerzeit wird ein Danklied gesungen, und ein Olivenzweig, mit weißer Wolle umwunden und mit den Früchten der Jahreszeit behangen, wird herumgetragen, um jenes Zweiges zu gedenken, den Theseus vor seiner Abreise opferte. In die Zeit dieser Riten fiel die Ernte. Daher führte Theseus auch das Fest der Weinstöcke ein; vielleicht, um Athene und Dionysos, die ihm beide auf Naxos erschienen waren, zu danken, oder um Dionysos und Ariadne zu ehren. Die beiden Weinrankenträger stellen jene beiden Jünglinge dar, die Theseus als Mädchen verkleidet nach Kreta begleitet hatten und die im Triumphzug nach seiner Rückkehr an seiner Seite gingen. Vierzehn Frauen bringen Lebensmittel und nehmen an diesem Fest teil; sie stellen die Mütter der geretteten Opfer dar; ihre Aufgabe ist es, Fabeln und alte Mythen zu erzählen, wie es auch jene Mütter vor der Abfahrt des Schiffes taten [28].

x. Theseus errichtete auf dem Marktplatz zu Troizen einen Tempel zu Ehren der Retterin Artemis. Noch zu Lebzeiten ehrten ihn seine Mitbürger mit einem Schrein. Die Familien, die den kretischen Tribut stellen mußten, brachten die Opfer dar. Aus Dankbarkeit für ihre Gastfreundschaft übertrug Theseus die Priesterhoheit seines Schreines den Phytaliden. Das Schiff, das ihn nach Kreta gebracht hatte, macht noch immer jährlich eine Reise nach Delos und zurück. Es wurde nun schon so oft überholt und ausgebessert, daß die Philosophen es stets als Beispiel zu zitieren pflegen, wenn sie über das Problem der fortdauernden Identität diskutieren [29].

1. Apollodoros, Epitome I, 5; Servius über Vergils Aeneis VIII, 294; Erster Mythograph des Vatikans 47; Pausanias I, 27, 9; Plutarch, Theseus 14; Hesychios unter: *Bolynthos*.
2. Plutarch a. a. O.; Kallimachos, Fragment 40, ed. Bentley; Ovid, Liebeskunst 747.
3. Diodorus Siculus IV, 61; Hyginus, Fabel 41; Apollodoros III, 1, 4; Pausanias II, 31, 1.

4. PLUTARCH, Theseus 17; APOLLODOROS, Epitome I, 7; Scholiast über HOMERS Ilias XVIII, 590; DIODORUS SICULUS a. a. O.; HELLANIKOS, zit. von PLUTARCH, Theseus 19.
5. PLUTARCH a. a. O.; SIMONIDES, zit. von PLUTARCH a. a. O.
6. PLUTARCH, Theseus 18; DEMONS Geschichte, zit. von PLUTARCH, Theseus 23.
7. PHILOCHOROS, zit. von PLUTARCH, Theseus 17; SIMONIDES, zit. von PLUTARCH a. a. O.; PAUSANIAS I, 1, 2.
8. PLUTARCH, Theseus 18.
9. PLUTARCH a. a. O.; Scholiast über ARISTOPHANES' Die Ritter 725.
10. PAUSANIAS I, 42, 1; HYGINUS, Poetische Astronomie II, 5; PLUTARCH, Theseus 29.
11. PAUSANIAS I, 17, 3; HYGINUS a. a. O.
12. PLUTARCH, Theseus 29; APOLLODOROS, Epitome I, 8.
13. Scholiast über HOMERS Odyssee XI, 322, zit. von PHEREKYDES; HOMER, Ilias XVIII, 590; EUSTATHIOS über HOMERS Odyssee XI, 320; APOLLODOROS, Epitome I, 9; OVID, HEROIDES IV, 115; PAUSANIAS III, 18, 7.
14. PAUSANIAS II, 31, 1; PHEREKYDES, zit. von PLUTARCH, Theseus 19; DEMON, zit. von PLUTARCH a. a. O.
15. Scholiast über THEOKRITS Idylle II, 45; DIODORUS SICULUS IV, 61, 5; CATULLUS LXIV, 50 ff; PLUTARCH, Theseus 29; HYGINUS, Fabel 43.
16. PAUSANIAS X, 29, 2; DIODORUS SICULUS V, 51, 4; Scholiast über THEOKRIT a. a. O.
17. PAUSANIAS I, 20, 2; CATULLUS LXIV, 50 ff; HYGINUS, Poetische Astronomie II, 5.
18. PLUTARCH, Theseus 20; BAKCHYLIDES XVI, 116.
19. PLUTARCH, Ein Vergleich zwischen Romulus und Theseus; PHILOCHOROS, zit. von PLUTARCH, Theseus 15; SERVIUS über VERGILS Aeneis VI, 14; PHILOCHOROS, zit. von PLUTARCH, Theseus 19.
20. ARISTOTELES, Die Verfassung der Bottiaier, zit. von PLUTARCH, Theseus 16; PLUTARCH, Griechische Fragen 35.
21. KLEIDEMOS, zit. von PLUTARCH, Theseus 19.
22. HESYCHIOS unter: *Aridela*; PAIONIOS, zit. von PLUTARCH, Theseus 21; Der Wettstreit Homers und Hesiods 14.
23. PLUTARCH a. a. O.; PAUSANIAS VIII, 48, 2 und IX, 40, 2; KALLIMACHOS, Hymnos auf Delos 312.
24. KALLIMACHOS, Hymnos an Apollon 60 ff; PLUTARCH a. a. O. und ‹Welche Tiere sind schlauer?› 35.
25. PLUTARCH, Theseus 21; KALLIMACHOS, Hymnos auf Delos 312 ff; HOMER, Ilias XVIII, 591-2; PAUSANIAS IX, 40, 2; PLINIUS, Naturgeschichte XXXVI, 19; Scholiast über HOMERS Ilias XVIII, 590; EUSTATHIOS über HOMERS Ilias S. 1166; VERGIL, Aeneis V, 588 ff.
26. CATULLUS LXIV, 50 ff; APOLLODOROS, Epitome I, 10; PLUTARCH, Theseus 22.
27. CATULLUS a. a. O.; PAUSANIAS I, 22, 4-5; PLUTARCH a. a. O. und Ein Vergleich zwischen Romulus und Theseus; HYGINUS, Fabel 43.
28. PAUSANIAS I, 22, 5; PLUTARCH, Theseus 22 und 23; PROKLOS, Chrestomathie, zit. von PHOTIOS 989.
29. PAUSANIAS II, 31, 1; PLUTARCH a. a. O.

1. Gegen Ende des 18. Jahrhunderts v. Chr. war Griechenland, wahrscheinlich durch den hellenischen Adel, der in Kreta ein oder zwei Generationen früher die Herrschaft an sich gerissen hatte und dort eine neue Kultur erblühen ließ, kretisiert worden. Der Angriff des Theseus auf Knossos, den PLUTARCH aus KLEIDEMOS zitiert, erscheint glaubwürdig. Die Erzählung bezieht sich auf einen Aufstand der Athener gegen einen kretischen Oberherrn, der Geiseln als Pfand für ihre Loyalität genommen hatte, auf den geheimen Aufbau einer Flotte, auf die Eroberung der offenen Stadt Knossos – während der Abwesenheit der kretischen Flotte in Sizilien – und auf einen Friedensvertrag, der durch die Heirat des Königs von Athen mit Ariadne, der kretischen Erbin, ratifiziert wurde. Diese Ereignisse deuten auf die Zeit um das Jahr 1400 v. Chr. hin. Sie haben eine Parallele in der mythischen Erzählung, daß Jünglinge und Mädchen als Buße für den Mord eines kretischen Prinzen von den Athenern als Opfer gefordert wurden. Theseus befreit Athen von diesem Tribut, als er den Stier des Minos tötet oder seinen Oberbefehlshaber in einem Ringkampf besiegt. Er heiratet Ariadne, die königliche Erbin, und schließt mit Minos Frieden.

2. Daß Theseus den stierköpfigen Asterios, genannt Minotauros oder ‹Stier des Minos›, tötete, sein Ringkampf mit Tauros (‹Bulle›) und daß er den kretischen Bullen einfing, sind alles Versionen des gleichen Ereignisses. *Bolynthos,* das seinen Namen dem attischen Probalinthos gab, war der kretische Name für ‹wilder Stier›; ‹Minos› war der Name einer knossischen Dynastie, deren Emblem ein Himmelsstier war; ‹Asterios› konnte entweder ‹von der Sonne› oder ‹vom Himmel› bedeuten. Es scheint, daß der König sich in der Gestalt eines Stieres mit der Oberpriesterin in der Gestalt einer Mondkuh (s. 88, 7) rituell paarte. Für die Entstehung der Labyrinthmythe könnte wesentlich gewesen sein, daß der Palast zu Knossos – das Haus der *labrys* oder Doppelaxt – eine Vielzahl von Zimmern und Korridoren enthielt, so daß die athenischen Eroberer nur schwer den König finden und töten konnten. Außerdem befand sich auf einem offenen Platz vor dem Palast ein Tanzboden, der ein Labyrinthmuster aus Mosaikarbeit trug. Es diente den Tänzern bei dem erotischen Frühlingstanz als Führung (s. 92, 4). Dieses Muster, auch Labyrinth genannt, scheint seinen Ursprung im traditionellen Ästelabyrinth gehabt zu haben. Dieses wurde dazu verwendet, Rebhühner durch die Liebeslockungen eines gefangenen Hahnes in die Mitte zu locken. Die Frühlingstänzer ahmten wahrscheinlich den ekstatischen, hinkenden Liebestanz des Rebhuhnhahnes nach (s. 92, 2). Dieser Hahn wurde dann durch einen Hieb auf den Kopf vom Jäger getötet (EKKLESIASTIKOS XI, 30).

3. Ein etruskischer Weinkrug aus Tagliatella erklärt die religiöse Bedeutung des Rebhuhntanzes; er zeigt zwei auf Pferden reitende Heroen; der Führer trägt einen Schild mit dem Bild eines Rebhuhns, hinter dem ein Todesdaimon sitzt. Der andere Heros hält eine Lanze und einen Schild mit dem Bild einer Ente. Im Hintergrund sieht man ein Labyrinthmuster, wie es auch auf manchen knossischen Münzen gefunden wird. So wie das Rebhuhn im Buschdickicht lockte eifersüchtige Liebe auch den verliebten König in seinen Tod, erklärt der Ikonograph. Der König wird von seinem Stellvertreter verfolgt. Nur ein hervorragender Heros – wie Daidalos oder Theseus – kehrt lebend zurück. In diesem Zusammenhang ist die Entdeckung eines kretischen Labyrinths, das in der Nähe von Bosinney in Cornwall in einen Felsen gehauen ist, von großer

Bedeutung. Ein Labyrinthtanz scheint aus dem östlichen Mittelmeer von neolithischen Bauern des 3. Jahrtausends v. Chr. nach Britannien gebracht worden zu sein; roh gehauene Steinlabyrinthe, ähnlich denen in England, kommen im ‹Becher B›-Gebiet Skandinaviens und im nordöstlichen Rußland vor. Ekklesiastische Labyrinthe, ursprünglich zu Bußzwecken gedacht, wurden im südöstlichen Europa gefunden.

4. In Knossos folgte der Kult des Himmelsstieres dem des Rebhuhnes. Der Kreistanz stellte dann die jährliche Bewegung der Himmelskörper dar. Wahrscheinlich richtete sich auch der alte Kranichtanz zu Delos – auch Kraniche führen einen Liebestanz auf – in ähnlicher Weise nach einem Labyrinthmuster. Manchmal hielten die Tänzer ein Seil, um den richtigen Abstand zu halten und dem Schrittmuster fehlerlos folgen zu können. So könnte die Geschichte vom Wollknäuel entstanden sein (A. B. Cook, *Journal of Hellenic Studies* XIV, 101 ff, 1949). In Athen und auch auf dem Berge Sipylos wurde der Seiltanz *cordax* genannt (Aristophanes, ‹Wolken› 540).

5. ‹Ariadne› – unter diesem Namen verstanden die Griechen ‹Ariagne› (‹sehr heilig›) – war die Mondgöttin, die in diesem Tanz verehrt wurde. Man nannte sie auch ‹die hohe, fruchtbare Gerstenmutter› oder Aridela, ‹die sich Offenbarende›. Zu Ehren der Ariadne und des Dionysos trug man fruchtbeladene Weinranken. Ihr Selbstmord durch Erhängen, ‹denn sie fürchtete Artemis›, deutet darauf hin, daß Puppen, die Ariadne darstellten, an diesen Reben hingen (s. 79, 2). Eine glockenförmige boiotische Göttinnenpuppe mit herabhängenden Beinen befindet sich im Louvre; sie stellt entweder Ariadne, Erigone oder die erhängte Artemis dar. Bronzene Puppen mit abnehmbaren Gliedern, die aus der Zeit des Daidalos stammten, wurden in Sardinien gefunden. Die Krone der Ariadne, der Hephaistos die Form eines Rosenkranzes gab, ist keine Erfindung. Zart gearbeitete Goldkränze mit Blumen aus Edelsteinen wurden im Mochlos-Schatz gefunden.

6. Die Heirat des Theseus mit der Mondpriesterin machte ihn zum Herrscher von Knossos. Auf einer knossischen Münze steht der Neumond in der Mitte eines Labyrinths. Jedoch beraubten die matrilinearen Bräuche die Erbin, wenn sie ihrem Manne über das Meer folgte, aller Ansprüche auf ihre Ländereien. Deshalb nahm Theseus Ariadne nicht mit nach Athen – oder überhaupt weiter als nach Dia, einer kretischen Insel, die in Sichtweite von Knossos lag. Der kretische Dionysos, dargestellt als Stier und tatsächlich Minos selbst, war Ariadnes gesetzlicher Gatte. Wein, ein kretisches Produkt, wurde den Teilnehmern bei ihren Orgien gereicht. So könnte auch der von Homer berichtete Ärger des Dionysos bedeuten, daß sie mit dem Eindringling Theseus geschlafen hätte.

7. Viele alte athenische Sitten aus der mykenischen Zeit werden durch Plutarch und andere durch den Besuch des Theseus in Kreta erhellt: z. B. die religiöse Prostitution von Mädchen, die rituelle Sodomie (charakteristisch für die Anbetung Anathas in Jerusalem – s. 61, 1 – und die der syrischen Göttin zu Hierapolis), die noch spurenweise bei den Athenern in der Weihung junger Mädchen an Apollon zu finden war, und im Tragen der Erntezweige durch zwei männliche Invertierte. Der fruchtbeladene Zweig erinnert an den *lulab*, der in Jerusalem beim Neujahrsfeste des Tabernakels, das man im frühen Herbst feierte, getragen wurde. Das Fest des Tabernakels, das Laubhüttenfest, war ein Weinlesefest und entspricht den Oschophoria der Athener, dem ‹Tragen der Weintrauben›. Seine Hauptattraktion war ein Wettlauf (Proklos, *‹Chrestomathia›* 28). Ursprünglich wurde der Sieger dieses Wettlaufes, wie zu Olympia, der neue Heilige König und erhielt die fünffache Mischung aus ‹Öl, Wein, Honig, Käse und Mehl› – den göttlichen Nektar und die Ambrosia der Götter. Plutarch verbindet Theseus, den neuen König, mit diesem Fest, indem er behauptet, Theseus sei zufällig zur Zeit des Festes angekommen. Er wäscht ihn von jedem Verdacht einer Schuld am Tode seines Vorgängers Aigeus rein. Doch in Wirklichkeit rang der neue König mit dem alten König und stürzte ihn als *pharmakos* von dem weißen Felsen in das Meer (s. 96, *3*). Aus der Kermesbeere oder Koschenille wurde eine scharlachrote Farbe gewonnen, mit der man das Gesicht des Heiligen Königs bestrich. Diese Farbe galt daher als königliche Farbe. (Die Kermesbeere ist ein Bauminsekt auf der Kermeseiche, die im Altertum irrtümlicherweise für eine Frucht des Baumes gehalten wurde). ‹Hekalene›, die ärmliche, alte Jungfrau, ist wahrscheinlich eine verkümmerte Form von ‹Hekate Selene›, ‹der weitschießende Mond›, was eigentlich Artemis bedeutet.

8. Es scheint, daß in prähellenischen Zeiten ein Verbot bestand, Bohnen zu essen – die Pythagoreer hielten sich streng daran: Sie glaubten, Bohnen beherbergten die Seelen ihrer Ahnen, und ein Mann (im Gegensatz zu einer Frau) könnte einem seiner Ahnen die Möglichkeit der Wiedergeburt nehmen, wenn er Bohnen äße. Daher läßt das volkstümliche Bohnenfest auf eine absichtliche Beleidigung der Göttin, die dieses Tabu auferlegte, schließen. Der gleichen Überlieferung liegt die Übertragung der Priesterschaft an die männlichen Phytaliden (‹Anbauer›) durch Theseus zugrunde. Die weibliche Form von Phytaliden erinnert daran, daß die Feigenkultur und der Anbau von Bohnen zuerst ein Mysterium waren, das ausschließlich Frauen vorbehalten war (s. 24, *13*).

9. Die Kyprioten beteten Ariadne als die ‹Göttin der Geburt von Amathos› – dies war ein Name der Aphrodite – an. Ihr Herbstfest wurde bei der Geburt des Neuen Jahres gefeiert. Ein Jüngling ahmte ihre Wehen nach: Es war ihr königlicher Liebhaber – Dionysos. Diese Sitte, die als *couvade* bekannt ist, ist in vielen Teilen Europas zu finden.

10. Apollons hörnerner Tempel zu Delos ist erst vor kurzer Zeit ausgegraben worden. Der Altar und seine Grundmauern sind verfallen. In den Steindekorationen ist die Ziege durch einen Stier als rituelles Tier ersetzt – wenn es überhaupt jemals eine Ziege war. Ein minoisches Siegel zeigt die Göttin, die an einem Altar steht, der gänzlich aus Stierhörnern gemacht ist.

11. Mikons allegorisches Wandbild, das Thetis darstellt, die Theseus eine Krone und einen Ring gibt, während Minos ärgerlich von der Küste zusieht, zeigt den Übergang der Seeherrschaft von kretischen in athenische Hände. Möglicherweise kann auch Minos die Seegöttin symbolisch geheiratet haben, indem er einen Ring ins Meer warf so wie der Doge im Mittelalter in Venedig.

12. ‹Oinopion und Thoas werden manchmal die Söhne des Theseus genannt›, denn sie waren die Heroen von Chios und Lemnos (s. 88, h), ergebene Verbündete der Athener.

99. DAS ATTISCHE BÜNDNIS

a. Als Theseus nach seinem Vater Aigeus den Thron von Athen bestiegen hatte, festigte er seine Herrschaft. Er tötete fast alle seine Feinde, mit Ausnahme des Pallas und seiner überlebenden Söhne. Um ganz sicher zu gehen, brachte er sie dennoch einige Jahre später um. Als er vor dem Gericht des Apollon Delphin wegen Mordes angeklagt wurde, verteidigte er sich — was bisher noch nie geschehen war — mit ‹gerechtfertigter Tötung› und wurde so freigesprochen. In Troizen, wo sein Sohn Hippolytos nun als König regierte, reinigte er sich von ihrem Blute; hier verbrachte er ein ganzes Jahr. Nach seiner Rückkehr verdächtigte er einen Halbbruder namens Pallas des Verrates und verbannte ihn unverzüglich. Pallas gründete Pallantion in Arkadien, obwohl manche sagen, Pallas, der Sohn des Lykaon, hätte dies kurz nach der Deukalionischen Flut getan [1].

b. Theseus regierte als gesetzestreuer Herrscher. Er führte die Politik der Föderalisierung ein, die die Grundlage des späteren Reichtums Athens wurde. Bisher war Attika in zwölf Gemeinden aufgeteilt gewesen, von denen jede ihre eigenen Angelegenheiten verwaltete, ohne den König in Athen zu befragen. Nur in Zeiten des Notstandes machten sie eine Ausnahme. Die Eleuser hatten sogar Erechtheus den Krieg erklärt, und Familienstreitigkeiten nahmen überhand. Um diese Gemeinden zu vereinen, mußte Theseus mit jedem Clan und jeder Familie einzeln verhandeln, was er auch tat. Die Freigelassenen und die Knechte waren bereit, ihm zu gehorchen. Den Großteil der Landbesitzer mußte er überreden, seinem Plan zuzustimmen. Er versprach, die Monarchie abzuschaffen und statt dessen eine Demokratie zu errichten. Dabei behielt er sich selbst das Recht vor, Oberkommandierender und höchster Richter zu bleiben. Diejenigen, die sich von seinen Argumenten nicht überzeugen ließen, beugten sich schließlich seiner Macht [2].

c. So erhielt Theseus die Vollmacht, alle örtlichen Regierungen aufzulösen. Er berief ihre Abgesandten nach Athen und gab ihnen eine Ratshalle und einen Gerichtshof; beide stehen noch heute. Jedoch versuchte er nie, die Rechte des privaten Besitztums anzurühren. Dann vereinte er die Vorstädte mit der Stadt. Diese hatte bis dahin aus der Akropolis und ihren benachbarten südlichen Vierteln bestanden, einschließlich der alten Tempel des Olympischen Zeus, des Pythischen Apollon, der Mutter Erde, des Dionysos der Sümpfe und des Aquädukts der Neuen Quellen. Noch immer nennen die Athener die Akropolis ‹Die Stadt›.

d. Er nannte den sechzehnten Tag des Hekatomboion (Juli) ‹Tag der Vereinigung› und machte ihn zu einem öffentlichen Fest zu Ehren Athenes; dabei wird ein unblutiges Opfer dem Frieden dargebracht [3]. Die Athenischen Spiele, die an diesem Tag gefeiert wurden, erweiterte er zu den Panathenischen Spielen und ließ die gesamte Bevölkerung Attikas daran teilnehmen. Auch führte er die Anbetung der Aphrodite des Bundes und der Aphrodite der Überzeugung ein. Dann verzichtete er, wie versprochen, auf den Thron und gab Attika eine neue Verfassung. Dies alles geschah unter den besten Vorzeichen: Das Delphische Orakel prophezeite, Athen würde nun auf den Wellen des stürmischen Meeres so sicher wie eine Schweinsblase reiten[4].

e. Um den Ruhm der Stadt noch größer zu machen, forderte Theseus alle ehrenwerten Fremdlinge auf, ihre Bürger zu werden. Seine Herolde zogen durch ganz Griechenland und riefen, wie es noch heute geschieht: «Kommt her, all Ihr Leute!» Da strömten sie in großen Mengen nach Athen. Er teilte die Bevölkerung Attikas in drei Klassen: die Eupatriden oder ‹die, denen das Vaterland zu Dank verpflichtet ist›, die Georgoi oder ‹Bauern› und die Demiurgoi oder ‹Werktätigen›. Die Eupatriden übernahmen die religiösen Angelegenheiten, stellten Richter und deuteten das Gesetz. Dies war die würdevollste aller Aufgaben. Die Georgoi bearbeiteten den Boden und bildeten das Rückgrat des Staates. Die bei weitem größte Klasse bildeten die Demiurgoi. Aus ihren Reihen kamen die Werktätigen, wie sie da alle sind: Wahrsager, Chirurgen, Herolde, Tischler, Bildhauer und Bäcker[5]. So schuf Theseus als erster König einen starken Bund, weshalb Homer in seinem ‹Katalog der Schiffe› nur die Athener als herrschendes Volk darstellt. Seine Verfassung blieb bis zu der Zeit in Kraft, als die Tyrannen die Macht ergriffen. Doch manche bestreiten die Wahrheit dieser Überlieferung. Sie behaupten, daß Theseus weiterhin wie bisher regiert habe und daß nach dem Tode des Königs Menestheus, der die Athener gegen Troia führte, seine Dynastie drei Generationen lang fortbestand[6].

f. Als erster athenischer König prägte Theseus Münzen, und zwar mit dem Abbild eines Stieres. Es ist nicht bekannt, ob dies der Stier des Poseidon war oder Tauros, der General des Minos. Vielleicht sollte der Stier auch die Bedeutung der Landwirtschaft betonen. Jedenfalls war diese Prägung der Grund, warum als Werteinheit lange Zeit der Begriff ‹Ochse› verwandt wurde, etwa ‹zehn Ochsen› oder ‹einhundert Ochsen›. Wie Herakles seinen Vater Zeus zum Schutzherrn der Olympischen Spiele ernannt hatte, machte Theseus seinen Vater Poseidon zum Schutzherrn der Isthmischen Spiele. Bis dahin war der Gott Melikertes, der Sohn Inos, bei jenen nächtlichen Spielen, die eher Mysterien als öffentliche Schauspiele waren, so geehrt worden. Dann verwirklichte Theseus den athenischen Anspruch auf die Herrschaft über Megara. Er rief die Gesandten des Peloponnes auf dem Isthmos zusammen und überredete sie, einen schon lange andauernden Grenzstreit mit ihren ionischen Nachbarn beizulegen. An einem Platz, dem beide Parteien zugestimmt hatten, errichtete er die berühmte Säule, die auf ihrer östlichen Seite die Inschrift:

‹Dies ist nicht der Peloponnes, sondern Ionien!› und auf ihrer westlichen: ‹Dies ist nicht Ionien, sondern der Peloponnes!› trug. Von den Korinthern gewann er die Zusagen, daß die Athener den Ehrenplatz bei den Isthmischen Spielen einnehmen sollten. Dieser Platz war so groß wie das Hauptsegel ihres Schiffes[7].

1. Hyginus, Fabel 244; Apollodoros, Epitome I, 11; Servius über Vergils Aeneis VIII, 54; Euripides, Hippolytos 34-7; Pausanias I, 22, 2; I, 28, 10 und VIII, 3, 1.
2. Diodorus Siculus IV, 61; Thukydides II, 15; Plutarch, Theseus 24.
3. Thukydides a. a. O.; Plutarch a. a. O.; Scholiast über Aristophanes' Frieden 962.
4. Pausanias VIII, 2, 1 und I, 22, 3; Plutarch a. a. O.
5. Plutarch, Theseus 25; Homer, Odyssee 383 ff und XIX, 135; Platon, Symposion 188 d und Republik 529 e; Herodot VII, 31.
6. Plutarch a. a. O.; Homer, Ilias II, 552 ff; Pausanias I, 3, 2.
7. Strabon IX, 1, 6.

1. Das mythische Element in der Geschichte von Theseus taucht hier in der Geschichte der Verfassung Athens unter; die Föderalisierung Attikas war einige Jahrhunderte zu früh datiert worden; und die demokratischen Reformen des Theseus sind Propaganda des 5. Jahrhunderts, wahrscheinlich von Kleisthenes erfunden.

2. Ochsen galten im alten Griechenland, in Italien und Irland, so wie noch heute bei primitiven Hirtenstämmen in Ostafrika, als Standardwert. Die Athener prägten zum ersten Male fünfhundert Jahre nach dem Trojanischen Krieg Münzen. Allerdings waren kretische Kupferstücke bestimmten Gewichts offiziell mit einem Stierkopf oder mit einem liegendenK alb gekennzeichnet (Sir Arthur Evans, *‹Minoan Weights and Mediums of Currency›*, S. 335). Die Butadai Athens, die in erster Linie für die Entwicklung der Theseusmythe verantwortlich sind, haben wahrscheinlich an diese Überlieferung gedacht, als sie Ochsenköpfe, das Wahrzeichen ihres Clans, auf Münzen prägten.

3. Die Teilung Attikas in zwölf Gemeinden hatte eine Parallele im Nildelta, in Etrurien und in der Aufteilung des eroberten kanaanitischen Territoriums unter die zwölf Stämme Israels. In jedem Fall wurde diese Zahl wahrscheinlich gewählt, um die monatliche Reise des Monarchen von Stamm zu Stamm festzulegen. Die Griechen des heroischen Zeitalters unterscheiden nicht zwischen Mord und Totschlag; in beiden Fällen mußte der Sippe des Opfers ein Blutpreis gezahlt werden. Der Schuldige hatte seinen Namen zu ändern und die Stadt für immer zu verlassen. So konnten auch Telamon und Peleus den Phokos heimtückisch morden, ohne die Gunst der Götter zu verlieren (s. 81, b). Medea tötete Apsyrtos, ohne den Ärger ihrer neuen korinthischen Untertanen hervorzurufen (s. 153, a und 156, a). In Athen jedoch wurde vorsätzlicher Mord *(phonos)* während des Klassischen Zeitalters mit dem Tode bestraft; auf Totschlag *(akousia)* stand Verbannung. Der Clan war gesetzlich verpflichtet, die Anklage zu erheben. *Phonos hekousios* (gerechtfertigter Mord) und *phonos akousios* (entschuldbarer Mord) waren spätere Verfeinerungen, die wahr-

scheinlich im 7. Jahrhundert v. Chr. von DRAKON eingeführt wurden. Nur der entschuldbare Mord konnte durch eine rituelle Waschung gesühnt werden. Die Mythographen verstanden nicht, daß Theseus der dauernden Verbannung als Strafe für die Ermordung der Pallantiden nur durch die Vernichtung des ganzen Clans entgehen konnte – so wie es DAVID mit dem ‹Hause Sauls› tat. Eine einjährige Abwesenheit von Troizen genügte, um die Stadt von der Verunreinigung durch Mord zu befreien.

100. THESEUS UND DIE AMAZONEN

a. Manche behaupten, Theseus habe an der erfolgreichen Expedition des Herakles gegen die Amazonen teilgenommen. Als seinen Anteil an der Beute soll er deren Königin Antiope, auch Melanippe genannt, erhalten haben. Sie war nicht zu bedauern, wie manche dachten. Im Gegenteil: Sie liebte Theseus so sehr, daß sie als Beweis ihrer leidenschaftlichen Liebe sogar die Stadt Themiskyra am Flusse Thermodon an ihn verriet [1].

b. Andere wieder erzählen, Theseus hätte das Land der Amazonen zusammen mit Peirithoos und seinen Gefährten einige Jahre später besucht. Die Amazonen wären bei der Ankunft so vieler stattlicher Krieger von Freude erfüllt worden und hätten keinen Widerstand geleistet. Antiope begrüßte Theseus mit reichen Gaben. Doch kaum war sie an Bord seines Schiffes, ließ er die Anker lichten und entführte sie. Andere wieder sagen, er sei eine Zeitlang in Amazonien geblieben und hätte Antiope als seinen Gast bewirtet. Sie fügen noch hinzu, daß in seinem Gefolge drei Brüder aus Athen, Euneus, Thoas und Soloon, waren; dieser Soloon habe sich in Antiope verliebt. Aus Scheu und Furcht, sich ihr zu nähern, soll er seinen Bruder Euneus gebeten haben, sich für ihn einzusetzen. Antiope wies Soloons Werbung zurück. Doch behandelte sie ihn auch weiterhin nicht weniger höflich als zuvor. Soloon stürzte sich in den Fluß Thermodon und ertrank. Da erst erfuhr Theseus, was sich abgespielt hatte, und war darob tief bestürzt. Er erinnerte sich an eine Warnung des Delphischen Orakels: Wenn er sich einmal in einem fremden Land in großer Not befände, so sollte er eine Stadt gründen und einige seiner Gefährten als Verwalter zurücklassen. Da baute er Pythopolis zu Ehren des Pythischen Apollon und nannte den nahen Fluß Soloon. Er ließ Euneus, Thoas und einen gewissen Hermos, einen adeligen Athener, dessen Wohnsitz in Pythopolis nun fälschlicherweise ‹das Haus des Hermes› genannt wird, zurück. Dann segelte er mit Antiope fort [2].

c. Antiopes Schwester Oreithyia, von der manche fälschlicherweise annehmen, sie wäre Hippolyte, deren Gürtel Herakles trug, schwur Rache an Theseus. Sie schloß ein Bündnis mit den Skythen und führte ein mächtiges Amazonenheer über das Eis des Kimmerischen Bosporos, überquerte dann die Donau und zog durch Thrakien, Thessalien und Boiotien. Auf dem Areiopagos zu Athen schlug sie Lager und opferte Ares; dieses Ereignis soll — nach einigen Erzählungen — dem Hügel seinen Namen gegeben haben. Einen Teil ihres Heeres entsandte sie nach Lakonien, um die Einwohner des Peloponnes daran zu hindern, Theseus über den Isthmos Verstärkung zu senden[3].

d. Das Heer Athens war bereits aufgestellt, doch wollte keine Seite mit dem Kampfe beginnen. Auf Rat des Orakels brachte Theseus dem Phobos, einem Sohne des Ares, ein Opfer dar und begann schließlich die Schlacht am siebenten Tage des Boidromions. An diesem Tage werden noch heute die Boidromia zu Athen gefeiert. Andere jedoch führen dieses Fest bereits auf den Sieg des Xuthos über Eumolpos zur Zeit der Regierung des Erechtheus zurück. Die Front der Amazonen verlief von dem Punkte, der heute Amazonion genannt wird, bis zu dem Hügel Pnyx in der Nähe von Chrysa. Der rechte Flügel des Heeres des Theseus stürzte sich vom Musaion auf den linken Flügel der Amazonen; doch wurden die Athener aufgerieben und mußten sich zum Tempel der Furien zurückziehen. An diesen Vorfall erinnert ein Stein, der dem einheimischen Befehlshaber Chalkodon errichtet wurde. Er steht in einer Straße, die von den Gräbern der Gefallenen umsäumt ist und die nach ihm benannt wurde. Der linke Flügel der Athener griff vom Paladion, vom Berg Ardettos und vom Lykaion an und trieb den rechten Flügel der Amazonen zu ihrem Lager zurück. Die Verluste der Amazonen waren groß[4].

e. Andere erzählen, daß die Amazonen erst nach vier Monaten harten Kämpfens bereit waren, die Waffen zu strecken. Der Waffenstillstand wurde in der Nähe des Schreines des Theseus geschlossen. Noch immer wird er durch das Amazonen-Opfer am Vorabend des Theseischen Festes gefeiert. Nach weiteren Berichten soll Antiope, die nun die Gemahlin des Theseus war, heroisch an seiner Seite gekämpft haben, bis sie durch die Hand einer gewissen Molpadia fiel. Diese aber wurde von Theseus getötet. Oreithyia soll mit einigen wenigen ihres Gefolges nach Megara entkommen und dort aus Kummer und Verzweiflung gestorben sein. Die übrigen Amazonen wurden vom siegreichen Theseus aus Attika vertrieben. Sie ließen sich in Skythien nieder[5].

f. Es war dies das erste Mal, daß Athener fremde Eindringlinge von ihrem Heimatboden zurückschlagen mußten. Diejenigen Amazonen, die verwundet auf dem Schlachtfeld zurückgelassen worden waren, wurden nach Chalkis zur Heilung gesandt. Antiope und Molpadia sind in der Nähe des Tempels der Mutter Erde begraben; eine irdene Säule bezeichnet Antiopes Grab. Andere liegen im Amazonion. Die beim Zug durch Thessalien gefallenen Amazonen liegen zwischen Skotussaia und Kynoskephalai begraben; einige andere in der Nähe von Chaironaia am Flusse Haimon. Im pyrrhichanischen Gebiet Lakoniens zeigen Schreine die

Stellen, an denen die Amazonen ihren Vormarsch unterbrachen und zwei hölzerne Statuen der Artemis und dem Apollon weihten. Zu Troizen erinnert ein Tempel des Ares an den Sieg des Theseus über den Teil des Heeres, der auf dem Rückweg den Übergang über den Isthmos erzwingen wollte [6].

g. Nach einem Bericht sollen die Amazonen über Phrygien und nicht über Skythien nach Thrakien eingedrungen sein. Sie gründeten den Schrein der Ephesischen Artemis, als sie die Küste entlang marschierten. Nach einem anderen Bericht haben sie bei zwei früheren Anlässen bei diesem Schrein Zuflucht gesucht: auf ihrer Flucht vor Dionysos und nach dem Sieg des Herakles über die Königin Hippolyte. Seine wirklichen Gründer waren jedoch Kreseus und Ephesos [7].

h. Doch scheint in Wahrheit Antiope die Schlacht überlebt zu haben. Theseus mußte sie schließlich töten, wie das Delphische Orakel vorausgesagt hatte. Als er mit König Deukalion, dem Kreter, ein Bündnis schloß und dessen Schwester Phaidra heiratete, widersetzte sich Antiope. Eifersüchtig stürmte sie, die nicht seine gesetzliche Gemahlin war, vollbewaffnet in die Hochzeitsfeierlicheiten und bedrohte die Gäste. Theseus und seine Gefährten schlossen die Tore und töteten sie in einem erbitterten Kampf. Sie mußte sterben, obwohl sie ihm Hippolytos, auch Demophon genannt, geboren hatte und ihm so treu ergeben war, daß sie niemals mit einem anderen Manne schlief [8].

1. Apollodoros, Epitome I, 16; Hegias von Troizen, zit. von Pausanias I, 2, 1.
2. Pindar, zit. von Pausanias I, 2, 1; Pherekydes und Bion, zit. von Plutarch, Theseus 26; Menekrates, zit. von Plutarch a. a. O.
3. Justin II, 4; Hellanikos, zit. von Plutarch, Theseus 26-7; Diodorus Siculus IV, 28; Apollodoros, Epitome I, 16; Aischylos, Eumeniden 680 ff.
4. Plutarch, Theseus 27; Etymologicum Magnum unter: *Boidromia*; Euripides, Ion 59; Kleidemos, zit. von Plutarch a. a. O.
5. Kleidemos, zit. von Plutarch a. a. O.; Plutarch a. a. O.; Pausanias I, 41, 7; Diodorus Siculus IV, 28.
6. Plutarch a. a. O.; Pausanias I, 2, 1; I, 41, 7; III, 25, 2 und II, 32, 8.
7. Pindar, zit. von Pausanias VII, 2, 4.
8. Hyginus, Fabel 241; Apollodoros, Epitome I, 17; Diodorus Siculus IV, 62; Ovid, Heroides 121 ff; Pausanias I, 22, 2; Pindar, zit. von Plutarch, Theseus 28.

1. Gewöhnlich wird das Wort ‹Amazone› von *a* und *mazon* = ‹ohne Brüste› abgeleitet. Man glaubte, daß die Amazonen sich eine Brust wegbrannten, um besser schießen zu können. Diese Auffassung ist jedoch zu phantastisch. Es scheint eher ein armenisches Wort zu sein und bedeutet ‹Mondfrau›. Da die Priesterinnen der Mondgöttin am südöstlichen Ufer des Schwarzen Meeres wie auch im Libyschen Golf von Syrte Waffen trugen (s. 8, 1), werden die Berichte

einiger Reisender, die diese bewaffneten Frauen gesehen hatten, die Interpretation gewisser alter athenischer Bilder, die weibliche Krieger darstellten, verwirrt haben. Sie scheinen die Grundlage der attischen Erzählung von einer Invasion der Amazonen aus der Richtung des Flusses Thermodon her gewesen zu sein. Diese Bilder befanden sich im Klassischen Zeitalter auf dem Fußstuhl des Thrones des Zeus zu Olympia (PAUSANIAS V, 11, 2), in Athen auf der mittleren Wand der bemalten Kolonnade (PAUSANIAS I, 15, 2), auf Athenes Schild im Heiligtum des Theseus und noch anderweitig (PAUSANIAS I, 17, 1). Sie zeigten entweder den Kampf zwischen den prähellenischen Priesterinnen der Athene um das Amt der Hohepriesterin oder eine hellenische Invasion Attikas und den Widerstand der Einwohner. Wahrscheinlich gab es bewaffnete Priesterinnen auch zu Ephesos – einer minoischen Kolonie, wie der Name des Gründers Kresos (‹kretisch›) beweist – und in allen Städten, in denen man Amazonengräber zeigte. Oreithyia oder Hippolyte soll einen Umweg von einigen hundert Meilen durch Skythien gemacht haben; wahrscheinlich, weil der kimmerische Bosporos – die Krim – der Sitz des wilden, taurischen Kultes der Artemis war, bei dem Priester männliche Opfer darbrachten (s. 116, 2).

2. Antiopes Störung des Hochzeitsfestes der Phaidra stammt wahrscheinlich von einem Bilde, das die Vergewaltigung der Hohepriesterin durch den hellenischen Eroberer zeigt, der zuvor ihre Gefährtinnen getötet hat. Antiope war nicht die gesetzliche Ehefrau des Theseus, denn sie gehörte einer Gemeinschaft an, die Gruppenheirat praktizierte (s. 131, k). Die Namen Melanippe und Hippolytos bringen die Amazonen mit dem vorhellenischen Pferdekult in Verbindung (s. 43, 2). Soloons Name (‹eiförmiges Gewicht›) ließe sich vielleicht von den Gewichten herleiten, die bei den Begräbnisspielen in der griechischen Kolonie Pythopolis – so nach der Orakelschlange ihres Herosgründers genannt – geworfen wurden. Es scheint, daß hier der Brauch bestand, menschliche Opfer in den Fluß Thermodon zu werfen. Die Boidromia (‹um Hilfe laufen›) war ein Fest der Artemis, von dem nur wenig bekannt ist: Vielleicht beteiligten sich, wie beim Fest der Hybristika zu Argos, bewaffnete Priesterinnen daran (s. 160, 5).

101. PHAIDRA UND HIPPOLYTOS

a. Nachdem Theseus Phaidra geheiratet hatte, sandte er seinen unehelichen Sohn Hippolytos zu Pittheus, der ihn adoptierte und zum Erben des Thrones von Troizen machte. So konnte Hippolytos keinen Grund haben, das Recht seiner legitimen Brüder Akamas und Demophoon, der Söhne Phaidras, auf die Herrschaft über Athen zu bestreiten [1].

b. Hippolytos verehrte wie seine Mutter Antiope besonders die keusche Artemis. Er errichtete einen neuen Tempel zu Ehren der Göttin in Troizen, nicht weit vom Theater. Aphrodite betrachtete dies als eine Beleidigung und beschloß, ihn zu strafen. Als er die Eleusischen Mysterien besuchte, ließ sie Phaidra in leidenschaftlicher Liebe zu ihm entbrennen. Er kam in weißes Leinen gekleidet, sein Haupt war bekränzt; obwohl sein Gesicht hart im Ausdruck war, bewunderte sie sein strenges Aussehen [2].

c. Theseus weilte gerade mit Peirithoos in Thessalien oder vielleicht im Tartaros. So folgte Phaidra Hippolytos nach Troizen. Dort errichtete sie den Tempel der Herabblickenden Aphrodite, um das Gymnasion überblicken zu können. Täglich konnte sie nun unbeobachtet zuschauen, wie der nackte Hippolytos sich im Laufen, Springen und Ringen übte. Ein alter Myrtenbaum steht auf dem Tempelgrund. Da Phaidra ihre leidenschaftliche Liebe nicht befriedigen konnte, pflegte sie zornig mit ihrer juwelengeschmückten Haarnadel in die Blätter des Myrtenbaumes zu stechen; sie sind noch immer stark durchlöchert. Als später Hippolytos die Panathenischen Festspiele besuchte und im Palaste des Theseus wohnte, stieg sie zum Tempel der Aphrodite auf der Akropolis, um ihn wieder heimlich beobachten zu können [3].

d. Phaidra verriet ihre blutschänderische Liebe niemandem. Doch aß sie wenig, schlief schlecht und wurde endlich so schwach, daß ihre alte Pflegerin die Wahrheit erriet und sie händeringend anflehte, Hippolytos einen Brief zu senden. Phaidra schrieb und gestand ihm ihre Liebe; sie schrieb auch, sie sei durch ihre Liebe nun zur Anbetung der Artemis bekehrt worden und habe die beiden hölzernen Statuen aus Kreta eben wieder der Göttin geweiht. Ob er nicht mit ihr einmal auf die Jagd gehen wolle? «Wir Frauen des kretischen Königshauses», schrieb sie, «sind durch das Schicksal zweifelsohne dazu bestimmt, in der Liebe entehrt zu werden: siehe nur meine Großmutter Europa, meine Mutter Pasiphaë und schließlich meine eigene Schwester Ariadne! O unglücklicher Hippolytos, verlassen von Deinem Vater, dem treulosen Theseus, der inzwischen Deine eigene königliche Mutter getötet hat – warum haben Dich die Furien nicht dafür bestraft, daß Du in so unziemender Weise ihrem Schicksal gegenüber gleichgültig geblieben bist? –, und eines Tages wird er auch mich umbringen! Ich flehe Dich an, Dich an ihm zu rächen, indem Du mit mir der Aphrodite einen Tribut darbringst. Könnten wir nicht zusammen weggehen und miteinander leben, wenigstens für eine Weile, und einen Jagdausflug als Ausrede verwenden? Inzwischen wird niemand unsere wahren Gefühle zueinander erraten! Wir leben schon unter dem gleichen Dach, und unsere Zuneigung wird als unschuldig, sogar als lobenswert betrachtet werden. [4]»

e. Der entsetzte Hippolytos verbrannte den Brief und ging zum Gemache Phaidras. Er überhäufte sie mit Vorwürfen. Sie aber zerriß ihr Gewand, öffnete die Türen und schrie: «Hilfe! Hilfe! Ich wurde vergewaltigt!» Dann erhängte sie sich am Türstock und ließ eine Nachricht zurück, die ihn ungeheuerlicher Verbrechen beschuldigte [5].

f. Als Theseus den Brief erhielt, verfluchte er Hippolytos. Er befahl ihm, Athen sofort zu verlassen und verbot ihm die Rückkehr. Dann erinnerte er sich an die drei Wünsche, die ihm sein Vater Poseidon versprochen hatte, und bat ihn, Hippolytos noch am gleichen Tage sterben zu lassen. «Vater», flehte er, «sende ein wildes Tier dem Hippolytos über den Weg, wenn er nach Troizen reist! [6]»

g. Hippolytos hatte Athen eilends verlassen. Als er durch die Enge des Isthmos fuhr, rollte eine riesige Welle, höher noch als der Molurische Felsen, gegen die Küste. Von ihrem Kamme sprang ein großer Seehund (oder manche sagen ein weißer Stier), bellte und spie Wasser. Wild vor Schrecken scheuten die vier Pferde des Hippolytos und brachen in Richtung der Klippe aus. Er aber war ein erfahrener Wagenlenker und zügelte sie, so daß sie nicht über den Abhang stürzten. Das Ungeheuer aber lief drohend hinter dem Wagen her, und wieder scheuten die Pferde. Diesmal gelang es ihm nicht, sein Gespann auf dem Wege zu halten. Nicht weit vom Heiligtum der Saronischen Artemis wird noch immer ein wilder Olivenbaum gezeigt, der die Verkrümmte Rhachos genannt wird – der troizenische Name für einen unfruchtbaren Olivenbaum ist *rhachos*. An einem Zweig dieses Baumes verfingen sich die Zügel des Hippolytos. Sein Wagen raste gegen einen Steinhaufen und zerbrach in Stücke. Hippolytos verwickelte sich in die Zügel, wurde zuerst gegen den Baumstamm geschleudert und dann gegen die Felsen. Die scheuenden Pferde schleiften ihn über den Boden, bis er tot war; sein Verfolger verschwand [7].

h. Ein unglaubwürdiger Bericht erzählt, daß Artemis dann Theseus die Wahrheit enthüllte und ihn nach Troizen zauberte – gerade noch rechtzeitig, um sich mit seinem sterbenden Sohn zu versöhnen. Sie selbst habe sich an Aphrodite gerächt, indem sie den Tod des Adonis verursachte. Sicher ist jedenfalls, daß sie den Troizenern befahl, Hippolytos göttliche Ehren zu erweisen. Seit damals opferten ihm alle troizenischen Bräute eine Locke ihres Haares. Diomedes weihte dem Hippolytos den alten Tempel und eine Statue zu Troizen und brachte ihm als erster jährliche Opfer dar. Sowohl das Grab der Phaidra als auch das des Hippolytos – das letztere ein Erdhügel – werden innerhalb der Mauern dieses Tempels in der Nähe eines Myrtenbaumes mit durchlöcherten Blättern gezeigt.

i. Die Troizener selbst bestreiten, daß Hippolytos von seinen Pferden zu Tode geschleift wurde oder daß er in dem ihm geweihten Tempel begraben sei, und verschweigen seine Grabstätte. Doch erklären sie, die Götter hätten ihn als den Wagenlenker unter die Sterne gesetzt [8].

j. Die Athener warfen zur Erinnerung an Hippolytos einen Hügel in der Nähe des Tempels der Themis auf, weil sein Tod durch einen Fluch verursacht worden war. Manche behaupten, Theseus sei des Mordes angeklagt und schuldig befunden worden. Entehrt habe man ihn nach Skyros verbannt, wo er sein Leben in Schmach und Kummer beschloß. Eine weitverbreitete Meinung jedoch bringt seinen Sturz mit dem Versuch, Persephone zu vergewaltigen, in Verbindung [9].

k. Der Geist des Hippolytos stieg zum Tartaros hinab. Tief empört bat Artemis den Asklepios, Hippolytos wieder zum Leben zu bringen. Asklepios öffnete seinen elfenbeinernen Medizinschrank und nahm die Pflanze, mit der er Glaukos von Kreta gerettet hatte, heraus. Dreimal berührte er die Brust des Hippolytos und murmelte gewisse Zaubersprüche vor sich hin. Beim dritten Mal hob der Tote sein Haupt vom Boden. Hades und die drei Schicksalsgöttinnen beschwerten sich bei Zeus über diesen Mißbrauch und überredeten ihn, Asklepios mit seinem Blitz zu töten.

l. Die Römer berichten, daß Artemis dann Hippolytos in eine dichte Wolke hüllte, ihn als alten Mann verkleidete und seine Züge veränderte. Erst zögerte sie zwischen Kreta und Delos als Versteck für ihn. Doch schließlich brachte sie ihn dann zu ihrem heiligen Hain im italischen Arikia [10]. Mit ihrer Zustimmung heiratete er die Nymphe Egeria und lebte dort zwischen den dunklen Eichenbäumen am Ufer des von steilen Abhängen umgebenen Sees. Damit er nicht stets an seinen Tod erinnert wurde, änderte Artemis seinen Namen zu Virbius, das *vir bis* bedeutet, oder ‹zweimal ein Mann›. Pferde werden in seiner Umgebung nicht geduldet. Nur entflohene Sklaven werden hier Priester der Arikischen Artemis [11]. In ihrem Haine wächst ein alter Eichenbaum, dessen Zweige nicht abgebrochen werden dürfen. Wagt aber ein Sklave es doch zu tun, so muß der Priester — der selbst seinen Vorgänger getötet hatte und daher in stündlicher Angst um sein Leben ist — mit ihm Schwert gegen Schwert um das Amt des Priesters kämpfen. Die Ariker behaupten, Theseus habe Hippolytos gebeten, mit ihm in Athen zu bleiben; doch Hippolytos lehnte diese Bitte ab.

m. Eine Tafel im epidaurischen Heiligtum des Asklepios berichtet, daß der dankbare Hippolytos ihm für die Rückkehr zum Leben zwanzig Pferde geopfert habe [12].

1. Apollodoros, Epitome I, 18; Pausanias I, 22, 2; Ovid, Heroides IV, 67 ff.
2. Pausanias II, 31, 6; Ovid a. a. O.
3. Ovid a. a. O.; Seneca, Hippolytus 835 ff; Pausanias II, 32, 3 und I, 22, 2; Euripides, Hippolytos I ff; Diodorus Siculus IV, 62.
4. Ovid a. a. O.; Pausanias I, 18, 5.
5. Apollodoros, Epitome I, 18; Diodorus Siculus IV, 62; Hyginus, Fabel 47.
6. Plutarch, Parallele Lebensgeschichten 34; Servius über Vergils Aeneis VI, 445.
7. Pausanias II, 32, 8; Euripides, Hippolytos 1193 ff; Ovid, Metamorphosen XV, 506 ff; Plutarch a. a. O.; Diodorus Siculus IV, 62.
8. Euripides, Hippolytos 1282 ff und 1423 ff; Pausanias II, 32, 1-2.
9. Pausanias I, 22, 1; Philostratos, Das Leben des Apollonios von Tyana VII, 42; Diodorus Siculus IV, 62.

10. OVID, Metamorphosen XV, 532 ff und Fasti VI, 745.
11. VERGIL, Aeneis VII, 775; OVID, Fasti V, 312 und Metamorphosen XV, 545; STRABON III, 263 ff; PAUSANIAS II, 27, 4.
12. SERVIUS über VERGILS Aeneis VI, 136; STRABON V, 3, 12; SUETON, Caligula 35; PAUSANIAS a. a. O.

1. Die blutschänderische Liebe der Phaidra zu Hippolytos ist, wie die Geschichte über Potiphars Gattin und ihre ehebrecherische Liebe zu Joseph (s. 75, 1), entweder der ägyptischen ‹Geschichte der zwei Brüder› entlehnt worden oder stammt aus einer gemeinsamen kanaanitischen Quelle. Die Fortsetzung basiert auf dem bekannten Bild, das den Wagenunfall des Heiligen Königs am Ende seiner Regierungszeit zeigt (s. 71, 1). Wenn, wie im alten Irland, das prophetische Brausen des Meeres im Monat November den König an sein Ende mahnte, so wurde diese Mahnung als ein Stier oder Seehund, der mit offenem Munde auf dem Kamm einer Welle sitzend wartet, bildhaft dargestellt. Die Zügel des Hippolytos müssen sich in der Myrte verfangen haben und nicht in der dunkel drohenden Olive, die später mit dem Unfall in Verbindung gebracht wurde. In der Tat wuchs die Myrte in der Nähe seines Heroenschreines und war wegen ihrer perforierten Blätter bekannt. Die Myrte symbolisiert den letzten Monat der Regierung des Königs; sie taucht auch in der Geschichte vom Wagenunfall des Oinomaos auf (s. 109, j). Die wilde Olive stellt dagegen den ersten Monat der Regierung seines Nachfolgers dar. *Vir bis* wird fälschlicherweise von Virbios, dem griechischen *hierobios* = ‹heiliges Leben› abgeleitet; das *h* wird oft zu einem *v*, so wie in Hestia und Vesta oder Hesperos und Vesper. JAMES FRAZER bestimmt in seinem ‹Goldenen Zweig› die vom Priester so eifersüchtig bewachten Zweige als die der Mistel. Wahrscheinlich wurde Glaukos, der Sohn des Minos (s. 90, c), den man mit Glaukos, dem Sohn des Sisyphos (s. 71, a) verwechselte, durch die Mistel wiedererweckt. Obwohl der prähellenische Mistel- und Eichenkult in Griechenland unterdrückt worden war (s. 50, 2), kann die fliehende Priesterschaft diesen Kult vom Isthmos nach Aricia gebracht haben. Egerias Name zeigt, daß sie eine Todesgöttin war, die in einem Hain schwarzer Pappeln lebte (s. 51, 7 und 170, 1).

2. Das Lockenopfer der Bräute an Hippolytos muß eine patriarchale Neuerung sein; vielleicht war es ihr Zweck, die Frauen der magischen Kraft ihres Haares zu berauben.

3. Das Geheimnis um Hippolytos' Grabstätte hat eine Parallele in der Geschichte über Sisyphos und Neleus (s. 67, 3). Wahrscheinlich war er an einem strategisch wichtigen Punkt auf dem Isthmos begraben.

102. LAPITHEN UND KENTAUREN

a. Manche sagen, Peirithoos, der Lapithe, sei ein Sohn des Ixion und der Dia, der Tochter des Eioneus. Andere wieder nennen Zeus, der in der Gestalt eines Hengstes um Dia ‹herumlief›, bevor er sie verführte, seinen Vater[1].

b. Fast unglaubliche Berichte über die Stärke und die Tapferkeit des Theseus waren Peirithoos zu Ohren gekommen. Er herrschte über die Magneter an der Mündung des Flusses Peneus. Eines Tages beschloß er, des Theseus Tapferkeit auf die Probe zu stellen. Er griff Attika an und trieb eine Viehherde, die zu Marathon weidete, fort. Theseus machte sich sofort zur Verfolgung auf. Peirithoos kehrte kühn um, um sich ihm zu stellen. Doch beide waren vom edlen Aussehen des anderen so beeindruckt, daß das Vieh bald vergessen war und sie einander ewige Freundschaft gelobten [2].

c. Peirithoos heiratete Hippodameia oder Deidameia, die Tochter des Butes — oder, wie manche sagen, des Adrastos. Er lud alle Olympier — außer Ares und Eris — zu seiner Hochzeit ein. Noch erinnerte er sich des Unheils, das Eris bei der Hochzeit des Peleus und der Thetis verursacht hatte. Es kamen mehr Gäste, als der Palast des Peirithoos fassen konnte. So wurde für seine Vettern, die Kentauren, für Nestor, Kaineus und andere thessalische Fürsten ein Tisch in einer großen Höhle, deren Eingang von Bäumen überschattet war, gedeckt.

d. Die Kentauren waren jedoch den Wein nicht gewohnt. Als sie seinen Wohlgeruch verspürten, stießen sie die saure Milch, die ihnen vorgesetzt worden war, von sich und füllten ihre Silberhörner aus den Weinschläuchen. In ihrer Unwissenheit tranken sie maßlos von dem starken Getränk, das nicht mit Wasser vermischt war. Sie wurden so trunken, daß Eurytos oder Eurytion, als die Braut zur Begrüßung in den Keller geführt wurde, von seinem Stuhle sprang, den Tisch umwarf und sie an ihren Haaren fortschleppte. Sofort folgten die Kentauren seinem schamlosen Beispiel und stürzten sich wollüstig auf die Frauen und Knaben, die ihnen am nächsten waren [3].

e. Peirithoos und sein Freund Theseus eilten zur Rettung Hippodameias herbei. Dem Eurytion schnitten sie Ohren und Nase ab und warfen ihn mit Hilfe der Lapithen aus der Höhle. Der darauf folgende Kampf, bei dem der Lapithe Kaineus getötet wurde, dauerte bis zum Anbruch der Nacht. So begann ein langdauernder Krieg zwischen den Kentauren und ihren lapithischen Nachbarn. Ares und Eris hatten diesen Streit als Rache für die Beleidigung, die ihnen angetan worden war, verursacht [4].

f. Die Kentauren erlitten eine schwere Niederlage. Theseus trieb sie von ihren alten Jagdgründen auf dem Berge Pelion zu dem Land der Aithiker in der Nähe des Berges Pindos. Doch war es nicht leicht, die Kentauren zu unterwerfen. Sie hatten bereits Peirithoos das Königreich des Ixion strittig gemacht. Nun sammelten sie ihre Kräfte und drangen in das Land der Lapithen ein. Sie überraschten das lapithische Heer und metzelten den größten Teil nieder. Die Überlebenden flohen nach Pholoë in Elis. Aber auch von dort wurden sie von den Kentauren vertrieben, die Pholoë zu ihrer eigenen Räuberfestung machten. Dann ließen sich die Lapither in Malea nieder.

g. Während der Schlacht gegen die Kentauren traf Theseus den Herakles zum erstenmal seit seiner Kindheit wieder. Sofort weihte er ihn in die Mysterien der Demeter zu Eleusis ein[5].

1. DIODORUS SICULUS IV, 70; EUSTATHIOS über HOMER S. 101.
2. STRABON, Fragment 14; Vatikanische Epitome; PLUTARCH, Theseus 30.
3. APOLLODOROS, Epitome I, 21; DIODORUS SICULUS IV, 70; HYGINUS, Fabel 33; SERVIUS über VERGILS Aeneis VII, 304.
4. PINDAR, Fragment 166 f, zit. von ATHENAIOS XI, 476 b; APOLLODOROS a. a. O.; OVID, Metamorphosen XII, 210 ff; HOMER, Odyssee XXI, 295; PAUSANIAS V, 10, 2.
5. PLUTARCH a. a. O.; HOMER, Ilias II, 470 ff; DIODORUS SICULUS a. a. O.; HERODOT, zit. von PLUTARCH a. a. O.

1. Sowohl die Lapithen als auch die Kentauren behaupteten, von Ixion, einem Eichenheroen, abzustammen; der Pferdekult war ihnen beiden gemeinsam (s. 63, a und d). Sie waren primitive Bergstämme im nördlichen Griechenland, deren alte Zwistigkeiten sich die Hellenen zunutze machten: Sie verbündeten sich erst mit dem einen und dann mit dem anderen Stamm (s. 35, 2; 78, 1 und 81, 3). *Kentaur* und *Lapith* könnten italische Wörter sein: *centuria* = ‹Kriegsbande von hundert› und *lapicidae* = ‹die, die Feuersteine absplittern›. (Die übliche klassische Etymologie ist für *centauroi*: ‹die, die Bullen mit dem Speer durchbohren› und für *lapizein* = ‹sich rühmen›). Diese Bergbewohner scheinen Gruppenheirat gepflogen zu haben, was ihnen den Ruf der Ausschweifungen bei den monogamen Hellenen eintrug. Mitglieder dieser neolithischen Rasse lebten noch im Klassischen Zeitalter in den arkadischen Bergen und auf dem Berge Pindos fort. Spuren ihrer prähellenischen Sprache sind im modernen Albanien zu finden.

2. Es ist jedoch unwahrscheinlich, daß der Kampf zwischen Lapithen und Kentauren – wie er auf dem Giebel des Zeus-Tempels zu Olympia (PAUSANIAS V, 10, 2), zu Athen im Heiligtum des Theseus (PAUSANIAS I, 17, 2) und auf der Aigis der Athene (PAUSANIAS I, 28, 2) abgebildet ist – nur ein Kampf zwischen Grenzvölkern war. Er stand in Verbindung mit einem königlichen Hochzeitsfest, das von den Göttern besucht wurde und bei dem auch Theseus, in sein Löwenfell gekleidet, anwesend war. Dadurch wurde es wahrscheinlich für alle Hellenen ein rituelles Ereignis von großer Bedeutung. Auch Herakles, bekleidet mit einem Löwenfell, hatte schon bei einem ähnlichen festlichen Anlaß die Kentauren bekämpft (s. 126, 2). HOMER nennt sie ‹haarige wilde Tiere›. Da sie auf frühen griechischen Vasenmalereien nicht von Satyrn unterschieden werden, zeigt das Bild wahrscheinlich einen neu eingesetzten König. Er kämpft mit Tänzern in Tierkleidung. Diese Handlung war ein wesentlicher Teil der altertümlichen Krönungszeremonie. Eurytion spielt die klassische Rolle des Störenfrieds (s. 142, 5).

3. Ob nun Ixion oder Zeus der Vater des Peirithoos war, hängt von dem Recht des Ixion, sich Zeus zu nennen, ab. Die Mythe seiner Abstammung

war wahrscheinlich von einem Bild abgeleitet, das eine Priesterin der Thetis – Dia, die Tochter des Eioneus, ‹die göttliche Tochter der Meeresküste› – mit Zaumzeug in der Hand zeigt; sie fordert den Bewerber um die Königswürde auf, das wilde Pferd zu zähmen (s. 75, 3). Hippodameias Name (‹Pferdezähmer›) bezieht sich auf das gleiche Bild. Zeus in der Gestalt eines Hengstes ‹lief herum›, d. h. umwarb Dia, denn dies ist die Bedeutung des Namens Peirithoos. Ixion zog, gebunden an sein Rad, als Sonnengott am Himmel umher (s. 63, 2).

103. THESEUS IM TARTAROS

a. Nach dem Tode der Hippodameia überredete Peirithoos den Theseus, dessen Gattin Phaidra sich erst jüngst erhängt hatte, mit ihm Sparta zu besuchen und Helena, eine Schwester der Dioskuren Kastor und Polydeukes, zu entführen. Mit ihnen wollten sie durch Heirat mit deren Schwester verbunden sein. An dem Ort, wo nun in Athen das Heiligtum der Serapis steht, gelobten sie, in diesem gefährlichen Unternehmen einander beistehen zu wollen. Sollte ihr Plan gelingen, so würde das Los entscheiden, wem Helena gehören sollte. Für den Verlierer sollte, ohne Rücksicht auf die Gefahr, eine andere Tochter des Zeus geraubt werden [1].

b. Miteinander einig, führten sie ein Heer nach Lakedaimon. Als Helena im Tempel der Aufrechten Artemis zu Sparta ein Opfer darbrachte, ergriffen sie sie und ritten mit ihr fort. Bald hatten sie ihre Verfolger weit hinter sich gelassen und waren nach Tegea entkommen. Hier losten sie, wie beschlossen, um Helena; und Theseus gewann [2]. Er sah jedoch voraus, daß die Athener keinesfalls seinen Streit mit den Dioskuren gutheißen würden. Er sandte daher Helena, die noch nicht mannbar war – sie war erst zwölf Jahre alt oder, wie manche sagen, noch jünger – in das attische Dorf Aphidnai. Seinem Freunde Aphidnos trug er auf, sie mit größter Aufmerksamkeit und Verschwiegenheit zu bewachen. Aithra, die Mutter des Theseus, begleitete Helena und sorgte gut für sie. Manche wollen Theseus entlasten und behaupten, Idas und Lynkeus hätten Helena gestohlen und sie dann dem Schutze des Theseus anvertraut. Sie hätten sich für die Entführung der Leukippiden durch die Dioskuren rächen wollen. Andere berichten, Tyndareos, der Vater der Helena, habe sie selbst dem Theseus anvertraut, als er erfuhr, daß sein Neffe Enarephoros, der Sohn des Hippokoon, die Absicht habe, sie zu entführen [3].

c. Einige Jahre vergingen. Als Helena alt genug geworden war, erinnerte ihn Peirithoos an das Abkommen. Gemeinsam befragten sie ein Orakel des Zeus, den sie als Zeugen ihres Eides angerufen hatten. Seine ironische Antwort lautete: «Warum besucht Ihr nicht den Tartaros und verlangt Persephone, die Gattin des Hades, als Braut für Peirithoos?

Sie ist die edelste meiner Töchter.» Theseus war empört, als Peirithoos diesen Vorschlag ernst nahm und ihn zur Erfüllung seines Eides zwang. Doch wagte er nicht, sich zu weigern. Da stiegen sie nun, das Schwert in der Hand, zum Tartaros hinab. Sie vermieden die Überfahrt in der Fähre über den Lethe, wählten den hinteren Weg, zu dem der Eingang in einer Höhle des Lakonischen Tainaros liegt, und klopften bald an die Tore des Palastes des Hades. Hades hörte sich ruhig ihre unverschämte Forderung an, täuschte Gastfreundschaft vor und forderte sie auf, sich zu setzen. Nichtsahnend setzten sie sich auf den Stuhl, der ihnen angeboten wurde. Nun stellte sich aber heraus, daß es der Stuhl des Vergessens war, der sogleich ein Teil ihres Fleisches wurde. Ohne sich zu verletzen, konnten sie sich nicht wieder erheben. Windende Schlangen zischten um sie herum. Die Furien banden sie fest, und Kerberos biß sie mit seinen scharfen Zähnen, während Hades böse lächelnd zusah[4].

d. So erlitten sie vier volle Jahre lang schreckliche Qualen, bis Herakles auf Befehl des Eurystheus in den Tartaros kam, um Kerberos zu holen. Er erkannte sie, als sie stumm flehend ihre Hände ausstreckten und um Hilfe baten. Persephone empfing Herakles wie einen Bruder, erlaubte ihm gnadenvoll, die Übeltäter zu befreien und sie mit sich, so er nur könnte, in das Licht der oberen Welt zurückzuführen[5]. Herakles erfaßte die Hände des Theseus, zog an ihnen mit Riesenkräften, bis Theseus mit ohrenbetäubendem Lärm vom Stuhl gerissen war. Doch ein großer Teil seines Fleisches blieb am Stuhl hängen, was der Grund dafür ist, daß die Nachkommen des Theseus so lächerlich kleine Gesäße haben. Dann wollte er Peirithoos ebenso befreien, doch die Erde zitterte warnend, und er ließ von ihm ab. Peirithoos war ja nach allem der führende Geist in diesem blasphemischen Unternehmen gewesen[6].

e. Andere erzählen jedoch, Herakles habe auch Peirithoos befreit, und wieder andere, daß keiner von beiden befreit worden sei. Herakles habe Theseus, für immer an einen feurigen Stuhl gekettet, zurückgelassen und Peirithoos auf einem goldenen Sofa an der Seite des Ixion. Vor ihren hungrigen Augen zeigen sich köstliche Speisen, die die älteste der Furien ihnen immer wieder entreißt. Weitere Geschichten bestreiten, daß Theseus und Peirithoos den Tartaros besucht hätten. Sie erzählen nur von einem Überfall auf eine thesprotische oder molossische Stadt namens Kichyros. Als deren König Aidoneus von der Absicht des Peirithoos, nämlich seine Gemahlin zu entführen, erfuhr, warf er Peirithoos einer Meute von Hunden vor und ließ Theseus in ein Gefängnis werfen, aus dem Herakles ihn endlich befreite[7].

1. Diodorus Siculus IV, 63; Pindar, zit. v. Pausanias I, 18, 5; Pausanias I, 41, 5.
2. Diodorus Siculus a. a. O.; Hyginus, Fabel 79; Plutarch, Theseus 31.

3. APOLLODOROS, Epitome I, 24; TZETZES, Über Lykophron 143; EUSTATHIOS über HOMERS Ilias S. 215; PLUTARCH a. a. O.
4. HYGINUS, Fabel 79; DIODORUS SICULUS a. a. O.; HORAZ, Oden IV, 7, 27; PANYASIS zit. v. PAUSANIAS X, 29, 4; APOLLODOROS, Epitome I, 24.
5. SENECA, Hippolytus 835 ff; APOLLODOROS II, 5, 12; DIODORUS SICULUS, IV, 26; EURIPIDES, Der Wahnsinn des Herakles 619; HYGINUS a. a. O..
6. APOLLODOROS a. a. O.; SUIDAS unter: *Lispoi;* Scholiast zu ARISTOPHANES' Ritter 1368.
7. DIODORUS SICULUS IV, 63; VERGIL, Aeneis VI, 601-19; AELIAN, Varia Historia IV, 5; PLUTARCH, Theseus 31.

1. Die erfolgreichen Heroen verschiedener Mythologien sollen sich der Hölle genähert haben: Theseus, Herakles (s. 134, c), Dionysos (s. 170, m) und Orpheus (s. 28, c) in Griechenland; Bel und Marduk in Babylonien (s. 71, 1); Aineias in Italien; Cuchulain in Irland; Arthur, Gwydion und Amathaon in Britannien; Ogier le Danois in der Bretagne. Der Ursprung der Mythe scheint der zeitweilige Tod des Heiligen Königs am Ende seiner normalen Regierungszeit gewesen zu sein; ein Knaben-*interrex* nahm seinen Platz für einen einzigen Tag ein. So umging der Heilige König das Gesetz, das ihm verbot, seine Regierungszeit über den dreizehnten Monat eines Sonnenjahres hinaus auszudehnen (s. 7, 1; 41, 1; 123, 4 usw.).

2. Die Mythographen Athens verwischten die heftige Rivalität zwischen Theseus und Peirithoos (s. 95, 2) um die Gunst der Göttin des Todes im Leben – die in der Mythe als Helena (s. 62, 3) oder auch als Persephone erscheint. Sie machten sie, wie Kastor und Polydeukes, zu einem einander ergebenen königlichen Paar. Diesem Paar mißlang ein liebestoller Überfall auf eine benachbarte Stadt (s. 74, c). Einem von ihnen jedoch wurde die Todesstrafe erlassen, da er göttlicher Herkunft war; Idas und Lynkeus, ein ähnliches Zwillingspaar, sind in diese Geschichte verwoben, um gerade diesen Punkt zu betonen. Doch der Name des Peirithoos = ‹der, der sich umdreht› weist darauf hin, daß er ein Heiliger König in eigenem Recht war. Eine Vasenmalerei aus Unteritalien zeigt, wie er sich von Theseus, als er in die oberen Regionen aufsteigt, verabschiedet. Theseus bleibt an der Seite der Göttin der Gerechtigkeit zurück – als ob er nur ein Stellvertreter des Peirithoos gewesen wäre.

3. Die Entführung Helenas während der Darbringung eines Opfers erinnert an die Oreithyias durch Boreas (s. 48, a). Sie könnte dem gleichen Bild, das erotische Orgien bei den Thesmophoriai Athens zeigt, entstammen. Möglicherweise enthielt ein Schrein der attischen Göttin Helena zu Aphidnai ein Bild oder einen anderen Kultgegenstand, den die Athener ihrem lakonischen Äquivalent gestohlen hatten. Ist der Besuch des Tartaros eine Wiederholung dieser Geschichte, so könnten die Athener vom Meere aus einen Überfall auf Tainaros gemacht haben. Das gestohlene Gut wurde daraufhin von den Spartanern zurückgewonnen.

4. Theseus' vierjähriger Aufenthalt im Tartaros bezeichnet den Zeitraum, für den der Heilige König seinem Stellvertreter weichen mußte. Ein neuer Heiliger König, Theseus *redivivus*, würde dann den Thron besteigen. Die Athener versuchten, ihren Nationalhelden zu einer olympischen Gottheit zu machen – wie Dionysos und Herakles –, indem sie behaupteten, er sei dem Tode ent-

kommen. Ihre Feinde vom Peloponnes widersetzten sich jedoch erfolgreich dieser Behauptung. Daher die Behauptung einiger, er sei niemals dem Tode entkommen, sondern, wie Ixion und Sisyphos, auf ewig für seine Unverschämtheit bestraft worden. Andere wieder suchten die Geschichte zu begründen und zu erklären, indem sie von einem Überfall auf Kichyros und nicht auf den Tartaros sprachen. So soll Peirithoos nicht von Kerberos, sondern von molossischen Hunden, der größten und wildesten Rasse Griechenlands, gebissen worden sein. Die größte Konzession, die der athenischen Mythe eingeräumt wurde, war, daß Theseus nach der unwürdigen Gefangenschaft auf dem Stuhl des Vergessens gegen Kaution freigelassen wurde (s. 37, 2). Zur Strafe mußte er fast alle Tempel und Heiligtümer seinem Retter Herakles, dessen Taten und Schicksal er nachgeahmt hatte, überlassen.

5. Doch war Theseus zweifelsohne ein bedeutender Heros. Er hatte die Hölle herausgefordert, als er in das kretische Labyrinth eindrang, wo der sichere Tod lauerte, und war wieder heil und gesund herausgekommen. Wären die Athener auf dem Lande so stark gewesen wie auf dem Meere, so wäre er zweifelsohne ein Olympier oder doch wenigstens ein nationaler Halbgott geworden. Der Widerstand gegen Theseus hatte sein Zentrum wahrscheinlich in Delphi. Apollons Orakel war dafür bekannt, daß es die Spartaner in ihrem Kampf gegen Athen unterstützte.

104. DER TOD DES THESEUS

a. Während Theseus im Tartaros weilte, stellten die Dioskuren ein Heer von Lakonern und Arkadern auf, marschierten gegen Athen und verlangten die Herausgabe Helenas. Die Athener bestritten, daß Helena in Athen wäre, und behaupteten, nicht die geringste Ahnung von ihrem Versteck zu haben. Da verwüsteten die Dioskuren Attika, bis die Einwohner von Dekeleia, das Benehmen des Theseus mißbilligend, sie nach Aphidnai führten, wo sie ihre Schwester fanden und befreiten. Aphidnai machten sie dem Erdboden gleich. Den Dekeleiern erließen sie alle Steuern und verliehen ihnen das Recht auf Ehrensitze bei den Spartanischen Festspielen – ihre Länder allein wurden im Peloponnesischen Krieg geschont, als die eindringenden Spartaner Attika verwüsteten [1].

b. Wieder andere behaupten, daß das Versteck Helenas von Akademos oder Echedemos, einem Arkader, der auf Einladung des Theseus nach Attika gekommen war, verraten worden sei. Jedenfalls überschütteten ihn die Spartaner schon zu Lebzeiten mit großen Ehren und schonten bei der späteren Eroberung sein kleines Gut am Flusse Kephissos, sechs Stadien von Athen entfernt. Dieses Gut wird nun Akademie genannt: In einem schönen, wohlbewässerten Garten treffen sich hier die Philosophen und verkünden ihre unfrommen Ansichten über die Natur der Götter [2].

c. Marathos führte das arkadische Kontingent des Heeres der Dioskuren und bot sich selbst, einem Orakel gehorchend, an der Spitze seiner Männer als Opfer dar. Manche sagen, daß er und nicht Marathon, der Vater des Sikyon und des Korinthos, der Stadt Marathon ihren Namen gab[3].

d. Nun war Peteos, der Sohn des Orneus und Enkel des Erechtheus, von Aigeus verbannt worden. Die Dioskuren brachten, Theseus zum Trotz, Peteos' Sohn Menestheus aus dem Exil zurück und machten ihn zum Regenten Athens. Dieser Menestheus war der erste Demagoge. Während der Abwesenheit des Theseus im Tartaros machte er sich beim Volke beliebt. Er erinnerte die Adligen an die Macht, die sie durch die Föderalisierung verloren hatten, und erzählte den Armen, daß sie ihrer Religion und ihres Landes beraubt worden und Untertanen eines Abenteurers unbekannter Herkunft geworden wären – der jedoch nun den Thron verlassen hätte und tot sei[4].

e. Als Aphidnai fiel und Athen in Gefahr war, überredete Menestheus das Volk, die Dioskuren in Athen als Wohltäter und Befreier zu begrüßen. Diese benahmen sich tatsächlich sehr großzügig und verlangten nur, wie Herakles in die Eleusischen Mysterien eingeweiht zu werden. Ihr Wunsch wurde erfüllt. Zudem ernannte man sie zu Ehrenbürgern der Stadt Athen. Aphidnos war ihr Adoptivvater, wie Pylios der des Herakles. Aus Dankbarkeit für die Milde, die sie dem Volke zeigten, wurden ihnen beim Erscheinen ihrer Konstellation göttliche Ehren erwiesen. Froh brachten sie Helena nach Sparta zurück und nahmen die Mutter des Theseus und eine Schwester des Peirithoos als ihre Dienstfrauen mit. Manche behaupten, Helena sei noch Jungfrau gewesen; andere, Theseus habe sie geschwängert. Auf dem Heimweg soll sie zu Argos ein Mädchen, Iphigeneia, geboren haben. Als Dank für ihre glückliche Geburt habe sie der Artemis ein Heiligtum geweiht[5].

f. Theseus kehrte bald darauf vom Tartaros zurück. Seinem Retter Herakles errichtete er sofort einen Altar und weihte ihm – bis auf vier – alle seine Tempel und Haine. Geschwächt von den Qualen im Tartaros, fand er Athen durch Hader und Verrat so zerrissen, daß auch er nicht länger Ordnung halten konnte[6]. Zunächst schmuggelte er seine Kinder aus der Stadt nach Euboia, wo Elpenor, der Sohn des Chalkodon, ihnen Obdach gewährte – doch manche sagen, sie seien noch vor seiner Rückkehr dorthin geflohen. Dann verfluchte er das Volk Athens vom Berge Gargettos und segelte nach Kreta, wo Deukalion ihm Obdach angeboten hatte.

g. Ein Sturm drängte das Schiff vom Kurs. Theseus landete auf der Insel Skyros in der Nähe von Euboia, wo König Lykomedes, ein enger Freund des Menestheus, regierte. Trotzdem empfing er ihn mit all dem Glanz und der Pracht, die seinem Ruhme und seiner Herkunft zukamen.

Theseus hatte ein Gut zu Skyros geerbt. So bat er um die Erlaubnis, sich dort niederlassen zu dürfen. Doch Lykomedes hatte dieses Gut schon lange als sein Eigentum betrachtet. Er lockte Theseus unter dem Vorwand, ihm die Grenzen des Gutes zeigen zu wollen, auf eine hohe Klippe und stieß ihn in den Abgrund. Dann gab er vor, Theseus wäre durch einen unglücklichen Zufall gestürzt, als er etwas angetrunken nach dem Mahle einen Spaziergang machte [7].

h. Menestheus, der nun unumschränkter Herrscher war, bewarb sich um die Hand Helenas. Er führte das Heer Athens nach Troia, wo er zwar großen Ruhm als Stratege gewann, aber in der Schlacht getötet wurde. Die Söhe des Theseus bestiegen danach seinen Thron [8].

i. Es wird gesagt, Theseus habe Anaxo gewaltsam aus Troizen entführt. Auch soll er mit Iope, der Tochter des tirynthischen Iphikles, geschlafen haben. Seine Liebschaften brachten die Athener so häufig in Verlegenheit, daß sie erst Generationen nach seinem Tode seine wahre Bedeutung erkannten. Bei der Schlacht von Marathon erhob sich sein Geist aus der Erde, feuerte sie an und stürzte sich voll bewaffnet auf die Perser. Als der Sieg errungen war, befahl das Delphische Orakel, seine Gebeine heimzubringen. Die Athener hatten viele Jahre hindurch unter dem Hohn der Skyrer gelitten; das Orakel verkündete, dies würde so lange weitergehen, wie die Skyrer die Gebeine behielten [9]. Sie zu holen, war eine schwierige Aufgabe, denn die Skyrer waren überheblich und tapfer. Als Kimon die Insel erobert hatte, wollten sie die Grabstätte des Theseus nicht verraten. Kimon aber beobachtete, wie ein Adlerweibchen auf dem Gipfel eines Hügels den Boden mit seinen Klauen aufriß. Er hielt dies für ein Zeichen des Himmels, nahm eine Hacke, eilte zu dem Loch, das der Adler gemacht hatte, und grub weiter. Sofort stieß die Hacke auf einen steinernen Sarg, in dem man das Skelett eines großen Mannes fand. Er war mit einer Bronzelanze und einem Schwert bewaffnet; es konnten nur die Gebeine des Theseus sein. Voller Ehrfurcht brachten sie den Sarg nach Athen und setzten ihn unter großen Feierlichkeiten im Heiligtum des Theseus in der Nähe des Gymnasions bei [10].

j. Theseus war ein geschickter Leierspieler. Zusammen mit Herakles und Hermes ist er nun der Schutzherr aller griechischen Gymnasien und Schulen für den Ringkampf. Seine Ähnlichkeit mit Herakles ist sprichwörtlich. Er nahm an der Kalydonischen Jagd teil und rächte die vor Theben gefallenen Helden. Er gehört nur deshalb nicht zu den Argonauten, weil er im Tartaros war, als sie nach Kolchis segelten. Den ersten Krieg zwischen den Peloponnesern und den Athenern hatte er durch die Entführung der Helena verursacht; den zweiten durch seine Weigerung, die Söhne des Herakles an König Eurystheus auszuliefern [11].

k. Mißhandelte Sklaven und Arbeiter, deren Vorfahren zu ihm um Schutz gegen ihre Unterdrücker aufschauten, suchen nun Zuflucht in seinem Heiligtum, wo ihm am achten Tage jeden Monats Opfer dargebracht werden. Dieser Tag ist wahrscheinlich deshalb so gewählt, weil Theseus am achten Tage des Hekatomboion zum ersten Male von Troizen nach Athen kam und am achten Tage des Pyanepsion von Kreta zurückkehrte. Vielleicht aber auch, weil er ein Sohn des Poseidon war: Poseidons Feste wurden an diesem Tage des Monats gefeiert, da die acht, der erste Kubus einer geraden Zahl, Poseidons unerschütterliche Macht darstellt[12].

1. Apollodoros, Epitome I, 23; Hereas, zit. v. Plutarch, Theseus 32; Herodot IX, 73.
2. Dikaiarchos, zit. v. Plutarch a. a. O.; Diogenes Laertios III, 1, 9; Plutarch, Kimon 13.
3. Dikaiarchos, zit. von Plutarch, Theseus 32; Pausanias II, 1, 1.
4. Pausanias X, 35, 5; Apollodoros, Epitome I, 23; Plutarch a. a. O.
5. Plutarch, Theseus 33; Hyginus, Fabel 79; Pausanias II, 22, 7.
6. Aelian, Varia Historia IV, 5; Philochoros, zit. v. Plutarch, Theseus 35; Plutarch a. a. O.
7. Pausanias I, 17, 6; Plutarch a. a. O.
8. Plutarch a. a. O.; Apollodoros III, 10, 8.
9. Plutarch, Theseus 29 und 36; Pausanias I, 15, 4 und III, 3, 6.
10. Pausanias I, 17, 6; Plutarch a. a. O.
11. Pausanias V, 19, 1; IV, 32, 1 und I, 32, 5; Plutarch, Theseus 29 und 36; Apollonios Rhodios, I, 101.
12. Plutarch, Theseus 36.

1. Menestheus, der Erechtheide, wird in der ‹*Ilias*› II, 552 ff wegen seiner hervorragenden militärischen Geschicklichkeit gerühmt. Er regierte in Athen während der vierjährigen Gefangenschaft des Theseus im Tartaros. Somit scheint er Theseus' sterblicher Zwilling und Mitkönig gewesen zu sein, das athenische Äquivalent des Lapithen Peirithoos. Hier tritt er als der Prototyp der athenischen Demagogen auf, die während des ganzen Peloponnesischen Krieges um jeden Preis Frieden mit Sparta suchten. Die Mythographen, die zwar diese Politik mißbilligen, achten dennoch sehr sorgsam darauf, die Dioskuren, zu denen die Seeleute Athens um Hilfe beteten, wenn sie von einem Sturm überrascht wurden, nicht zu beleidigen.

2. Der gefiederte *Pharmakos* erscheint wieder in den Namen des Vaters und des Großvaters des Menestheus und im Tode des Theseus selbst. Theseus starb auf der Insel Skyros (‹steinig›), die auch Skiros buchstabiert wird. Wahrscheinlich wurde das Wort *skir* (eine Abkürzung von Skirophoria, die erklärt, warum der König von der Klippe geworfen wird) in der Deutung des Bildes, von dem die Geschichte abgeleitet ist, irrtümlicherweise für den Namen der Insel gehalten. Sollte diese Annahme zutreffen, so wäre Lykomedes das Opfer; sein Name war athenischen Ursprungs. Es scheint, daß ursprünglich der Mondgöttin am achten Tag des Mondzyklus, wenn der Mond in die zweite Phase tritt, Opfer dargebracht wurden. Dies war der richtige Zeitpunkt des Monats zur Aussaat. Als aber Poseidon sie heiratete und ihren Kult über-

nahm, wurde der Monat eine Einteilung des Sonnenjahres und war nicht länger an den Mond gebunden.

3. Die mythische Bedeutung des Marathos (‹Fenchel›) lag im Gebrauch der Fenchelstengel: Das neue heilige Feuer wurde in ihnen von einem zentralen Herd zu den privaten Herden gebracht (s. 39, g), wenn diese wie in jedem Jahr erloschen waren und neu entzündet werden sollten (s. 149, 3).

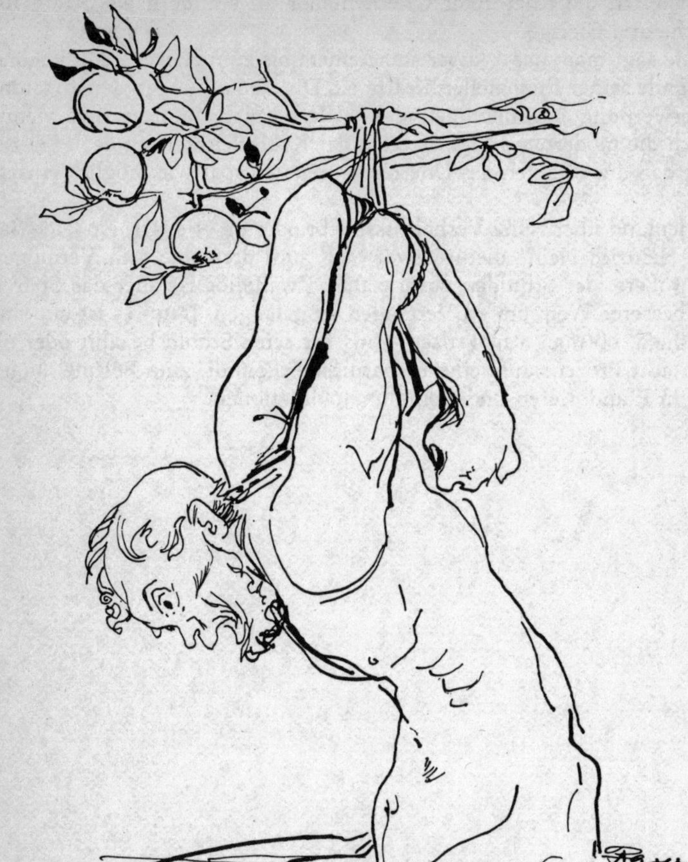

Tantalusqualen . . .

... wußten die Rhetoriker Griechenlands zu schildern als Strafe für Reiche und Gierige.
Heute sagt man, das Wasser stehe einem bis zum Halse, wenn jemand am Ende seiner finanziellen Kräfte ist. Die Versuchungen der Konsumgüterwerbung beschleunigen den «Wasseranstieg» mitunter, wenngleich die modernen Möglichkeiten der Kauferleichterung dazu beitragen, daß die «Qualen des Unerreichbaren» so spät wie möglich einsetzen.
Ob jemand über seine Verhältnisse lebt oder ob er spart, ist seine Sache. Heinrich Heine meinte zwar, daß auch derjenige sein Vermögen vergrößere, der Schulden zurückzahle. Zweifellos ist aber das Sparen ein besserer Weg, um zu Vermögen zu gelangen. Denn es ist ein Unterschied, ob man acht Prozent Zins für seine Schuld bezahlt oder ob man acht Prozent auf seine Ersparnisse bekommt, zum Beispiel angelegt in Pfandbriefen und Kommunalobligationen.

‹GENEALOGISCHE TAFELN›

Vorbemerkung

Sinn dieser genealogischen Tafeln soll es sein, dem Leser einen informativen Überblick über die genealogischen Zusammenhänge der in der ‹Griechischen Mythologie› erwähnten Gestalten zu geben. Daher wurde die Darstellung von Robert von Ranke-Graves als Grundlage für diese Tafeln benutzt.

Die Fülle des gebotenen Stoffes und die Natur des griechischen Mythos, der sich in freier Entfaltung jeder rein logischen Konstruktion entzieht, erlaubten es nicht, alle Gestalten in die Tafeln genealogisch einzuordnen, sondern zwangen, sich auf die wichtigsten Zusammenhänge zu beschränken. Nicht berücksichtigt wurden darum die genealogischen Vorgänge, die nur innerhalb eines Mythos wirksam sind, wie die der Schöpfungsmythen mit Ausnahme des Olympischen, da es nicht notwendig erschien, was schon im Text übersichtlich gegeben ist, noch einmal zu wiederholen. Ebenso ist es bei Gestalten, die, ohne zu einem der bedeutenderen Geschlechter zu gehören, nur in einem Mythos erscheinen.

Bei den Gestalten, deren genealogische Zusammenhänge in verschiedenen Versionen überliefert sind, ist in Klammern die Zahl des Kapitels angegeben, in dem über die widersprechende Überlieferung gehandelt wird, und es sei dem Leser empfohlen, dort nachzulesen.

Da viele Gestalten nicht nur auf einer Tafel erscheinen, ist in Klammern auf andere Tafeln verwiesen, doch konnten auch hier, um nicht die Übersichtlichkeit des Ganzen zu gefährden, nur die wichtigsten Verweise angebracht werden; es findet sich aber eine vollständige Aufführung im Register am Ende des zweiten Bandes der Mythologie.

Zur Bedeutung der Genealogie als Urform des Mythos sei auf die ausgezeichnete Arbeit von Paula Philippson, ‹Untersuchungen über den griechischen Mythos›, Zürich 1944, hingewiesen.

Eckhard Keßler

Tafel 1

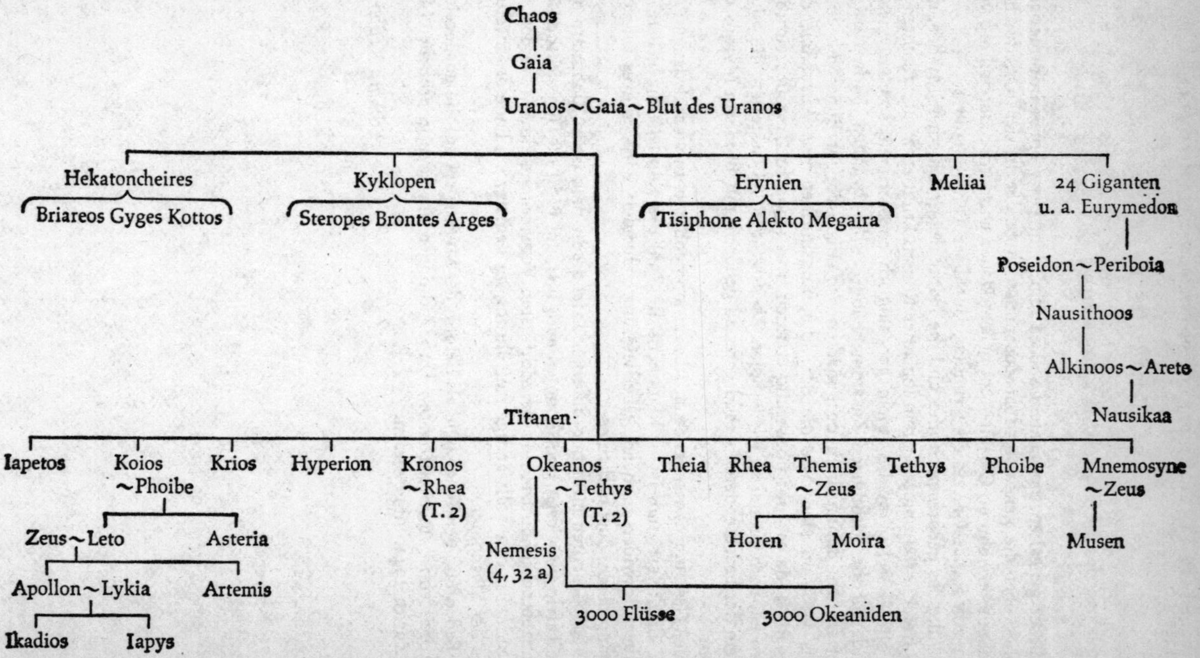
Chaos
Gaia
Uranos ~ Gaia ~ Blut des Uranos
Hekatoncheires
Briareos Gyges Kottos
Kyklopen
Steropes Brontes Arges
Erynien
Tisiphone Alekto Megaira
Meliai
24 Giganten
u. a. Eurymedon
Poseidon ~ Periboia
Nausithoos
Alkinoos ~ Arete
Nausikaa
Titanen
Iapetos
Koios
~ Phoibe
Krios
Hyperion
Kronos
~ Rhea
(T. 2)
Okeanos
~ Tethys
(T. 2)
Theia
Rhea
Themis
~ Zeus
Tethys
Phoibe
Mnemosyne
~ Zeus
Zeus ~ Leto
Asteria
Apollon ~ Lykia
Artemis
Ikadios
Iapys
Nemesis
(4, 32 a)
3000 Flüsse
3000 Okeaniden
Horen
Moira
Musen

Tafel 2

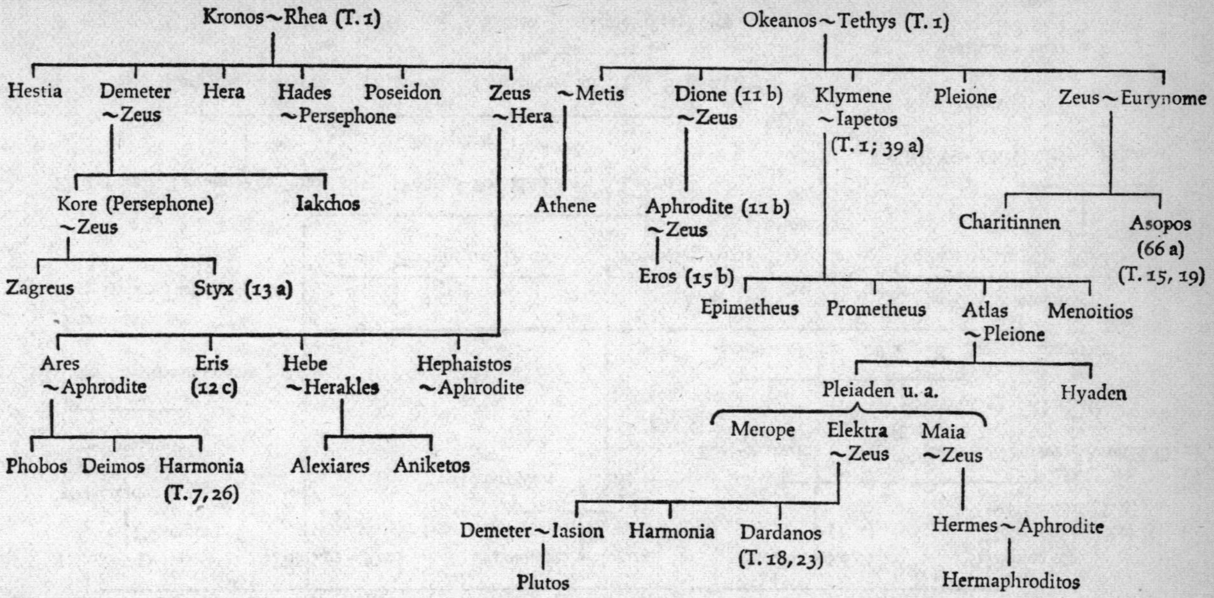

Kronos~Rhea (T. 1)
Hestia
Demeter ~Zeus
Hera
Hades ~Persephone
Poseidon
Zeus ~Hera
Kore (Persephone) ~Zeus
Iakchos
Zagreus
Styx (13 a)
Ares ~Aphrodite
Eris (12 c)
Hebe ~Herakles
Hephaistos ~Aphrodite
Phobos
Deimos
Harmonia (T. 7, 26)
Alexiares
Aniketos
Okeanos~Tethys (T. 1)
~Metis
Athene
Dione (11 b) ~Zeus
Aphrodite (11 b) ~Zeus
Eros (15 b)
Klymene ~Iapetos (T. 1; 39 a)
Pleione
Zeus~Eurynome
Charitinnen
Asopos (66 a) (T. 15, 19)
Epimetheus
Prometheus
Atlas ~Pleione
Menoitios
Pleiaden u. a.
Hyaden
Merope
Elektra ~Zeus
Maia ~Zeus
Demeter~Iasion
Harmonia
Dardanos (T. 18, 23)
Plutos
Hermes~Aphrodite
Hermaphroditos

Tafel 3

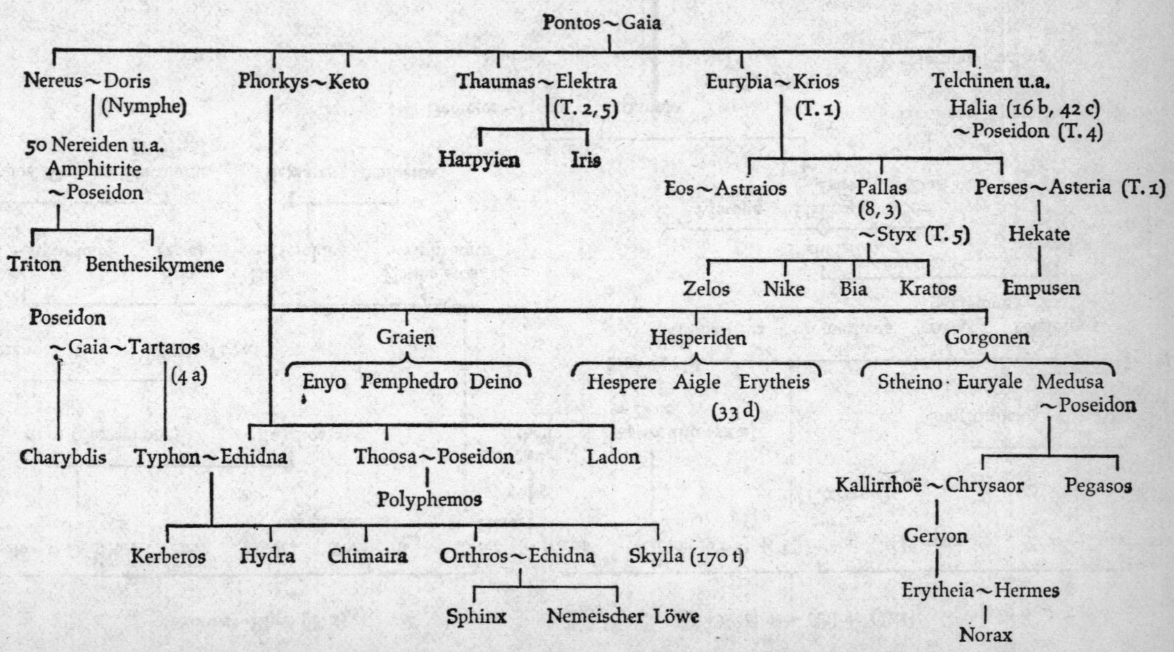
Pontos ~ Gaia
Nereus ~ Doris
(Nymphe)
50 Nereiden u.a.
Amphitrite
~Poseidon
Triton
Benthesikymene
Poseidon
~Gaia ~ Tartaros
(4 a)
Charybdis
Typhon ~ Echidna
Kerberos
Hydra
Chimaira
Orthros ~ Echidna
Sphinx
Nemeischer Löwe
Skylla (170 t)
Phorkys ~ Keto
Graien
Enyo
Pemphedro
Deino
Hesperiden
Hespere
Aigle
Erytheis
(33 d)
Gorgonen
Stheino
Euryale
Medusa
~Poseidon
Kallirrhoë ~ Chrysaor
Pegasos
Geryon
Erytheia ~ Hermes
Norax
Thoosa ~ Poseidon
Polyphemos
Ladon
Thaumas ~ Elektra
(T. 2, 5)
Harpyien
Iris
Eurybia ~ Krios
(T. 1)
Eos ~ Astraios
Pallas
(8, 3)
~Styx (T. 5)
Zelos
Nike
Bia
Kratos
Perses ~ Asteria (T. 1)
Hekate
Empusen
Telchinen u.a.
Halia (16 b, 42 c)
~Poseidon (T. 4)

Tafel 4.

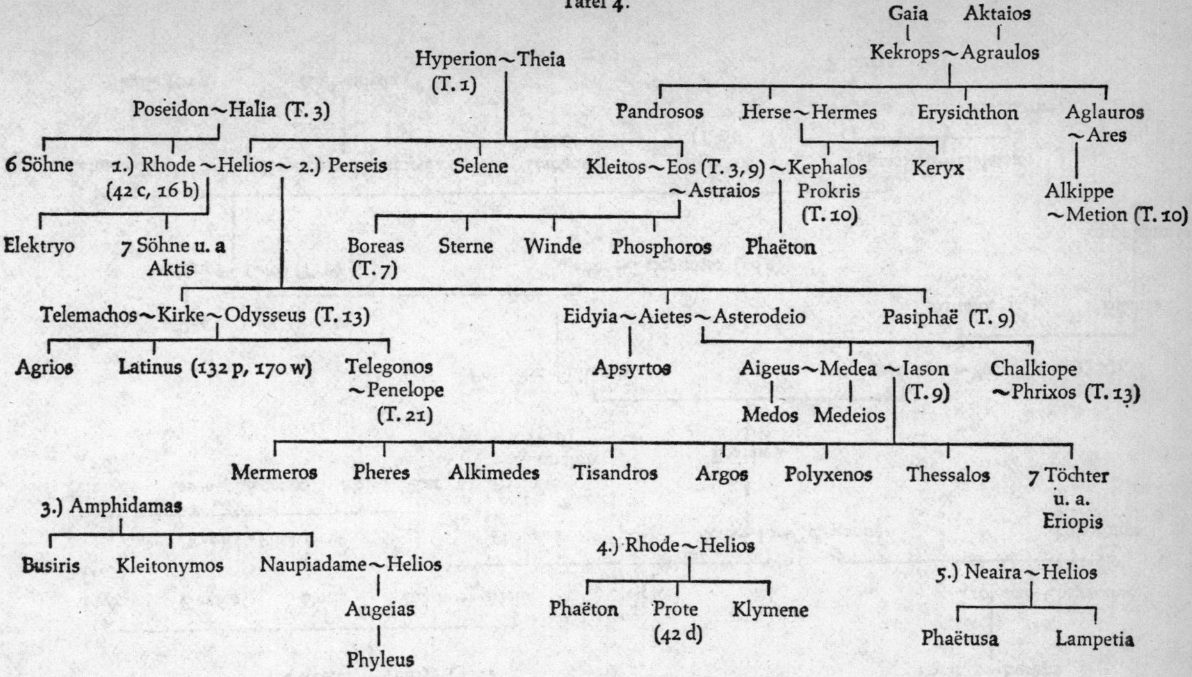
Gaia
Aktaios
Kekrops~Agraulos
Pandrosos
Herse~Hermes
Erysichthon
Aglauros ~Ares
Kephalos
Keryx
Prokris (T. 10)
Phaëton
Alkippe ~Metion (T. 10)
Hyperion~Theia (T. 1)
Poseidon~Halia (T. 3)
6 Söhne
1.) Rhode~Helios~ 2.) Perseis
(42 c, 16 b)
Selene
Kleitos~Eos (T. 3, 9) ~Kephalos
~Astraios
Elektryo
7 Söhne u. a Aktis
Boreas (T. 7)
Sterne
Winde
Phosphoros
Telemachos~Kirke~Odysseus (T. 13)
Eidyia~Aietes~Asterodeio
Pasiphaë (T. 9)
Agrios
Latinus (132 p, 170 w)
Telegonos ~Penelope (T. 21)
Apsyrtos
Aigeus~Medea ~Iason (T. 9)
Chalkiope ~Phrixos (T. 13)
Medos
Medeios
Mermeros
Pheres
Alkimedes
Tisandros
Argos
Polyxenos
Thessalos
7 Töchter u. a. Eriopis
3.) Amphidamas
Busiris
Kleitonymos
Naupiadame~Helios
Augeias
Phyleus
4.) Rhode~Helios
Phaëton
Prote (42 d)
Klymene
5.) Neaira~Helios
Phaëtusa
Lampetia

Tafel 5

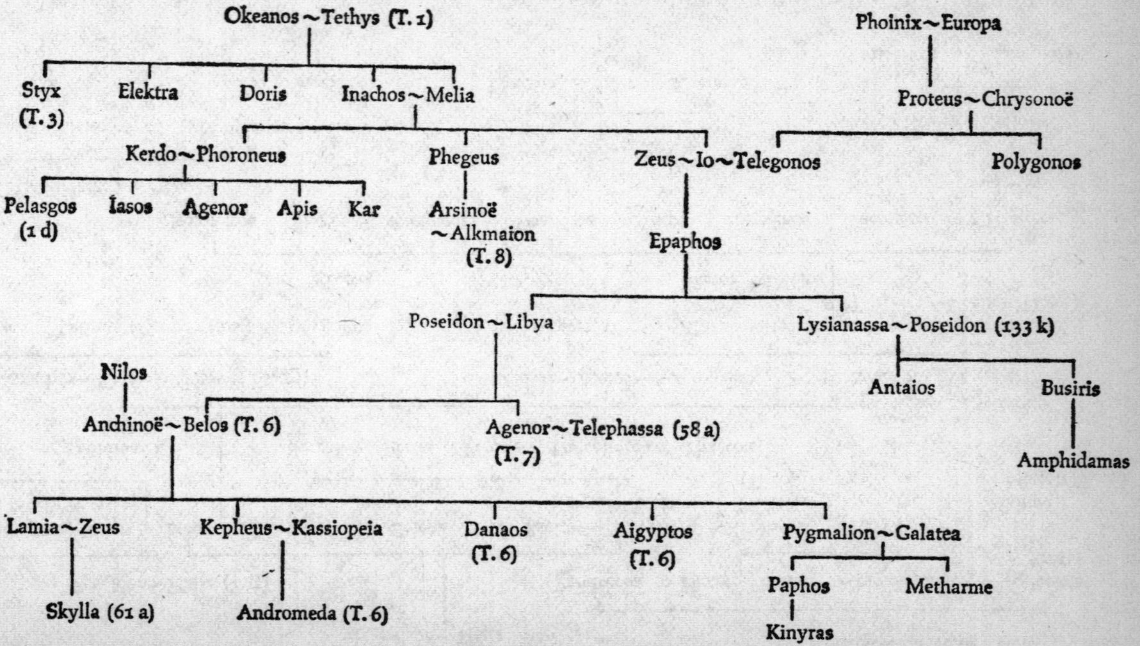
Okeanos~Tethys (T. 1)
Phoinix~Europa
Styx (T. 3)
Elektra
Doris
Inachos~Melia
Proteus~Chrysonoë
Kerdo~Phoroneus
Phegeus
Zeus~Io~Telegonos
Polygonos
Pelasgos (1 d)
Iasos
Agenor
Apis
Kar
Arsinoë ~Alkmaion (T. 8)
Epaphos
Poseidon~Libya
Lysianassa~Poseidon (133 k)
Nilos
Antaios
Busiris
Anchinoë~Belos (T. 6)
Agenor~Telephassa (58 a) (T. 7)
Amphidamas
Lamia~Zeus
Kepheus~Kassiopeia
Danaos (T. 6)
Aigyptos (T. 6)
Pygmalion~Galatea
Paphos
Metharme
Skylla (61 a)
Andromeda (T. 6)
Kinyras

Tafel 6

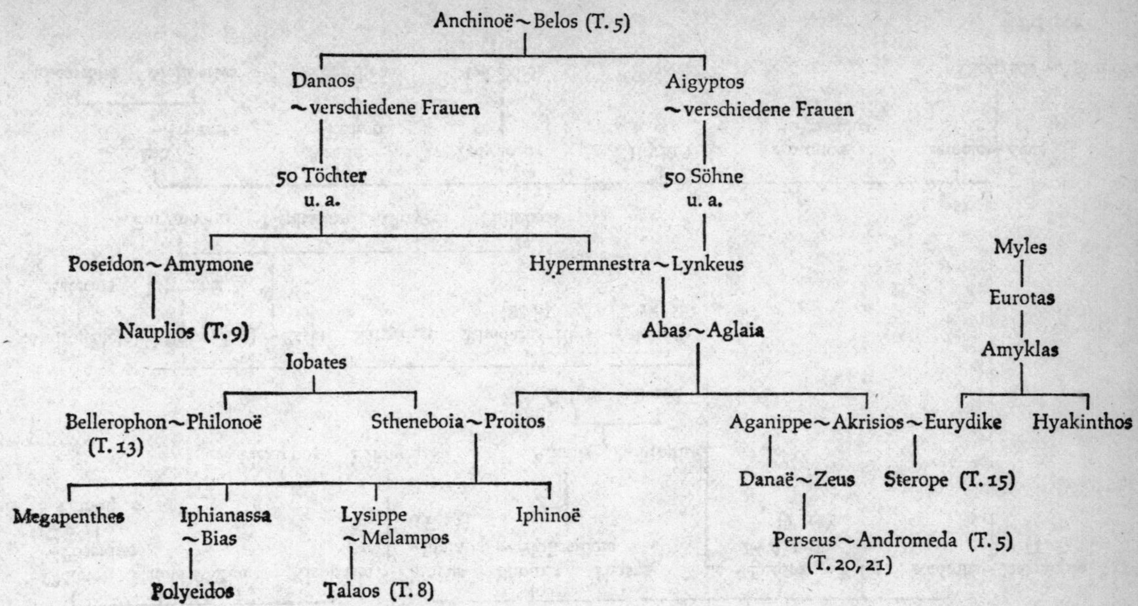
Anchinoë ~ Belos (T. 5)
Danaos
~ verschiedene Frauen
Aigyptos
~ verschiedene Frauen
50 Töchter
u. a.
50 Söhne
u. a.
Poseidon ~ Amymone
Hypermnestra ~ Lynkeus
Nauplios (T. 9)
Abas ~ Aglaia
Myles
Eurotas
Amyklas
Iobates
Bellerophon ~ Philonoë
(T. 13)
Stheneboia ~ Proitos
Aganippe ~ Akrisios ~ Eurydike
Hyakinthos
Danaë ~ Zeus
Sterope (T. 15)
Megapenthes
Iphianassa
~ Bias
Lysippe
~ Melampos
Iphinoë
Perseus ~ Andromeda (T. 5)
(T. 20, 21)
Polyeidos
Talaos (T. 8)

Tafel 7

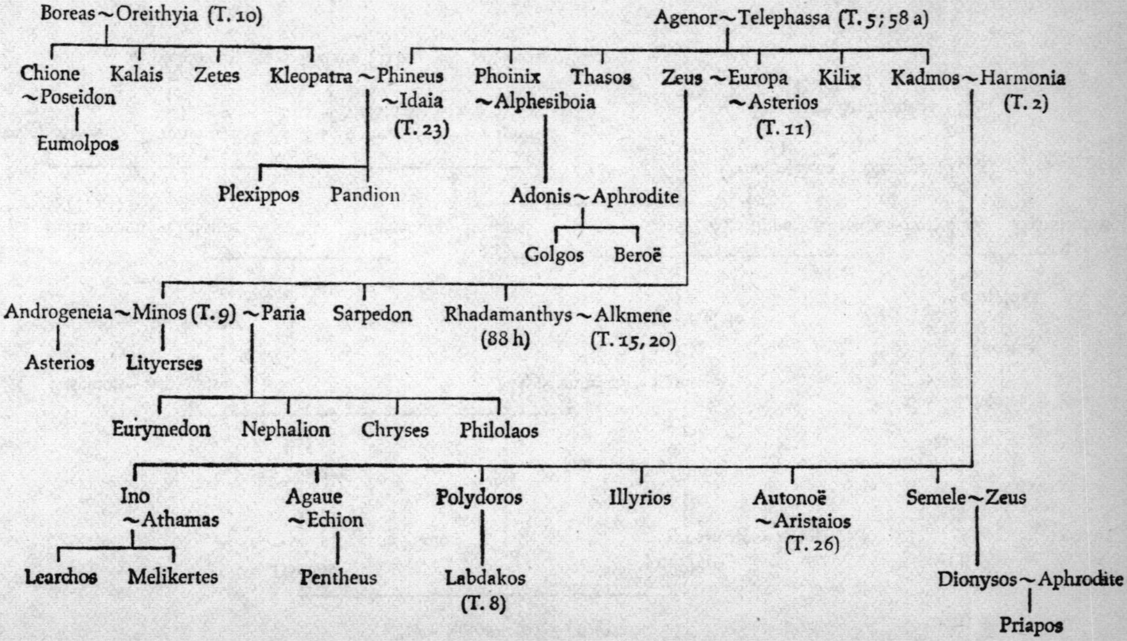

Boreas ~ Oreithyia (T. 10)
Agenor ~ Telephassa (T. 5; 58 a)
Chione ~Poseidon
Kalais
Zetes
Kleopatra ~ Phineus ~Idaia (T. 23)
Phoinix ~Alphesiboia
Thasos
Zeus ~ Europa ~Asterios (T. 11)
Kilix
Kadmos ~ Harmonia (T. 2)
Eumolpos
Plexippos
Pandion
Adonis ~ Aphrodite
Golgos
Beroë
Androgeneia ~ Minos (T. 9) ~ Paria
Sarpedon
Rhadamanthys ~ Alkmene
(88 h)
(T. 15, 20)
Asterios
Lityerses
Eurymedon
Nephalion
Chryses
Philolaos
Ino ~Athamas
Agaue ~Echion
Polydoros
Illyrios
Autonoë ~Aristaios (T. 26)
Semele ~ Zeus
Learchos
Melikertes
Pentheus
Labdakos (T. 8)
Dionysos ~ Aphrodite
Priapos

Tafel 8

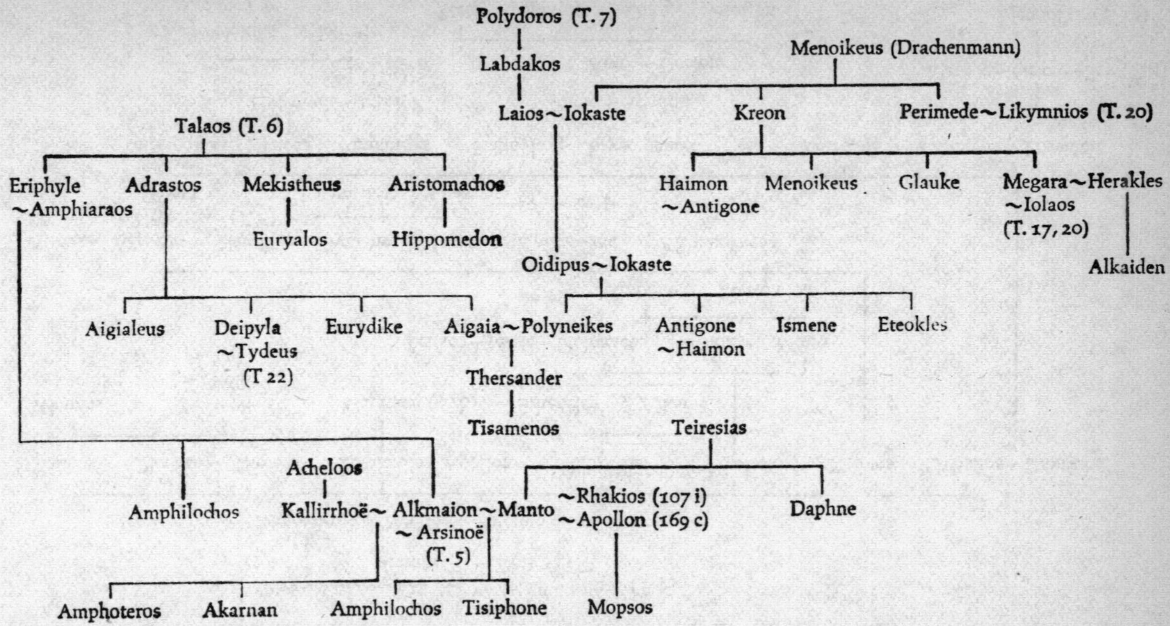
Polydoros (T. 7)
Labdakos
Menoikeus (Drachenmann)
Laios ~ Iokaste
Kreon
Perimede ~ Likymnios (T. 20)
Talaos (T. 6)
Eriphyle ~ Amphiaraos
Adrastos
Mekistheus
Aristomachos
Haimon ~ Antigone
Menoikeus
Glauke
Megara ~ Herakles ~ Iolaos (T. 17, 20)
Euryalos
Hippomedon
Oidipus ~ Iokaste
Alkaiden
Aigialeus
Deipyla ~ Tydeus (T 22)
Eurydike
Aigaia ~ Polyneikes
Antigone ~ Haimon
Ismene
Eteokles
Thersander
Tisamenos
Teiresias
Acheloos
Amphilochos
Kallirrhoë ~ Alkmaion ~ Manto ~ Rhakios (107 i) ~ Apollon (169 c)
~ Arsinoë (T. 5)
Daphne
Amphoteros
Akarnan
Amphilochos
Tisiphone
Mopsos

Tafel 9

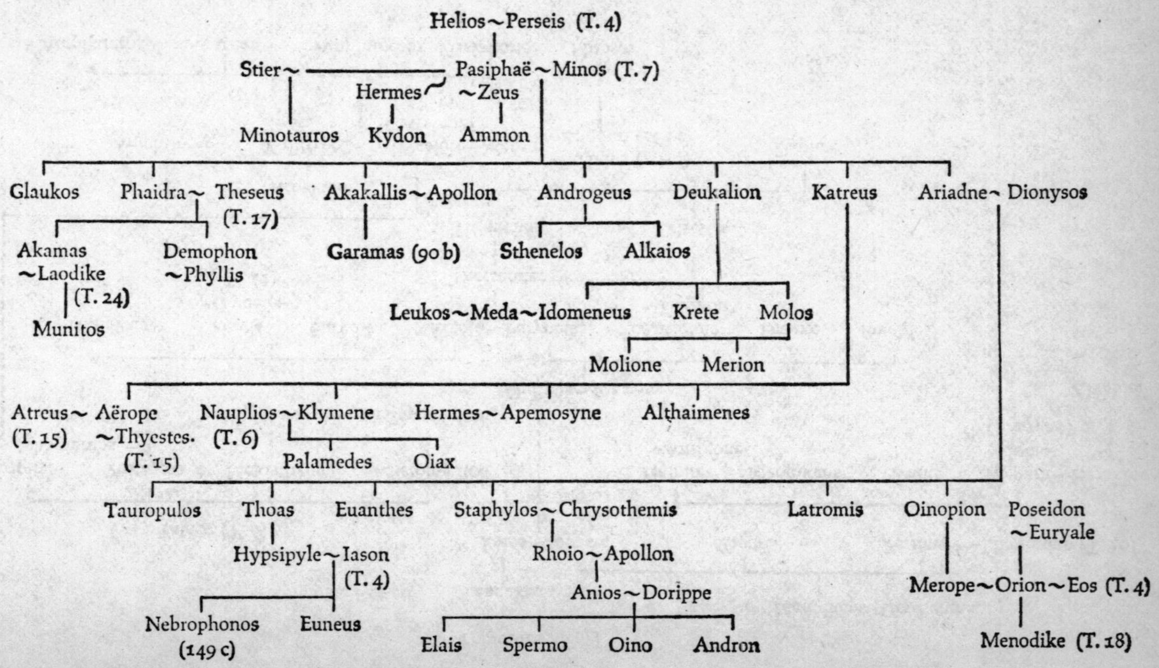
Helios~Perseis (T. 4)
Stier~
Pasiphaë~Minos (T. 7)
Hermes~
~Zeus
Minotauros
Kydon
Ammon
Glaukos
Phaidra~ Theseus
(T. 17)
Akakallis~Apollon
Androgeus
Deukalion
Katreus
Ariadne~ Dionysos
Akamas
~Laodike
(T. 24)
Munitos
Demophon
~Phyllis
Garamas (90 b)
Sthenelos
Alkaios
Leukos~Meda~Idomeneus
Krete
Molos
Molione
Merion
Atreus~ Aërope
(T. 15)
~Thyestes.
(T. 15)
Nauplios~Klymene
(T. 6)
Palamedes
Oiax
Hermes~Apemosyne
Althaimenes
Tauropulos
Thoas
Euanthes
Staphylos~Chrysothemis
Latromis
Oinopion
Poseidon
~Euryale
Hypsipyle~Iason
(T. 4)
Nebrophonos
(149 c)
Euneus
Rhoio~Apollon
Anios~Dorippe
Elais
Spermo
Oino
Andron
Merope~Orion~Eos (T. 4)
Menodike (T. 18)

Tafel 10

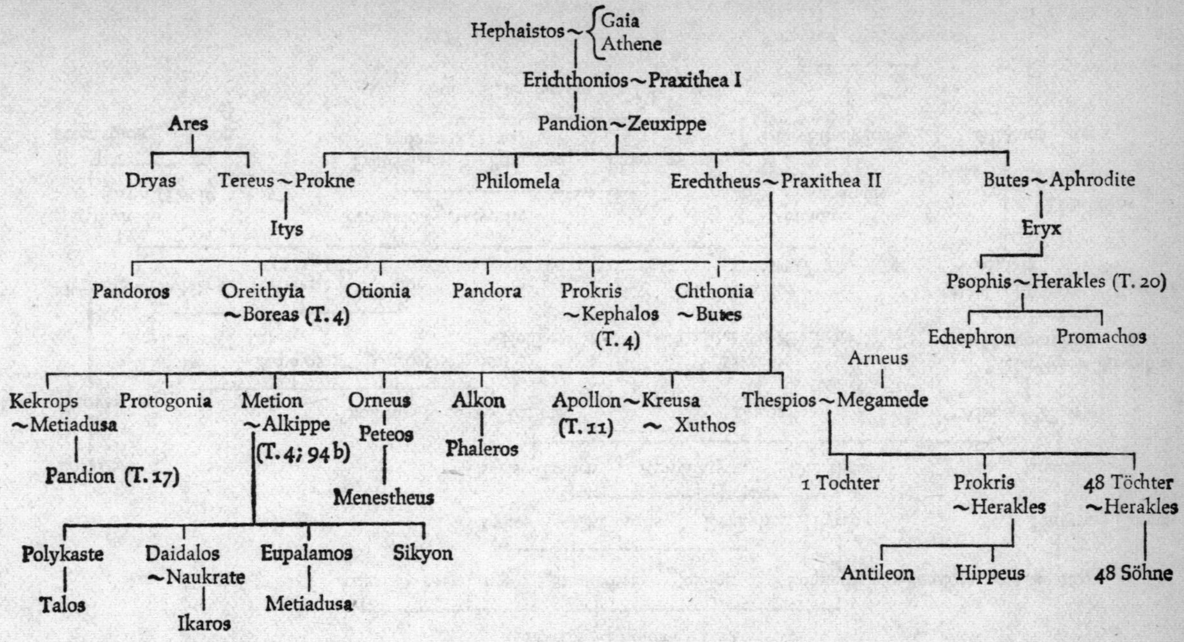
Hephaistos ~ Gaia / Athene
Erichthonios ~ Praxithea I
Pandion ~ Zeuxippe
Ares
Dryas
Tereus ~ Prokne
Itys
Philomela
Erechtheus ~ Praxithea II
Butes ~ Aphrodite
Eryx
Psophis ~ Herakles (T. 20)
Echephron
Promachos
Pandoros
Oreithyia ~ Boreas (T. 4)
Otionia
Pandora
Prokris ~ Kephalos (T. 4)
Chthonia ~ Butes
Kekrops ~ Metiadusa
Pandion (T. 17)
Protogonia
Metion ~ Alkippe (T. 4; 94 b)
Orneus
Peteos
Menestheus
Alkon
Phaleros
Apollon ~ Kreusa ~ Xuthos
(T. 11)
Arneus
Thespios ~ Megamede
1 Tochter
Prokris ~ Herakles
48 Töchter ~ Herakles
Antileon
Hippeus
48 Söhne
Polykaste
Talos
Daidalos ~ Naukrate
Ikaros
Eupalamos
Metiadusa
Sikyon

Tafel 11

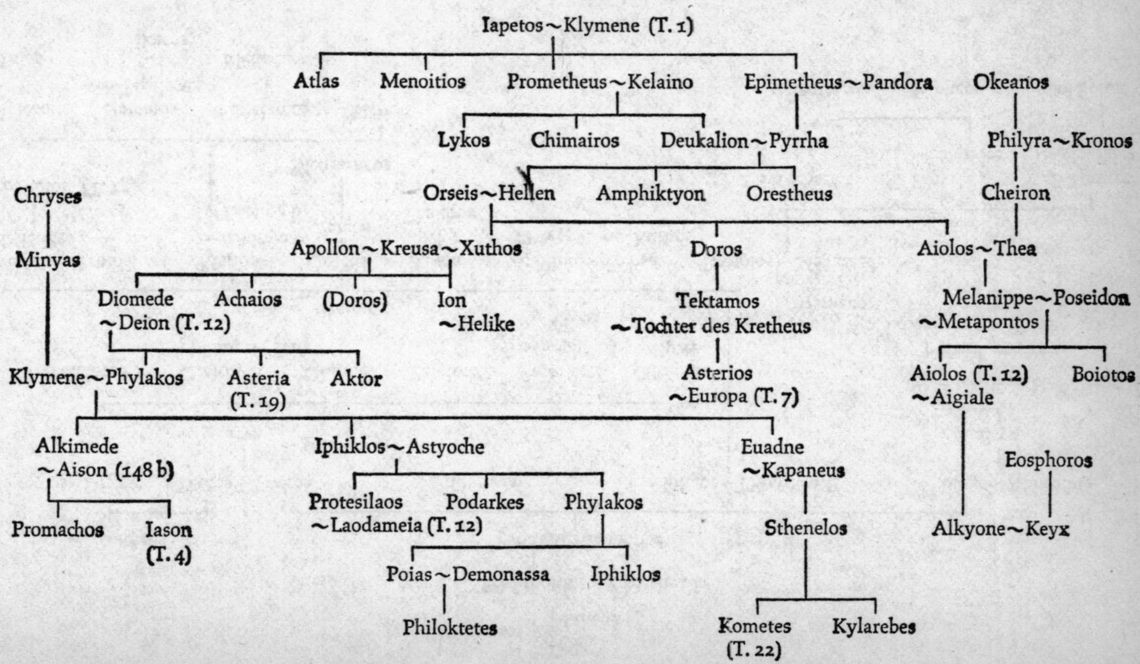
Iapetos ~ Klymene (T. 1)
Atlas
Menoitios
Prometheus ~ Kelaino
Epimetheus ~ Pandora
Okeanos
Lykos
Chimairos
Deukalion ~ Pyrrha
Philyra ~ Kronos
Chryses
Orseis ~ Hellen
Amphiktyon
Orestheus
Cheiron
Minyas
Apollon ~ Kreusa ~ Xuthos
Doros
Aiolos ~ Thea
Diomede
~ Deion (T. 12)
Achaios
(Doros)
Ion
~ Helike
Tektamos
~ Tochter des Kretheus
Melanippe ~ Poseidon
~ Metapontos
Klymene ~ Phylakos
Asteria
(T. 19)
Aktor
Asterios
~ Europa (T. 7)
Aiolos (T. 12)
~ Aigiale
Boiotos
Alkimede
~ Aison (148 b)
Iphiklos ~ Astyoche
Euadne
~ Kapaneus
Eosphoros
Promachos
Iason
(T. 4)
Protesilaos
~ Laodameia (T. 12)
Podarkes
Phylakos
Sthenelos
Alkyone ~ Keyx
Poias ~ Demonassa
Iphiklos
Philoktetes
Kometes
(T. 22)
Kylarebes

Tafel 12

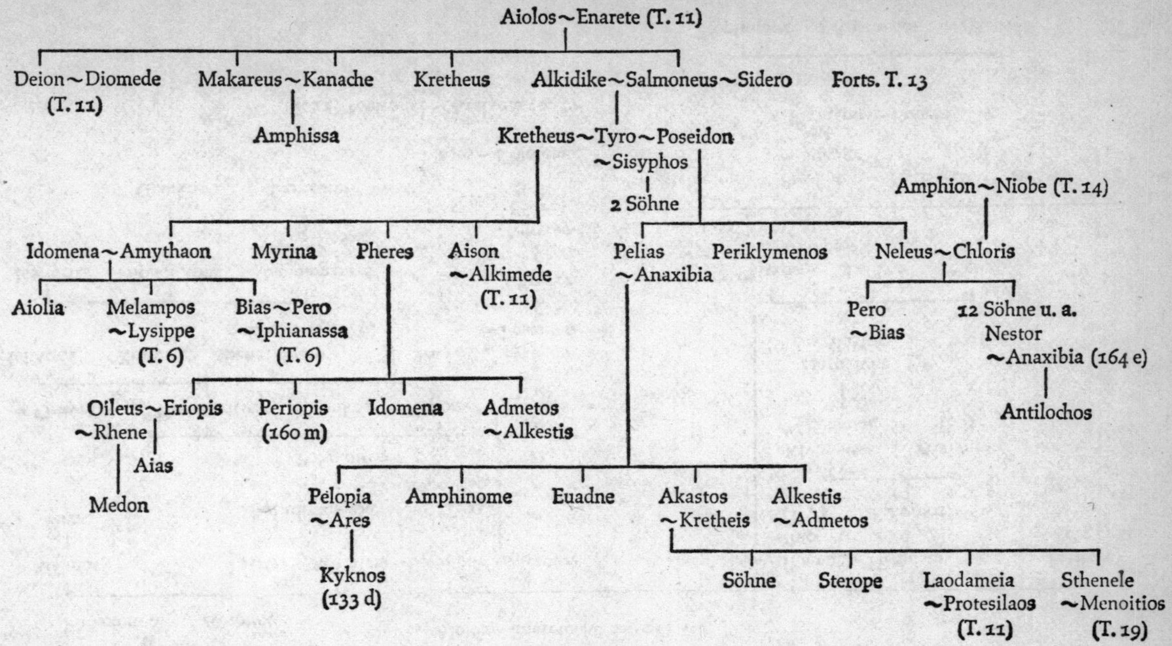
Aiolos~Enarete (T. 11)
Deion~Diomede (T. 11)
Makareus~Kanache
Amphissa
Kretheus
Alkidike~Salmoneus~Sidero
Forts. T. 13
Kretheus~Tyro~Poseidon
~Sisyphos
2 Söhne
Amphion~Niobe (T. 14)
Idomena~Amythaon
Myrina
Pheres
Aison ~Alkimede (T. 11)
Pelias ~Anaxibia
Periklymenos
Neleus~Chloris
Aiolia
Melampos ~Lysippe (T. 6)
Bias~Pero ~Iphianassa (T. 6)
Pero ~Bias
12 Söhne u. a.
Nestor ~Anaxibia (164 e)
Antilochos
Oileus~Eriopis ~Rhene
Aias
Medon
Periopis (160 m)
Idomena
Admetos ~Alkestis
Pelopia ~Ares
Kyknos (133 d)
Amphinome
Euadne
Akastos ~Kretheis
Alkestis ~Admetos
Söhne
Sterope
Laodameia ~Protesilaos (T. 11)
Sthenele ~Menoitios (T. 19)

Tafel 13

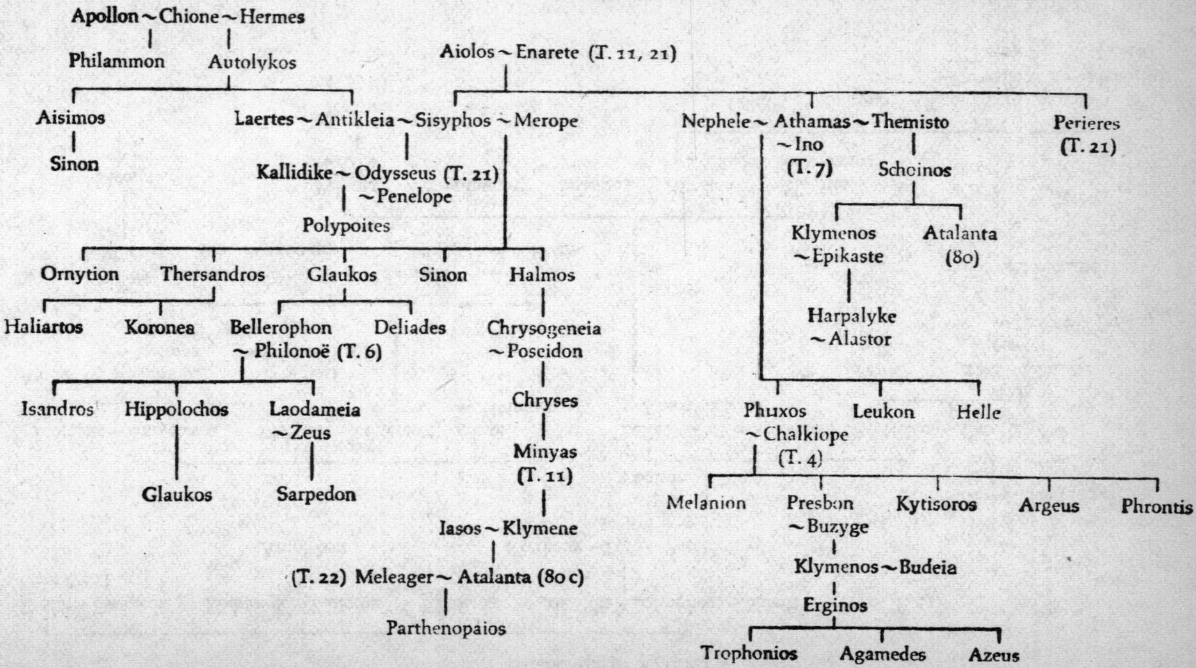
Apollon ~ Chione ~ Hermes
Philammon
Autolykos
Aiolos ~ Enarete (T. 11, 21)
Aisimos
Sinon
Laertes ~ Antikleia ~ Sisyphos ~ Merope
Kallidike ~ Odysseus (T. 21)
~ Penelope
Polypoites
Nephele ~ Athamas ~ Themisto
~ Ino
(T. 7)
Schoinos
Perieres
(T. 21)
Klymenos
~ Epikaste
Atalanta
(80)
Harpalyke
~ Alastor
Ornytion
Thersandros
Glaukos
Sinon
Halmos
Haliartos
Koronea
Bellerophon
~ Philonoë (T. 6)
Deliades
Chrysogeneia
~ Poseidon
Isandros
Hippolochos
Laodameia
~ Zeus
Glaukos
Sarpedon
Chryses
Minyas
(T. 11)
Iasos ~ Klymene
(T. 22) Meleager ~ Atalanta (80 c)
Parthenopaios
Phuxos
~ Chalkiope
(T. 4)
Leukon
Helle
Melanion
Presbon
~ Buzyge
Kytisoros
Argeus
Phrontis
Klymenos ~ Budeia
Erginos
Trophonios
Agamedes
Azeus

Tafel 14

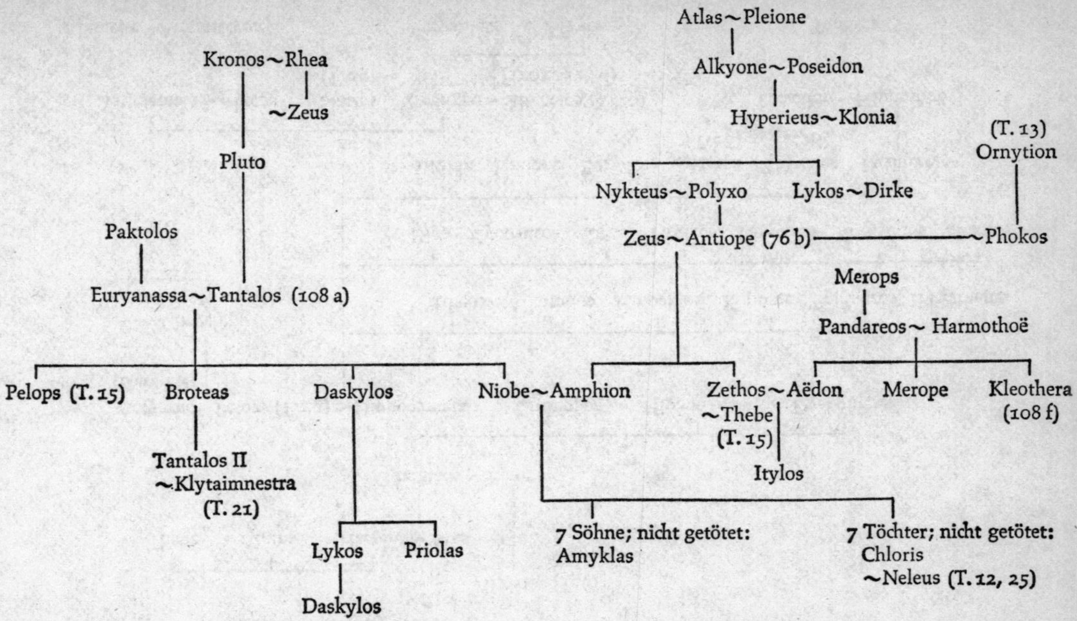
Atlas ~ Pleione
Alkyone ~ Poseidon
Hyperieus ~ Klonia
(T. 13)
Ornytion
Nykteus ~ Polyxo
Lykos ~ Dirke
Zeus ~ Antiope (76 b)
~ Phokos
Merops
Pandareos ~ Harmothoë
Kronos ~ Rhea
~ Zeus
Pluto
Paktolos
Euryanassa ~ Tantalos (108 a)
Pelops (T. 15)
Broteas
Daskylos
Niobe ~ Amphion
Zethos ~ Aëdon
~ Thebe
(T. 15)
Merope
Kleothera
(108 f)
Itylos
Tantalos II
~ Klytaimnestra
(T. 21)
Lykos
Priolas
Daskylos
7 Söhne; nicht getötet:
Amyklas
7 Töchter; nicht getötet:
Chloris
~ Neleus (T. 12, 25)

Tafel 15

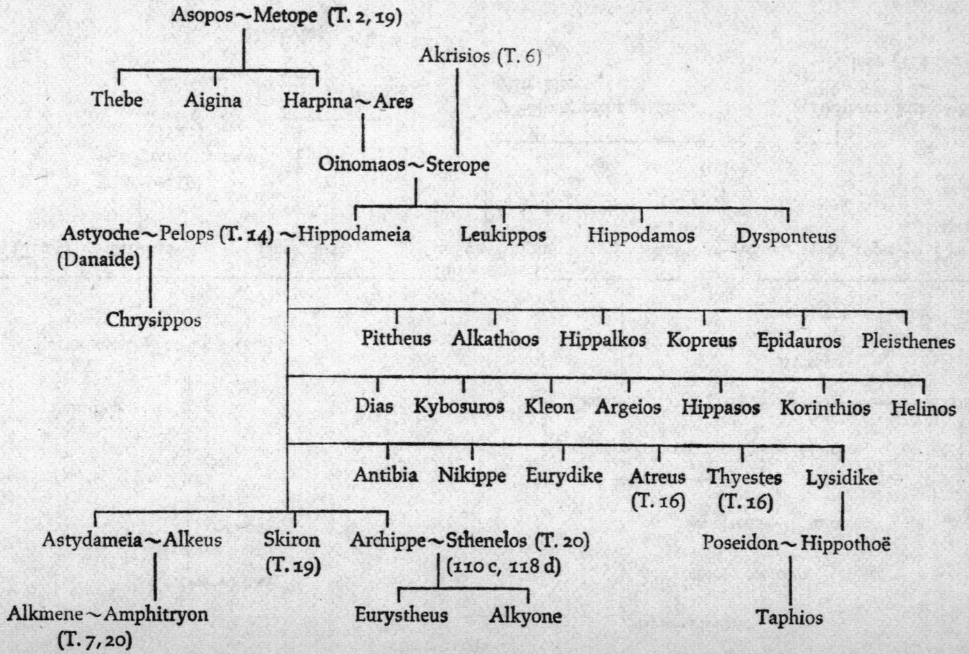
Asopos ~ Metope (T. 2, 19)
Akrisios (T. 6)
Thebe
Aigina
Harpina ~ Ares
Oinomaos ~ Sterope
Astyoche ~ Pelops (T. 14) ~ Hippodameia
(Danaide)
Leukippos
Hippodamos
Dysponteus
Chrysippos
Pittheus
Alkathoos
Hippalkos
Kopreus
Epidauros
Pleisthenes
Dias
Kybosuros
Kleon
Argeios
Hippasos
Korinthios
Helinos
Antibia
Nikippe
Eurydike
Atreus (T. 16)
Thyestes (T. 16)
Lysidike
Astydameia ~ Alkeus
Skiron (T. 19)
Archippe ~ Sthenelos (T. 20)
(110 c, 118 d)
Poseidon ~ Hippothoë
Alkmene ~ Amphitryon
(T. 7, 20)
Eurystheus
Alkyone
Taphios

Tafel 10

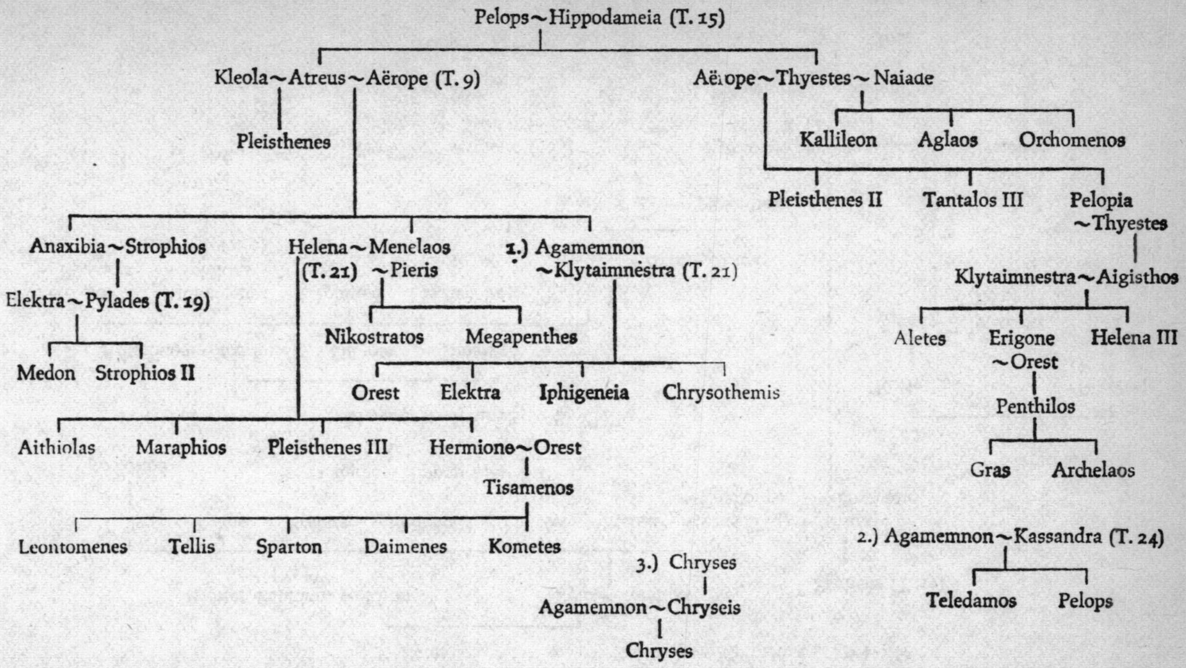
Pelops~Hippodameia (T. 15)
Kleola~Atreus~Aërope (T. 9)
Aërope~Thyestes~Naiade
Pleisthenes
Kallileon
Aglaos
Orchomenos
Pleisthenes II
Tantalos III
Pelopia ~Thyestes
Anaxibia~Strophios
Helena~Menelaos (T. 21) ~Pieris
1.) Agamemnon ~Klytaimnestra (T. 21)
Klytaimnestra~Aigisthos
Elektra~Pylades (T. 19)
Nikostratos
Megapenthes
Aletes
Erigone ~Orest
Helena III
Medon
Strophios II
Orest
Elektra
Iphigeneia
Chrysothemis
Penthilos
Aithiolas
Maraphios
Pleisthenes III
Hermione~Orest
Gras
Archelaos
Tisamenos
Leontomenes
Tellis
Sparton
Daimenes
Kometes
2.) Agamemnon~Kassandra (T. 24)
3.) Chryses
Teledamos
Pelops
Agamemnon~Chryseis
Chryses

Tafel 17

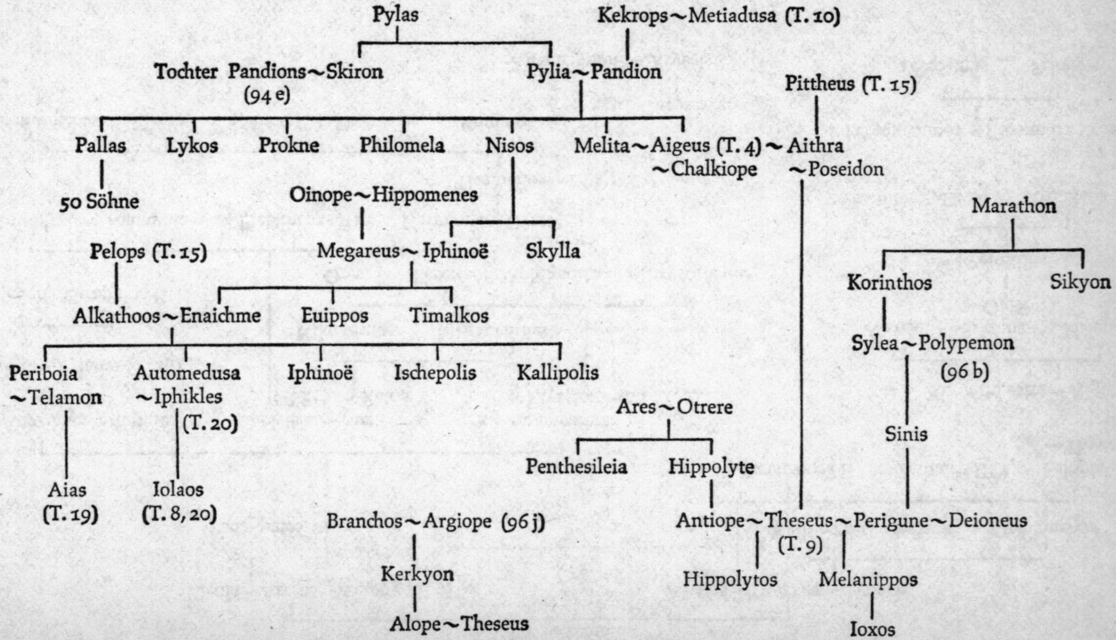
Pylas
Kekrops~Metiadusa (T. 10)
Tochter Pandions~Skiron (94 e)
Pylia~Pandion
Pittheus (T. 15)
Pallas
Lykos
Prokne
Philomela
Nisos
Melita~Aigeus (T. 4)~Aithra
~Chalkiope
~Poseidon
50 Söhne
Oinope~Hippomenes
Marathon
Pelops (T. 15)
Megareus~Iphinoë
Skylla
Korinthos
Sikyon
Alkathoos~Enaichme
Euippos
Timalkos
Sylea~Polypemon (96 b)
Periboia ~Telamon
Automedusa ~Iphikles (T. 20)
Iphinoë
Ischepolis
Kallipolis
Ares~Otrere
Sinis
Penthesileia
Hippolyte
Aias (T. 19)
Iolaos (T. 8, 20)
Branchos~Argiope (96 j)
Antiope~Theseus~Perigune~Deioneus
(T. 9)
Kerkyon
Hippolytos
Melanippos
Alope~Theseus
Ioxos

Tafel 18

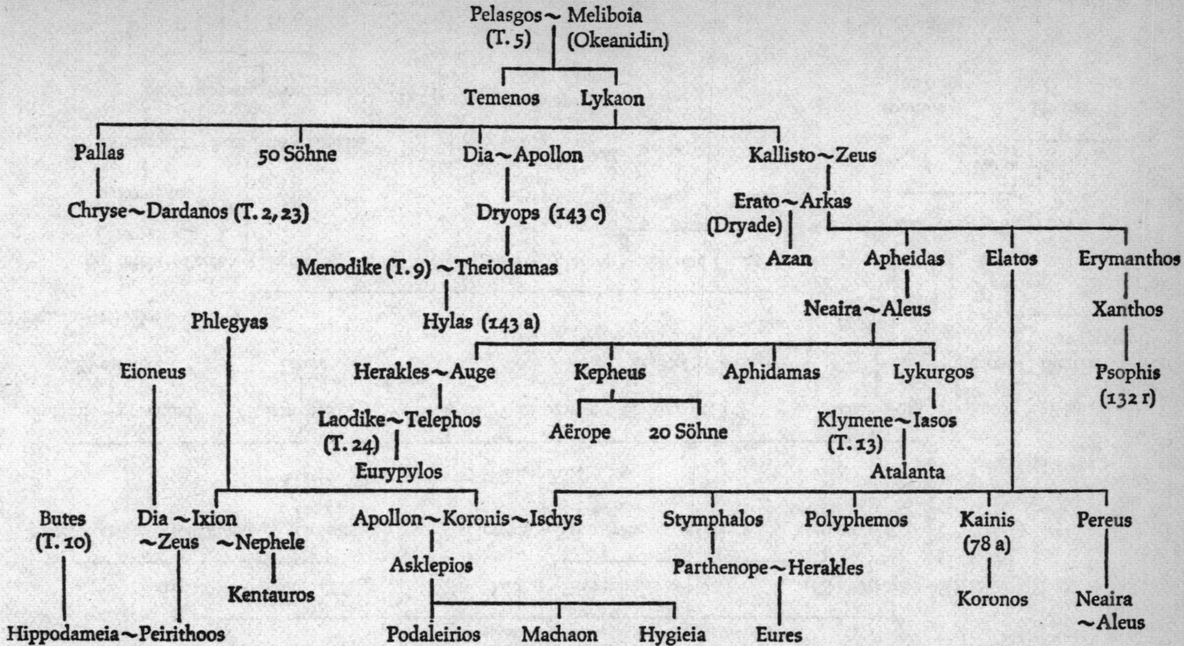
Pelasgos ~ Meliboia
(T. 5)
(Okeanidin)
Temenos
Lykaon
Pallas
50 Söhne
Dia ~ Apollon
Kallisto ~ Zeus
Chryse ~ Dardanos (T. 2, 23)
Dryops (143 c)
Erato ~ Arkas
(Dryade)
Azan
Apheidas
Elatos
Erymanthos
Menodike (T. 9) ~ Theiodamas
Neaira ~ Aleus
Xanthos
Phlegyas
Hylas (143 a)
Eioneus
Herakles ~ Auge
Kepheus
Aphidamas
Lykurgos
Psophis
(132 r)
Laodike ~ Telephos
(T. 24)
Aërope
20 Söhne
Klymene ~ Iasos
(T. 13)
Eurypylos
Atalanta
Butes
(T. 10)
Dia ~ Ixion
~ Zeus
~ Nephele
Apollon ~ Koronis ~ Ischys
Stymphalos
Polyphemos
Kainis
(78 a)
Pereus
Kentauros
Asklepios
Parthenope ~ Herakles
Koronos
Neaira
~ Aleus
Hippodameia ~ Peirithoos
Podaleirios
Machaon
Hygieia
Eures

Tafel 19

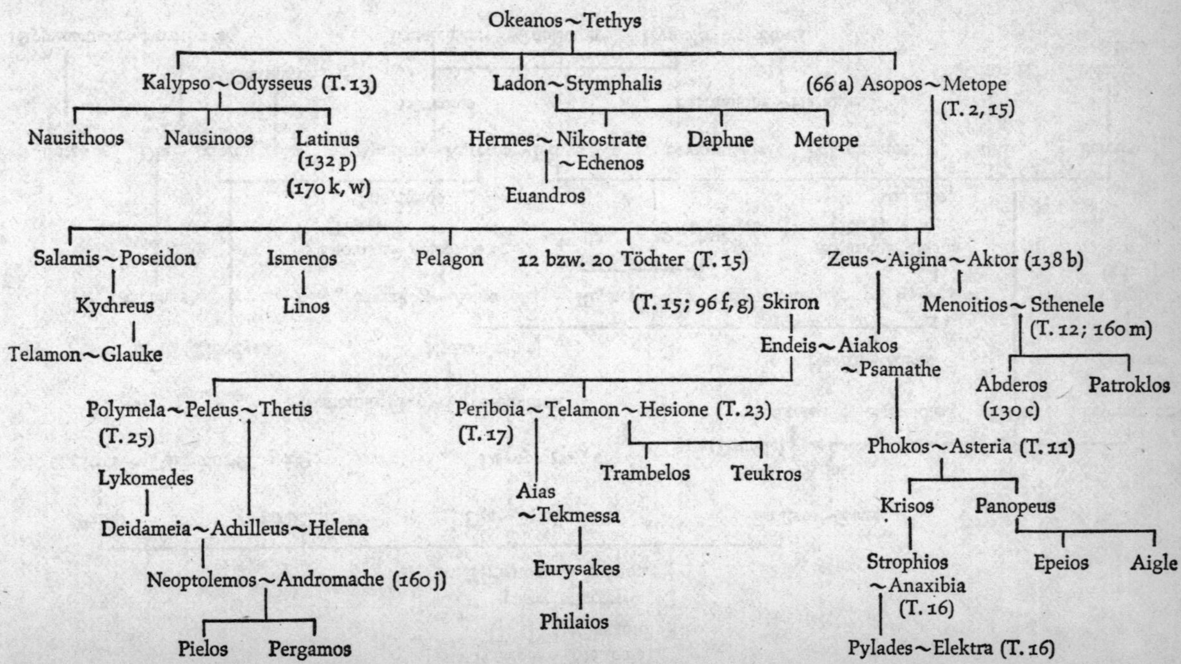
Okeanos~Tethys
Kalypso~Odysseus (T. 13)
Ladon~Stymphalis
(66 a) Asopos~Metope
(T. 2, 15)
Nausithoos
Nausinoos
Latinus
(132 p)
(170 k, w)
Hermes~Nikostrate
~Echenos
Daphne
Metope
Euandros
Salamis~Poseidon
Ismenos
Pelagon
12 bzw. 20 Töchter (T. 15)
Zeus~Aigina~Aktor (138 b)
Kychreus
Linos
(T. 15; 96 f, g) Skiron
Menoitios~Sthenele
(T. 12; 160 m)
Telamon~Glauke
Endeis~Aiakos
~Psamathe
Abderos
(130 c)
Patroklos
Polymela~Peleus~Thetis
(T. 25)
Periboia~Telamon~Hesione (T. 23)
(T. 17)
Phokos~Asteria (T. 11)
Lykomedes
Trambelos
Teukros
Aias
~Tekmessa
Krisos
Panopeus
Deidameia~Achilleus~Helena
Eurysakes
Strophios
~Anaxibia
(T. 16)
Epeios
Aigle
Neoptolemos~Andromache (160 j)
Philaios
Pylades~Elektra (T. 16)
Pielos
Pergamos

Tafel 20

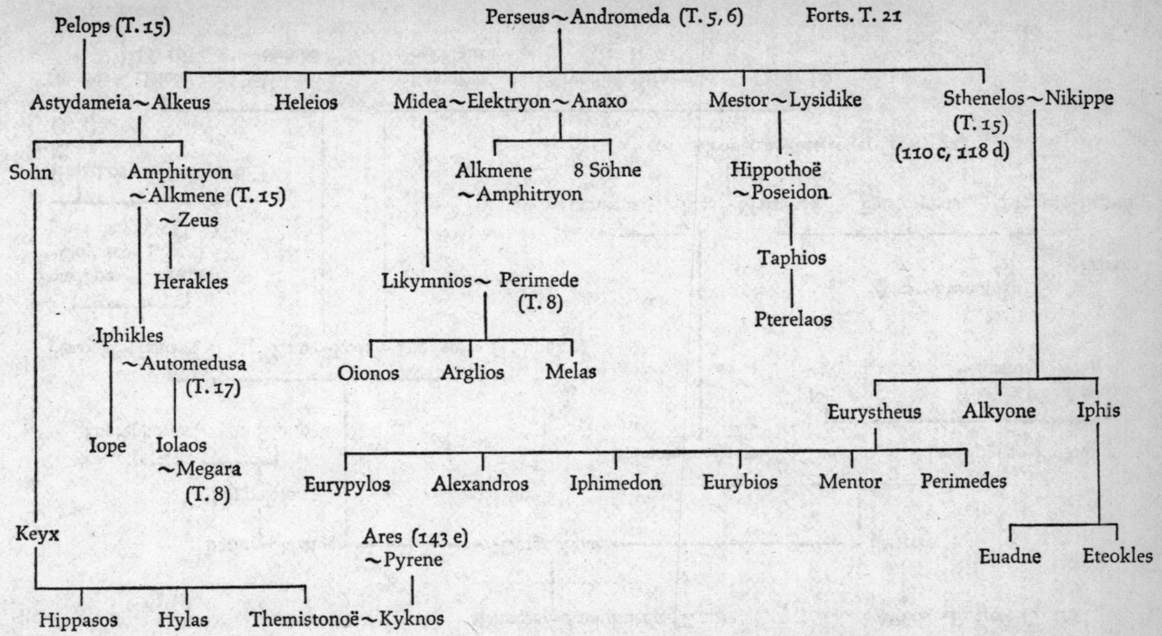

Pelops (T. 15)
Perseus ~ Andromeda (T. 5, 6)
Forts. T. 21
Astydameia ~ Alkeus
Heleios
Midea ~ Elektryon ~ Anaxo
Mestor ~ Lysidike
Sthenelos ~ Nikippe
(T. 15)
(110 c, 118 d)
Sohn
Amphitryon
~ Alkmene (T. 15)
~ Zeus
Heraklés
Alkmene
~ Amphitryon
8 Söhne
Hippothoë
~ Poseidon
Taphios
Pterelaos
Likymnios ~ Perimede
(T. 8)
Iphikles
~ Automedusa
(T. 17)
Oionos
Arglios
Melas
Eurystheus
Alkyone
Iphis
Iope
Iolaos
~ Megara
(T. 8)
Eurypylos
Alexandros
Iphimedon
Eurybios
Mentor
Perimedes
Keyx
Ares (143 e)
~ Pyrene
Euadne
Eteokles
Hippasos
Hylas
Themistonoë ~ Kyknos

Tafel 21

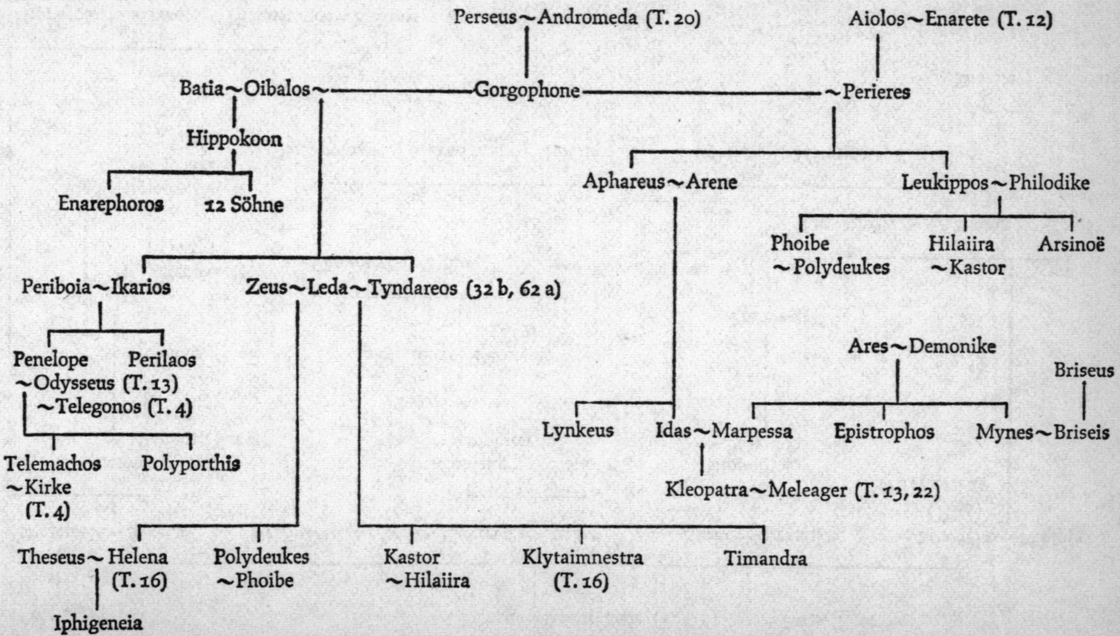

Perseus~Andromeda (T. 20)
Aiolos~Enarete (T. 12)
Batia~Oibalos~
Gorgophone
~Perieres
Hippokoon
Enarephoros
12 Söhne
Aphareus~Arene
Leukippos~Philodike
Phoibe
~Polydeukes
Hilaiira
~Kastor
Arsinoë
Periboia~Ikarios
Zeus~Leda~Tyndareos (32 b, 62 a)
Penelope
~Odysseus (T. 13)
~Telegonos (T. 4)
Perilaos
Ares~Demonike
Briseus
Lynkeus
Idas~Marpessa
Epistrophos
Mynes~Briseis
Telemachos
~Kirke
(T. 4)
Polyporthis
Kleopatra~Meleager (T. 13, 22)
Theseus~Helena
(T. 16)
Polydeukes
~Phoibe
Kastor
~Hilaiira
Klytaimnestra
(T. 16)
Timandra
Iphigeneia

Tafel 22

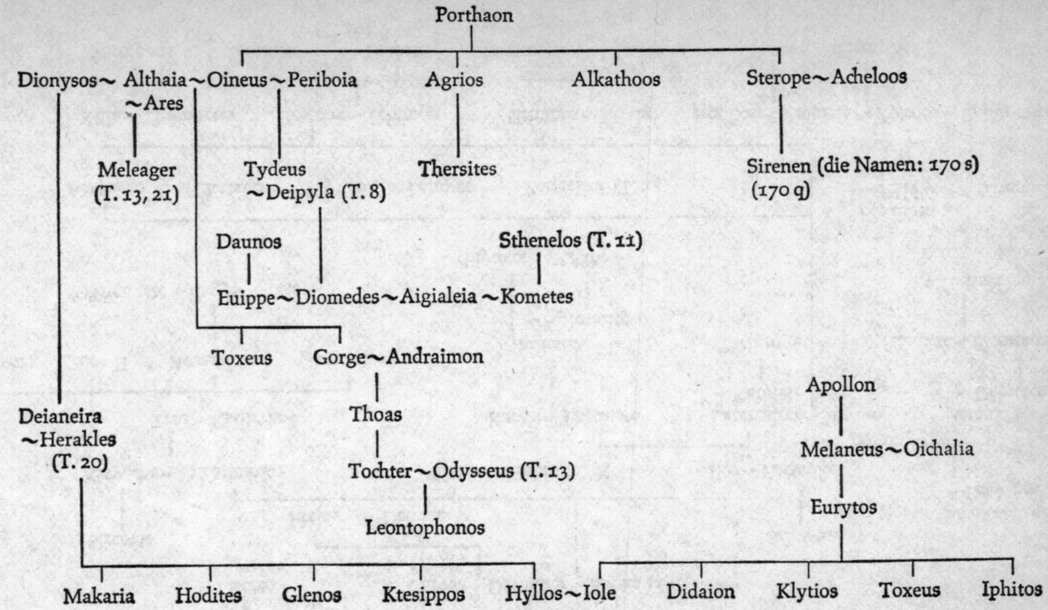
Porthaon
Dionysos~ Althaia~Oineus~Periboia
~Ares
Agrios
Alkathoos
Sterope~Acheloos
Meleager
(T. 13, 21)
Tydeus
~Deipyla (T. 8)
Thersites
Sirenen (die Namen: 170 s)
(170 q)
Daunos
Sthenelos (T. 11)
Euippe~Diomedes~Aigialeia ~Kometes
Toxeus
Gorge~Andraimon
Apollon
Thoas
Deianeira
~Herakles
(T. 20)
Melaneus~Oichalia
Tochter~Odysseus (T. 13)
Eurytos
Leontophonos
Makaria
Hodites
Glenos
Ktesippos
Hyllos~Iole
Didaion
Klytios
Toxeus
Iphitos

Tafel 23

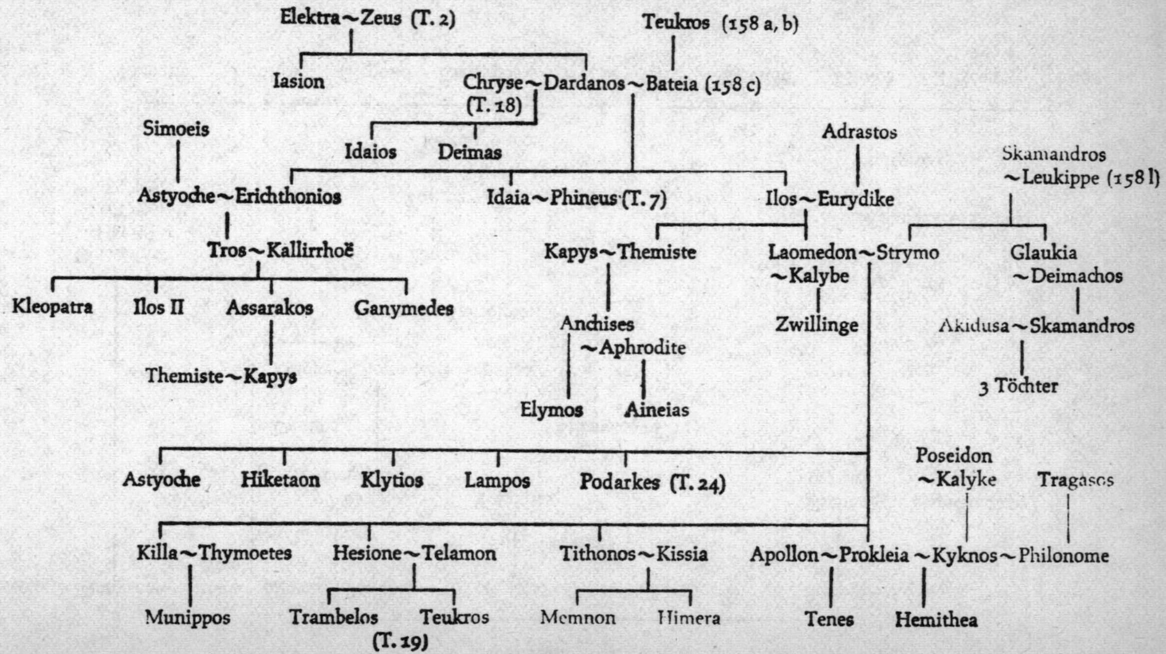

Elektra~Zeus (T. 2)
Teukros (158 a, b)
Iasion
Chryse~Dardanos~Bateia (158 c)
(T. 18)
Simoeis
Idaios
Deimas
Adrastos
Skamandros
~Leukippe (158 l)
Astyoche~Erichthonios
Idaia~Phineus (T. 7)
Ilos~Eurydike
Tros~Kallirrhoë
Kapys~Themiste
Laomedon~Strymo
~Kalybe
Glaukia
~Deimachos
Kleopatra
Ilos II
Assarakos
Ganymedes
Anchises
~Aphrodite
Zwillinge
Akidusa~Skamandros
Themiste~Kapys
3 Töchter
Elymos
Aineias
Astyoche
Hiketaon
Klytios
Lampos
Podarkes (T. 24)
Poseidon
~Kalyke
Tragasos
Killa~Thymoetes
Hesione~Telamon
Tithonos~Kissia
Apollon~Prokleia ~Kyknos~Philonome
Munippos
Trambelos
Teukros
(T. 19)
Memnon
Himera
Tenes
Hemithea

Tafel 24

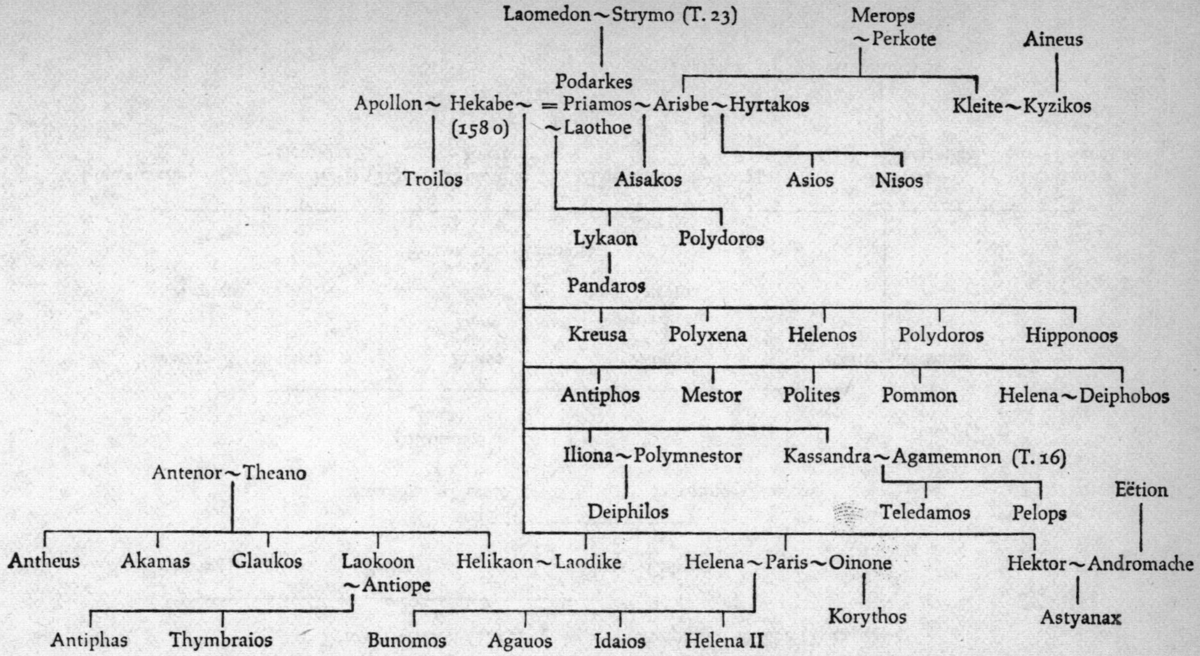
Laomedon ~ Strymo (T. 23)
Merops
~ Perkote
Aineus
Podarkes
Apollon ~ Hekabe ~ = Priamos ~ Arisbe ~ Hyrtakos
(158 o)
~ Laothoe
Kleite ~ Kyzikos
Troilos
Aisakos
Asios
Nisos
Lykaon
Polydoros
Pandaros
Kreusa
Polyxena
Helenos
Polydoros
Hipponoos
Antiphos
Mestor
Polites
Pommon
Helena ~ Deiphobos
Iliona ~ Polymnestor
Kassandra ~ Agamemnon (T. 16)
Antenor ~ Theano
Deiphilos
Teledamos
Pelops
Eëtion
Antheus
Akamas
Glaukos
Laokoon
~ Antiope
Helikaon ~ Laodike
Helena ~ Paris ~ Oinone
Hektor ~ Andromache
Korythos
Astyanax
Antiphas
Thymbraios
Bunomos
Agauos
Idaios
Helena II

Tafel 25

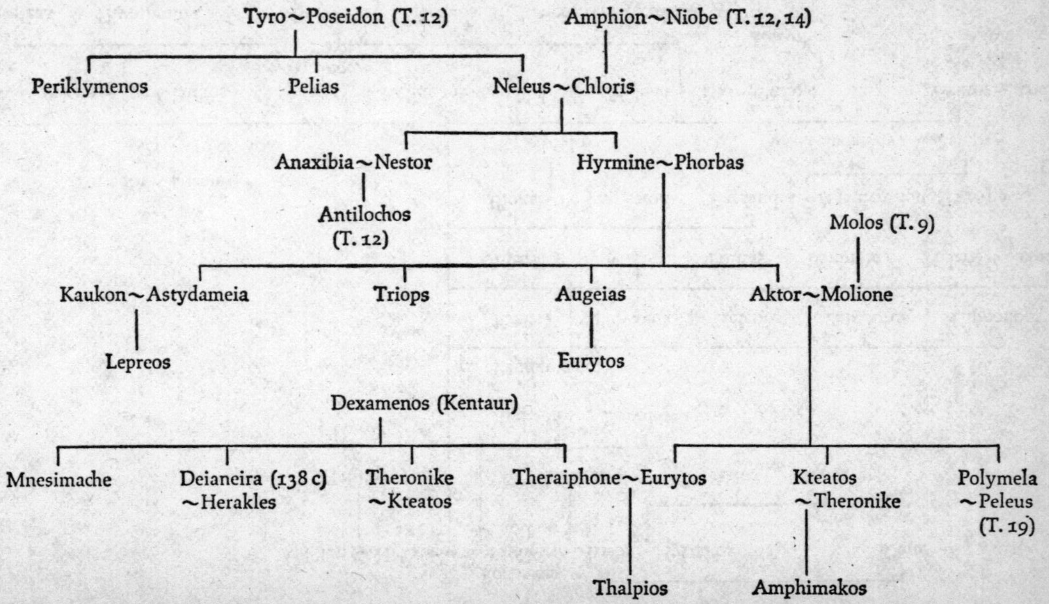
Tyro~Poseidon (T. 12)
Amphion~Niobe (T. 12, 14)
Periklymenos
Pelias
Neleus~Chloris
Anaxibia~Nestor
Hyrmine~Phorbas
Antilochos
(T. 12)
Molos (T. 9)
Kaukon~Astydameia
Triops
Augeias
Aktor~Molione
Lepreos
Eurytos
Dexamenos (Kentaur)
Mnesimache
Deianeira (138 c)
~Herakles
Theronike
~Kteatos
Theraiphone~Eurytos
Kteatos
~Theronike
Polymela
~Peleus
(T. 19)
Thalpios
Amphimakos

a)

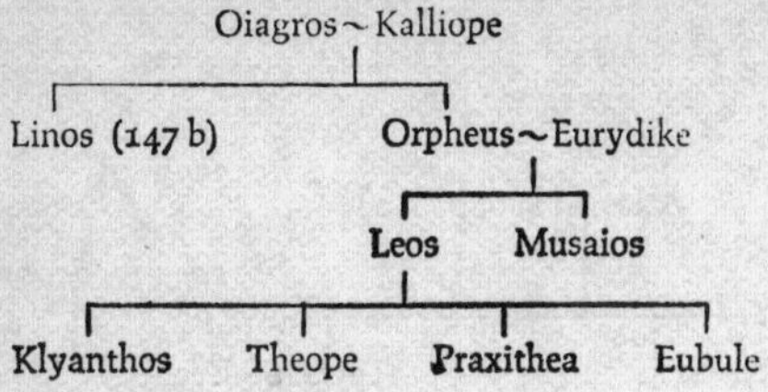
Oiagros ~ Kalliope
Linos (147 b)
Orpheus ~ Eurydike
Leos
Musaios
Klyanthos
Theope
Praxithea
Eubule

b)

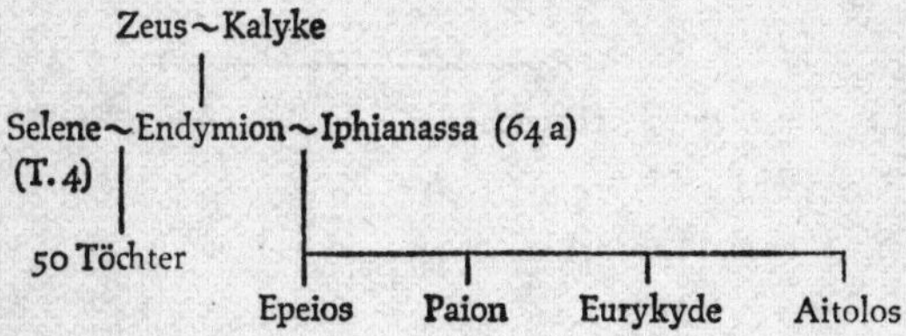
Zeus ~ Kalyke
Selene ~ Endymion ~ Iphianassa (64 a)
(T. 4)
50 Töchter
Epeios
Paion
Eurykyde
Aitolos

c)

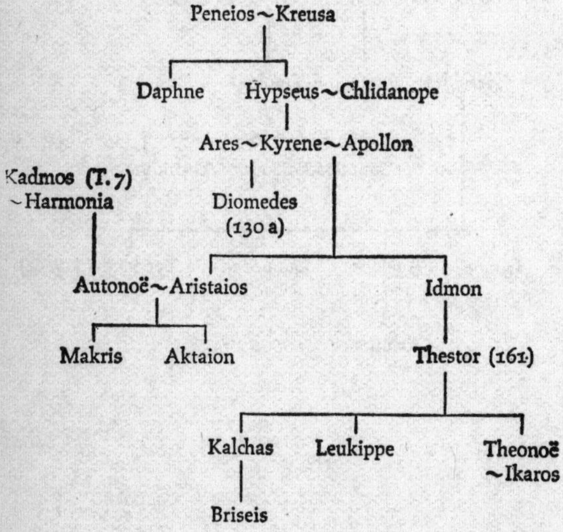
Peneios ~ Kreusa
Daphne
Hypseus ~ Chlidanope
Ares ~ Kyrene ~ Apollon
Kadmos (T. 7)
~ Harmonia
Diomedes
(130 a)
Autonoë ~ Aristaios
Idmon
Makris
Aktaion
Thestor (161)
Kalchas
Leukippe
Theonoë
~ Ikaros
Briseis

Tafel 27

a)

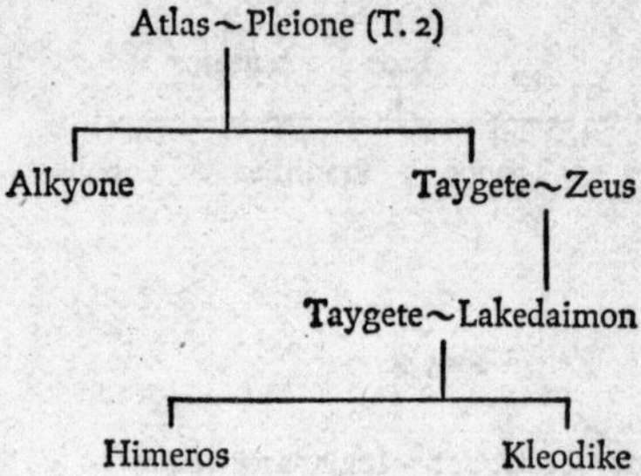
Atlas ~ Pleione (T. 2)
Alkyone
Taygete ~ Zeus
Taygete ~ Lakedaimon
Himeros
Kleodike

b)

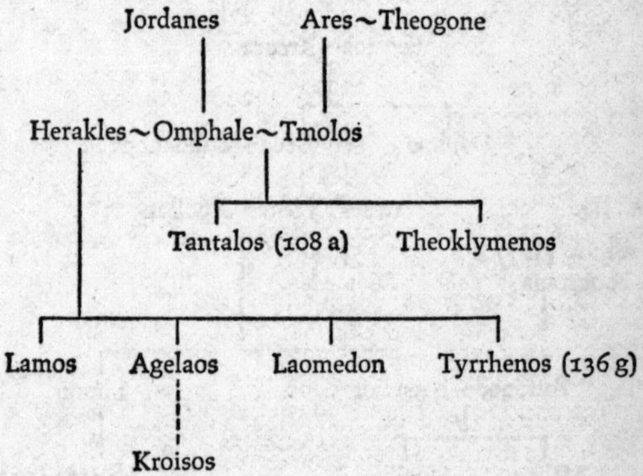
Jordanes
Ares ~ Theogone
Herakles ~ Omphale ~ Tmolos
Tantalos (108 a)
Theoklymenos
Lamos
Agelaos
Laomedon
Tyrrhenos (136 g)
Kroisos

Verbindungen des Zeus

a) mit Göttinnen

		Tochter des/der	Kinder:
Zeus ~	Themis	Uranos	Horen, Moira (T. 1)
	Mnemosyne	Uranos	Musen (T. 1)
	Hera	Kronos	Hephaistos, Hebe, Ares, Eris(?) (T. 2)
	Demeter	Kronos	Kore, Iakchos (T. 2)
	Dione	Okeanos	Aphrodite (T. 2)
	Metis	Okeanos	Athene (T. 2)
	Eurynome	Okeanos	Charitinnen, Asopos (T. 2)
	Nemesis	Okeanos	Helena (4 a, 32 a)
	Leto	Koios	Apollon, Artemis (T. 1)
	Kore	Demeter	Zagreus, Styx (T. 2)
	Aphrodite	Dione	Eros (T. 2)
	Elektra	Atlas	Iasion, Harmonia, Dardanos (T. 2)
	Maia	Atlas	Hermes (T. 2)
	Taygete	Atlas	Lakedaimon (T. 27)
	Pluto	Kronos	Tantalos (T. 14)

b) mit Menschen

Zeus ~	Lamia	Belos	Skylla (T. 5)
	Danaë	Akrisios	Perseus (T. 6)
	Europa	Agenor	Sarpedon, Minos, Rhadamanthys (T. 7)
	Semele	Kadmos	Dionysos (T. 7)
	Io	Inachos	Epaphos (T. 5)
	Pasiphaë	Helios	Ammon (T. 9)
	Laodameia	Bellerophon	Sarpedon (T. 13)
	Antiope	Nykteus	Amphion, Zethos (T. 14)
	Kallisto	Lykaon	Arkas (T. 18)
	Aigina	Asopos	Aiakos (T. 19)
	Alkmene	Elektryon	Herakles (T. 20)
	Leda	Thestios	Helena, Polydeukes (T. 21)
	Dia	Eioneus	Peirithoos (102 a) (T. 18)
	Kalyke		Endymion (T. 26)
	Klymene		Myrtilos (109 f)

Verbindungen des Poseidon

a) mit Göttinnen

		Tochter des/der	Kinder:
Poseidon ~	Gaia		Antaios, Charybdis (T. 3)
	Demeter	Kronos	Despoina, Arion
	Aphrodite	Zeus	Rhodos, Herophilos
	Periboia	Eurymedon	Nausithoos (T. 1)
	Thoosa	Phorkys	Polyphemos (T. 3)
	Medusa	Phorkys	Pegasos, Chrysaor (T. 3)
	Halia	Pontos	Rhode, 6 Söhne (T. 3)
	Amphitrite	Nereus	Triton, Benthesikymene (T. 3)
	Kleodora (Nymphe)		Parnasos

b) mit Menschen

Poseidon ~	Libya	Epaphos	Agenor, Belos (T. 5)
	Lysianassa	Epaphos	Antaios, Busiris (T. 5)
	Amymone	Danaos	Nauplios (T. 6)
	Chione	Boreas	Eumolpos (T. 7)
	Euryale		Orion (T. 9)
	Melanippe	Aiolos	Aiolos, Boiotos (T. 11)
	Tyro	Salmoneus	Pelias, Neleus, Periklymenos (T. 12)
	Chrysogeneia	Halmos	Chryses (T. 13)
	Aithra	Pittheus	Theseus (T. 17)
	Salamis	Asopos	Kychreus (T. 19)
	Hippothoë	Mestor	Taphios (T. 20)
	Kalyke		Kyknos (T. 23)
	Alope	Kerkyon	Hippothoos
	Iphimedeia	Triops	Ephialtes, Otos
	Pero	Neleus	Asopos (66 a)
	Astypalaia		Eurypylos
	Alkyone		Anthas
	Oneaia		Arion

Verbindungen des Herakles

		Tochter des/der	Kinder:
Herakles ~	Hebe	Zeus	Alexiares, Aniketos (T. 2)
	Megara	Kreon	Alkaiden (T. 8)
	Psophis	Eryx	Echephron, Promachos (T. 10)
	Prokris	Thespios	Antileon, Hippeus (T. 10)
	48 Töchter	Thespios	48 Söhne (T. 10)
	Auge	Aleus	Telephos (T. 18)
	Parthenope	Stymphalos	Eures (T. 18)
	Deianeira	Dionysos	Makaria, Hodites, Glenos, Ktesippos, Hyllos (T. 22)
	Omphale	Jordanes	Lamos, Agelaos, Laomedon, Tyrrhenos (T. 27)
	Melita	Aigaios	Hyllos II
	Meda	Phylas	Antiochos
	Phialo	Alkimedon	Aichmagoras
	Chalkiope	Eurypylos	Thessalos
	Astydameia	Amyntor	Ktesippos
	Astyoche	Phyleus	Tlepolemos (142 e)
	Schlangenweib in Hylaia		Agathyrsos, Gelonos, Skythes (132 u)
	Tinga, Frau d. Antaios		Sophax
	Tochter des Faunus		Latinus (132 p)
	Malis		Kleodaios, Alkaios
	Galata		Einwohner von Alesia

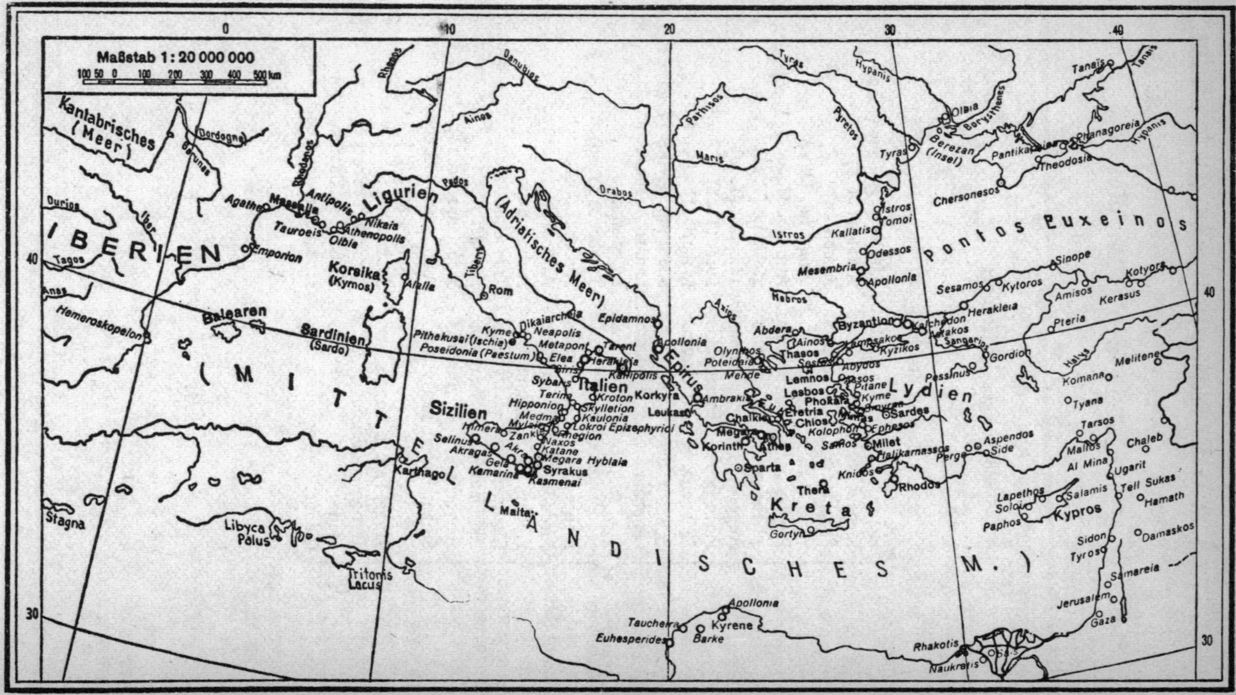

Karte der griechischen Welt zwischen 750 und 550 v. Chr.

rowohlts deutsche enzyklopädie

Das Wissen des 20. Jhs. im Taschenbuch mit enzyklopädischem Stichwort

Herausgegeben von Ernesto Grassi

Philosophie

Albert Camus (Nobelpreisträger), Der Mythos von Sisyphos. Ein Versuch über das Absurde. Mit einem kommentierenden Essay von Lieselotte Richter [90]
Christliche Metaphysik und Neoplatonismus [385]

Johann Eduard Erdmann, Philosophie der Neuzeit. Der deutsche Idealismus. Geschichte der Philosophie VI. Mit Quellentexten [364]
Der deutsche Idealismus. Geschichte der Philosophie VII. Mit Quellentexten [365]

Joachim Israel, Der Begriff Dialektik. Erkenntnistheorie, Sprache und dialektische Gesellschaftswissenschaft [384]

Toshihiko Izutsu, Philosophie des Zen-Buddhismus [388]

Adam Schaff, Marxismus und das menschliche Individuum [332]

Günther Schiwy, Der französische Strukturalismus. Mode – Methode – Ideologie. Mit einem Textanhang [310]
Kulturrevolution und «Neue Philosophen» [381]

Karl Vorländer, Geschichte der Philosophie. Mit Quellentexten.
I: Philosophie des Altertums [183] – II: Philosophie des Mittelalters [193]
III: Philosophie der Renaissance [242] – IV. Philosophie der Neuzeit. Descartes, Hobbes, Spinoza, Leibniz [261] – V: Philosophie der Neuzeit. Die Aufklärung [281]

Anthropologie, Psychologie und Medizin

Gustav Bally, Einführung in die Psychoanalyse Sigmund Freuds. Mit Originaltexten Freuds [131]

Beatrice Caesar, Autorität in der Familie. Ein Beitrag zum Problem schichtenspezifischer Sozialisation [366]

Arnold Gehlen, Anthropologische Forschung. Zur Selbsbegegnung und Selbstentdeckung des Menschen [138]

C/I–'81

Peter R. Hofstätter, Gruppendynamik. Kritik der Massenpsychologie. Durchgesehene und erweiterte Neuauflage [38]

Margaret Mead, Mann und Weib. Das Verhältnis der Geschlechter in einer sich wandelnden Welt [69]

Physik, Naturwissenschaft und Technik

Werner Heisenberg (Nobelpreisträger), Das Naturbild der heutigen Physik [8]

Religionswissenschaft und Religionsgeschichte

Robert von Ranke-Graves, Griechische Mythologie. Quellen und Deutung I [113] – II [115]

Leo Trepp, Das Judentum. Geschichte und lebendige Gegenwart [325]

Friedrich Weinreb, Zahl, Zeichen, Wort [383]

Soziologie

Raymond Aron, Hauptströmungen des klassischen soziologischen Denkens. Montesquieu – Comte – Marx – Tocqueville [386]
Hauptströmungen des modernen soziologischen Denkens. Durkheim – Pareto – Weber [387]

Ulrich Beck / Michael Brater / Hansjürgen Daheim, Soziologie der Arbeit und der Berufe. Grundlagen, Problemfelder, Forschungsergebnisse [395]

Christian und Lieselotte von Ferber, Der kranke Mensch in der Gesellschaft [380]

Jürgen Friedrichs (Hg.), Stadtentwicklungen in kapitalistischen und sozialistischen Ländern [378]

Igor S. Kon, Freundschaft. Geschichte und Sozialpsychologie der Freundschaft als soziale Institution und individuelle Beziehung [390]

P. Cornelius Mayer-Tasch, Die Bürgerinitiativbewegung / Der aktive Bürger als rechts- und politikwissenschaftliches Problem [374]

Renate Mayntz, Soziologie der Organisation [166]

José Ortega y Gasset, Der Aufstand der Massen [10]

David Riesman / Reuel Denney / Nathan Glazer, Die einsame Masse [72]

Wilfried Röhrich, Sozialgeschichte politischer Ideen [392]

Leopold und Hilde Rosenmayr, Der alte Mensch in der Gesellschaft. Einführung in die Gerosoziologie [377]

Helmut Schelsky, Soziologie der Sexualität [2]

Staats- und Wirtschaftswissenschaften

Walter Eucken, Grundsätze der Wirtschaftspolitik [81]

András Hegedüs, Sozialismus und Bürokratie [391]

Hans Kellerer, Statistik im modernen Wirtschafts- und Sozialleben. Mit 22 Abb. und 44 Tabellen [103]

P. Cornelius Mayer-Tasch, Die Bürgerinitiativbewegung. Der aktive Bürger als rechts- und politikwissenschaftliches Problem [374]

Günter Schmölders, Geschichte der Volkswirtschaftslehre [163]

Karl Georg Zinn, Die Selbstzerstörung der Wachstumsgesellschaft. Politisches Handeln im ökonomischen System [394]

Kunstwissenschaft und Kunstgeschichte

Walter Hess, Dokumente zum Verständnis der modernen Malerei. Mit 16 Abb. [19]

Gustav René Hocke, Die Welt als Labyrinth. Manier und Manie in der europäischen Kunst. Beiträge zur Ikonographie und Formgeschichte der europäischen Kunst von 1520 bis 1650 und der Gegenwart. 254 Abb. [50]
Manierismus in der Literatur. Sprach-Alchimie und esoterische Kombinationskunst [82]

Johan Huizinga, Homo Ludens. Vom Ursprung der Kultur im Spiel [21]

Literaturwissenschaft und Sprachwissenschaft

Hans Eggers, Deutsche Sprachgeschichte. I: Das Althochdeutsche [185] – II: Das Mittelhochdeutsche [191] – III: Das Frühneuhochdeutsche [270] – IV: Das Neuhochdeutsche [375]

Martin Esslin, Das Theater des Absurden [234]

Hugo Friedrich, Die Struktur der modernen Lyrik. Im Anhang: Gedichte des 20. Jahrhunderts (zweisprachig). Erweiterte Neuausgabe [25]

Georg Lukács, Ausgewählte Schriften. III: Russische Literatur – Russische Revolution. Puschkin, Tolstoj, Dostojewskij, Fadejew, Makarenko, Scholochow, Solschenizyn [314]

Günther Schiwy, Der französische Strukturalismus. Mode – Methode – Ideologie [310]

Friedrich-Wilhelm u. Erika Wentzlaff-Eggebert, Deutsche Literatur im späten Mittelalter (1250 bis 1450). Band I: Rittertum – Bürgertum. Mit Lesestücken [350] – Band II: Kirche. Mit Lesestücken [353] – Band III: Neue Sprache aus neuer Welterfahrung. Mit Lesestücken [356]

Benjamin Lee Whorf, Sprache – Denken – Wirklichkeit. Beiträge zur Metalinguistik und Sprachphilosophie [174]

Gerda Zeltner-Neukomm, Das Wagnis des französischen Gegenwartsromans. Die neue Welterfahrung in der Literatur. Butor, Robbe-Grillet, Sarraute, Beckett, Queneau, Camus, Malraux, Sartre [109]

Rowohlt Taschenbuch Verlag GmbH, Reinbek bei Hamburg

rowohlts bildmonographien

rororo bildmonographien

Herausgegeben von Kurt und Beate Kusenberg
Jeder Band mit etwa 70 Abbildungen, Zeittafel, Bibliographie und Namenregister.

Betrifft: Philosophie Religion

963/5-5a

Aristoteles
J. M. Zemb [63]

Sri Aurobindo
Otto Wolff [121]

Ernst Bloch
Silvia Markun [258]

Jakob Böhme
Gerhard Wehr [179]

Dietrich Bonhoeffer
Eberhard Bethge [236]

Giordano Bruno
Jochen Kirchhoff [285]

Martin Buber
Gerhard Wehr [147]

Buddha
Maurice Percheron [12]

Cicero
Marion Giebel [261]

René Descartes
Rainer Specht [117]

Friedrich Engels
Helmut Hirsch [142]

Erasmus von Rotterdam
Anton J. Gail [214]

Ludwig Feuerbach
H. M. Sass [269]

Franz von Assisi
Ivan Gobry [16]

Gandhi
Heimo Rau [172]

Georg Wilhelm Friedrich Hegel
Franz Wiedemann [110]

Martin Heidegger
Walter Biemel [200]

Johann Gottfried Herder
Friedrich Wilhelm Kantzenbach [164]

Max Horkheimer
Helmut Gumnior und Rudolf Ringguth [208]

Ignatius von Loyola
Allain Guillermo [74]

Karl Jaspers
Hans Saner [169]

Jesus
David Flusser [140]

Johannes der Evangelist
Johannes Hemleben [194]

Immanuel Kant
Uwe Schultz [101]

Sören Kierkegaard
Peter P. Rohde [28]

Konfuzius
Pierre Do-Dinh [42]

rowohlts bildmonographien

Herausgegeben von Kurt und Beate Kusenberg
Jeder Band mit etwa 70 Abbildungen, Zeittafel, Bibliographie und Namenregister.

Betrifft: Naturwissenschaft Medizin

964/3

Alfred Adler
Josef Rattner [189]

Charles Darwin
Johannes Hemleben [137]

Thomas Alva Edison
Fritz Vogtle [305]

Albert Einstein
Johannes Wickert [162]

Sigmund Freud
Octave Mannoni [178]

Galileo Galilei
Johannes Hemleben [156]

Otto Hahn
Ernst H. Berninger [204]

Werner Heisenberg
Armin Hermann [240]

Alexander von Humboldt
Adolf Meyer-Abich [131]

C. G. Jung
Gerhard Wehr [152]

Johannes Kepler
Johannes Hemleben [183]

Paracelsus
Ernst Kaiser [149]

Max Planck
Armin Hermann [198]

Wilhelm Reich
Bernd A. Laska [298]

Titel der englischen Originalausgabe ‹The Greek Myths›
Umschlagentwurf Karl Gröning jr. / Gisela Pferdmenges
unter Verwendung der Abbildung einer attischen Vase,
Ende des 6. Jhs. v. Chr. ‹Dionysos auf seinem Schiff›
mit freundlicher Genehmigung der Antikensammlung, München
Foto Hans Hinz
Schriftgestaltung des Umschlages Werner Rebhuhn
Satz aus der Linotype-Aldus-Buchschrift und der Palatino
(D. Stempel AG)
Gesamtherstellung Clausen & Bosse, Leck